Jetzt lerne ich
CAD

Werner Sommer

Jetzt lerne ich
CAD

Markt+Technik Verlag

Die Deutsche Bibliothek – CIP-Einheitsaufnahme

Ein Titeldatensatz für diese Publikation ist bei
Der Deutschen Bibliothek erhältlich.

Die Informationen in diesem Produkt werden ohne Rücksicht auf einen
eventuellen Patentschutz veröffentlicht.
Warennamen werden ohne Gewährleistung der freien Verwendbarkeit benutzt.
Bei der Zusammenstellung von Texten und Abbildungen wurde mit größter
Sorgfalt vorgegangen.
Trotzdem können Fehler nicht vollständig ausgeschlossen werden.
Verlag, Herausgeber und Autoren können für fehlerhafte Angaben
und deren Folgen weder eine juristische Verantwortung noch
irgendeine Haftung übernehmen.
Für Verbesserungsvorschläge und Hinweise auf Fehler sind Verlag und
Herausgeber dankbar.

Alle Rechte vorbehalten, auch die der fotomechanischen Wiedergabe und der
Speicherung in elektronischen Medien.
Die gewerbliche Nutzung der in diesem Produkt gezeigten Modelle und Arbeiten
ist nicht zulässig.

Fast alle Hardware- und Softwarebezeichnungen, die in diesem Buch erwähnt werden,
sind gleichzeitig auch eingetragene Warenzeichen oder sollten als solche betrachtet werden.

Umwelthinweis:
Dieses Buch wurde auf chlorfrei gebleichtem Papier gedruckt.
Die Einschrumpffolie – zum Schutz vor Verschmutzung – ist aus umweltverträglichem
und recyclingfähigem PE-Material.

10 9 8 7 6 5 4 3 2 1

05 04 03 02

ISBN 3-8272-6301-8

© 2002 by Markt+Technik Verlag,
ein Imprint der Pearson Education Deutschland GmbH,
Martin-Kollar-Straße 10–12, D-81829 München/Germany
Alle Rechte vorbehalten
Lektorat: Rainer Fuchs, rfuchs@pearson.de
Herstellung: Claudia Bäurle, cbaeurle@pearson.de
Satz: text&form, Fürstenfeldbruck
Einbandgestaltung: Nowak werbeagentur & medien, Pfaffenhofen
Druck und Verarbeitung: Bosch Druck, Ergolding
Printed in Germany

Übersicht

Vorwort		13
Einführung		15
1	Der erste Rundgang durch das CAD-Programm	21
2	Zeichnungen beginnen und abspeichern	43
3	Die erste Zeichnung mit Raster und Fang erstellen	59
4	Zeichnen mit Koordinaten	85
5	Zeichnen mit Objektfang und Fangspuren	103
6	Zoom, Pan, BKS und Ansichtsfenster	125
7	Layer, Farben, Linientypen und Linienstärken	139
8	Zeichenfunktionen	163
9	Polylinien, Doppellinien und Multilinien	179
10	Schraffuren erstellen und ändern	193
11	Änderungsbefehle 1	203
12	Änderungsbefehle 2	219
13	Textbefehle und Textstile	239
14	Bemaßen	261
15	Bemaßungsvariablen und -stile	283
16	Objekteigenschaften	301
17	Griffe	319
18	Rationell arbeiten mit Blöcken	333
19	Zeichnungen und Bilder in der Zeichnung	347
20	Das AutoCAD-Design-Center	363
21	So kommt die Zeichnung aufs Papier	377
22	Die dritte Dimension	393
23	Layouts	433
24	Abfragen und austauschen	455
Anhang A: Antworten zu den Fragen		467
Anhang B: Befehlsliste AutoCAD 2002 / LT 2002		479
Stichwortverzeichnis		497

Inhaltsverzeichnis

Vorwort		13
Einführung		15
Stunde 1: Der erste Rundgang durch das CAD-Programm		21
1.1	AutoCAD starten	22
1.2	Der AutoCAD-Bildschirm	22
1.3	Befehle und Optionen	25
1.3.1	Die Optionen	25
1.4	Die Abrollmenüs	27
1.5	Die Werkzeugkästen	27
1.6	Befehlszeilenfenster und Textfenster	30
1.7	Zeichnungen öffnen und schließen	31
1.8	Echtzeit-Zoom und -Pan	36
1.9	Zoom und Pan mit der Radmaus	38
1.10	Das Übersichtsfenster	38
1.11	Die Hilfe-Funktionen	39
1.12	AutoCAD beenden	42
Stunde 2: Zeichnungen beginnen und abspeichern		43
2.1	Eine neue Zeichnung beginnen	43
2.2	Die Zeichnung speichern	51
2.3	Informationen zur Zeichnung	54
Stunde 3: Die erste Zeichnung mit Raster und Fang erstellen		59
3.1	Die erste eigene Zeichnung	59
3.2	Absolute Koordinaten	61
3.3	Raster und Fang	62
3.4	Zum Anfang ein Rechteck	65
3.5	Nochmals den Befehl	67
3.6	Irrtümer korrigieren	69
3.7	Danach die Linie	70
3.8	Polare Koordinaten	71
3.9	Kreise auf verschiedene Arten	72
3.10	Versetzen spart Arbeit	74
3.11	Im Notfall wieder löschen	76

3.12	Kopieren leicht gemacht	78
3.13	Schieben ist genauso einfach	80
3.14	Neuzeichnen und Regenerieren	80
3.15	Erste Beschriftungen	81

Stunde 4: Zeichnen mit Koordinaten — 85

4.1	Das Koordinatensystem der Zeichnung	85
4.1.1	Absolute kartesische Koordinaten	86
4.1.2	Relative kartesische Koordinaten	86
4.1.3	Absolute polare Koordinaten	86
4.1.4	Relative polare Koordinaten	86
4.2	Orthogonal zeichnen nur mit Längen	90
4.3	Der Polarfang	91
4.4	Was sind Limiten?	97

Stunde 5: Zeichnen mit Objektfang und Fangspuren — 103

5.1	Wie wird ein Objekt gefangen?	103
5.2	Wechselnde Objektfang-Funktionen	105
5.3	Mit fest eingestelltem Objektfang zeichnen	106
5.4	Wo lassen sich Objekte fangen?	109
5.5	Relativpunkte und Objektfang	111
5.6	Zeichnen mit der Spur	113
5.7	Die erweiterten Objektfangfunktionen in AutoCAD 2002	115
5.8	Objektfangspuren	118
5.9	Temporärer Spurpunkt	122

Stunde 6: Zoom, Pan, BKS und Ansichtsfenster — 125

6.1	Die Zoom-Funktionen	125
6.2	Die Pan-Funktionen	128
6.3	Die Bildlaufleisten	129
6.4	Benutzerkoordinatensysteme (BKS)	130
6.5	Ausschnitte in der Zeichnung	135

Stunde 7: Layer, Farben, Linientypen und Linienstärken — 139

7.1	Zeichnen auf Layern	140
7.2	Die Layersteuerung	142
7.3	Layer in der Funktionsliste	150
7.4	Linientypen	152
7.5	Skalierfaktoren für Linientypen	155
7.6	Die aktuelle Farbe	157

7.7	Die Linienstärke	159
7.8	Layer in Vorlagen	161

Stunde 8: Zeichenfunktionen — 163

8.1	Konstruktionslinien	163
8.2	Strahlen	166
8.3	Punkte in der Zeichnung	167
8.4	Zeichnen von Bögen	168
8.5	Ringe	171
8.6	Konstruktion von Polygonen	173
8.7	Ellipsen und Ellipsenbögen	174

Stunde 9: Polylinien, Doppellinien und Multilinien — 179

9.1	Zeichnen von Polylinien	179
9.2	Bearbeiten von Polylinien	183
9.3	Auflösen von Polylinien	187
9.4	Zeichnen von Doppellinien	188
9.5	Multilinien	191

Stunde 10: Schraffuren erstellen und ändern — 193

10.1	Schraffieren von Flächen	193
10.2	Auflösen von Schraffuren	200
10.3	Bearbeiten von Schraffuren	201

Stunde 11: Änderungsbefehle 1 — 203

11.1	Zuerst wählen	203
11.2	Drehen mit Winkel oder Bezug	207
11.3	Spiegelbilder erzeugen	208
11.4	Vergrößern und Verkleinern	210
11.5	Rechtwinklige Anordnungen	211
11.6	Polare Anordnungen	213
11.7	Ausrichten	215

Stunde 12: Änderungsbefehle 2 — 219

12.1	Abrunden und Fasen von Kanten	219
12.2	Dehnen und Stutzen	224
12.3	Strecken	229
12.4	Die Länge ändern	231
12.5	Brechen	234
12.6	Messen und Teilen	236

Inhaltsverzeichnis

Stunde 13: Textbefehle und Textstile — 239
- 13.1 Text zeilenweise eingeben — 239
- 13.2 Text mit Stil — 243
- 13.3 Text absatzweise eingeben — 246
- 13.4 Texte ändern — 253
- 13.5 Suchen und ersetzen — 254
- 13.5.1 Optionen für die Suche — 255
- 13.6 Tippfehler korrigieren — 256

Stunde 14: Bemaßen — 261
- 14.1 Maße in der Zeichnung — 261
- 14.2 Längen bemaßen — 262
- 14.3 Bezugs- und Kettenmaße — 267
- 14.4 Radius- und Durchmessermaße — 270
- 14.5 Winkelmaße — 272
- 14.6 Schnellbemaßung in AutoCAD 2002 — 274
- 14.7 Führungslinien — 277

Stunde 15: Bemaßungsvariablen und -stile — 283
- 15.1 Dialogfelder zur Einstellung der Maße — 283
- 15.2 Bemaßen mit Stil — 294
- 15.3 Zeichnungen mit Maßen ändern — 298

Stunde 16: Objekteigenschaften — 301
- 16.1 Welche Eigenschaften hat ein Objekt? — 301
- 16.2 Der Objekt-Eigenschaften-Manager — 302
- 16.3 Die Schnellauswahl — 310
- 16.4 Eigenschaften übertragen — 314
- 16.5 Spezialbefehle zum Ändern — 316
- 16.6 Änderungsbefehle im Pop-up-Menü — 316

Stunde 17: Griffe — 319
- 17.1 Wie kommt der Griff ans Objekt? — 319
- 17.2 Änderungen mit den Griffen — 323
- 17.3 Griffe einstellen — 329

Stunde 18: Rationell arbeiten mit Blöcken — 333
- 18.1 Warum Blöcke verwenden? — 333
- 18.2 Wie wird ein Block erstellt? — 334
- 18.3 Wie wird aus dem Block eine Datei? — 337

18.4	Wie kommt der Block wieder in die Zeichnung?	339
18.4.1	Block einfügen	340
18.4.2	Datei einfügen	340
18.4.3	Einfügeparameter bestimmen	341
18.5	Die Zeichnung bereinigen	343

Stunde 19: Zeichnungen und Bilder in der Zeichnung — 347

19.1	Externe Referenzen zuordnen	347
19.2	Der XRef-Manager	350
19.3	Änderungen an externen Referenzen	353
19.4	Namen von externen Referenzen	354
19.5	Externe Referenzen binden	355
19.6	Wie kommt das Bild in die Zeichnung?	356

Stunde 20: Das AutoCAD-Design-Center — 363

20.1	AutoCAD-Design-Center starten	363
20.2	Was gibt es im AutoCAD-Design-Center?	365
20.3	Arbeiten mit dem AutoCAD-Design-Center	368
20.4	Suchen im AutoCAD-Design-Center	372

Stunde 21: So kommt die Zeichnung aufs Papier — 377

21.1	Die Einstellungen für den Plot	377
21.2	Die Seite einrichten und ansehen	386
21.3	Was sind Plotstiltabellen?	387
21.4	Mit welchem Plotter plotten?	390

Stunde 22: Die dritte Dimension — 393

22.1	Zeichnen mit Objekthöhe	393
22.2	Koordinaten in der dritten Dimension	395
22.3	3D-Objekte auf dem Bildschirm	398
22.4	Beziehen Sie Position im Raum	400
22.5	Die Aufteilung des Bildschirms in Fenster	405
22.6	Der 3D-Orbit in AutoCAD 2002	409
22.7	Das Zeichenblatt im Raum: BKS	414
22.8	3D-Editiervarianten	420
22.9	Modellierung mit Volumen	425

Stunde 23: Layouts — 433

23.1	Die leeren Papierblätter vor der Zeichnung	433
23.2	Ansichtsfenster auf dem Papier	439
23.3	Papierbereich und Modellbereich	443

23.4	Sichtbarkeit in den Ansichtsfenstern	446
23.5	Das Layout bei 3D-Modellen	447
23.6	Bemaßen von Layouts	451

Stunde 24: Abfragen und austauschen 455

24.1	Abfragebefehle	455
24.2	Abfrage der Masseneigenschaften	460
24.3	Datenaustausch mit anderen Versionen	462
24.4	DXF-Austausch	463
24.5	Weitere Austauschformate	465

Anhang A: Antworten zu den Fragen 467

Anhang B: Befehlsliste AutoCAD 2002 / LT 2002 479

Stichwortverzeichnis 497

Vorwort

Die wenigsten technischen Zeichnungen werden heute noch auf dem Reißbrett erstellt. In den meisten Branchen werden CAD-Programme eingesetzt und sie sind fast schon zu einem selbstverständlichen Werkzeug für den Zeichner und Konstrukteur geworden. Ob eine einfache Fertigungsskizze, ein Schemaplan, ein Einrichtungsplan, eine Konstruktionszeichnung oder ein Grundriss eines Gebäudes gezeichnet werden soll, mit CAD geht es präziser, Änderungen können einfacher vorgenommen werden und mit etwas Routine geht es auch schneller als von Hand. Zudem lässt sich jede Zeichnung bei anderen, ähnlichen Aufgabenstellungen wiederverwenden. Einmal investierte Arbeit kann so mehrfach genutzt werden.

Der Marktführer bei CAD-Programmen ist AutoCAD, das sowohl in einer einfachen Version als AutoCAD LT 2002 für einfachere 2D-Anwendungen erhältlich ist als auch in der Version 2002, der leistungsfähigen Vollversion für 2D- und 3D-Branchenlösungen.

Die Versionen sind in ihren Grundfunktionen weitgehend identisch, so dass Sie sich mit diesem Buch an überschaubaren Beispielen sehr schnell in die wichtigsten Funktionen von AutoCAD einarbeiten können. Das Buch wurde komplett überarbeitet und an die aktuellen Versionen, AutoCAD 2002 und AutoCAD LT 2002, angepasst. Die neuen Funktionen dieser Versionen wurden durchgehend in das Übungsprogramm eingearbeitet. Die meisten Funktionen lassen sich auf die Vorgängerversionen übertragen, so dass auch Anwender von AutoCAD 2000 bzw. 2000i und AutoCAD LT 2000 bzw. 2000i mit ihrem Programm vertraut werden.

Vorwort

Überall dort, wo sich AutoCAD 2002 und AutoCAD LT 2002 voneinander unterscheiden, ist dies mit speziellen Symbolen am Rand des Buchtextes gekennzeichnet. Teilweise finden Sie auch Abschnitte, die nur für eine Version gelten. Die Übungszeichnungen, an denen Sie die gelernten Befehle einsetzen, finden Sie auf der beiliegenden CD zum Buch, ebenso wie die Lösung zu jeder Aufgabe.

Das Buch ist in 24 Übungsstunden aufgeteilt, in denen Sie alle wichtigen Grundfunktionen von AutoCAD kennen lernen. Nehmen Sie die Stunden nicht allzu wörtlich, am Anfang können es 30 Minuten sein, am Schluss auch deutlich mehr als eine Stunde. Zudem gibt es am Ende einiger Übungsstunden eine Zusatzaufgabe, die Sie eigenständig zeichnen können. Sie finden zur Kontrolle die Lösung ebenfalls auf der CD zum Buch. Außerdem können Sie Ihr AutoCAD-Wissen in einer Reihe von Fragen überprüfen. Die Antworten befinden sich im Anhang.

Vorkenntnisse in CAD oder AutoCAD müssen Sie für dieses Buch nicht mitbringen, lediglich PC-Grundkenntnisse. Alles Weitere erfahren Sie auf den nächsten 500 Seiten. Vorausgesetzt werden für diese leicht verständliche Einführung lediglich Neugier und Experimentierfreude.

Viel Erfolg bei der Arbeit mit diesem Buch wünscht Ihnen der Autor

Werner Sommer
(werner.sommer@mut.de)

Einführung

Exakte maßstäbliche Zeichnungen sind die Arbeitsgrundlage in allen technischen Berufen, in der Architektur, den Bauberufen und im Vermessungswesen. Programme zum computerunterstützten Zeichnen (CAD = Computer Aided Design) haben das Erstellen von Zeichnungen revolutioniert. Damit lassen sich Zeichnungen am Computer erstellen, ändern und zu Papier bringen. Einmal gezeichnete Teile können beliebig zu neuen Zeichnungen zusammengestellt werden. Mühsames Ändern und Neuzeichnen entfällt, es kann bequem am Bildschirm durchgeführt werden.

Bis Anfang der achtziger Jahre war CAD eine Domäne von Großsystemen. Doch 1982 kam der Personalcomputer auf den Markt. Er verhalf der Branche zum Durchbruch, die seither enorme Wachstumsraten verzeichnen kann. Der PC etablierte sich in den folgenden Jahren in Industrie, Verwaltung, Forschung und Entwicklung, bei Banken und Versicherungen, in der Aus- und Weiterbildung sowie in der Freizeit.

In dem Jahr, als der Personalcomputer seinen Siegeszug begann, stellte auch die neu gegründete Firma Autodesk ein CAD-Programm für Personalcomputer vor: AutoCAD. Das Programm setzte sich durch. Innerhalb weniger Jahre wurde es zum meist verkauften CAD-Programm weltweit und ist jetzt in der Version 2002 erhältlich. Es wurde Industriestandard und zur Basissoftware für die unterschiedlichsten Branchenapplikationen.

Doch nicht nur am oberen Ende der Leistungsskala entwickelt sich der Markt weiter. Überall wo Skizzen, einfache 2D-Zeichnungen, technische Illustrationen, Handbücher, Einrichtungspläne oder Schemazeichnungen erstellt werden, ist Bedarf an preiswerten CAD-Systemen. So war es nur konsequent, dass Autodesk Anfang 1994 AutoCAD LT auf den Markt brachte. Fast alle Funktionen zur Erstellung von 2D-Zeichnungen hat die aktuelle Version AutoCAD LT 2002 vom »großen Bruder« mitbekommen. Sogar einfache 3D-Zeichnungen lassen sich damit erstellen und 3D-Zeichnungen aus AutoCAD 2002 zumindest anzeigen und in Grenzen bearbeiten.

Da in beiden Versionen mit dem gleichen Zeichnungsformat gearbeitet wird und die Bedienweise identisch ist, kann man im Bedarfsfall auch leicht umsteigen. Bis dahin erworbene Kenntnisse und vorhandene Zeichnungen können weiter genutzt werden.

Jetzt lerne ich CAD!

Der Titel des Buches steht für Ihren festen Entschluss, CAD zu lernen. Jetzt gelten keine Ausreden mehr. In 24 Übungsstunden haben Sie das nötige Grundwissen, um eigenständig Ihre ersten Zeichnungen zu erstellen. Doch CAD kann man nicht theoretisch lernen. Nur mit Übungsbeispielen am PC finden Sie den Einstieg.

Damit Sie die Beispiele auch nachvollziehen können, finden Sie auf der CD zum Buch Übungszeichnungen, an denen Sie die neuen Befehle und Funktionen erproben können. Der Verlauf der Übung ist im Buch ausführlich beschrieben. Das Ergebnis finden Sie dann zur Kontrolle ebenfalls wieder auf der Buch-CD. Auch bei den Zusatzaufgaben, die meist am Ende jeder Übungsstunde im Buch zu finden sind, haben Sie Aufgabe und Lösung auf der CD zum Buch.

Welches CAD-Programm wird in diesem Buch beschrieben?

Es ist leider nicht möglich, CAD zu lernen wie Maschinenschreiben. Man lernt auf einer Schreibmaschine und kann dann auf jedem Modell schreiben. Man lernt nicht CAD allgemein, sondern im Umgang mit einem CAD-Programm. In unserem Buch ist es AutoCAD, entweder in der Vollversion oder der LT-Version. Die aktuellen Programmversionen sind AutoCAD 2002 und AutoCAD LT 2002 und diese finden Sie auch in diesem Buch beschrieben. Da es in diesem Buch aber um grundlegende Zeichenfunktionen geht, die Sie auch in früheren AutoCAD-Versionen finden, können Sie das Buch mit nur wenig Einschränkungen auch mit den Versionen 2000 und 2000i von AutoCAD oder AutoCAD LT durcharbeiten. Und sollte es, wenn Sie dieses Buch in Händen halten, schon eine neuere Version von AutoCAD geben, finden Sie auch in dieser Version die grundlegenden Zeichenfunktionen, die Sie mit Hilfe dieses Buches erlernen können.

Trotz der vielen Gemeinsamkeiten zwischen AutoCAD 2002 und AutoCAD LT 2002 – es gibt auch Unterschiede. Überall wo dies der Fall ist, finden Sie Symbole am Rand des Textes. Daran erkennen Sie schnell, dass diese Funktion nur in AutoCAD 2002 oder AutoCAD LT 2002 vorhanden ist.

Diese Funktion gibt es nur in AutoCAD LT 2002.

Diese Funktion gibt es so nur in AutoCAD 2002.

Zudem sind die Menüs und Werkzeugkästen in den beiden Programmen teilweise unterschiedlich. Wo es Abweichungen gibt, ist dies im Buch vermerkt.

Über dieses Buch

Eines der wichtigsten Ziele ist es zu lernen, mit welchem Befehl welche Aufgabe ausgeführt werden kann und wo Sie den Befehl finden. Deshalb wird für jeden Befehl, der in diesem Buch eingeführt wird, beschrieben, in welchen Menüs er zu finden ist. Zur besseren Orientierung im Text werden Befehlsnamen, Namen von Systemvariablen und Bedienelementen, wie Werkzeugkästen, Abrollmenüs, Menüeinträge, Schaltflächen in Dialogfeldern usw., im Buch in Kapitälchen gesetzt, z.B.: Befehl LINIE, Systemvariable GRIDUNIT, Abrollmenü ZEICHNEN, Werkzeugkasten ÄNDERN, Schaltfläche ÖFFNEN usw.

Fast alle Befehle können Sie auch per Symbol aus den Werkzeugkästen wählen. Wo dies der Fall ist, finden Sie eine Abbildung des entsprechenden Symbols am Textrand.

Befehlsdialoge sind im Text in einer speziellen Schriftart und kursiv ausgedruckt. Eingaben in diesen Dialogen, die Sie im Verlauf der Übungen zu machen haben, und Erläuterungen dazu, sind zudem hervorgehoben, z.B.:

Befehl: **Kreis**
Zentrum für Kreis angeben oder [3P/2P/Ttr (Tangente Tangente Radius)]: **TTR**
Punkt auf Objekt für erste Tangente des Kreises angeben: **rechte Linie wählen**
Punkt auf Objekt für zweite Tangente des Kreises angeben: **untere Linie wählen**
Radius für Kreis angeben <10.00>: **20**

Die Eingaben im Befehlsdialog erfolgen zum Teil automatisch und zwar dann, wenn Sie den entsprechenden Befehl in den Menüs oder den Werkzeugkästen wählen. Dann erscheint allerdings der englische Befehlsname. Aus Gründen der Übersichtlichkeit und Verständlichkeit wird im Buch abweichend davon immer der deutsche Befehlsname aufgeführt.

Arbeitsanleitungen sind im Text mit der Standardschrift kursiv gesetzt, z.B.:

✗ *Wählen Sie jetzt den Befehl* LINIE.

✗ *Klicken Sie dann im Dialogfeld auf die Schaltfläche* ANWENDEN.

Weitere Markierungen im Text:

Aktion: Stutzen von Objekten

Erklärung, was bei einem Befehl zu tun ist, bzw. welche Auswahlmöglichkeiten Ihnen zur Verfügung stehen.

Training: Starten mit einer Vorlage

Übungen mit ausführlicher Arbeitsanleitung finden Sie nach dieser Überschrift.

Tipps:

Hier finden Sie spezielle Tipps über einfachere oder erweiterte Möglichkeiten und schnellere Bedienung.

Fehler:

Unter dieser Überschrift finden Sie spezielle Hinweise, um Fehler von vornherein zu vermeiden.

Fragen:

Kontrollfragen, um Ihr erlerntes Wissen zu überprüfen, finden Sie nach dieser Überschrift. Die Lösungen zu den Fragen sind im Anhang aufgeführt.

Die CD zum Buch

Auf der CD, die dem Buch beiliegt, finden Sie alle Zeichnungen, die Sie für die Übungen und Zusatzaufgaben benötigen. Außerdem sind dort auch alle Lösungen gespeichert. So können Sie Ihr Ergebnis mit der Musterlösung vergleichen.

Weitere Informationen zum Inhalt der CD finden Sie in der Datei *README.TXT* auf der CD zum Buch.

Kopieren der Übungsdateien auf die Festplatte

✗ *Sie benötigen für die Arbeit mit diesem Buch nur die Beispiele aus einem Ordner der CD. Kopieren Sie diese auf Ihre Festplatte.*

- *Starten Sie den Windows-Explorer.*
- *Erstellen Sie auf Ihrer Festplatte einen Ordner \AUFGABEN.*
- *Legen Sie die CD ins Laufwerk ein.*
- *Im Ordner \AUFGABEN finden Sie alle Beispieldateien. Die Datei AUFGABEN.EXE enthält alle Dateien nochmals in gepackter Form. Das ist eine Programmdatei, die sich beim Start selbst entpackt.*
- *Kopieren Sie nur die Datei AUFGABEN.EXE aus dem Ordner \AUFGABEN der CD in den Ordner \AUFGABEN auf Ihrer Festplatte.*
- *Starten Sie die Programmdatei AUFGABEN.EXE auf Ihrer Festplatte durch einen Doppelklick im Explorer. Die Beispieldateien werden entpackt.*
- *Löschen Sie danach die Datei AUFGABEN.EXE wieder auf der Festplatte.*

STUNDE 1

Der erste Rundgang durch das CAD-Programm

Im ersten Rundgang durch das CAD-Programm AutoCAD lernen Sie:

✘ welche Elemente der AutoCAD-Bildschirm enthält

✘ wozu Befehle und Optionen da sind

✘ wie man mit den Menüs und den Werkzeugkästen arbeitet

✘ wie man auf den Textbildschirm umschaltet

✘ wie man ein Zeichnungen öffnet, am Bildschirm anordnet und wieder schließt

✘ wie Echtzeit-Zoom und -Pan funktionieren

✘ welchen Vorteil die »IntelliMouse« hat

✘ wie das Übersichtsfenster benützt wird

✘ wie die Hilfe aktiviert wird und

✘ wie AutoCAD wieder beendet wird.

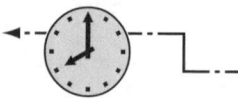 **1** Der erste Rundgang durch das CAD-Programm

1.1 AutoCAD starten

AutoCAD LT 2002 bzw. AutoCAD 2002 können Sie aus dem Menü Programme oder mit der Verknüpfung auf dem Windows Desktop starten.

Aktion: AutoCAD aus dem Menü PROGRAMME starten

Bei der Installation wird ein Eintrag im Menü PROGRAMME von Windows für AutoCAD LT 2002 bzw. AutoCAD 2002 angelegt. Damit können Sie das Programm starten.

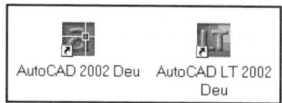

Außerdem wird eine Verknüpfung auf dem Desktop angelegt. Mit einem Doppelklick auf das Symbol kann AutoCAD LT 2002 bzw. AutoCAD 2002 ebenfalls gestartet werden.

Training: Starten von AutoCAD

- *Aktivieren Sie das Menü START und darin das Menü PROGRAMME.*
- *Wenn Sie mit AutoCAD LT 2002 arbeiten, klicken Sie die Gruppe AUTOCAD LT 2000 - DEU an und darin den Eintrag AUTOCAD LT 2000 - DEU. Das Programm wird gestartet.*
- *Wenn Sie mit AutoCAD 2000 arbeiten, klicken Sie die Gruppe AUTOCAD 2000 - DEUTSCH an und dort den Eintrag AUTOCAD 2000 - DEUTSCH. Das Programm wird gestartet.*

1.2 Der AutoCAD-Bildschirm

Nachdem AutoCAD LT 2002 bzw. AutoCAD 2002 geladen ist, erscheint der Zeichenbildschirm mit dem Fenster AUTOCAD 2002 AKTUELL (siehe Abbildung 1.1).

Da wir jetzt weder eine neue Zeichnung erstellen noch eine vorhandene öffnen, schließen Sie das Fenster AUTOCAD 2002 AKTUELL mit dem Symbol in der rechten oberen Ecke und Sie bekommen Ihren normalen Arbeitsplatz auf den Bildschirm (siehe Abbildung 1.2).

Der AutoCAD-Bildschirm

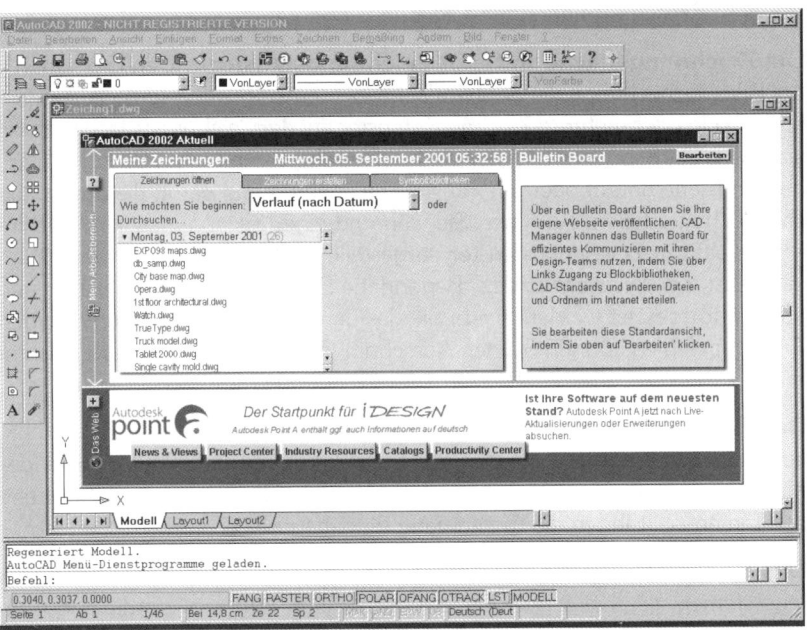

Abb. 1.1:
Der Zeichenbildschirm mit dem Fenster AutoCAD 2002 AKTUELL

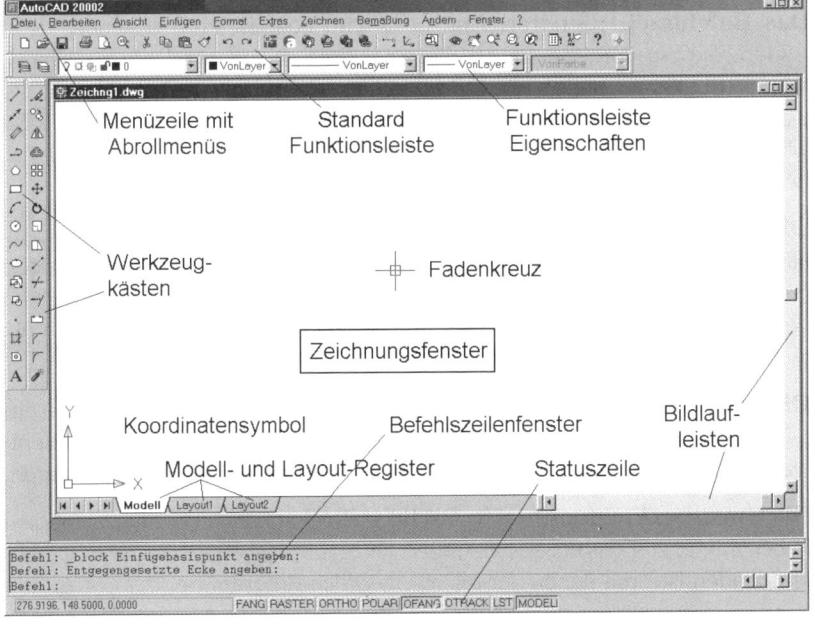

Abb. 1.2:
Der AutoCAD-Arbeitsplatz

1 Der erste Rundgang durch das CAD-Programm

Auf dem Bildschirm finden Sie folgende Elemente:

Die Zeichnungsfläche mit den Zeichnungsfenstern: Den größten Teil des Bildschirms nimmt die Zeichenfläche mit den Zeichnungsfenstern ein. Sie können ein oder mehrere Zeichnungsfenster auf der Zeichnungsfläche öffnen und diese überlappend, nebeneinander oder übereinander am Bildschirm anordnen (siehe unten) oder ein Fenster maximieren und damit die ganze Zeichenfläche ausfüllen. Alles was Sie während einer Sitzung erstellen, wird im jeweils aktiven Zeichnungsfenster dargestellt. Während des Zeichnens kann das Fenster gewechselt werden. Begonnene Befehle bleiben gespeichert und können fortgesetzt werden, wenn Sie das Fenster wieder aktivieren. Mit den Anzeigebefehlen können Sie den Ausschnitt in jedem Fenster separat bestimmen.

Das Fadenkreuz: Die Eingabeposition beim Zeichnen wird Ihnen vom Fadenkreuz angezeigt. Sie steuern das Fadenkreuz mit den Bewegungen der Maus oder des Zeigegeräts des Digitalisiertabletts. Der Schnittpunkt der beiden Linien zeigt Ihnen die momentane Eingabeposition an.

Das Koordinatensymbol: In AutoCAD kann mit verschiedenen Koordinatensystemen gearbeitet werden, so genannten Benutzerkoordinatensystemen. Das Koordinatensymbol zeigt die Lage der X- und Y-Achse des gerade aktiven Benutzerkoordinatensystems an.

Das Befehlszeilenfenster: AutoCAD wird über Befehle gesteuert. Jede Aktion, die Sie vornehmen, ob Sie eine Linie zeichnen oder den Bildausschnitt vergrößern wollen, Sie brauchen dazu einen Befehl. Den können Sie, wenn Sie seinen Namen wissen, auf der Tastatur eingeben. Normalerweise wählen Sie den gewünschten Befehl aus den Menüs. Egal wo Sie gewählt haben, die Auswahl wird im Befehlszeilenfenster protokolliert.

Die Menüzeile mit den Abrollmenüs: Befehle wählen Sie in AutoCAD aus den Abrollmenüs. Wenn Sie mit dem Mauszeiger auf einen Eintrag zeigen und die linke Maustaste bzw. die erste Taste Ihres Digitalisiertabletts, die so genannte »Pick-Taste« drücken, wird das Menü abgerollt und Sie können die gewünschte Funktion wieder per Klick auswählen.

Die Werkzeugkästen: Alle Befehle können Sie auch in Werkzeugkästen anwählen. Werkzeugkästen lassen sich bei Bedarf ein- und ausschalten und entweder am Rand der Zeichenfläche festsetzen (andocken) oder frei platzieren.

Die STANDARD-FUNKTIONSLEISTE: Wichtige Befehle können Sie mit Symbolen in der STANDARD-FUNKTIONSLEISTE (unter der Menüzeile) anwählen. Die Symbole sind identisch mit denen der Microsoft-Office-Programme.

Die Funktionsleiste EIGENSCHAFTEN: Wichtige Zeichnungseinstellungen können Sie mit Symbolen und Auswahlmenüs in einer zweiten Funktionsleiste, der Funktionsleiste EIGENSCHAFTEN unter der STANDARD-FUNKTIONSLEISTE vornehmen.

Die Bildlaufleisten: An den Bildlaufleisten am unteren und rechten Rand der Zeichenfläche können Sie den Zeichnungsausschnitt auf der Zeichenfläche verschieben.

Das Register MODELL und die Layout-Register: Links neben der unteren Bildlaufleiste haben Sie die Register für den Modellbereich und die verschiedenen Layouts in der Zeichnung.

Die Statuszeile: Am unteren Bildschirmrand werden Ihnen verschiedene Statusinformationen der Zeichnung angezeigt, die Sie dort auch umschalten können.

1.3 Befehle und Optionen

Alle Aktionen in AutoCAD lassen sich mit Befehlen ausführen. Diese lassen sich durch Eingabe Ihres Namens auf der Tastatur starten oder aus den Menüs bzw. den Werkzeugkästen wählen. Der Befehlsdialog wird dann im Befehlszeilenfenster protokolliert.

1.3.1 Die Optionen

Viele AutoCAD-Befehle haben verschiedene Varianten oder es lassen sich verschiedene Funktionen damit ausführen. Das wird mit der so genannten Befehlsoption ausgewählt. Welche Optionen zur Verfügung stehen, wird im Befehlszeilenfenster aufgelistet. Beispielsweise beim Befehl PLINIE (zur Funktion des Befehls später) bekommen Sie eine besonders umfangreiche Optionsliste angezeigt:

Befehl: **Plinie**
Startpunkt angeben: **Punkt anklicken oder eingeben**
Aktuelle Linienbreite beträgt 0.0000
Nächsten Punkt angeben oder
[Kreisbogen/Schließen/Halbbreite/
sehnenLänge/Zurück/Breite]:

Wenn Sie den Namen der Option eintippen, wird diese ausgeführt. Es reicht aber auch, wenn Sie den Buchstaben eintippen, der in der Liste bei der gewünschten Option groß geschrieben ist. Das ist in der Regel der erste Buchstabe. Es kann aber auch wie im obigen Beispiel ein anderer Buchstabe sein: K für KREISBOGEN oder L für SEHNENLÄNGE. Bei noch längeren Optionslisten kann das Kürzel für die Option auch aus zwei oder mehreren Buchstaben bestehen: LÖ für LÖSCHEN oder LI für LINIENTYP.

 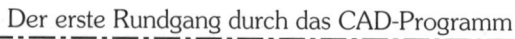

1 Der erste Rundgang durch das CAD-Programm

Wird bei einem Befehl ein Zahlenwert als Vorgabe angezeigt, kann dieser mit ⏎ bestätigt werden, wenn er unverändert übernommen werden soll, z.B.:

Befehl: **Polygon**
Anzahl Seiten eingeben <4>: ⏎

Aktion: Optionen aus dem Pop-up-Menü wählen

In AutoCAD lassen sich die Optionen auch ohne Tastatur am Bildschirm aus einem Pop-up-Menü wählen. Wenn ein Befehl aktiv ist, der verschiedene Optionen hat, können Sie mit der rechten Maustaste das Menü aktivieren. Darin finden Sie alle Optionen des Befehls, die an dieser Stelle möglich sind. Mit einem Mausklick können Sie die gewünschte Option auswählen (siehe Abbildung 1.3). Der Eintrag EINGABE entspricht der Taste ⏎ und der Eintrag ABBRECHEN der Taste Esc.

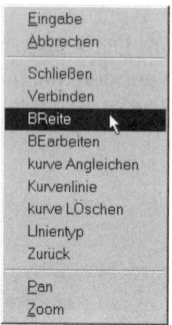

Abb. 1.3:
Pop-up-Menü
mit den Optionen beim
Befehl PEDIT

Tipps:

✘ Bei der Wahl aus den Menüs werden englische Namen verwendet. Dazu wird ein Unterstrich »_« vorangestellt. Das funktioniert auch auf der Tastatur, ob Sie LINIE oder _LINE eintippen, das Ergebnis ist dasselbe.

✘ Aus den Abrollmenüs und den Werkzeugkästen können Sie einige Befehle schon mit der gewünschten Option wählen. Dadurch ersparen Sie sich das Tippen auf der Tastatur.

✘ Falsch angewählte Befehle lassen sich mit der Taste Esc abbrechen. AutoCAD kehrt dann zur Befehlsanfrage (auch Befehlsprompt genannt) zurück. Wählen Sie einen Befehl aus einem Menü, wird ein bereits laufender Befehl automatisch abgebrochen. Dadurch werden Fehlfunktionen ausgeschlossen und die Esc-Taste ist für den Abbruch überflüssig.

Die Abrollmenüs

✗ Normalerweise können Sie einen neuen Befehl erst dann wählen, wenn der vorhergehende beendet ist und im Befehlszeilenfenster wieder der Befehlsprompt steht, andernfalls wird der laufende Befehl unter Umständen nicht richtig beendet. Aber es gibt in AutoCAD auch die so genannten *transparenten Befehle.* Sie können während der Arbeit an einem anderen Befehl eingeschoben werden. Welche Befehle transparent sind, finden Sie in der Befehlsliste im Anhang. Wenn Sie einen transparenten Befehl aus dem Menü anwählen, wird er automatisch transparent aufgerufen und der laufende Befehl nicht abgebrochen.

1.4 Die Abrollmenüs

AutoCAD-Befehle wählen Sie hauptsächlich aus den Abrollmenüs. Die Menüs können Sie per Mausklick aktivieren. In der Menüzeile ist in jedem Menüeintrag ein Buchstabe unterstrichen. Sie können das Menü auch aktivieren, wenn Sie die Taste [Alt] und diesen Buchstaben eingeben ([Alt]-Taste dabei festhalten). Im Menü sind wieder Buchstaben unterstrichen. Tippen Sie diesen ohne eine weitere Taste ein, wird diese Funktion aktiviert, z.B. aktiviert die Tastenkombination [Alt] + [D] das Abrollmenü DATEI und die Taste [F] dann den Befehl ÖFFNEN.

Die Einträge in den Abrollmenüs haben zum Teil zusätzliche Markierungen. Stehen hinter einer Funktion »...«, wird damit ein Dialogfeld gestartet. Das Zeichen »>«, bedeutet, dass Sie mit dieser Funktion ein weiteres Menü öffnen können. In der Regel können Sie Befehle direkt aus dem Menü oder im Untermenü darunter anwählen. Nur in Ausnahmefällen gibt es drei Stufen, bis Sie zu Ihrem Befehl kommen.

1.5 Die Werkzeugkästen

Aus den Werkzeugkästen lassen sich Befehle mit einem Symbol meist schneller anwählen als aus den Abrollmenüs. Werkzeugkästen können Sie ein- und ausschalten und an verschiedenen Stellen auf der Zeichenfläche platzieren oder am Rand der Zeichenfläche »andocken«.

Aktion: Werkzeugkästen ein- und ausblenden

In AutoCAD stehen Ihnen wesentlich mehr Werkzeugkästen zur Verfügung als die, die in der Standardeinstellung angezeigt werden. Sie können diese ein- und ausschalten mit:

✗ Rechtsklick auf ein beliebiges Symbol in einem Werkzeugkasten

 **1** Der erste Rundgang durch das CAD-Programm

Sie bekommen ein Pop-up-Menü zur Auswahl der Werkzeugkästen auf den Bildschirm (siehe Abbildung 1.4).

Abb. 1.4:
Pop-up-Menü
zur Auswahl
der Werkzeug-
kästen

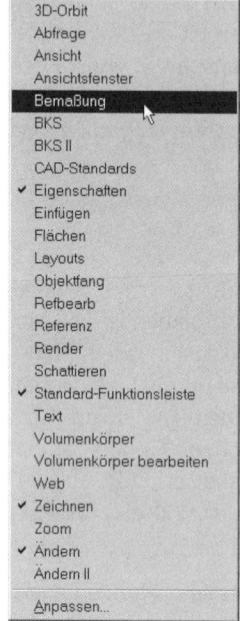

Im Pop-up-Menü können Sie die Werkzeugkästen durch Anklicken markieren, die Sie auf dem Bildschirm haben wollen. Ein Häkchen in dem Feld vor dem Namen zeigt an, dass der Werkzeugkasten eingeschaltet ist. In der Liste finden Sie auch die STANDARD-FUNKTIONSLEISTE und die Funktionsleiste EIGENSCHAFTEN.

Tipps:

✘ Werkzeugkästen können Sie am Rand der Zeichenfläche »andocken« oder frei auf der Zeichenfläche verschieben (siehe Abbildung 1.5).

✘ Verschiebbare Werkzeugkästen können Sie verschieben, indem Sie auf die Titelleiste klicken, und mit gedrückter Maustaste den Werkzeugkasten an die gewünschte Stelle ziehen.

✘ Kommen Sie dabei in die Nähe des Bildschirmrandes, rastet der Werkzeugkasten automatisch ein. Die Zeichenfläche verkleinert sich, der Werkzeugkasten ist angedockt. Wenn Sie die Taste [Strg] beim Verschieben drücken, lässt sich das automatische Andocken verhindern.

Die Werkzeugkästen

✘ Ein angedockter Werkzeugkasten kann an seinem Rand auf die Zeichenfläche gezogen werden, er ist dann wieder verschiebbar.

✘ Ziehen Sie den linken, rechten oder unteren Rand eines frei platzierbaren Werkzeugkastens mit gedrückter Maustaste, ändert sich die Form des Werkzeugkastens. Durch einen Klick in die rechte obere Ecke wird der Werkzeugkasten geschlossen.

✘ In der STANDARD-FUNKTIONSLEISTE finden Sie Symbole, die mit dem Symbol »>« gekennzeichnet sind, so genannte Flyoutmenüs. Halten Sie beim Anklicken dieser Symbole die Maustaste gedrückt, wird eine Leiste mit weiteren Symbolen ausgefahren (siehe Abbildung 1.7). Fahren Sie jetzt mit gedrückter Maustaste auf das gewünschte Symbol und lassen dort los, der Befehl wird ausgeführt. Danach liegt bei dem Flyoutmenü das Symbol oben, das Sie zuletzt gewählt haben.

✘ Wenn Sie mit dem Mauszeiger ca. eine Sekunde auf einem Symbol bleiben, wird am Mauszeiger eine Information zu dem Befehl angezeigt, das so genannte QuickInfo. Gleichzeitig wird in der Statuszeile ein Hilfetext angezeigt.

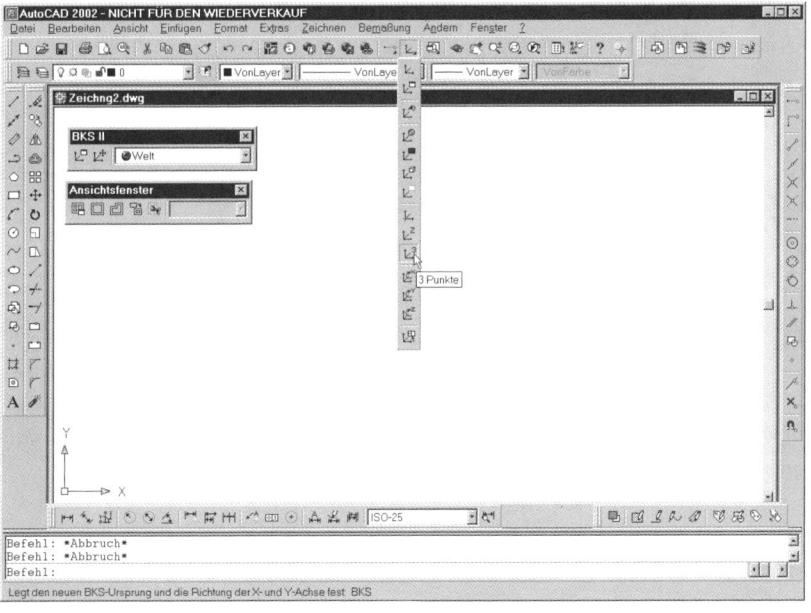

Abb. 1.5: Werkzeugkästen verschiebbar und angedockt, mit Flyoutmenü und QuickInfo

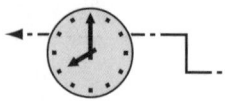 **1** Der erste Rundgang durch das CAD-Programm

1.6 Befehlszeilenfenster und Textfenster

Am unteren Rand des Zeichenbildschirms von AutoCAD läuft in drei Zeilen der Befehlsdialog mit. Jede Eingabe wird dort protokolliert, egal ob Sie den Befehl aus den Menüs wählen oder ihn eintippen. Mit den Schiebeleisten an der rechten Seite und rechts unten können Sie das Protokoll durchblättern.

Zusätzlich können Sie mit der Funktionstaste F2 ein Textfenster einblenden. Hier sehen Sie den Befehlsdialog in einem größeren Fenster (siehe Abbildung 1.6). Es hat ebenfalls Schiebeleisten an der rechten Seite und rechts unten, um damit das Protokoll zu durchblättern. Drücken Sie die Funktionstaste F2 erneut, verschwindet das Textfenster wieder.

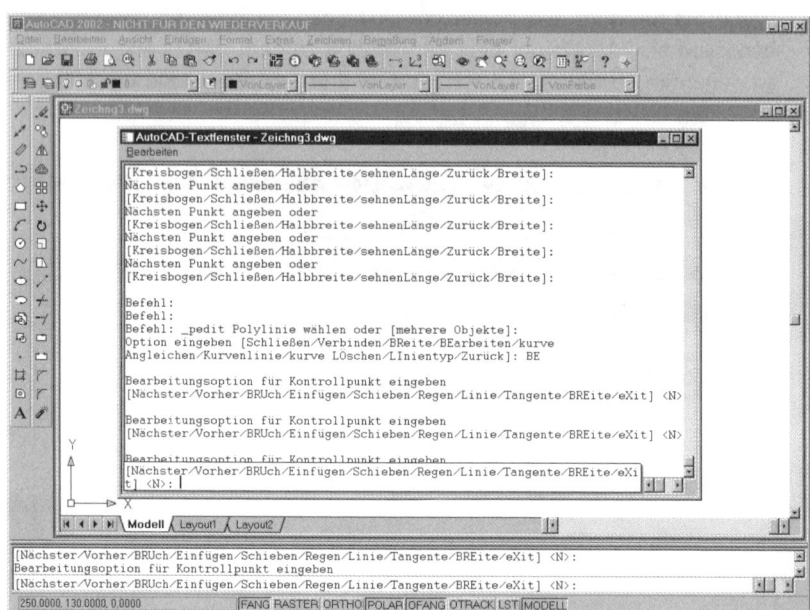

Abb. 1.6: Textfenster eingeblendet

1.7 Zeichnungen öffnen und schließen

Als Nächstes werden Sie Beispielzeichnungen aus Ihrem Übungsordner öffnen und sehen, wie Sie sich darin mit den Zoom-Befehlen zurechtfinden können.

Aktion: Befehl ÖFFNEN

Um eine bestehende Zeichnung auf den Bildschirm zu holen, verwenden Sie den Befehl ÖFFNEN. Wählen Sie den Befehl:

✗ Abrollmenü DATEI, Funktion ÖFFNEN...

✗ Symbol in der STANDARD-FUNKTIONSLEISTE

Danach erscheint das Dialogfeld des Befehls auf dem Bildschirm (siehe Abbildung 1.7). Dort wählen Sie die Datei aus, die Sie zur Bearbeitung auf den Bildschirm holen wollen.

Im großen Fenster werden alle AutoCAD-Zeichnungen aufgelistet, die sich in dem aktuellen Ordner befinden. Die Liste beginnt mit den Symbolen der darunter liegenden Ordnern. Mit einem Doppelklick auf ein Symbol wechseln Sie in den Ordner und die Liste zeigt dessen Inhalt an.

Rechts neben dem Abrollmenü SUCHEN IN: finden Sie ein Symbol. Durch einfaches Anklicken wechseln Sie in den darüber liegenden Ordner.

Wollen Sie das Laufwerk wechseln, um dort eine Zeichnungsdatei zu suchen, klicken Sie in das Abrollmenü SUCHEN IN: oder auf den Pfeil am rechten Rand. Im Auswahlmenü werden die Laufwerke Ihres PC aufgelistet (siehe Abbildung 1.7). Im aktuellen Laufwerk wird Ihnen der Pfad zu dem Ordner angezeigt, in dem Sie sich gerade befinden. Klicken Sie ein anderes Laufwerk an, können Sie dort wieder, wie oben beschrieben, den Ordner öffnen, in dem sich die Zeichnung befindet.

Wenn Sie den gewünschten Ordner geöffnet haben, klicken Sie die Zeichnung an, die Sie öffnen wollen. Der Zeichnungsname wird in das Feld DATEINAME: übernommen. Im Fenster VORSCHAU, rechts neben der Liste, wird das Voransichtsbild, das mit jeder Zeichnungsdatei gespeichert ist, angezeigt.

 **1** Der erste Rundgang durch das CAD-Programm

*Abb. 1.7:
Dialogfeld zum
Öffnen einer
Zeichnung*

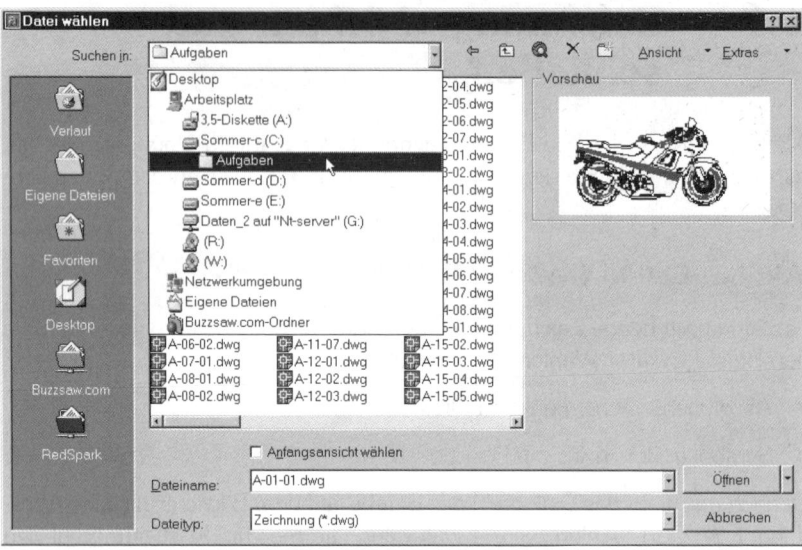

Klicken Sie auf die Schaltfläche ÖFFNEN oder den Zeichnungsnamen in der Liste doppelt an und die markierte Zeichnung wird in einem neuen Zeichnungsfenster auf den Bildschirm geholt. Mit der Schaltfläche ABBRECHEN wird der Befehl ohne Aktion beendet.

Im Abrollmenü DATEITYP können Sie wählen, welcher Dateityp angezeigt und geöffnet werden soll. Normalerweise arbeiten Sie mit Zeichnungsdateien, diese haben die Dateierweiterung *DWG*. Sie sollten die Einstellung *Zeichnung (*.dwg)* lassen.

Training: Öffnen einer Zeichnung

✗ Wählen Sie den Befehl ÖFFNEN.

✗ Suchen Sie im Ordner C:\AUFGABEN die Zeichnung A-01-01.dwg.

✗ Öffnen Sie die Datei.

Tipps:

✗ Die letzten vier Zeichnungen, an denen Sie zuvor gearbeitet haben, finden Sie im unteren Teil des Abrollmenüs DATEI aufgelistet. Durch Anklicken des Zeichnungsnamens im Menü können Sie eine solche Zeichnung auf den Bildschirm holen.

✗ Wird eine Zeichnung geöffnet, wird das Zeichnungsfenster mit dieser Zeichnung vor die anderen gelegt (siehe Abbildung 1.8). Mit den Symbolen an der rechten oberen Ecke des Fensters oder den Einträgen im

Abrollmenü, das mit dem Symbol an der linken oberen Ecke des Fensters aktiviert wird, kann das Zeichnungsfenster zum Vollbild oder zum Symbol geschaltet werden.

✘ Ist das Zeichnungsfenster nicht formatfüllend, können Sie seine Größe mit der Maus beliebig verändern, indem Sie es am Fensterrand mit der Maus in die gewünschte Richtung ziehen. In der Titelzeile können Sie es an die gewünschte Position ziehen.

✘ Es lassen sich beliebig viele Zeichnungen öffnen. Sie können aber auch im Dialogfeld des Befehls ÖFFNEN gleich mehrere Zeichnungen markieren. Diese werden dann nacheinander in einem eigenen Zeichnungsfenster geöffnet. Drücken Sie dazu die Taste ⇧ oder Strg beim Anklicken der Dateien. Alle Dateien zwischen der ersten in der Liste und der gerade angeklickten werden bei gedrückter Taste ⇧ markiert. Mit gedrückter Taste Strg beim Anklicken wird diese Datei zusätzlich zu den anderen markiert.

✘ Ein Fenster ist das aktuelle Zeichnungsfenster. Es wird durch eine andere Farbe in der Titelleiste markiert. Ein Klick in ein anderes Zeichnungsfenster macht dieses zum aktuellen. Ein bereits begonnener Befehl wird beim Wechsel des Fensters nicht abgebrochen. Er kann später fortgesetzt werden.

✘ Das aktuelle Zeichnungsfenster kann auch im Abrollmenü FENSTER gewechselt werden. Dort sind alle geöffneten Zeichnungen aufgelistet und das aktive ist mit einem Häkchen versehen (siehe Abbildung 1.8). Klicken Sie auf einen Namen, kommt das Fenster in den Vordergrund und wird zum aktuellen Fenster. Sie können die Fenster auch mit der Tastenkombination Strg + ⇥ durchblättern.

✘ Fenster mit den Namen *Zeichng1.dwg*, *Zeichng2.dwg* usw. sind Zeichnungen, die neu begonnen wurden, aber noch nicht unter einem Namen abgespeichert wurden.

Aktion: Zeichnungsfenster anordnen

Haben Sie mehrere Zeichnungen geöffnet, können Sie diese am Bildschirm auf verschiedene Arten anordnen. Wählen Sie dazu:

✘ Abrollmenü FENSTER, Funktion für die gewünschte Anordnung

Im oberen Teil des Menüs können Sie die Anordnung der Fenster wählen:

ÜBERLAPPEND: Die Fenster werden versetzt aufeinander abgelegt (siehe Abbildung 1.8).

UNTEREINANDER: Die Fenster werden untereinander angeordnet (siehe Abbildung 1.9).

 **1** Der erste Rundgang durch das CAD-Programm

NEBENEINANDER: Die Fenster werden nebeneinander angeordnet (siehe Abbildung 1.10).

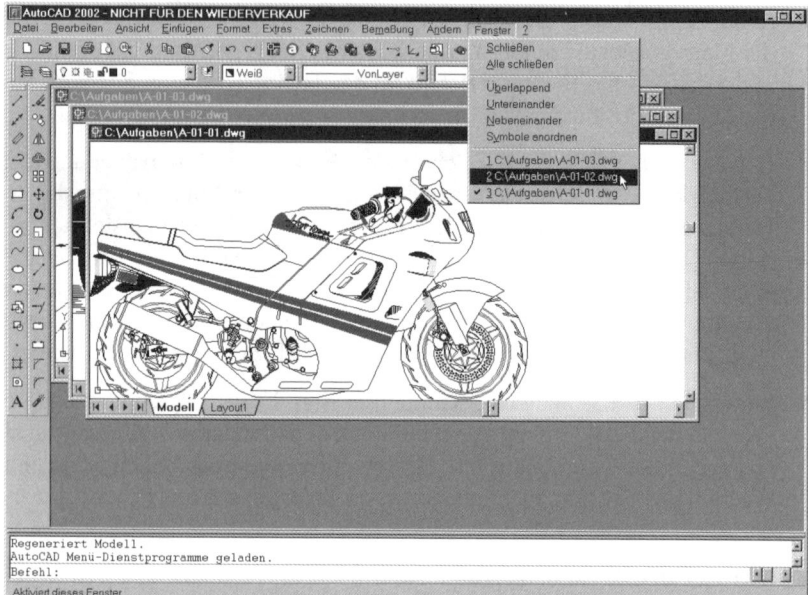

Abb. 1.8:
Zeichnungsfenster überlappend angeordnet

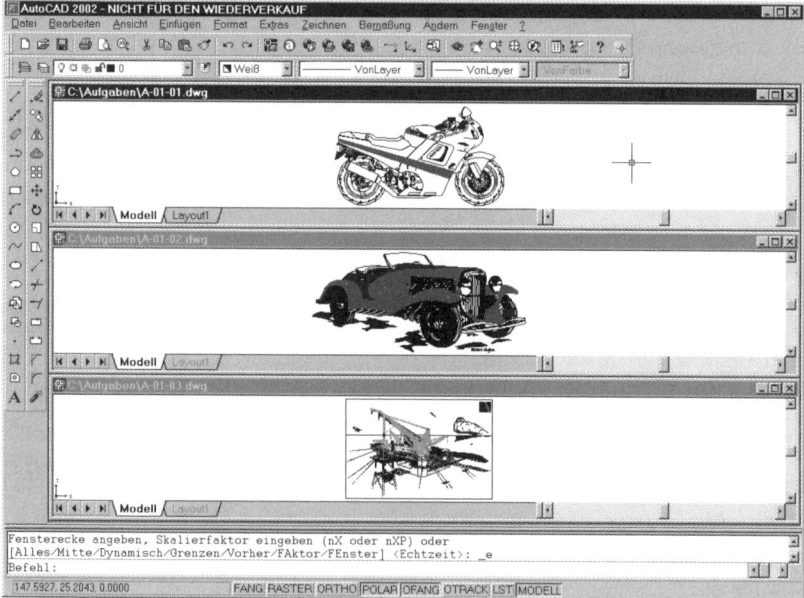

Abb. 1.9:
Zeichnungsfenster untereinander angeordnet

Zeichnungen öffnen und schließen

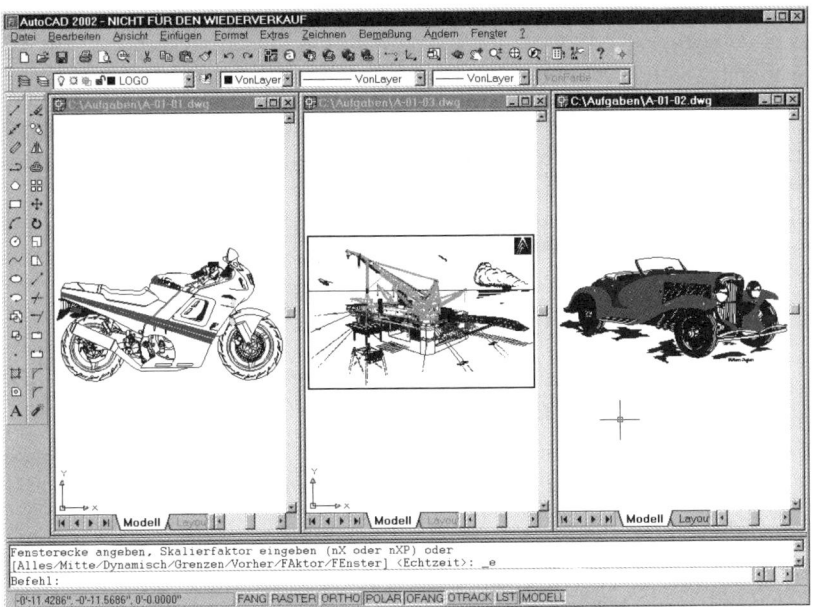

Abb. 1.10:
Zeichnungsfenster nebeneinander angeordnet

Aktion: Befehl SCHLIEßEN

Wollen Sie die Arbeit an einer Zeichnung beenden, wählen Sie den Befehl SCHLIEßEN:

✗ Abrollmenü DATEI, Funktion SCHLIEßEN wählen

✗ Symbol an der rechten oberen Ecke des Zeichnungsfensters anklicken

✗ Abrollmenü des Zeichnungsfensters mit dem Symbol in der linken oberen Ecke aktivieren und dort die Funktion SCHLIEßEN wählen oder Doppelklick auf das Symbol

✗ Tastenkombination [Strg] + [F4] drücken.

Das aktuelle Zeichnungsfenster wird geschlossen. Haben Sie seit dem Öffnen oder dem letzten Speichern die Zeichnung geändert, kommt ein Dialogfeld auf den Bildschirm (siehe Abbildung 1.11).

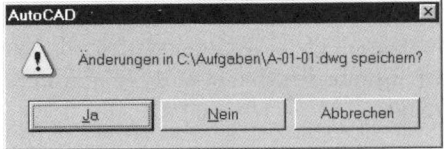

Abb. 1.11:
Abfrage zur Speicherung von Änderungen

35

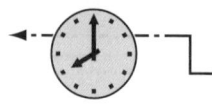

1 Der erste Rundgang durch das CAD-Programm

Wenn Sie JA anklicken, wird die Zeichnung gespeichert. Klicken Sie dagegen NEIN an, gehen alle Änderungen seit dem letzten Speichern verloren. Mit der Schaltfläche ABBRECHEN wird der Vorgang abgebrochen.

Ist im Zeichnungsfenster noch ein Befehl aktiv, kann das Fenster nicht geschlossen werden. Es wird eine Meldung in einem Fenster ausgegeben. Der Befehl muss zuerst beendet oder abgebrochen werden. Drücken Sie die Taste [Esc] (eventuell zweimal) und versuchen Sie es noch einmal. Jetzt kann das Fenster geschlossen werden.

Training: Zeichnungsfenster anordnen

✗ *Wählen Sie wieder den Befehl ÖFFNEN und öffnen Sie zusätzlich die Zeichnungen A-01-02.dwg und A-01-03.dwg.*

✗ *Ordnen Sie die Fenster am Bildschirm an. Wechseln Sie das aktuelle Fenster. Testen Sie die oben beschriebenen Methoden.*

✗ *Schließen Sie die Fenster wieder. Lassen Sie nur das Fenster mit der Zeichnung A-01-01.dwg möglichst groß auf dem Bildschirm.*

1.8 Echtzeit-Zoom und -Pan

Wenn Sie sich vorstellen, dass ein A0-Plan auf Ihrem Computerbildschirm angezeigt werden soll, ist klar, dass nicht mehr viele Details erkennbar sind. Nur mit flexiblen Möglichkeiten, die Vergrößerung und den Ausschnitt zu wechseln, behalten Sie die Übersicht und zugleich auch den Blick fürs Detail.

Aktion: Echtzeit-Zoom

Mit dem Echtzeit-Zoom können Sie die Vergrößerung auf der Zeichenfläche kontinuierlich vergrößern bzw. verkleinern. Diese Funktion wählen Sie:

✗ Abrollmenü ANSICHT, Untermenü ZOOM >, Funktion ECHTZEIT

✗ Symbol in der Standard-Funktionsleiste und bei AutoCAD 2002 im Werkzeugkasten 3D-ORBIT

Auf der Zeichenfläche finden Sie statt des bisherigen Fadenkreuzes eine Lupe mit den Zeichen + und -. Bewegen Sie die Lupe mit gedrückter Maustaste nach oben, wird die Anzeige stufenlos vergrößert. Bewegen Sie die Lupe dagegen nach unten, wird stufenlos verkleinert. Haben Sie die richtige Vergrößerung auf diese Weise eingestellt, drücken Sie die Taste [Esc] oder [↵] auf der Tastatur, der Befehl wird beendet und die momentane Vergrößerung übernommen.

Drücken Sie dagegen die rechte Maustaste, erscheint ein Pop-up-Menü, in dem Sie weitere Funktionen anwählen können (siehe Abbildung 1.12).

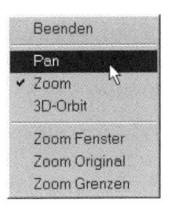

Abb. 1.12: Pop-up-Menü bei Echtzeit Zoom oder Pan

Wenn Sie in diesem Menü die Funktion PAN anklicken, können Sie den Ausschnitt in Echtzeit verschieben (siehe weiter unten). Dazu erscheint auf der Zeichenfläche eine Hand. Jetzt können Sie die Hand samt der Zeichnung kontinuierlich mit gedrückter Maustaste in die gewünschte Richtung verschieben. Mit den Tasten [Esc] oder [↵] wird auch hier der Befehl beendet und der momentane Ausschnitt übernommen. Auch aus dieser Funktion kommen Sie mit der rechten Maustaste in das Pop-up-Menü.

Aktion: Funktionen im Pop-up-Menü

ZOOM FENSTER: Bei dieser Funktion wird ein Fenstersymbol angezeigt und bei gedrückter Maustaste wird ein Fenster aufgezogen. Der Ausschnitt in diesem Fenster wird formatfüllend auf dem Bildschirm dargestellt.

ZOOM ORIGINAL: Schaltet zu dem Ausschnitt zurück, der bei der Anwahl des Befehls auf dem Bildschirm war.

ZOOM GRENZEN: Bringt die komplette Zeichnung formatfüllend auf den Bildschirm.

3D-ORBIT: Wahl des 3D-Ansichtspunkts (nur bei AutoCAD 2002, siehe Stunde 22).

BEENDEN: Beendet den Befehl

Aktion: Echtzeit-Pan

Wollen Sie gleich mit der Pan-Funktion starten, müssen Sie nicht den Umweg über die Zoom-Funktion gehen. Wählen Sie direkt den Befehl PAN:

✗ Abrollmenü ANSICHT, Untermenü PAN >, Funktion ECHTZEIT

✗ Symbol in der Standard-Funktionsleiste und in AutoCAD 2002 im Werkzeugkasten 3D-ORBIT

Sie starten mit der Pan-Funktion (Handcursor) und können wie oben beschrieben zur Zoom-Funktion und zurück wechseln.

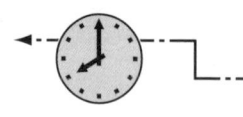

1.9 Zoom und Pan mit der Radmaus

Noch einfacher ist Zoom und Pan, wenn Sie mit einer »IntelliMouse« von Microsoft oder mit einer kompatiblen Radmaus arbeiten. Rad und Radtaste können Sie dann für diese Funktionen verwenden.

Aktion: Zoom mit dem Rad

Drehen Sie das Rad auf der »IntelliMouse« zu sich her, wird die Zeichnung auf dem Bildschirm verkleinert, drehen Sie es von sich weg, wird die Zeichnung vergrößert. Dazu müssen Sie keinen Befehl wählen und der gerade aktive Befehl wird nicht abgebrochen.

Aktion: Pan mit der Radtaste

Wenn Sie das Rad gedrückt halten, erscheint ein Cursor mit einer Hand. Wenn Sie sich jetzt mit der Maus von diesem Cursor weg bewegen, wird der Bildausschnitt in Pfeilrichtung bewegt, also wieder in Echtzeit gepant. Auch dazu muss der laufende Befehl nicht abgebrochen und kein spezieller Befehl gewählt werden.

1.10 Das Übersichtsfenster

Damit der Überblick beim Zoomen nicht verloren geht, können Sie das Übersichtsfenster zuschalten. Dort wird die komplette Zeichnung angezeigt, egal welchen Ausschnitt Sie gewählt haben (siehe Abbildung 1.13).

Aktion: Befehl ÜFENSTER

Mit dem Befehl ÜFENSTER schalten Sie das Übersichtsfenster ein und aus. Wählen Sie den Befehl:

✘ Abrollmenü ANSICHT, Funktion ÜBERSICHTSFENSTER

Im Übersichtsfenster kann die Vergrößerung auf der Zeichnungsfläche stufenlos geändert werden. Der Bereich, der sich gerade auf der Zeichenfläche befindet, ist mit einem Rahmen markiert. Gehen Sie zum Einstellen des Ausschnitts wir folgt vor:

✘ Klicken Sie ins Übersichtsfenster, wird der Rahmen für den neuen Ausschnitt an diese Stelle gesetzt und Sie können es mit der Maus an eine beliebige Stelle schieben. Die Zeichnung im Zeichnungsfenster wird dabei dynamisch mitgeführt wie bei der Pan-Funktion.

Die Hilfe-Funktionen

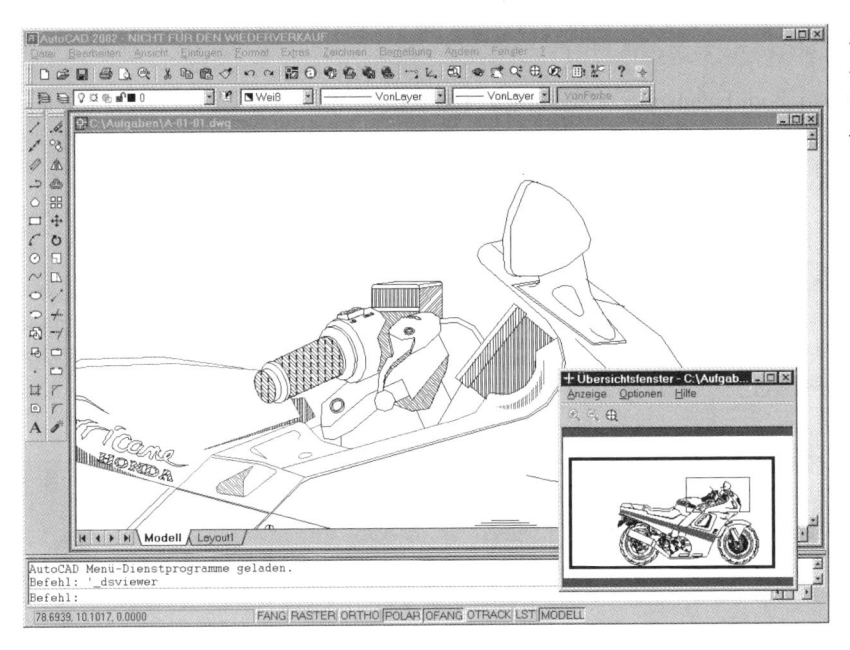

*Abb. 1.13:
Zeichnung mit
Übersichts-
fenster*

- ✗ In der Mitte des Rahmens haben Sie dabei ein X. Klicken Sie mit der linken Maustaste auf einen Punkt im Übersichtsfenster, wechselt die Markierung, Sie bekommen das Zeichen ->. Jetzt können Sie das Fenster größer und kleiner ziehen. Dabei wird die Zeichnung im Zeichnungsfenster dynamisch vergrößert bzw. verkleinert wie bei der Zoom-Funktion.

- ✗ Klicken Sie erneut einen Punkt an, wird wieder zur Pan-Funktion umgeschaltet. So können Sie beliebig oft zwischen Zoom- und Pan-Funktion hin- und herschalten.

- ✗ Haben Sie den Ausschnitt festgelegt und drücken Sie die rechte Maustaste oder die Taste ⏎, wird der aktuelle Ausschnitt im Zeichnungsfenster fixiert.

1.11 Die Hilfe-Funktionen

Sollten Sie während der Arbeit mit AutoCAD an irgendeiner Stelle nicht weiter wissen, steht Ihnen jederzeit die Hilfe-Funktion zur Verfügung. Diese läuft in AutoCAD LT 2002 in einem Fenster, das dem Microsoft Internet Explorer ähnelt. Deshalb wird bei der Installation des Programms auch der Internet-Explorer mit installiert, falls Sie ihn nicht auf Ihrem PC installiert haben. In AutoCAD 2002 wird das in Windows-Programmen übliche Hilfe-Fenster verwendet.

1 Der erste Rundgang durch das CAD-Programm

Aktion: Befehl HILFE

An jeder beliebigen Stelle im Befehlsdialog können Sie zur Hilfe verzweigen. Rufen Sie dazu den Befehl HILFE auf:

✘ Taste F1 drücken

✘ Abrollmenü ?, Funktion HILFE

✘ Symbol in der STANDARD-FUNKTIONSLEISTE

In einem eigenen Fenster bekommen Sie den Hilfe-Explorer auf den Bildschirm, in dem Sie die Erklärungen zu dem Befehl finden, an dem Sie gerade arbeiten. Abbildung 1.14 zeigt die Hilfe am Beispiel des Befehls KREIS.

Abb. 1.14:
Hilfe-Fenster
am Beispiel des
Befehls KREIS

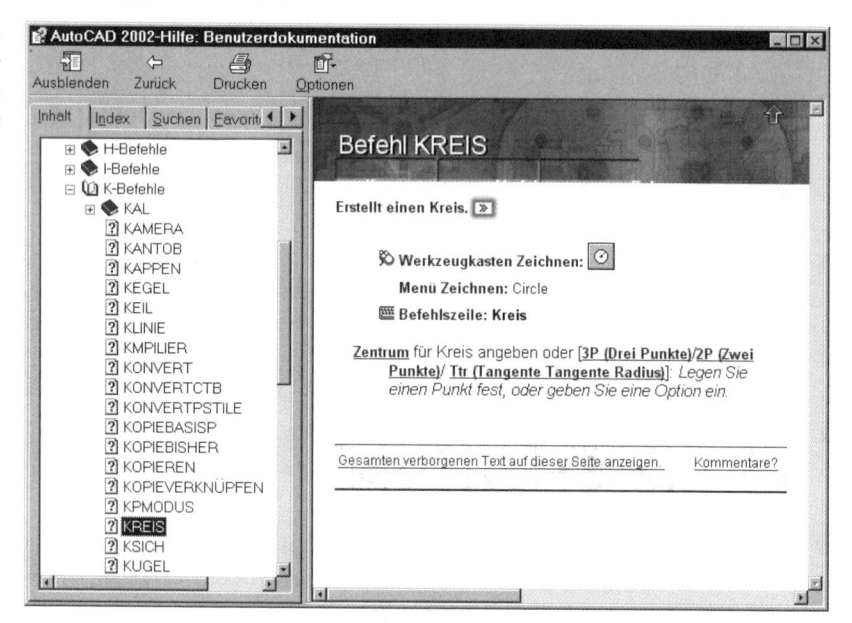

Ausführliche Erläuterungen zum Befehl, meist mit Zeichenbeispielen, finden Sie im rechten Fenster. Im linken Fenster des Hilfe-Explorers befindet sich das Navigationssystem, mit dem Sie sich innerhalb des Hilfesystems orientieren und zu einer beliebigen Stelle verzweigen können.

Aktion: AKTIVE HILFE

Wenn Sie bei der Anwahl eines jeden Befehls ein Fenster mit schlauen Tipps bekommen (siehe Abbildung 1.15), dann ist die AKTIVE HILFE eingeschaltet.

Ist Ihnen das auf die Dauer zu lästig, können Sie diese auch ausschalten. Klicken Sie:

✘ Klicken Sie mit der rechten Maustaste auf das Hilfe-Symbol in der Systemablage der Windows-Taskleiste

✘ Wählen Sie aus dem Pop-up-Menü die Funktion EINSTELLUNGEN...

Sie bekommen ein Dialogfeld auf den Bildschirm, in dem Sie die Einstellungen für die AKTIVE HILFE vornehmen können (siehe Abbildung 1.15).

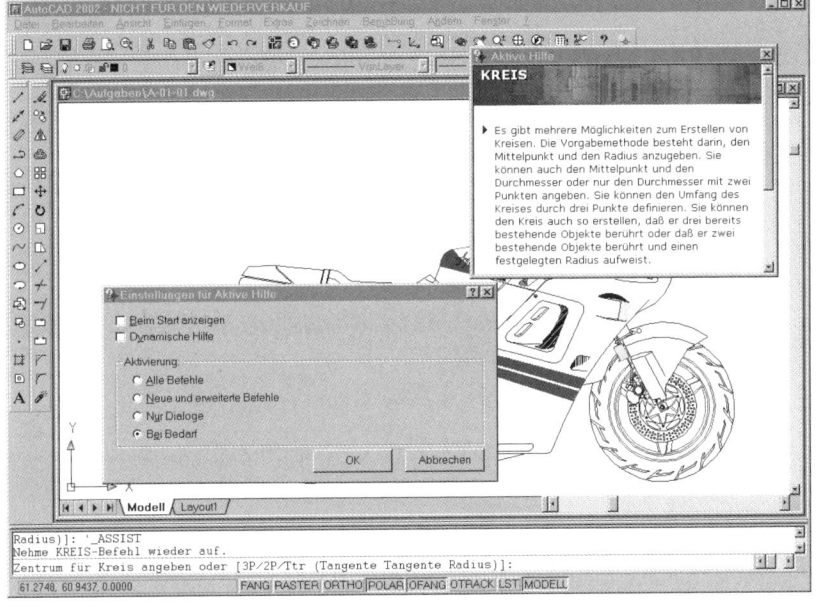

Abb. 1.15:
AKTIVE HILFE
und Dialogfeld
zur Einstellung

BEIM START ANZEIGEN: Haben Sie diesen Schalter ein, wird das Fenster AKTIVE HILFE beim Start angezeigt.

AKTIVIERUNG: In diesem Feld wählen Sie, wann das Fenster Aktive Hilfe eingeblendet werden soll, bei allen Befehlen, nur bei den Befehlen, die in AutoCAD 2002 neu sind oder geändert wurden, bei allen Befehl mit Dialogfeldern oder nur bei Bedarf. Bei der letzten Auswahl bekommen Sie die Hilfe zum jeweils aktiven Befehl nur dann, wenn Sie das Symbol für die Aktive Hilfe in der STANDARD-FUNKTIONSLEISTE anklicken.

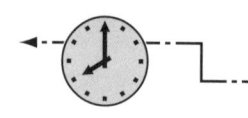

1.12 AutoCAD beenden

Sie haben Ihren ersten Rundgang durch das Programm beendet. Zeit für eine Pause? Beenden Sie vorher das Programm.

Aktion: Befehl QUIT

Wählen Sie den Befehl:

- ✗ Abrollmenü DATEI, Funktion BEENDEN
- ✗ Tastenkombination [Alt] + [F4]

Haben Sie Änderungen im Zeichnungsfenster vorgenommen und diese noch nicht gesichert, wird bei jedem Fenster angefragt, ob die Änderungen gesichert werden sollen oder nicht (siehe Abbildung 1.11).

Fragen zur ersten Stunde

1. Wo wird der Befehlsdialog protokolliert? *Befehlzeilenfenster*
2. Wie nennt man in AutoCAD die Varianten eines Befehls? *befehlsoption*
3. Mit welcher Taste lassen sich falsch gewählte Befehle abbrechen? *ESC*
4. Wie werden in AutoCAD die Befehle genannt, die während eines anderen Befehls verwendet werden können? *transparent*
5. Wie kann das Pop-up-Menü aktiviert werden, mit dem Werkzeugkästen zu- und abgeschaltet werden? *rechtsklick auf beliebiger Funktion*
6. Mit welcher Funktionstaste kann das Textfenster zugeschaltet werden? *F2*
7. Mit welcher Tastenkombination kann ein Zeichnungsfenster geschlossen werden? *Strg + F4*
8. Welche Funktion hat das Rad bei der Radmaus?
9. Welche Funktionen lassen sich im Übersichtsfenster ausführen?
10. Mit welcher Funktionstaste können Sie die Hilfe-Funktion aufrufen?

STUNDE 2

Zeichnungen beginnen und abspeichern

In dieser Stunde lernen Sie:

✘ wie Sie eine neue Zeichnung beginnen

✘ welche Möglichkeiten Sie beim Setup einer neuen Zeichnung haben

✘ wie Sie mit dem Assistenten arbeiten

✘ was eine Vorlage ist und wie Sie damit eine neue Zeichnung beginnen

✘ wie Sie direkt beginnen

✘ wie Sie Ihre Zeichnung speichern

✘ wie Sie eine Vorlage erstellen und

✘ welche Informationen Sie mit der Zeichnung speichern können.

2.1 Eine neue Zeichnung beginnen

Sie haben schon in der ersten Stunde gesehen, dass mit dem Start von Auto-CAD das Fenster AUTOCAD 2002 AKTUELL aktiviert wird, in dem Sie wählen können, ob Sie eine neue Zeichnung beginnen oder eine bereits gespeicherte öffnen wollen (siehe Abbildung 2.1).

2 Zeichnungen beginnen und abspeichern

Abb. 2.1:
Fenster AUTO-
CAD 2002
AKTUELL,
Register
ZEICHNUNGEN
ÖFFNEN

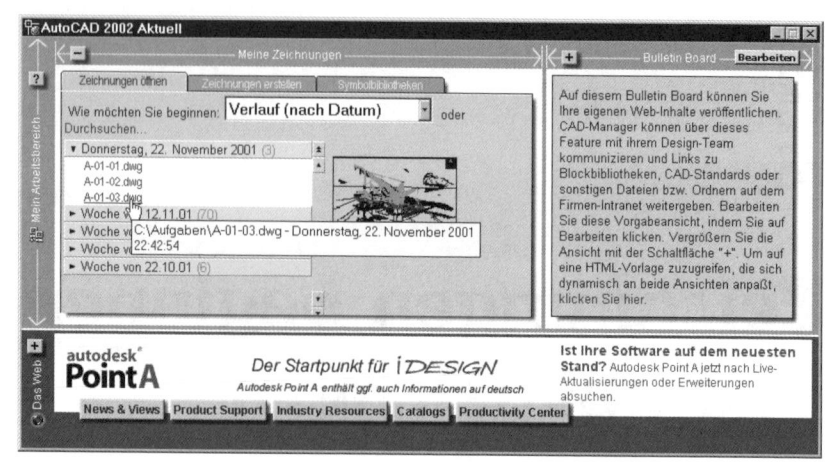

Folgende Möglichkeiten stehen Ihnen mit den Registern zur Auswahl:

ZEICHNUNGEN ÖFFNEN: Mit diesemRegister können Sie eine bereits gespeicherte Zeichnung wieder auf den Bildschirm holen. Im Abrollmenü unter den Registerkarten können Sie wählen, wie die Liste sortiert werden soll:

ZULETZT BENUTZTE DETEIEN: In der Reihenfolge, in der die Zeichnungen bearbeitet wurden.

VERLAUF (NACH DATUM): Sortiert nach dem Datum der letzten Bearbeitung. Jedes Bearbeitungsdatum ist in der Liste aufgeführt. Mit einem Mausklick auf ein Datum werden die Zeichnungen angezeigt, die an diesem Tag bearbeitet wurden. Ein weiterer Mausklick auf das Datum blendet die Liste für diesen Tag wieder aus.

VERLAUF (NACH DATEINAME): Alphabetisch sortiert nach dem Dateinamen. Jeweils der Anfangsbuchstabe ist in der Liste aufgeführt. Mit einem Mausklick auf den Buchstaben kann die Liste dazu ein- und ausgeblendet werden.

VERLAUF (NACH SPEICHERORT): Sortiert nach Laufwerk und Ordner, aus dem die Zeichnungen geöffnet wurden. Jeder verwendete Speicherort ist in der Liste aufgeführt. Mit einem Mausklick kann die Liste der aus diesem Speicherort bearbeiteten Dateien ein- und ausgeblendet werden.

Zeigen Sie mit dem Mauszeiger auf einen Zeichnungsnamen, erscheint im Feld daneben die Voransicht der Zeichnung. Nach ca. einer Sekunde bekommen Sie zusätzlich in einem gelben Fenster das so genannte QuickInfo mit weiteren Informationen zu der Zeichnung eingeblendet (siehe Abbildung 2.1). Mit einem Klick auf den Zeichnungsnamen (kein Doppelklick) wird die Zeichnung in AutoCAD zur Bearbeitung geöffnet. Mit der Schaltfläche DURCHSUCHEN bekommen Sie das Dialogfeld des Befehls ÖFFNEN auf den Bildschirm, mit dem Sie aus dem kompletten Zeichnungsbestand wählen können.

Eine neue Zeichnung beginnen

ZEICHNUNGEN ERSTELLEN: Klicken Sie auf dieses Register, können Sie eine neue Zeichnung erstellen. Auch hier haben Sie ein Abrollmenü unter den Registerkarten. Darin können Sie die verschiedenen Methoden zum Start einer neuen Zeichnung auswählen (siehe unten).

SYMBOLBIBLIOTHEKEN: Wählen Sie dieses Register, können Sie in der Liste eine Symbolbibliothek wählen. Das AUTOCAD DESIGN CENTER wird mit dieser Symbolbibliothek gestartet (siehe Stunde 20).

Aktion: Befehl NEU

Wollen Sie später eine neue Zeichnung beginnen, verwenden Sie den Befehl NEU:

✗ Abrollmenü DATEI, Funktion NEU...

✗ Symbol in der STANDARD-FUNKTIONSLEISTE

Sie bekommen wieder das Fenster AUTOCAD 2002 AKTUELL in den Vordergrund.

Aktion: Zeichnung mit dem Assistenten BENUTZERDEFINIERT beginnen

Wenn Sie eine neue Zeichnung mit dem Assistenten beginnen, können Sie alle Grundeinstellungen für die neue Zeichnung in Dialogfeldern vornehmen.

✗ Wählen Sie den Befehl NEU

✗ Klicken Sie auf das Register ZEICHNUNGEN ERSTELLEN.

✗ Wählen Sie aus dem Abrollmenü den Eintrag ASSISTENTEN.

✗ Klicken Sie in der Liste darunter auf den Eintrag BENUTZERDEFINIERT.

Ein Assistent fragt in fünf Dialogfeldern die wichtigsten Größen für die neue Zeichnung ab (siehe Abbildung 2.2). Gehen Sie diese Schritt für Schritt mit den Schaltflächen WEITER > durch. Mit den Schaltflächen < ZURÜCK können Sie bei Bedarf auch noch einmal zurück blättern. Auf dem letzten Dialogfeld finden Sie die Schaltfläche FERTIG STELLEN. Klicken Sie diese an, werden die Vorgaben ausgeführt und Sie erhalten das neue leere Zeichenblatt.

EINHEITEN Im ersten Dialogfeld legen Sie fest, in welchem Einheitensystem Sie arbeiten wollen (siehe Abbildung 2.3). Für Zeichnungen im metrischen System werden Sie DEZIMAL wählen. Die anderen Einstellungen sind für das britische System, bei dem in Fuß und Zoll gearbeitet wird. Ebenfalls dezimal ist die Einstellung WISSENSCHAFTLICH, allerdings in exponentieller Darstellung, z.B. 3.57E+02 für 357.

Schritt 1

2 _Zeichnungen beginnen und abspeichern_

Abb. 2.2:
Fenster AUTO-
CAD 2002
AKTUELL, Start
mit Assistent

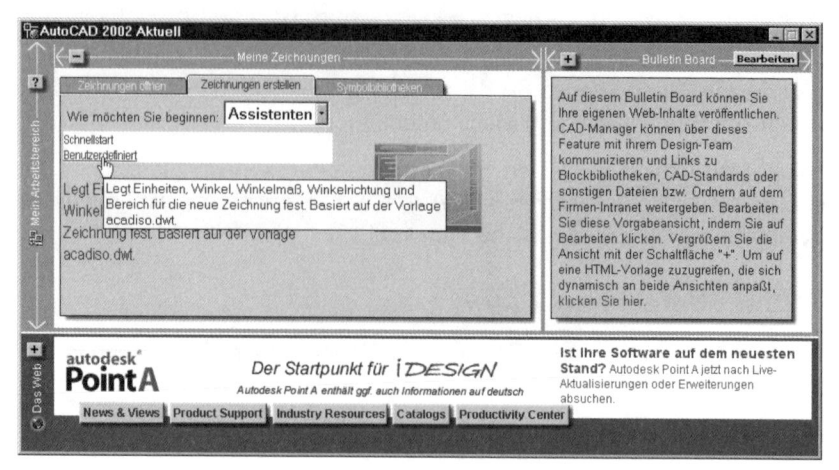

Im Abrollmenü GENAUIGKEIT stellen Sie ein, mit wieviel Stellen Genauigkeit die Koordinaten und gemessene Werte angezeigt werden sollen. Stellen Sie eine Genauigkeit von zwei Kommastellen ein und klicken Sie dann auf WEITER >.

Abb. 2.3:
Schritt 1,
Festlegung der
Einheiten

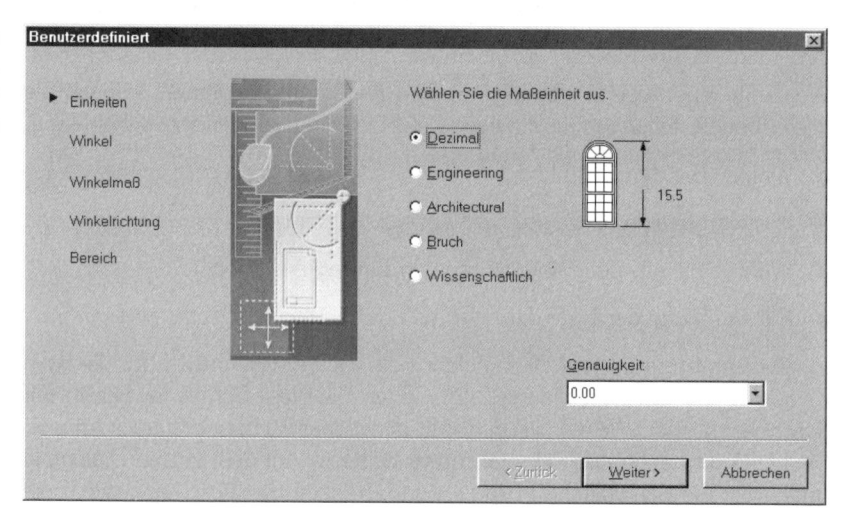

Schritt 2 **WINKEL** Das nächste Dialogfeld ist für die Einstellung der Winkeleinheiten. Hier wählen Sie, ob Sie in Dezimalgrad, mit Grad/Minuten/Sekunden, in Neugrad, im Bogen- oder im Feldmaß arbeiten wollen. Auch hier kann in einem Abrollmenü die Genauigkeit für die Darstellung eingestellt werden. Belassen Sie die Einstellung auf DEZIMALGRAD und stellen Sie die Genauigkeit auf eine Kommastelle ein (siehe Abbildung 2.4). Gehen Sie dann zum nächsten Dialogfeld.

Eine neue Zeichnung beginnen

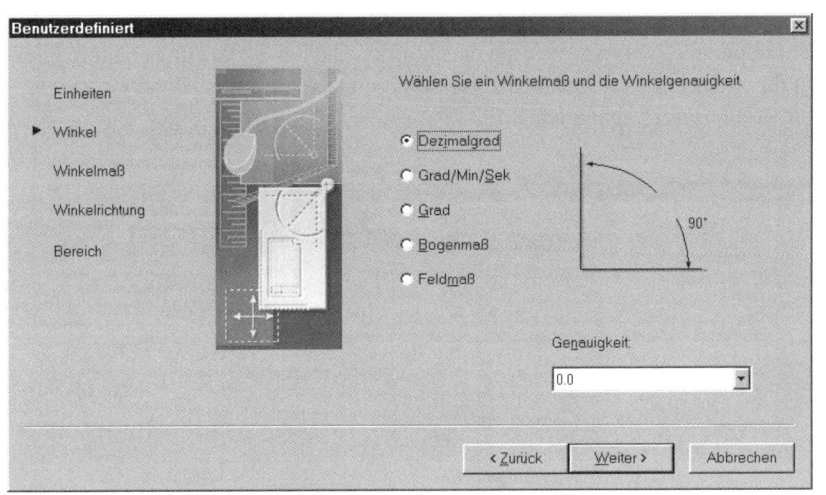

Abb. 2.4: Schritt 2, Festlegung der Winkeleinheiten

Schritt 3

WINKELMASS Im nächsten Dialogfeld stellen Sie die Null-Grad-Richtung für Winkel ein. Bei technischen Zeichnungen zeigt sie normalerweise nach Osten. Für andere Einsätze kann sie auch auf eine andere Himmelsrichtung gestellt werden. Außerdem kann auch ein beliebiger Winkel eingestellt werden, der dann die Abweichung zur normalen Null-Grad-Richtung (Osten) angibt. Schalten Sie in diesem Fall den Schalter ANDERE ein und tragen den Winkelwert darunter ein. Lassen Sie die Einstellung auf OSTEN (siehe Abbildung 2.5) und gehen Sie ohne Änderungen zum nächsten Schritt.

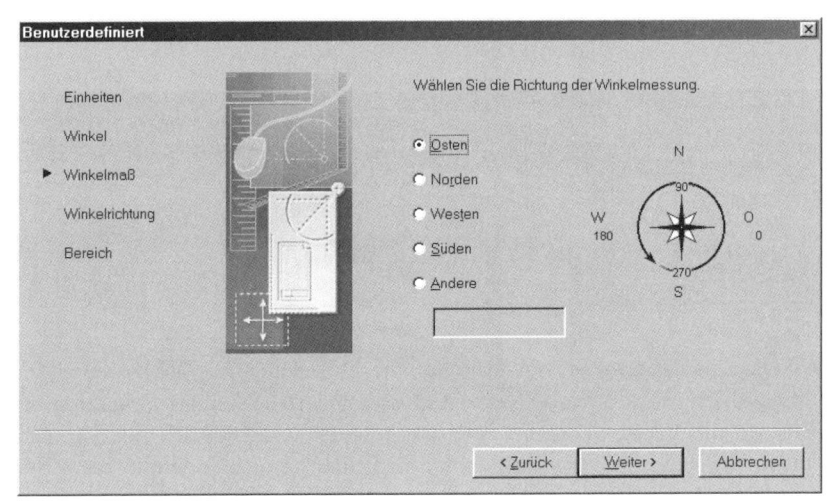

Abb. 2.5: Schritt 3, Festlegung der Null-Grad-Richtung für Winkel

2 Zeichnungen beginnen und abspeichern

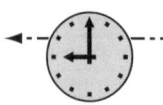

SCHRITT 4 **WINKELRICHTUNG** Die Winkel werden in AutoCAD normalerweise gegen den Uhrzeigersinn gemessen. Auch dies können Sie bei Bedarf umschalten. Hierzu dient das nächste Dialogfeld. Lassen Sie es bei der Einstellung GEGEN UHRZEIGERSINN (siehe Abbildung 2.6).

Abb. 2.6: Schritt 4, Festlegung der Winkelrichtung

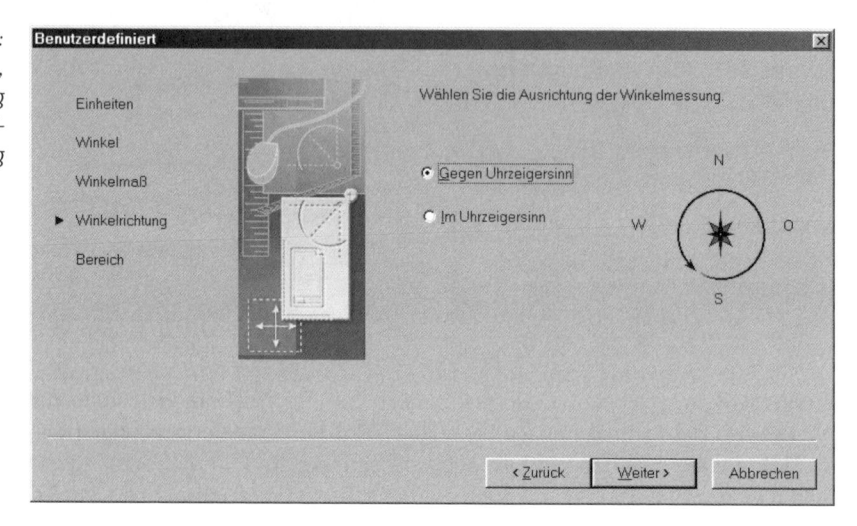

SCHRITT 5 **BEREICH** Im letzten Dialogfeld geben Sie den Zeichenbereich in Originaleinheiten an (siehe Abbildung 2.7). Standardmäßig sind hier 420 x 297 eingestellt, die Größe eines DIN-A3-Blatts im Querformat. Belassen Sie es bei dieser Einstellung und klicken Sie auf FERTIG STELLEN, Sie haben das leere Blatt mit diesen Einstellungen vor sich.

Abb. 2.7: Schritt 5, Festlegung des Zeichenbereichs

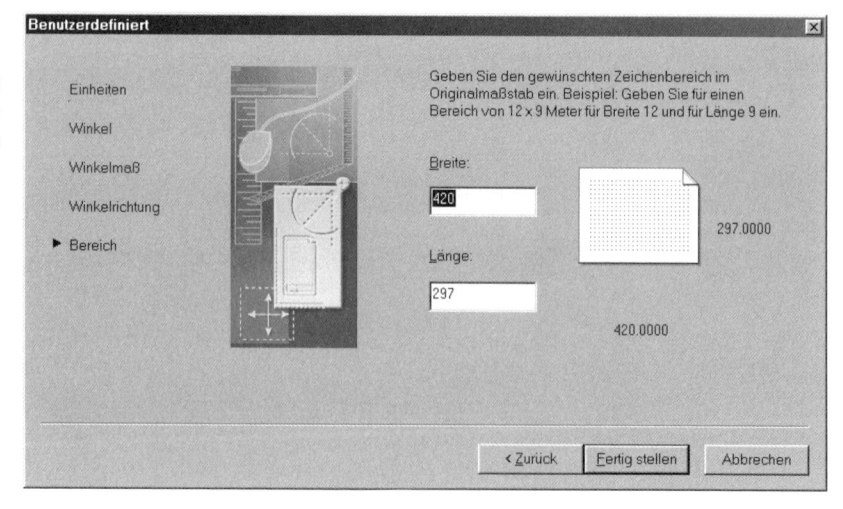

Aktion: Zeichnung mit dem Assistenten SCHNELLSTART beginnen

Mit dem SCHNELLSTART des Assistenten können Sie in zwei Schritten nur die Einheiten und den Bereich wählen (Schritt 1 und Schritt 5 des Assistenten BENUTZERDEFINIERT). Für die anderen Einstellungen werden Vorgaben verwendet. Schriftfelder können Sie nicht wählen, auch das Arbeiten mit Papierbereich und Modellbereich ist in dieser Methode nicht vorgesehen.

Aktion: Start mit einer Vorlage

Wenn Sie nicht bei jeder neuen Zeichnung diese Prozedur wiederholen wollen, können Sie auch mit einer Vorlage starten (siehe Abbildung 2.8). Vorlagen sind in einem speziellen Verzeichnis gespeichert *C:\Programme\AutoCAD LT 2002 Deu\Template* bzw. *C:\Programme\ AutoCAD 2002 Deu\Template*. In der Vorlage sind alle Grundeinstellungen für die neue Zeichnung gespeichert. Wie man eine solche erstellt, dazu später-mehr.

✘ Wählen Sie den Befehl NEU

✘ Klicken Sie auf das Register ZEICHNUNGEN ERSTELLEN.

✘ Wählen Sie aus dem Abrollmenü den Eintrag VORLAGE .

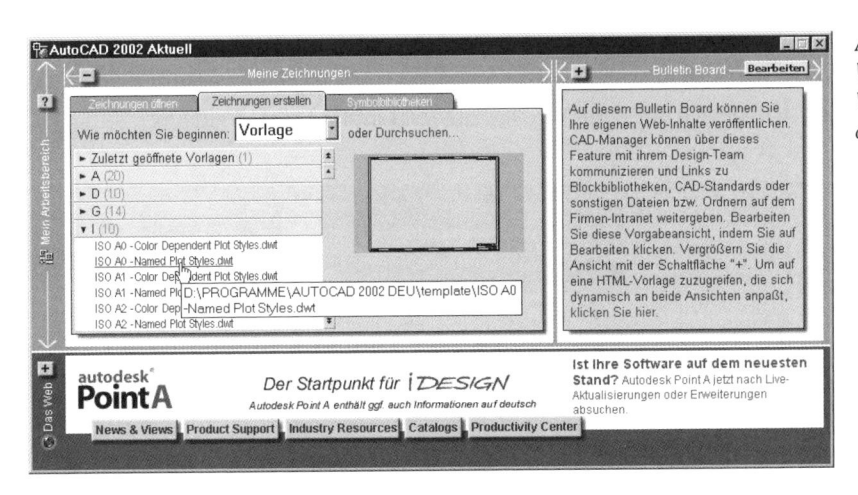

Abb. 2.8: Wahl einer Vorlage für den Start

In der Liste können Sie sich entweder die zuletzt verwendeten Vorlagen oder die Vorlagen nach Anfangsbuchstaben sortiert anzeigen lassen. Mit einem Klick auf eine Vorlage wird die neue Zeichnung mit dieser Vorlage gestartet (siehe Abbildung 2.2).

2 Zeichnungen beginnen und abspeichern

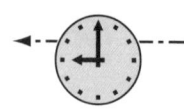

Die Vorlagen *Aclt.dwt* (in AutoCAD LT 2002) bzw. *Acad.dwt* (in AutoCAD 2002) sind Vorlagen im britischen Einheitensystem und *Acltiso.dwt* (in AutoCAD LT 2002) bzw. *Acadiso.dwt* (in AutoCAD 2002) im metrischen Einheitensystem ohne sonstige Voreinstellungen. Zudem haben Sie jeweils die gleiche Vorlage noch einmal mit benannten Plotstilen *Acltiso –named plot styles.dwt* und *Acadiso – named plot styles.dwt*. Was es mit den Plotstilen auf sich hat, finden Sie später in diesem Buch.

Eine ganze Reihe weiterer Vorlagen ist vorhanden, in denen schon das Layout mit dem Zeichnungsrahmen eingerichtet ist. Auch Layouts werden uns erst später in diesem Buch beschäftigen, stellen wir also auch das zurück. Haben Sie eine solche Vorlage gewählt, sehen Sie im Fenster daneben eine Voransicht der Vorlage.

Wenn Sie Ihre Vorlagen in einem anderen Ordner haben, kommen Sie mit einem Klick auf das Wort DURCHSUCHEN... (neben dem Abrollmenü) zum Dateiwähler, mit dem Sie eine Vorlage in einem beliebigen Ordner aussuchen können.

Aktion: Mit leerer Datei beginnen

Wenn Sie mit einer leeren Datei ohne Voreistellungen starten wollen, gehen Sie so vor:

✘ Wählen Sie den Befehl NEU.

✘ Klicken Sie auf das Register ZEICHNUNGEN ERSTELLEN.

✘ Wählen Sie aus dem Abrollmenü den Eintrag LEERE ZEICHNUNG .

Abb. 2.9: Mit leerer Zeichnung beginnen

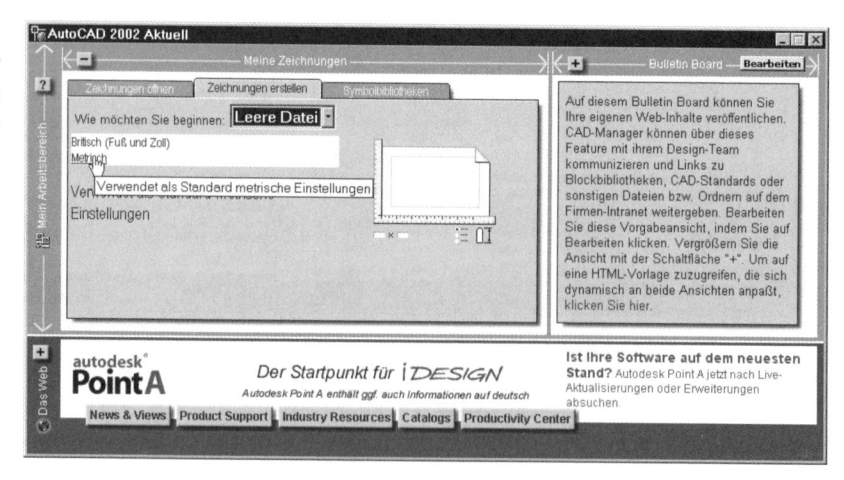

50

Jetzt haben Sie noch zur Auswahl ob Sie mit britischen oder metrischen Einheiten arbeiten wollen. Mit einem Klick auf den entsprechenden Eintrag in der Liste starten Sie die neue Zeichnung.

Training: Start von neuen Zeichnungen

✗ Wählen Sie den Befehl NEU.

✗ Starten Sie neue Zeichnungen mit dem Assistenten BENUTZERDEFINIERT und mit verschiedenen Vorlagen. Kontrollieren Sie die Ergebnisse.

2.2 Die Zeichnung speichern

Haben Sie neue Zeichnungen begonnen und diese noch nie gespeichert, werden die Namen fortlaufend nummeriert: *Zeichng1.dwg, Zeichng2.dwg, Zeichng3.dwg* usw. Der Name wird in der Titelleiste des Zeichnungsfensters angezeigt. Haben Sie Ihr Zeichnungsfenster zum Vollbild geschaltet, wird der Name der aktiven Zeichnung in der Titelzeile des Programms in Klammern angezeigt, z.B. [Zeichng1.dwg]. An dem Zeichnungsnamen erkennen Sie, dass Sie diese Zeichnung noch nicht gespeichert haben.

Aktion: Befehl KSICH und SICHALS

Sie haben zwei Möglichkeiten, Ihre Zeichnung zu speichern: Sie speichern die Zeichnung unter ihrem bisherigen Namen oder unter einem neuen Namen. Das machen Sie mit dem Befehl KSICH (Speichern unter dem bisherigen Namen) oder SICHALS (Speichern unter einem neuen Namen). Zunächst der Befehl KSICH.

✗ Abrollmenü DATEI, Funktion SPEICHERN

✗ Symbol in der STANDARD-FUNKTIONSLEISTE

Hat die Zeichnung noch den Namen *ZeichngX.dwg,* erscheint auch beim Befehl KSICH das Dialogfeld zur Dateiwahl auf dem Bildschirm (siehe Abbildung 2.10). Hat die Zeichnung schon einen Namen, wird der Befehl ohne weitere Anfrage ausgeführt.

Mit dem Befehl SICHALS wird auf jeden Fall ein neuer Zeichnungsname angefragt. Den Befehl finden Sie:

✗ Abrollmenü DATEI, Funktion SPEICHERN UNTER...

Bei diesem Befehl erscheint in jedem Fall das Dialogfeld zur Dateiauswahl (siehe Abbildung 2.10).

2 Zeichnungen beginnen und abspeichern

Abb. 2.10:
Dialogfeld zum
Speichern

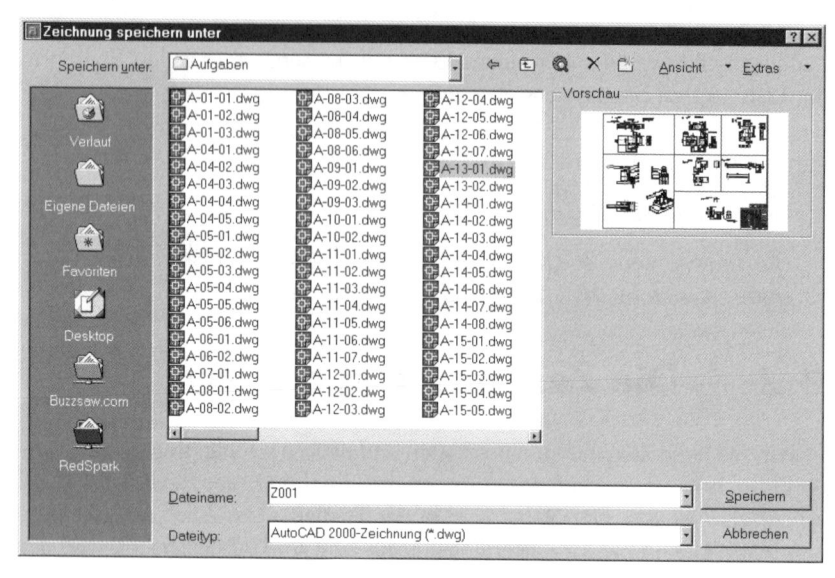

Der bisherige Name erscheint als Vorgabe und kann mit OK übernommen werden. Oder Sie geben einen neuen im Feld DATEINAME ein. Sie können aber auch einen Namen in der Dateiliste anklicken. Dann überschreiben Sie allerdings diese Datei. Das wird Ihnen in einer Warnmeldung mitgeteilt. Jetzt können Sie noch abbrechen oder die Datei tatsächlich überschreiben. Der vorherige Inhalt ist dann verloren.

Selbstverständlich haben Sie auch wieder alle Funktionen wie beim Öffnen von Zeichnungen. Sie können Laufwerke und Ordner wechseln, die Anzeige verändern, Ordner anlegen usw.

Tipp:

✘ Beachten Sie: Wenn Sie einen neuen Namen vorgeben, arbeiten Sie anschließend an der Zeichnung mit diesem Namen weiter. Falls Sie einen Stand sichern wollen und dann mit einem neuen Namen weiterarbeiten wollen, sollten Sie zuerst den Befehl KSICH und danach den Befehl SICHALS verwenden.

DATEITYP: Im Abrollmenü DATEITYP kann eingestellt werden, in welchem Format gespeichert werden soll. Sie haben die Möglichkeit, eine Zeichnung als AutoCAD-Zeichnung in verschiedenen Versionen, als Zeichnungsvorlage oder als DXF-Datei zum Zeichnungsaustausch mit anderen CAD-Systemen zu speichern. Möglich sind:

AutoCAD 2000-Zeichnung (*.dwg)
AutoCAD R14/LT 98/LT 97-Zeichnung (*.dwg)

AutoCAD R13/LT 95-Zeichnung (*.dwg)
Zeichnungsvorlagendatei (*.dwt)
AutoCAD LT 2000/2000 DXF (*.dxf)
AutoCAD R14/LT 98/LT 97 DXF (*.dxf)
AutoCAD R13/LT 95 DXF (*.dxf)
AutoCAD R12/LT 2 DXF (*.dxf)

Das Format AutoCAD 2002 bzw. LT 2002 suchen Sie vergeblich, Seit AutoCAD 2000 hat sich das Dateiformat nicht mehr geändert. AutoCAD 2000, 2000i und 2002 sind hundertprozentig dateikompatibel.

Haben Sie ZEICHNUNGSVORLAGE eingestellt, wird automatisch in den Ordner \Programme\AutoCAD 2002 Deu\Template bzw. \Programme\AutoCAD LT 2002 Deu\Template gewechselt. Sie können auch einen anderen Ordner wählen, was aber nicht ratsam ist, da diese Vorlage dann nicht automatisch in der Liste (siehe Abbildung 2.8) aufgeführt wird. Nachdem Sie auf OK geklickt haben, erscheint ein weiteres Fenster, in dem Sie die Vorlagenbeschreibung eingeben können (siehe Abbildung 2.11). In einem Abrollmenü MAßEINHEITEN sollten Sie außerdem festlegen, ob Sie metrische oder britische Einheiten in dieser Vorlage haben wollen.

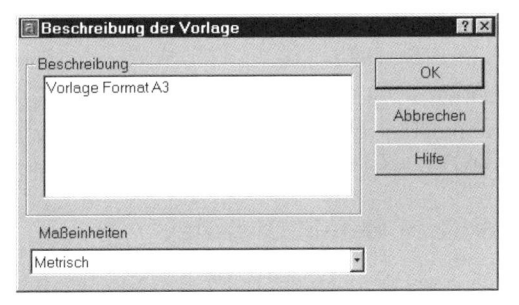

Abb. 2.11: Beschreibung der Vorlage

Training: Zeichnung speichern und Vorlage erstellen

- *Öffnen Sie eine Zeichnung und speichern Sie diese unter anderem Namen ab.*
- *Speichern Sie die Datei in einem DXF-Austauschformat ab.*
- *Machen Sie aus der Datei probeweise eine Vorlage und starten Sie eine neue Datei mit dieser Vorlage.*
- *Löschen Sie anschließend diese gespeicherten Dateien wieder.*

2 Zeichnungen beginnen und abspeichern

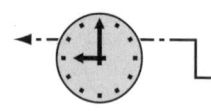

Tipps:

✗ Zeichnungsdateien haben die Dateierweiterung *DWG* (Abkürzung für Drawing)

✗ Vorlagendateien haben die Dateierweiterung *DWT* (Abkürzung für Drawing Template)

✗ Neben der Zeichnungsdatei wird in AutoCAD auch eine Sicherungsdatei gespeichert, die so genannte Backup-Datei. Sie hat den gleichen Namen wie die Zeichnung, aber die Dateierweiterung *BAK* (Abkürzung für Backup). Darin ist der Stand der vorletzten Sicherung gespeichert. Bevor Sie die Sicherungsdatei in AutoCAD laden können, müssen Sie diese im Explorer in eine Datei mit der Erweiterung *DWG* umbenennen.

✗ Außerdem sichert AutoCAD automatisch in einem voreingestellten Zeitintervall. Dabei wird die Sicherungsdatei mit der Dateierweiterung *SV$* erstellt. Falls Sie die automatische Speicherungsdatei einmal benötigen, benennen Sie diese Datei in eine Zeichnungsdatei mit der Dateierweiterung *DWG* um.

2.3 Informationen zur Zeichnung

Mit jeder Zeichnung können Sie Informationen über Titel, Autor und einen Kommentar abspeichern. Diese Informationen lassen sich auch außerhalb von AutoCAD im Windows-Explorer nutzen.

Aktion: Befehl DwGEIGEN

Mit dem Befehl DwGEIGEN können Sie diese Informationen speichern oder anzeigen lassen. Wählen Sie den Befehl:

✗ Abrollmenü DATEI, Funktion ZEICHNUNGSEIGENSCHAFTEN

In einem Dialogfeld mit vier Registern können Sie die Informationen zu der Zeichnungsdatei eingeben bzw. bearbeiten.

ALLGEMEIN: In diesem Register können Sie sich Informationen zu Zeichnungsname, Zeichnungstyp, Pfad, Größe, Erstellungs- und Änderungsdatum sowie die Dateiattribute anzeigen lassen.

DATEI-INFO: In diesem Register können Sie Informationen zur Zeichnung eintragen (siehe Abbildung 2.12).

STATISTIK: In diesem Register finden Sie nur Informationen zum Erstellungs- und Änderungsdatum sowie der Bearbeitungszeit.

BENUTZERSPEZIFISCH: Weitere Felder können Sie hier selbst definieren und Informationen dazu eingeben (siehe Abbildung 2.13).

Informationen zur Zeichnung

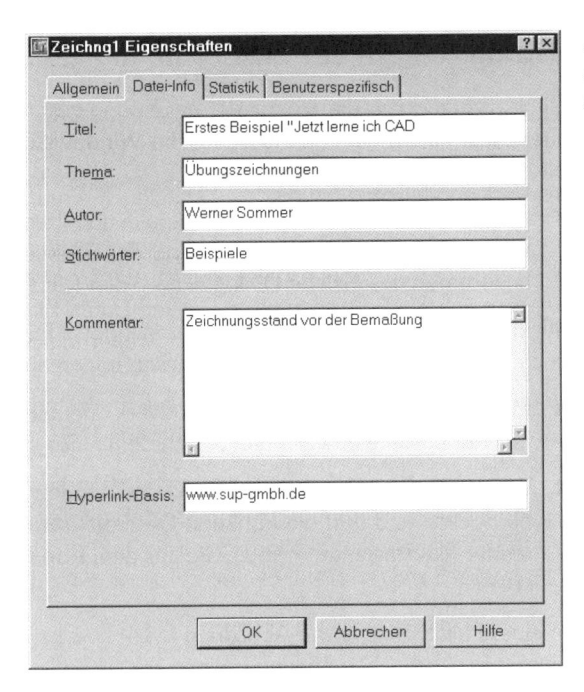

*Abb. 2.12:
Informationen
zur Zeichnung*

*Abb. 2.13:
Benutzer-
spezifische
Informationen
zur Zeichnung*

2 Zeichnungen beginnen und abspeichern

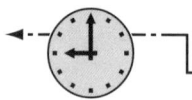

Aktion: Zugriff auf die Zeichnungsinformationen

Die Informationen, die Sie mit der Zeichnung gespeichert haben, können Sie aber auch außerhalb von AutoCAD im Windows-Explorer abfragen. Gehen Sie so vor:

✘ Markieren Sie dort die Zeichnungsdatei und drücken die rechte Maustaste. Wählen Sie aus dem Pop-up-Menü die Funktion EIGENSCHAFTEN und Sie bekommen das gleiche Dialogfeld auf den Bildschirm.

Mit den Möglichkeiten, die Ihnen der Windows-Explorer bietet, können Sie auch den Zeichnungsbestand nach diesen Informationen durchsuchen:

✘ Markieren Sie im Explorer ein Laufwerk oder einen Ordner, in dem Sie die Zeichnungsdateien vermuten, nach denen Sie suchen.

✘ Wählen Sie im Abrollmenü EXTRAS des Windows-Explorers das Untermenü SUCHEN und dort die Funktion DATEIEN/ORDNER... oder drücken Sie die rechte Maustaste und wählen Sie aus dem Pop-up-Menü die Funktion SUCHEN...

In einem Dialogfeld (siehe Abbildung 2.14) können Sie die Suchbedingungen eintragen. Als Suchbedingung können Sie auch die Zeichnungsinformationen verwenden, beispielsweise den Namen des Autors. Die gefundenen Dateien werden in der Liste aufgeführt. Mit einem Doppelklick in der Liste können Sie AutoCAD starten und die Zeichnung laden.

Abb. 2.14: Zeichnungsinformationen als Suchkriterium verwenden

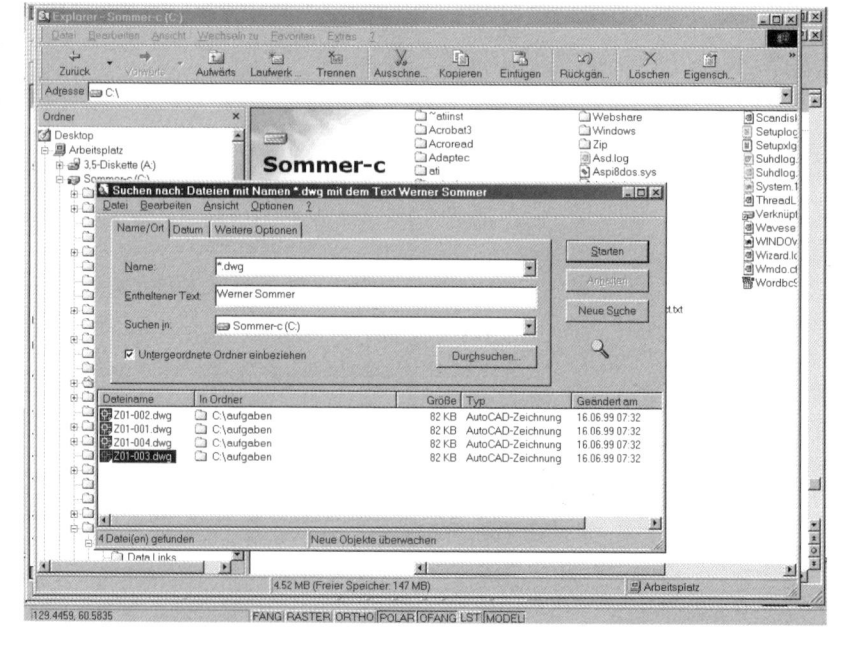

Informationen zur Zeichnung

Fragen zur zweiten Stunde

1. Mit welchen Assistenten können Sie eine neue Zeichnung beginnen? *Benutzerdefiniert*
2. Wieviele Schritte benötigt der Assistent BENUTZERDEFINIERT? *5: Einheiten, Winkel, Winkelmaß, Winkelrichtung, Bereich*
3. In welchem Ordner sind die Vorlagen für eine neue Zeichnung? *c/Programme*
4. Mit welcher Vorlage bekommen Sie ein leeres Zeichenblatt im metrischen Einheitensystem?
5. Wie heißen die beiden Befehle zum Sichern einer Zeichnung?
6. In welchen Formaten lässt sich die Zeichnung speichern?
7. Welche Dateierweiterungen haben Zeichnungsdateien und Vorlagen?
8. Was sind Dateien mit der Dateierweiterung *BAK*?
9. Was ist in Dateien mit der Dateierweiterung *SV$* gespeichert?
10. Mit welchem Befehl können Sie der Zeichnung zusätzliche Informationen anhängen?

1. Assistent: Benutzerdefiniert

2. 5: Einheiten, Winkel, Winkelmaß, Winkelrichtung, Bereich

3. C/Programme/AutoCad 2002/Deu/Template
   bzw.   -//-   -//-   -//-

4. Vorl. Acltiso.dwt → AutoCad LT 2002
   Acadiso.dwt →   -//-   2002

5. Ksich → bisheriger Namen
   Sichals → neuer -//-

6. dxf, dwg

7. Zeichnungsdatei → dwg
   Vorlagedatei   → dwt

8. BAK → Sicherungsdatei → im Explorer ich eine dwg. Datei umbenennen.

9. SV$ - Sicherungsdatei im Zeitintervall

10. DWGEIGEN

STUNDE 3

Die erste Zeichnung mit Raster und Fang erstellen

In der dritten Stunde werden Sie Ihre erste Zeichnung erstellen. Dabei lernen Sie:

- ✘ wie Sie die Einheiten umstellen können
- ✘ wozu man absolute und polare Koordinaten braucht
- ✘ wie man Raster, Fang und den Ortho-Modus verwendet
- ✘ wie Sie Rechtecke und Linien zeichnen können
- ✘ wie Befehle wiederholt und zurückgenommen werden
- ✘ auf welche Arten man Kreise zeichnen kann
- ✘ wie versetzt, kopiert, geschoben und gelöscht werden kann und
- ✘ wie Text in die Zeichnung kommt.

3.1 Die erste eigene Zeichnung

In der letzten Stunde haben Sie gelernt, wie eine neue Zeichnung begonnen wird. Wir wollen jetzt unsere erste eigene Zeichnung erstellen. Gehen Sie wie folgt vor:

- ✘ *Starten Sie mit dem Befehl NEU eine neue Zeichnung.*
- ✘ *Wählen Sie im Fenster AUTOCAD 2002 AKTUELL das Register ZEICHNUNGEN ERSTELLEN. Wählen Sie im Abrollmenü die Methode LEERE DATEI und klicken in der Liste auf METRISCH.*

3 Die erste Zeichnung mit Raster und Fang erstellen

Aktion: Befehl EINHEITEN

Ohne weitere Anfragen haben Sie eine leere Zeichnung in einem neuen Zeichnungsfenster auf den Bildschirm bekommen. Eine Reihe von Einstellungen, die Sie in der letzten Stunde mit dem Assistenten gemacht haben, können Sie auch mit dem Befehl EINHEITEN vornehmen. Wählen Sie den Befehl:

✘ Abrollmenü FORMAT, Funktion EINHEITEN...

Abb. 3.1:
Einstellung der Einheiten

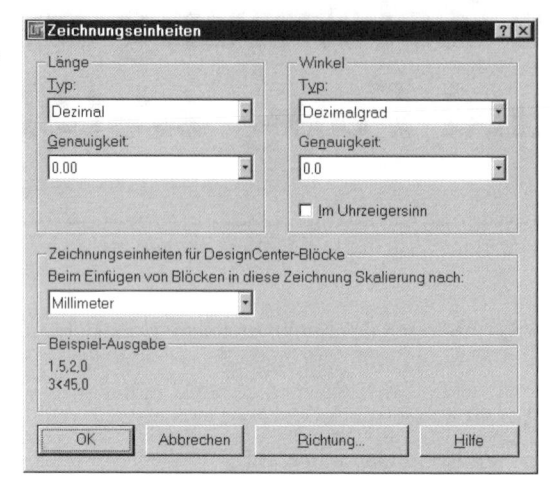

In diesem Fenster können Sie dieselben Einstellungen wie im Assistenten BENUTZERDEFINIERT im Fenster AUTOCAD 2002 AKTUELL vornehmen. Zudem können Sie auf die Schaltfläche RICHTUNG... klicken und die Null-Grad-Richtung wie im Assistenten ändern (siehe Abbildung 3.2).

Abb. 3.2:
Einstellung der Winkelmeßrichtung

Training: Genauigkeit einstellen

✗ *Stellen Sie die Genauigkeit der linearen Einheiten auf zwei und die Genauigkeit der Winkel auf eine Stelle hinter dem Komma ein.*

✗ *Lassen Sie alle anderen Einstellungen unverändert und klicken Sie auf OK.*

3.2 Absolute Koordinaten

Nun haben Sie das leere Blatt vor sich. Aber wo anfangen? Lineal und Bleistift können wir nicht verwenden. Damit beim Zeichnen jeder Punkt seinen eindeutigen Platz erhält, liegt der Zeichnung ein Koordinatensystem zugrunde. Jeder Punkt in der Zeichnung ist durch seinen Abstand vom Koordinatenursprung in X- und Y-Richtung bestimmt. Der Ursprung liegt links unten auf der Zeichenfläche. Später, wenn wir uns mit den 3D-Möglichkeiten befassen, kommt auch noch die Z-Richtung dazu.

Wenn Sie Ihr Fadenkreuz mit der Maus auf der Zeichenfläche bewegen, läuft in der Statuszeile eine Koordinatenanzeige mit, die Ihnen die momentane Position des Fadenkreuzes anzeigt. Dabei wird die Position des Fadenkreuzes wie oben beschrieben durch seinen Abstand in X- und Y-Richtung (bei AutoCAD 2000 auch noch in der Z-Richtung) vom Ursprung des Koordinatensystems angegeben. Die Werte sind durch Kommas getrennt, innerhalb einer Zahl wird ein Punkt als Trennzeichen verwendet. Diese so genannten **absoluten Koordinaten** haben in AutoCAD immer dieses Format:

Format: X,Y
Beispiel: 70,120 oder 25.25,-79.40

Wählen Sie einen Zeichenbefehl an, z.B. den Befehl Linie, können Sie das Fadenkreuz auf der Zeichenfläche so lange bewegen, bis der gewünschte Punkt in der Koordinatenanzeige angezeigt wird und dann klicken. Das Anfahren des Punktes ist so allerdings langwierig und das Ergebnis ziemlich ungenau.

In AutoCAD 2002 wird in der Koordinatenanzeige zusätzlich der Abstand in Z-Richtung angezeigt, also die dritte Dimension. Da wir aber zunächst nur zweidimensionale Zeichnungen erstellen, können wir diese Angabe unbeachtet lassen. Dieser Wert ist deshalb auch in der Anzeige immer 0.

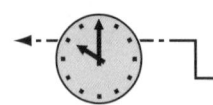

3 Die erste Zeichnung mit Raster und Fang erstellen

Fehler:

✘ Klicken Sie beim Zeichnen nie einen Punkt auf der Zeichenfläche an, ohne dass Sie weitere Hilfsfunktionen zum Positionieren aktiviert haben. Das Ergebnis ist wie eine Freihandzeichnung, die Sie ohne Lineal erstellt haben.

3.3 Raster und Fang

In AutoCAD stehen Ihnen eine ganze Reihe von Hilfsmitteln zum Zeichnen und Konstruieren zur Verfügung. In dieser und den nächsten Stunden werden Sie Schritt für Schritt diese Zeichenhilfen kennen lernen. Um die unterschiedlichen Wirkungen der einzelnen Funktionen kennen zu lernen, sollten Sie auch nur die gerade beschriebene einschalten. Alle Zeichenhilfen lassen sich in der Statuszeile mit einem Klick auf die entsprechende Taste ein- und ausschalten. Die Funktion ist eingeschaltet, wenn die entsprechende Taste gedrückt dargestellt ist. Schalten Sie also zunächst per Mausklick alle aus (siehe Abbildung 3.3).

Abb. 3.3: Zeichenhilfen in der Statuszeile

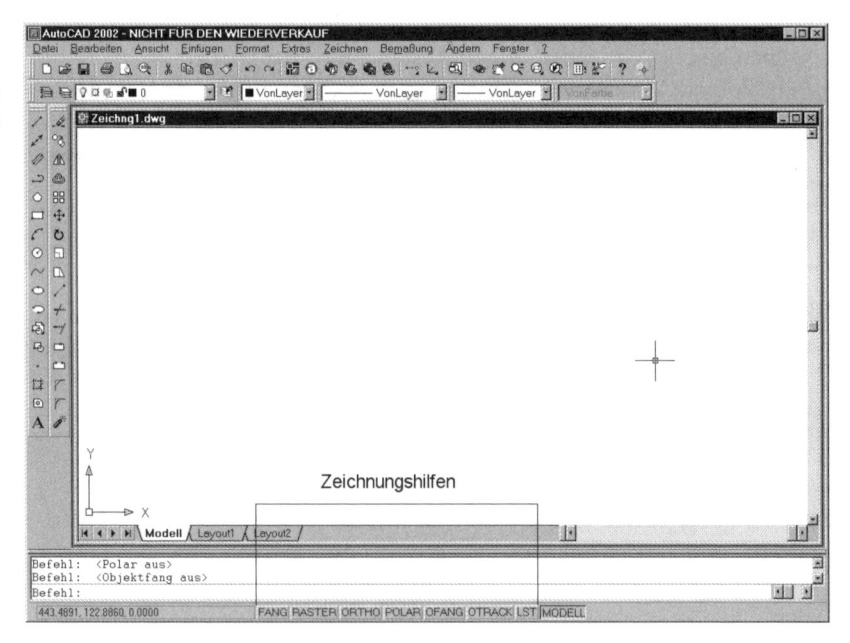

Die einfachste Möglichkeit, in AutoCAD exakt zu zeichnen, haben Sie dann, wenn Sie Raster und Fang verwenden. Deshalb wollen wir uns zunächst nur damit beschäftigen.

Raster und Fang

Aktion: Befehl ZEICHEINST

Mit dem Befehl ZEICHEINST lassen sich die Parameter für die verschiedenen Zeichenhilfen einstellen. Wählen Sie den Befehl:

✘ Abrollmenü EXTRAS, Funktion ENTWURFSEINSTELLUNGEN...

✘ Rechtsklick auf eine der Tasten für die Zeichenhilfen in der Statuszeile und Auswahl von EINSTELLUNGEN... aus dem Pop-up-Menü (siehe Abbildung 3.4).

Abb. 3.4: Pop-up-Menü zum Start der Zeicheneinstellungen

Im Dialogfeld des Befehls können Sie im Register RASTER UND FANG die Werte dafür einstellen (siehe Abbildung 3.5).

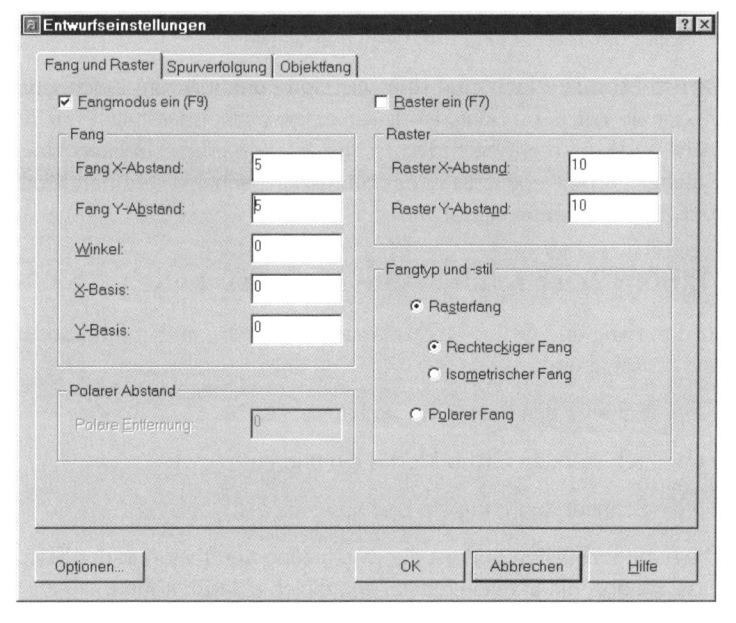

Abb. 3.5: Dialogfeld für die Einstellung von Raster und Fang

RASTER: Im rechten oberen Bereich des Registers können Sie das Zeichenraster einstellen. Ist es eingeschaltet, wird der gesamten Zeichnung innerhalb der Limiten (dazu in der nächsten Stunde mehr) ein Punktraster unterlegt. Der Rasterabstand ist in X- und Y-Richtung in den Feldern X-ABSTAND und Y-ABSTAND des Dialogfeldes einstellbar. Aber nur wenn der Schalter RASTER EIN eingeschaltet ist, wird das Raster auch auf dem Bildschirm sichtbar. Ist das Raster zu eng, erscheint eine Meldung im Befehlszeilenfenster:

63

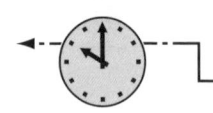

3 Die erste Zeichnung mit Raster und Fang erstellen

Raster zu dicht, keine Anzeige

Fang: Der linke Bereich des Registers ist für die Einstellung des Fangs. Während das Raster nur der Orientierung dient, wird mit dem Fang das Fadenkreuz nur noch in festen Schritten über den Bildschirm geführt.

Sie können den Fang mit dem Schalter Fangmodus ein ein- und ausschalten und in den darunter liegenden Feldern X-Abstand und Y-Abstand den Fangwert verändern. Zusätzlich haben Sie die Möglichkeit, den Fang um einen wählbaren Punkt und um einen einstellbaren Winkel zu drehen. Diesen Punkt stellen Sie in den Feldern X-Basis und Y-Basis und den Winkel im Feld Winkel ein. Schalten Sie den Fang ein und bewegen Sie das Fadenkreuz am Bildschirm und Sie sehen, wie es um Fangwerte springt.

Tipp:

✗ Im unteren rechten Bereich des Registers Fangtyp und -stil muss Rasterfang aktiviert sein, ansonsten arbeiten Sie mit dem polaren Fang (dazu mehr in den nächsten Stunden). Beim Rasterfang können Sie wiederum zwischen Rechteckiger Fang und Isometrischer Fang umschalten. Hier sollte der rechteckige Fang gewählt werden.

Ortho-Modus: Noch eine sehr wichtige Funktion zum Zeichnen ist der orthogonale Zeichenmodus. Ist dieser eingeschaltet, lässt sich nur noch waagrecht und senkrecht zeichnen, schieben, kopieren, strecken usw. Mit dem Schalter Ortho, ebenfalls in der Statuszeile, schalten Sie den Modus bei Bedarf zu und auch wieder ab.

Aktion: Zeichenhilfen ein- und ausschalten

Raster, Fang und Ortho-Modus lassen sich auch mit den Funktionstasten ein- und ausschalten:

F7   Schaltet das Raster ein und aus

F8   Schaltet den Ortho-Modus ein und aus

F9   Schaltet den Fang ein und aus

Die Funktionstasten ändern die Darstellung der Tasten in der Statusleiste, so dass Sie dort die aktuelle Einstellung gleich ablesen können.

Training: Raster und Fang einstellen

✗ *Stellen Sie den Fang auf 5 und das Raster auf 10. Aktivieren Sie den Rasterfang mit dem rechteckigen Stil.*

✗ *Schalten Sie den Ortho-Modus ein.*

3.4 Zum Anfang ein Rechteck

Nachdem die Grundeinstellungen gemacht wurden, soll gezeichnet werden. Auch komplizierte technische Zeichnungen bestehen aus einfachen geometrischen Grundelementen. Nur die Vielzahl solcher Elemente ergibt die Komplexität. Beginnen wir mit dem Rechteck.

Aktion: Befehl Rechteck

Die Angabe zweier diagonaler Eckpunkte reicht bei diesem Befehl aus, um das Rechteck zu zeichnen. Sie finden den Befehl:

✘ Abrollmenü Zeichnen, Funktion Rechteck

✘ Symbol im Werkzeugkasten Zeichnen

Befehl: **Rechteck**
Ersten Eckpunkt angeben oder [Fasen/Erhebung/
Abrunden/Objekthöhe/Breite]:
Anderen Eckpunkt angeben oder [Bemaßungen]:

Geben Sie den ersten Punkt ein und das Rechteck wird dynamisch nachgezogen. Nach der Eingabe des zweiten Punkts wird es endgültig gezeichnet. Darüber hinaus stehen bei dem Befehl noch Optionen zur Verfügung:

Fasen: Mit dieser Option können Sie zwei Fasenabstände eingeben:

Ersten Eckpunkt angeben oder [Fasen/Erhebung/
Abrunden/Objekthöhe/Breite]: **F für Fasen**
Ersten Fasenabstand für Rechtecke angeben <0.00>:
Zweiten Fasenabstand für Rechtecke angeben <5.00>:
Ersten Eckpunkt angeben oder [Fasen/Erhebung/
Abrunden/Objekthöhe/Breite]:

Danach wird die Optionsliste wieder angezeigt und Sie können eine weitere Option wählen oder die erste Ecke eingeben. Bei dem Rechteck sind dann alle Ecken mit den eingegebenen Werten gefast.

Erhebung: Eingabe einer Erhebung für das Rechteck, dazu mehr bei den 3D-Funktionen.

Abrunden: Mit dieser Option kann ein Rundungsradius für die Ecken des Rechtecks eingegeben werden:

Ersten Eckpunkt angeben oder [Fasen/Erhebung/
Abrunden/Objekthöhe/Breite]: **A für Abrunden**
Rundungsradius für Rechtecke angeben <5.00>:
Ersten Eckpunkt angeben oder [Fasen/Erhebung/
Abrunden/Objekthöhe/Breite]:

3 Die erste Zeichnung mit Raster und Fang erstellen

Bei dem Rechteck sind alle Ecken mit dem eingegebenen Wert gerundet.

Breite: Eingabe einer Linienbreite für das Rechteck.

Objekthöhe: Eingabe einer Objekthöhe für das Rechteck, dazu mehr in Stunde 22.

Haben Sie den ersten Eckpunkt des Rechtecks angegeben, können Sie statt des zweiten Punktes auch eine weitere Option wählen:

Ersten Eckpunkt angeben oder [Fasen/Erhebung/
Abrunden/Objekthöhe/Breite]:
Anderen Eckpunkt angeben oder [Bemaßungen]: **B für Bemaßungen**
Länge der Rechtecke angeben <0.0000>: **Länge eingeben**
Breite der Rechtecke angeben <0.0000>: **Breite eingeben**
Anderen Eckpunkt angeben oder [Bemaßungen]: **Punkt in der Zeichnung klicken**

Bemaßungen: Bei dieser Option können Sie die Länge und Breite des Rechtecks eingeben. Danach klicken Sie in der Zeichnung den Punkt an in dessen Richtung das Rechteck gezeichnet werden soll. Das endgültige Rechteck wird angezeigt, wenn Sie das Fadenkreuz bewegen.

Abb. 3.6: Ein Feld mit drei Klingelknöpfen, die erste Zeichnung

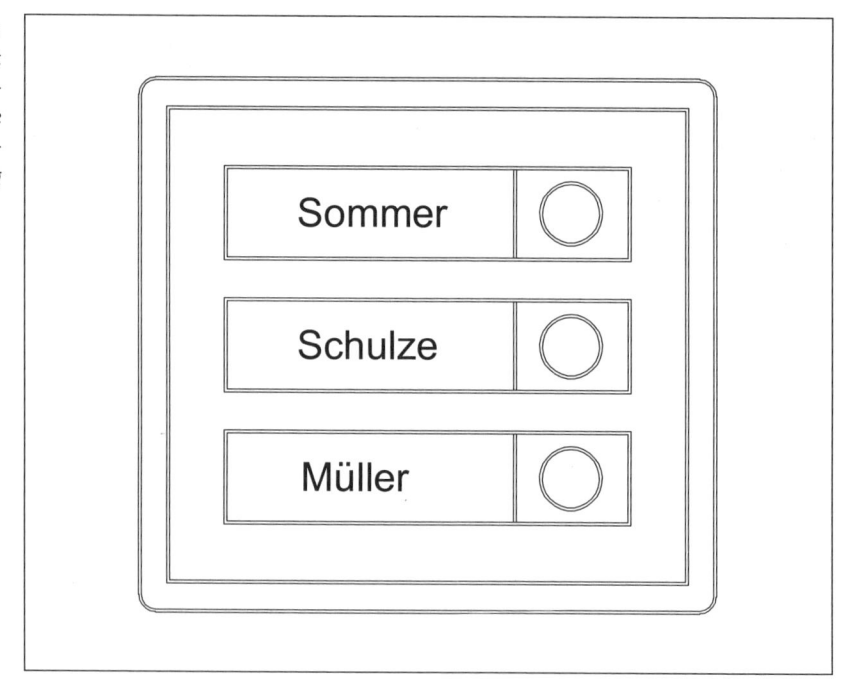

Training: Zeichnen der ersten Kontur

✗ *Zeichnen Sie ein Feld mit drei Klingelknöpfen wie in Abbildung 3.6. Beginnen Sie dazu mit dem ersten Rechteck (siehe Abbildung 3.8). Wählen Sie den Befehl* Rechteck.

Befehl: **Rechteck**
Ersten Eckpunkt angeben oder [Fasen/Erhebung/
Abrunden/Objekthöhe/Breite]: **Fadenkreuz bewegen, bis die Koordinatenanzeige den Wert 70.00,60.00 anzeigt (siehe Abbildung 3.8, Punkt 1) und dann die linke Maustaste drücken, der Punkt wird gesetzt.**
Anderen Eckpunkt angeben oder [Bemaßungen]: **Fadenkreuz auf 250.00,220.00 setzen (siehe Abbildung 3.8, Punkt 2) und anklicken, das erste Rechteck ist fertig.**

3.5 Nochmals den Befehl

Beim Zeichnen und Editieren kommt es oft vor, dass Sie den gleichen Befehl mehrfach hintereinander benötigen. Sie müssen dann den Befehl nicht immer aus dem Menü neu anwählen. Mit der Taste ⏎ können Sie den letzten Befehl wiederholen, wenn AutoCAD den nächsten Befehl anfragt.

Sie können aber auch mit der rechten Maustaste ein Pop-up-Menü auf den Bildschirm holen. Dieses Menü ist unterschiedlich, je nachdem, welche Aktion Sie gerade ausführen. Wenn AutoCAD bei der Befehlsanfrage steht, sieht es wie in Abbildung 3.7 aus. In der ersten Zeile steht der zuletzt verwendete Befehl. Wenn Sie diesen Eintrag anklicken, wird der letzte Befehl wiederholt. Die anderen Einträge werden Sie im Laufe dieser und der nächsten Stunden noch kennen lernen.

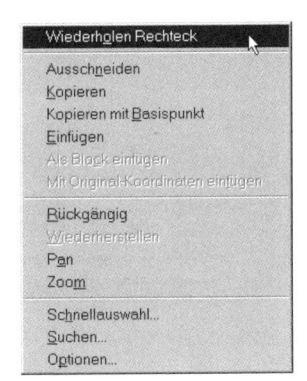

*Abb. 3.7:
Pop-up-Menü
mit Wiederhol-
funktion*

3 Die erste Zeichnung mit Raster und Fang erstellen

Training: Zeichnen weiterer Rechtecke

✗ *Wiederholen Sie den Befehl* RECHTECK *zweimal.*

Ersten Eckpunkt angeben oder [Fasen/Erhebung/
Abrunden/Objekthöhe/Breite]: **Klicken Sie beim Punkt 90.00,110.00 (siehe Abbildung 3.8, Punkt 3).**
Anderen Eckpunkt angeben oder [Bemaßungen]: **Klicken Sie beim Punkt 230.00,80.00 (siehe Abbildung 3.8, Punkt 4).**

Ersten Eckpunkt angeben oder [Fasen/Erhebung/
Abrunden/Objekthöhe/Breite]: **Geben Sie A für die Option Abrunden ein.**
Rundungsradius für Rechtecke angeben <0.00>: **Geben Sie den Rundungsradius 5 ein und bestätigen Sie mit ↵.**
Ersten Eckpunkt angeben oder [Fasen/Erhebung/
Abrunden/Objekthöhe/Breite]: **Klicken Sie beim Punkt 60.00,50.00 (siehe Abbildung 3.8, Punkt 5).**
Anderen Eckpunkt angeben oder [Bemaßungen]: **Klicken Sie beim Punkt 260.00,230.00 (siehe Abbildung 3.8, Punkt 6).**

*Abb. 3.8:
Die ersten
Rechtecke*

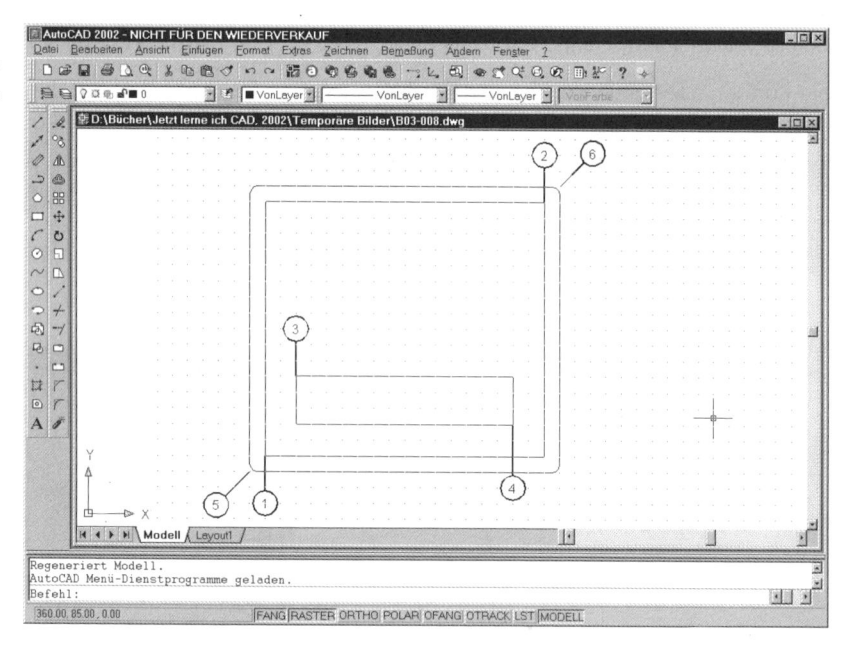

3.6 Irrtümer korrigieren

Was machen Sie, wenn ein Befehl daneben geht? Wie in allen Windows-Programmen lässt sich auch in AutoCAD ein Befehl zurücknehmen.

Aktion: Befehle Z und ZLÖSCH

Der Befehl Z nimmt den letzten Befehl zurück. Der Befehl Z ist kein Löschbefehl. War der letzte Befehl ein Zeichenbefehl, dann löscht Z; war der letzte Befehl jedoch ein Löschbefehl, dann bringt Z die gelöschten Objekte wieder zurück.

Dazu gibt es noch den Befehl ZLÖSCH. Damit machen Sie die letzte Rücknahme rückgängig, also den letzten Befehl Z. Sie finden die Befehle:

✗ Abrollmenü BEARBEITEN, Funktionen ZURÜCK bzw. ZLÖSCH (WIEDERHERSTELLEN in AutoCAD LT 2002)

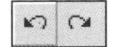

✗ Symbole in der STANDARD-FUNKTIONSLEISTE (linkes Symbol Z, rechtes ZLÖSCH)

✗ Pop-up-Menü mit der rechten Maustaste bei der Befehlsanfrage (siehe Abbildung 3.7), Funktionen RÜCKGÄNGIG bzw. WIEDERHOLEN

Mehr Möglichkeiten zur Rücknahme und deren Aufhebung haben Sie in AutoCAD LT 2002. In der STANDARD-FUNKTIONSLEISTE haben Sie neben den oben beschriebenen Symbolen zusätzliche Pfeiltasten zur Aktivierung von Abrollmenüs. In diesen Menüs finden Sie die Liste der Befehle, die Sie rückgängig machen oder wiederherstellen können. Wenn Sie mit der Maus nach unten fahren, werden alle Einträge markiert, die Sie überfahren. Alle diese Befehl werden rückgängig gemacht bzw. wiederhergestellt (siehe Abbildung 3.9).

Abb. 3.9: Serie von Befehlen rückgängig machen

Fehler:

✗ Der Befehl Z kann beliebig oft verwendet werden, bis alle Befehle aus der Zeichensitzung wieder rückgängig gemacht sind, der Befehl ZLÖSCH kann dagegen in AutoCAD 2002 nur einen Befehl Z rückgängig machen, wenn er unmittelbar nach dem Befehl Z eingegeben wird.

3.7 Danach die Linie

Mit dem nächsten Zeichenbefehl können Sie einzelne Liniensegmente erzeugen. Der Befehl nennt sich dementsprechend auch LINIE.

Aktion: Befehl LINIE

Sie finden den Befehl:

- ✗ im Abrollmenü ZEICHNEN, Funktion LINIE
- ✗ als Symbol im Werkzeugkasten ZEICHNEN

Im Befehlszeilenfenster erscheint der Dialog:

Befehl: **Linie**
Ersten Punkt angeben:
Nächsten Punkt angeben oder [Zurück]:
Nächsten Punkt angeben oder [Zurück]:
Nächsten Punkt angeben oder [Schließen/Zurück]:

Sie können nun Punkte auf der Zeichenfläche anklicken. Die Punkte werden durch Linienzüge verbunden. Ist ein Punkt gesetzt, wird zum Fadenkreuz eine Linie gezogen, die sich mit der Stellung des Fadenkreuzes wie ein Gummiband verändert. In AutoCAD wird das auch als Gummibandlinie bezeichnet. Wenn Sie die erste Befehlsanfrage:

Ersten Punkt angeben:

mit ⏎ bestätigen, wird der neue Linienzug am zuletzt gezeichneten Punkt angesetzt. Jetzt geschieht bei uns nichts, da wir noch nichts in dieser Sitzung gemacht haben. Wenn Sie eine Befehlsanfrage:

Nächsten Punkt angeben oder [Schließen/Zurück]:

mit ⏎ bestätigen, wird der Linienzug beendet. Der Befehl LINIE hat außerdem noch zwei Optionen.

ZURÜCK: Wenn Sie auf eine Punktanfrage Z oder ZURÜCK eingeben, wird der letzte Punkt entfernt und mit ihm auch das letzte Liniensegment. Die Option kann mehrmals hintereinander eingegeben werden, sogar so lange, bis alle Punkte der Eingabe entfernt sind.

SCHLIESSEN: Wenn Sie auf eine Punktanfrage S oder SCHLIESSEN eingeben, wird der zuletzt eingegebene Punkt mit dem Anfangspunkt des Linienzuges verbunden und der Befehl beendet. Das ist jedoch nur möglich, wenn schon mindestens drei Punkte eingegeben wurden.

Polare Koordinaten

Training: Zeichnen einer Linie

✗ *Wählen Sie den Befehl* LINIE *und zeichnen Sie die senkrechte Linie (siehe Abbildung 3.10).*

Befehl: **Linie**
Ersten Punkt angeben: **Klicken Sie beim Punkt 190.00,80.00 (siehe Abbildung 3.10, Punkt 1).**
Nächsten Punkt angeben oder [Zurück]: **Klicken Sie, wenn in der Koordinatenanzeige der Wert 30.00<90.0 bzw. 190,110 (siehe Abbildung 3.10, Punkt 2).**
Nächsten Punkt angeben oder [Zurück]: ⏎ **zum Beenden des Befehls.**

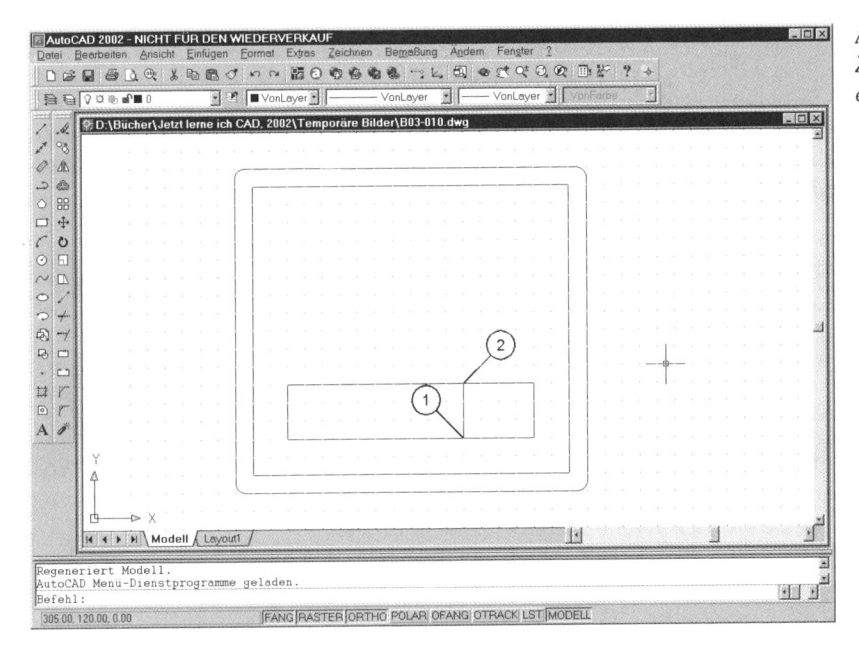

Abb. 3.10: Zeichnen einer Linie

3.8 Polare Koordinaten

Bis jetzt hat die Koordinatenanzeige in der Statuszeile immer die aktuelle Position in X- und Y-Koordinaten angezeigt. Nach Eingabe des ersten Punktes der Linie hat sich die Anzeige verändert. Es wurde auf die polare Anzeige umgeschaltet. Der zweite Punkt wird durch seinen Abstand und seinen Winkel vom ersten Punkt angegeben:

Format: A<W
Beispiel: 30.00<90 oder 125.67<225

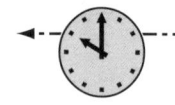

3 Die erste Zeichnung mit Raster und Fang erstellen

In der nächsten Stunde werden Sie noch mehr über Koordinaten in AutoCAD kennen lernen.

Mit einem Klick auf die Koordinatenanzeige in der Statuszeile oder mit der Funktionstaste F6 können Sie die Anzeige aus-, ein- und umschalten. Ist sie aus, zeigt sie trotzdem bei jeder Punkteingabe die angeklickte Position an. Innerhalb von Zeichen- oder Editierbefehlen lässt sich die Koordinatenanzeige zwischen drei Anzeigemodi umschalten:

- ✘ Koordinatenanzeige ein mit polarer Anzeige,
- ✘ Koordinatenanzeige ein mit absoluter Anzeige und
- ✘ Koordinatenanzeige aus

Standardeinstellung ist die polare Anzeige, deshalb auch die Anzeige beim zweiten Punkt der Linie bei der vorherigen Aktion.

Wie bei der Anzeige der absoluten Koordinaten wird in AutoCAD 2002 auch hier der Z-Wert mit angezeigt. Da wir aber bis jetzt nur zweidimensional arbeiten, ist dieser Wert 0.

3.9 Kreise auf verschiedene Arten

Den nächsten Zeichenbefehl, den wir brauchen, ist der Befehl KREIS. Wie der Name schon sagt, wird er zum Zeichnen von Kreisen verwendet.

Aktion: Befehl KREIS

Sie finden den Befehl:

- ✘ Abrollmenü ZEICHNEN, Untermenü KREIS >, Funktionen für die einzelnen Optionen des Befehls
- ✘ Symbol im Werkzeugkasten ZEICHNEN

Der Befehl stellt folgende Anfragen:

Befehl: **Kreis**
Zentrum für Kreis angeben oder
[3P/2P/Ttr (Tangente Tangente Radius)]:
Radius für Kreis angeben oder [Durchmesser] <10.00>:

Geben Sie den Mittelpunkt ein. Danach wird der Radius abgefragt. Der kann als Zahlenwert oder als Koordinate eingegeben werden (siehe Abbildung 3.11, a). Im letzten Fall wird der Kreis so gezeichnet, dass er durch diesen Punkt läuft. Bis zur Festlegung des Radius wird der Kreis dem Fadenkreuz nachgezogen. Haben Sie den Befehl schon einmal benutzt, erscheint der letzte Radius als Vorgabe, den Sie mit ⏎ übernehmen können. Verwenden Sie bei der Radiusanfrage die Option D für DURCHMESSER oder wählen Sie den Befehl schon mit dieser Option aus dem Abrollmenü, dann wird auf die Durchmesseranfrage umgeschaltet (siehe Abbildung 3.11,b). Neben dieser Grundform sind weitere Optionen möglich:

3P: Zeichnen eines Kreises mit 3 Punkten auf der Kreislinie (siehe Abbildung 3.11, c).

2P: Zeichnen eines Kreises mit 2 Durchmesserendpunkten (siehe Abbildung 3.11, d).

TTR bzw. TAN, TAN, RADIUS: Zeichnen eines Kreises tangential an zwei Objekte (Linien, Bögen, Kreise usw.) mit einem wählbaren Radius (siehe Abbildung 3.11, e).

TAN, TAN, TAN: Zeichnen eines Kreises tangential an drei Objekte (siehe Abbildung 3.11, f).

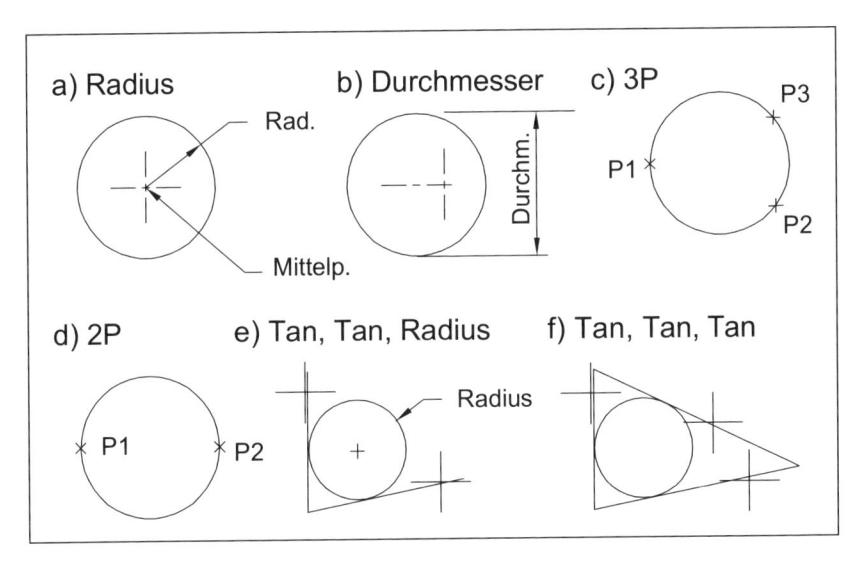

Abb. 3.11: Kreise auf verschiedene Arten gezeichnet

Training: Ein Kreis für den Klingelknopf

✗ Zeichnen Sie den Klingelknopf wie in Abbildung 3.12.

Befehl: **Kreis**
Zentrum für Kreis angeben oder
[3P/2P/Ttr (Tangente Tangente Radius)]: **Klicken Sie beim Punkt 210.00,95.00 (siehe Abbildung 3.12, Punkt 1).**
Radius für Kreis angeben oder [Durchmesser]: **Klicken Sie z.B. beim Punkt 10.00<180.00 (siehe Abbildung 3.12, Punkt 2) oder geben Sie 10 ein und bestätigen mit ⏎.**

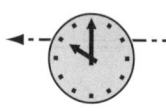

Abb. 3.12:
Der Kreis für den Klingelknopf

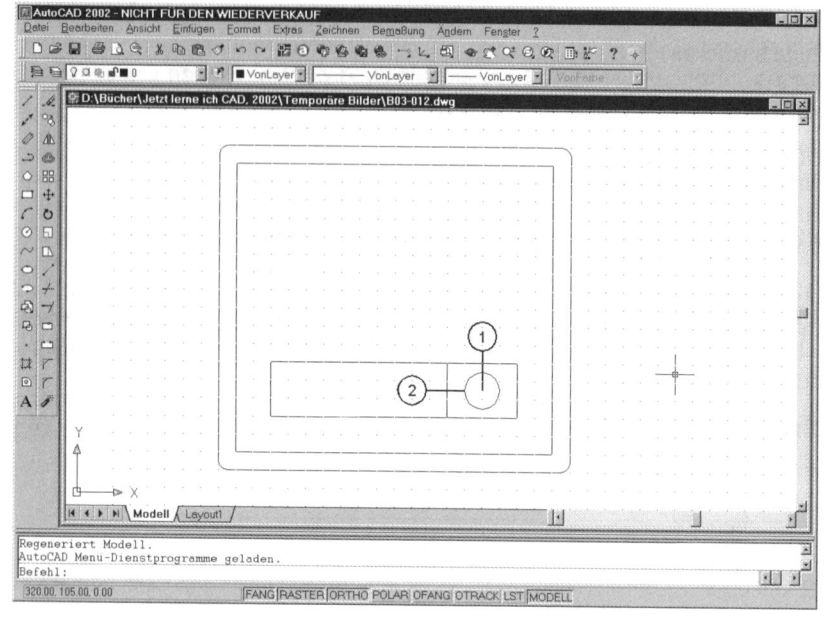

3.10 Versetzen spart Arbeit

Wenn schon Objekte in der Zeichnung sind, ist es einfach, diese in einem bestimmten einstellbaren Abstand zu versetzen..

Aktion: Befehl VERSETZ

Mit dem Befehl VERSETZ lassen sich Parallelen in einem vorgegebenen Abstand oder durch einen Punkt erzeugen. Sie finden den Befehl im:

- ✘ Abrollmenü ÄNDERN, Funktion VERSETZEN
- ✘ Symbol im Werkzeugkasten ÄNDERN

Es erscheint die Anfrage im Befehlszeilenfenster:

Befehl: **Versetz**
Abstand angeben oder [Durch punkt] <Durch punkt>:

Zwei Möglichkeiten gibt es, den Versatz zu bestimmen. Entweder Sie geben einen Abstand für die Parallele ein oder Sie geben einen Punkt vor, durch den die Parallele laufen soll.

Befehl: **Versetz**
Abstand angeben oder [Durch punkt] <Durch punkt>: **Wert für den Abstand eingeben**
Zu versetzendes Objekt wählen oder <exit>: **Objekt anklicken**

Punkt auf Seite angeben, auf die versetzt werden soll: **Punkt auf der gewünschten Seite anklicken**

oder:

Befehl: **Versetz**
Abstand angeben oder [Durch punkt] <Durch punkt>: **D für die Option Durch Punkt**
Zu versetzendes Objekt wählen oder <exit>: **Objekt anklicken**
Durch Punkt angeben: **Punkt eingeben, durch den die Parallele laufen soll.**

Für die Objektwahl erhalten Sie die so genannte Pickbox, ein kleines Quadrat, mit dem Sie die Objekte anklicken können. Der Befehl bleibt im Wiederholmodus, bis Sie auf die Anfrage nach einem weiteren Objekt ⏎ eingeben.

Training: Parallelen erzeugen

× *Zeichnen Sie Parallelen wie in Abbildung 3.13.*

Befehl: **Versetz**
Abstand angeben oder [Durch punkt] <Durch punkt>: **1** ⏎
Zu versetzendes Objekt wählen oder <exit>: **Äußeres Rechteck anklicken (siehe Abbildung 3.13, 1)**
Punkt auf Seite angeben, auf die versetzt werden soll: **Punkt außerhalb klicken**

× *Versetzen Sie das innere Rechteck, das untere kleine Rechteck und den Kreis ebenfalls nach außen (siehe Abbildung 3.13, 2, 3 und 4) sowie die senkrechte Linie um 1 nach rechts (siehe Abbildung 3.13, 5).*

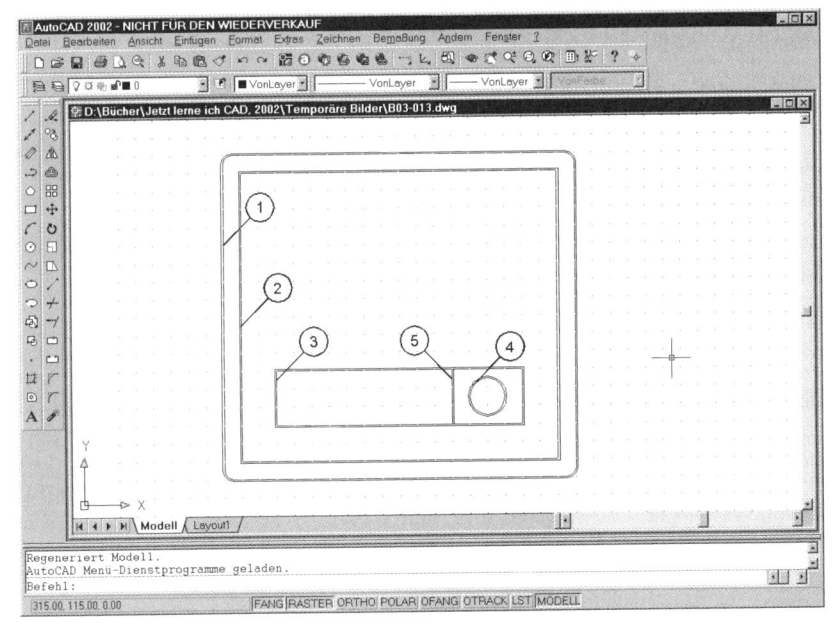

Abb. 3.13:
Konturen
versetzen

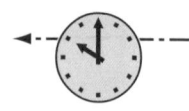

3.11 Im Notfall wieder löschen

Wie Sie schon gesehen haben, lassen sich Fehler mit dem Befehl Z beheben. Aber was tun, wenn Ihnen ein falsch gezeichnetes Objekt erst später auffällt? Dann müssen Sie löschen können.

Aktion: Befehl LÖSCHEN

Mit dem Befehl LÖSCHEN können Sie Objekte wieder aus der Zeichnung entfernen.

✗ Abrollmenü ÄNDERN, Funktion LÖSCHEN

✗ Abrollmenü BEARBEITEN, Funktion LÖSCHEN

✗ Symbol im Werkzeugkasten ÄNDERN

Zuerst wählen Sie die Objekte, die Sie loswerden wollen :

Objekte wählen:

Diese Anfrage bliebt im Wiederholmodus. Haben Sie ausgewählt, wird die Anfrage wieder gestellt, bis die Auswahl mit ⏎ abgeschlossen wird.

Aktion: Auswahl mit der Pickbox

Bei der Objektwahl erscheint zunächst die Pickbox auf dem Bildschirm, ein kleines Quadrat. Mit der Pickbox können Sie Objekte einzeln wählen. Bei jeder Auswahl wird angegeben, ob und wie viele Objekte Sie gefunden haben. Bei der Wahl mit der Pickbox kann es immer nur ein Objekt sein.

Objekte wählen: **Mit der Pickbox anklicken**
1 gefunden

Hatten Sie das Objekt innerhalb dieses Auswahlvorganges schon einmal gewählt, erscheint die Meldung:

Objekte wählen: **Mit der Pickbox anklicken**
1 gefunden (1 doppelt vorhanden), 3 gesamt

Halten Sie beim Anklicken mit der Pickbox die Taste ⇧ gedrückt, wird dieses Objekt wieder aus der Auswahl entfernt. Sie erhalten folgende Meldung:

Objekte wählen: **Mit der Pickbox und gedrückter Taste ⇧ anklicken**
1 gefunden, 1 entfernt, 2 gesamt

Ausgewählte Objekte werden zur Kontrolle gestrichelt oder gepunktet dargestellt (je nach Bildschirmtreiber und -auflösung).

Aktion: Auswahl mit verschiedenen Fenstern

Klicken Sie dagegen mit der Pickbox ins Leere, wird dieser Punkt automatisch als Eckpunkt eines Fensters genommen und Sie können die zweite, diagonal gegenüberliegende Ecke des Fensters anklicken.

Objekte wählen: **Eckpunkt anklicken**
Entgegengesetzte Ecke angeben: **anderen Eckpunkt anklicken**

Nun kommt es darauf an, in welche Richtung Sie das Fenster aufziehen. Wenn Sie **von links nach rechts ziehen**, werden nur die Objekte ausgewählt, die sich **vollständig im Fenster** befinden. Diese Methode wird als Option FENSTER bezeichnet.

Ziehen Sie es umgekehrt auf, also **von rechts nach links**, werden die Objekte ausgewählt, die sich **vollständig oder auch nur teilweise im Fenster** befinden. Diese Methode wird als Option KREUZEN bezeichnet.

Auch hier gilt dasselbe wie bei der Auswahl mit der Pickbox, wenn Sie beim Aufziehen des Fensters die Taste ⇧ drücken und festhalten, werden die dabei gewählten Objekte aus der Auswahl entfernt.

Die Objekte werden erst dann gelöscht, wenn Sie die Objektwahl mit ↵ abgeschlossen haben.

Aktion: Löschen per Taste

Sie können markierte Objekte auch mit der Taste Entf löschen. AutoCAD muss dazu in der Befehlsanfrage stehen. Klicken Sie ein Objekt an oder klicken Sie ins Leere und ziehen ein Fenster über die Objekte. Die Objekte werden markiert. Drücken Sie die Taste Entf und sie werden ohne Rückfrage aus der Zeichnung gelöscht.

Aktion: Befehl HOPPLA

Sollten Sie einmal etwas versehentlich gelöscht haben und stellen es erst später fest, können Sie den Befehl Z nicht mehr verwenden. Hier hilft nur der Befehl HOPPLA. Er macht die letzte Löschung rückgängig, egal wann diese war und was Sie dazwischen gemacht haben. Sie finden ihn nicht im Menü, tippen Sie ihn ein.

3 Die erste Zeichnung mit Raster und Fang erstellen

3.12 Kopieren leicht gemacht

Um aus einer Klingel drei zu machen, benötigen wir einen Befehl zum Kopieren.

Aktion: Befehl KOPIEREN

Mit dem Befehl KOPIEREN lassen sich eine oder mehrere Kopien von Objekten erzeugen. Sie finden den Befehl:

✘ Abrollmenü ÄNDERN, Funktion KOPIEREN

✘ Symbol im Werkzeugkasten ÄNDERN

Befehl: **Kopieren**
Objekte wählen:
Basispunkt oder Verschiebung angeben oder [Mehrfach]:
Zweiten Punkt der Verschiebung angeben oder <ersten
Punkt der Verschiebung verwenden>:

Wählen Sie die Objekte und geben Sie dann einen Basispunkt und danach einen zweiten Punkt ein. Die Kopie der gewählten Objekte wird um die Differenz der beiden Punkte verschoben. Weder Basispunkt noch Zielpunkt müssen auf dem zu kopierenden Objekt liegen, sie können an beliebiger Stelle aus der Zeichnung abgegriffen werden. Wird der zweite Punkt nicht eingegeben, sondern dafür nur ⏎, wird die Eingabe beim ersten Punkt als Verschiebung (in X- und Y-Richtung) interpretiert.

Mit der Option MEHRFACH ist es möglich, von einem Satz von Objekten mehrere Kopien zu erzeugen. Sie geben einmal den Basispunkt vor, danach wird mit jedem zweiten Punkt eine neue Kopie der gewählten Objekte erzeugt. Der Vorgang wird so lange wiederholt, bis auf einen zweiten Punkt ⏎ eingegeben wird.

Befehl: **Kopieren**
Objekte wählen: **auswählen**

..

Objekte wählen: ⏎
Basispunkt oder Verschiebung angeben oder [Mehrfach]: **M**
Basispunkt angeben: **Basispunkt wählen**
Zweiten Punkt der Verschiebung angeben oder <ersten
Punkt der Verschiebung verwenden>: **Ziel für erste Kopie**
Zweiten Punkt der Verschiebung angeben oder <ersten
Punkt der Verschiebung verwenden>: **Ziel für zweite Kopie**

..

Zweiten Punkt der Verschiebung angeben oder <ersten
Punkt der Verschiebung verwenden>: ⏎

Training: Kopien erzeugen

× *Kopieren Sie die Klingel zweimal nach oben (siehe Abbildung 3.14).*

Befehl: **Kopieren**
Objekte wählen: **Abbildung 3.14, Punkt 1 anklicken**
Entgegengesetzte Ecke angeben: **Abbildung 3.14, Punkt 2 anklicken**
Objekte wählen: ⏎
Basispunkt oder Verschiebung angeben oder [Mehrfach]: **M für Mehrfach**
Basispunkt angeben: **Bei 90.00,80.00 klicken (siehe Abbildung 3.14, Punkt 3)**
Zweiten Punkt der Verschiebung angeben oder <ersten
Punkt der Verschiebung verwenden>: **Bei 45.00<90.0 klicken (siehe Abbildung 3.14, Punkt 4)**
Zweiten Punkt der Verschiebung angeben oder <ersten
Punkt der Verschiebung verwenden>: **Bei 90.00<90.0 klicken (siehe Abbildung 3.14, Punkt 5)**
Zweiten Punkt der Verschiebung angeben oder <ersten
Punkt der Verschiebung verwenden>: ⏎ **zum Beenden**

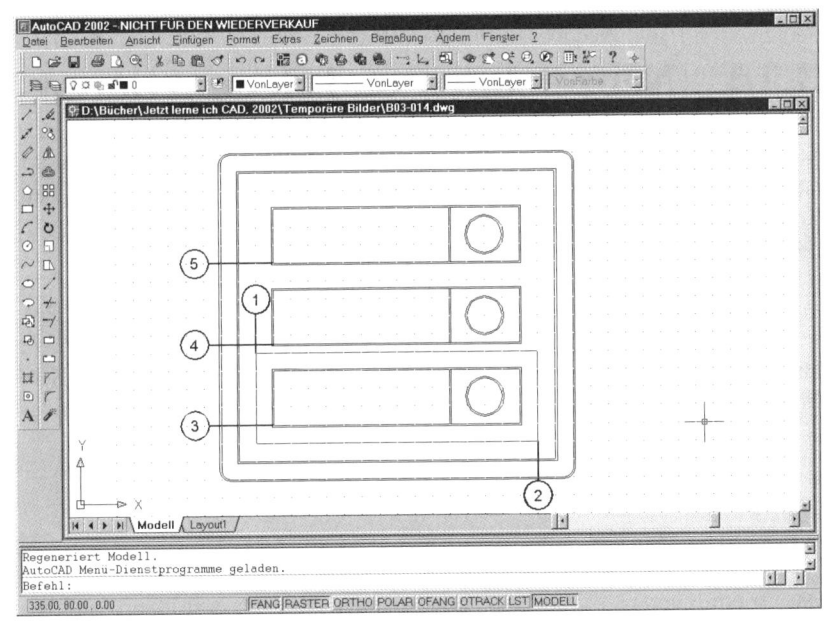

Abb. 3.14: Kopieren der Klingeln

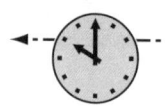

3.13 Schieben ist genauso einfach

Genauso wie der Kopierbefehl wird der Befehl zum Verschieben von Objekten verwendet.

Aktion: Befehl SCHIEBEN

Wählen Sie den Befehl:

✘ Abrollmenü ÄNDERN, Funktion SCHIEBEN

✘ Symbol im Werkzeugkasten ÄNDERN

Befehl: **Schieben**
Objekte wählen:
Basispunkt oder Verschiebung:
Zweiten Punkt der Verschiebung angeben oder <ersten
Punkt der Verschiebung verwenden>:

Wie beim Befehl KOPIEREN können Sie eine Verschiebung oder zwei Punkte eingeben, um die neue Position der Objekte zu bestimmen.

3.14 Neuzeichnen und Regenerieren

Je nachdem, wie das Programm eingestellt ist, kann es sein, dass alle Aktionen, die Sie ausführen, ihre Spuren auf dem Bildschirm hinterlassen: kleine Konstruktionskreuze, die beim Zeichnen und Editieren an jeder Punkteingabe gesetzt werden. Sie verschwinden, wenn Sie zoomen.

Aktion: Befehl NEUZEICH

Mit dem Befehl NEUZEICH wird die Zeichenfläche neu gezeichnet und die Konstruktionskreuze verschwinden, ohne dass Sie zoomen müssen. Sie finden den Befehl:

✘ Abrollmenü ANSICHT, Funktion NEUZEICHNEN

Aktion: Befehl REGEN

Die Änderungen verschiedener Einstellungen werden erst dann sichtbar, wenn die Zeichnung mit dem Befehl REGEN neu aufgebaut wird. Er kann bei großen Zeichnungen einige Zeit in Anspruch nehmen. Sie finden den Befehl im:

✘ Abrollmenü ANSICHT, Funktion REGENERIEREN

3.15 Erste Beschriftungen

Zum Schluss wollen wir die Klingelschilder beschriften. Dazu gibt es zwei Befehle. Ausführlich lernen Sie diese in der Stunde 13. Hier zunächst nur die Grundfunktion des Befehls MTEXT.

Aktion: Befehl MTEXT

Mit dem Befehl MTEXT kann ein Textabsatz in die Zeichnung eingefügt werden, den Sie in einem Texteditor erstellen und formatieren können. Wählen Sie den Befehl:

✘ Abrollmenü ZEICHNEN, Untermenü TEXT >, Funktion ABSATZTEXT...

✘ Symbol im Werkzeugkasten ZEICHNEN

Befehl: **Mtext**
Aktueller Textstil: "STANDARD" Texthöhe: 10
Erste Ecke:
Gegenüberliegende Ecke oder [Höhe/Ausrichten/
Zeilenabstand/Drehen/Stil/Breite]:

Um den Text in der Zeichnung platzieren zu können, wählen Sie zwei gegenüberliegende Eckpunkte für die Position. Danach kommt der Texteditor auf den Bildschirm (siehe Abbildung 3.16), in dem Sie den Text eingeben und die Schriftart und die Schriftgröße wählen können. Erst wenn Sie diesen beenden, wird der Text in die Zeichnung übernommen.

Training: Klingelschilder beschriften

✘ *Wählen Sie den Befehl MTEXT.*

Befehl: **Mtext**
Aktueller Textstil: "STANDARD" Texthöhe: 10
Erste Ecke: **Punkt 115.00,190.00 anklicken (siehe Abbildung 3.15, 1)**
Gegenüberliegende Ecke oder [Höhe/Ausrichten/
Zeilenabstand/Drehen/Stil/Breite]: **Punkt 180.00,180.00 anklicken (siehe Abbildung 3.15, 2)**

✘ *Jetzt kommt der Texteditor auf den Bildschirm (siehe Abbildung 3.16). Bevor Sie den Text eingeben, wählen Sie im Abrollmenü links oben die Schriftart, z.B. die Windows-Schriftart Arial.*

✘ *Im Feld rechts daneben tragen Sie die Höhe 10 ein.*

✘ *Tragen Sie dann den Text ein (siehe Abbildung 3.16) und klicken Sie auf OK, der Texteditor verschwindet und der Text wird in die Zeichnung übernommen.*

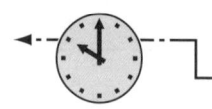

Abb. 3.15:
Positionen der
Texte für die
Klingelschilder

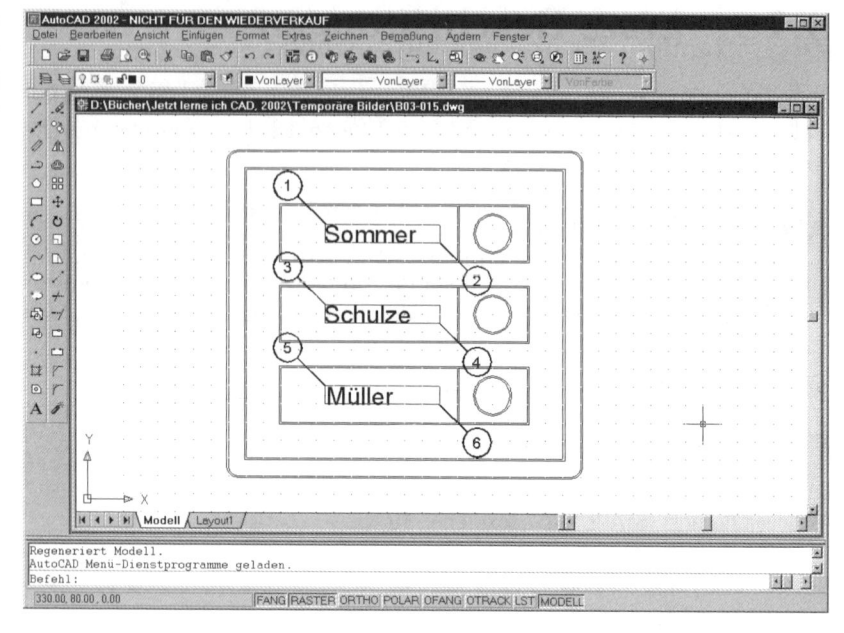

✗ Wählen Sie den Befehl MTEXT wieder und ziehen Sie jetzt das Fenster von 115.00,145.00 nach 180.00,135.00 auf. Stellen Sie wieder Schriftart und Höhe ein, schreiben Sie den Text und klicken Sie auf OK.

✗ Das unterste Fenster für den MTEXT ziehen Sie von 115.00,100.00 nach 180.00,90.00 auf. Geben Sie auch diesen Text ein.

Abb. 3.16:
Texteditor des
Befehls MTEXT

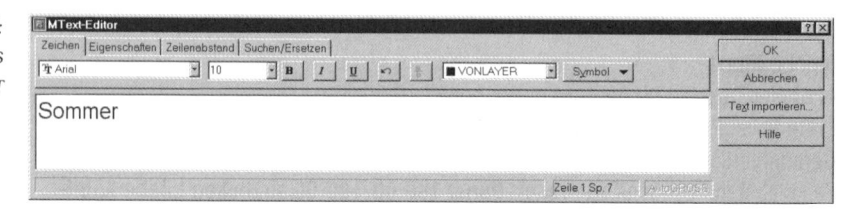

✗ Die erste Zeichnung ist fertig. Speichern Sie sie im Ordner \AUFGA-BEN ab. Falls Sie Ihre Lösung vergleichen wollen, Sie finden dort die Zeichnung L-03-01.dwg, die fertige Zeichnung als Musterlösung.

Erste Beschriftungen

Zusatztraining: Fernbedienung zeichnen

✗ Starten Sie eine neue Zeichnung, machen Sie dieselben Grundeinstellungen.

✗ Zeichnen Sie eine Fernbedienung wie in Abbildung 3.17. Nur die Außenmaße sind vorgegeben, wählen Sie den Rest selbst.

✗ Die Lösung finden Sie im Ordner \AUFGABEN in der Zeichnungsdatei L-03-02.dwg.

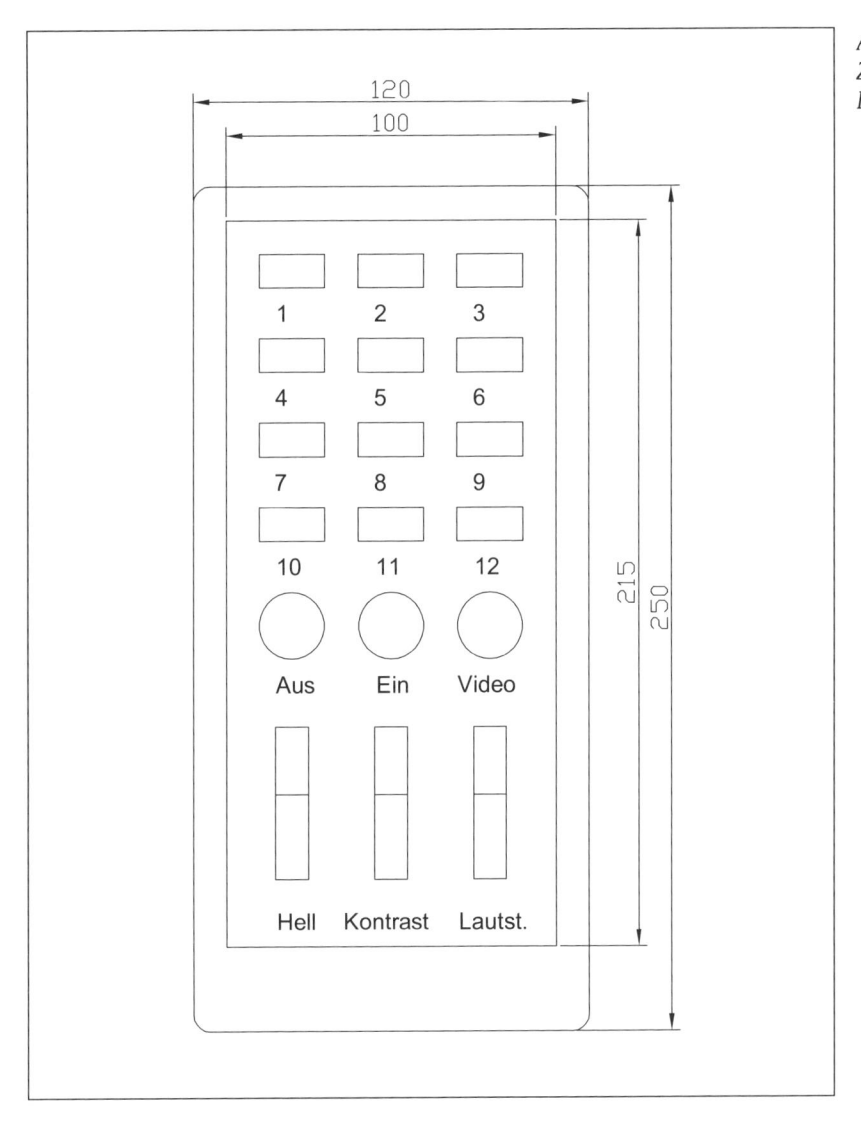

Abb. 3.17:
Zusatzaufgabe
Fernbedienung

83

3 Die erste Zeichnung mit Raster und Fang erstellen

Fragen zur dritten Stunde

1. In welchem Format werden die absoluten Koordinaten in der Statuszeile angezeigt?
2. Was bewirkt die Funktionstaste F7?
3. Was bewirkt die Funktionstaste F8?
4. Was bewirkt die Funktionstaste F9?
5. Welcher Befehl macht den letzten Befehl rückgängig?
6. In welchem Format werden die polaren Koordinaten in der Statuszeile angezeigt?
7. Mit welcher Funktionstaste kann die Koordinatenanzeige verändert werden?
8. Was bewirkt die Option 3P beim Befehl KREIS?
9. Wie können Sie beim Befehl LÖSCHEN erreichen, dass alle Objekte gelöscht werden, die vom Fenster geschnitten werden?
10. Mit welchem Befehl können Sie einen Textabsatz in der Zeichnung platzieren?

STUNDE 4

Zeichnen mit Koordinaten

Nachdem wir in der letzten Stunde mit dem Fang gezeichnet haben, werden wir jetzt mit Koordinaten arbeiten. Sie lernen:

✘ wie Sie mit kartesischen und polaren Koordinaten absolut und relativ zeichnen

✘ wie es mit Längenangaben schneller geht

✘ welche Vorteile der Polarfang bringt

✘ was Limiten sind und

✘ wie Sie diese ermitteln können.

4.1 Das Koordinatensystem der Zeichnung

Nicht immer können Sie so arbeiten wie in der letzten Stunde. Alle Punkte der Zeichnung lagen auf den Punkten des eingestellten Fangs. Wenn Sie beliebige Punkte eingeben wollen, müssen Sie sich mit dem Koordinatensystem der Zeichnung und der Eingabe von Koordinaten vertraut machen.

Wenn Sie das leere Zeichenblatt vor sich haben, brauchen Sie eine Orientierung. Damit beim Zeichnen jeder Punkt seinen eindeutigen Platz erhält, liegt der Zeichnung ein Koordinatensystem zugrunde. Jeder Punkt in der Zeichnung ist durch seinen Abstand vom Koordinatenursprung in X- und Y-Richtung bestimmt. Wenn wir später dreidimensionale Modelle erstellen, kommt der Abstand in Z-Richtung dazu. Zunächst kümmern wir uns aber um diesen Wert nicht.

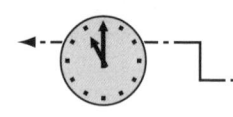

Aktion: Koordinatenformate

Zum exakten maßstäblichen Zeichnen lassen sich Koordinaten auf der Tastatur eingeben. Wollen Sie eine Linie zeichnen, geben Sie bei den Anfragen die Koordinaten des Anfangs- und Endpunkts ein. Folgende Formate sind bei zweidimensionalen Zeichnungen möglich:

4.1.1 Absolute kartesische Koordinaten

Ein Punkt wird durch seinen Abstand in X- und Y-Richtung vom Ursprung des Koordinatensystems angegeben. Die Werte werden durch ein Komma getrennt, innerhalb einer Zahl wird ein Punkt als Trennzeichen verwendet.

Format: X,Y
Beispiele: 70,120 oder 25.25,-79.40

4.1.2 Relative kartesische Koordinaten

Ein Punkt wird durch seinen Abstand in X- und Y-Richtung vom zuletzt eingegebenen Punkt angegeben. Dem Zahlenpaar wird das Zeichen @ vorangestellt.

Format: @dx,dy
Beispiele: @20,15 oder @-24.32,52.55

4.1.3 Absolute polare Koordinaten

Ein Punkt wird durch seinen Abstand und Winkel vom Ursprung des Koordinatensystems angegeben. Die Werte werden durch das Zeichen < getrennt.

Format: A<W
Beispiele: 50<45 oder 12.72<-22.2

4.1.4 Relative polare Koordinaten

Ein Punkt wird durch seinen Abstand und Winkel vom zuletzt eingegebenen Punkt angegeben. Den Werten wird das Zeichen @ vorangestellt und sie werden durch das Zeichen < getrennt.

Format: @A<W
Beispiele: @35<15 oder @127.25<-18.75

Das Koordinatensystem der Zeichnung

Die Winkel werden positiv entgegen dem Uhrzeigersinn angegeben. Die 0°-Richtung zeigt nach Osten. Diese Grundeinstellungen können mit dem Befehl EINHEIT geändert werden (siehe Stunde 3).

Wie Sie schon in der letzten Stunde gesehen haben, werden diese Koordinaten auch in der Statuszeile angezeigt. Sie zeigen die aktuelle Position des Fadenkreuzes an, entweder in kartesischen oder polaren Koordinaten.

Tipp:

✘ In dem festen Koordinatensystem der Zeichnung, dem so genannten **Weltkoordinatensystem**, abgekürzt **WKS,** lassen sich weitere Koordinatensysteme platzieren, so genannte **Benutzerkoordinatensysteme**, abgekürzt **BKS**. Dazu in einer späteren Stunde mehr.

Training: Zeichnen mit absoluten kartesischen Koordinaten

✘ Öffnen Sie die Zeichnung A-04-01.dwg aus dem Ordner \AUFGABEN.

✘ Zeichnen Sie den Linienzug mit absoluten kartesischen Koordinaten nach (siehe Abbildung 4.1).

Befehl: **Linie**
Ersten Punkt angeben: **20,15 eintippen**
Nächsten Punkt angeben oder [Zurück]: **60,15 eintippen**
Nächsten Punkt angeben oder [Zurück]:**60,25 eintippen**
..
..
Nächsten Punkt angeben oder [Schließen/Zurück]: **20,45 eintippen**
Nächsten Punkt angeben oder [Schließen/Zurück]: **S für die Option Schließen**

✘ Zeichnen Sie die Kreise. Geben Sie die Mittelpunkte mit absoluten kartesischen Koordinaten an (siehe Abbildung 4.1).

Befehl: **Kreis**
Zentrum für Kreis angeben oder [3P/2P/Ttr (Tangente Tangente Radius)]: **40,35 eintippen**
Radius für Kreis angeben oder [Durchmesser]: **5 eintippen**

Befehl: **Kreis**
Zentrum für Kreis angeben oder [3P/2P/Ttr (Tangente Tangente Radius)]: **73.35,44.8 eintippen**
Radius für Kreis angeben oder [Durchmesser] <5.00>: **5 eintippen oder nur** ⏎

87

4 Zeichnen mit Koordinaten

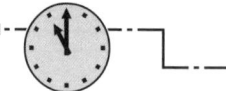

✗ Das Ergebnis sollte wie in Abbildung 4.1 aussehen. Die Lösung finden Sie auch im Ordner \AUFGABEN, die Zeichnung L-04-01.dwg.

Abb. 4.1: Zeichnen mit absoluten kartesischen Koordinaten

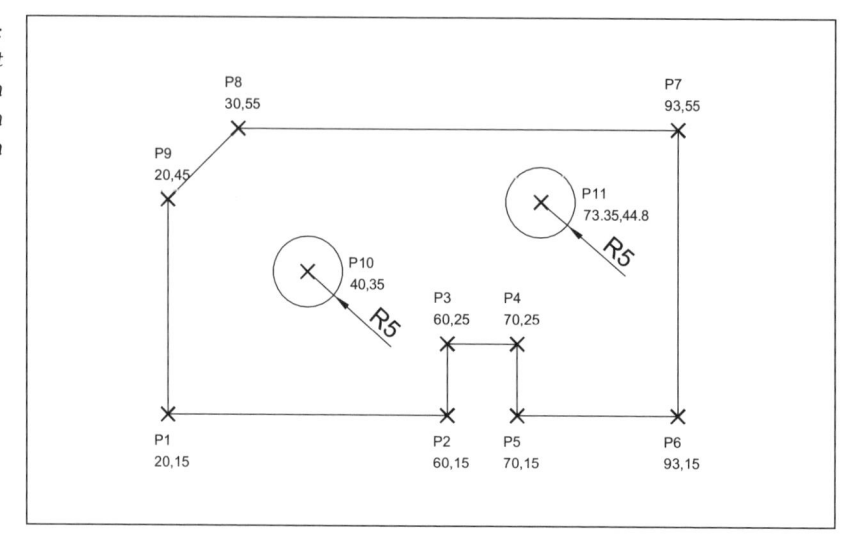

Training: Zeichnen mit relativen kartesischen Koordinaten

✗ Öffnen Sie die Zeichnung A-04-02.dwg aus dem Ordner \AUFGABEN.

✗ Zeichnen Sie den Linienzug mit relativen kartesischen Koordinaten nach (siehe Abbildung 4.2).

Befehl: **Linie**
Ersten Punkt angeben: **20,15 eintippen, der erste Punkt mit absoluter Angabe**
Nächsten Punkt angeben oder [Zurück]: **danach relativ @40,0 eintippen**
Nächsten Punkt angeben oder [Zurück]: **@0,10 eintippen**
..
..
Nächsten Punkt angeben oder [Schließen/Zurück]: **@-10,-10 eintippen**
Nächsten Punkt angeben oder [Schließen/Zurück]: **S für die Option Schließen**

✗ Das Ergebnis sollte wie in Abbildung 4.2 aussehen. Die Lösung finden Sie auch im Ordner \AUFGABEN, die Zeichnung L-04-02.dwg.

Das Koordinatensystem der Zeichnung

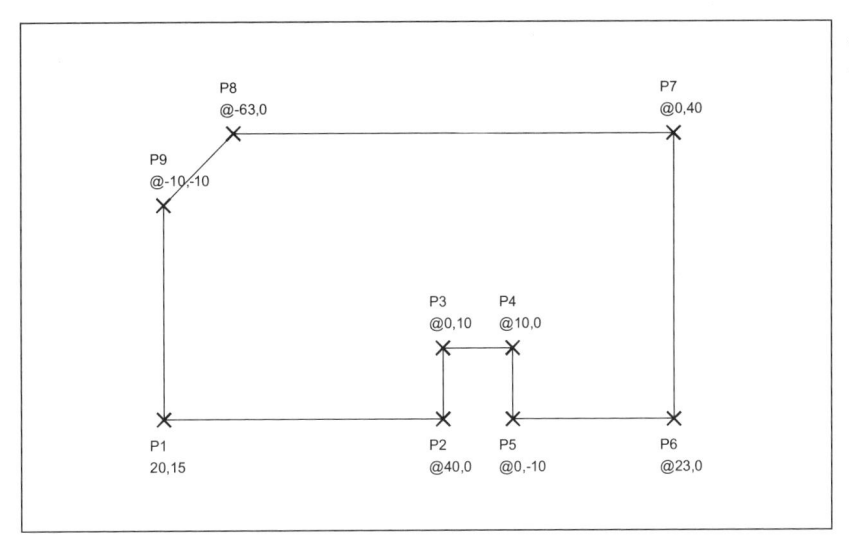

Abb. 4.2: Zeichnen mit relativen kartesischen Koordinaten

Training: Zeichnen mit relativen polaren Koordinaten

✗ Öffnen Sie die Zeichnung A-04-03.dwg aus dem Ordner \AUFGABEN.

✗ Zeichnen Sie den Linienzug mit relativen polaren Koordinaten nach (siehe Abbildung 4.3).

Befehl: **Linie**
Ersten Punkt angeben: **20,15 eintippen, der erste Punkt mit absoluter Angabe**
Nächsten Punkt angeben oder [Zurück]: **danach relativ polar @40<0 eintippen**
Nächsten Punkt angeben oder [Zurück]: **@10<90 eintippen**
..
..
Nächsten Punkt angeben oder [Schließen/Zurück]: **@14.1421<225 eintippen**
Nächsten Punkt angeben oder [Schließen/Zurück]: **S für die Option Schließen**

✗ Das Ergebnis sollte wie in Abbildung 4.3 aussehen. Die Lösung finden Sie auch im Ordner \AUFGABEN, die Zeichnung L-04-03.dwg.

4 Zeichnen mit Koordinaten

Abb. 4.3:
Zeichnen mit relativen polaren Koordinaten

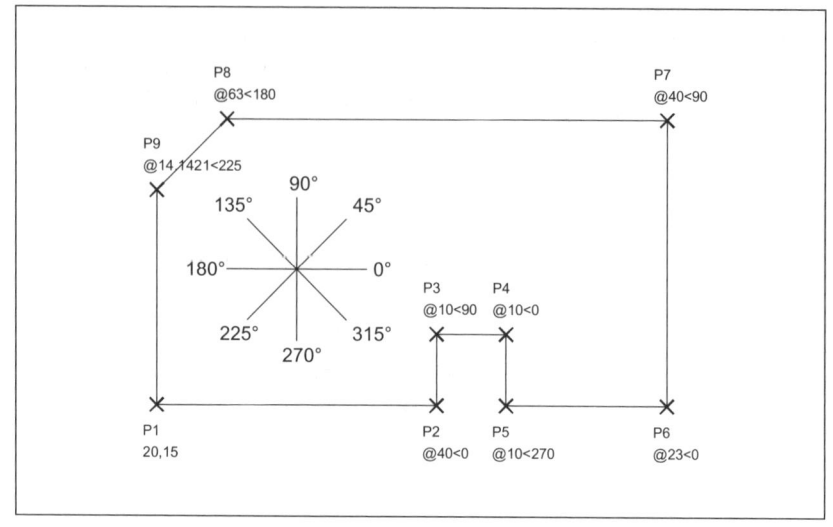

P8 @63<180
P7 @40<90
P9 @14,1421<225
P3 @10<90
P4 @10<0
P1 20,15
P2 @40<0
P5 @10<270
P6 @23<0

90°, 135°, 45°, 180°, 0°, 225°, 315°, 270°

4.2 Orthogonal zeichnen nur mit Längen

In technischen Zeichnungen wird ein Großteil nur vertikal und horizontal gezeichnet, beispielsweise die Wände bei einem Grundriss. Sie haben schon gesehen, dass Sie dazu den Ortho-Modus mit der Taste F8 oder mit einem Klick in das Feld ORTHO in der Statuszeile einschalten können. Sie können dann nur noch horizontal oder vertikal zeichnen, schieben, kopieren usw.

Aktion: Zeichnen mit Längenangaben

Um schneller Konturen zeichnen zu können, ist es in AutoCAD möglich, bei polaren Koordinaten nur die Länge anzugeben. Selbst das @-Zeichen können Sie sich in diesem Fall sparen. Es wird in der Richtung gezeichnet, in der das Fadenkreuz gerade steht. Das führt natürlich nur zu sinnvollen Ergebnissen, wenn der Ortho-Modus eingeschaltet ist.

Training: Zeichnen mit Längenangaben

- *Öffnen Sie die Zeichnung A-04-04.dwg aus dem Ordner \AUFGABEN.*
- *Schalten Sie den Ortho-Modus ein. Alle anderen Zeichenhilfen sollten aus sein.*
- *Zeichnen Sie den Linienzug mit Längenangaben nach (siehe Abbildung 4.4).*

Befehl: **Linie**
Ersten Punkt angeben: **20,15 eintippen, der erste Punkt mit absoluter Angabe**
Nächsten Punkt angeben oder [Zurück]: **Fadenkreuz nach rechts und 40 eintippen**
Nächsten Punkt angeben oder [Zurück]: **Fadenkreuz nach oben und 10 eintippen**
Nächsten Punkt angeben oder [Schließen/Zurück]: **Fadenkreuz nach rechts und 10 eintippen**

..

..

Nächsten Punkt angeben oder [Schließen/Zurück]: **Fadenkreuz nach links und 73 eintippen**
Nächsten Punkt angeben oder [Schließen/Zurück]: **S für die Option Schließen**

✗ *Das Ergebnis sollte wie in Abbildung 4.4 aussehen. Die Lösung finden Sie ebenfalls im Ordner \AUFGABEN, die Zeichnung L-04-04.dwg.*

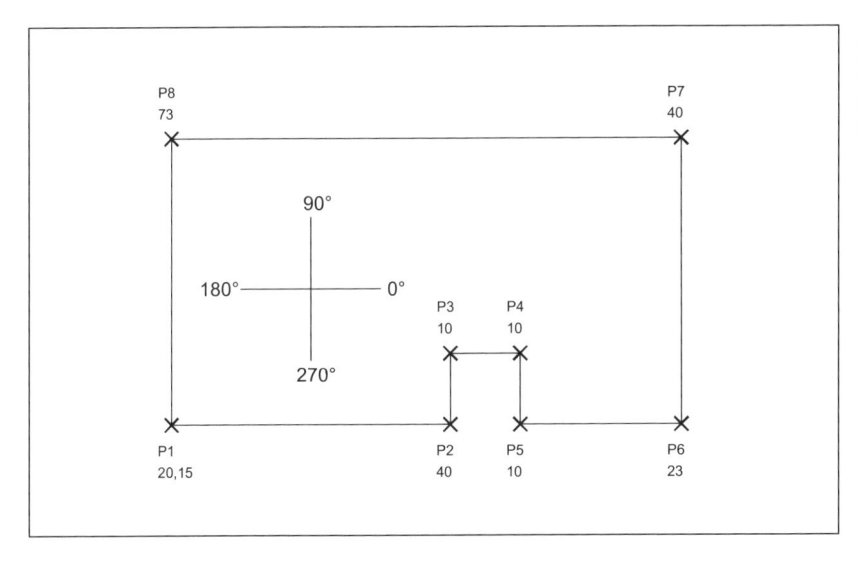

Abb. 4.4: Zeichnen mit Längenangaben

Fehler:

✗ Ist der Ortho-Modus nicht eingeschaltet, ist das Ergebnis zufällig. Die Linie verläuft in der Richtung der momentanen Position des Fadenkreuzes.

4.3 Der Polarfang

Noch flexibler ist der Polarfang. Das ist ein Fangraster, das nur bei Zeichen- und Editierbefehlen aktiv ist und bei dem Sie sowohl ein Längen- als auch ein Winkelraster vorgeben können.

4 Zeichnen mit Koordinaten

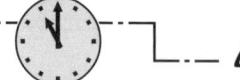

Die Vorteile gegenüber dem Fang aus der letzten Stunde:

✘ Sie können ein beliebiges Winkelraster einstellen, nicht nur die orthogonalen Richtungen wie beim Ortho-Modus und Sie können bei diesen Winkeln auch mit Abstandseingabe zeichnen.

✘ Das polare Fangraster und der polare Fangwinkel beziehen sich immer auf den letzten Punkt, nicht wie beim einfachen Fang auf den Nullpunkt.

✘ Der polare Fangwinkel kann auch so eingestellt werden, dass er sich immer aufs letzte Segment bezieht.

Aktion: Befehl ZEICHEINST für den Polarfang

Mit dem Befehl ZEICHEINST können Sie auch den Polarfang einstellen:

✘ Abrollmenü EXTRAS, Funktion ENTWURFSEINSTELLUNGEN...

✘ Rechtsklick auf die Taste POLAR in der Statuszeile und Auswahl von EINSTELLUNGEN... aus dem Pop-up-Menü.

Die Einstellungen für den Polarfang können Sie in einem Dialogfeld vornehmen. Es ist in AutoCAD LT 2002 etwas anders aufgebaut als in AutoCAD 2002.

Bei AutoCAD LT 2002 finden Sie im Register SPURVERFOLGUNG des Dialogfelds die Einstellungen für den Polarfang.

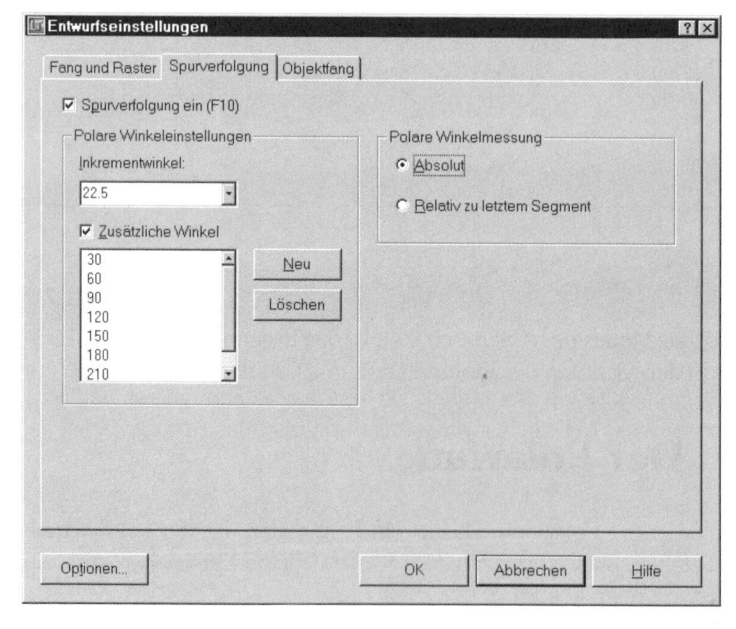

Abb. 4.5: Register für den Polarfang in AutoCAD LT 2002

92

Der Polarfang

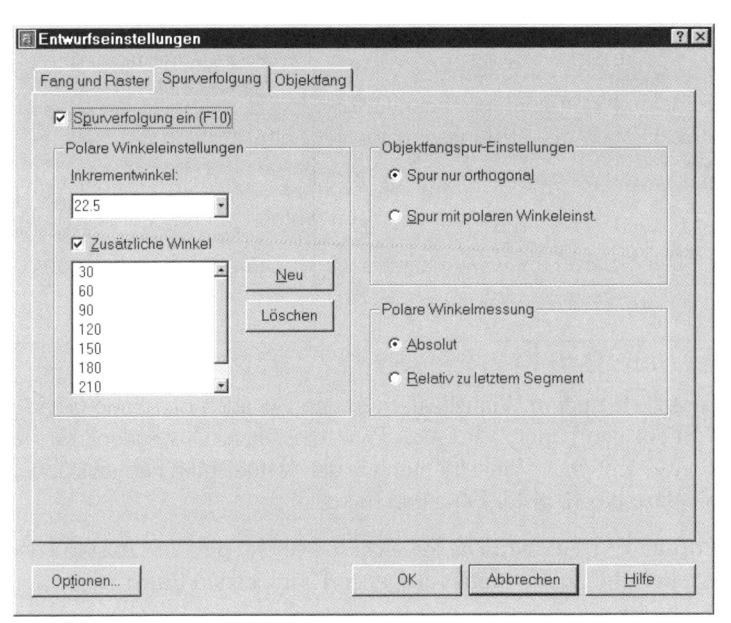

Abb. 4.6:
Register für
den Polarfang
in AutoCAD
2002

Beide Dialogfelder sind fast identisch, nur dass bei AutoCAD 2002 rechts oben noch das Feld für die Objektfangspuren ist. Folgende Einstellungen für den Polaren Fang sind möglich:

SPURVERFOLGUNG EIN: Mit diesem Schalter können Sie den Polaren Fang ein- und ausschalten. Schalten Sie den Polaren Fang ein, wird der Ortho-Modus ausgeschaltet.

POLARE WINKELEINSTELLUNGEN, INKREMENTWINKEL: Wählen Sie aus dem Abrollmenü den gewünschten Winkel aus oder tragen Sie einen Wert ein.

ZUSÄTZLICHE WINKEL: Wollen Sie zusätzlich noch ganz bestimmte Winkel haben, auf die das Fadenkreuz einrasten soll, klicken Sie diesen Schalter an. Sie können dann Werte in die Liste aufnehmen, wenn Sie auf die Schaltfläche NEU klicken. Damit wird ein leerer Eintrag erzeugt und Sie können einen Wert dafür eintragen. Mit der Schaltfläche LÖSCHEN wird der markierte Eintrag aus der Liste gelöscht.

POLARE WINKELMESSUNG: In diesem Feld können Sie wählen, ob sich der Winkel des Polaren Fangs auf das Koordinatensystem oder das zuletzt gezeichnete Segment beziehen soll (siehe Abbildung 4.7).

93

4 Zeichnen mit Koordinaten

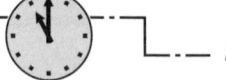

Abb. 4.7:
Verschiedene
Methoden der
Polaren Winkelmessung

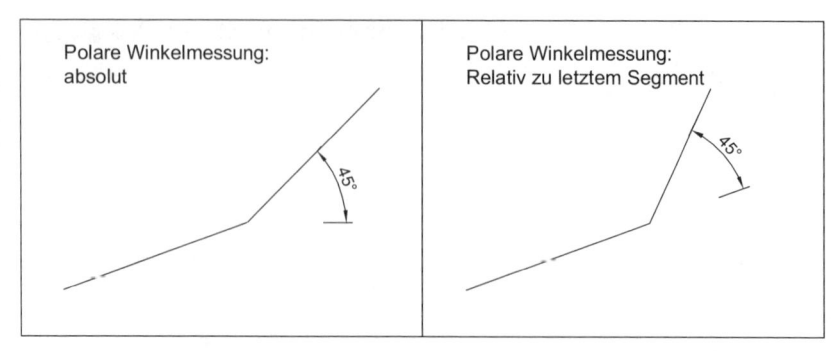

Polare Winkelmessung: absolut

Polare Winkelmessung: Relativ zu letztem Segment

Zusätzlich zu dem Winkelraster können Sie auch den Fang (siehe Abbildung 4.8) auf den Fangtyp POLARER FANG einstellen. Das Fadenkreuz rastet dann beim Zeichnen in Winkelrichtung in den festgelegten Fangabständen. Wählen Sie dazu das Register FANG UND RASTER.

POLARE ENTFERNUNG: Die POLARE ENTFERNUNG gibt den Abstand des Fangs in Winkelrichtung an, immer ausgehend vom letzten Punkt.

FANGTYP UND -STIL: Schalten Sie in diesem Feld den Schalter POLARER FANG ein.

FANGMODUS EIN: Der Schalter für den Fangmodus muss eingeschaltet sein.

Abb. 4.8:
Fang auf polaren Abstand
eingestellt

Mit der Schaltfläche OPTIONEN... kommen Sie zu einem weiteren Dialogfeld, in dem Sie die Anzeigeeinstellungen für den Polarfang verändern können. Ist der Polare Spurvektor eingeschaltet, werden Hilfslinien in Richtung der Winkelraster angezeigt (siehe Abbildung 4.9). Außerdem können Sie die QuickInfo bei der Spur ein- und ausschalten. Das ist die Information, die in dem kleinen gelben Rechteck angezeigt wird (siehe Abbildung 4.9).

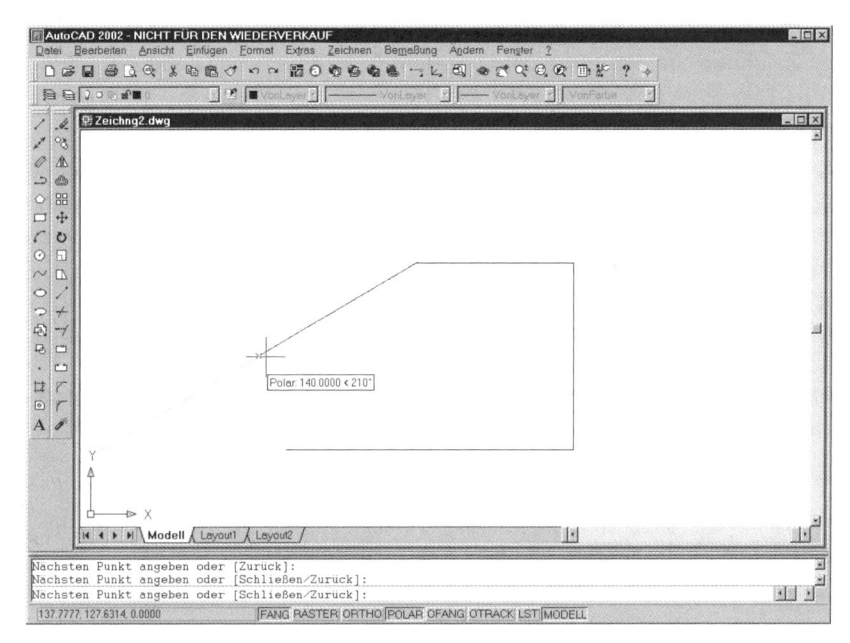

Abb. 4.9: Spurvektor und QuickInfo beim Zeichnen mit dem Polarfang

Tipps:

✘ Mit der Funktionstaste F10 wird der Polare Fang und mit der Funktionstaste F9 der normale Fang ein- und ausgeschaltet. Haben Sie beide eingeschaltet, sollte der normale Fang auf den Fangtyp POLARER FANG eingestellt sein (siehe Abbildung 4.8). Das eingestellte Fangraster gilt dann in Richtung der eingestellten Winkel.

✘ Wenn Sie in der QuickInfo den richtigen Wert für den Winkel und den Abstand angezeigt bekommen, drücken Sie die Pick-Taste und der Wert wird übernommen, unabhängig von der exakten Position des Fadenkreuzes.

✘ Benötigen Sie einen anderen Wert für den Abstand als den angezeigten, geben Sie ihn auf der Tastatur ein und bestätigen mit ⏎. Der eingegebene Abstand wird übernommen. Beim Winkel wird der übernommen, der im QuickInfo angezeigt wurde.

4 Zeichnen mit Koordinaten

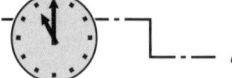

Training: Zeichnen mit dem Polarfang

✗ Öffnen Sie die Zeichnung A-04-05.dwg aus dem Ordner \AUFGABEN.

✗ Schalten Sie den Polarfang ein. Wählen Sie ein Winkelraster von 15°. Stellen Sie den Fang auf den Fangtyp POLARER FANG, die POLARE ENTFERNUNG auf 5 und schalten Sie den Fang ein.

✗ Zeichnen Sie den Linienzug mit dem Polarfang nach (siehe Abbildung 4.10).

Befehl: **Linie**
Ersten Punkt angeben: **20,15 eintippen, der erste Punkt mit absoluter Angabe**
Nächsten Punkt angeben oder [Zurück]: **Fadenkreuz nach rechts, bis im QuickInfo 35<0 angezeigt wird und Pick-Taste drücken**
Nächsten Punkt angeben oder [Zurück]: **Fadenkreuz nach rechts oben, bis im QuickInfo 10<60 angezeigt wird und Pick-Taste drücken**
Nächsten Punkt angeben oder [Schließen/Zurück]: **Fadenkreuz nach rechts, bis im QuickInfo 10<0 angezeigt wird und Pick-Taste drücken**
Nächsten Punkt angeben oder [Schließen/Zurück]: **Fadenkreuz nach rechts unten, bis im QuickInfo 10<300 angezeigt wird und Pick-Taste drücken**
..
..
Nächsten Punkt angeben oder [Schließen/Zurück]: **Fadenkreuz nach links, bis im QuickInfo 40<180 angezeigt wird und Pick-Taste drücken**
Nächsten Punkt angeben oder [Schließen/Zurück]: **S für die Option Schließen**

✗ Das Ergebnis sollte wie in Abbildung 4.10 aussehen. Die Lösung finden Sie auch im Ordner \AUFGABEN, die Zeichnung L-04-05.dwg.

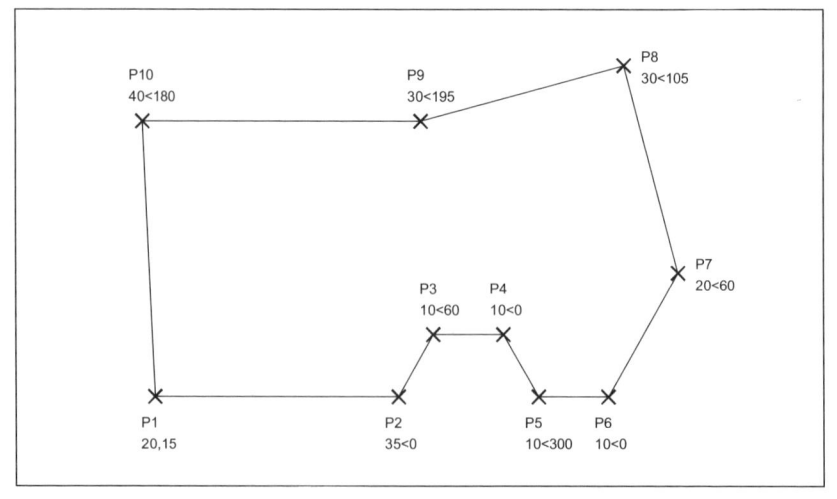

Abb. 4.10: Zeichnen mit dem Polarfang

4.4 Was sind Limiten?

Nun haben wir bisher immer Gegenstände gezeichnet, die auf einem Blatt Papier Platz hatten. Aber was tun, wenn ein Grundriss von einem Haus gezeichnet werden soll oder ein Stadtplan, eine Landkarte usw.?

Wenn Sie mit Bleistift und Papier zeichnen, multiplizieren Sie die Größen, die Sie zeichnen wollen, mit dem Maßstab und stellen sie kleiner oder größer als in Wirklichkeit dar. Der Nachteil dabei ist, dass Sie jedes Maß mit dem Maßstab multiplizieren müssen.

Wenn Sie mit einem CAD-Programm zeichnen, sollten Sie das Rechnen dem Computer überlassen. Es gilt eine wichtige Regel:

Regel: Zeichnen Sie mit AutoCAD immer 1:1!

Ihnen steht im Computer ein beliebig großes oder beliebig kleines Zeichenblatt zur Verfügung. Erst bei der Ausgabe der Zeichnung auf dem Drucker oder Plotter vergrößern oder verkleinern Sie diese so, dass sie auf das gewünschte Papierformat passt. Das Zeichenblatt hat immer die Originalgröße. Sie müssen keine Maße mehr umrechnen.

Die weitere wichtige Regel gilt:

Regel: Innerhalb von AutoCAD gibt es nur Zeichnungseinheiten, das können mm, cm, m oder km sein!

Mit diesen beiden Regeln als Grundlage können wir weitere Überlegungen anstellen. Drei Größen sind jetzt wichtig, um das Layout für eine neue Zeichnung zu planen:

Die Zeichnungslimiten

Durch die Abmessungen des zu zeichnenden Objekts können zwei Punkte ermittelt werden, ein linker unterer und ein rechter oberer. Innerhalb des Rechtecks, das sich aus diesen Punkten bildet, befindet sich die Zeichnung. Diese Punkte werden in AutoCAD Limiten genannt. Meist liegt die linke untere linke Limite bei 0,0, dem Koordinatenursprung. Sie könnte aber auch an jedem beliebigen Punkt der Zeichnung liegen.

Papierformat und Plotmaßstab

Eine dieser Größen ist meist gegeben und die andere resultiert daraus: Entweder wird ein Papierformat vorgegeben (oft durch Plotter oder Drucker begrenzt) und daraus resultiert ein Plotmaßstab, oder eine Zeichnung soll in einem bestimmten Maßstab erstellt werden und daraus ergibt sich das notwendige Papierformat.

4 Zeichnen mit Koordinaten

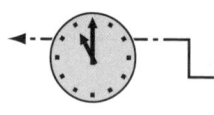

Der Maßstab

Der Maßstab wird in AutoCAD erst beim Plotten der Zeichnung erforderlich. Er wird angegeben mit:

Geplottete mm = Zeichnungseinheiten

Wenn also eine Zeichnung 1:50 auf das Papier kommen soll, ist 1 geplotteter mm = 50 Zeichnungseinheiten.

Aktion: Berechnung der Limiten

Der Koordinatenwert für die rechte obere Limite errechnet sich wie folgt, wenn davon ausgegangen wird, dass die linke untere Limite beim Punkt 0,0 liegt:

Rechte obere Limite = Papiermaß / Plotmaßstab

Beim A3-Blatt im Maßstab 1:50 (=0.02) ergibt sich:

X: 420 / 0.02 = 21000
Y: 297 / 0.02 = 14850

Aber bringen wir das Ganze etwas leichter handhabbar in tabellarische Form. Die Werte in der Tabelle entsprechen der rechten oberen Limite, wenn die linke untere bei 0,0 liegt.

Tabelle 4.1: Limiten in Abhängigkeit von Maßstab und Papierformat

Maßst.	A4	A3	A2	A1	A0
10:1	29.7,21	42,29.7	59.4,42	84,59.4	118.8,84.0
5:1	59.4,42	84,59.4	118.8,84	168,118.8	237.6,168
1:1	297,210	420,297	594,420	840,594	1188,840
1:5	1485,1050	2100,1485	2970,2100	4200,2970	5945,4200
1:10	2970,2100	4200,2970	5940,4200	8400,5940	11880,8400
1:50	14850,1050	21000,14850	29700,21000	42000,29700	59450,42000
1:100	29700,21000	42000,29700	59400,42000	84000,59400	118800,84000

Da kein Drucker bis zum Rand drucken kann, muss der freie, nicht bedruckbare Rand abgezogen werden. Der ist aber bei jedem Drucker oder Plotter anders, deshalb finden Sie in der Tabelle die vollen Papiermaße. Bei Plottern wird oft Papier im Überformat verwendet, so dass man bis zur Normgröße des Papiers plotten kann.

Was sind Limiten?

Wenn die Zeichnungseinheiten nicht mm entsprechen

Etwas komplizierter wird es, wenn nicht in mm gezeichnet wird, sondern in cm, m oder km. Dann verändern sich die Limiten, und der Plotmaßstab ist nicht mehr identisch mit dem Maßstab der Zeichnung. Der Zeichenbereich verringert sich bei cm um den Faktor 10 und bei m um den Faktor 1000.

Soll beispielsweise in cm gezeichnet und auf einem A4-Blatt im Maßstab 1:1 ausgegeben werden, liegt die rechte obere Limite bei 29.7,21 Zeichnungseinheiten (=cm). Der Plotmaßstab muss ebenfalls korrigiert werden, 1 geplotteter mm entspricht dann 0.1 Zeichnungseinheiten (=cm).

Noch ein Beispiel: Auf einem A3-Blatt wird in m gezeichnet, der Maßstab der geplotteten Zeichnung soll 1:50 sein. Die rechte obere Limite ist dann 21,14.85 (=m). Ein geplotteter mm entspricht in diesem Fall 0.05 Zeichnungseinheiten (=m).

Tipp:

✗ Da die Zeichnung erst beim Plotten oder Drucken vergrößert oder verkleinert wird, ist es erforderlich, alle papierbezogenen Größen mit dem Plotmaßstab zu multiplizieren. Soll beispielsweise in einer Zeichnung beim Plotten 1 geplotteter mm = 100 Zeichnungseinheiten entsprechen, sollte auch ein Text in der Zeichnung mit der Texthöhe 350 geschrieben werden, wenn er auf dem Papier 3.5 mm hoch sein soll.

Training: Berechnung der Limiten

✗ *Sie wollen einen Grundriss eines Einfamilienhauses zeichnen. Der Grundriss hat die Maximalabmessung von 15 m auf 10 m. Es soll noch genügend Platz für Bemaßung und Beschriftung sein. Sie wollen eine Zeichnung im Maßstab 1:50 erstellen. Wie werden die Limiten eingestellt, wenn in m gezeichnet werden soll? Welches Papierformat ist erforderlich? Wie ist der Plotmaßstab? Wie groß muss der Text in der Zeichnung sein, damit er auf dem Papier 5 mm hoch ist?*

✗ *Die Limiten bei einem A3-Blatt beim Plotmaßstab 1:50 entnehmen Sie aus Tabelle 4.1: 21000,14850. Da in m gezeichnet werden soll, werden diese Werte durch 1000 dividiert (da bekanntlich 1 m 1000 mm entspricht). Somit ergeben sich als Limiten: 0,0 und 21,14.85. Das Papierformat ist A3. Beim Plotten ist 1 geplotteter mm = 0.05 Zeichnungseinheiten. Der Text muss 5 x 0.05 = 0.25 Zeichnungeinheiten hoch sein.*

4   Zeichnen mit Koordinaten

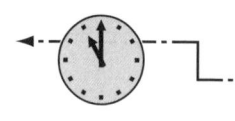

✗ Sie wollen ein mechanisches Teil zeichnen. Es hat die maximalen Abmessungen von 90 mm x 50 mm. Es soll auf einem A2-Blatt gezeichnet werden, da es viele Datails enthält. In welchem Maßstab kann es darauf dargestellt werden? Wie werden die Limiten eingestellt, wenn in mm gezeichnet werden soll? Wie ist der Plotmaßstab? Wie groß muss der Text in der Zeichnung sein, damit er auf dem Papier 3.5 mm hoch ist?

✗ Maßstab bei einem A2-Blatt 5:1 aus Tabelle 4.1 und Limiten 118.8,84. Beim Plotten sind 5 geplottete mm = 1 Zeichnungseinheiten. Der Text muss 3.5 / 5 = 0.7 Zeichnungeinheiten hoch sein.

Aktion: Befehl LIMITEN

Doch wie werden die Limiten eingestellt? Sie haben dafür den Befehl Limiten und Sie finden ihn:

✗ Abrollmenü FORMAT, Funktion LIMITEN

Folgende Anfragen stellt der Befehl:

Befehl: **Limiten**
Modellbereich Limiten zurücksetzen:
Linke untere Ecke angeben oder [Ein/Aus] <0.00,0.00>: **linke unteren Eckpunkt eingeben, normalerweise 0,0**
Obere rechte Ecke angeben <420.00,297.00>: **rechten oberen Eckpunkt eingeben, siehe Berechnung oben**

Folgende Optionen stehen Ihnen außerdem zur Verfügung:

EIN bzw. AUS: Mit den Optionen kann die Limitenkontrolle aus- und eingeschaltet werden. Sie bewirkt beim Zeichnen, dass jede Eingabe überprüft wird und nicht angenommen wird, wenn sie außerhalb der Limiten liegt.

Aktion: Start einer neuen Zeichnung mit beliebigen Limiten

✗ Wählen Sie den Befehl NEU. Im Dialogfeld des Befehls wählen Sie die Funktion DIREKT BEGINNEN. Wählen Sie die Vorgabe METRISCH.

✗ Rufen Sie dann den Befehl LIMITEN auf und stellen Sie diese so ein, wie Sie sie berechnet haben.

✗ Wählen Sie dann den Befehl ZOOM, Option GRENZEN (siehe sechste Stunde) und die Zeichnung erscheint bildschirmfüllend.

Fragen zur vierten Stunde

1. Welches Format haben relative kartesische Koordinaten in AutoCAD?
2. Welches Format haben relative polare Koordinaten in AutoCAD?
3. Geben Sie die relative kartesische Koordinate vom Punkt 100,60 zum Punkt 225,-80 an?
4. Geben Sie die relative polare Koordinate von dem Punkt 10,10 zu dem Punkt -10,-10 an?
5. Welcher Modus sollte beim Zeichnen mit Längenangaben eingeschaltet sein?
6. In welchem Maßstab wird in AutoCAD gezeichnet?
7. Welche Größen legen den Zeichenbereich in AutoCAD fest?
8. Wann wird der Maßstab in AutoCAD wichtig?
9. Welche Größe in der Zeichnung muss mit dem Plotmaßstab umgerechnet werden?
10. Wie können Sie bewirken, dass in einer Zeichnung nur innerhalb der Limiten gezeichnet werden kann?

STUNDE 5

Zeichnen mit Objektfang und Fangspuren

Trotz aller Hilfen beim Zeichnen mit Koordinaten sollten Sie dies auf das Notwendigste beschränken. Immer dann, wenn schon Objekte in der Zeichnung sind, können Sie sich mit dem Objektfang darauf beziehen. Sie lernen in dieser Stunde:

✗ wie Sie mit dem Objektfang vorhandene Punkte in der Zeichnung einfangen können

✗ wie der Objektfang eingestellt werden kann

✗ welche Fangfunktionen es beim Objektfang gibt

✗ wie Relativpunkte eingegeben werden

✗ wie Sie mit der Spur zeichnen können

✗ welche Spezialfunktionen der Objektfang in AutoCAD 2002 hat und

✗ was es mit den Objektfangspuren in AutoCAD 2002 auf sich hat.

5.1 Wie wird ein Objekt gefangen?

Je mehr Objekte in der Zeichnung sind, desto häufiger kommt es vor, dass Sie beim Zeichnen oder Editieren den Endpunkt einer Linie, das Zentrum eines Kreises, den Schnittpunkt zweier Linien usw. benötigen. Die Koordinaten sind Ihnen nicht bekannt und der Punkt liegt auch auf keinem Fangpunkt. Was können Sie tun? Hier hilft nur der Objektfang.

5 Zeichnen mit Objektfang und Fangspuren

Aktion: Punkte an Objekten fangen

Sehen wir uns den Vorgang an einem Beispiel an. Sie wollen eine neue Linie an dem Zentrum eines bereits gezeichneten Kreises beginnen. Gehen Sie wie folgt vor:

✘ Wählen Sie den Befehl Linie.

Befehl: **Linie**
Ersten Punkt angeben:

✘ Geben Sie bei der Anfrage nach dem Startpunkt den Objektfang ZENTRUM ein.

Von Punkt: **ZEN oder Zentrum**

✘ Fahren Sie mit dem Fadenkreuz über den Kreis, bis das Zentrumssymbol im Kreis angezeigt wird und drücken Sie dann die Pick-Taste. Die Linie wird nicht an der Position des Fadenkreuzes angesetzt, sondern am angezeigten Symbol, also im Zentrum des Kreises.

✘ Hätten Sie vor dem Drücken der Pick-Taste ca. eine Sekunde gewartet, wäre in einem gelben Fenster ein Tipp angezeigt worden, um was für einen Punkt es sich handelt (siehe Abbildung 5.1). Mit der ⇥-Taste hätten Sie sich dann weitere Fangpunkte in der Nähe anzeigen lassen können, sofern sich dort weitere Zentrumspunkte befunden hätten.

✘ Wenn Sie die Pick-Taste drücken, wird immer der Punkt gewählt, an dem das Symbol gerade angezeigt wird, egal wo sich das Fadenkreuz befindet.

Abb. 5.1: Anzeige von Fangsymbol und Tipp

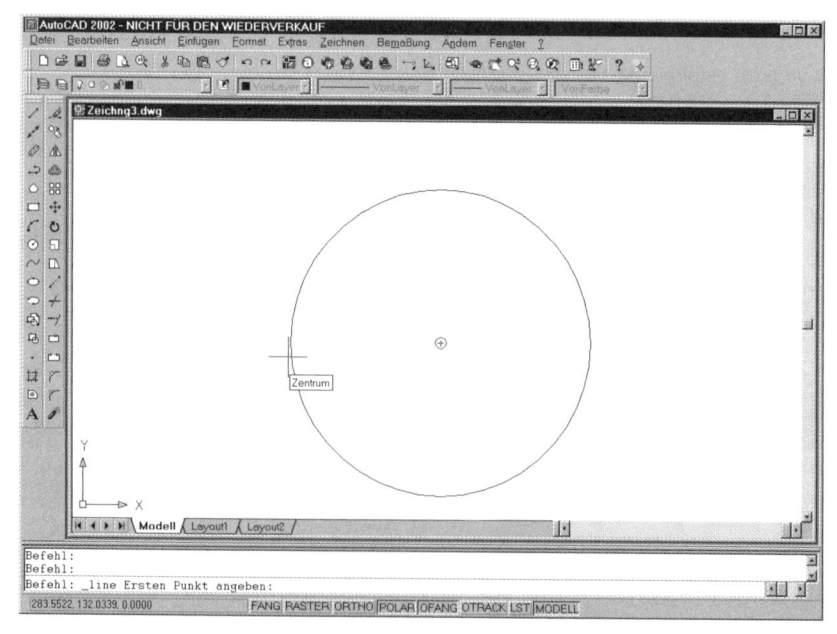

5.2 Wechselnde Objektfang-Funktionen

Wenn Sie beim Zeichnen und Konstruieren nur selten die Fangfunktionen benötigen und dann auch immer verschiedene, können Sie die jeweils erforderliche Funktion bei der Punktanfrage wählen.

Aktion: Objektfang-Funktion wählen

Folgende Möglichkeiten haben Sie:

✘ Sie tippen die Fangfunktion bzw. das Kürzel dafür (die ersten drei Buchstaben der Funktion) bei der Punktanfrage ein. Das ist die schlechteste Möglichkeit, da Sie beim Zeichnen immer von der Maus zur Tastatur wechseln müssen.

✘ Sie schalten den Werkzeugkasten OBJEKTFANG zu (siehe erste Stunde) und wählen das Symbol für den gewünschten Objektfang aus dem Werkzeugkasten. Sinnvoll ist es, wenn Sie ihn am Rand der Zeichenfläche andocken, sonst stört er beim Zeichnen (siehe Abbildung 5.2).

✘ Sie wählen das Symbol für den gewünschten Objektfang aus dem Flyoutmenü in der Standard-Funktionsleiste (siehe Abbildung 5.2).

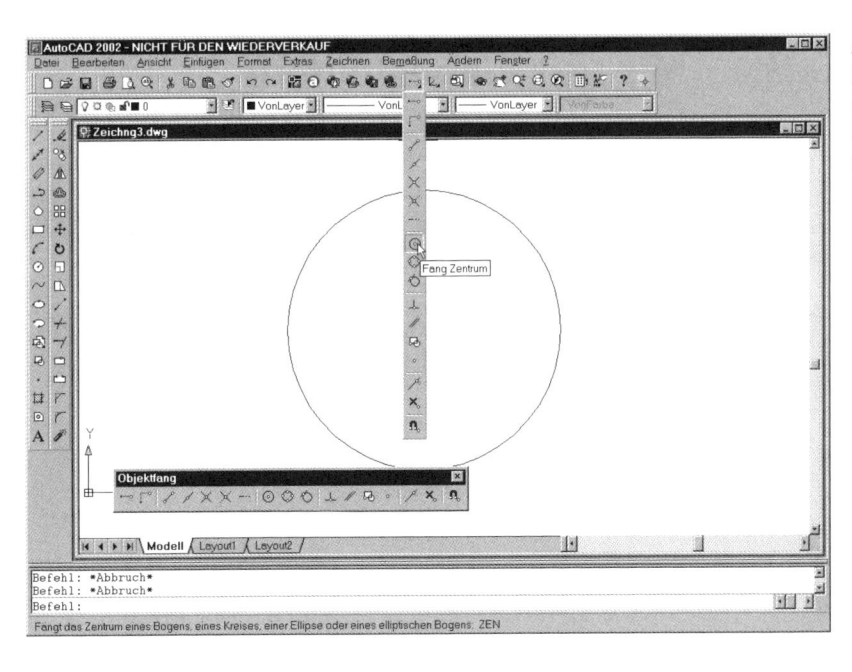

Abb. 5.2:
Flyoutmenü und Werkzeugkasten für den Objektfang

5 Zeichnen mit Objektfang und Fangspuren

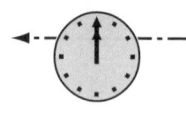

✗ Mit der Taste ⇧ oder Strg und der rechten Maustaste kann ein Pop-up-Menü mit den Objektfang-Funktionen eingeblendet werden. Das hat den Vorteil, dass es direkt am Fadenkreuz erscheint und so die Mauswege recht kurz sind.

Abb. 5.3: Pop-up-Menü für den Objektfang in AutoCAD LT 2002 und AutoCAD 2002

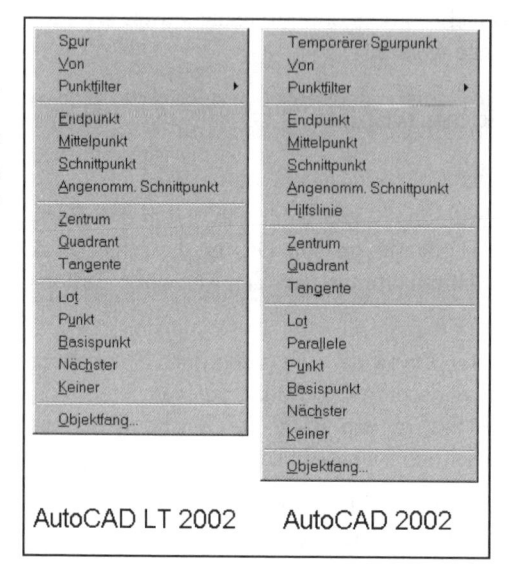

AutoCAD LT 2002	AutoCAD 2002
Spur	Temporärer Spurpunkt
Von	Von
Punktfilter ▶	Punktfilter ▶
Endpunkt	Endpunkt
Mittelpunkt	Mittelpunkt
Schnittpunkt	Schnittpunkt
Angenomm. Schnittpunkt	Angenomm. Schnittpunkt
Zentrum	Hilfslinie
Quadrant	Zentrum
Tangente	Quadrant
Lot	Tangente
Punkt	Lot
Basispunkt	Parallele
Nächster	Punkt
Keiner	Basispunkt
Objektfang...	Nächster
	Keiner
	Objektfang...

5.3 Mit fest eingestelltem Objektfang zeichnen

Besser ist es, den Objektfang fest einzustellen. Die Fangfunktionen, die Sie am häufigsten brauchen, müssen Sie dann nicht immer wieder in den Menüs suchen.

Aktion: Befehl ZEICHEINST für den Objektfang

Wieder ist es der Befehl ZEICHEINST, mit dem Sie diesmal den Objektfang einstellen.

✗ Abrollmenü WERKZEUGE bzw. EXTRAS, Funktion ENTWURFSEINSTELLUNGEN..., Register OBJEKTFANG im Dialogfeld

✗ Symbol im Werkzeugkasten OBJEKTFANG

✗ Symbol in einem Flyout-Menü der Standard-Funktionsleiste

Mit fest eingestelltem Objektfang zeichnen

✘ Pop-up-Menü Objektfang (siehe Abbildung 5.3), Funktion OBJEKTFANG...

✘ Rechtsklick auf die Taste OFANG in der Statuszeile und Auswahl der Funktion EINSTELLUNGEN... aus dem Pop-up-Menü

Haben Sie den Objektfang einmal eingestellt, können Sie ihn mit einem Klick auf die Taste OFANG in der Statuszeile oder mit der Funktionstaste F3 ein- und ausschalten.

Sie bekommen wieder das Dialogfeld des Befehls ZEICHEINST, diesmal mit dem Register OBJEKTFANG aktiviert (siehe Abbildung 5.4 bzw. 5.5).

In dem Register finden Sie die Fangfunktionen von AutoCAD LT 2002 und den Schalter, mit dem Sie den Objektfang einstellen können.

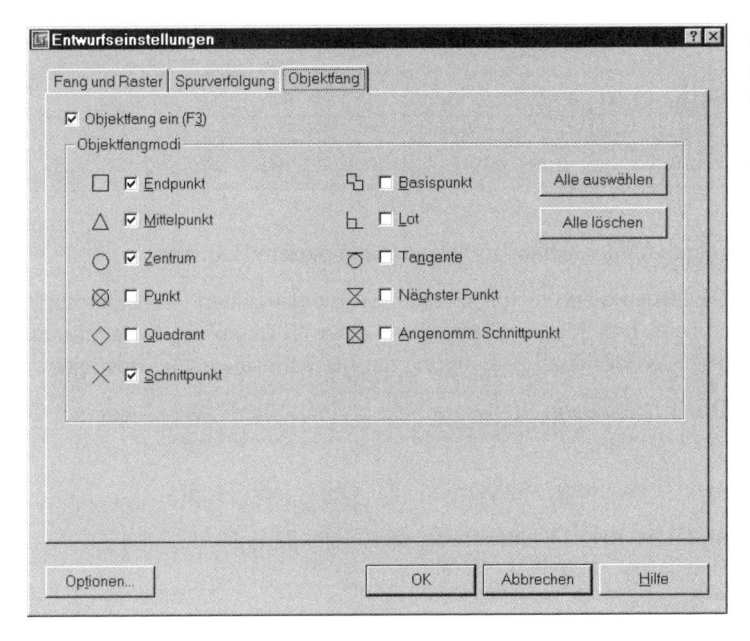

Abb. 5.4: Register für den Objektfang in AutoCAD LT 2002

In AutoCAD 2002 haben Sie mehr Fangfunktionen und den Schalter für die Objektfangspuren. Die Besonderheiten von AutoCAD 2002 finden Sie am Ende dieser Stunde.

107

5 *Zeichnen mit Objektfang und Fangspuren*

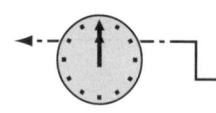

*Abb. 5.5:
Register für
den Objektfang
in AutoCAD
2002*

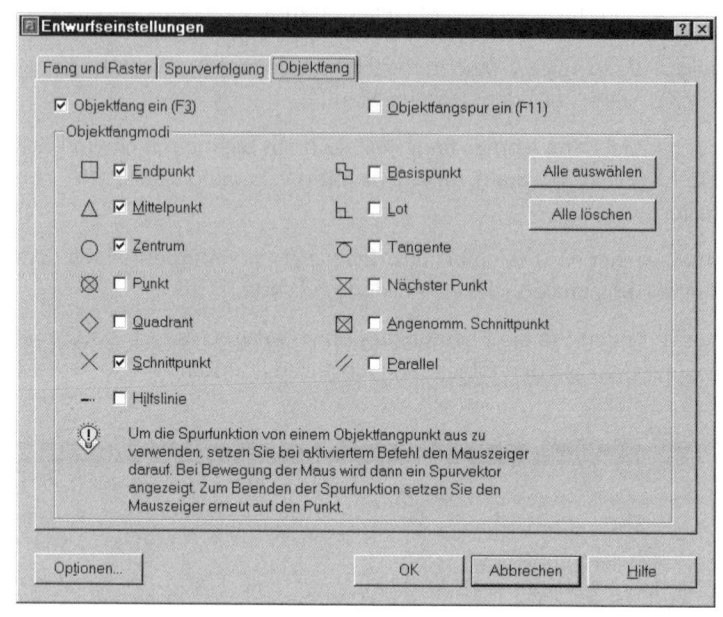

Folgende Möglichkeiten haben Sie in diesem Register:

OBJEKTFANG EIN: Damit schalten Sie die gewählten Objektfangfunktionen ein und aus. Das können Sie auch mit einem Klick auf die Taste OFANG in der Statusleiste oder durch Betätigung der Funktionstaste F3 erledigen.

OBJEKTFANGMODI: In diesem Feld können Sie die verschiedenen Objektfang-Modi wählen.

ALLE AUSWÄHLEN: Aktivierung aller Objektfang-Modi.

ALLE LÖSCHEN: Deaktivierung aller Objektfang-Modi.

Tipps:

✘ Oft benötigen Sie mehrere Objektfangfunktionen beim Zeichnen. Stellen Sie die ein, die Sie am häufigsten benötigen, beispielsweise ENDPUNKT, SCHNITTPUNKT und ZENTRUM. Sie bekommen dann auch diese Punkte mit dem Symbolen angezeigt, wenn Sie über die Objekte fahren.

✘ Haben Sie Fangfunktionen eingestellt und brauchen für eine Eingabe eine andere Fangfunktion, wählen Sie diese zusätzlich für den einen Punkt aus dem Pop-up-Menü. Für diese eine Eingabe gilt dann diese Fangfunktion und für die nächsten Eingaben wieder die fest eingestellten.

✘ Haben Sie Fangfunktionen eingestellt und wollen einen Punkt ohne Objektfang eingeben, wählen Sie aus dem Pop-up-Menü die Fangfunktion KEINE. Bei dieser einen Eingabe ist der eingestellte Objektfang nicht aktiv, erst wieder bei der nächsten.

✘ Im Dialogfeld finden Sie bei den einzelnen Fangfunktionen auch die Symbole, die bei den entsprechenden Punkten angezeigt werden.

5.4 Wo lassen sich Objekte fangen?

Doch welche Punkte lassen sich an den Objekten fangen? In AutoCAD stehen Ihnen eine ganze Reihe von Fangfunktionen zur Verfügung.

Aktion: Die verschiedenen Fangfunktionen

ENDPUNKT: Fängt den Endpunkt einer Linie, eines Bogens oder eines Polyliniensegments.

MITTELPUNKT: Fängt den Mittelpunkt einer Linie, eines Bogens oder eines Polyliniensegments.

SCHNITTPUNKT: Fängt den Schnittpunkt zweier Objekte. Haben Sie keinen Schnittpunkt in der Nähe des Fangfensters und es ist sonst kein Objektfang aktiv, erscheint das Schnittpunktsymbol mit einem Quadrat und drei Punkten. Im QuickInfo wird dabei angezeigt: ERWEITERTER ANGENOMMENER SCHNITTPUNKT (siehe Abbildung 5.6). Klicken Sie jetzt, wird noch nichts gefangen. Kommen Sie jedoch in die Nähe eines anderen Objektes, wird der virtuelle Schnittpunkt der beiden Objekte markiert (siehe Abbildung 5.6). Das ist der Punkt, bei dem sich die Verlängerungen der beiden Objekte treffen. Das geht natürlich nur dann, wenn die Linien nicht parallel verlaufen. Kreise können dabei nicht gewählt werden.

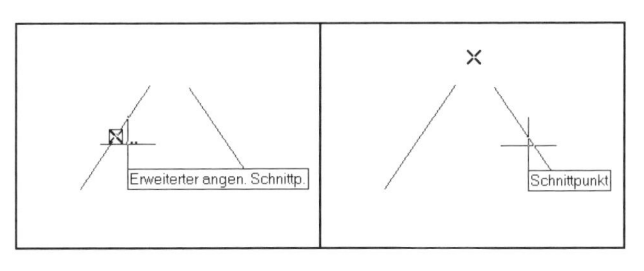

Abb. 5.6:
Virtuellen Schnittpunkt fangen

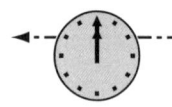

Angenommener Schnittpunkt: Damit können Sie bei 3D-Modellen den in der momentanen Ansicht sichtbaren Schnittpunkt zweier Objekte fangen, die beliebig im Raum übereinanderliegen. Dazu müssen beide Objekte angewählt werden. Der ermittelte Punkt liegt auf dem zuerst gewählten Objekt.

Zentrum: Fängt den Mittelpunkt eines Kreises, eines Bogens oder eines Polylinienbogens. Sie können dazu die Kreis- bzw. Bogenlinie oder das Zentrum anfahren, um das Symbol zu bekommen.

Quadrant: Fängt den Quadrantenpunkt (0, 90, 180 oder 270 Grad) eines Kreises, Bogens oder eines Polylinienbogens.

Tangente: Fängt den Punkt an einem Kreis, einem Bogen oder einem Polylinienbogen, zu dem ein anderer Punkt die Tangente bildet.

Lot: Fängt den Punkt auf einem Objekt, der von einem anderen Punkt aus einen rechten Winkel zu dem Objekt bildet.

Basispunkt: Fängt den Basispunkt eines Blocks oder den Einfügepunkt eines Textes.

Punkt: Fängt einen Punkt.

Nächster: Fängt den Punkt auf einem Objekt, der dem Fadenkreuz am nächsten liegt. Dieser Fangmodus ist nützlich, wenn Sie beispielsweise eine Linie bis zu einem anderen Objekt ziehen wollen, ohne dass sich dort ein Geometriepunkt befindet.

Keiner: Schaltet einen fest eingestellten Objektfang für eine Eingabe ab.

Training: Objekte fangen

- Öffnen Sie die Zeichnung A-05-01.dwg aus dem Ordner \AUFGABEN.

- Fangen Sie die Punkte wie in Abbildung 5.7 mit den verschiedenen Objektfangfunktionen und zeichnen Sie Liniensegmente.

- Das Ergebnis sollte wie in Abbildung 5.7 aussehen. Die Lösung finden Sie auch im Ordner \AUFGABEN, die Zeichnung L-05-01.dwg.

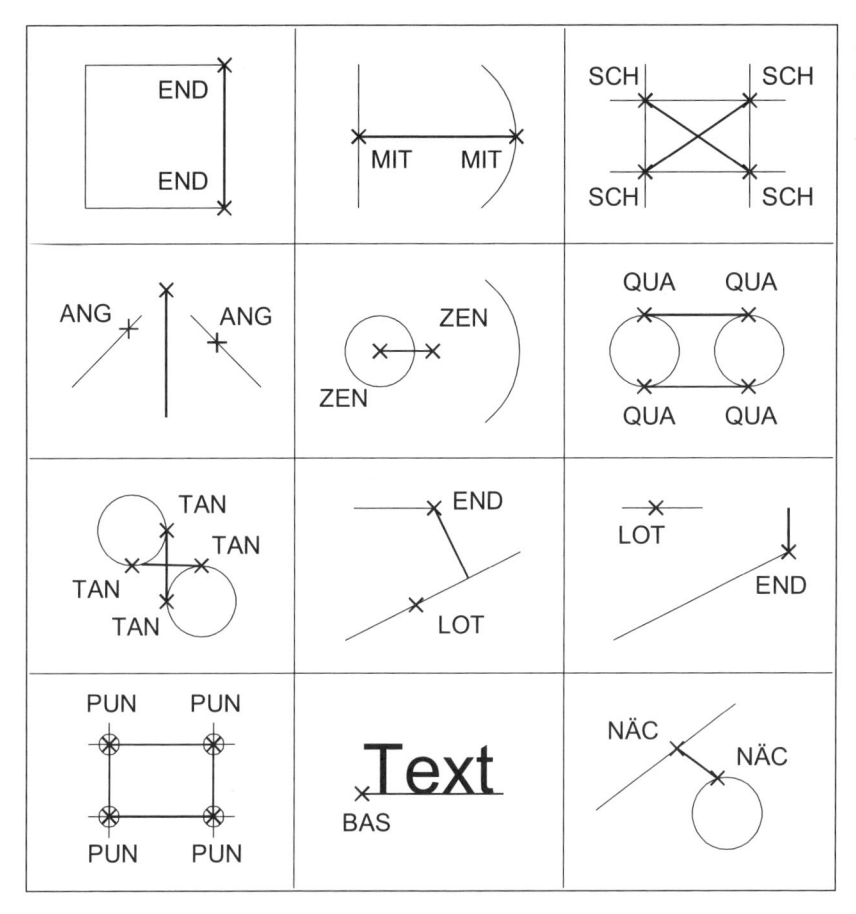

Abb. 5.7:
Zeichnen mit dem Objektfang

5.5 Relativpunkte und Objektfang

Eine weitere Funktion finden Sie in den Menüs des Objektfangs, die Funktion VON. Sie benötigen sie immer dann, wenn Sie nicht direkt einen Fangpunkt haben wollen, sondern einen Punkt in einem bestimmten Abstand von einem Fangpunkt.

Aktion: Funktion VON

Wählen Sie diese Funktion nur bei einer Punktanfrage. Sie finden Sie:

✘ Eintippen des Kürzels VON bei der Punktanfrage

✘ Symbol im Werkzeugkasten OBJEKTFANG

5 Zeichnen mit Objektfang und Fangspuren

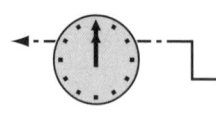

✗ Symbol in einem Flyoutmenü in der Standard-Funktionsleiste
✗ Pop-up-Menü des Objektfangs, Funktion VON

Tipps:

Gehen Sie dabei wie folgt vor:

✗ Wählen Sie einen Befehl, z.B. KREIS.
✗ Wählen Sie bei der Punktanfrage die Funktion VON.

Befehl: **Kreis**
Zentrum für Kreis angeben oder [3P/2P/Ttr (Tangente Tangente Radius)]: **Von wählen**
Basispunkt: **Objektfang-Funktion wählen und Punkt mit dem Objektfang einfangen**
<Abstand>: **Abstand von diesem Punkt als relative Koordinate eingeben oder Ortho-Modus einschalten, mit Fadenkreuz in die gewünschte Richtung fahren und Abstand eintippen**

..
..

Training: Zeichnen mit Relativpunkten

✗ Öffnen Sie die Zeichnung A-05-02.dwg aus dem Ordner \AUFGABEN.

✗ Konstruieren Sie den Kreis und die senkrechte Linie in den vorgegebenen Abständen (siehe Abbildung 5.8).

Befehl: **Kreis**
Zentrum für Kreis angeben oder [3P/2P/Ttr (Tangente Tangente Radius)]: **Von wählen**
Basispunkt: **Objektfang Endpunkt wählen und linken unteren Endpunkt mit dem Objektfang einfangen**
<Abstand>: **@20,25**
Radius für Kreis angeben oder [Durchmesser]: **10**

Befehl: **Linie**
Ersten Punkt angeben: **Von wählen**
Basispunkt: **Objektfang Endpunkt wählen und rechten unteren Endpunkt mit dem Objektfang einfangen**
<Abstand>: **@15<180 eingeben**
Nächsten Punkt angeben oder [Zurück]: **Objektfang Lot wählen und obere Linie anklicken**
Nächsten Punkt angeben oder [Zurück]: ⏎

✗ Das Ergebnis sollte wie in Abbildung 5.8 aussehen. Die Lösung finden Sie auch im Ordner \AUFGABEN, die Zeichnung L-05-02.dwg.

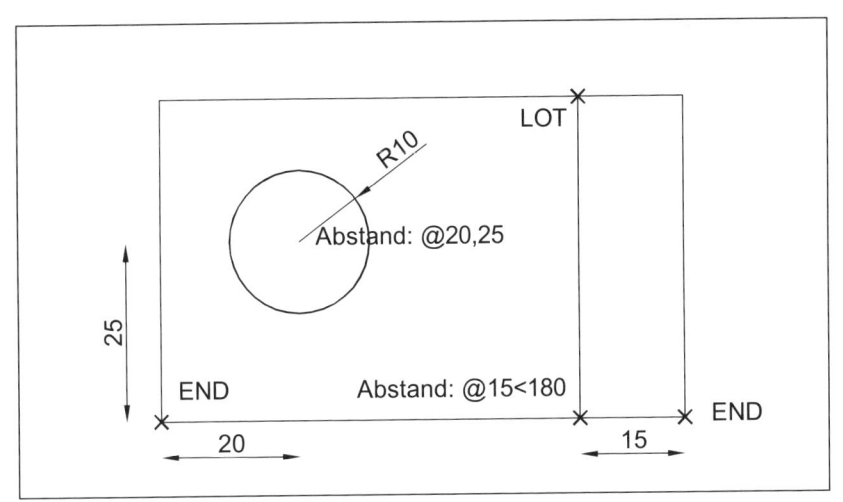

Abb. 5.8: Zeichnen mit Relativpunkten

5.6 Zeichnen mit der Spur

Sie wollen einen Punkt eingeben, den Sie nicht mit dem Objektfang fangen können. Sie haben aber einen Punkt in der Zeichnung, der dieselbe X-Koordinate wie der gesuchte Punkt hat, und einen, der dieselbe Y-Koordinate hat. Das ist ein Fall für die Spur-Funktion in AutoCAD LT 2002. In AutoCAD haben Sie diese Funktion zwar auch zur Verfügung, aber auch wesentlich komfortablere, die Ihnen diese Arbeit erleichtern.

Aktion: Spur-Funktion

Sie finden diese Funktion nur bei AutoCAD LT 2002 in den Menüs:

✗ Symbol in einem Flyoutmenü der Standard-Funktionsleiste

✗ Symbol im Werkzeugkasten OBJEKTFANG

✗ Pop-up-Menü des Objektfangs, Funktion SPUR

Tipps:

✗ Sie können die Funktion nur dann aktivieren, wenn ein Punkt angefragt wird. Wählen Sie den Bezugspunkt für X und den für Y mit einer Fangfunktion und beenden Sie die Auswahl mit ⏎. Der resultierende Punkt ergibt sich aus dem Schnittpunkt der Hilfslinien, die durch diese beiden

5 Zeichnen mit Objektfang und Fangspuren

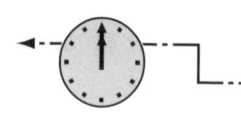

Punkte gehen. Der Ortho-Modus wird bei der Spur-Funktion automatisch eingeschaltet.

✗ Es gibt aber immer zwei mögliche Punkte, je nachdem, durch welchen Punkt eine vertikale und durch welchen eine horizontale Hilfslinie verläuft. In der Richtung, in der Sie vom ersten Punkt wegfahren, wird eine Gummibandlinie gezeichnet und in dieser Richtung wird der Punkt gesetzt.

✗ Die zweite Anfrage wird wiederholt und es kann ein weiterer Punkt eingegeben werden. Der Punkt ergibt sich dann aus dem zweiten und dritten Punkt. Das geht so lange, bis Sie die Auswahl mit ⏎ beenden.

Training: Zeichnen mit der Spur

✗ *Öffnen Sie die Zeichnung A-05-03.dwg aus dem Ordner \AUFGABEN.*

✗ *Konstruieren Sie den Linienzug (siehe Abbildung 5.9).*

✗ *Schalten Sie dazu die Objektfang-Funktion ENDPUNKT ein.*

Befehl: **Linie**
Ersten Punkt angeben: **Spur-Funktion aktivieren**
Erster Punkt für Spur: **P1 wählen und nach rechts wegfahren**
Nächster Punkt (EINGABETASTE drücken, um Spur zu beenden): **P2 wählen**
Nächster Punkt (EINGABETASTE drücken, um Spur zu beenden): ⏎
Nächsten Punkt angeben oder [Zurück]: **Spur-Funktion wieder aktivieren**
Erster Punkt für Spur: **P3 wählen und nach rechts wegfahren**
Nächster Punkt (EINGABETASTE drücken, um Spur zu beenden): **P2 wählen**
Nächster Punkt (EINGABETASTE drücken, um Spur zu beenden): ⏎
Nächsten Punkt angeben oder [Zurück]: **@20<0**
Nächsten Punkt angeben oder [Schließen/Zurück]: **@10<270**
Nächsten Punkt angeben oder [Schließen/Zurück]: **Spur-Funktion wieder aktivieren**
Erster Punkt für Spur: **@0,0 oder einfacher nur @ für den zuletzt eingegeben Punkt eintippen und nach rechts wegfahren**
Nächster Punkt (EINGABETASTE drücken, um Spur zu beenden): **P4 wählen**
Nächster Punkt (EINGABETASTE drücken, um Spur zu beenden): ⏎
Nächsten Punkt angeben oder [Schließen/Zurück]: **Spur-Funktion wieder aktivieren**
Erster Punkt für Spur: **P4 wählen und nach oben wegfahren**
Nächster Punkt (EINGABETASTE drücken, um Spur zu beenden): **P1 wählen**
Nächster Punkt (EINGABETASTE drücken, um Spur zu beenden): ⏎
Nächsten Punkt angeben oder [Schließen/Zurück]: **S für Schließen**

✗ *Das Ergebnis sollte wie in Abbildung 5.9 aussehen. Die Lösung finden Sie auch im Ordner \AUFGABEN, die Zeichnung L-05-03.dwg.*

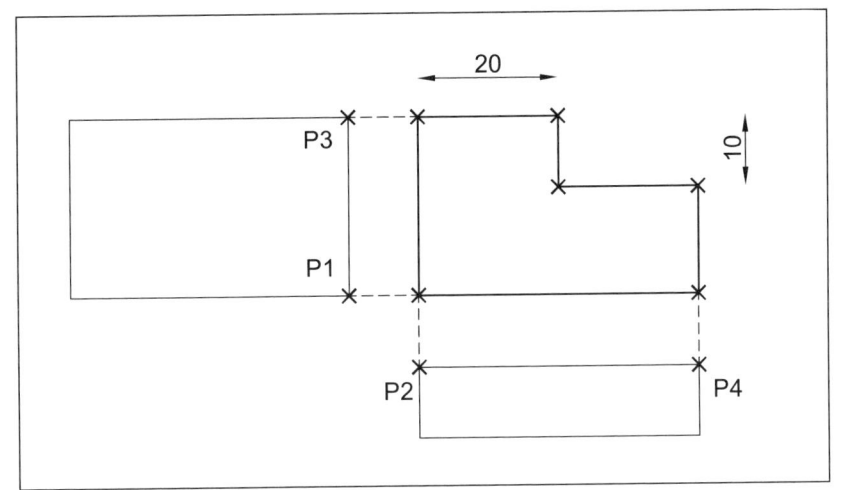

*Abb. 5.9:
Zeichnen mit der Spur-Funktion*

5.7 Die erweiterten Objektfangfunktionen in AutoCAD 2002

Zwei zusätzliche Objektfangfunktionen erleichtern die Zeichen- und Konstruktionsarbeit mit AutoCAD 2002 wesentlich: die Funktionen HILFSLINIE und PARALLEL.

HILFSLINIE: Diese Funktion ist vielseitig einsetzbar. Dazu muss aber der Objektfang ENDPUNKT mit aktiv sein. Gehen Sie dabei wie folgt vor:

✘ Fahren Sie den Endpunkt einer Linie oder eines Bogens mit dem Fadenkreuz an. Sie bekommen das Symbol für den Endpunkt angezeigt.

✘ Gehen Sie jetzt direkt auf den gewünschten Punkt und es wird ein kleines + direkt am Punkt angezeigt. Klicken Sie den Punkt aber nicht an. Wenn das + erscheint, ist der Punkt festgehalten.

✘ Haben Sie einen falschen Punkt festgehalten, fahren Sie noch einmal an den Punkt und er wird wieder freigegeben.

✘ Haben Sie einen Endpunkt festgehalten, können Sie mit dem Fadenkreuz in der Richtung der Linie oder des Bogens weiterfahren. Eine Hilfslinie wird von dem gefangenen Punkt weg gezeichnet.

✘ Sie können einen Punkt anklicken, der dann auf der Hilfslinie platziert wird. Sie können aber auch eine Länge eingeben und mit ⏎ bestätigen. Der Punkt wird in diesem Abstand vom Endpunkt exakt auf der Hilfslinie platziert.

5 Zeichnen mit Objektfang und Fangspuren

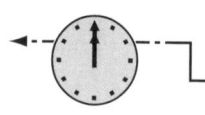

✗ Sie können auf diese Art auch eine weitere Hilfslinie von einem anderen Endpunkt wegziehen. Fahren Sie in die Nähe des Schnittpunkts der beiden Hilfslinien, falls es einen gibt, wird dort das Symbol für den Schnittpunkt angezeigt. Klicken Sie, wenn das Symbol erscheint, dann wird der Schnittpunkt der Hilfslinien gefangen.

Abb. 5.10: Objektfang mit Hilfslinien

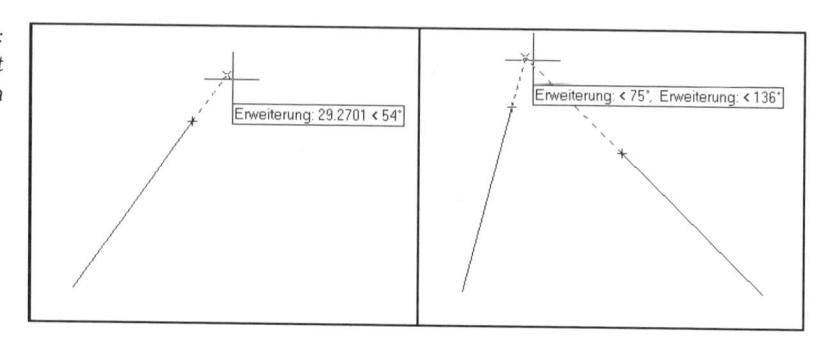

Parallel: Mit dieser Funktion können Sie Parallelen zu einem bestehenden Liniensegment erstellen, indem Sie ein bestehendes Linienobjekt in der Zeichnung anwählen. In diesem Fall erscheint das Symbol für die Parallelfunktion. Wenn Sie dann mit dem Fadenkreuz in Richtung der neu zu zeichnenden Linie fahren, kommt eine Hilfslinie auf den Bildschirm, wenn das neue Objekt parallel zum überfahrenen ist. Das Parallelsymbol erscheint auf dem überfahrenen Objekt (siehe Abbildung 5.11). Sie können dann einen Punkt auf der Hilfslinie angeben oder einen Abstand eintippen.

Abb. 5.11: Zeichnen mit parallelen Hilfslinien

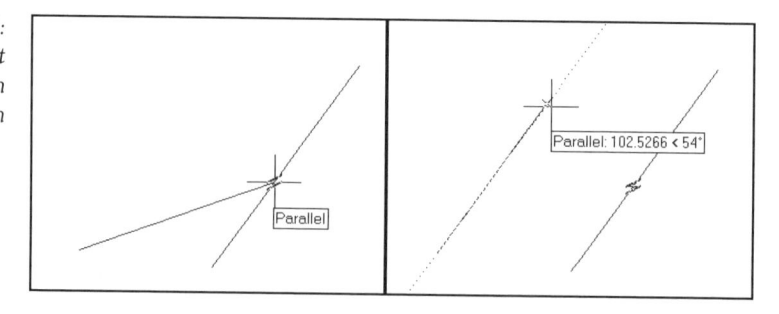

Training: Zeichnen mit dem Objektfang Hilfslinie

✗ Laden Sie die Zeichnung A-05-04.dwg aus dem Ordner \AUFGABEN.

✗ Schalten Sie den Objektfang Endpunkt und Hilfslinie ein. Alle anderen schalten Sie aus, auch die Objektfangspur, diese schauen wir erst nachher an. Den Ortho-Modus brauchen Sie, schalten Sie ihn ein.

✗ Zeichnen Sie die dritte Ansicht in Abbildung 5.12 mit den Hilfslinien. Die Lösung L-05-04.dwg finden Sie im Ordner \AUFGABEN.

Befehl: **Linie**
Ersten Punkt angeben: **P1 und P2 anfahren und den Schnittpunkt der beiden Hilfslinien anklicken**
Nächsten Punkt angeben oder [Zurück]: **P3 anfahren und den Schnittpunkt mit den Hilfslinien anklicken**
Nächsten Punkt angeben oder [Zurück]: **Fadenkreuz nach rechts bewegen und 20 eintippen**
Nächsten Punkt angeben oder [Schließen/Zurück]: **Fadenkreuz nach unten bewegen und 10 eintippen**
Nächsten Punkt angeben oder [Schließen/Zurück]: **P4 anfahren und den Schnittpunkt mit den Hilfslinien anklicken**
Nächsten Punkt angeben oder [Schließen/Zurück]: **P1 anfahren und den Schnittpunkt mit den Hilfslinien anklicken**
Nächsten Punkt angeben oder [Schließen/Zurück]: **S für die Option Schließen**

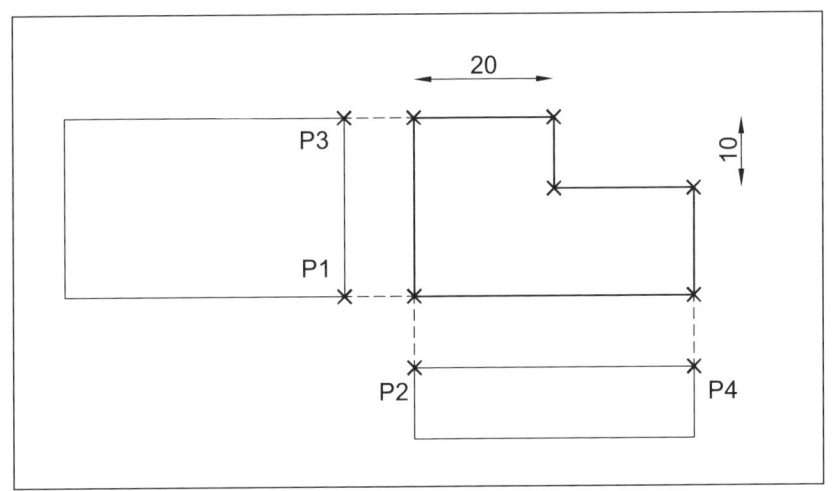

Abb. 5.12: Zeichnen mit den Hilfslinien

Training: Zeichnen mit dem Objektfang PARALLEL

✗ Laden Sie die Zeichnung A-05-05.dwg aus dem Ordner \AUFGABEN.

✗ Schalten Sie die Objektfangfunktionen HILFSLINIE und PARALLEL ein. Alle anderen sollten Sie ausschalten.

✗ Zeichnen Sie den Linienzug wie in Abbildung 5.13. Die Lösung haben Sie in der Zeichnung L-05-05.dwg im Ordner \AUFGABEN.

5 Zeichnen mit Objektfang und Fangspuren

Befehl: **Linie**
Ersten Punkt angeben: **P1 anfahren, in Linienrichtung wegfahren, wenn Hilfslinie erscheint, 10 für den Abstand der zweiten Kontur eingeben**
Nächsten Punkt angeben oder [Zurück]: **Linie P1-P2 und danach P2 anfahren, am Schnittpunkt der Hilfslinien klicken**
Nächsten Punkt angeben oder [Zurück]: **Obere Linie links von P2 anfahren, in Linienrichtung wegfahren, 20 auf der Tastatur eintippen**
Nächsten Punkt angeben oder [Schließen/Zurück]: **Linie P1-P2 anfahren, in Linienrichtung wegfahren, 10 auf der Hilfslinie eintippen**
Nächsten Punkt angeben oder [Schließen/Zurück]: **Vorletztes Segment anfahren, in Linienrichtung wegfahren, 20 auf der Tastatur eintippen**
Nächsten Punkt angeben oder [Schließen/Zurück]: **Linie P1-P2 und danach P1 anfahren, am Schnittpunkt der Hilfslinien klicken**
Nächsten Punkt angeben oder [Schließen/Zurück]: **S für die Option Schließen**

Abb. 5.13: Parallelen zeichnen mit den Hilfslinien

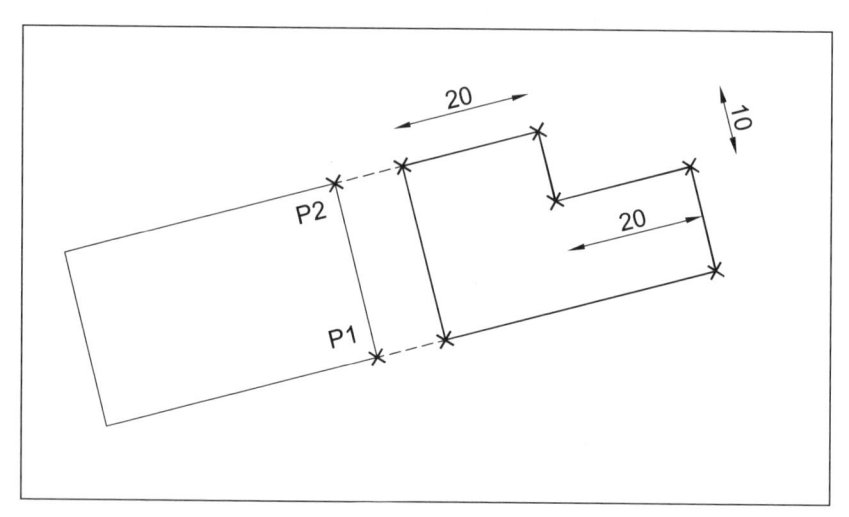

5.8 Objektfangspuren

Auch die Objektfangspuren gibt es nur in AutoCAD 2002. Damit können Sie Fangpunkte abgreifen und davon orthogonale Hilfslinien oder Hilfslinien entlang der Winkel des Polaren Fangs wegziehen. Auf diesen Hilfslinien können Sie Abstände für neue Punkte eingeben oder, wenn Sie mehrere Hilfslinien wegziehen, die Schnittpunkte anklicken. Das geht natürlich nur zusammen mit den Objektfangfunktionen.

Objektfangspuren

Aktion: Objektfangspur einschalten

Die Objektfangspuren können Sie auf folgende Arten aktivieren:

✘ Taste OTRACK in der Statuszeile anklicken zum Ein- und Ausschalten

✘ Funktionstaste [F11] drücken zum Ein- und Ausschalten

✘ Rechtsklick auf die Taste OFANG oder OTRACK in der Statuszeile und aus dem Pop-up-Menü die Funktion EINSTELLUNGEN... wählen. Im Dialogfeld des Befehls ZEICHEINST, Register OBJEKTFANG, den Schalter OBJEKTFANGSPUR EIN einschalten.

Aktion: Objektfangspur einstellen

Ob die Objektfangspuren nur orthogonale Hilfslinien erzeugen sollen oder ob Sie Hilfslinien entlang der Winkel des Polaren Fangs ziehen wollen, können Sie in dem Dialogfeld des Befehls ZEICHEINST, Register SPURVERFOLGUNG einstellen (siehe Abbildung 5.14).

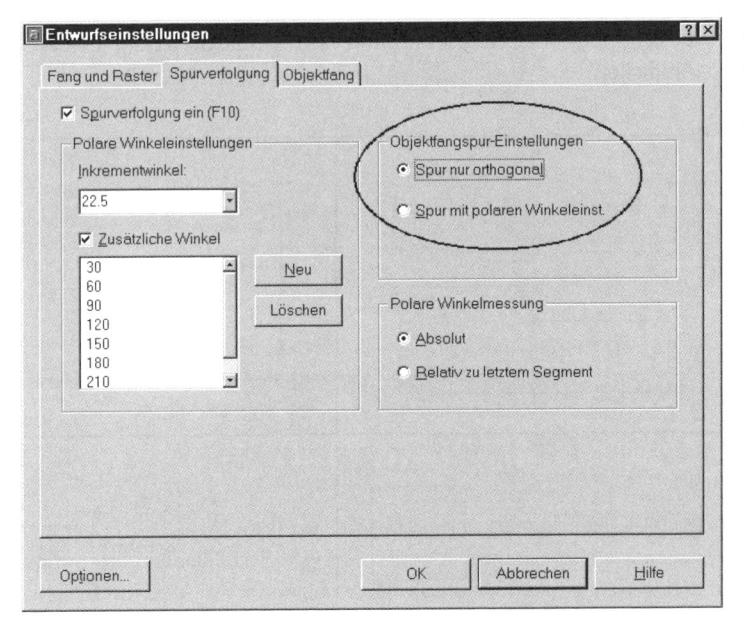

Abb. 5.14: Einstellung der Objektfangspuren

Wählen Sie die gewünschte Einstellung im Feld OBJEKTFANGSPUR-EINSTELLUNGEN rechts oben in dem Register (siehe Abbildung 5.14).

5 Zeichnen mit Objektfang und Fangspuren

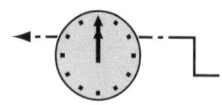

Aktion: Zeichnen mit den Objektfangspuren

Gehen Sie wie folgt vor:

- Fahren Sie einen Objektfangpunkt mit dem Fadenkreuz an, bis das Symbol für den Endpunkt angezeigt wird.

- Gehen Sie dann direkt auf den Punkt, es wird ein + am Punkt angezeigt und der Punkt ist festgehalten. Klicken Sie ihn nicht an.

- Fahren Sie von dem Punkt orthogonal weg, wird eine Hilfslinie mitgezogen. Haben Sie eingestellt, dass die Objektfangspur auch auf den polaren Winkel angezeigt werden soll, können Sie auch in diesen Richtungen eine Hilfslinie mitziehen.

- Wenn Sie die Hilfslinie wieder weg haben wollen, gehen Sie mit dem Fadenkreuz noch einmal auf den Punkt.

- Klicken Sie einen Punkt auf der Hilfslinie an oder geben Sie den Abstand an, den der neue Punkt vom gefangenen Punkt haben soll.

- Sie können auf diese Art auch eine weitere Hilfslinie von einem anderen Objektfangpunkt wegziehen und den Schnittpunkt der beiden Hilfslinien anklicken.

Abb. 5.15: Objektfangspuren ziehen

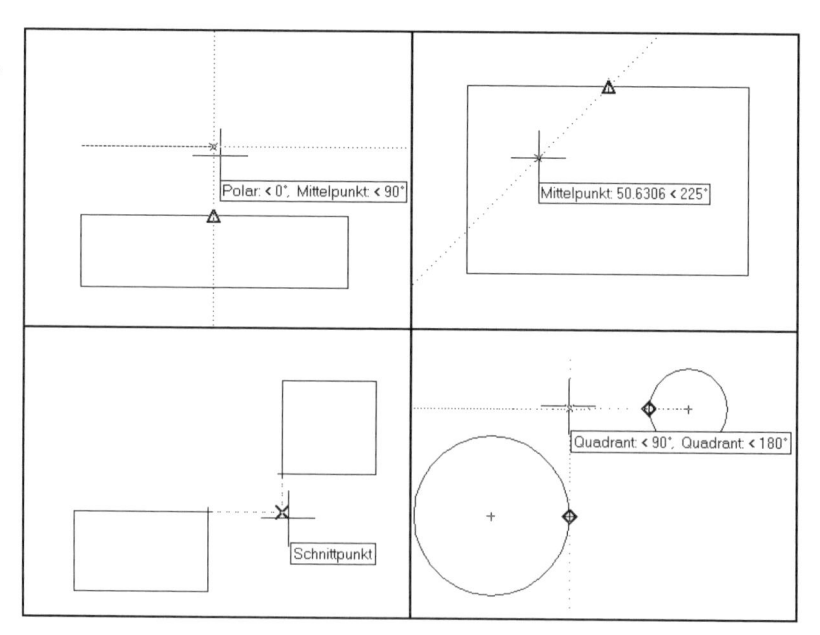

Training: Zeichnen mit Objektfangspuren

✗ Öffnen Sie die Zeichnung A-05-06.dwg aus dem Ordner \AUFGA-BEN.

✗ Schalten Sie die Objektfangfunktionen ENDPUNKT, SCHNITTPUNKT, QUADRANT und ZENTRUM ein, sowie die Objektfangspuren.

✗ Setzen Sie den Polaren Fang auf 15° und schalten Sie ihn ein. Stellen Sie die Objektfangspur so ein, dass Sie auch bei den polaren Winkeln Hilfslinien ziehen.

✗ In der Zeichnung bekommen Sie nur die Draufsicht auf den Bildschirm. Konstruieren Sie daraus die Vorderansicht und die Seitenansicht (siehe Abbildung 5.16).

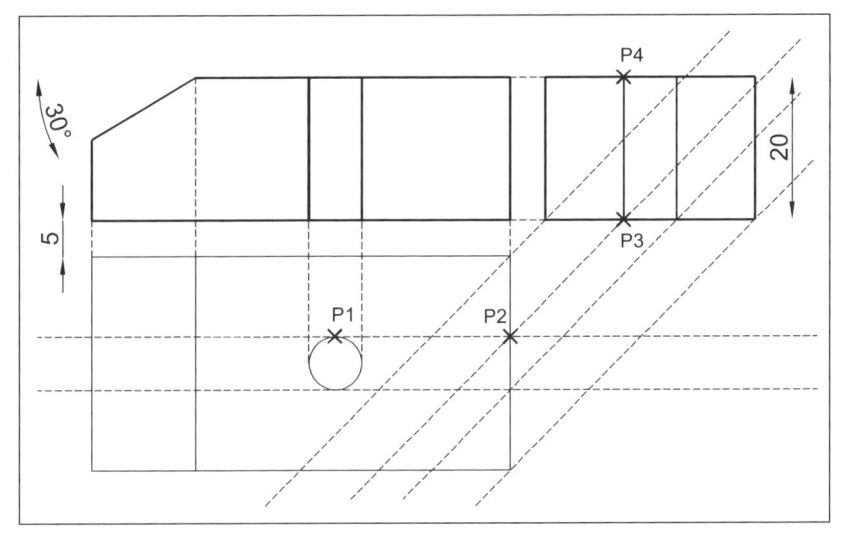

Abb. 5.16: Vorderansicht und Seitenansicht gezeichnet

✗ Konstruieren Sie zunächst die Vorderansicht im Abstand von 5. Greifen Sie die Maße aus der Draufsicht ab. Lediglich den Abstand von 5 und die Höhe von 20 müssen Sie eintippen. Bei der Schräge von 30° bekommen Sie eine Hilfslinie durch den Polaren Fang.

✗ Konstruieren Sie dann die Seitenansicht (siehe Abbildung 5.16). Greifen Sie die beiden Punkte an der Unterkante der Seitenansicht aus der Draufsicht unter 45° und aus der Vorderansicht unter 0° ab.

✗ Um die senkrechten Linien in der Seitenansicht (siehe Abbildung 5.16) zeichnen zu können, müssen wir uns zuerst den temporären Spurpunkt ansehen (siehe unten).

5 Zeichnen mit Objektfang und Fangspuren

5.9 Temporärer Spurpunkt

Wenn Sie Hilfslinien ziehen, kommt es oft vor, dass Sie Punkte nicht direkt setzen können. Mit den temporären Spurpunkten können Sie Stützpunkte setzen und so die Objektfangspuren über mehrere Punkte hinweg ziehen.

Aktion: Temporärer Spurpunkt

Den TEMPORÄREN SPURPUNKT finden Sie in den Menüs und Werkzeugkästen bei den Objektfangfunktionen. Gehen Sie bei dieser Funktion wie folgt vor:

✘ Wählen Sie beispielsweise den Befehl LINIE. Wenn nach dem Startpunkt gefragt wird, klicken Sie die Funktion TEMPORÄRER SPURPUNKT an. Klicken Sie einen Punkt an. Der Punkt wird nicht als Startpunkt für die Li nie genommen. Sie können von diesem Punkt wieder eine Hilfslinie wegziehen. Ziehen Sie eine Hilfslinie weg und klicken Sie einen weiteren Punkt an oder geben Sie einen Abstand ein. Erst dieser Punkt wird als Startpunkt genommen.

✘ Sie hätten aber auch noch einmal die Funktion TEMPORÄRER SPURPUNKT eingeben können und wieder eine Hilfslinie ziehen und einen Punkt setzen können. Auch dieser wird nicht genommen. Sie können davon wieder wegfahren und erst der nächste wird genommen. So können Sie zu dem gewünschten Punkt mit einer ganzen Serie von Stützpunkten kommen.

Training: Zeichnen mit temporären Spurpunkten

✘ *Arbeiten Sie an der Zeichnung von vorher weiter. Zeichnen Sie in der Seitenansicht die senkrechten Linien ein (siehe Abbildung 5.16).*

Befehl: **Linie**
Ersten Punkt angeben: **Temporärer Spurpunkt anklicken**
Temporären Punkt für OTRACK angeben: **P1 anklicken**
Ersten Punkt angeben: **Temporärer Spurpunkt anklicken**
Temporären Punkt für OTRACK angeben: **Hilfslinie waagrecht bis P2 ziehen und P2 anklicken**
Ersten Punkt angeben: **Hilfslinie unter 45° bis zu P3 ziehen und P3 anklicken**
Nächsten Punkt angeben oder [Zurück]: **P4 anklicken**
Nächsten Punkt angeben oder [Zurück]: ⏎

✘ *Machen Sie es bei der anderen Linie genauso.*

✘ *Das Ergebnis sollte wie in Abbildung 5.16 aussehen, falls nicht, haben Sie auch eine Lösung im Ordner \AUFGABEN: L-05-06.dwg.*

Fragen zur fünften Stunde

1. Wann kann eine Objektfang-Funktion gewählt werden?
2. Sie haben einen festen Objektfang eingestellt, wollen diesen aber bei einer Eingabe nicht. Was können Sie tun?
3. Welche Objektfang-Funktion fängt den Mittelpunkt eines Kreises?
4. Mit welcher Objektfang-Funktion können Sie den 90°-Punkt eines Kreises fangen?
5. Wie können Sie einen beliebigen Punkt an einem Kreis fangen?
6. Mit welcher Taste können Sie alle möglichen Fangpunkte auf einem Objekt durchblättern?
7. Mit welcher Funktion können Sie Punkte relativ zu Fangpunkten setzen?
8. Was bewirkt die Spur-Funktion?
9. Mit welcher Objektfang-Funktion können Sie bei AutoCAD 2002 in der Verlängerung von Linien weiterzeichnen?
10. Mit welcher Funktion können Geometriepunkte in AutoCAD 2002 aus anderen Ansichten abgegriffen werden?

STUNDE 6

Zoom, Pan, BKS und Ansichtsfenster

In der ersten Stunde haben Sie schon die Funktionen für Echtzeit-Zoom und -Pan kennen gelernt und welche Funktion im Übersichtsfenster ausgeführt werden können. Es gibt aber noch eine Reihe weiterer Funktionen, um den angezeigten Ausschnitt in der Zeichnung zu verändern. Sie lernen:

✘ welche weiteren Zoom-Funktionen es noch gibt

✘ mit welchen weiteren Pan-Funktionen der Bildausschnitt verschoben werden kann

✘ was die Bildlaufleisten bewirken,

✘ wie Benutzerkoordinatensysteme in der Zeichnung platziert werden und

✘ wie Sie Ausschnitte in der Zeichnung speichern können.

6.1 Die Zoom-Funktionen

Neben der Funktion für Echtzeit-Zoom, die Sie in der ersten Stunde kennen gelernt haben, gibt es weitere Möglichkeiten, die Vergrößerung der Zeichnung auf dem Bildschirm zu ändern. Alle diese Funktionen sind Optionen des Befehls ZOOM und Sie können sie wählen:

✘ Abrollmenü ANSICHT, Untermenü ZOOM >, Funktionen für die einzelnen Optionen des Befehls

✘ Symbole in einem Flyoutmenü der STANDARD-FUNKTIONSLEISTE

✘ Werkzeugkasten ZOOM

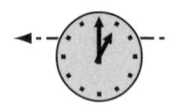

Tipp:

✘ Sie können auch den Werkzeugkasten ZOOM zuschalten und an einer Bildschirmseite andocken. So können Sie auf die Zoom-Funktionen am schnellsten zugreifen.

Aktion: Zoom FENSTER

Neben der Echtzeit-Methode ist dies die am häufigsten benötigte Zoom-Funktion. Zwei diagonale Eckpunkte eines Fensters werden abgefragt. Der Bereich in diesem Fenster wird formatfüllend angezeigt.

Aktion: Zoom VORHER

Genauso wichtig ist diese Funktion. Damit kommen Sie zum vorherigen Ausschnitt zurück. Die vorherigen Ausschnitte sind gespeichert und können so der Reihe nach zurückgeholt werden. Diese Funktion ist mit einem eigenen Symbol in der Standard-Funktionsleiste vertreten und kann so besonders schnell gewählt werden.

Aktion: Zoom FAKTOR

Mit dieser Option können Sie einen Vergrößerungsfaktor für den Bildausschnitt wählen. Werte > 1 bewirken eine Vergrößerung, Werte < 1 eine Verkleinerung. Der Faktor bezieht sich:

✘ auf die Gesamtzeichnung, wie sie mit den Limiten festgelegt ist

✘ auf den momentanen Ausschnitt, wenn dem Wert **X** angehängt wird

✘ auf die Vergrößerung des Modells im Papierbereich (siehe Papier- und Modellbereich), wenn dem Zahlenwert XP angehängt wird.

Aktion: Zoom MITTE

Die Option MITTE arbeitet wie die Option FAKTOR, nur dass Sie den Mittelpunkt des neuen Bildausschnitts und einen Vergrößerungsfaktor (Zahlenwert gefolgt von X oder XP) oder die Höhe des neuen Ausschnitts (in Zeichnungseinheiten) bestimmen können.

Die Zoom-Funktionen

Aktion: Zoom 0.5x bzw. 2x

Die Optionen verkleinern bzw. vergrößern um den Faktor 0.5x bzw. 2x.

Aktion: Zoom ALLES

Mit der Option ALLES bekommen Sie den Bereich innerhalb der Limiten auf den Bildschirm. Wenn außerhalb der Limiten gezeichnet wurde, werden alle Objekte der Zeichnung, auch die außerhalb der Limiten, auf dem Bildschirm dargestellt.

Aktion: Zoom GRENZEN

Die Option GRENZEN bringt alles formatfüllend auf den Bildschirm, was Sie bis dahin gezeichnet haben, sei es nur ein Kreis, eine Linie oder die komplette Zeichnung.

Aktion: Zoom DYNAMISCH

Bei dieser Option erhalten Sie einen speziellen Auswahlbildschirm, auf dem Sie Folgendes sehen und einstellen können (siehe Abbildung 6.1):

✗ Die komplette Zeichnung

✗ Ein gepunktetes Fenster in der Größe der Limiten (äußeres Fenster)

✗ Ein gepunktetes Fenster, das die Größe des letzten Ausschnitts anzeigt (inneres Fenster)

✗ Das Einstellfenster, das mit einem X markiert ist. Seine Lage kann mit der Maus verschoben werden. Klicken Sie die linke Maustaste, schaltet das Fenster um, es wird mit einem -> am Rand markiert und kann jetzt mit der Maus in der Größe verändert werden. Klicken Sie wieder mit der linken Maustaste, schaltet das Fenster erneut um. Mit der rechten Maustaste der [Esc]- oder [↵]-Taste wird der Ausschnitt im Fenster auf den Bildschirm formatfüllend übernommen.

Training: Zoom-Funktionen

✗ Öffnen Sie die Zeichnung A-06-01.dwg aus dem Ordner \AUFGABEN.

✗ Experimentieren Sie mit den verschiedenen Zoom-Funktionen.

6 Zoom, Pan, BKS und Ansichtsfenster

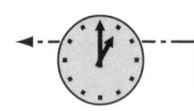

Abb. 6.1:
Option DYNA-
MISCH des
Befehls ZOOM

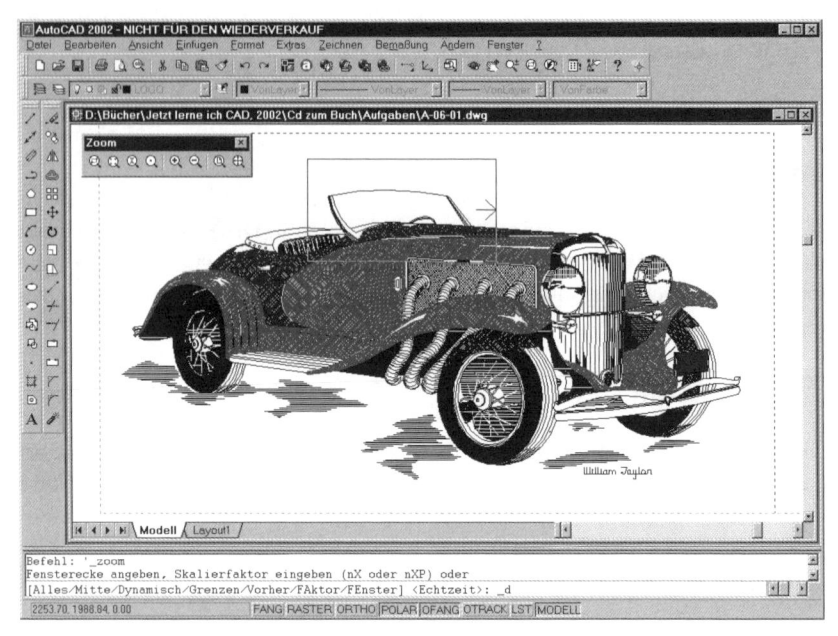

6.2 Die Pan-Funktionen

In der ersten Stunde haben Sie auch die Echtzeit-Variante des Befehls PAN kennengelernt. Wie bei den Zoom-Funktionen gibt es auch hiervon weitere Möglichkeiten. Sie finden diese:

✘ Abrollmenü ANSICHT, Untermenü PAN >, Funktionen für die einzelnen Optionen des Befehls

Aktion: Funktionen LINKS, RECHTS, NACH OBEN UND NACH UNTEN

Der Zeichnungsausschnitt wird in der gewählten Richtung um 10% verschoben.

Aktion: Funktion PUNKT

Mit dieser Variante des Befehls können Sie eine Verschiebung auf der Zeichenfläche wählen:

Befehl: **-Pan**
Basispunkt oder Verschiebung angeben:
Zweiten Punkt angeben:

Klicken Sie zwei Punkte auf der Zeichenfläche an, wird die Zeichnung um die Distanz der beiden Punkte verschoben, und Sie erhalten den neuen Ausschnitt auf dem Bildschirm. Sie können den Ausschnitt auch um eine feste Strecke verschieben. Gehen Sie dazu so vor:

Befehl: **-Pan**
Basispunkt oder Verschiebung angeben: **100,200**
Zweiten Punkt angeben: **200,200**

Der Punkt 100,200 in der Zeichnung verschibt sich dorthin, wo der Punkt 200,200 gelegen hat. Der Ausschnitt wird also um 100 Einheiten in X-Richtung verschoben. Dieselbe Wirkung hätten Sie auch erzielt mit:

Befehl: **-Pan**
Basispunkt oder Verschiebung angeben: **100,0**
Zweiten Punkt angeben: ⏎

Die Zeichnung wird um 100 Einheiten in X-Richtung verschoben, wenn der zweite Punkt nur mit ⏎ bestätigt wird. Der erste Wert wird als Verschiebungswert interpretiert.

Fehler:

✘ Die Objekte auf dem Zeichenblatt werden nicht verschoben, nur der Zeichnungsausschnitt auf dem Bildschirm.

6.3 Die Bildlaufleisten

Am rechten und unteren Rand der Zeichenfläche finden Sie die so genannten Bildlaufleisten, mit denen Sie das Bild horizontal oder vertikal, stufenlos oder in festen Schritten verschieben können.

Aktion: Pan mit den Bildlaufleisten

Folgende Möglichkeiten stehen Ihnen zur Verfügung:

✘ Mit einem Klick auf eine Pfeiltaste oder in die Bildlaufleiste: Verschiebung des Ausschnitts um etwa 10% der Bildschirmseite

✘ Klick auf die Markierung in der Bildlaufleiste: Verschiebung des Ausschnitts um einen beliebigen Wert, wenn die Markierung innerhalb der Bildlaufleiste bei gedrückter Maustaste verschoben wird.

Training: Pan-Funktionen

✗ *Öffnen Sie die Zeichnung A-06-01.dwg aus dem Ordner \AUFGA-BEN, wenn Sie sie nicht schon auf dem Bildschirm haben.*

✗ *Experimentieren Sie mit den verschiedenen Pan-Funktionen und den Bildlaufleisten.*

6.4 Benutzerkoordinatensysteme (BKS)

Benutzerkoordinatensysteme benötigen Sie vor allem dann, wenn Sie 3D-Modelle erstellen. Aber auch bei 2D-Zeichnungen kann es nützlich sein, wenn Sie irgendwo in der Zeichnung ohne Orientierungspunkte eine neue Kontur erstellen wollen, den Koordinatennullpunkt und die Ausrichtung des Koordinatensystems zu ändern. In AutoCAD setzt man dazu in das vorhandene feste Koordinatensystem (Weltkoordinatensystem) Benutzerkoordinatensysteme. Diese können:

✗ In beliebiger Anzahl erzeugt und

✗ mit Namen versehen und in der Zeichnung gespeichert werden.

✗ Ein Benutzerkoordinatensystem ist immer das aktuelle BKS,

✗ Koordinaten geben Sie in den Werten des aktuellen BKS ein. Auch die Koordinatenanzeige in der Statuszeile zeigt die Koordinaten im aktuellen BKS an.

✗ Wenn ein Benutzerkoordinatensystem aktiv ist, und Sie wollen trotzdem eine Koordinate im Weltkoordinatensystem eingeben, setzen Sie dem Wert das Zeichen * voran, z.B.:

Befehl: **Linie**
Ersten Punkt angeben: ***100,50**
Nächsten Punkt angeben oder [Zurück]: **@*30<45 usw.**

In dieser Stunde werden wir uns nur mit den Möglichkeiten bei 2D-Zeichnungen beschäftigen. Die Anwendung bei 3D-Modellen finden Sie in einer späteren Stunde.

Alle Funktionen für die Benutzerkoordinatensysteme finden Sie in zwei Werkzeugkästen BKS und BKS II (siehe Abbildung 6.2).

Benutzerkoordinatensysteme (BKS)

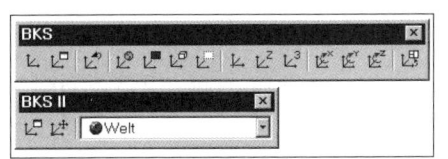

Abb. 6.2:
Die Werkzeugkästen für Koordinatensysteme

Aktion: BKS erzeugen mit dem Befehl BKS

Mit dem Befehl BKS lassen sich vor allem Benutzerkoordinatensysteme in der Zeichnung platzieren. Die anderen Funktionen lassen sich mit dem Befehl BKSMAN einfacher ausführen (siehe unten). Den Befehl BKS finden Sie:

✘ Abrollmenü EXTRAS, Funktion BKS VERSCHIEBEN und Untermenü NEUES BKS >, bzw. ORTHOGONALES BKS > (3D-Funktionen), Funktionen für die einzelnen Optionen des Befehls

✘ Symbole für die einzelnen Optionen im Werkzeugkasten BKS bzw. BKS II und in einem Flyout-Menü der Standard-Funktionsleiste.

Ein Symbol im Werkzeugkasten BKS und in einem Flyout-Menü der Standard-Funktionsleiste startet den Befehl ohne vorgewählte Option. In diesem Fall geben Sie die Optionen auf der Tastatur ein:

Befehl: **BKS**
Aktueller BKS-Name: *WELT*
Eine Option eingeben
[Neu/Schieben/orthoGonal/VOrher/HOlen/SPeichern/
Löschen/Anwenden/?/Welt] <Welt>:

Die Optionen können Sie auch direkt aus dem Abrollmenü und den Werkzeugkästen wählen. Hier interessiert vor allem die Option NEU, mit der ein neues Benutzerkoordinatensystem erzeugt werden kann. Wählen Sie diese, wird eine weitere Unteroptionsliste angezeigt.

[Neu/Schieben/orthoGonal/VOrher/HOlen/SPeichern/Löschen/Anwenden/?/Welt]
<Welt>: **N für Neu**
Ursprung des neuen BKS angeben oder [ZAchse/3punkt/
OBjekt/Fläche/ANsicht/X/Y/Z] <0,0,0>:

Diese Unteroptionen finden Sie auch in den Menüs und den Werkzeugkästen.

URSPRUNG: Definition eines neuen Benutzerkoordinatensystems durch Eingabe eines neuen Ursprungs. Die Ausrichtung der Achsen bleibt gleich, die Option bewirkt lediglich eine Ursprungsverschiebung:

Neuen Ursprung angeben <0,0,0>:

131

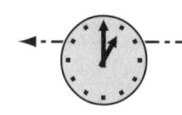

Schieben: Verschieben des aktuellen BKS durch Eingabe eines neuen Ursprungs oder einer Verschiebung in Z-Richtung. Der wichtige Unterschied zu oben ist, dass kein neues BKS erzeugt wird. Haben Sie das BKS bereits gespeichert (siehe unten beim BKS-Manager), wird das gespeicherte neu platziert. Die Ausrichtung der Achsen bleibt gleich, die Option bewirkt lediglich eine Ursprungsverschiebung:

Neuen Ursprung angeben oder [Ztiefe]<0,0,0>:

Geben Sie bei der letzten Anfrage einen neuen Ursprung an oder mit der Unteroption ZTIEFE eine Verschiebung des Ursprungs in positiver oder negativer Z-Richtung.

Diese Option finden Sie im Werkzeugkasten BKS II sowie direkt im Abrollmenü WERKZEUGE bzw. EXTRAS unter der Funktion BKS VERSCHIEBEN.

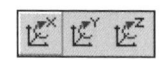

X/Y/Z: Drehung des BKS um eine Koordinatenachse. Bei 2D-Zeichnungen ist vor allem die Drehung um die Z-Achse interessant.

Drehwinkel um Z-Achse angeben <90.0>:

Das Koordinatensystem wird um den Ursprung gedreht und das Fadenkreuz neu ausgerichtet. Die Null-Grad-Richtung ändert sich ebenfalls.

Welt: Aktivierung des Weltkoordinatensystems.

Vorher: Aktivierung des vorherigen Koordinatensystems. Die zehn letzten Benutzerkoordinatensysteme sind gespeichert.

Aktion: Dialogfeld für BKS, Befehl BKSMAN

Mit dem BKS-Manager lassen sich Koordinatensysteme speichern, gespeicherte zurückholen und Standard-Koordinatensysteme wählen. Der Befehl, mit dem der BKS-Manager aktiviert wird, heißt BKSMAN. Sie finden ihn:

✗ Abrollmenü EXTRAS, Funktionen BENANNTES BKS...

✗ Symbol im Werkzeugkasten BKS und BKS II sowie in einem Flyout-Menü der Standard-Funktionsleiste.

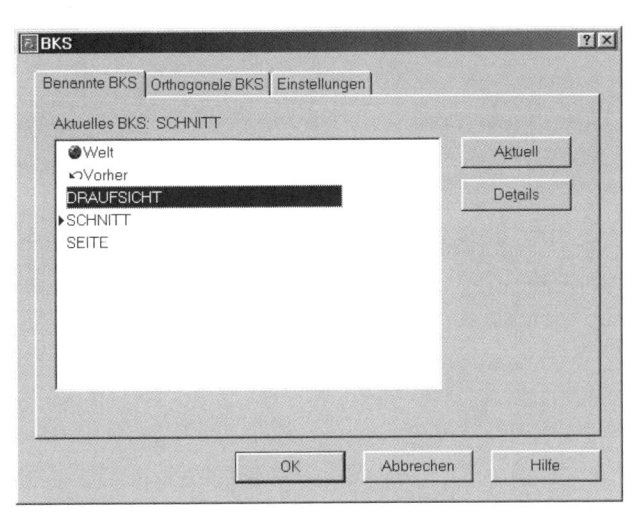

Abb. 6.3:
Dialogfeld des BKS-Managers, Register BENANNTES BKS

Das Dialogfeld hat drei Register:

Register BENANNTE BKS**:** Hier finden Sie alle gespeicherten Benutzerkoordinatensysteme aufgelistet (siehe Abbildung 6.3), das Weltkoordinatensystem und das vorherige Koordinatensystem. Markieren Sie einen Eintrag und klicken Sie auf die Schaltfläche AKTUELL, damit wird es zum aktuellen BKS. Dasselbe erreichen Sie auch mit einem Doppelklick. Haben Sie ein neues BKS erstellt, erscheint es in der Liste mit der Bezeichnung *Unbenannt*. Ändern Sie diesen Eintrag und geben einen Namen ein, wird das BKS unter diesem Namen in der Zeichnung gespeichert und kann später wieder aktiviert werden. Zur Änderung des Namens markieren Sie den Eintrag, setzen den Cursor in der Bezeichnung und ändern diese. Mit der rechten Maustaste bekommen Sie ein Pop-up-Menü mit dieser und weiteren Funktionen, z.B. auch zum Löschen eines gespeicherten BKS.

Register ORTHOGONALE BKS**:** Dieses Register ist für die Ausrichtung des BKS an einem 3D-Modell. Dazu finden Sie mehr bei den 3D-Modellen.

Register EINSTELLUNGEN**:** Im oberen Teil des Registers können Sie das Koordinatensymbol beeinflussen. Mit dem Schalter EIN können Sie es ein- und ausschalten. Haben Sie den Schalter AN BKS-URSPRUNGSPUNKT ANZEIGEN eingeschaltet, wird das Symbol am Koordinatenursprung angezeigt, sofern sich dieser im aktuellen Ausschnitt der Zeichnung befindet. Ist dieser Schalter aus, wird es immer links unten im Zeichnungsfenster angezeigt. Mit dem Schalter AUF ALLE AKTIVEN ANSICHTSFENSTER ANWENDEN bewirken Sie, dass Änderungen an der Anzeige des Symbols sich auf alle Ansichtsfenster auswirken oder nur auf das aktuelle. Zu Ansichtsfenstern erfahren Sie gleich mehr. Der untere Teil des Registers ist wieder nur für die 3D-Anwendungen, auch dazu später mehr.

Abb. 6.4:
Dialogfeld des BKS-Managers, Register EINSTELLUNGEN

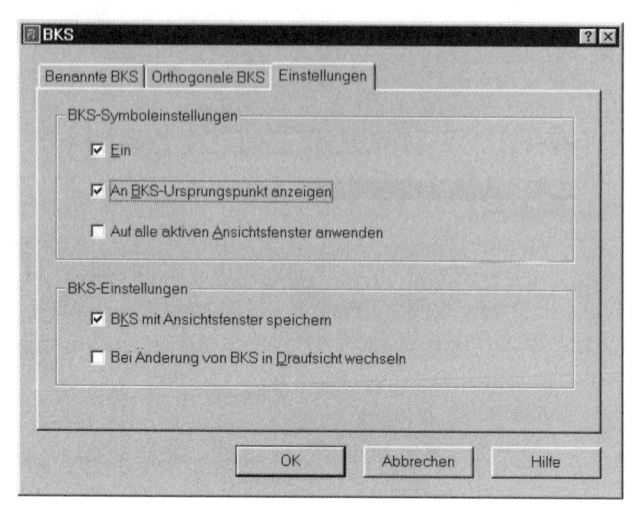

Tipp:

✘ Wird im Koordinatensymbol ein W angezeigt, ist das Weltkoordinatensystem aktiv. Wird ein Kreuz am Schnittpunkt der Achsen angezeigt, befindet sich das Symbol am Ursprung. Ist kein Kreuz zu sehen, ist entweder der Ursprung im momentanen Ausschnitt nicht sichtbar oder die Anzeige am Ursprung ist ausgeschaltet.

Tipp:

✘ Arbeiten Sie in einer Zeichnung mit mehreren Benutzerkoordinatensystemen, die Sie häufig wechseln müssen, ist es sinnvoll, den Werkeugkasten BKS II zuzuschalten. Dort können Sie in einem Abrollmenü das aktuelle Benutzerkoordinatensystem wechseln. Sie finden in diesem Menü außerdem das Weltkoordinatensystem, die gespeicherten Benutzerkoordinatensysteme und die orthogonalen Koordinatensysteme (siehe 3D-Modelle).

Training: Benutzerkoordinatensysteme

✘ *Laden Sie die Zeichnung A-06-02.dwg aus dem Ordner \AUFGABEN.*

✘ *Setzen Sie das BKS an die linke untere Ecke der Draufsicht, des Schnitts, in die Mitte der Vorderansicht und an die linke untere Ecke des Schriftfelds. Aktivieren Sie jedesmal danach den BKS-Manager und geben Sie dem BKS einen Namen.*

✘ *Wechseln Sie danach das BKS und sehen Sie sich die Wirkung an. Bewegen Sie das Fadenkreuz um den Nullpunkt des BKS und sehen Sie sich die Koordinatenanzeige an.*

✘ Eine Lösung mit verschiedenen Benutzerkoordinatensystemen finden Sie in der Zeichnung L-06-02.dwg im Ordner \AUFGABEN.

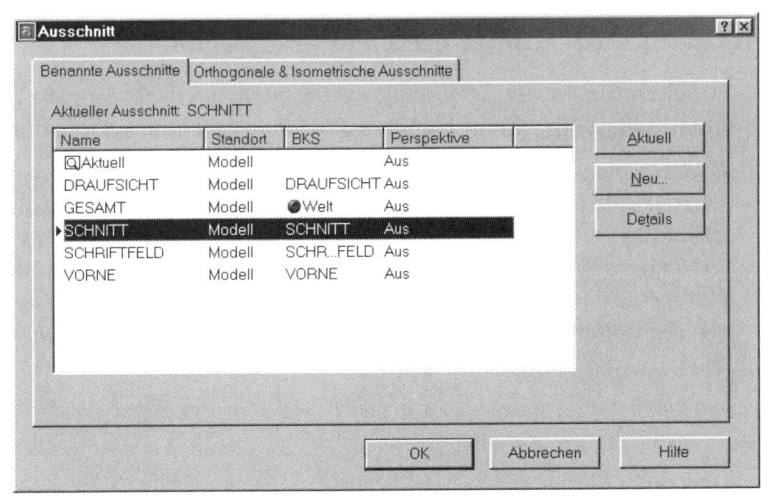

6.5 Ausschnitte in der Zeichnung

Bei komplexen Zeichnungen kann es vorkommen, dass Sie immer wieder zwischen denselben Ausschnitten wechseln müssen. Damit Sie nicht ständig neu zoomen müssen, können Sie Ausschnitte in der Zeichnung speichern. Damit Sie in den Ausschnitten besser zeichnen können, lässt sich auch mit jedem Ausschnitt gleich ein BKS abspeichern.

Aktion: Befehl AUSSCHNT

Mit dem Befehl AUSSCHNT haben Sie weitere Möglichkeiten. Sie finden den Befehl:

✘ Abrollmenü ANSICHT, BENANNTE AUSSCHNITTE...

✘ Symbol in einem Flyout-Menü der Standard-Funktionsleiste

✘ Im Werkzeugkasten ANSICHTSPUNKT

In einem Dialogfeld mit zwei Registern können Sie den Ausschnitt bestimmen.

BENANNTE AUSSCHNITTE: In der Liste finden Sie alle Ausschnitte, die in der Zeichnung erstellt wurden (siehe Abbildung 6.5). Wie beim BKS-Manager können Sie die Einträge umbenennen, löschen und sich Details anzeigen lassen, wenn Sie einen Ausschnitt markieren und mit der rechten Maustaste das Pop-up-Menü holen. Mit einem Doppelklick auf dem gewünschten Eintrag schalten Sie den Ausschnitt um.

Abb. 6.5: Ausschnitte in der Zeichnung

Neu...: Klicken Sie auf diese Schaltfläche, können Sie einen neuen Ausschnitt in einem weiteren Dialogfeld erstellen (siehe Abbildung 6.6).

Abb. 6.6:
Neuen
Ausschnitt
bestimmen

Tragen Sie im Feld ANSICHTSNAME den Namen ein, unter dem der neue Ausschnitt gespeichert werden soll. Darunter wählen Sie, ob die momentane Darstellung der Zeichnung am Bildschirm als Ausschnitt gespeichert werden soll (Einstellung: AKTUELLE ANZEIGE) oder ob Sie ihn neu bestimmen wollen (Einstellung: FENSTER DEFINIEREN). Haben Sie die zweite Variante gewählt, können Sie mit dem Symbol rechts davon den Ausschnitt in der Zeichnung bestimmen. Das Dialogfeld verschwindet für diese Aktion. Im Feld darunter bestimmen Sie, ob ein BKS mit dem Ausschnitt gespeichert werden soll. Wenn ja, können Sie das BKS im Abrollmenü wählen. Mit OK wird der Ausschnitt gespeichert und Sie kommen wieder zum vorherigen Dialogfeld.

Jetzt können Sie per Doppelklick in der Liste den Ausschnitt und damit auch das zugehörige BKS umschalten.

ORTHOGONALE UND ISOMETRISCHE AUSSCHNITTE: Das zweite Register des Dialogfelds ist für die 3D-Ansichten, dazu später mehr.

Training: Ausschnitte erstellen und wechseln

✗ *Arbeiten Sie an der Zeichnung weiter oder holen Sie sich die Zeichnung L-06-2.dwg, wenn Sie die letzte Übung nicht ausgeführt haben.*

✗ *Bilden Sie den Ausschnitt DRAUFSICHT und weisen Sie ihm das BKS DRAUFSICHT zu. Geben Sie dazu in der Zeichnung ein Fenster mit zwei Eckpunkten in der Größe der Draufsicht vor. Machen Sie es ebenso mit dem Schnitt, der Vorderansicht und dem Schriftfeld. Bilden Sie einen Ausschnitt von der gesamten Zeichnung und weisen Sie ihm das Weltkoordinatensystem zu. Das Dialogfeld sieht dann wie in Abbildung 6.5 aus.*

✗ Wechseln Sie dann den Ausschnitt samt BKS.

✗ Die Zeichnung mit den gespeicherten Ausschnitten finden Sie ebenfalls im Ordner \AUFGABEN, L-06-03.dwg.

Fragen zur sechsten Stunde

1. Mit welcher Zoom-Funktion kann der Ausschnitt mit zwei diagonalen Eckpunkten vorgegeben werden?
2. Wie kann man auf die letzte Vergrößerung zurückschalten?
3. Was bewirkt der Zoom-Faktor 0.5?
4. Was bewirkt der Zoom-Faktor 2x?
5. Mit welchem Befehl kann man den Ausschnitt verschieben, ohne die Vergrößerung zu ändern?
6. Welches Koordinatensystem haben Sie in jeder Zeichnung?
7. Mit welchem Befehl können Sie neue Benutzerkoordinatensysteme erstellen?
8. Wie können Sie ein Benutzerkoordinatensystem mit dem BKS-Manager in der Zeichnung speichern?
9. Auf welche Art kann ein neuer Ausschnitt erzeugt werden?
10. Wie kann ein BKS mit einem Ausschnitt gespeichert werden?

STUNDE 7

Layer, Farben, Linientypen und Linienstärken

Sie haben bisher immer in der gleichen Farbe, mit ausgezogenen Linien, in einer Linienstärke und, ohne dass Sie davon etwas wussten, auch auf dem gleichen Layer gezeichnet. Mit Layern können Sie aber Ihre Zeichnung strukturieren, Farbe ins Spiel bringen und die verschiedensten Stricharten verwenden, in AutoCAD Linientypen genannt. Sie lernen in dieser Stunde:

✘ was Layer sind

✘ wie Sie die Layer verwalten

✘ wie Sie neue Layer anlegen und ihnen Farbe und Linientyp zuordnen

✘ wie Linientypen in die Zeichnung kommen

✘ was der Linientypenfaktor bewirkt

✘ wie Linienstärken eingestellt werden und

✘ was der aktuelle Layer, die aktuelle Farbe und der aktuelle Linientyp ist.

7 Layer, Farben, Linientypen und Linienstärken

7.1 Zeichnen auf Layern

Stellen Sie sich vor, Sie zeichnen einen Grundriss nicht auf einem Blatt Papier, sondern auf verschiedenen transparenten Folien. Sie nehmen eine Folie für die Wände, eine für die Inneneinrichtung, eine für die Bemaßung, eine für die technische Ausstattung, unter Umständen nach Gewerken getrennt, für die Elektroinstallation, für die Heizung, für die Lüftung usw. Dann könnten Sie z.B. dem Bauherrn die Folien mit den Wänden und der Inneneinrichtung geben, dem Elektroinstallateur die Folien mit den Wänden und der Installation, Sie selber behalten alle Folien. Bei Änderungen legen Sie alle Folien aufeinander und können sofort kontrollieren, auf welcher Folie Korrekturen erforderlich sind. Viel zu kompliziert, sagen Sie? Nicht so in AutoCAD.

Dort haben Sie sogar noch mehr Möglichkeiten. Wenn Sie auf einer Folie zeichnen, haben Sie automatisch die richtige Farbe, den richtigen Linientyp und eventuell auch die richtige Linienstärke. Zudem können Sie Folien vor versehentlichen Änderungen schützen und Folien mit Anmerkungen nicht plotbar setzen. In AutoCAD spricht man nicht von Folien, sondern von Layern, der Vergleich stimmt aber trotzdem.

Erstellen Sie Gebäudegrundrisse mit mehreren Etagen, so können Sie selbst diese in mehreren Layergruppen in einer Zeichnung darstellen. Bei Änderungen haben Sie die Kontrolle über alle Etagen hinweg. Beim Drucken bzw. Plotten können Sie nacheinander die einzelnen Etagen ausgeben.

Aktion: Layer in Zeichnungen

- In einer Zeichnung können Sie beliebig viele Layer anlegen.
- Jedem Layer können Sie einen Namen geben, der bis zu 255 Zeichen lang sein darf (Buchstaben, Ziffern und die Sonderzeichen - _ $ I)
- Vergeben Sie Layernamen, die einen Bezug zu dem haben, was Sie darauf zeichnen, z.B. *WAND, TÜREN, MÖBEL*, nicht *1, 2, 3*.
- Zeichnen Sie zusammengehörige Objekte auf einem Layer, z.B. alle Konturen, alle Mittellinien, alle Objekte einer Baugruppe usw.
- Der Layer *0* ist in jeder Zeichnung vorhanden, aber nur der, es sei denn, in der Vorlage sind schon Layer vorhanden.
- Layer können Sie ein- und ausschalten und so am Bildschirm sichtbar oder nicht sichtbar machen.

- Layer können Sie frieren und tauen. Gefrorene Layer sind ebenfalls nicht sichtbar und werden beim Bildaufbau nicht berücksichtigt. Der Bildaufbau beschleunigt sich, wenn Sie Layer, die Sie längere Zeit nicht brauchen, einfrieren.

- Objekte, die auf Layern sind, die Sie ausgeschaltet oder gefroren haben, werden nicht gedruckt bzw. geplottet.

- Sie können Layer sperren und entsperren. Objekte auf gesperrten Layern werden zwar am Bildschirm angezeigt, Sie können sie aber nicht ändern.

- Sie können aber auch sichtbare Layer nicht plotbar schalten. Hilfslinien, Notizen oder interne Informationen werden so beim Plotten nicht mit ausgegeben.

- Einen Layer müssen Sie zum aktuellen Layer machen. Objekte, die Sie neu zeichnen, kommen auf den aktuellen Layer.

- Jedem Layer können Sie eine Farbe, einen Linientyp, eine Linienstärke und eventuell einen Plotstil zuordnen.

- Die Objekte, die Sie zeichnen, erhalten die Farbe, den Linientyp, die Linienstärke und den Plotstil vom aktuellen Layer.

- Erzeugen Sie Objekte durch Kopieren vorhandener Objekte, kommt die Kopie immer auf den gleichen Layer wie das Original, egal welcher Layer aktuell ist.

- Haben Sie keine Linienstärken eingestellt, so können Sie auch den Farben in der Zeichnung beim Plotten Strichstärken zuordnen. Rote Objekte werden dann beispielsweise immer mit der Strichstärke 0.5 mm ausgegeben.

- Layer können Sie auch wieder löschen, aber nur dann, wenn sich keine Objekte mehr darauf befinden und der Layer nicht der aktuelle Layer ist.

7 Layer, Farben, Linientypen und Linienstärken

7.2 Die Layersteuerung

Mit dem Befehl LAYER lassen sich alle Funktionen zur Steuerung der Layer in der Zeichnung in einem übersichtlichen Dialogfeld einstellen.

Training: Layersteuerung

✘ *Damit Sie die Layerfunktionen gleich nachvollziehen können, öffnen Sie die Zeichnung A-07-01.dwg aus dem Ordner \AUFGABEN, der Grundriss einer Wohnung (siehe Abbildung 7.1).*

Abb. 7.1: Übungszeichnung für die Layerfunktionen

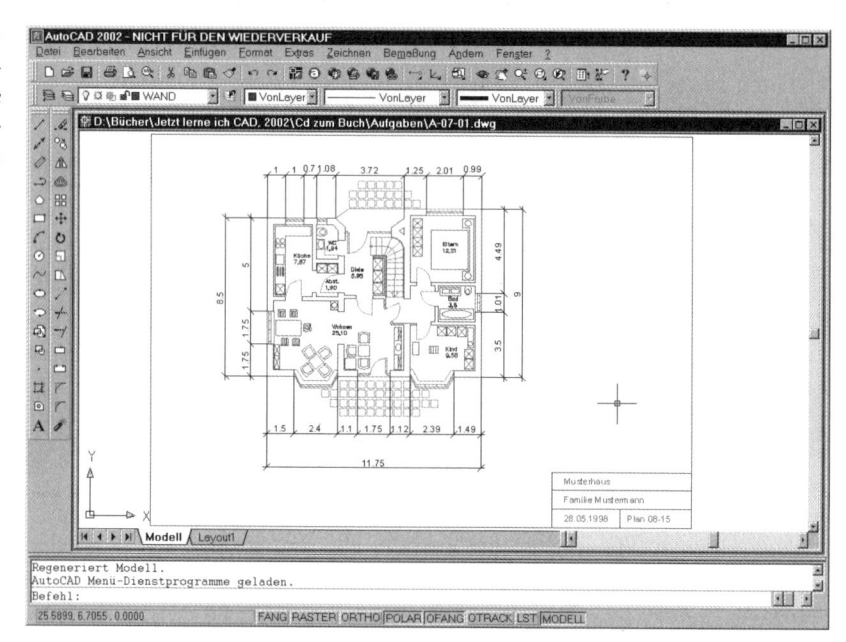

Aktion: Befehl LAYER

Das Dialogfeld für die Layersteuerung wird mit dem Befehl LAYER aktiviert. Wählen Sie den Befehl:

✘ Abrollmenü FORMAT, Funktion LAYER...

✘ Symbol in der Funktionsleiste EIGENSCHAFTEN

Sie bekommen das Dialogfeld für die Layersteuerung (siehe Abbildung 7.2).

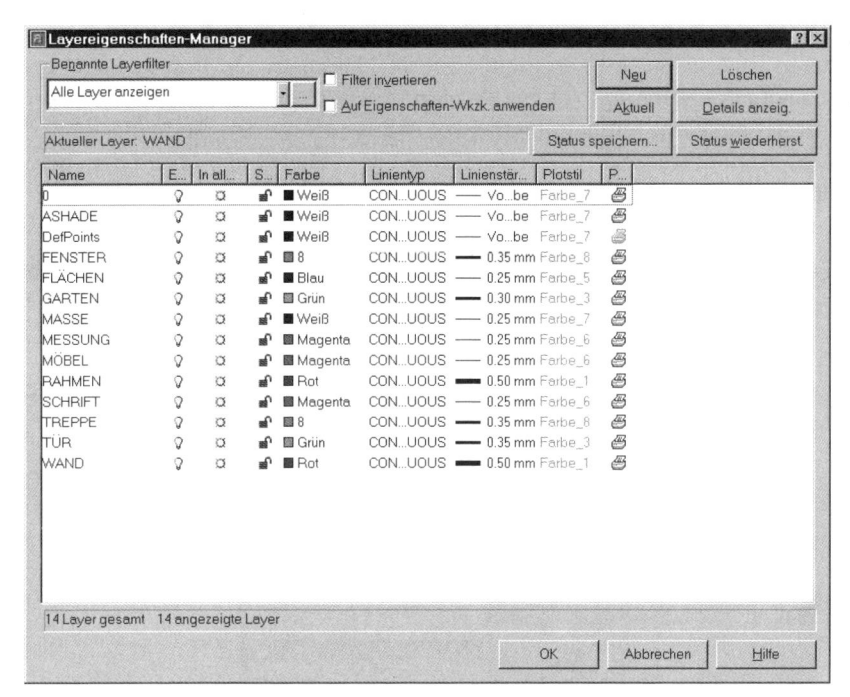

Abb. 7.2: Dialogfeld zur Layersteuerung

Aktion: Anzeige und Markierung in der Layerliste

Im Dialogfeld haben Sie die Liste aller Layer in dieser Zeichnung. Sie können die Sortierung in der Liste ändern, indem Sie auf das Titelfeld klicken, die Liste wird nach diesem Feld sortiert. Ein weiterer Klick in das Titelfeld sortiert die Liste absteigend, ein Klick auf ein anderes Titelfeld sortiert nach diesem Feld. Die Feldbreite können Sie ändern, wenn Sie den Trennstrich in der Titelzeile bei gedrückter Maustaste verschieben. Ein Doppelklick auf den Trennstrich stellt die Breite so ein, dass der breiteste Eintrag noch ganz dargestellt werden kann.

In der ersten Spalte der Liste wird der Layername angezeigt. Die Layer, die markiert sind, können bearbeitet werden. Klicken Sie einen Layer an, wird er markiert. Klicken Sie einen anderen an, wird dieser markiert, die erste Markierung verschwindet.

Es lassen sich auch mehrere Layer markieren und bearbeiten. Wenn Sie einen markiert haben und mit gedrückter ⇧-Taste einen weiteren Layer anklicken, werden beide Layer und alle dazwischen markiert. Klicken Sie mit gedrückter Strg-Taste einen weiteren Layer an, wird nur dieser zusätzlich markiert, nicht die dazwischen.

7 Layer, Farben, Linientypen und Linienstärken

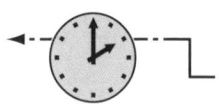

Wollen Sie alle Layer markieren, alle außer dem aktuellen, die Auswahl invertieren usw., dann drücken Sie die rechte Maustaste. Ein Pop-up-Menü erscheint am Cursor. Wählen Sie den Eintrag ALLES AUSWÄHLEN und alle Layer werden markiert. Mit dem Eintrag ALLES LÖSCHEN werden die Markierungen wieder entfernt (siehe Abbildung 7.3). Weitere Funktionen finden Sie ebenfalls im Pop-up-Menü.

Abb. 7.3: Pop-up-Menü in der Layerliste

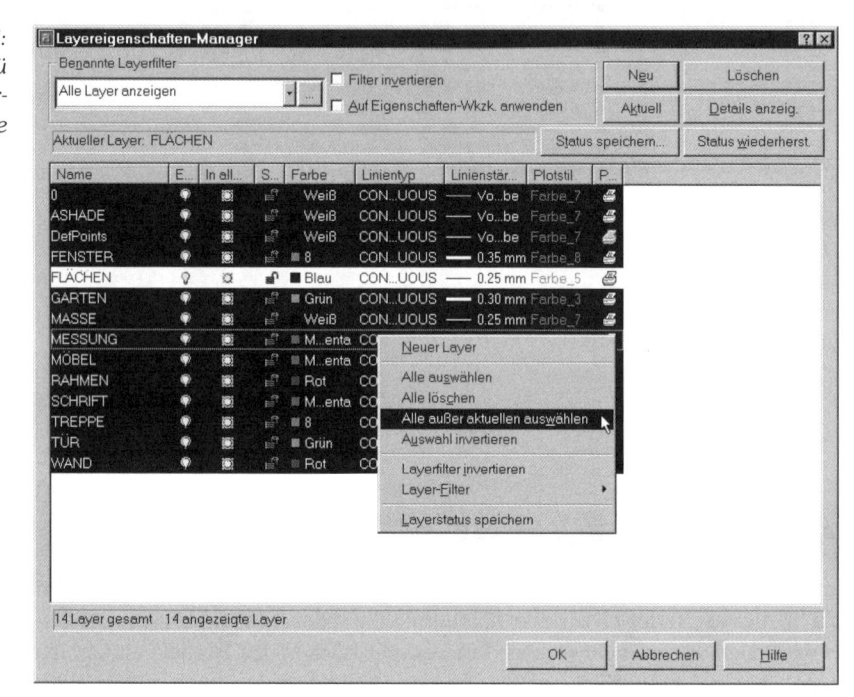

Training: Layer sortieren und markieren

- Sortieren Sie die Layerliste abwechselnd nach dem Namen und der Farbe, aufsteigend und absteigend. Verändern Sie die Breite der Namensspalte.

- Markieren Sie Layer und löschen Sie die Markierung wieder.

Aktion: Layer zum aktuellen Layer machen

Die wichtigste Aktion beim Zeichnen ist es, den aktuellen Layer zu wechseln. Wie schon beschrieben, werden alle neu gezeichneten Objekte auf dem aktuellen Layer erstellt.

Dazu gehen Sie wie folgt vor:

✘ Markieren Sie den Layer und klicken Sie auf die Schaltfläche Aktuell. Sie können den aktuellen Layer auch mit einem Doppelklick auf den Layernamen wechseln. Der aktuelle Layer wird im Feld über der Layerliste angezeigt.

Training: Aktuellen Layer wechseln

✘ Machen Sie nacheinander unterschiedliche Layer zum aktuellen Layer.

Aktion: Layerstatus ändern

Im Dialogfeld können Sie in der Liste auch den Layerstatus ändern. Markieren Sie die Layer, die Sie ändern wollen und klicken Sie auf das Symbol oder klicken Sie gleich auf das Symbol, das Sie ändern wollen. Auch hier können Sie, wie oben beschrieben, die ⇧-oder Strg-Taste zu Hilfe nehmen. Klicken Sie nochmals auf das Symbol, wird erneut umgeschaltet. Die Symbole haben folgende Funktionen:

Glühlampe ein	Layer ein
Glühlampe aus	Layer aus
Sonne	Layer getaut
Eiskristall	Layer gefroren
Sonne mit Fenster	Layer im aktuellen Ansichtsfenster getaut
Eiskristall mit Fenster	Layer im aktuellen Ansichtsfenster gefroren (siehe Papier- und Modellbereich)
Vorhängeschloss offen	Layer entsperrt
Vorhängeschloss geschlossen	Layer gesperrt
Druckersymbol	Layer wird geplottet
Druckersymbol durchkreuzt	Layer wird nicht geplottet
Sonne mit leerem Fenster	Layer in einem neuen Ansichtsfenster getaut (nur im Layout vorhanden)
Eiskristall mit leerem Fenster	Layer in einem neuem Ansichtsfenster gefroren (nur im Layout vorhanden)

Der aktuelle Layer kann zwar ausgeschaltet werden, es ist aber in der Praxis nicht sinnvoll, da sonst das, was Sie zeichnen, nicht angezeigt wird. Falls Sie es versuchen, erhalten Sie eine Warnung, die Funktion wird aber ausgeführt. Den aktuellen Layer sollten Sie auch nicht sperren, da Zeichenfehler dann nicht mehr korrigiert werden können. Frieren können Sie den aktuellen Layer nicht.

7 Layer, Farben, Linientypen und Linienstärken

Training: Layerstatus ändern

- Machen Sie den Layer SCHRIFT zum aktuellen. Schalten Sie alle Layer bis auf FENSTER, SCHRIFT, TREPPE, WAND und TÜR aus. Ihre Zeichnung sieht wie in Abbildung 7.4 aus.

- Sperren Sie den Layer WAND und versuchen Sie dann, Teile der Wand zu löschen.

- Schalten Sie alle Layer wieder ein und entsperren Sie sie.

Abb. 7.4: Layerstatus in der Zeichnung geändert

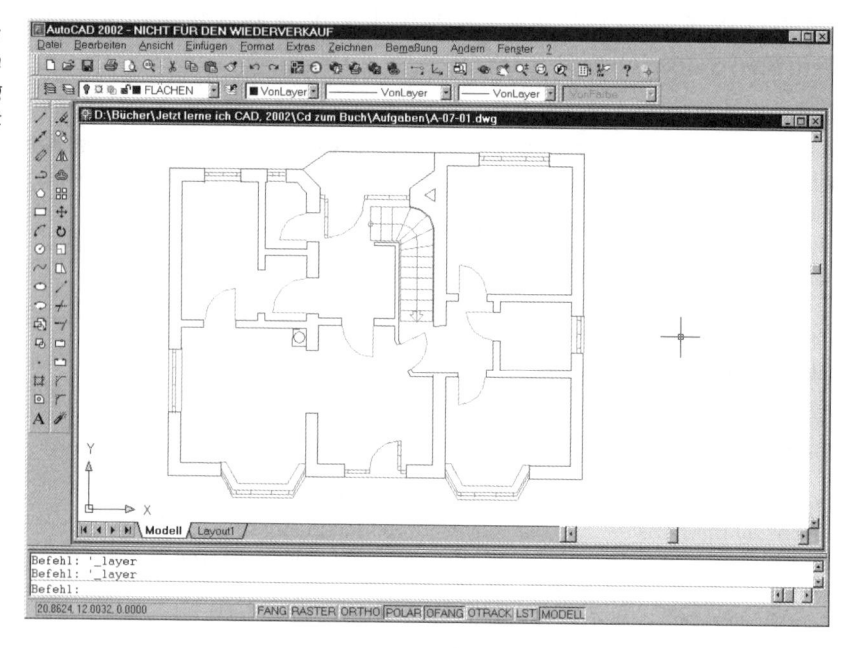

Aktion: Neuen Layer anlegen

Bist jetzt haben Sie nur gesehen, wie Sie bestehende Layer manipulieren können. Wie aber kommen Sie zu neuen Layern? Klicken Sie auf die Schaltfläche NEU und ein neuer Layer mit dem Namen *Layer1* wird an die Liste angehängt. Der neue Layername ist markiert. Tippen Sie einen neuen Namen ein, wird der vorgegebene Name überschrieben. Klicken Sie nochmals auf die Schaltfläche NEU, wird ein weiterer Layer mit dem Namen *Layer2* angelegt usw.

Neue Layer haben zunächst die Farbe *weiß*, den Linientyp CONTINUOUS und die Linienstärke *Vorgabe*. Das lässt sich ändern, dazu weiter unten mehr.

Aktion: Layer umbenennen

In der ersten Spalte der Liste wird der Layername angezeigt. Wenn Sie den Namen anklicken, wird er markiert. Wenn Sie einen Namen nochmals anklicken (kein Doppelklick, Pause dazwischen), können Sie den Namen überschreiben. Mit einem weiteren Klick können Sie den Cursor im Namen setzen und ihn ändern.

Aktion: Layer löschen

Einen Layer können Sie nur dann löschen, wenn keine Objekte darauf gezeichnet wurden. Markieren Sie den Layer und klicken Sie auf die Schaltfläche LÖSCHEN. Der Layer verschwindet aus der Liste. Befinden sich Objekte auf dem Layer, erscheint eine Fehlermeldung, der Layer wird nicht gelöscht. Sie müssen in diesem Fall erst alle Objekte auf dem Layer löschen und dann den Layer selber. Die Layer *0* und *Defpoints* sowie den aktuellen Layer und Layer, die von externen Referenzen kommen, können Sie nicht löschen.

Training: Layer anlegen, umbenennen und löschen

- *Legen Sie verschiedene Layer an, geben Sie ihnen Namen und löschen Sie sie dann wieder. Versuchen Sie, einen der vorhandenen Layer zu löschen, Sie haben keinen Erfolg.*

- *Legen Sie einen Layer Grundstück an. Löschen Sie ihn nicht wieder.*

Aktion: Farbe zuweisen

Einem Layer können Sie eine Farbe zuweisen und die Objekte auf diesem Layer bekommen diese Farbe. Klicken Sie auf das Farbfeld und ein weiteres Dialogfeld zur Farbauswahl kommt auf den Bildschirm (siehe Abbildung 7.5).

Sie können mit den Farben 1 bis 255 zeichnen. Die Farben 1 bis 7 sind so genannte Standardfarben, die einen Farbnamen haben: rot, gelb grün, cyan, blau, magenta und weiß.

Klicken Sie ein Farbfeld aus der Palette an, und die Farbnummer bzw. der Farbname wird übernommen. Klicken Sie dann auf OK und Sie kommen zum ersten Dialogfeld zurück, die neue Farbe ist dem Layer zugeordnet.

7 Layer, Farben, Linientypen und Linienstärken

*Abb. 7.5:
Dialogfeld zur
Farbauswahl*

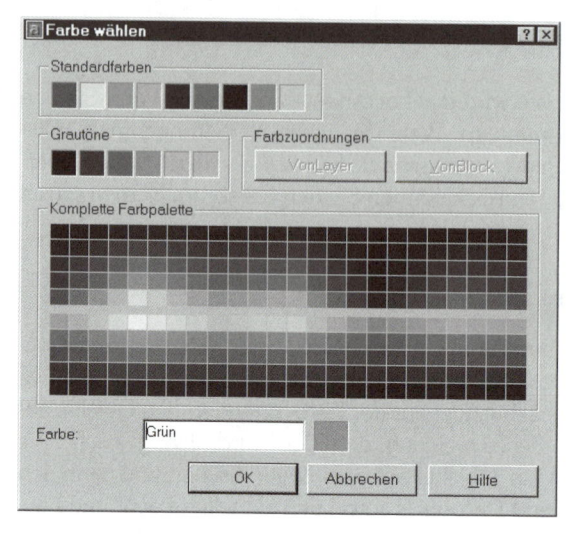

Training: Layern Farbe zuordnen

✗ *Klicken Sie auf das Farbfeld des Layers Grundstück und wählen Sie die Farbe grün für diesen Layer.*

✗ *Ändern Sie die Farbe eines bestehenden Layers, alle Objekte auf diesem Layer werden in der neuen Farbe dargestellt. Machen Sie die Änderungen rückgängig.*

Aktion: Layern Linientypen zuweisen

So wie Sie einem Layer eine Farbe zugewiesen haben, können Sie ihm auch einen Linientyp zuweisen. Die Objekte auf diesem Layer werden mit diesem Linientyp dargestellt. Klicken Sie auf den Linientypennamen, und ein weiteres Dialogfeld zur Auswahl des Linientyps kommt auf den Bildschirm.

Die Auswahl ist nicht groß, es gibt in dem Dialogfeld nur den Linientyp CONTINUOUS, die Bezeichnung für ausgezogene Linien. Linientypen sind in Linientypendateien gespeichert und sie müssen zuerst in die Zeichnung geladen werden. Dazu weiter unten mehr beim Befehl LINIENTYP.

Aktion: Layern Linienstärken zuweisen

Eine weitere Zuordnung ist bei jedem Layer möglich, die Zuordnung einer Strichstärke. Standardmäßig hat ein neuer Layer die Vorgabelinienstärke. Klicken Sie auf das Feld, bekommen Sie ein Dialogfeld mit der Auswahlliste der möglichen Linienstärken (siehe Abbildung 7.6). Mehr zu Linienstärken später in dieser Stunde.

Die Layersteuerung

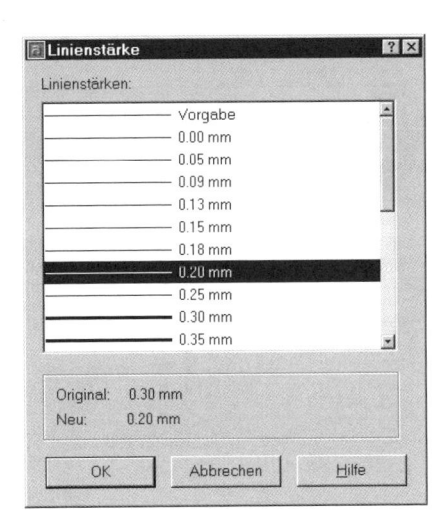

*Abb. 7.6:
Dialogfeld zur
Auswahl der
Linienstärke*

Training: Layern Linienstärke zuordnen

✗ *Klicken Sie auf das Linienstärkenfeld des Layers Grundstück und wählen Sie für diesen Layer die Linienstärke 0,25 mm.*

✗ *Die Linienstärken werden nicht am Bildschirm dargestellt, dazu später mehr.*

Aktion: Detailanzeige

Alles, was Sie bis jetzt in der Liste eingestellt haben, können Sie auch mit separaten Schaltern einstellen. Klicken Sie dazu auf die Schaltfläche DETAILS ANZEIGEN. Die Liste wird verkleinert und Sie bekommen zusätzliche Bedienelemente (siehe Abbildung 7.7).

Markieren Sie einen Layer, bekommen Sie im unteren Teil des Dialogfeldes den Namen angezeigt. Dort können Sie Änderungen vornehmen und den Layer umbenennen. In Abrollmenüs können Sie eine neue Farbe, eine neue Linienstärke und einen neuen Linientyp für den markierten Layer auswählen. Finden Sie die gewünschte Farbe nicht, klicken Sie auf den Eintrag ANDERE... und Sie bekommen das Dialogfeld mit der Farbpalette. In der Spalte rechts können Sie den Status der Layer ändern. Es sind dieselben Funktionen, die Sie mit den Symbolen in der Liste ausführen können.

7 Layer, Farben, Linientypen und Linienstärken

Abb. 7.7:
Dialogfeld
mit der er-
weiterten
Darstellung

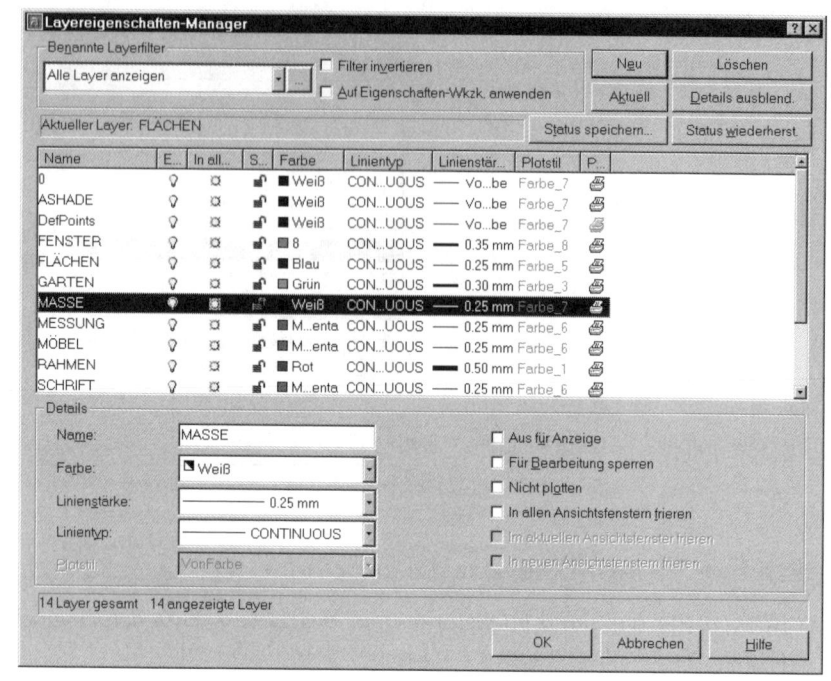

Klicken Sie auf die Schaltfläche DETAILS AUSBLENDEN, erhalten Sie wieder das verkleinerte Fenster auf dem Bildschirm.

7.3 Layer in der Funktionsleiste

Wenn Sie nur einen Layer ein- oder ausschalten oder den aktuellen Layer wechseln wollen, müssen Sie sich nicht jedesmal das Dialogfeld auf den Bildschirm holen, es geht einfacher und schneller.

Aktion: Layerstatus in der Funktionsleiste EIGENSCHAFTEN

In der Funktionsleiste EIGENSCHAFTEN haben Sie auf der linken Seite ein Abrollmenü. Dort werden der Name und der Status des aktuellen Layers angezeigt. Wenn Sie in das Feld oder auf den Pfeil klicken, wird das Abrollmenü ausgeklappt (siehe Abbildung 7.8).

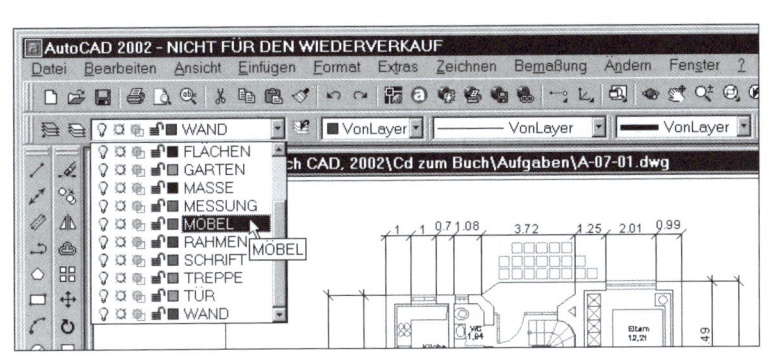

Abb. 7.8:
Abrollmenü
zur Layer-
steuerung

Klicken Sie auf einen Layer, wird dieser zum aktuellen Layer, das Abrollmenü verschwindet und der neue aktuelle Layer wird angezeigt.

Dieselben Symbole wie im Dialogfeld haben Sie auch im Abrollmenü. Klicken Sie auf ein Symbol vor dem Layer und sein Status wird umgeschaltet. Sie können nacheinander mehrere Symbole anklicken. Wenn Sie danach in die Zeichenfläche klicken, verschwindet das Abrollmenü wieder und die Layer werden entsprechend geschaltet.

Aktion: Objektlayer setzen

Noch einfacher ist es, einen Layer zum aktuellen Layer zu machen, den Sie in der Zeichnung schon verwendet haben. Dazu verwenden Sie die Funktion OBJEKTLAYER SETZEN. Sie finden diese:

✘ Symbol in der Funktionsleiste EIGENSCHAFTEN

Klicken Sie ein Objekt an und der Layer wird aktuell, auf dem das angeklickte Objekt liegt.

Objekt wählen, dessen Layer der aktuelle Layer wird: **Ein Objekt in der Zeichnung anklicken**
MASSE ist jetzt der aktuelle Layer.

Training: Funktionsleiste EIGENSCHAFTEN

✗ *Wählen Sie den aktuellen Layer im Abrollmenü, schalten Sie dort auch Layer ein und aus. Stellen Sie den Originalzustand wieder her.*

✗ *Machen Sie den Layer Möbel zum aktuellen Layer mit der Funktion* OBJEKTLAYER SETZEN. *Klicken Sie dazu einfach ein Möbelstück an.*

7 Layer, Farben, Linientypen und Linienstärken

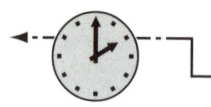

7.4 Linientypen

Noch haben wir in der Zeichnung nur den Linientyp CONTINUOUS. Mit dem Befehl LINIENTYP können Linientypen geladen werden und alle Einstellungen dazu gemacht werden.

Aktion: Befehl LINIENTYP

Sie finden den Befehl:

✗ Abrollmenü FORMAT, Funktion LINIENTYP...

In einem Dialogfeld können Sie den Linientyp wählen, mit dem gezeichnet werden soll, den so genannten aktuellen Linientyp (siehe Abbildung 7.9).

Abb. 7.9: Dialogfeld zur Wahl des Linientyps

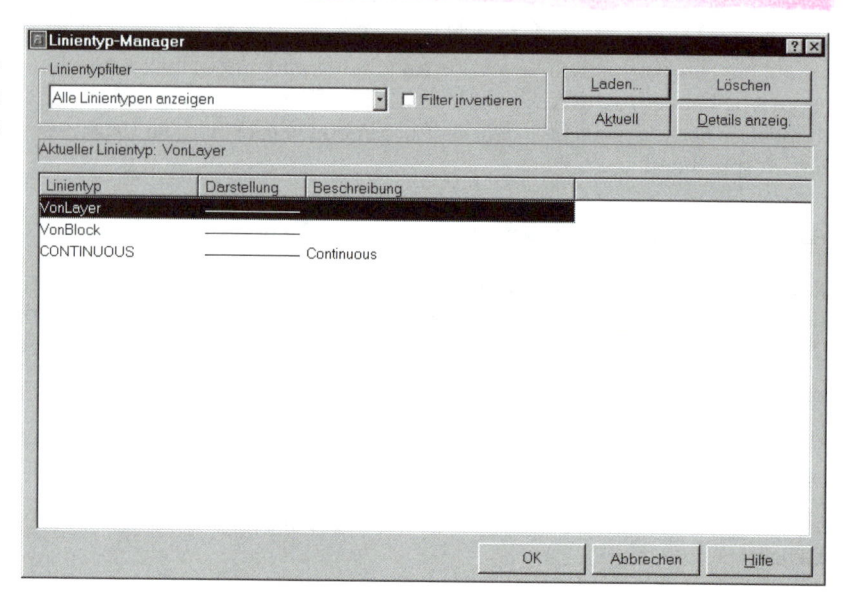

Wie bei den Layern können Sie hier den aktuellen Linientyp ändern. Markieren Sie einen Linientyp in der Liste und klicken Sie auf die Schaltfläche AKTUELL, der Linientyp wird zum aktuellen Linientyp. Alle Objekte, die von jetzt an gezeichnet werden, werden mit diesem Linientyp gezeichnet.

Fehler:

✗ Normalerweise sollten Sie für den aktuellen Linientyp immer die Einstellung VONLAYER belassen. Die Objekte werden mit dem Linientyp gezeichnet, der dem aktuellen Layer zugeordnet ist. Nur so erhält die Zeich-

Linientypen

nung eine eindeutige Struktur. Wenn Sie dann den Layer wechseln, wird auch automatisch der Linientyp aktiv, der dem Layer zugeordnet ist.

Aktion: Linientypen laden

Wie Sie auch vorher schon in der Layersteuerung gesehen haben, sind noch keine Linientypen in der Zeichnung vorhanden. Laden Sie also die Linientypen, die Sie benötigen, damit Sie in der Zeichnung zur Verfügung stehen. Klicken Sie auf die Schaltfläche LADEN... im Dialogfeld (siehe Abbildung 7.9). Ein weiteres Dialogfeld kommt auf den Bildschirm (siehe Abbildung 7.10).

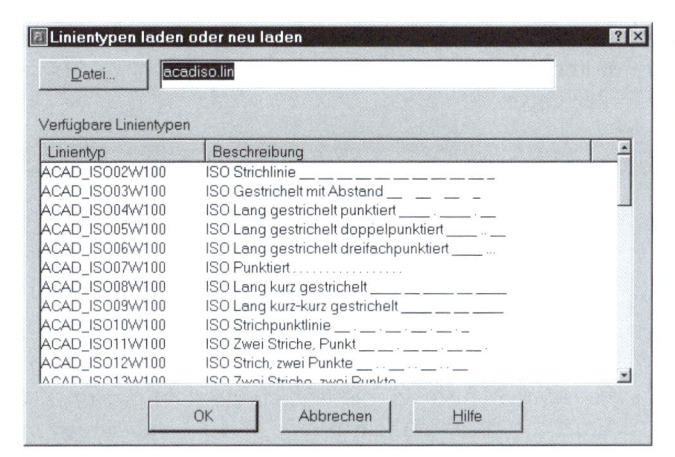

Abb. 7.10: Dialogfeld zum Laden von Linientypen

Wenn Sie in metrischen Einheiten zeichnen, sollten Sie Linientypen aus der Datei *Acltiso.lin* bzw. *Acadiso.lin* (in AutoCAD 2002) verwenden. Sie erscheinen als Vorgabe im Feld DATEI des Dialogfelds. Klicken Sie auf das Feld DATEI..., bekommen Sie den Dateiwähler auf den Bildschirm und Sie können sich eine andere Linientypendatei aussuchen. Sie muss die Dateierweiterung *.lin haben. Die Datei *Aclt.lin* bzw. *Acad.lin* (in AutoCAD 2002) ist für das Zeichnen in britischen Einheiten vorgesehen.

In der Liste darunter bekommen Sie alle Linientypen, die in der Linientypendatei gespeichert sind. Markieren Sie die Linientypen, die Sie in Ihrer Zeichnung benötigen. Denken Sie an Ihre rechte Maustaste. Damit bekommen Sie auch in dieser Liste ein Cursormenü mit den Einträgen ALLES AUSWÄHLEN und ALLES LÖSCHEN. Mit OK werden die markierten Linientypen in die Zeichnung übernommen. Danach sind die Linientypen geladen und können in der Zeichnung verwendet werden.

7 Layer, Farben, Linientypen und Linienstärken

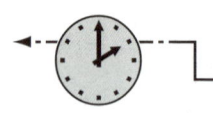

Tipps:

- Beachten Sie, dass alle Linientypen dreifach vorkommen, z.B. *MITTE*, *MITTE2* mit Segmenten die nur halb so lang sind und *MITTEX2* mit doppelt so langen Segmenten.

- Noch einmal der Hinweis, machen Sie keinen Linientyp zum aktuellen Linientyp. Verwenden Sie immer die Einstellung *VONLAYER*. Wäre beispielsweise der Linientyp *STRICHLINIE* der aktuelle, würde immer mit gestrichelten Linien gezeichnet, auch wenn ein Layer mit dem Linientyp *CONTINUOUS* aktuell ist.

- Weisen Sie einem Layer den Linientyp *STRICHLINIE* zu. Wenn Sie mit gestrichelten Linien zeichnen wollen, machen Sie diesen Layer zum aktuellen Layer.

Training: Linientypen laden und Layern zuweisen

- *Wählen Sie den Befehl LINIENTYP und klicken Sie auf die Schaltfläche LADEN.... Sie bekommen das Dialogfeld wie in Abbildung 7.10. Die Linientypendatei Acltiso.lin bzw. Acadiso.lin (in AutoCAD 2002) erscheint als Vorgabe.*

- *Fahren Sie mit der Maus in die Liste der Linientypen, klicken Sie auf die rechte Maustaste und wählen aus dem Pop-up-Menü die Funktion ALLES AUSWÄHLEN. Alle Einträge in der Liste werden markiert. Klicken Sie dann auf OK und alle Linientypen der Datei Acltiso.lin bzw. Acadiso.lin (in AutoCAD 2002) werden geladen und erscheinen in der Liste.*

- *Belassen Sie hier die Einstellung auf VONLAYER, beenden Sie das Dialogfeld und wählen Sie dann den Befehl LAYER*

- *Markieren Sie den Layer Grundstück und klicken Sie auf den Eintrag für den Linientyp. Das Dialogfeld zur Zuordnung von Linientypen erscheint (siehe Abbildung 7.11).*

- *Wählen Sie den Linientyp STRICHLINIE aus und er wird diesem Layer zugewiesen.*

- *Danach kommen Sie wieder zum Dialogfeld des Befehls LAYER. Machen Sie den Layer Grundstück zum aktuellen Layer.*

Skalierfaktoren für Linientypen

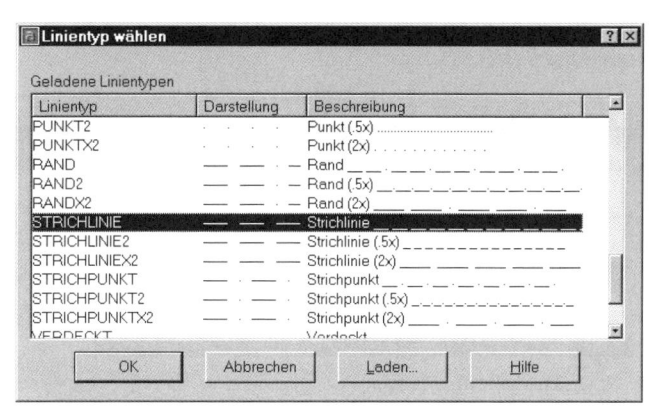

Abb. 7.11: Dialogfeld zur Zuordnung eines Linientyps zu einem Layer

Aktion: Linientypen aus der Zeichnung löschen

Linientypen können Sie auch wieder aus der Zeichnung löschen. Markieren Sie einen oder mehrere Linientypen in der Liste des Befehls LINIENTYP und klicken Sie auf LÖSCHEN. Nicht gelöscht werden können die Einträge *VONLAYER*, *VONBLOCK*, *CONTINUOUS*, der aktuelle Linientyp, Linientypen von externen Referenzen und Linientypen, auf denen sich Objekte befinden oder die Layern zugeordnet sind.

7.5 Skalierfaktoren für Linientypen

Wenn Sie jetzt zeichnen, werden Sie unter Umständen enttäuscht sein. Obwohl der Layer mit dem Linientyp *STRICHLINIE* aktiv ist, werden die Linien ausgezogen dargestellt. Nur die Farbe ist richtig. Woher kommt das? Sie müssen noch den Skalierfaktor für die Linientypen dem Zeichnungsmaßstab anpassen.

Aktion: Skalierfaktor einstellen

Linientypen sind in der Linientypendatei in einem bestimmten Maßstab definiert. Werden Sie in eine Zeichnung geladen, kann es sein, dass der Maßstab nicht zu dieser Zeichnung passt. Ist er zu klein, sind die Segmente so eng aneinander, dass sie wie ausgezogene Linien erscheinen und ist er zu groß, kann ein Segment schon die ganze Linie darstellen, gestrichelte Linien werden dann ebenfalls durchgezogen am Bildschirm dargestellt.

Den Faktor können Sie in der Zeichnung global einstellen, das heißt, er gilt für alle unterbrochenen Linien in dieser Zeichnung. Den globalen Skalierfaktor können Sie im Dialogfeld des Befehls LINIENTYP ändern, wenn Sie auf die Schaltfläche DETAILS ANZEIGEN klicken. Wie im Dialogfeld des Befehls LAYER

155

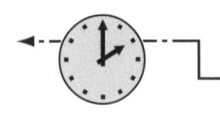

wird die Liste kleiner und Sie erhalten zusätzliche Einstellmöglichkeiten (siehe Abbildung 7.12).

Abb. 7.12: Dialogfeld mit erweiterten Funktionen

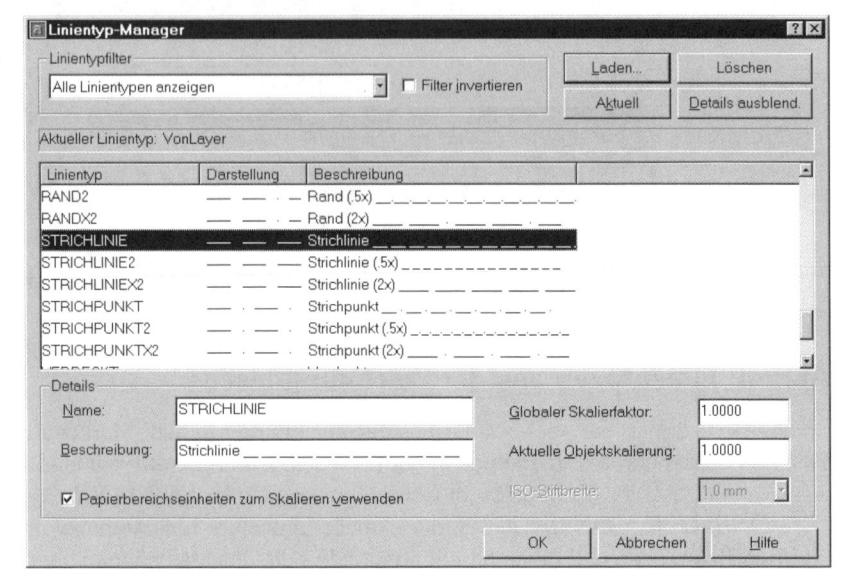

Im Feld GLOBALER SKALIERFAKTOR stellen Sie den Faktor ein, der für die ganze Zeichnung gilt. Wollen Sie Ihre Zeichnung später in einem anderen Maßstab als 1:1 plotten, tragen Sie hier einen entsprechenden Wert ein, z.B. 10, wenn Sie 1:10 plotten oder 0.1 bei 10:1. Eventuell können Sie noch korrigieren, wenn die Strichlängen nicht passen.

Im Feld AKTUELLE OBJEKTSKALIERUNG können Sie zusätzlich einen Korrekturfaktor einstellen, mit dem Sie den globalen Skalierfaktor multiplizieren. Alle Objekte, die nach der Umstellung gezeichnet werden, werden um diesen Faktor korrigiert. Dieser Faktor wird mit den Objekten gespeichert und kann nachträglich mit den Änderungsfunktionen geändert werden.

Mit der Schaltfläche DETAILS AUSBLENDEN wird das Dialogfeld wieder verkleinert und nur die Liste angezeigt.

Tipp:

✘ Passen Sie immer zunächst den GLOBALEN SKALIERFAKTOR dem Maßstab an. Linien mittlerer Länge mit unterbrochenen Linientypen sollen richtig dargestellt werden. Belassen Sie die AKTUELLE OBJEKTSKALIERUNG auf 1. Sollten kurze Linien nicht richtig gestrichelt dargestellt werden, ändern Sie in Einzelfällen diese mit den Änderungsfunktionen.

Training: Skalierfaktor für die Linientypen einstellen

✗ Wählen Sie den Befehl LINIENTYP und klicken Sie auf die Schaltfläche DETAILS ANZEIGEN. Stellen Sie beim GLOBALEN SKALIERFAKTOR den Wert 0.05 ein.

✗ Zeichnen Sie die Grundstücksgrenze auf dem Layer Grundstück und Sie bekommen eine korrekt gestrichelte Linie.

✗ Eine Lösung mit allen Änderungen an den Layern und Linientypen finden Sie im Ordner \AUFGABEN, die Zeichnung L-07-01.dwg.

Aktion: Linientyp in der Funktionsleiste EIGENSCHAFTEN

In der Funktionsleiste EIGENSCHAFTEN haben Sie ein weiteres Abrollmenü. Darin können Sie den aktuellen Linientyp wählen (siehe Abbildung 7.13). Mit der Auswahl des Eintrags ANDERE... kommen Sie wieder zum Dialogfeld des Befehls LINIENTYP.

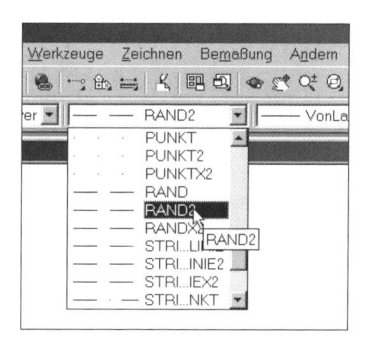

Abb. 7.13: Abrollmenü zur Wahl des aktuellen Linientyps

Fehler:

✗ Auch hier gilt: Belassen Sie die Einstellung auf *VONLAYER*. Der Layer soll den Linientyp bestimmen. Nur in Einzelfällen ist eine Ausnahme zulässig, beispielsweise wenn Sie nur ein Objekt mit einem anderen Linientyp benötigen.

7.6 Die aktuelle Farbe

Wie Sie einen aktuellen Linientyp wählen können, ist es auch möglich eine aktuelle Farbe zu wählen. Alle neuen Objekte werden dann in dieser Farbe gezeichnet.

7 Layer, Farben, Linientypen und Linienstärken

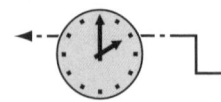

Aktion: Befehl FARBE

Mit dem Befehl FARBE ändern Sie die aktuelle Zeichenfarbe. Sie finden den Befehl:

✘ Abrollmenü FORMAT, Funktion FARBE...

In einem Dialogfeld können Sie die aktuelle Farbe wählen, das ist die Farbe, mit der alle neuen Objekte gezeichnet werden sollen (siehe Abbildung 7.14).

Abb. 7.14: Dialogfeld zur Wahl der Farbe

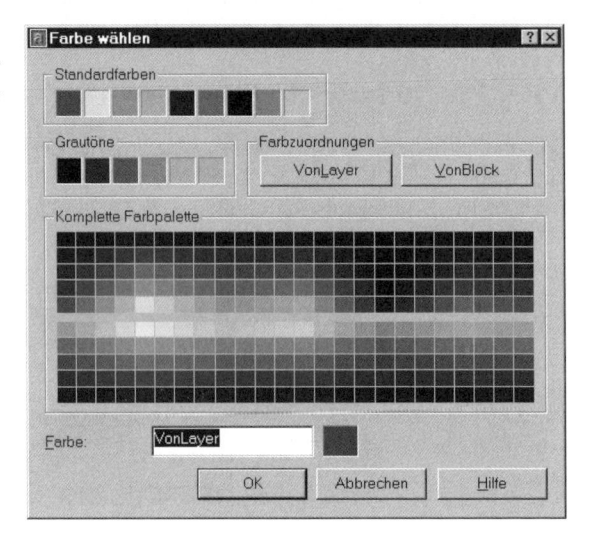

Klicken Sie ein Farbfeld an oder besser noch, belassen Sie es bei *VONLAYER* und wählen Sie den Layer mit der gewünschten Farbe.

Aktion: Farbe in der Funktionsleiste EIGENSCHAFTEN

In der Funktionsleiste EIGENSCHAFTEN können Sie ebenfalls die aktuelle Farbe in einem Abrollmenü wählen (siehe Abbildung 7.15).

Abb. 7.15: Abrollmenü zur Wahl der aktuellen Farbe

Hier finden Sie die *VONLAYER* und die Standardfarben sowie den Eintrag ANDERE... mit dem Sie wieder zum Dialogfeld zur Farbwahl kommen (siehe Abbildung 7.14).

Fehler:

✘ Auch hier gilt: Lassen Sie die Farbe auf *VONLAYER,* dann wird mit der Farbe des aktuellen Layers gezeichnet. Ändern Sie die aktuelle Farbe, wird mit dieser Farbe gezeichnet, egal welcher Layer aktuell ist.

7.7 Die Linienstärke

Zu guter Letzt können Sie auch die aktuelle Linienstärke einstellen. Alle neuen Objekte werden dann in dieser Linienstärke gezeichnet.

Aktion: Befehl LINIENSTÄRKE

Mit dem Befehl LINIENSTÄRKE ändern Sie die aktuelle Linienstärke und Sie können verschiedene Einstellungen vornehmen. Sie finden den Befehl:

✘ Abrollmenü FORMAT, Funktion LINIENSTÄRKE...

✘ Rechtsklick auf das Feld LST in der Statuszeile und Auswahl von EINSTELLUNGEN... aus dem Pop-up-Menü

In einem Dialogfeld können Sie die aktuelle Linienstärke wählen, die Linienstärke, mit der alle neuen Objekte gezeichnet werden (siehe Abbildung 7.16).

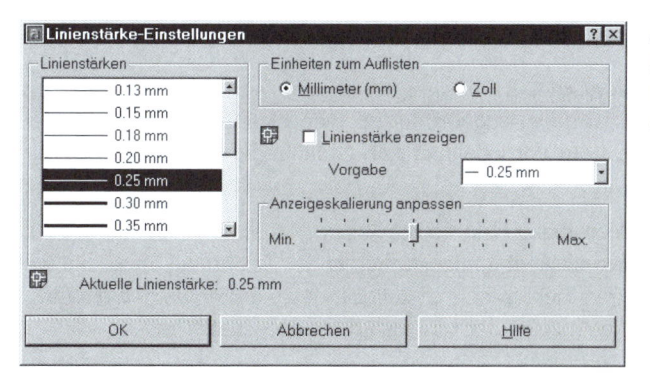

Abb. 7.16: Dialogfeld zur Wahl der Linienstärke

In der linken Liste können Sie die aktuelle Linienstärke wählen; belassen Sie es aber besser bei *VONLAYER* und wählen Sie den entsprechenden Layer, dem die gewünschte Linienstärke zugeordnet ist.

159

7 Layer, Farben, Linientypen und Linienstärken

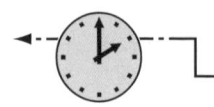

EINHEITEN ZUM AUFLISTEN: In dem Dialogfeld können Sie zwischen mm und Zollanzeige in der Liste umschalten.

LINIENSTÄRKE ANZEIGEN: Ist das Feld eingeschaltet, werden die Linienstärken in der Zeichnung angezeigt, ansonsten werden am Bildschirm keine Linienstärken angezeigt. Die Anzeige können Sie auch mit dem Feld LST in der Statuszeile umschalten. Ist die Taste gedrückt, werden Linienstärken angezeigt (siehe Abbildung 7.17).

Abb. 7.17: Zeichnung mit Linienstärken auf dem Bildschirm

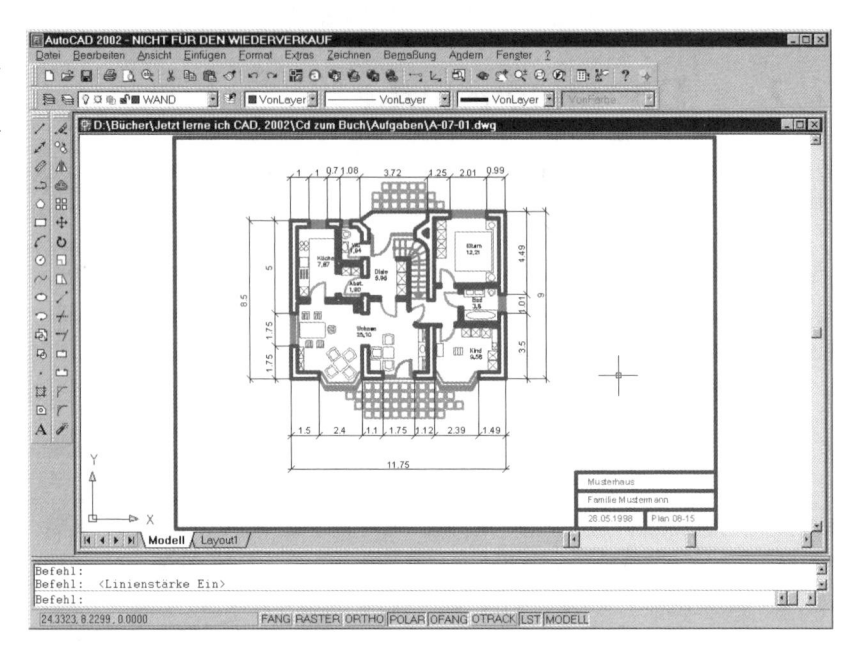

VORGABE: In diesem Abrollmenü können Sie die Linienstärke wählen, die dem Layer zugeordnet ist, wenn keine Auswahl getroffen wurde, die so genannte Vorgabelinienstärke, die in der Layerliste auch mit *Vorgabe* angezeigt wird.

ANZEIGESKALIERUNG ANPASSEN: An einem Schieberegler können Sie wählen, wie stark die Linienstärken in der Zeichnung angezeigt werden sollen. Je weiter er nach rechts gestellt ist, desto dicker werden die Linien dargestellt, wenn die Anzeige der Linienstärke eingeschaltet ist.

Aktion: Linienstärke in der Funktionsleiste EIGENSCHAFTEN

In der Funktionsleiste EIGENSCHAFTEN können Sie auch die aktuelle Linienstärke in einem Abrollmenü wählen (siehe Abbildung 7.18).

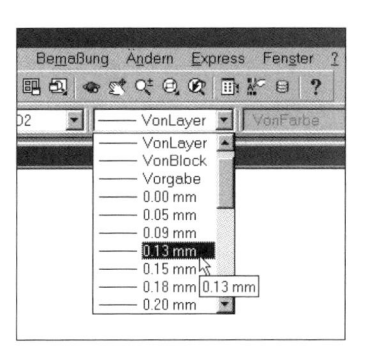

Abb. 7.18: Abrollmenü zur Wahl der aktuellen Linienstärke

Fehler:

✘ Wieder gilt: Lassen Sie die Linienstärke auf *VONLAYER*, wird mit der Linienstärke des aktuellen Layers gezeichnet. Ändern Sie die aktuelle Linienstärke, wird mit dieser Linienstärke gezeichnet, egal welcher Layer aktuell ist.

7.8 Layer in Vorlagen

✘ Überlegen Sie sich, welche Layer Sie normalerweise für Ihre Zeichnungen benötigen. Legen Sie diese in einer neuen Zeichnung an, weisen Sie den Layern Farben und Linienstärken zu. Laden Sie die benötigten Linientypen und weisen auch diese den Layern zu. Stellen Sie den Linientypenfaktor ein. Speichern Sie diese Einstellungen dann in einer Vorlage, und Sie haben die Layer in jeder neuen Zeichnung sofort parat.

✘ Benötigen Sie verschiedene Layer für verschiedene Arten von Zeichnungen, machen Sie sich verschiedene Vorlagen.

Fragen zur siebten Stunde

1. Wie viele Layer können in einer Zeichnung angelegt werden?
2. Welcher Layername kann nicht verwendet werden: *TEXT-05, ABC.001, XY$01, GESTRICHELTE_LINIEN*?
3. Welcher Layer ist immer in der Zeichnung und kann nicht gelöscht werden?
4. Was machen Sie mit Layern, die Sie lange Zeit nicht benötigen, um den Bildaufbau zu beschleunigen?
5. Auf welchem Layer wird gezeichnet?

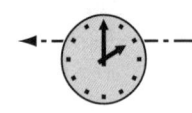

6. Mit welchem Linientyp wird gezeichnet, wenn der aktuelle Linientyp auf *VONLAYER* eingestellt ist?

7. Was ist der Unterschied zwischen den Linientypen *MITTE*, *MITTE2* und *MITTEX2*?

8. Welcher Skalierfaktor für Linientypen wirkt sich auf die ganze Zeichnung aus?

9. Welche aktuelle Farbe sollte eingestellt sein, wenn die Farbe des Layers gelten soll?

10. Was müssen Sie tun, dass die normalerweise verwendeten Layer in jeder neuen Zeichnung gleich vorhanden sind?

STUNDE 8

Zeichenfunktionen

Nachdem Sie in der dritten Stunde schon die elementaren Befehle zum Zeichnen von Rechtecken, Linien und Kreisen kennen gelernt haben, werden in dieser Stunde weitere Zeichenbefehle behandelt. Sie lernen:

✘ was Konstruktionslinien und Strahlen sind

✘ wie Punkte gezeichnet und angezeigt werden

✘ wie Bögen gezeichnet werden

✘ wie Ringe gezeichnet werden

✘ welche Möglichkeiten Sie bei Polygonen haben und

✘ auf welche Arten Ellipsen konstruiert werden können.

8.1   Konstruktionslinien

Beim Konstruieren in AutoCAD gibt es eine weitere praktische Methode, das Setzen von Konstruktionslinien. Dabei handelt es sich um Linien, die unendlich lang sind, also über den ganzen Zeichenbereich gehen und die Sie als Hilfsliniennetz erzeugen. Danach können Sie die Linien nachzeichnen oder zur gewünschten Kontur zurechtstutzen.

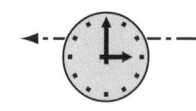

Aktion: Befehl KLINIE

Mit dem Befehl KLINIE werden Konstruktionslinien erzeugt. Wählen Sie den Befehl:

✗ Abrollmenü ZEICHNEN, Funktion KONSTRUKTIONSLINIE

✗ Symbol im Werkzeugkasten ZEICHNEN

Befehl: **Klinie**
Einen Punkt angeben oder [HOr/Ver/Win/HAlb/Abstand]:

PUNKTEINGABE: Geben Sie einen Punkt ein, danach wird ein zweiter angefragt und durch beide eine Konstruktionslinie gezeichnet. Der Befehl bleibt bei allen Optionen im Wiederholmodus. Mit jeder neuen Punkteingabe wird eine neue Konstruktionslinie durch diesen Punkt gezeichnet. Alle Konstruktionslinien laufen durch den ersten Punkt.

HORIZONTAL: Damit zeichnen Sie horizontale Konstruktionslinien. Für jede Konstruktionslinie ist nur eine Punkteingabe erforderlich.

VERTIKAL: Wollen Sie vertikale Konstruktionslinien zeichnen, verwenden Sie diese Option und geben für jede Linie einen Punkt ein.

WINKEL: Bei den Konstruktionslinien mit Winkelangabe können Sie einen Winkel vorgeben und Punkte, durch die die Linien laufen sollen.

Einen Punkt angeben oder [HOr/Ver/Win/HAlb/Abstand]: **W für Winkel**
Winkel von KLinie angeben (0) oder [Bezug]: **Winkel eingeben**
Durch Punkt angeben: **Punkt eingeben**

Mit der Unteroption BEZUG kann der Winkel von einem bestehenden Linienobjekt abgenommen werden. Danach wird ein weiterer Winkel abgefragt. Dieser wird zum abgegriffenen addiert bzw. davon subtrahiert. Die Konstruktionslinien verlaufen in dem Winkel wie das gewählte Objekt plus dem eingegebenen Winkel und verlaufen durch die danach eingegebenen Punkte.

Einen Punkt angeben oder [HOr/Ver/Win/HAlb/Abstand]: **W für Winkel**
Winkel von KLinie angeben (0) oder [Bezug]: **B für Bezug eingeben**
Linienobjekt wählen: **Linie in der Zeichnung anklicken**
Winkel von KLinie eingeben <0>: **Eventuell zusätzlichen Winkel eingeben oder 0 bzw. ⏎ eingeben**
Durch Punkt angeben: **Punkt eingeben**

HALB: Mit der Option HALB werden Winkelhalbierende gezeichnet.

Einen Punkt angeben oder [HOr/Ver/Win/HAlb/Abstand]: **HA für Winkelhalbierende**
Winkel-Scheitelpunkt angeben:
Winkel-Startpunkt angeben:
Winkel-Endpunkt angeben:
Winkel-Endpunkt angeben:

Geben Sie einen Scheitelpunkt und einen Winkel-Startpunkt ein. Danach werden im Wiederholmodus Winkel-Endpunkte abgefragt. Jede Eingabe eines Punktes zeichnet die Winkelhalbierende zwischen dem Winkel-Startpunkt und dem jeweiligen Winkel-Endpunkt durch den Winkel-Scheitelpunkt.

ABSTAND: Wie mit dem Befehl VERSETZ können Sie mit der Option ABSTAND parallele Konstruktionslinien zeichnen. Der Vorteil der Konstruktionslinienmethode ist, dass durchgehende Linien erzeugt werden und nicht nur Parallelen so lang wie die Originalobjekte.

Einen Punkt angeben oder [HOr/Ver/Win/HAlb/Abstand]: **A für Abstand**
Abstand angeben oder [Durch punkt] <1.0000>:
Linienobjekt wählen:
Zu versetzende Seite angeben:
Linienobjekt wählen:
Zu versetzende Seite angeben:

Der Befehl bleibt im Wiederholmodus, bis Sie die Anfrage nach einem Linienobjekt mit ⏎ beenden.

Training: Konstruktionslinien als Hilfsliniennetz

- Öffnen Sie die Zeichnung A-08-01.dwg aus dem Ordner \AUFGABEN.

- Zeichnen Sie durch die Punkte P1, P2 und P3 horizontale Konstruktionslinien und durch die Punkte P4, P5 und P6 vertikale (siehe Abbildung 8.1).

- Stellen Sie den Objektfang SCHNITTPUNKT fest ein und zeichnen Sie in der rechten Ansicht mit dem Befehl LINIE nach. Löschen Sie danach die Konstruktionslinien. Hier wäre der Befehl STUTZEN eventuell einfacher gewesen, aber den werden wir uns erst in einer der nächsten Stunden ansehen.

- Das Ergebnis sollte wie in Abbildung 8.1 aussehen, allerdings ohne die Konstruktionslinien. Die Lösung finden Sie auch im Ordner \AUFGABEN, die Zeichnung L-08-01.dwg.

8 Zeichenfunktionen

Abb. 8.1: Konstruktionslinien als Hilfsliniennetz

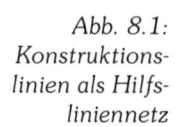

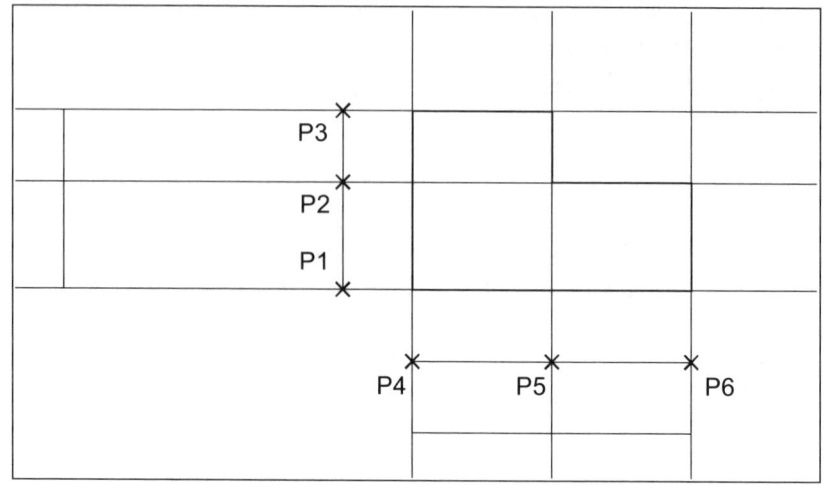

8.2 Strahlen

Strahlen sind den Konstruktionslinien ähnlich. Sie laufen aber von einem Punkt in eine wählbare Richtung.

Aktion: Befehl STRAHL

Strahlen können Sie mit dem Befehl STRAHL zeichnen. Wählen Sie den Befehl:

✘ Abrollmenü ZEICHNEN, Funktion STRAHL

Befehl: **Strahl**
Startpunkt angeben:
Durch Punkt angeben:
Durch Punkt angeben:
..
Durch Punkt angeben: ⏎

Der Befehl bleibt im Wiederholmodus. Mit dem ersten Punkt legen Sie den gemeinsamen Ursprung der Strahlen fest. Mit jeder zweiten Punkteingabe erzeugen Sie einen Strahl in dieser Richtung.

Training: Konstruieren mit Strahlen

✘ Öffnen Sie die Zeichnung A-08-02.dwg aus dem Ordner \AUFGABEN.

✘ Stellen Sie den Objektfang SCHNITTPUNKT, ZENTRUM und QUADRANT fest ein und zeichnen Sie drei Strahlen von P1 nach P2, P3 und P4. Hierzu *ein Tipp: Wenn Sie mit dem Fadenkreuz auf den Kreisumfang fahren, erhalten Sie bei dieser Objektfang-Einstellung immer zuerst den Quadrantenpunkt angezeigt. Nur mit der ⇆-Taste können Sie auf den Objektfang ZENTRUM schalten.*

✗ Verbinden Sie die Punkte P2, P3 und P4. Lassen Sie die Strahlen für weitere Konstruktionen in der Zeichnung.

✗ Das Ergebnis sollte wie in Abbildung 8.2 aussehen. Die Lösung finden Sie auch im Ordner \AUFGABEN, die Zeichnung L-08-02.dwg.

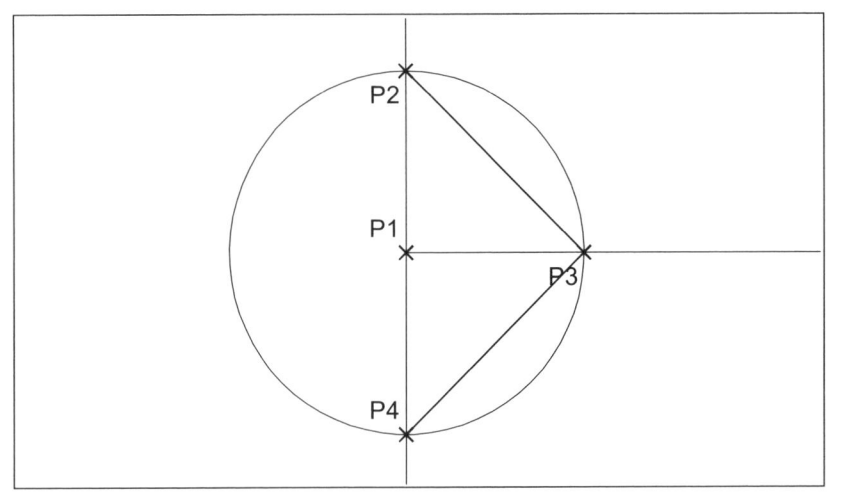

Abb. 8.2: Strahlen als Hilfskonstruktion

8.3 Punkte in der Zeichnung

Sie können als Konstruktionshilfe auch Punkte in der Zeichnung setzen, die Sie später mit dem Objektfang PUNKT wieder einfangen und verbinden können. Bei technischen Zeichnungen werden Sie Punkte kaum benötigen, da Ihnen genügend Konstruktionshilfen zur Verfügung stehen. In der Vermessungstechnik wird jedoch viel mit Punkten gearbeitet.

Aktion: Befehl PUNKT

Punkte setzen Sie mit dem Befehl PUNKT. Sie finden den Befehl:

✗ Abrollmenü ZEICHNEN, Untermenü PUNKT >, Funktionen EINZELNER PUNKT oder MEHRERE PUNKTE

✗ Symbol im Werkzeugkasten ZEICHNEN

Befehl: **Punkt**
Einen Punkt angeben: **Punkt eingeben**

8 Zeichenfunktionen

Geben Sie eine Koordinate an oder klicken Sie einen Punkt in der Zeichnung an. In der normalen Einstellung erscheint er allerdings nur ein Pixel groß und ist so kaum sichtbar.

Aktion: Punktstil einstellen, Befehl DDPTYPE

Damit Punkte in der Zeichnung besser sichtbar werden, können Sie einen anderen Punktstil einstellen. Wählen Sie dazu den Befehl DDPTYPE:

✘ Abrollmenü FORMAT, Funktion PUNKTSTIL...

Abb. 8.3: Einstellung des Punktstils

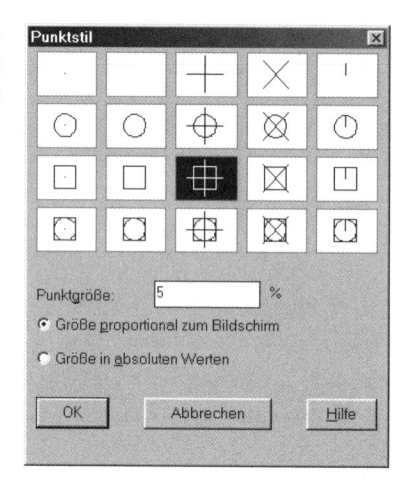

Im Dialogfeld können Sie sich ein Symbol aussuchen, mit dem der Punkt in der Zeichnung dargestellt werden soll. Darunter stellen Sie die Punktgröße ein. Die Größenangabe kann absolut in Zeichnungseinheiten (Einstellung: GRÖSSE IN ABSOLUTEN WERTEN) oder proportional zum Bildschirm als Prozentwert (Einstellung: GRÖSSE PROPORTIONAL ZUM BILDSCHIRM) eingestellt werden. Wählen Sie nach der Änderung des Punktstils den Befehl REGEN, erst dann werden auch die bereits vorhandenen Punkte der neuen Einstellung angepasst.

8.4 Zeichnen von Bögen

Bögen werden beim Zeichnen häufig benötigt. Trotzdem ist es oft einfacher, einen Kreis zu zeichnen und diesen auf den gewünschten Bogen zurechtzustutzen. Den Befehl zum Stutzen lernen Sie später kennen. Trotzdem lassen sich Bögen in AutoCAD auch direkt konstruieren und das auf die verschiedensten Arten.

Aktion: Befehl BOGEN

Zum Konstruieren von Bögen verwenden Sie den Befehl BOGEN. Sie finden ihn:

✘ Abrollmenü ZEICHNEN, Untermenü BOGEN >, Funktionen für die Konstruktionsmethoden des Befehls

✘ Symbol im Werkzeugkasten ZEICHNEN

Im Abrollmenü steht Ihnen für jede Konstruktionsmethode des Befehls BOGEN ein eigener Menüpunkt zur Verfügung. Wenn Sie den Befehl aber eintippen oder aus dem Werkzeugkasten wählen, läuft er mit der Standard-Methode ab, dem 3-Punkte-Bogen:

Befehl: **Bogen**
Startpunkt für Bogen angeben oder [Zentrum]:
Zweiten Punkt für Bogen angeben oder
[Zentrum/ENdpunkt]:
Endpunkt für Bogen angeben:

Aber auch bei der Standard-Methode lassen sich alle anderen Konstruktionsmethoden über die Eingabe der entsprechenden Option anwählen, z.B.:

Befehl: **Bogen**
Startpunkt für Bogen angeben oder [Zentrum]: **Z für Zentrum**
Zentrum für Bogen angeben: **Zentrum eingeben**
Startpunkt für Bogen angeben: **Startpunkt eingeben**
Endpunkt für Bogen angeben oder [Winkel/Sehnenlänge]:
W für die Eingabe des Winkels
Eingeschlossenen Winkel angeben: **Winkel eingeben**

Im Abrollmenü stehen zur Verfügung:

3 PUNKTE: Standardmethode (siehe oben und Abbildung 8.4, a) mit Anfangspunkt, einem zweiten Punkt und dem Endpunkt.

STARTP, MITTELP, ENDP: Konstruktion aus Startpunkt, Mittelpunkt und Endpunkt. Der Bogen wird immer entgegen dem Uhrzeigersinn gezeichnet (siehe Abbildung 8.4, b)

STARTP, MITTELP, WINKEL: Konstruktion aus Startpunkt, Mittelpunkt und dem eingeschlossenen Winkel. Positive Winkel erzeugen einen Bogen entgegen dem Uhrzeigersinn, negative Winkel einen Bogen im Uhrzeigersinn (siehe Abbildung 8.4, c).

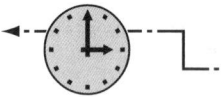

Startp, Mittelp, Sehnenlänge: Konstruktion aus Startpunkt, Mittelpunkt und der Länge der Sehne des Bogens. Der Bogen wird immer entgegen dem Uhrzeigersinn gezeichnet. Dabei können zwei Bögen entstehen. Wird die Sehnenlänge positiv eingegeben, erhält man den kleinen Bogen, bei Eingabe eines negativen Wertes wird der große Bogen gezeichnet (siehe Abbildung 8.4,d).

Startp, Endp, Winkel: Konstruktion aus Startpunkt, Endpunkt und dem eingeschlossenen Winkel. Auch hier gilt wieder: Positive Winkel erzeugen einen Bogen entgegen dem Uhrzeigersinn, negative Winkel einen Bogen im Uhrzeigersinn (siehe Abbildung 8.4, e).

Startp, Endp, Richtung: Konstruktion aus Startpunkt, Endpunkt und der Vorgabe einer Startrichtung. Das ist der Winkel, unter dem die Tangente am Startpunkt verläuft (siehe Abbildung 8.4, f).

Startp, Endp, Radius: Konstruktion aus Startpunkt, Endpunkt und dem Radius des Bogens. Auch hier gibt es eine Besonderheit. Eine positiver Wert für den Radius erzeugt den kleinen Bogen, ein negativer Wert den großen. Der Bogen wird immer entgegen dem Uhrzeigersinn gezeichnet (siehe Abbildung 8.4, g).

Mittelp, Startp, Endp / Mittelp, Startp, Winkel / Mittelp, Startp, Sehnenlänge: Oft ist es bei der Bogenkonstruktion sinnvoller, mit dem Mittelpunkt zu beginnen, weil Sie diesen mit dem Objektfang leichter ermitteln können. Deshalb sind die ersten drei Methoden nochmals vorhanden, aber in anderer Eingabereihenfolge der Punkte.

Weiter: Diese Methode setzt einen Bogen an die zuletzt gezeichnete Linie oder den zuletzt gezeichneten Bogen tangential an. Sie müssen nur noch den Endpunkt für den Bogen eingeben.

Training: Zeichnen von Bögen

✗ *Öffnen Sie die Zeichnung A-08-03.dwg aus dem Ordner \AUFGABEN.*

✗ *Stellen Sie den Objektfang Schnittpunkt ein und zeichnen Sie Bögen mit den verschiedenen Konstruktionsmethoden wie in Abbildung 8.4.*

✗ *Das Ergebnis sollte wie in Abbildung 8.4 aussehen. Die Lösung finden Sie auch im Ordner \AUFGABEN, die Zeichnung L-08-03.dwg.*

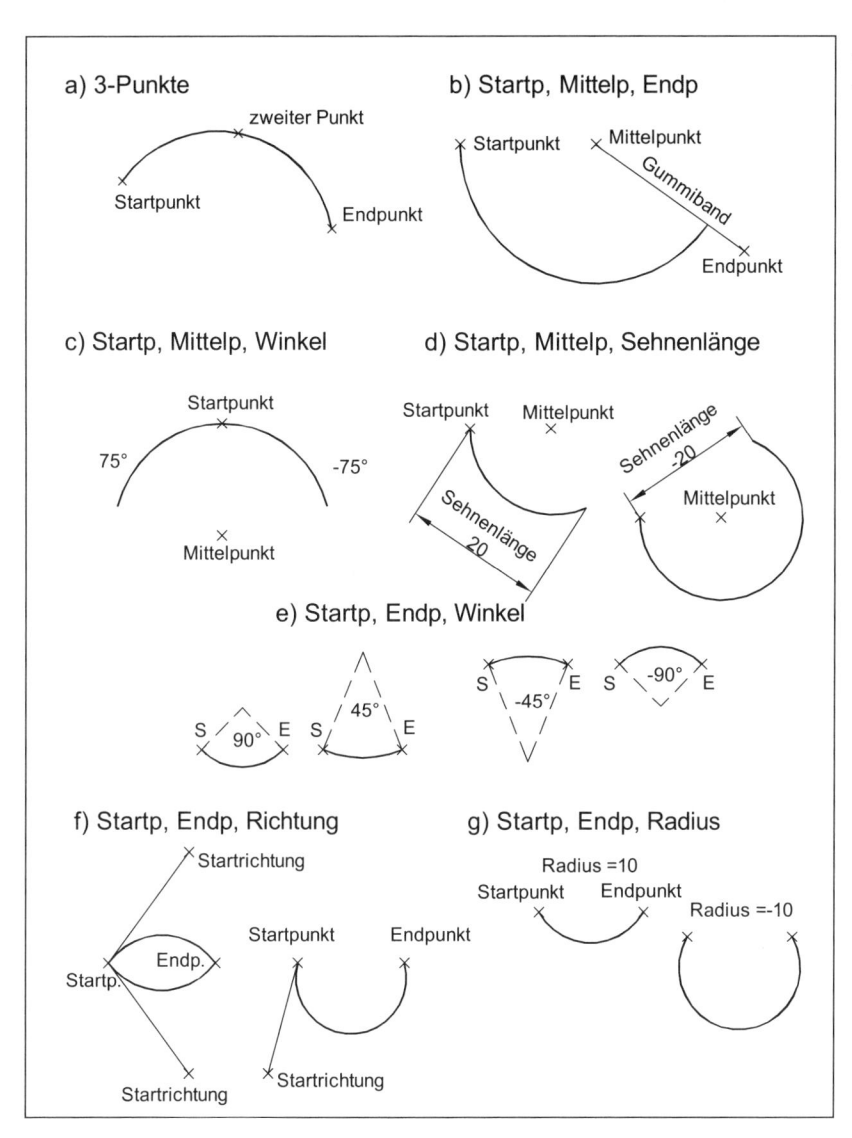

Abb. 8.4: Konstruktion von Bögen

8.5 Ringe

Zum Zeichnen von Ringen steht Ihnen ebenfalls ein spezieller Befehl zur Verfügung. Damit können Sie im Wiederholmodus ganze Serien von gleichartigen Ringen zeichnen.

8 Zeichenfunktionen

Aktion: Befehl RING

Der Befehl heißt wie das Objekt, das damit erstellt wird: RING. Sie finden den Befehl:

✗ Abrollmenü ZEICHNEN, Funktion RING

Folgende Angaben werden benötigt:

Befehl: **Ring**
Innendurchmesser des Rings angeben <10.0000>:
Außendurchmesser des Rings angeben <20.0000>:
Ringmittelpunkt angeben oder <beenden>:
..
Ringmittelpunkt angeben oder <beenden>: ⏎

Mit jeder Mittelpunkteingabe wird ein neuer Ring gezeichnet, bis Sie auf die Anfrage ⏎ eingeben.

Training: Zeichnen von Ringen

✗ Öffnen Sie die Zeichnung A-08-04.dwg aus dem Ordner \AUFGABEN.

✗ Stellen Sie das Raster und den Fang auf 2.54.

✗ Zeichnen Sie die Lötaugen mit dem Befehl RING in den angegebenen Maßen an die Enden der Leiterbahnen (nur mit dem eingestellten Fang).

✗ Das Ergebnis sollte wie in Abbildung 8.5 aussehen. Die Lösung finden Sie im Ordner \AUFGABEN: L-08-04.dwg.

Abb. 8.5:
Lötaugen mit dem Befehl RING

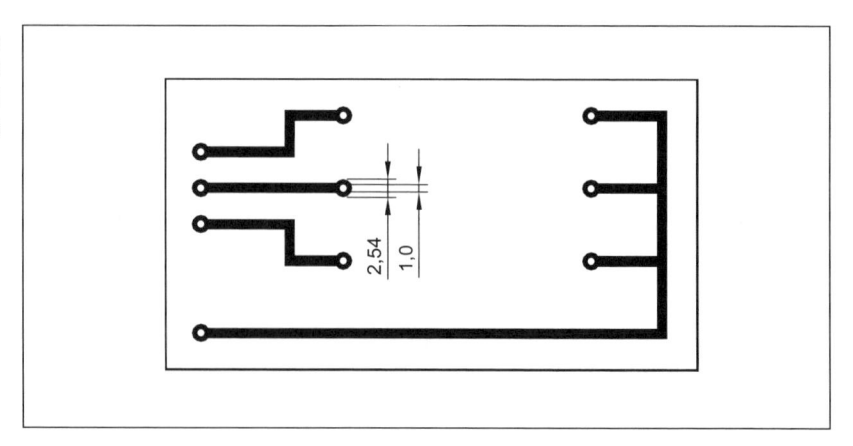

8.6 Konstruktion von Polygonen

Haben Sie regelmäßige Vielecke zu zeichnen, steht Ihnen ein weiterer Spezialbefehl zur Verfügung.

Aktion: Befehl POLYGON

Mit dem Befehl POLYGON können Sie regelmäßige Vielecke zeichnen, vom Dreieck bis zum Tausendvierundzwanzigeck. Sie finden den Befehl:

✘ Abrollmenü ZEICHNEN, Funktion POLYGON

✘ Symbol im Werkzeugkasten ZEICHNEN

Befehl: **Polygon**
Anzahl Seiten eingeben <4>:
Polygonmittelpunkt angeben oder [Seite]:

Geben Sie zuerst die Anzahl der Seiten ein. Werte von 3 bis 1024 sind möglich. Danach wählen Sie die Konstruktionsmethode:

SEITE: Wählen Sie die Option SEITE, wird das Polygon über eine Seite definiert. Geben Sie die Punkte einer Seite ein und das Polygon wird entgegen dem Uhrzeigersinn aufgebaut.

POLYGONMITTELPUNKT: Sie können das Polygon aber auch um einen Mittelpunkt aufbauen. Geben Sie einen Punkt ein, wird dieser als Polygonmittelpunkt genommen.

Option eingeben [Umkreis/Inkreis] <U>:
Kreisradius angeben:

Geben Sie dann an, ob Sie das Maß für den Inkreis oder den Umkreis des Polygons angeben wollen, und den Wert für den Kreisradius.

Training: Zeichnen von Polygonen

✘ *Öffnen Sie die Zeichnung A-08-05.dwg aus dem Ordner \AUFGABEN.*

✘ *Zeichnen Sie für den Schraubenkopf ein Sechseck um P1 mit dem Maß 5 für den Inkreis.*

✘ *Zeichnen Sie ein Fünfeck um P2 mit dem Maß 5 für den Umkreis.*

✘ *Zeichnen Sie an das Achteck zwei weitere Achtecke mit der Option SEITE. Beachten Sie, dass die Polygone entgegen dem Uhrzeigersinn aufgebaut werden.*

8 Zeichenfunktionen

✗ Das Ergebnis sollte wie in Abbildung 8.6 aussehen. Die Lösung finden Sie im Ordner \AUFGABEN: L-08-05.dwg.

Abb. 8.6:
Zeichnen von Polygonen

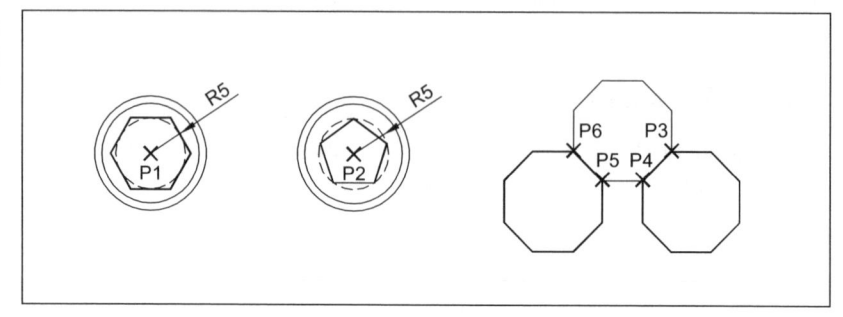

8.7 Ellipsen und Ellipsenbögen

Ellipsen und Ellipsenbögen können Sie mit einem Befehl zeichnen.

Aktion: Befehl ELLIPSE

Dafür steht Ihnen der Befehl ELLIPSE zur Verfügung. Wählen Sie ihn:

✗ Abrollmenü ZEICHNEN, Untermenü ELLIPSE >, Funktionen für die verschiedenen Konstruktionsmethoden

✗ Symbol im Werkzeugkasten ZEICHNEN

Tipps:

✗ Wählen Sie den Befehl im Abrollmenü, finden Sie schon Funktionen für die verschiedenen Konstruktionsmethoden vor. Aus dem Werkzeugkasten startet der Befehl in seiner Grundform.

✗ Ellipsen können mathematisch genau gezeichnet oder durch Polylinien angenähert werden (siehe nächste Stunde). Geben Sie dazu vor dem Zeichnen einer Ellipse ein:

Befehl: **Pellipse**
Neuen Wert für PELLIPSE eingeben <0>:

✗ Bei der Einstellung 0 wird eine mathematische Ellipse gezeichnet, bei der Einstellung 1 eine Ellipse, die durch eine Polylinie angenähert ist. PELLIPSE ist eine so genannte Systemvariable in AutoCAD. In diesen Variablen werden Zeichnungs- und Systemeinstellungen gespeichert. Viele Befehlsfunktionen können auch durch Änderungen von Systemvariablen ausgeführt werden. Manche Funktionen lassen sich nur durch Änderung der Systemvariablen ausführen. Tippen Sie einfach den Namen der Systemvariablen bei der Befehlsanfrage ein.

✘ Ellipsenbögen können Sie nur zeichnen, wenn Sie die mathematische Ellipse eingeschaltet haben.

Haben Sie den Befehl angewählt, haben Sie folgende Möglichkeiten:

Befehl: **Ellipse**
Achsenendpunkt der Ellipse angeben oder
[Bogen/Zentrum]:

BOGEN: Konstruktion eines Ellipsenbogens. Zunächst wird wie bei den anderen Funktionen die Ellipse konstruiert und zum Schluss von dieser Ellipse nur ein Bogen gezeichnet. Dazu geben Sie Start- und Endwinkel oder eingeschlossenen Winkel vor. Die Winkel werden vom ersten Konstruktionspunkt der Ellipse aus gerechnet und der Bogen wird immer entgegen dem Uhrzeigersinn gezeichnet.

ZENTRUM: Konstruktion der Ellipse durch Angabe des Zentrums und der beiden Achsenendpunkte.

ACHSENENDPUNKT: Konstruktion der Ellipse durch Angabe der Hauptachse und des anderen Achsenendpunktes.

Tipp:

✘ Statt der zweiten Hauptachse können Sie bei allen Konstruktionsmethoden auch die Option DREHUNG verwenden. Die Ellipse, die dabei gezeichnet wird, entspricht einem Kreis, um einen Winkel (zwischen 0.1° und 89.9°) um die Hauptachse gedreht und in die Zeichenebene projiziert. Mit der Drehung geben Sie diesen Winkel an.

Training: Zeichnen von Ellipsen

✘ *Öffnen Sie die Zeichnung A-08-06.dwg aus dem Ordner \AUFGABEN.*

✘ *Lassen Sie den Wert für PELLIPSE auf 0. Stellen Sie den Objektfang ENDPUNKT ein. Zeichnen Sie eine Ellipse mit der Hauptachse (siehe Abbildung 8.7, a).*

Befehl: **Ellipse**
Achsenendpunkt der Ellipse angeben oder
[Bogen/Zentrum]: **P1 klicken**
Anderen Endpunkt der Achse angeben: **P2 klicken**
Abstand zur anderen Achse oder [Drehung] angeben: **P3 klicken**

175

✗ Zeichnen Sie eine Ellipse mit Zentrum und Achsenendpunkt (siehe Abbildung 8.7, b).

Befehl: **Ellipse**
Achsenendpunkt der Ellipse angeben oder
[Bogen/Zentrum]: **Option Z für Zentrum, wenn der Befehl nicht direkt aus dem Abrollmenü mit dieser Option gewählt wurde**
Zentrum der Ellipse angeben: **P1 klicken**
Achsenendpunkt angeben: **P2 klicken**
Abstand zur anderen Achse oder [Drehung] angeben: **P3 klicken**

✗ Zeichnen Sie eine Ellipse mit der Hauptachse und einer Drehung von 55° (siehe Abbildung 8.7, c).

Befehl: **Ellipse**
Achsenendpunkt der Ellipse angeben oder
[Bogen/Zentrum]: **P1 klicken**
Anderen Endpunkt der Achse angeben: **P2 klicken**
Abstand zur anderen Achse oder [Drehung] angeben: **D für Drehung**
Drehung um Hauptachse angeben: **55**

✗ Zeichnen Sie einen Ellipsenbogen mit der Hauptachse und Startwinkel 45°, Endwinkel 270° (siehe Abbildung 8.7, d).

Befehl: **Ellipse**
Achsenendpunkt der Ellipse angeben oder
[Bogen/Zentrum]: **B für Bogen, wenn der Befehl nicht direkt aus dem Abrollmenü mit dieser Option gewählt wurde**
Achsenendpunkt des elliptischen Bogens angeben oder [Zentrum]: **P1 klicken**
Anderen Endpunkt der Achse angeben: **P2 klicken**
Abstand zur anderen Achse oder [Drehung] angeben: **P3 klicken**
Startwinkel angeben oder [Parameter]: **45**
Endwinkel angeben oder [Parameter/einGeschlossener winkel]: **270**

✗ Das Ergebnis sollte wie in Abbildung 8.7 aussehen. Die Lösung finden Sie im Ordner \AUFGABEN: L-08-06.dwg.

Ellipsen und Ellipsenbögen

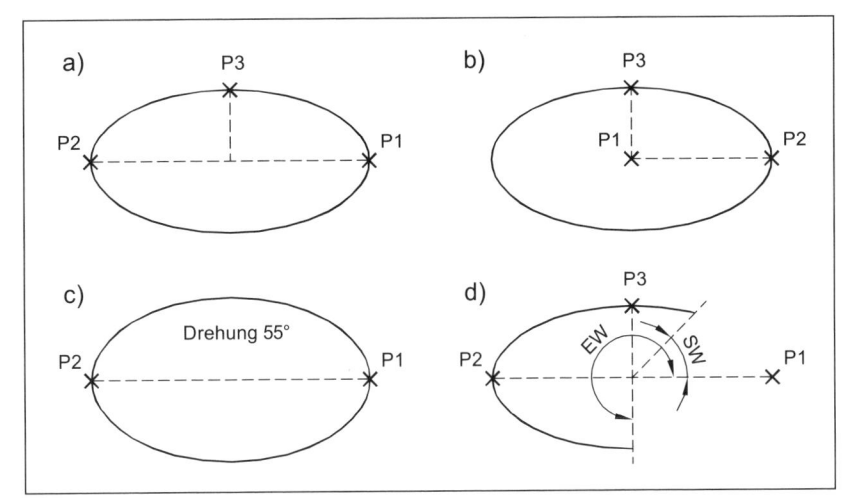

Abb. 8.7: Zeichnen von Ellipsen

Fragen zur achten Stunde

1. Wie lang sind Konstruktionslinien?
2. Wie kann eine Winkelhalbierende gezeichnet werden?
3. Mit welchen Angaben kann ein Strahl gezeichnet werden?
4. Was müssen Sie ändern, damit ein Punkt in der Zeichnung besser sichtbar ist?
5. Was ist die Standardmethode beim Befehl BOGEN?
6. Was bewirkt die Option WEITER beim Befehl BOGEN?
7. Wie viele Ecken kann ein Polygon haben?
8. Sie wollen einen Schraubenkopf mit der Schlüsselweite 13 zeichnen; welche Option beim Befehl POLYGON verwenden Sie?
9. Sie haben für eine Ellipse den Mittelpunkt. Welche Angaben brauchen Sie noch?
10. Was muss gewährleistet sein, wenn Sie Ellipsenbögen zeichnen wollen?

STUNDE 9

Polylinien, Doppellinien und Multilinien

Neben den geometrischen Grundelementen aus der letzten Stunde bietet AutoCAD auch spezielle Objekte, die beim Zeichnen sehr hilfreich sind. Sie lernen in dieser Stunde:

✘ wie Polylinien gezeichnet werden

✘ wie Sie Polylinien ändern und auflösen können

✘ was mit Doppellinien in AutoCAD LT 2002 gemacht werden kann und

✘ was Multilinien in AutoCAD 2002 sind.

9.1 Zeichnen von Polylinien

Ein geometrisches Objekt, das es nur in CAD-Programmen gibt, ist die Polylinie. Sie besteht aus Linien- und Bogensegmenten und ist ein zusammenhängendes Objekt, das im Gesamten bearbeitet werden kann. Und noch eine herausragende Eigenschaft haben Polylinien in AutoCAD: Während alle anderen Objekte ohne Breite gezeichnet werden (die Linienbreite kommt erst mit der Strichstärke beim Plotten hinzu), können Polylinien mit einer Breite gezeichnet werden.

Aktion: Befehl Plinie

Mit dem Befehl PLINIE werden Polylinien gezeichnet. Wählen Sie den Befehl:

✘ Abrollmenü ZEICHNEN, Funktion POLYLINIE

✘ Symbol im Werkzeugkasten ZEICHNEN

Befehl: **Plinie**
Startpunkt angeben:
Aktuelle Linienbreite beträgt 0.00
Nächsten Punkt angeben oder [Kreisbogen/Schließen/
Halbbreite/sehnenLänge/Zurück/Breite]:

Eine Polylinie beginnen Sie mit der Eingabe des Startpunkts. Erst dann erscheint die Liste mit den zusätzlichen Optionen:

ENDPUNKT DER LINIE: Wenn Sie ohne eine Option zu wählen einen Punkt eingeben, wird dieser zum nächsten Stützpunkt der Polylinie.

SCHLIESSEN: Schließen der Polylinie. Im Linienmodus wird mit einem Liniensegment geschlossen. Sind Sie im Kreisbogen-Modus (siehe unten), wird mit einem Kreisbogen geschlossen.

HALBBREITE oder BREITE: Eingabe der Anfangs- und Endbreite bzw. der Halbbreiten für die nächsten Segmente. Einmal eingestellte Breiten bleiben so lange gespeichert, bis sie umgestellt werden.

SEHNENLÄNGE: Bei der Sehnenlänge geben Sie nur die Länge des nächsten Segments vor. Es wird als Verlängerung bzw. tangential an das letzte Segment angehängt.

ZURÜCK: Nimmt das zuletzt gezeichnete Segment zurück.

KREISBOGEN: Umschaltung in den Modus zum Zeichnen von Kreisbogensegmenten.

Nächsten Punkt angeben oder [Kreisbogen/Schließen/
Halbbreite/sehnenLänge/Zurück/Breite]: **K für Kreisbogen**
Endpunkt des Bogens angeben oder [Winkel/ZEntrum/
Schließen/RIchtung/Halbbreite/LInie/RAdius/
zweiter Pkt/ZUrück/Breite]:

Wie beim Befehl BOGEN können Sie auf verschiedene Arten Bögen an die Polylinie anhängen. Mit den Optionen WINKEL, MITTELPUNKT, RADIUS, RICHTUNG und ZWEITER PKT bestimmen Sie, welchen Wert Sie als nächsten zur Konstruktion eingeben möchten. Geben Sie ohne die Wahl einer weiteren Option sofort den Endpunkt an, so wird der Bogen tangential an das letzte Segment angehängt. Mit der Option SCHLIESSEN wird die Polylinie mit einem Bogensegment geschlossen.

LINIE: Mit dieser Option schalten Sie wieder in den Linienmodus.

Tipps:

✘ Polylinien mit einer Breite werden nur dann ausgefüllt gezeichnet, wenn der Füllmodus eingeschaltet ist (Standardeinstellung).

✘ Wollen Sie ihn ausschalten, tippen Sie die Systemvariable ein und setzen Sie den Wert auf 0.

Befehl: **Fillmode**
Neuen Wert für FILLMODE eingeben <1>: **0, um den Modus auszuschalten**

Training: Zeichnen mit Polylinien

✘ Öffnen Sie die Zeichnung A-09-01.dwg aus dem Ordner \AUFGABEN.

✘ Zeichnen Sie eine Leiterplatte wie in Abbildung 9.3. Auf der Zeichnung befinden sich bis jetzt nur die Lötaugen. Der Zeichnung sind ein Raster und ein Fang mit 2.54 unterlegt.

✘ Schalten Sie den Objektfang QUADRANT ein und zeichnen Sie die Leiterbahnen jeweils von den Quadrantenpunkten der Ringe mit Polylinien in der Breite 1 (siehe Abbildung 9.1).

Befehl: **Plinie**
Startpunkt angeben: **Startpunkt anklicken, eventuell mit der Taste ⇥ die Quadrantenpunkte durchblättern**
Aktuelle Linienbreite beträgt 0.00
Nächsten Punkt angeben oder [Kreisbogen/Schließen/
Halbbreite/sehnenLänge/Zurück/Breite]: **B für Breite**
Startbreite angeben <0.00>: **1**
Endbreite angeben <1.00>: **1**
Nächsten Punkt angeben oder [Kreisbogen/Schließen/
Halbbreite/sehnenLänge/Zurück/Breite]: **Nächster Punkt**
Nächsten Punkt angeben oder [Kreisbogen/Schließen/
Halbbreite/sehnenLänge/Zurück/Breite]: **Nächster Punkt**

9 Polylinien, Doppellinien und Multilinien

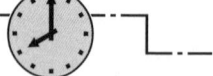

Abb. 9.1:
Zeichnen der Leiterbahnen mit der Breite 1

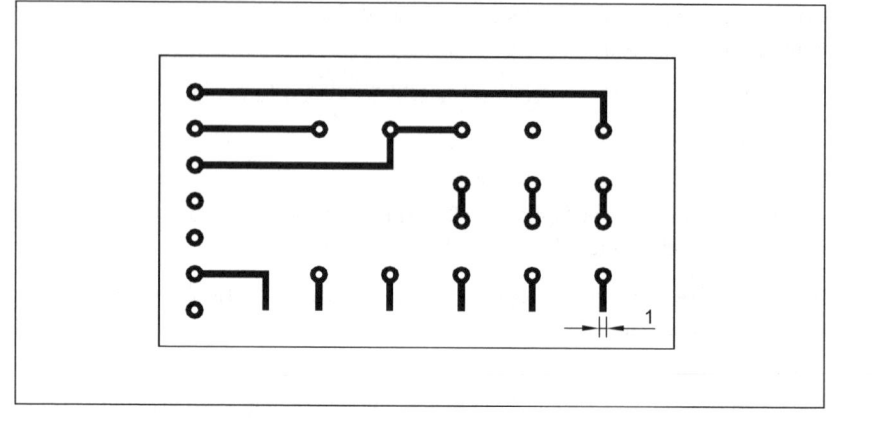

✗ Zeichnen Sie jetzt die untere Polylinie, das erste Segment mit Breite 1. Dann ein konisches Segment mit Startbreite 1 und Endbreite 2. Wenn Sie danach keine neue Breite eingeben, wird mit der Endbreite weiter gezeichnet (siehe Abbildung 9.2).

Abb. 9.2:
Polylinie mit konischem Segment

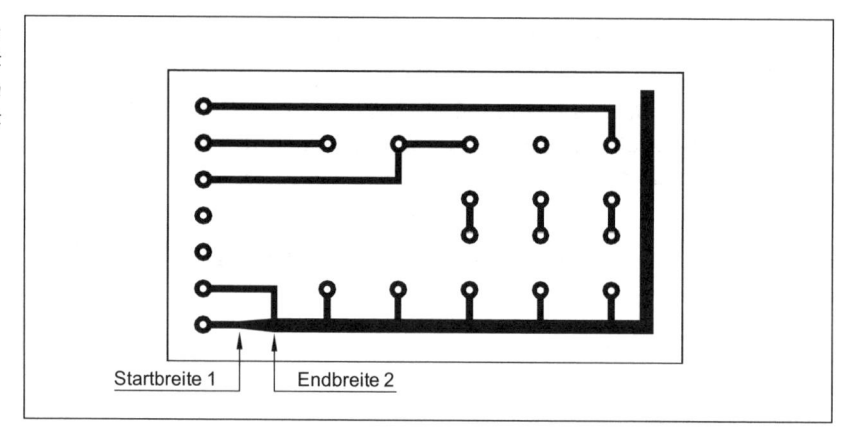

✗ Zeichnen Sie jetzt die Polylinien, die Bogensegmente enthalten (siehe Abbildung 9.3).

Befehl: **Plinie**
Startpunkt angeben: **P1 wählen**
Aktuelle Linienbreite beträgt 2.00
Nächsten Punkt angeben oder [Kreisbogen/Schließen/Halbbreite/sehnenLänge/Zurück/Breite]: **B für Breite**
Startbreite angeben <0.00>: **1**
Endbreite angeben <1.00>: **1**
Nächsten Punkt angeben oder [Kreisbogen/Schließen/

Halbbreite/sehnenLänge/Zurück/Breite]: **P2 anklicken**
Nächsten Punkt angeben oder [Kreisbogen/Schließen/
Halbbreite/sehnenLänge/Zurück/Breite]: **K für Kreisbogen**
Endpunkt des Bogens angeben oder [Winkel/ZEntrum/
Schließen/RIchtung/Halbbreite/LInie/RAdius/
zweiter Pkt/ZUrück/Breite]: **P3 anklicken**
Endpunkt des Bogens angeben oder [Winkel/ZEntrum/
Schließen/RIchtung/Halbbreite/LInie/RAdius/
zweiter Pkt/Zurück/Breite]: **P4 anklicken**
Endpunkt des Bogens angeben oder [Winkel/ZEntrum/
Schließen/RIchtung/Halbbreite/LInie/RAdius/
zweiter Pkt/Zurück/Breite]: **LI für Linie**
Nächsten Punkt angeben oder [Kreisbogen/Schließen/
Halbbreite/sehnenLänge/Zurück/Breite]: **P5 anklicken**
Nächsten Punkt angeben oder [Kreisbogen/Schließen/
Halbbreite/sehnenLänge/Zurück/Breite]: ⏎ **zum Beenden**

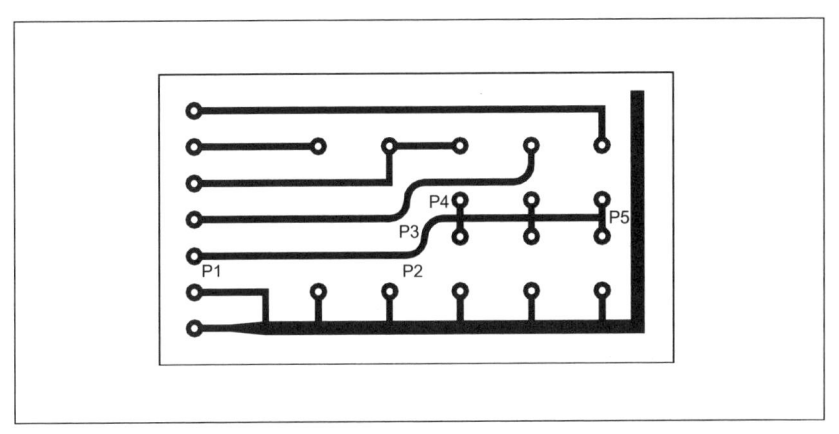

Abb. 9.3: Polylinien mit Bogensegmenten

✗ Das Ergebnis sollte wie in Abbildung 9.3 aussehen. Die Lösung finden Sie auch im Ordner \AUFGABEN, die Datei L-09-01.dwg.

9.2 Bearbeiten von Polylinien

Änderungsbefehle (siehe Stunde 11) können auch auf Polylinien angewendet werden. Manche Änderungsbefehle haben spezielle Optionen für Polylinien, z.B. die Befehle FASE und ABRUNDEN (siehe Stunde 12). Der Befehl VERSETZ (siehe Stunde 3) versetzt die komplette Polylinie. Neben diesen Änderungsmöglichkeiten haben Sie aber auch einen Befehl, der nur für das Bearbeiten von Polylinien da ist.

9 Polylinien, Doppellinien und Multilinien

Aktion: Befehl PEDIT

Mit dem Befehl PEDIT werden Polylinien bearbeitet. Wählen Sie den Befehl:

✗ Abrollmenü ÄNDERN, Untermenü OBJEKT >, Funktion POLYLINIE

✗ Symbol im Werkzeugkasten ÄNDERN II

Befehl: **Pedit**
Polylinie wählen oder [mehrere Objekte]:

Wählen Sie eine Polylinie (eine breite Polylinie am Rand wählen), eine Linie oder einen Bogen. Haben Sie keine Polylinie, kommt die Anfrage:

Das gewählte Objekt ist keine Polylinie
Soll es in eine Polylinie verwandelt werden? <J>

Geben Sie Ja ein, wird das Objekt in eine 2D-Polylinie mit einem einzelnen Segment umgewandelt. Danach oder wenn Sie anfangs schon eine Polylinie gewählt haben, kommt der Dialog:

Option eingeben [Schließen/Verbinden/BReite/BEarbeiten/kurve Angleichen/Kurvenlinie/kurve LÖschen/LInientyp/Zurück]:

Diese Optionsliste wird nach jeder Aktion wieder angezeigt, bis Sie den Befehl mit ⏎ beenden.

Aktion: Polylinie insgesamt bearbeiten

Sie können jetzt die gesamte Polylinie oder Scheitelpunkte davon bearbeiten. Optionen, die die gesamte Polylinie betreffen, sind:

SCHLIEßEN bzw. ÖFFNEN: Schließen einer offenen Polylinie. Ist die Polylinie geschlossen, wird stattdessen die Option ÖFFNEN angezeigt und die Polylinie kann geöffnet werden.

VERBINDEN: Mit der Option VERBINDEN lassen sich Linien- und Bogensegmente an eine bestehende Polylinie anhängen. Voraussetzung ist, dass sich die Segmente an den Eckpunkten treffen, aber nicht überschneiden.

BREITE: Wahl einer neuen Breite für die ganze Polylinie.

KURVE ANGLEICHEN: Die Option ersetzt die Polylinie durch einen Kurvenzug aus Bogensegmenten. Alle Scheitelpunkte der Polylinie werden angefahren und die Bögen laufen tangential ineinander über.

KURVENLINIE: Diese Option erzeugt dagegen eine Kurve, die den Linienzug interpoliert. Die Kurve läuft durch den ersten und letzten Punkt, alle anderen werden gemittelt.

KURVE LÖSCHEN: Damit wird die Kurve entfernt und die ursprüngliche Polylinie wieder angezeigt.

Tipps:

✗ Wenn Sie auf der Tastatur SPLFRAME (AutoCAD-Systemvariable) eintippen und den Wert auf 1 setzen, wird bei der Kurvenlinie die ursprüngliche Polylinie mit angezeigt. Geben Sie den Befehl REGEN ein, wenn Sie das Ergebnis sehen wollen.

✗ Mit der Option MEHRERE OBJEKTE bei der Objektwahl lassen sich mehrere Polylinien wählen und gleichzeitig bearbeiten.

Aktion: Scheitelpunkte editieren

Wenn Sie die Option BEARBEITEN anwählen, können Sie einzelne Punkte der Polylinie editieren.

Bearbeitungsoption für Kontrollpunkt eingeben [Schließen/Verbinden/BReite/BEarbeiten/kurve Angleichen/Kurvenlinie/kurve LÖschen/LInientyp/Zurück]: **BE für Bearbeiten**

Bearbeitungsoption für Kontrollpunkt eingeben
[Nächster/Vorher/BRUch/Einfügen/Schieben/Regen/Linie/
Tangente/BREite/eXit] <N>:

Am Startpunkt der Polylinie wird jetzt ein Markierungskreuz angezeigt, das mit den Optionen VORHER und NÄCHSTER über die Polylinie bewegt werden kann. Weitere Optionen sind:

BRUCH: Mit dieser Option lassen sich Segmente aus einer Polylinie entfernen. Gehen Sie dazu wie folgt vor: Platzieren Sie das Markierungskreuz an der ersten Stelle, geben Sie dann die Option BRUCH ein. Platzieren Sie das Kreuz an der anderen Stelle und wählen Sie dann die Funktion LOS. Die Funktion wird ausgeführt.

EINFÜGEN: Die Option bewirkt, dass nach der Markierung ein neuer Scheitelpunkt eingefügt werden kann und die Polylinie durch diesen gezeichnet wird.

SCHIEBEN: Verschieben des Scheitelpunkts, an dem die Markierung gerade steht.

REGEN: Zeichnet die geänderte Polylinie neu, ohne den Befehl zu beenden.

LINIE: Mit der Option LINIE lassen sich mehrere Segmente entfernen und Start- und Endpunkt durch eine gerade Linie verbinden. Gehen Sie wie bei der Option BRUCH vor.

TANGENTE: Setzt die Tangentenrichtung am markierten Punkt. Kurven, die mit der Option KURVE ANGLEICHEN erzeugt werden, laufen in dieser Richtung durch den Scheitelpunkt.

BREITE: Start- und Endbreite für das nächste Segment setzen.

EXIT: Beendet die Bearbeitung von Scheitelpunkten.

9 Polylinien, Doppellinien und Multilinien

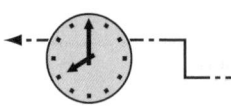

Training: Bearbeiten von Polylinien

✗ *Bearbeiten Sie Ihre Zeichnung (siehe Abbildung 9.3) mit der Leiterplatte weiter oder öffnen Sie die Zeichnung A-09-02.dwg aus dem Ordner \AUFGABEN.*

✗ *Ändern Sie die Breite der unteren waagrechten Polylinie auf konstant 2 (siehe Abbildung 9.4, a).*

✗ *Ersetzen Sie das rechtwinklige Poliniensegment (siehe Abbildung 9.4, b) durch eine Kurvenlinie.*

✗ *Verbinden Sie die Punkte P1 und P2 durch ein Liniensegment (siehe Abbildung 9.4, c).*

Befehl: **Pedit**
Polylinie wählen oder [mehrere Objekte]: **Polylinie anklicken**
Option eingeben [Schließen/Verbinden/BReite/BEarbeiten/kurve Angleichen/Kurvenlinie/kurve LÖschen/LInientyp/Zurück]: **BE für Bearbeiten**
Bearbeitungsoption für Kontrollpunkt eingeben
[Nächster/Vorher/BRUch/Einfügen/Schieben/Regen/Linie/
Tangente/BREite/eXit] <N>: **Mit den Optionen Nächster bzw. Vorher das Markierungskreuz an Punkt P1 schieben und dann die Option L für Linie eingeben**
Option eingeben [Nächster/Vorher/Los/eXit] <N>: **Mit den Optionen Nächster bzw. Vorher das Markierungskreuz an Punkt P2 schieben und dann die Option L für Los eingeben, die Funktion wird ausgeführt**

✗ *Brechen Sie das letzte Segment der breiteren Polylinie am Punkt P3 heraus (siehe Abbildung 9.4, d).*

Befehl: **Pedit**
Polylinie wählen oder [mehrere Objekte]: **Polylinie anklicken**
Option eingeben [Schließen/Verbinden/BReite/BEarbeiten/kurve Angleichen/Kurvenlinie/kurve LÖschen/LInientyp/Zurück]: **BE für Bearbeiten**
Bearbeitungsoption für Kontrollpunkt eingeben
[Nächster/Vorher/BRUch/Einfügen/Schieben/Regen/Linie/
Tangente/BREite/eXit] <N>: **Mit den Optionen Nächster bzw. Vorher das Markierungskreuz an Punkt P3 schieben und dann die Option BRU für Bruch eingeben**
Option eingeben [Nächster/Vorher/Los/eXit] <N>: **Mit den Optionen Nächster bzw. Vorher das Markierungskreuz ans Ende der Polylinie schieben und dann die Option L für Los eingeben, das Segment wird herausgetrennt**

Auflösen von Polylinien

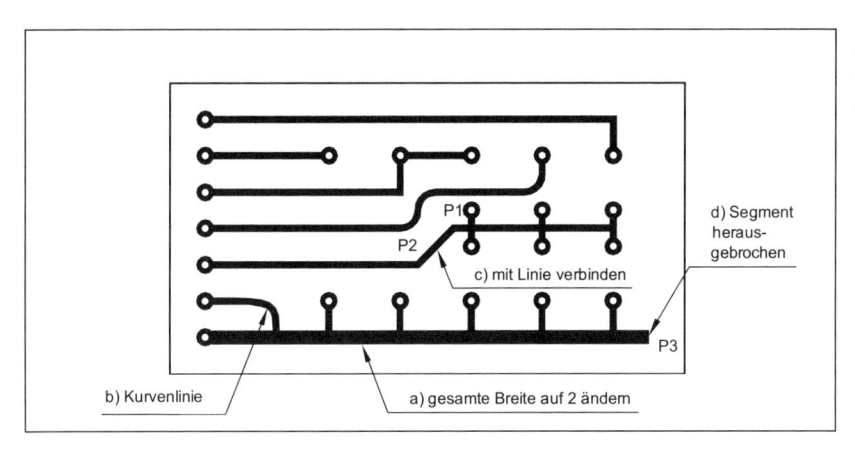

Abb. 9.4: Polylinie bearbeitet

✘ Das Ergebnis sollte wie in Abbildung 9.4 aussehen. Die Lösung finden Sie auch im Ordner \AUFGABEN, die Datei L-09-02.dwg.

9.3 Auflösen von Polylinien

So praktisch Polylinien sind, manchmal wäre es besser, Sie hätten wieder Linien oder Bögen. In diesem Fall zerlegen Sie die Polylinien wieder.

Aktion: Befehl URSPRUNG

Dafür verwenden Sie den Befehl URSPRUNG. Sie finden ihn:

✘ Abrollmenü ÄNDERN, Funktion URSPRUNG

✘ Symbol im Werkzeugkasten ÄNDERN

Wählen Sie eine oder mehrere Polylinien und sie werden ohne weitere Rückfrage zerlegt.

Tipps:

✘ Breiten gehen beim Zerlegen verloren.

✘ Den Befehl URSPRUNG können Sie auch zum Zerlegen von Schraffuren, Bemaßungen und Blöcken verwenden.

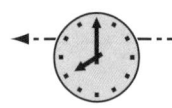

9.4 Zeichnen von Doppellinien

Parallele Linien können Sie in AutoCAD LT 2002 auch als Doppellinien zeichnen. Der Unterschied zur Polylinie:

✘ Sie bestehen aus einzelnen Linien- und Bogensegmenten, die getrennt bearbeitet werden können. Z.B. lassen sich so Wandanschlüsse in Grundrissen zeichnen.

✘ Sie können zwar nicht gefüllt gezeichnet werden, lassen sich aber schraffieren (siehe nächste Stunde).

Aktion: Befehl DLINIE

Doppellinien zeichnen Sie mit dem Befehl DLINIE. Wählen Sie den Befehl:

✘ Abrollmenü ZEICHNEN, Funktion DOPPELLINIE

✘ Symbol im Werkzeugkasten ZEICHNEN

Befehl: **Dlinie**
BRUch/ABschluss/AChslinie/Versetz/Fang/Zurück/BREite/
<Startpunkt>:

Bevor Sie zeichnen, sollten Sie die Parameter einstellen. Außer bei der Option BREITE und eventuell noch bei der Option ACHSLINIE können Sie normalerweise immer die Standardwerte eingestellt lassen.

BRUch: Mit der Option wählen Sie, ob die Doppellinie an eine andere Linie oder Doppellinie anschließen und diese aufbrechen soll.

ABschluss: Doppellinien werden normalerweise an Start und Ende geschlossen, wenn sie nicht an anderen Objekten anschließen (Einstellung Auto). Sie können aber auch einstellen, dass immer geschlossen oder immer offen gezeichnet wird.

ACHSLINIE: Zusätzlich können Sie wählen, welche Punkte Sie eingeben wollen, um den Doppellinienzug zu erstellen. Normalerweise werden die Mittelpunkte eingegeben und symmetrisch darum gezeichnet. Sie können aber auch die linke oder rechte Seite vorgeben. Links und rechts bezieht sich dabei immer auf die Zeichenrichtung. Außerdem können Sie auch den Versatz von der Mittellinie eingeben (negativ = Versatz nach links, positiv = Versatz nach rechts).

VERSETZ: Statt den Startpunkt direkt anzugeben, haben Sie auch die Möglichkeit, einen Bezugspunkt zu wählen und den Versatz von diesem zu bestimmen.

Fang: Zusätzlich können Sie einstellen, ob Linien oder Doppellinien zum Aufbrechen gefangen werden sollen oder ob die Linien exakt angeklickt werden müssen. Der Fangwert kann in Pixeln eingegeben werden.

BREite: Damit stellen Sie den Abstand der Liniensegmente der Doppellinie zueinander ein.

Punkte eingeben: Zeichnen Sie Doppellinien wie Linien durch Eingabe der Stützpunkte. Mit der Eingabe von ⏎ beenden Sie den Befehl und die Doppellinie wird gezeichnet.

Wenn Sie den ersten Punkt gesetzt haben, steht eine weitere Option zur Verfügung:

BOgen: Wenn Sie den ersten Punkt gesetzt haben, erweitert sich die Liste um die Option BOGEN, zur Umschaltung in den Bogenmodus.

BOgen/BRUch/ABschluss/Schließen/AChslinie/Fang/Zurück/BREite/<nächster Punkt>: **BO für Bogen**
BRUch/ABschluss/Mittelpunkt/Schließen/AChslinie/
Endpunkt/Linie/Fang/Zurück/BREite/<zweiter Punkt>:
Endpunkt:

Geben Sie den zweiten Punkt und danach den Endpunkt ein oder wählen Sie die Option MITTELPUNKT oder ENDPUNKT. Bestimmen Sie diesen und machen Sie danach eine dritte Angabe, um den Bogen zu zeichnen.

Linie: Mit dieser Option schalten Sie wieder in den Linienmodus.

Training: Zeichnen mit Doppellinien

✗ Öffnen Sie die Zeichnung A-09-03.dwg aus dem Ordner \AUFGABEN.

✗ Zeichnen Sie mit dem eingestellten Fang die obere Doppellinie mit der Breite 2 wie in Abbildung 9.5.

Befehl: **Dlinie**
BRUch/ABschluss/AChslinie/Versetz/Fang/Zurück/BREite/
<Startpunkt>: **BRE für Breite eingeben**
Neue Doppellinienbreite <1>: **2 eingeben**
BRUch/ABschluss/AChslinie/Versetz/Fang/Zurück/BREite/
<Startpunkt>: **P1 anklicken**
BOgen/BRUch/ABschluss/Schließen/AChslinie/Fang/Zurück/
BREite/<nächster Punkt>: **P2 anklicken**
… usw.

✗ Zeichnen Sie auf dieselbe Art die Doppellinie von P5 über P6 nach P7.

✗ Zeichnen Sie die Doppellinie mit dem Bogen links unten.

9 Polylinien, Doppellinien und Multilinien

Befehl: **Dlinie**
BRUch/ABschluss/AChslinie/Versetz/Fang/Zurück/BREite/
<Startpunkt>: **P8 anklicken**
BOgen/BRUch/ABschluss/Schließen/AChslinie/Fang/Zurück/
BREite/<nächster Punkt>: **P9 anklicken**
BOgen/BRUch/ABschluss/Schließen/AChslinie/Fang/Zurück/
BREite/<nächster Punkt>: **BO für Bogen**
BRUch/ABschluss/Mittelpunkt/Schließen/AChslinie/
Endpunkt/Linie/Fang/Zurück/BREite/<zweiter Punkt>: **M für Mittelpunkt**
Mittelpunkt: **P10 anklicken**
Winkel/<Endpunkt>: **W für Winkel**
Eingeschlossener Winkel: **90 eingeben** BRUch/ABschluss/Mittelpunkt/Schließen/
AChslinie/
Endpunkt/Linie/Fang/Zurück/BREite/<zweiter Punkt>: **L für Linie**
BOgen/BRUch/ABschluss/Schließen/AChslinie/Fang/Zurück/
BREite/<nächster Punkt>: **P11 anklicken**
BOgen/BRUch/ABschluss/Schließen/AChslinie/Fang/Zurück/
BREite/<nächster Punkt>: ⏎

Abb. 9.5:
Zeichnen von
Doppellinien

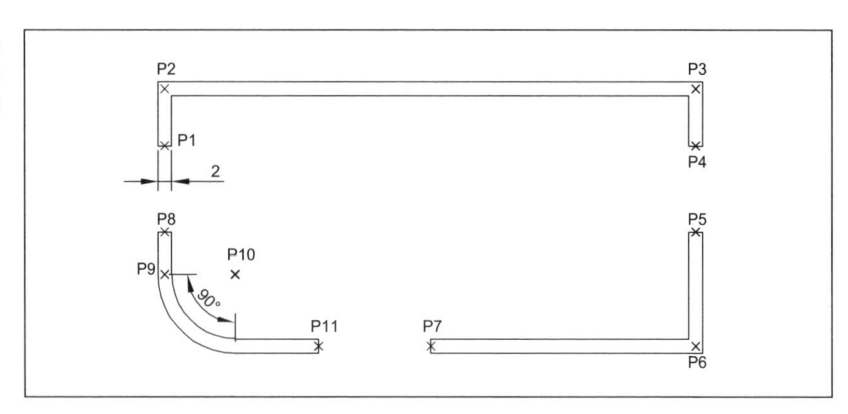

✗ Zeichnen Sie die obere senkrechte Doppellinie mit einem Versatz von P1 (siehe Abbildung 9.6).

Befehl: **Dlinie**
BRUch/ABschluss/AChslinie/Versetz/Fang/Zurück/BREite/
<Startpunkt>: **V für Versetz**
Versatz von: **P1 anklicken**
Versatz nach: **0 für 0°-Richtung eingeben**
Geben Sie den Abstand ein <34.269>: **45 für den Abstand eingeben**
BOgen/BRUch/ABschluss/Schließen/AChslinie/Fang/Zurück/
BREite/<nächster Punkt>: **P2 anklicken**
BOgen/BRUch/ABschluss/Schließen/AChslinie/Fang/Zurück/
BREite/<nächster Punkt>: ⏎

✗ Zeichnen Sie die untere senkrechte Doppellinie mit einem Versatz 10 bezogen auf P2 nach P3 (siehe Abbildung 9.6).

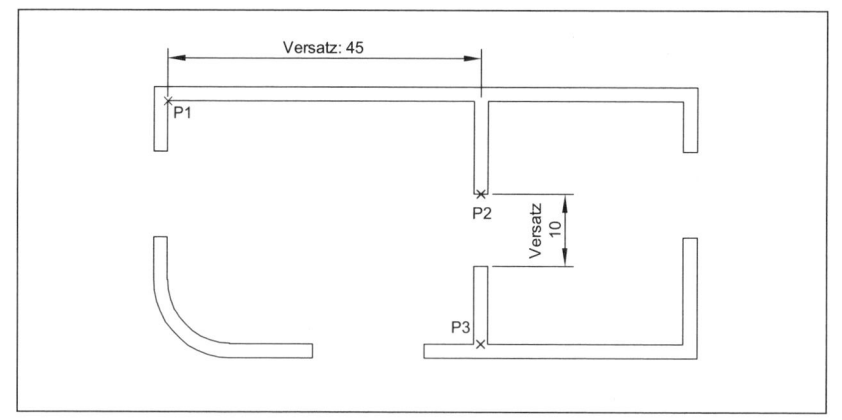

Abb. 9.6: Doppellinien mit Versatz gezeichnet

✗ Ihr Ergebnis sollte wie in Abbildung 9.6 aussehen. Eine Beispiellösung finden Sie auch im Ordner \AUFGABEN, die Zeichnung L-09-03.dwg.

9.5 Multilinien

In AutoCAD 2002 ist die Doppellinie ersetzt durch die Multilinie. Mit der Multilinie haben Sie zwar wesentlich mehr Möglichkeiten. Zum Zeichnen von Doppellinien, wie sie häufig in Grundrissen benötigt werden, ist die Multilinie jedoch umständlicher zu handhaben.

Aktion: Zeichnen mit Multilinien

✗ Mit dem Befehl MLSTIL lassen sich Multilinienstile erzeugen, Multilinienstile aus einer Datei laden und Multilinienstile aus der Zeichnung in einer Datei speichern. Er definiert das Aussehen der Multilinie, aus wie vielen parallelen Linien sie sich zusammensetzt und welchen Abstand, Farbe und Linientyp die einzelnen Linien haben. Zudem kann der Abschluss der Multilinie bestimmt werden (kein Abschluss, Abschluss mit Linien, Bogen oder beides) und ob sie gefüllt dargestellt werden sollen.

✗ Multilinien werden mit dem Befehl MLINIE gezeichnet. Leider ist es mit diesem Befehl nicht möglich Bogensegmente zu zeichnen.

✗ Multilinien lassen sich mit dem Befehl MLEDIT bearbeiten. Andere Editierbefehle können nicht verwendet werden.

✗ Multilinien lassen sich mit dem Befehl URSPRUNG zerlegen und ergeben damit Liniensegmente.

9 Polylinien, Doppellinien und Multilinien

Fragen zur neunten Stunde

1. Welches Objekt kann mit einer Breite gezeichnet werden?
2. Wann werden breite Polylinien ausgefüllt gezeichnet?
3. Welche beiden Modi gibt es bei Polylinien?
4. Mit welchem Befehl lassen sich Polylinien bearbeiten?
5. Welche Funktion verbindet die Stützpunkte einer Polylinie mit Bogensegmenten?
6. Mit welcher Funktion lassen sich einzelne Stützpunkte einer Polylinie bearbeiten?
7. Mit welchem Befehl lassen sich Polylinien in Linien und Bögen zerlegen?
8. Welche Information geht beim Zerlegen einer Polylinie verloren?
9. Sind Doppellinien zusammenhängende Objekte?
10. Welches Objekt ersetzt die Doppellinie in AutoCAD 2002?

STUNDE 10

Schraffuren erstellen und ändern

In technischen Zeichnungen müssen häufig Flächen schraffiert werden. In AutoCAD wird die Umgrenzung der Schraffurflächen automatisch ermittelt. Dadurch lassen sich Schraffuren sehr einfach und schnell ausführen. Sie lernen in dieser Stunde:

✘ wie Sie Schraffuren zeichnen können

✘ wie Sie Schraffuren nachträglich ändern

✘ wie Sie mit dem Schraffurbefehl gefüllte Flächen erstellen können

✘ was die Anzeigereihenfolge ist und wie Sie diese ändern können.

10.1   Schraffieren von Flächen

Bei der Schraffur wird die Umgrenzung automatisch ermittelt, Bedingung ist aber, dass die Kontur um die zu schraffierende Fläche geschlossen ist. Schraffuren werden in AutoCAD normalerweise assoziativ erstellt, das heißt: Wird die Kontur mit einem Editierbefehl geändert, ändert sich die Schraffur mit.

Aktion: Befehl GSCHRAFF verwenden

Schraffuren erzeugen Sie mit dem Befehl GSCHRAFF. Sie finden den Befehl:

✘ Abrollmenü ZEICHNEN, Funktion SCHRAFFUR...

✘ Symbol im Werkzeugkasten ZEICHNEN

10 Schraffuren erstellen und ändern

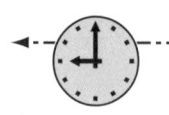

Nach Anwahl des Befehls kommt ein Dialogfeld auf den Bildschirm, aus dem Sie in zwei Registern alle Funktionen zur Erstellung der Schraffur wählen können (siehe Abbildung 10.1).

Abb. 10.1:
Dialogfeld für die Schraffur

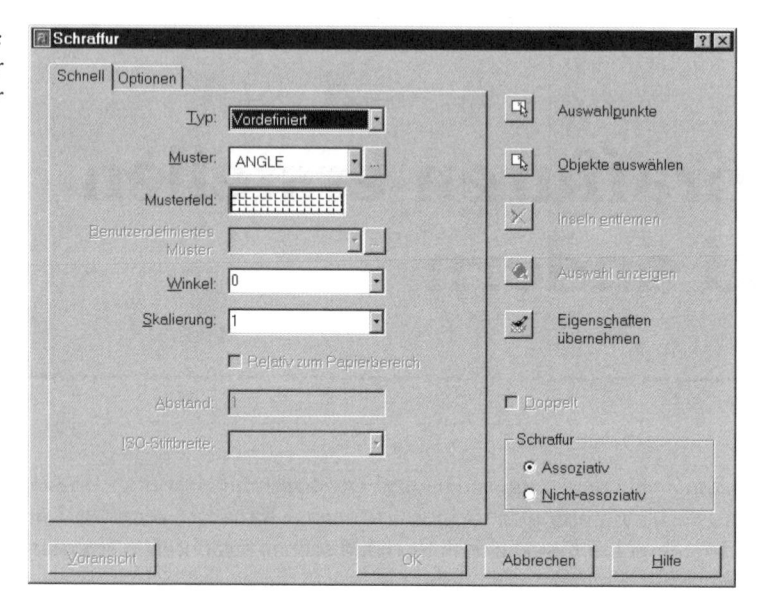

Zunächst haben Sie das Register SCHNELL aktiv. Dort wählen Sie die Parameter für die Schraffur. Gehen Sie in dieser Reihenfolge vor:

Aktion: Schraffurmuster wählen

Im obersten Abrollmenü wählen Sie zunächst den Mustertyp. Sie können entscheiden, ob Sie ein Muster aus der Bibliothek verwenden wollen (Einstellung VORDEFINIERT) oder ein einfaches bzw. gekreuztes Linienmuster selbst definieren wollen (Einstellung BENUTZERDEFINIERT). Die Einstellung BENUTZERSPEZ. können Sie nur dann verwenden, wenn Sie eigene Schraffurmuster in einer Datei definiert haben.

Im Abrollmenü darunter können Sie das Schraffurmuster auswählen, wenn Sie den Mustertyp VORDEFINIERT gewählt haben. In dem Feld darunter bekommen Sie eine Voransicht des Musters angezeigt. Klicken Sie dagegen auf das Symbol mit den Punkten rechts vom Abrollmenü, bekommen Sie ein weiteres Dialogfeld auf den Bildschirm (siehe Abbildung 10.2).

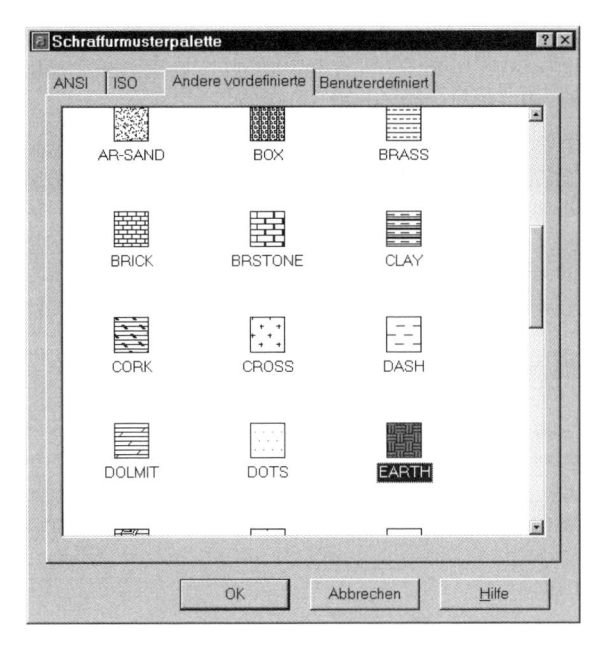

Abb. 10.2: Dialogfeld zur Auswahl des Schraffurmusters

Die verschiedenen Muster sind in vier Registern untergebracht. Das Register BENUTZERDEFINIERT enthält nur dann Einträge, wenn Sie eigene Schraffurmuster definiert haben.

Das Abrollmenü BENUTZERDEFINIERTES MUSTER im ersten Dialogfeld (Abbildung 10.1) ist nur dann aktiv, wenn Sie im ersten Abrollmenü für den Mustertyp BENUTZERSPEZ. (nicht BENUTZERDEFINIERT) gewählt haben.

Tipp:

✗ Es gibt ein spezielles Schraffurmuster, das gefüllte Flächen erzeugt, das Muster *SOLID*. Es kann wie die anderen Schraffurmuster auch verwendet werden. Als Ergebnis bekommen Sie aber gefüllte Flächen in der Farbe des aktuellen Layers.

Aktion: Muster-Eigenschaften festlegen

Haben Sie ein Muster gewählt, stellen Sie als Nächstes die Parameter dafür ein. Ist es aus der Bibliothek, benötigen Sie die Skalierung und den Winkel. Beachten Sie, dass beim Winkel 0° die Schraffur so erstellt wird, wie sie im Fenster angezeigt wird. Die Skalierung der Schraffur ist erforderlich, da diese in unterschiedlichen Einheiten definiert ist. Mit diesem Faktor können Sie sie an den Plotmaßstab bzw. die Größe des zu schraffierenden Bereichs anpassen.

10 Schraffuren erstellen und ändern

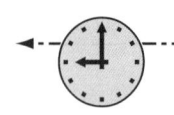

Schraffieren Sie mit dem Mustertyp BENUTZERDEFINIERT, stellen Sie den Winkel und den Abstand der Schraffurlinien ein. Haben Sie den Schalter DOPPELT ein, wird mit 90° gekreuzten Linien schraffiert.

Haben Sie schon einmal schraffiert und wollen die gleichen Einstellungen wieder verwenden, klicken Sie auf das Symbol EIGENSCHAFTEN ÜBERNEHMEN. Das Dialogfeld verschwindet und Sie können das gewünschte Schraffurmuster in der Zeichnung anklicken. Bestätigen Sie die Auswahl mit ⏎ und Sie kommen zum Dialogfeld zurück. Die Muster-Eigenschaften wurden aus der Schraffur übernommen und im Dialogfeld angezeigt.

Aktion: Umgrenzung bestimmen

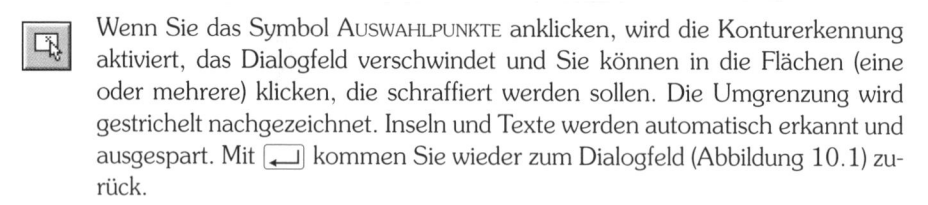

Wenn Sie das Symbol AUSWAHLPUNKTE anklicken, wird die Konturerkennung aktiviert, das Dialogfeld verschwindet und Sie können in die Flächen (eine oder mehrere) klicken, die schraffiert werden sollen. Die Umgrenzung wird gestrichelt nachgezeichnet. Inseln und Texte werden automatisch erkannt und ausgespart. Mit ⏎ kommen Sie wieder zum Dialogfeld (Abbildung 10.1) zurück.

Mit dem Symbol OBJEKTE AUSWÄHLEN kommen Sie ebenfalls zur Zeichnung. Hierbei ist die Konturerkennung nicht aktiv. Sie können aber Objekte wählen, die komplett schraffiert werden. Mit ⏎ kommen Sie wieder zum Dialogfeld (Abbildung 10.1) zurück.

Mit dem Symbol INSELN ENTFERNEN kommen Sie wieder zur Zeichnung. Haben Sie dort geschlossene Konturen innerhalb einer Schraffurfläche markiert (gestrichelt dargestellt), werden diese so genannten Inseln von der Schraffur ausgespart. Klicken Sie die Inseln an, wird die Markierung entfernt und die Inseln werden überschraffiert. Auch hier kommen Sie mit ⏎ wieder zum Dialogfeld zurück.

Um die Schraffurgrenzen noch einmal zu kontrollieren, können Sie das Symbol AUSWAHL ANZEIGEN verwenden. Die Schraffurgrenzen werden in der Zeichnung gestrichelt angezeigt und mit ⏎ kommen Sie wieder zum Dialogfeld zurück.

Aktion: Assoziativität der Schraffur

Der Schalter ASSOZIATIV bewirkt, dass die Schraffur assoziativ ausgeführt wird, das heißt, dass Änderungen an der Kontur die Schraffur mit verändern. Ist der Schalter NICHT-ASSOZIATIV ein, kann die Schraffur zwar nachher noch bearbeitet werden, Änderungen an der Kontur wirken sich aber nicht auf die Schraffur aus.

Aktion: Schraffur-Optionen

Im Register OPTIONEN können Sie spezielle Einstellungen für die Schraffur wählen (siehe Abbildung 10.3).

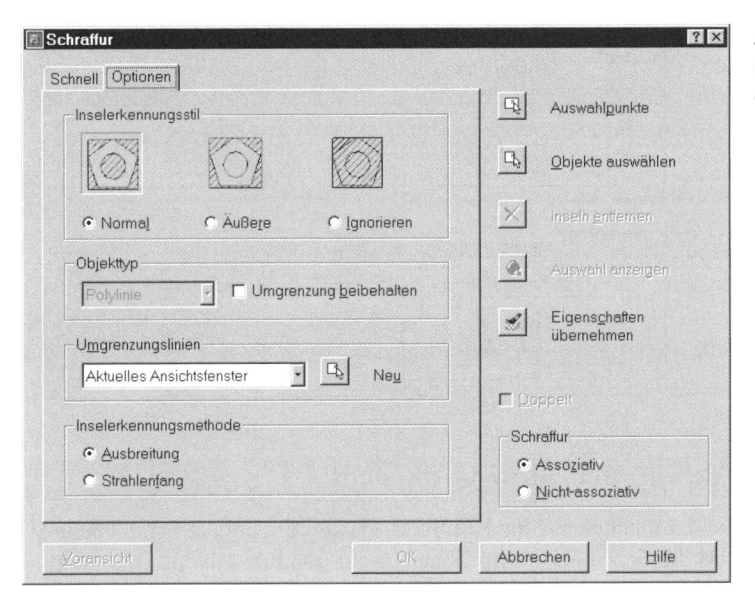

Abb. 10.3: Optionen für die Schraffur

Die wichtigste Einstellmöglichkeit in diesem Register ist der Inselerkennungsstil. Drei Einstellungen sind möglich:

NORMAL: Die gewählte Fläche wird schraffiert, enthaltene Inseln ausgenommen, Inseln in den Inseln wieder schraffiert usw. (siehe Abbildung 10.4, a).

ÄUßERE: Nur die gewählte Fläche wird schraffiert, alle enthaltenen Inseln werden ausgenommen (siehe Abbildung 10.4, b).

IGNORIEREN: Inseln werden ignoriert. Die gewählte Fläche und alle enthaltenen Inseln werden überschraffiert (siehe Abbildung 10.4, c).

10 Schraffuren erstellen und ändern

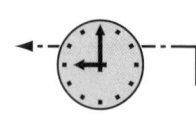

Abb. 10.4:
Auswirkung
des Umgren-
zungsstils

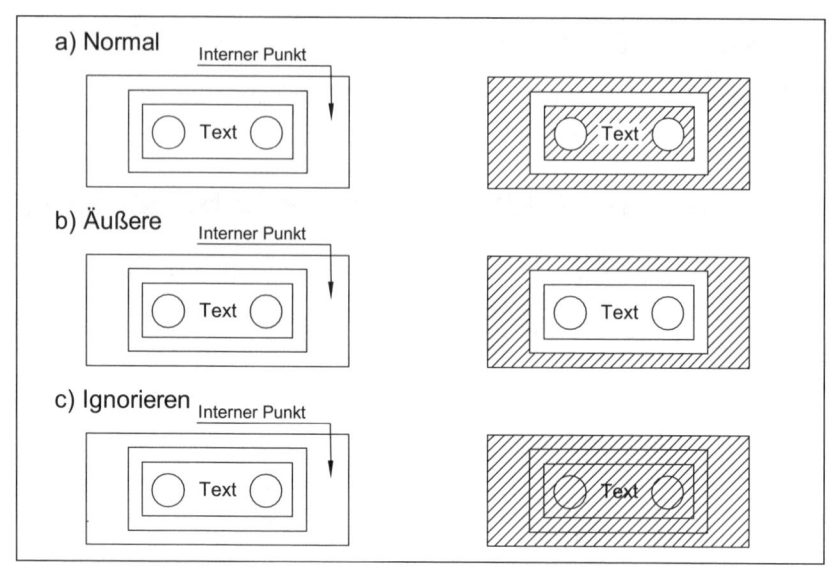

a) Normal Interner Punkt

b) Äußere Interner Punkt

c) Ignorieren Interner Punkt

Aktion: Schraffur-Voransicht

Zuletzt machen Sie die Kontrolle, klicken Sie auf die Schaltfläche VORANSICHT und die Schraffur wird probeweise ausgeführt. Mit ⏎ kommen Sie wieder zum Dialogfeld (Abbildung 10.1) zurück. Jetzt können Sie noch Änderungen vornehmen. Klicken Sie auf OK und die Schraffur wird ausgeführt.

Tipp:

✘ Immer dann, wenn das Dialogfeld verschwindet und Auswahlfunktionen in der Zeichnung gemacht werden können, werden diese mit ⏎ beendet und das Dialogfeld kommt zurück. Mit der rechten Maustaste können Sie aber auch an dieser Stelle ein Pop-up-Menü auf den Bildschirm holen, aus dem ebenfalls die Funktionen der Schraffur gewählt werden.

Training: Schraffieren mit verschiedenen Stilen

✘ Öffnen Sie die Zeichnung A-10-01.dwg aus dem Ordner \AUFGA-BEN.

✘ Schraffieren Sie mit dem benutzerdefinierten Muster (Abstand 1, Winkel 45°). Verwenden Sie die verschiedenen Stile wie in Abbildung 10.4.

Schraffieren von Flächen

✗ Das Ergebnis sollte wie in Abbildung 10.4, rechte Spalte aussehen. Die Lösung haben Sie im Ordner \AUFGABEN, die Zeichnung L-10-01.dwg.

Training: Schraffieren mit verschiedenen Mustern

✗ Öffnen Sie die Zeichnung A-10-02.dwg aus dem Ordner \AUFGABEN, Ihre Klingelknöpfe aus der dritten Stunde (siehe Abbildung 10.6).

✗ Schraffieren Sie die Flächen mit verschiedenen Mustern und Stilen (siehe Abbildung 10.5 und 10.6):

Fläche 1: Muster HOUND, Stil: Äußere
Fläche 2: Muster ANSI38, Stil: Äußere
Fläche 3: Muster DOTS, Stil: Ignorieren
Fläche 4: Muster ANSI37, Stil: Äußere
Fläche 5: Muster SOLID, Stil: beliebig

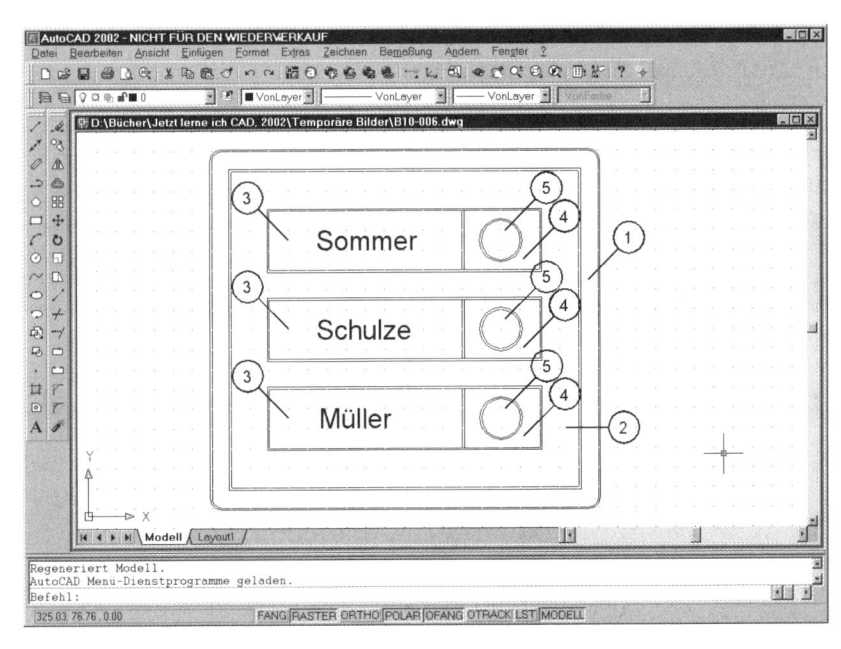

Abb. 10.5: Punktwahl für die verschiedenen Schraffurflächen

10 Schraffuren erstellen und ändern

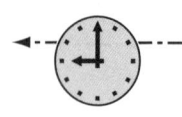

✗ Das Ergebnis sollte wie in Abbildung 10.6 aussehen. Die Lösung finden Sie auch im Ordner \AUFGABEN, die Zeichnung L-10-02.dwg.

Abb. 10.6:
Die fertigen
Schraffuren

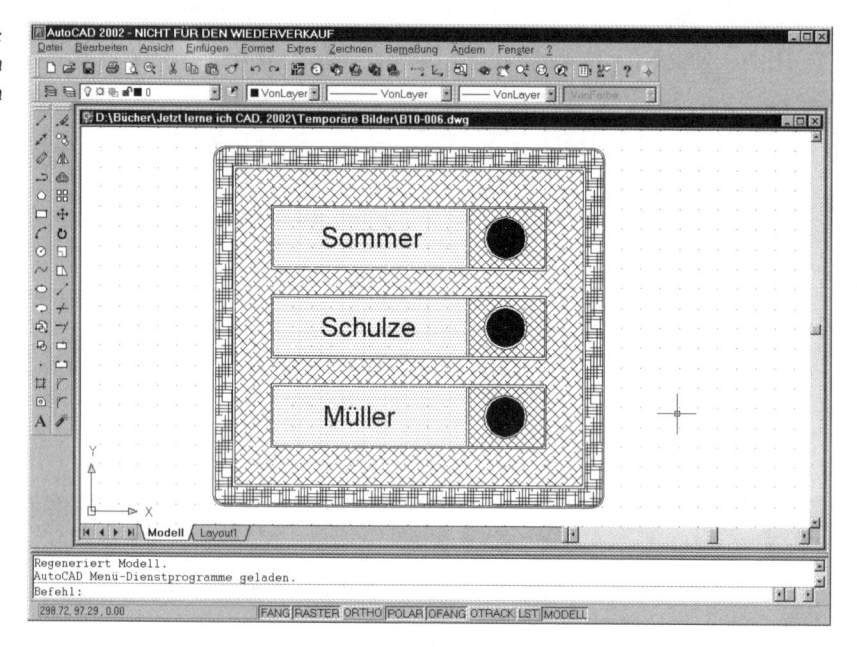

10.2 Auflösen von Schraffuren

Wie Polylinien lassen sich auch Schraffuren mit dem Befehl URSPRUNG in einzelne Liniensegmente zerlegen.

Tipps:

✗ Meist ist es besser, Schraffuren zu löschen und neu zu schraffieren, als sie zu zerlegen. Sie haben sonst nämlich lauter einzelne Linien, die Sie nur sehr schwer wieder aus der Zeichnung herausbekommen.

✗ Außerdem haben Sie einen Befehl, mit dem Sie Schraffuren bearbeiten können (siehe unten). Sind die Schraffuren assoziativ erstellt worden, ändern sie sich, wenn Sie die Kontur ändern.

10.3 Bearbeiten von Schraffuren

Schraffuren lassen sich mit dem gleichen Dialogfeld bearbeiten, mit dem sie erstellt wurden.

Aktion: Befehl SCHRAFFEDIT

Ist die Schraffur trotz Schraffur-Voransicht danebengegangen oder soll sie nachträglich geändert werden, steht Ihnen der Befehl SCHRAFFEDIT zur Verfügung. Wählen Sie den Befehl:

✘ Abrollmenü ÄNDERN, Untermenü OBJEKT >, Funktion SCHRAFFUR...

✘ Symbol im Werkzeugkasten ÄNDERN II

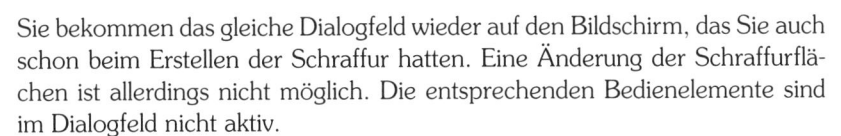

Sie bekommen das gleiche Dialogfeld wieder auf den Bildschirm, das Sie auch schon beim Erstellen der Schraffur hatten. Eine Änderung der Schraffurflächen ist allerdings nicht möglich. Die entsprechenden Bedienelemente sind im Dialogfeld nicht aktiv.

Tipp:

✘ Wenn Sie eine Schraffur doppelt anklicken, wird der Befehl SCHRAFFEDIT automatisch gestartet.

Training: Änderung der Schraffur

✘ Ändern Sie die Schraffuren in Ihrer Zeichnung. Verwenden Sie andere Muster, andere Skalierfaktoren und andere Umgrenzungsstile:

Fläche 2: Skalierfaktor von 1 in 2 geändert
Fläche 3: Stil von Ignorieren in Äußere geändert
Fläche 4: Muster von ANSI37 in ANGLE geändert

✘ Auch dazu eine Lösung im Ordner \AUFGABEN, die Zeichnung L-10-03.dwg.

10 Schraffuren erstellen und ändern

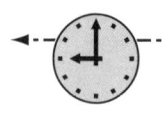

Fragen zur zehnten Stunde

1. Mit welcher Einstellung bekommen Sie ein Muster aus der Schraffurmusterbibliothek?
2. Welche Muster-Eigenschaften müssen Sie für ein Muster aus der Bibliothek einstellen?
3. Welche Muster-Eigenschaften müssen Sie für ein benutzerdefiniertes Muster einstellen?
4. Welcher Stil schraffiert über eingeschlossene Inseln hinweg?
5. Was muss eingestellt werden, damit sich die Schraffur Konturänderungen anpasst?
6. Mit welcher Schaltfläche können Sie die Muster-Eigenschaften von einer bestehenden Schraffur übernehmen?
7. Was können Sie mit dem Befehl SCHRAFFEDIT nicht ändern?
8. Mit welchem Befehl kann eine Schraffurfläche in einzelne Linien zerlegt werden?
9. Welches Schraffurmuster erzeugt eine gefüllte Fläche?
10. Wie können Sie den Befehl SCHRAFFEDIT am schnellsten wählen?

STUNDE 11

Änderungsbefehle 1

Nachdem Sie in der dritten Stunde schon die wichtigsten Änderungsbefehle wie VERSETZEN, LÖSCHEN, KOPIEREN, und SCHIEBEN kennen gelernt haben, geht es in dieser Stunde weiter. Sie lernen:

✗ welche Möglichkeiten der Objektwahl Sie noch haben

✗ wie Objekte gedreht werden

✗ wie Spiegelbilder erzeugt werden

✗ wie Verkleinerungen und Vergrößerungen entstehen

✗ welche regelmäßigen Anordnungen erzeugt werden können und

✗ wie Objekte in AutoCAD 2000 ausgerichtet werden.

11.1 Zuerst wählen

Die meisten Änderungsbefehle fragen zuerst nach den Objekten, die bearbeitet werden sollen:

Objekte wählen:

Sie können Objekte einzeln mit der Pickbox auswählen oder mit der Pickbox ins Leere klicken. Ziehen Sie das Fenster von links nach rechts auf, werden die Objekte gewählt, die ganz im Fenster sind. Wenn Sie es dagegen von rechts nach links aufziehen, werden alle Objekte gewählt, die ganz oder auch nur teilweise im Fenster sind. Aber das ist Ihnen ja schon aus der dritten Stunde bekannt.

11 Änderungsbefehle 1

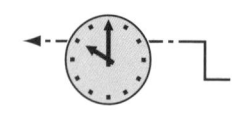

Aktion: Optionen bei der Objektwahl

Außer diesen Basisfunktionen stehen weitere Optionen zur Auswahl, die Sie mit Ihrem Kürzel anwählen können, obwohl keine Optionsliste angezeigt wird, wie das bei den sonstigen Befehlen der Fall ist:

FENSTER: Objekte, die sich ganz im Fenster befinden, werden gewählt, egal in welcher Richtung das Fenster aufgezogen wird.

KREUZEN: Objekte, die sich ganz oder auch nur teilweise im Fenster befinden, werden gewählt. Auch hierbei ist es egal, in welcher Richtung das Fenster aufgezogen wird.

LETZTES: Wählt das zuletzt gezeichnete Objekt.

VORHER: Wählt den gleichen Satz von Objekten wie beim letzten Änderungsbefehl an. Die Option ist dann sinnvoll, wenn mehrere Befehle auf einen Satz von Objekten angewendet werden sollen.

ALLE: Wählt alle Objekte in der Zeichnung, auch die auf ausgeschalteten Layern. Nicht gewählt werden die Objekte auf gefrorenen Layern. Da diese Option nur mit Vorsicht zu verwenden ist, muss sie komplett eingetippt werden, ein Kürzel genügt nicht.

ZAUN: Wählt alle Objekte, die von einem Linienzug, dem so genannten Zaun geschnitten werden (siehe Abbildung 11.1).

Abb. 11.1: Objektwahl mit dem Zaun

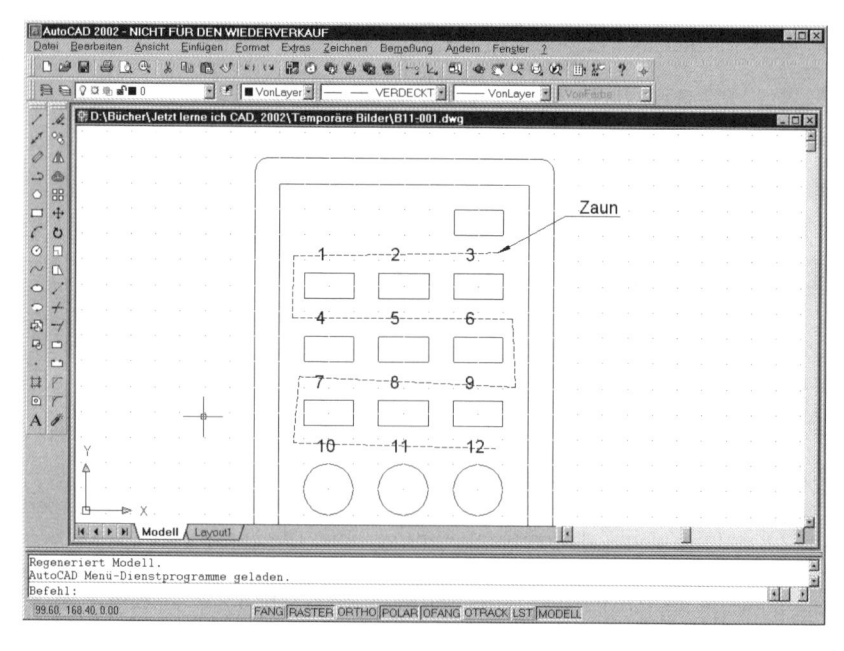

Der Zaun wird wie mit dem Befehl LINIE gezeichnet. Die Eingabe des Linienzugs kann mit ⏎ beendet werden. Mit der Option ZURÜCK werden Segmente entfernt.

Objekte wählen: **Z für Zaun**
Erster Zaunpunkt: **Zaunpunkt eingeben**
Endpunkt der Linie angeben oder [Zurück]: **weiterer Zaunpunkt oder Z um einen Punkt zurücknehmen**
Endpunkt der Linie angeben oder [Zurück]: **weiterer Zaunpunkt oder Z um einen Punkt zurücknehmen**
..
Endpunkt der Linie angeben oder [Zurück]: ⏎
Objekte wählen:

FPOLYGON bzw. KPOLYGON: Wählt alle Objekte, die in einem Polygon liegen (Option FPOLYGON) bzw. alle, die von einem Polygon geschnitten werden (Option KPOLYGON), siehe Abbildung 11.2.

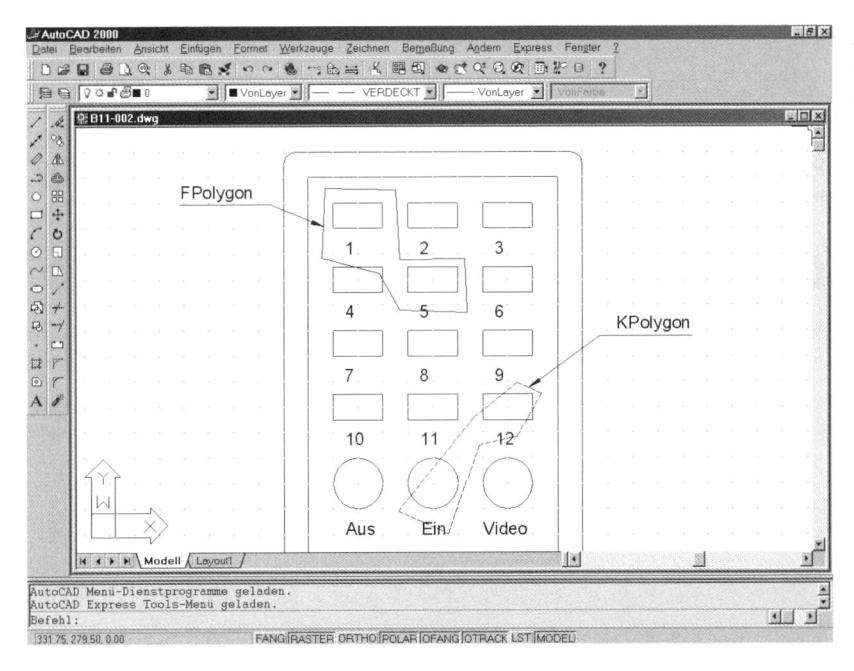

Abb. 11.2: Objektwahl mit Polygonen

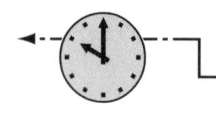

11 Änderungsbefehle 1

Objekte wählen: **FP für FPolygon oder KP für KPolygon**
Erster Punkt des Polygons: **Ersten Eckpunkt wählen**
Endpunkt der Linie angeben oder [Zurück]: **weiteren Eckpunkt oder Z um einen Punkt zurücknehmen**
Endpunkt der Linie angeben oder [Zurück]: **weiteren Eckpunkt oder Z um einen Punkt zurücknehmen**

..
..

Endpunkt der Linie angeben oder [Zurück]: ⏎
Objekte wählen:

ENTFERNEN: Sollen Objekte wieder aus der Auswahl entfernt werden, haben Sie die Möglichkeit, diese bei gehaltener ⇧-Taste anzuklicken. Sind aber viele zu entfernen, ist es sinnvoller, mit der Option ENTFERNEN in den Modus zum Entfernen von Objekten aus der Auswahl umzuschalten.

Objekte wählen: **E für Entfernen**
Objekte entfernen:

In diesem Modus stehen Ihnen alle oben beschriebenen Auswahlmethoden ebenfalls zur Verfügung.

HINZU: Schaltet wieder in den Modus zur Auswahl von Objekten zurück.

Objekte entfernen: **H für Hinzu**
Objekte wählen:

Zum endgültigen Abschluss der Objektwahl geben Sie ⏎ auf eine Anfrage ein. Je nach gewähltem Befehl werden weitere Anfragen gestellt.

Training: Objektwahl

- Öffnen Sie die Zeichnung A-11-01.dwg aus dem Ordner \AUFGABEN.

- Experimentieren Sie mit den verschiedenen Auswahlmethoden. Machen Sie Änderungen mit dem Befehl Z wieder rückgängig.

11.2 Drehen mit Winkel oder Bezug

Selbstverständlich haben Sie auch einen Befehl zum Drehen von Objekten. Sie können dabei Drehpunkt und Winkel wählen.

Aktion: Befehl DREHEN

Der Befehl heißt DREHEN und Sie finden ihn:

✘ Abrollmenü ÄNDERN, Funktion DREHEN

✘ Symbol im Werkzeugkasten ÄNDERN

Befehl: **Drehen**
Aktueller positiver Winkel in BKS: ANGDIR=gegen den Uhrzeigersinn ANGBASE=0
Objekte wählen:
Basispunkt angeben:
Drehwinkel angeben oder [Bezug]:

Wählen Sie die Objekte, bestimmen Sie den Basispunkt, damit ist der Drehpunkt gemeint, und geben Sie einen Winkel ein. Den Winkel können Sie als Zahlenwert eingeben oder dynamisch festlegen, indem Sie einen Punkt in der Zeichnung anklicken.

BEZUG: Mit dieser Option werden zwei Winkel abgefragt: Geben Sie für den Bezugswinkel einen Zahlenwert ein oder fangen Sie zwei Punkte in der Zeichnung mit dem Objektfang, danach den neuen Winkel als Zahlenwert. Der Bezugswinkel wird auf den neuen Winkelwert gebracht (siehe Abbildung 11.3).

Training: Drehen mit Winkelangabe und Bezug

✘ Öffnen Sie die Zeichnung A-11-02.dwg aus dem Ordner \AUFGABEN, die Fernbedienung aus der dritten Stunde.

✘ Drehen Sie die obere Fernbedienung um 15° (siehe Abbildung 11.3, a).

✘ Drehen Sie die untere Fernbedienung mit der Option BEZUG auf eine Ausrichtung von 0° (siehe Abbildung 11.3, b).

Drehwinkel angeben oder [Bezug]: **B für Bezug**
Bezugswinkel angeben <0>: **P1 anklicken**
Zweiten Punkt angeben: **P2 anklicken**
Neuen Winkel angeben: **0**

✘ Ihre Ergebnisse sollten wie in Abbildung 11.3 rechts aussehen. Falls nicht, haben Sie eine Musterlösung im Ordner \AUFGABEN, die Datei L-11-02.dwg.

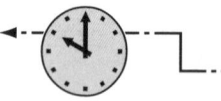

11 Änderungsbefehle 1

Abb. 11.3:
Drehen mit
Winkelangabe
oder Bezug

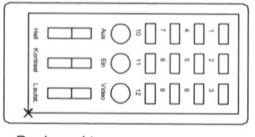

a) Drehen mit Winkelangabe

Basispunkt

b) Drehen mit Bezug

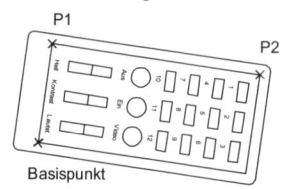

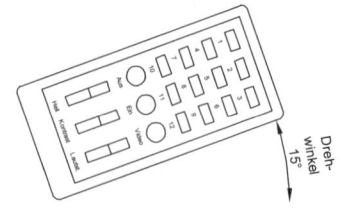

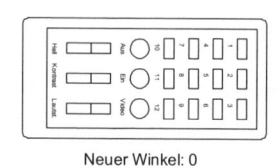

P1　　　　　P2

Basispunkt　　　　　　　　　　　Neuer Winkel: 0

11.3 Spiegelbilder erzeugen

Mit einem weiteren Befehl können Sie Objekte der Zeichnung um eine Achse spiegeln. Die Spiegelachse muss nicht als Objekt in der Zeichnung vorhanden sein, zwei Punkte, frei platziert oder mit dem Objektfang ermittelt, reichen aus.

Aktion: Befehl SPIEGELN

Spiegelbilder erstellen Sie mit dem Befehl SPIEGELN. Sie finden ihn:

✗ Abrollmenü ÄNDERN, Funktion SPIEGELN

✗ Symbol im Werkzeugkasten ÄNDERN

Befehl: **Spiegeln**
Objekte wählen:
Ersten Punkt der Spiegelachse angeben:
Zweiten Punkt der Spiegelachse angeben:
Quellobjekte löschen? [Ja/Nein] <N>:

Wählen Sie die Spiegelachse mit zwei Punkten und ob Sie Original und Spiegelbild haben oder das Original löschen wollen.

Tipp:

✘ Die Systemvariable MIRRTEXT legt fest, ob Texte mit gespiegelt werden sollen oder nicht. Ist sie 1, werden Texte gespiegelt (Standardeinstellung), bei 0 werden sie nicht gespiegelt. Tippen Sie die Variable bei der Befehlsanfrage ein, um ihre Einstellung zu prüfen.

Training: Spiegeln an verschiedenen Achsen

✘ Öffnen Sie die Zeichnung A-11-03.dwg aus dem Ordner \AUFGABEN.

✘ Setzen Sie die Variable MIRRTEXT auf 0.

✘ Spiegeln Sie die Fernbedienung oben links mehrmals, und zwar an den Achsen P1-P2, P3-P4 und P5-P6 (siehe Abbildung 11.4). Löschen Sie die alten Objekte nicht.

✘ Die Spiegelbilder sollten wie in Abbildung 11.4 aussehen. Sie haben die Musterlösung im Ordner \AUFGABEN, die Datei L-11-03.dwg.

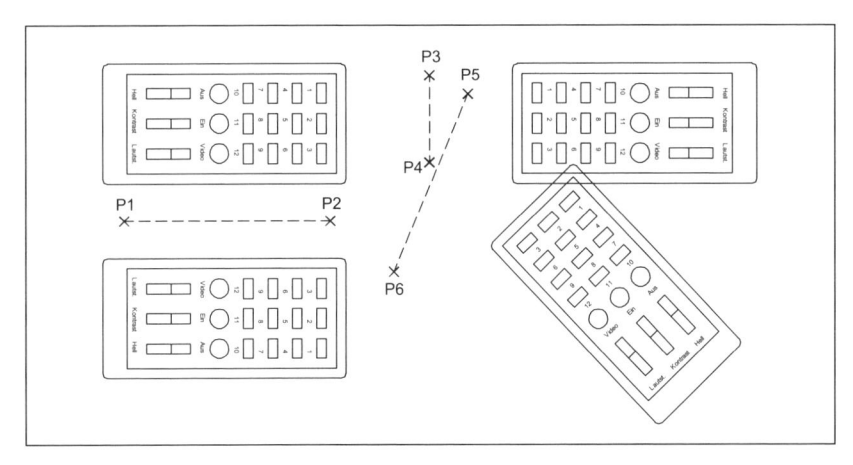

Abb. 11.4:
Spiegeln an verschiedenen Achsen

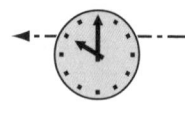

11.4 Vergrößern und Verkleinern

Wollen Sie Objekte in der Zeichnung vergrößern oder verkleinern? Auch dafür hat AutoCAD einen Befehl.

Aktion: Befehl VARIA

Mit dem Befehl VARIA können Sie vergrößern bzw. verkleinern, also skalieren. Wählen Sie ihn:

✘ Abrollmenü ÄNDERN, Funktion VARIA

✘ Symbol im Werkzeugkasten ÄNDERN

Befehl: **Varia**
Objekte wählen:
Basispunkt angeben:
Skalierfaktor angeben oder [Bezug]:

Wählen Sie die Objekte und den Basispunkt, das ist der Bezugspunkt, um den vergrößert wird. Danach können Sie einen Skalierfaktor eingeben. Faktoren größer 1 vergrößern, Faktoren kleiner 1 verkleinern. Bei der Abfrage des Skalierfaktors wird das Ergebnis dynamisch angezeigt. Dabei wird die Distanz vom Basispunkt zum Fadenkreuz als Skalierfaktor genommen. Bewegen Sie das Fadenkreuz nur ein kleines Stück, wird die Vergrößerung gleich riesig. Klicken Sie dann einen Punkt in der Zeichenfläche an, vergrößern Sie die Objekte um den momentanen Faktor.

BEZUG: Mit der Option sparen Sie sich Rechenarbeit. Aus einer Bezugslänge und der neuen Länge wird der Skalierfaktor ermittelt. Die Bezugslänge können Sie an zwei Punkten in der Zeichnung abgreifen.

Training: Verkleinern und Vergrößern

✘ *Öffnen Sie die Zeichnung A-11-04.dwg aus dem Ordner \AUFGABEN, noch einmal die Fernbedienung.*

✘ *Verkleinern Sie die obere Fernbedienung um den Faktor 0.8 (siehe Abbildung 11.5, a).*

✘ *Vergrößern Sie die untere Fernbedienung mit der Option BEZUG so, dass die Bezugslänge 38 wird (siehe Abbildung 11.5, b).*

Skalierfaktor angeben oder [Bezug]: **B für Bezug**
Bezugslänge angeben <1>: **P1 anklicken**
Zweiten Punkt angeben: **P2 anklicken**
Neue Länge angeben: **38**

✗ Ihre Ergebnisse sollten wie in Abbildung 11.5, rechte Spalte aussehen. Die Musterlösung ist im Ordner \AUFGABEN, die Datei L-11-04.dwg.

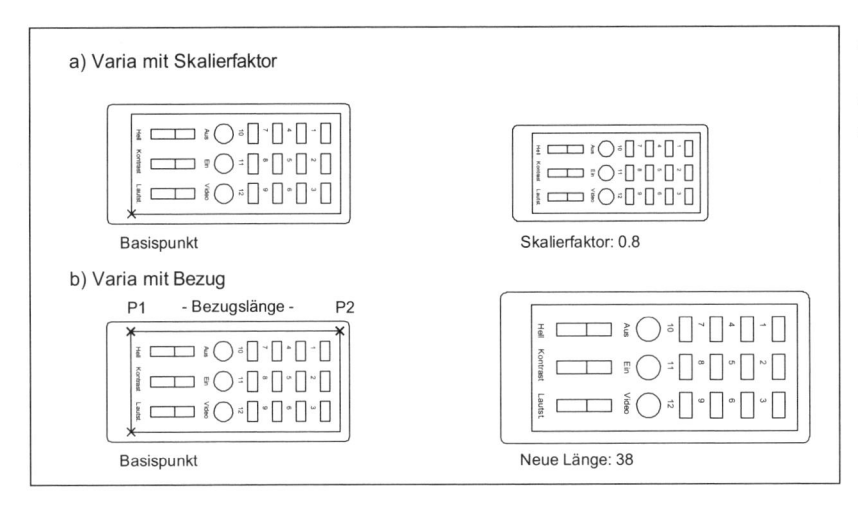

Abb. 11.5: Vergrößern und Verkleinern

a) Varia mit Skalierfaktor

Basispunkt   Skalierfaktor: 0.8

b) Varia mit Bezug

P1   - Bezugslänge -   P2

Basispunkt   Neue Länge: 38

11.5 Rechtwinklige Anordnungen

Regelmäßige Anordnungen in rechteckiger oder polarer Form können Sie mit dem Befehl REIHE erzeugen.

Aktion: Befehl REIHE

Sie finden den Befehl:

✗ Abrollmenü ÄNDERN, Funktion REIHE

✗ Symbol im Werkzeugkasten ÄNDERN

Alle Einstellungen können Sie in einem Dialogfeld vornehmen (siehe Abbildung 11.6).

In der obersten Zeile des Dialogfelds können Sie umschalten zwischen rechteckiger und polarer Anordnung und das Dialogfeld ändert sich entsprechend. Mit dem Symbol OBJEKTE WÄHLEN an der rechten Seite verschwindet das Dialogfeld und Sie können die Objekte für die Anordnung in der Zeichnung wählen.

11 Änderungsbefehle 1

Abb. 11.6:
Rechteckige
Anordnung

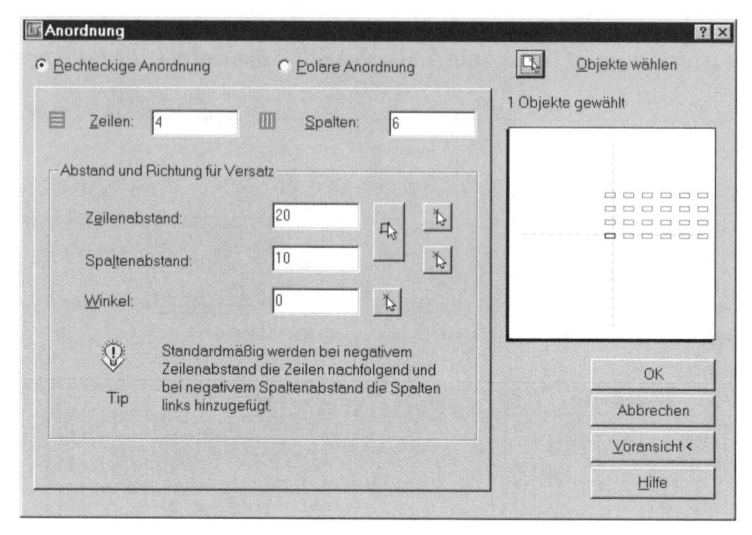

Haben Sie die rechteckige Anordnung gewählt, sieht das Dialogfeld wie in Abbildung 11.6 aus. Tragen Sie die Zahl der Zeilen und Spalten sowie die Abstände ein. Negative Abstände bauen die Anordnung entgegen den Richtungen der Koordinatenachsen auf. Die Abstände können Sie auch aus der Zeichnung abgreifen. Klicken Sie dazu auf die Symbole daneben und das Dialogfeld verschwindet vorübergehend. Zudem können Sie einen Winkel eintragen und die Anordnung wird um diesen Winkel gedreht, nicht jedoch die einzelnen Objekte.

Im Fenster daneben bekommen Sie eine Voransicht. Reicht Ihnen diese nicht aus, klicken Sie auf die Schaltfläche VORANSICHT < und Sie sehen die Voransicht in der Zeichnung. Diese können Sie dann übernehmen oder die Einstellungen im Dialogfeld noch einmal ändern.

Training: Rechteckige Anordnung erzeugen

- Laden Sie die Zeichnung A-11-05.dwg aus dem Ordner \AUFGABEN.
- Erzeugen Sie die Anordnung wie in Abbildung 11.7: fünf Zeilen und sechs Spalten mit einem Zeilen- und Spaltenabstand von 5.
- Eine Musterlösung finden Sie ebenfalls im Ordner \AUFGABEN: L-11-05.dwg.

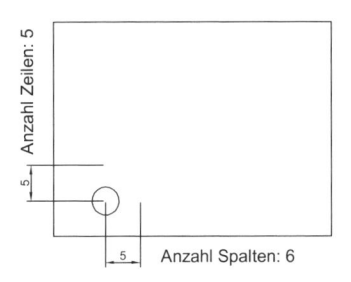

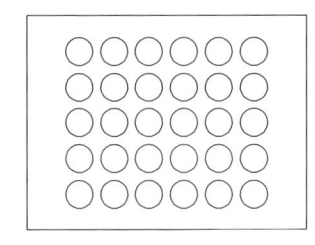

*Abb. 11.7:
Rechteckige
Anordnung
erzeugen*

11.6 Polare Anordnungen

Wollen Sie die Objekte um den Mittelpunkt anordnen, können Sie ebenfalls den Befehl REIHE verwenden, diesmal aber mit der Variante POLARE ANORDNUNG.

Aktion: Polare Anordnung

Schalten Sie zur polaren Anordnung um, wechselt das Dialogfeld (siehe Abbildung 11.8).

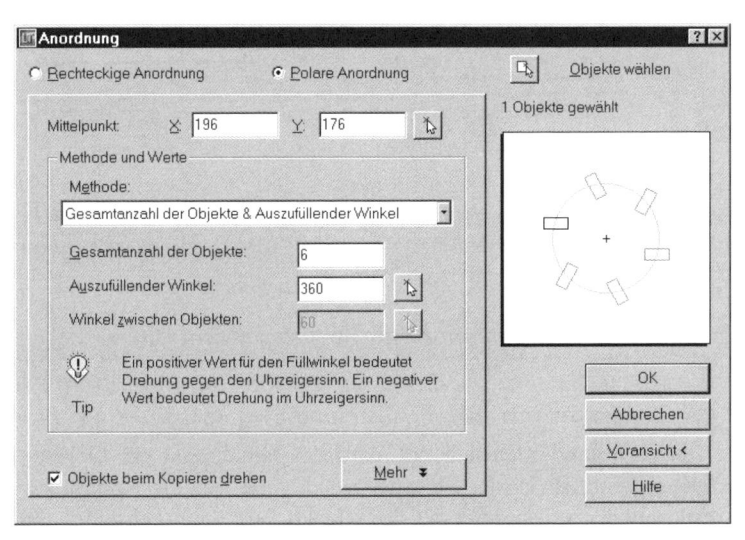

*Abb. 11.8:
Polare
Anordnung*

213

11 Änderungsbefehle 1

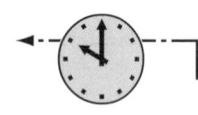

Tragen Sie oben die Koordinaten des Mittelpunkts ein oder klicken Sie auf das Symbol rechts daneben. Dann können Sie den Mittelpunkt in der Zeichnung anklicken. Im Abrollmenü METHODE können Sie wählen, wie Sie die Anordnung bestimmen wollen. Sie wählen damit, welche Größen Sie vorgeben wollen: Gesamtzahl der Objekte, auszufüllender Winkel oder Winkel zwischen den Objekten. Zwei Angaben sind erforderlich, eine ist inaktiv.

Am unteren Rand können Sie wählen, ob die Objekte beim Kopieren gedreht werden sollen. Rechts haben Sie auch hier die Voransicht in einem Fenster oder Sie können sich die Voransicht in der Zeichnung ansehen. Klicken Sie dazu auf die Schaltfläche VORANSICHT <.

Klicken Sie auf die Schaltfläche MEHR, vergrößert sich das Dialogfeld (siehe Abbildung 11.9).

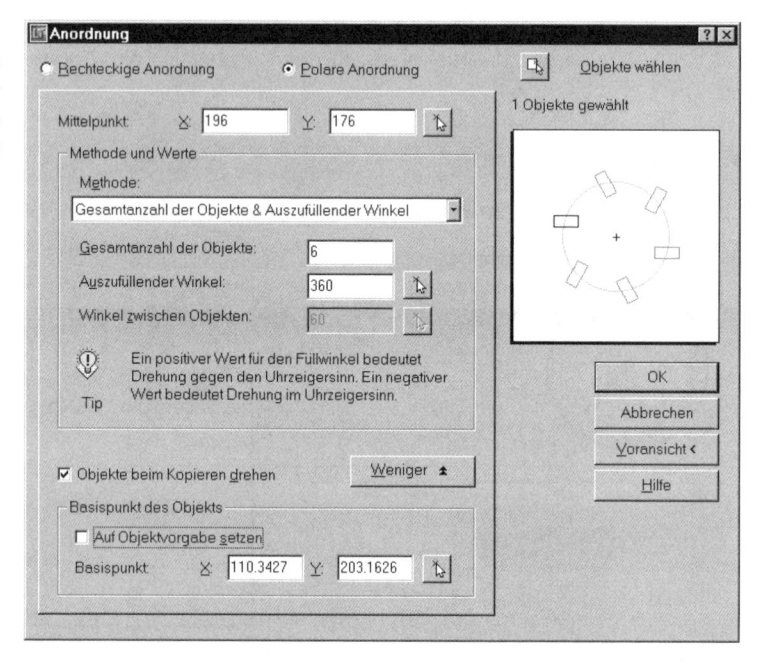

Abb. 11.9: Erweitertes Dialogfeld für die polare Anordnung

Schalten Sie im Feld BASISPUNKT DES OBJEKTS den Schalter AUF OBJEKTVORGABE SETZEN ein (Standardeinstellung), wird der Mittelpunkt der Objekte auf dem Kreis angeordnet. Ist der Schalter aus, können Sie die Koordinate auf dem Objekt angeben. Dieser Punkt des Objekts liegt dann auf dem Kreis der Anordnung.

214

Training: Polare Anordnungen erzeugen

✗ Laden Sie die Zeichnung A-11-06.dwg aus dem Ordner \AUFGABEN.

✗ Erzeugen Sie die polare Anordnung mit zwölf Objekten als Vollkreis wie in Abbildung 11.7, a.

✗ Erzeugen Sie jetzt die polare Anordnung mit sechs Objekten über 270° mit einem Winkel von 45° zwischen den Objekten, siehe Abbildung 11.10, b.

✗ Ihre Ergebnisse sollten wie in Abbildung 11.10, rechte Spalte aussehen. Die Musterlösung ist im Ordner \AUFGABEN, die Datei L-11-06.dwg.

a) Polare Anordnung über 360°

b) Polare Anordnung mit 45° zwischen den Objekten

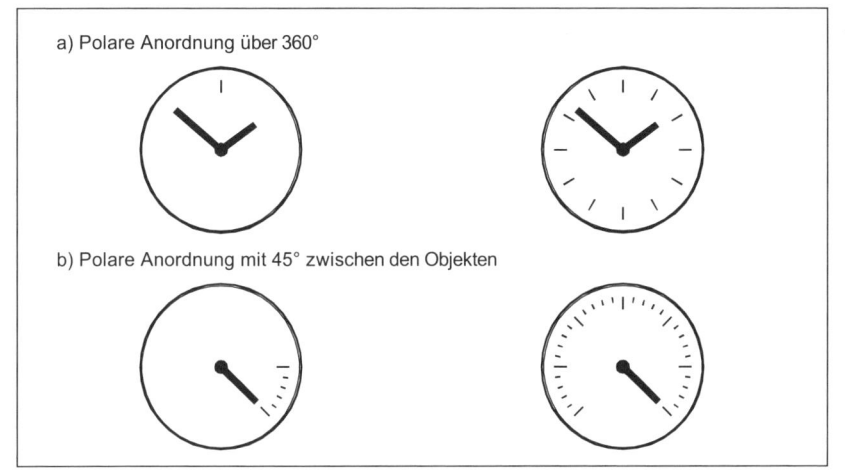

Abb. 11.10:
Polare Anordnung erzeugen

11.7 Ausrichten

Zum Schluss dieser Stunde noch ein Befehl, der nur in AutoCAD 2002 zur Verfügung steht. Eigentlich ist er für 3D-Anwendungen gedacht, er leistet aber auch bei 2D-Zeichnungen gute Dienste. Es ist eine Kombination der Befehle SCHIEBEN, DREHEN und VARIA.

11 Änderungsbefehle 1

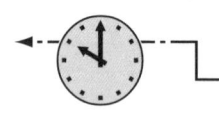

Aktion: Befehl AUSRICHTEN

Gemeint ist der Befehl AUSRICHTEN. Damit können Sie zwei Objekte im Raum mit einem, zwei oder drei Paaren von Punkten aneinander ausrichten. Sie wählen ihn an:

✗ Abrollmenü ÄNDERN, Untermenü 3D OPERATIONEN >, Funktion AUSRICHTEN

Befehl: **Ausrichten**
Objekte wählen:
Ersten Ursprungspunkt angeben: **Punkt eingeben**
Ersten Zielpunkt angeben: **Punkt eingeben**
Zweiten Ursprungspunkt angeben: **Punkt eingeben oder ⏎ zum Beenden**
Zweiten Zielpunkt angeben: **Punkt eingeben**
Dritten Ursprungspunkt angeben oder <weiter>: **Punkt eingeben oder ⏎ zum Beenden**
Dritten Zielpunkt angeben: **Punkt eingeben**

Je nachdem, wie viele Punktpaare Sie eingeben, wird das Objekt in der entsprechenden Zahl von Ebenen ausgerichtet (siehe Abbildung 11.11). Sie beenden die Eingabe, wenn Sie auf die Anfrage nach einem Ursprungspunkt ⏎ eingeben.

Tipps:

✗ Wenn Sie nur zwei Punktepaare eingegeben haben, erscheint eine weitere Anfrage:

Objekte anhand von Ausrichtepunkten skalieren? [Ja/Nein] <N>:

✗ Wenn Sie diese Anfrage mit Ja beantworten, wird das ausgerichtete Objekt so skaliert, dass es zwischen die beiden Zielpunkte passt. Ansonsten wird es an den ersten Zielpunkt geschoben und in der Richtung des zweiten ausgerichtet.

Training: Befehl AUSRICHTEN

✗ *Öffnen Sie die Zeichnung A-11-07.dwg aus dem Ordner \AUFGABEN.*

✗ *Verschieben Sie die obere Figur mit einem Punktepaar (siehe Abbildung 11.11, a).*

✗ *Verschieben Sie die mittlere Figur mit zwei Punktepaaren, ohne sie zu skalieren (siehe Abbildung 11.11, b).*

✗ *Verschieben Sie die untere Figur mit zwei Punktepaaren und skalieren Sie sie dabei (siehe Abbildung 11.11, c).*

Ausrichten

✗ Ihre Ergebnisse sollten wie in Abbildung 11.11, rechte Spalte aussehen. Die Musterlösung ist im Ordner \AUFGABEN, die Datei L-11-07.dwg.

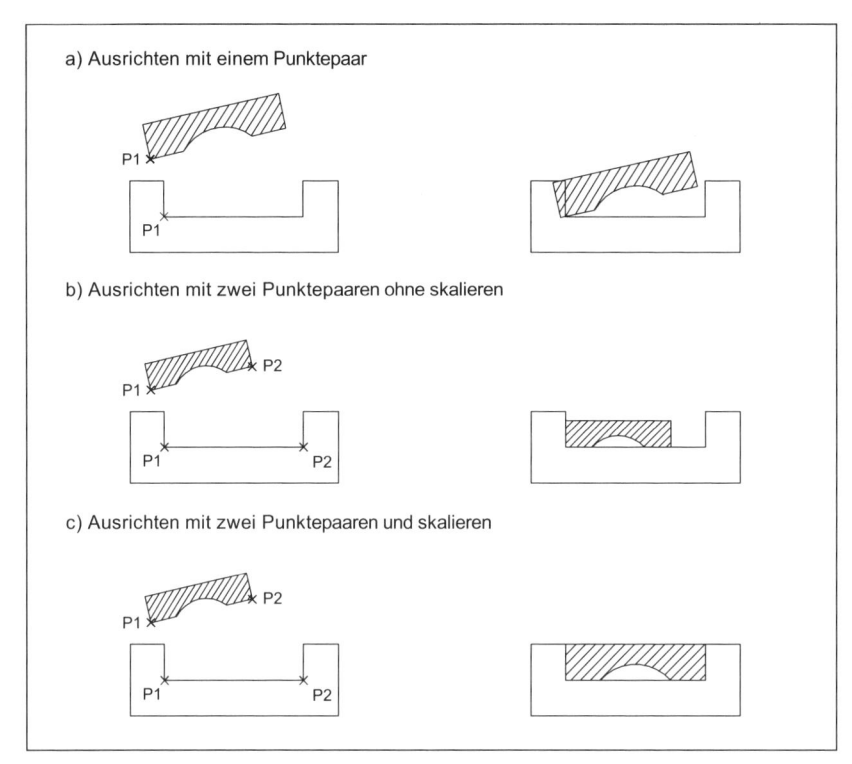

Abb. 11.11: Ausrichten in AutoCAD 2002

a) Ausrichten mit einem Punktepaar

b) Ausrichten mit zwei Punktepaaren ohne skalieren

c) Ausrichten mit zwei Punktepaaren und skalieren

Fragen zur elften Stunde

1. In welcher Richtung wird bei Eingabe eines negativen Drehwinkels beim Befehl DREHEN gedreht?
2. Mit welcher Option beim Befehl DREHEN können Sie ein Objekt auf einen ganz bestimmten Winkel hin ausrichten?
3. Wie wird die Spiegelachse beim Befehl SPIEGELN festgelegt?
4. Was legt die Systemvariable MIRRTEXT fest?
5. Sie wollen ein Objekt um den Faktor 5 verkleinern. Welchen Skalierfaktor geben Sie beim Befehl VARIA ein?
6. Sie wollen ein Objekt mit unbekannter Länge auf eine bestimmte Länge bringen. Welchen Befehl und welche Option verwenden Sie?

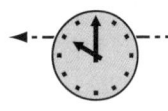

11 Änderungsbefehle 1

7. Welche Option des Befehls REIHE erzeugt matrixförmige Anordnungen?

8. Bei einer rechtwinkligen Anordnung sollen die Zeilen nach unten aufgebaut werden. Wie können Sie das veranlassen?

9. An welchem Punkt werden Objekte bei einer polaren Anordnung ausgerichtet, wenn sie nicht gedreht werden?

10. Mit welchem Befehl können Sie in AutoCAD 2002 schieben, drehen und skalieren in einem?

Änderungsbefehle 2

Weiter gehts mit Änderungsbefehlen. Nachdem in der letzten Stunde die Befehle behandelt wurden, die das Objekt insgesamt bearbeiten, hier die Befehle, die die Geometrie der Objekte ändern. Sie lernen:

✗ wie Objekte gestutzt und gedehnt werden

✗ wie Sie Kanten abrunden und fasen können

✗ warum Objekte manchmal gestreckt werden müssen

✗ warum es sinnvoll ist, die Länge von Objekten zu ändern

✗ was das Brechen von Objekten bedeutet und

✗ wie Objekte gemessen und geteilt werden.

12.1 Abrunden und Fasen von Kanten

Wollen Sie die Kanten von Objekten bearbeiten, haben Sie zwei Befehle zur Auswahl: ABRUNDEN und FASEN.

Aktion: Befehl ABRUNDEN

Mit dem Befehl ABRUNDEN lassen sich Linien, Bögen oder Polylinien an ihren Kanten oder Schnittpunkten abrunden. Sie finden den Befehl:

✗ Abrollmenü ÄNDERN, Funktion ABRUNDEN

✗ Symbol im Werkzeugkasten ÄNDERN

12 Änderungsbefehle 2

Befehl: **Abrunden**
Aktuelle Einstellungen: Modus = STUTZEN,
Radius = 10.0000
Erstes Objekt wählen oder [Polylinie/Radius/Stutzen]:

Zunächst wird Ihnen der eingestellte Radius angezeigt und ob der Stutzen-Modus aktiv ist. Jetzt können Sie wählen:

RADIUS: Einstellen des Rundungsradius. Die Einstellung bleibt gespeichert. Alle weitere Abrundungen erfolgen mit diesem Radius, bis Sie die Option erneut wählen.

STUTZEN: Hiermit stellen Sie den Stutzen-Modus ein. Ist er eingeschaltet, werden die Original-Objekte am Schnittpunkt gekürzt, ist er aus, bleiben Sie unverändert.

POLYLINIE: Rundet alle Kanten einer Polylinie. Soll nur eine Kante einer Polylinie gerundet werden, brauchen Sie diese Option nicht. Klicken Sie dazu nur die beiden zu verrundenden Segmente an.

ERSTES OBJEKT WÄHLEN: Wählen Sie das abzurundende Objekt an der Stelle, die stehen bleiben soll und danach das andere Objekt, ebenfalls an der Stelle, die übrig bleiben soll.

Tipps:

✘ Sie können auch mit dem Radius 0 abrunden. Was auf den ersten Blick sinnlos erscheint, ist ein praktisches Hilfsmittel bei der Korrektur von Hilfskonstruktionen. Sich überschneidende oder nicht treffende Linien erhalten so einen gemeinsamen Endpunkt. Der Stutzen-Modus sollte für diesen Fall eingeschaltet sein.

✘ Parallele Linien werden immer mit einem Halbkreis verrundet, egal welcher Radius eingestellt ist.

✘ Wählen Sie bei sich überschneidenden Objekten immer an den Teilen der Objekte, die erhalten bleiben soll.

Aktion: Befehl FASE

Der Befehl FASE arbeitet analog zum Befehl ABRUNDEN. Linienobjekte werden bei diesem Befehl mit einer Fase versehen.

✘ Abrollmenü ÄNDERN, Funktion FASEN

✘ Symbol im Werkzeugkasten ÄNDERN

Befehl: **Fase**
(STUTZEN-Modus) Gegenwärtiger Fasenabst1 = 10.0000, Abst2 = 10.0000
Erste Linie wählen oder[Polylinie/Abstand/
Winkel/Stutzen/Methode]:

Hier werden Ihnen die momentan eingestellten Abstände angezeigt und ob der Stutzen-Modus aktiv ist oder nicht. Sie können wählen:

ABSTAND: Einstellen der Fasenabstände. Der erste Fasenabstand wird an der Linie abgetragen, die Sie zuerst wählen, der zweite an der danach gewählten Linie.

WINKEL: Einstellung eines Abstands und eines Fasenwinkels statt zweier Abstände. Auch hierbei gilt, der Abstand wird an der zuerst gewählten Linie abgetragen und der Winkel zur zweiten Linie hin.

METHODE: Mit dieser Option können Sie zwischen den Einstellungen ABSTAND und WINKEL wählen. Ist WINKEL eingestellt, werden die Einstellungen beim Start des Befehls als Abstand und Winkel angezeigt. Haben Sie dagegen ABSTAND eingestellt, werden die beiden Abstände angezeigt.

STUTZEN: Ist der Stutzen-Modus ein, werden die Original-Objekte am Schnittpunkt gekürzt, ist er aus, bleiben sie unverändert.

POLYLINIE: Fast alle Kanten einer Polylinie. Soll nur eine Kante einer Polylinie gefast werden, klicken Sie nur die beiden Segmente an. Diese Option benötigen Sie dann nicht.

ERSTE LINIE WÄHLEN: Wählen Sie die zu fasende Linie an der Stelle, die erhalten bleiben soll und danach die andere Linie.

Training: Abrunden und Fasen von Objekten

✗ *Öffnen Sie die Zeichnung A-12-01.dwg aus dem Ordner \AUFGABEN.*

✗ *Runden Sie die Objekte in der mittleren Spalte (siehe Abbildung 12.1).*

Befehl: **Abrunden**
Aktuelle Einstellungen: Modus = STUTZEN,
Radius = 10.00
Erstes Objekt wählen oder [Polylinie/Radius/Stutzen]: **R für Radius eingeben**
Rundungsradius angeben <10.00>: **5**

Befehl: **Abrunden**
Aktuelle Einstellungen: Modus = STUTZEN,
Radius = 5.00
Erstes Objekt wählen oder [Polylinie/Radius/Stutzen]: **P1 wählen**
Zweites Objekt wählen: **P2 wählen**

12 Änderungsbefehle 2

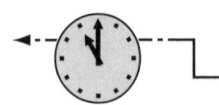

✗ Runden Sie mit den gleichen Einstellungen P3/P4 und P5/P6.

✗ Ändern Sie dann die Einstellungen.

Befehl: **Abrunden**
Aktuelle Einstellungen: Modus = STUTZEN,
Radius = 5.00
Erstes Objekt wählen oder [Polylinie/Radius/Stutzen]: **R für Radius eingeben**
Rundungsradius angeben <5.00>: **0**

Befehl: **Abrunden**
Aktuelle Einstellungen: Modus = STUTZEN,
Radius = 0.00
Erstes Objekt wählen oder [Polylinie/Radius/Stutzen]: **P7 wählen**
Zweites Objekt wählen: **P8 wählen**

Befehl: **Abrunden**
Aktuelle Einstellungen: Modus = STUTZEN,
Radius = 0.00
Erstes Objekt wählen oder [Polylinie/Radius/Stutzen]: **R für Radius eingeben**
Rundungsradius angeben <0.00>: **5**

Befehl: **Abrunden**
Aktuelle Einstellungen: Modus = STUTZEN,
Radius = 5.00
Erstes Objekt wählen oder [Polylinie/Radius/Stutzen]: **S für Stutzen eingeben**
Option für Modus STUTZEN eingeben [Stutzen/Nicht stutzen] <Stutzen>: **N für nicht Stutzen**
Erstes Objekt wählen oder [Polylinie/Radius/Stutzen]: **P9 wählen**
Zweites Objekt wählen: **P10 wählen**

✗ Fasen Sie die Objekte in der rechten Spalte (siehe Abbildung 12.1). Beachten Sie, dass vom letzten Abrunden der Stutzen-Modus noch aktiv sein kann.

Befehl: **Fase**
(NICHTSTUTZEN-Modus) Gegenwärtiger Fasenabst1 = 10.00, Abst2 = 10.00
Erste Linie wählen oder [Polylinie/Abstand/
Winkel/Stutzen/Methode]: **A für Abstand**
Ersten Fasenabstand angeben <10.00>: **4**
Zweiten Fasenabstand angeben <4.00>: **6**

Befehl: **Fase**
(NICHTSTUTZEN-Modus) Gegenwärtiger Fasenabst1 = 4.00, Abst2 = 6.00
Erste Linie wählen oder [Polylinie/Abstand/
Winkel/Stutzen/Methode]: **S für Stutzen**
Option für Modus STUTZEN eingeben [Stutzen/Nicht stutzen] <Nicht stutzen>: **S für**

Stutzen
Erste Linie wählen oder [Polylinie/Abstand/
Winkel/Stutzen/Methode]: **P1 wählen**
Zweite Linie wählen: **P2 wählen**

✗ Fasen Sie mit den gleichen Einstellungen P3/P4 und P5/P6.

✗ Ändern Sie dann die Einstellungen.

Befehl: **Fase**
(STUTZEN-Modus) Gegenwärtiger Fasenabst1 = 4.00, Abst2 = 6.00
Erste Linie wählen oder [Polylinie/Abstand/
Winkel/Stutzen/Methode]: **A für Abstand**
Ersten Fasenabstand angeben <4.00>: **0**
Zweiten Fasenabstand angeben <0.00>: **0**

Befehl: **Fase**
(STUTZEN-Modus) Gegenwärtiger Fasenabst1 = 0.00, Abst2 = 0.00
Erste Linie wählen oder [Polylinie/Abstand/
Winkel/Stutzen/Methode]: **P7 wählen**
Zweite Linie wählen: **P8 wählen**

Befehl: **Fase**
(STUTZEN-Modus) Gegenwärtiger Fasenabst1 = 0.00, Abst2 = 0.00
Erste Linie wählen oder [Polylinie/Abstand/
Winkel/Stutzen/Methode]: **A für Abstand**
Ersten Fasenabstand eingeben <0.00>: **4**
Zweiten Fasenabstand eingeben <4.00>: **6**

Befehl: **Fase**
(STUTZEN-Modus) Gegenwärtiger Fasenabst1 = 4.00, Abst2 = 6.00
Erste Linie wählen oder [Polylinie/Abstand/
Winkel/Stutzen/Methode]: **S für Stutzen**
Option für Modus STUTZEN eingeben [Stutzen/Nicht stutzen] <Stutzen>: **N für Nicht stutzen**
Erste Linie wählen oder [Polylinie/Abstand/
Winkel/Stutzen/Methode]: **P9 wählen**
Zweite Linie wählen: **P10 wählen**

✗ Ihre Ergebnisse sollten wie in Abbildung 12.1 aussehen. Falls nicht, haben Sie eine Musterlösung im Ordner \AUFGABEN, die Datei L-12-01.dwg.

12 Änderungsbefehle 2

Abb. 12.1:
Abrunden
und Fasen

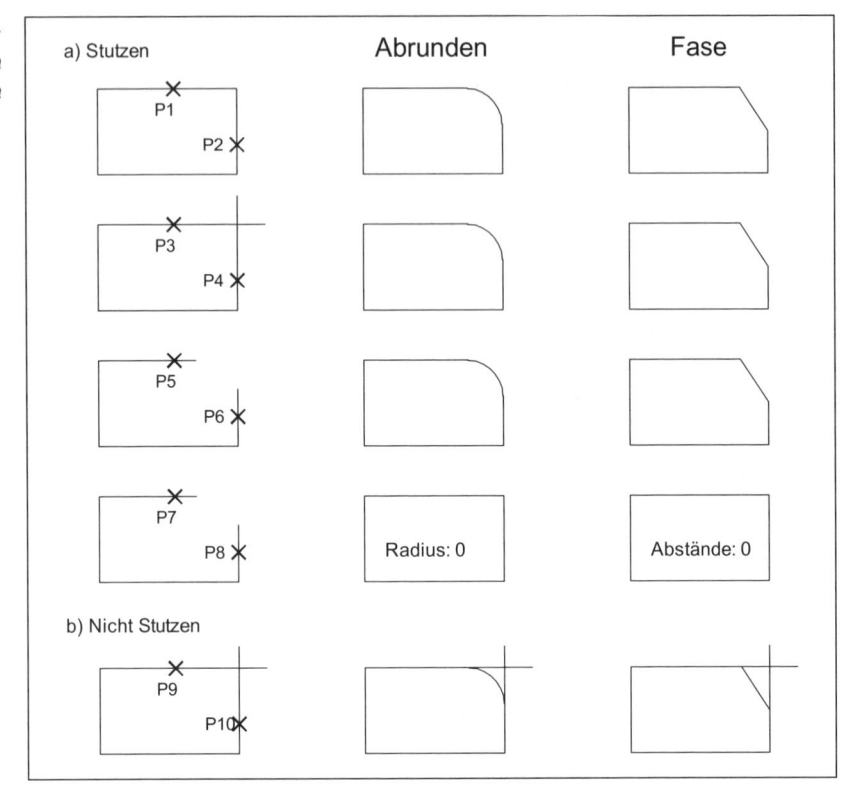

| a) Stutzen | Abrunden | Fase |

(b) Nicht Stutzen

Radius: 0 — Abstände: 0

12.2 Dehnen und Stutzen

Zwei der am häufigsten gebrauchten Befehle sind DEHNEN und STUTZEN. Immer wenn Hilfskonstruktionen aus Konstruktionslinien oder mit dem Befehl VERSETZ erzeugt werden, benötigen Sie danach diese Befehle.

Aktion: Befehl DEHNEN

Mit dem Befehl DEHNEN können Sie Linien, Bögen oder Polylinien bis zu einer Grenzkante verlängern. Sie finden den Befehl:

✘ Abrollmenü ÄNDERN, Funktion DEHNEN

✘ Symbol im Werkzeugkasten ÄNDERN

Befehl: **Dehnen**
Aktuelle Einstellungen: Projektion=BKS Kante=Keine
Grenzkanten wählen ...
Objekte wählen: **Grenzkanten anklicken**
..

Objekte wählen: ⏎
Zu dehnendes Objekt wählen bzw. zum Stutzen mit der Umschalttaste wählen oder [Projektion/Kante/ZUrück]: **Zu dehnendes Objekt anklicken**
..
Zu dehnendes Objekt wählen bzw. zum Stutzen mit der Umschalttaste wählen oder [Projektion/Kante/ZUrück]: ⏎

Gehen Sie wie folgt vor:

Wählen Sie eine oder mehrere Grenzkanten. Das sind die Kanten, bis zu denen hin verlängert werden soll. Die Auswahl bleibt im Wiederholmodus, bis sie mit ⏎ beendet wird.

Erst danach wählen Sie die Objekte, die bis zu einer Grenzkante hin verlängert werden sollen. Klicken Sie die Objekte an der Seite an, in deren Richtung die Grenzkante liegt. Gibt es in der Richtung keine Grenzkante, kommt eine Fehlermeldung. Außerdem stehen Ihnen noch folgende Optionen zur Verfügung:

ZURÜCK: Macht die letzte Dehnung rückgängig.

PROJEKTION: Nur für 3D-Anwendungen, Objekte auf unterschiedlichen Höhen werden in eine Ebene projiziert und auf eine Kante hin gedehnt. Mit der Option PROJEKTION kann die Projektionsebene gewählt werden.

KANTE: Mit der Option können Sie wählen, ob nur die Objekte gedehnt werden sollen (Modus NICHT DEHNEN), die auf die Grenzkante treffen oder ob Objekte auch bis zum virtuellen Schnittpunkt mit der Grenzkante gedehnt werden sollen (Modus DEHNEN).

Tipps:

✘ Übergehen Sie die Anfrage nach der Grenzkante mit ⏎, können Sie trotzdem Elemente zum Dehnen anwählen. Sie werden dann bis zur nächsten Kante, auf die sie in dieser Richtung treffen, verlängert.

✘ Wenn Sie beim Anklicken des zu dehnenden Objekts die Taste ⇧ gedrückt halten, wird das Objekt gestutzt. Beim Stutzen (siehe unten) wird mit der Taste ⇧ gedehnt.

Training: Dehnen von Objekten

✘ *Öffnen Sie die Zeichnung A-12-02.dwg aus dem Ordner \AUFGABEN.*

✘ *Dehnen Sie die Linien in Abbildung 12.2, a, ohne eine Grenzkante zu wählen, bis zur nächsten Kante. Geben Sie bei der Anfrage nach der Grenzkante ⏎ ein.*

12 Änderungsbefehle 2

✗ Dehnen Sie die Linien in Abbildung 12.2, b. Wählen Sie die gestrichelten Linien als Grenzkanten.

✗ Dehnen Sie die Linien in Abbildung 12.2, c. Wählen Sie mit der Option KANTE den Modus DEHNEN.

Abb. 12.2:
Dehnen von
Objekten

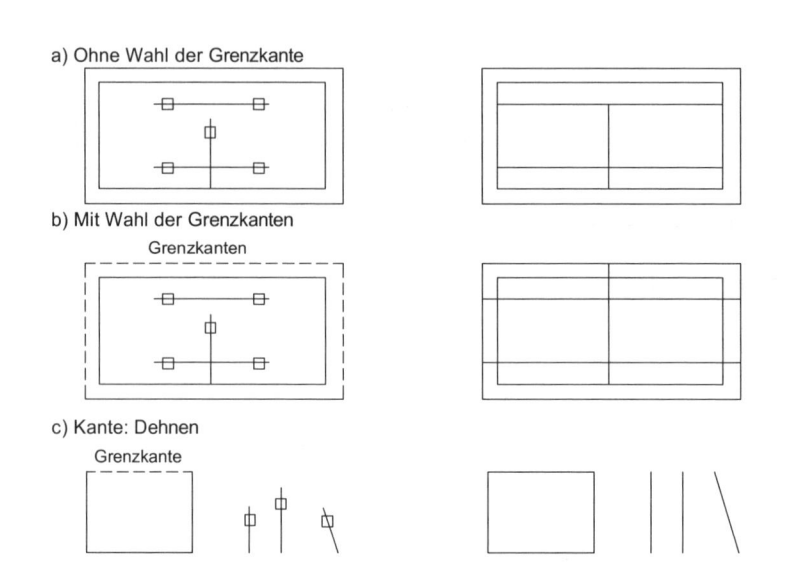

a) Ohne Wahl der Grenzkante

b) Mit Wahl der Grenzkanten
Grenzkanten

c) Kante: Dehnen
Grenzkante

Befehl: **Dehnen**
Aktuelle Einstellungen: Projektion=BKS Kante=Keine
Grenzkanten wählen ...
Objekte wählen: **obere Kante anklicken**
Objekte wählen: ⏎
Zu dehnendes Objekt wählen bzw. zum Stutzen mit der Umschalttaste wählen oder [Projektion/Kante/ZUrück]: **K für Kante**
Implizierten Kantendehnungsmodus eingeben [Dehnen/Nicht dehnen] <Nicht dehnen>: **D für Dehnen**
Zu dehnendes Objekt wählen bzw. zum Stutzen mit der Umschalttaste wählen oder [Projektion/Kante/ZUrück]: **Zu dehnende Linie anklicken**
..
Zu dehnendes Objekt wählen bzw. zum Stutzen mit der Umschalttaste wählen oder [Projektion/Kante/ZUrück]: ⏎

✗ Sieht Ihre Lösung wie in Abbildung 12.2 aus? Falls nicht, finden Sie eine im Ordner \AUFGABEN, die Datei L-12-02.dwg.

Dehnen und Stutzen

Aktion: Befehl STUTZEN

Analog zum Befehl DEHNEN arbeitet der Befehl STUTZEN. Mit dem Befehl STUTZEN können Sie Linien, Bögen oder Polylinien an einer Schnittkante stutzen. Sie finden den Befehl:

✘ Abrollmenü ÄNDERN, Funktion STUTZEN

✘ Symbol im Werkzeugkasten ÄNDERN

Folgende Anfragen erscheinen im Befehlszeilenfenster:

Befehl: **Stutzen**
Aktuelle Einstellungen: Projektion=BKS Kante=Dehnen
Schnittkanten wählen ...
Objekte wählen: **Schnittkanten anklicken**
...
Objekte wählen: ⏎
Zu stutzendes Objekt wählen bzw. zum Dehnen mit der Umschalttaste wählen oder [Projektion/Kante/ZUrück]: **Zu stutzende Objekte anklicken**
Zu stutzendes Objekt wählen bzw. zum Dehnen mit der Umschalttaste wählen oder [Projektion/Kante/ZUrück]: ⏎

Gehen Sie wie beim Befehl DEHNEN vor:

Wählen Sie eine oder mehrere Schnittkanten. Das sind die Kanten, an denen gestutzt werden soll. Die Auswahl bleibt auch hier im Wiederholmodus, bis sie mit ⏎ beendet wird.

Erst danach wählen Sie die Objekte, die an der Schnittkante abgetrennt werden sollen. Klicken Sie die Seite an, die entfernt werden soll. Die Optionen sind identisch mit denen beim Befehl DEHNEN.

Tipp:

✘ Auch bei diesem Befehl können Sie die Anfrage nach der Schnittkante mit ⏎ übergehen. Die gewählten Objekte werden dann an der nächsten Kante gestutzt.

Training: Stutzen von Objekten

✗ Öffnen Sie die Zeichnung A-12-03.dwg aus dem Ordner \AUFGABEN.

✗ Überprüfen Sie den Kantendehnungsmodus. Zunächst sollte er auf NICHT DEHNEN eingestellt sein.

12 Änderungsbefehle 2

- Stutzen Sie die Linien in Abbildung 12.3, a, ohne eine Schnittkante zu wählen, bis zur nächsten Kante. Geben Sie bei der Anfrage nach der Schnittkante ⏎ ein.

- Stutzen Sie die Linien in Abbildung 12.3, b. Wählen Sie die gestrichelten Linien als Schnittkanten.

- Stutzen Sie die Linien in Abbildung 12.3, c. Wählen Sie mit der Option KANTE den Modus DEHNEN.

Abb. 12.3: Stutzen von Objekten

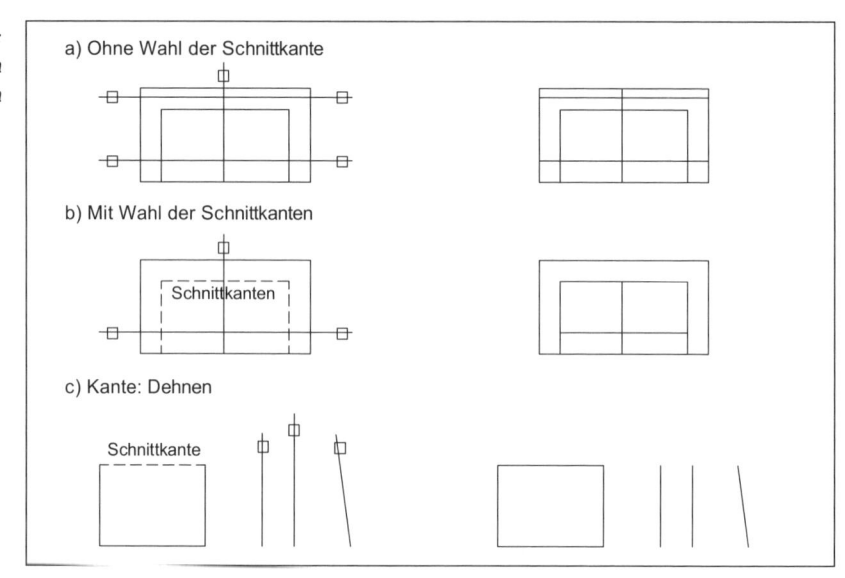

a) Ohne Wahl der Schnittkante

b) Mit Wahl der Schnittkanten

c) Kante: Dehnen

Befehl: **Stutzen**
Aktuelle Einstellungen: Projektion=BKS Kante=keine
Schnittkanten wählen ...
Objekte wählen: **obere Kante anklicken**
Objekte wählen: ⏎
Zu stutzendes Objekt wählen bzw. zum Dehnen mit der Umschalttaste wählen oder [Projektion/Kante/ZUrück]: **K für Kante**
Implizierten Kantendehnungsmodus eingeben [Dehnen/Nicht dehnen] <Nicht dehnen>: **D für Dehnen**
Zu stutzendes Objekt wählen bzw. zum Dehnen mit der Umschalttaste wählen oder [Projektion/Kante/ZUrück]: **Zu stutzende Linie anklicken**
..
Zu stutzendes Objekt wählen bzw. zum Dehnen mit der Umschalttaste wählen oder [Projektion/Kante/ZUrück]: ⏎

✗ Falls Ihre Lösung nicht wie in Abbildung 12.3 aussieht, laden Sie die Musterlösung L-12-03.dwg aus dem Ordner \AUFGABEN.

12.3 Strecken

Wollen Sie nur ein Maß in einer Zeichnung ändern, kann sich das mit unseren jetzigen Befehlen leicht zu einer größeren Aktion ausweiten. Soll beispielsweise die Tür in Abbildung 12.4 verschoben werden, muss die restliche Geometrie ebenfalls korrigiert werden. Sie haben dann einiges zu schieben, zu stutzen und zu dehnen.

Aktion: Befehl STRECKEN

Mit dem Befehl STRECKEN können Sie alles auf einmal machen. Wählen Sie den Befehl:

✗ Abrollmenü ÄNDERN, Funktion STRECKEN

✗ Symbol im Werkzeugkasten ÄNDERN

Die Objektwahl unterscheidet sich bei diesem Befehl etwas von den anderen Befehlen.

Befehl: **Strecken**
Objekte, die gestreckt werden sollen, mit Kreuzen-Fenster oder Kreuzen-Polygon wählen...
Objekte wählen: **K für Kreuzen eingeben oder Fenster von rechts nach links aufziehen**
Andere Ecke:
Objekte wählen: ⏎
Basispunkt oder Verschiebung angeben:
Zweiten Punkt der Verschiebung angeben oder <ersten Punkt der Verschiebung verwenden>:

Tipps:

✗ Sie müssen zumindest einmal die Option KREUZEN oder KPOLYGON bei der Objektwahl verwenden. Ziehen Sie deshalb bei diesem Befehl immer das Objektwahlfenster von rechts nach links auf, dann wird die Option KREUZEN automatisch aktiviert.

✗ Ist das aus irgendeinem Grund nicht möglich, geben Sie bei der Objektwahl K für die Option KREUZEN ein. Dann ist es gleichgültig, wie Sie das Fenster aufziehen.

12 Änderungsbefehle 2

✘ Die Objekte, die bei der Option KREUZEN oder KPOLYGON ganz im Fenster sind, werden verschoben. Bei Objekten, die nur zum Teil im Fenster sind, wird der Geometriepunkt, der im Fenster ist, verschoben, die anderen Punkte bleiben an ihrem ursprünglichen Platz und die Objekte werden gestreckt bzw. gestaucht. Wählen Sie beispielsweise das Fenster so, dass bei einer Linie oder einem Bogen ein Punkt im Fenster ist, so wird nur dieser Endpunkt verschoben. Kreise können Sie damit nicht in der Größe verändern. Nehmen Sie den Mittelpunkt mit ins Fenster, wird der Kreis verschoben, sonst bleibt er, wo er war.

✘ Geben Sie dann die Verschiebung wie bei den Befehlen SCHIEBEN oder KOPIEREN ein.

Training: Strecken von Objekten

✘ *Öffnen Sie die Zeichnung A-12-04.dwg aus dem Ordner \AUFGABEN.*

✘ *Versetzen Sie die Tür im oberen Beispiel der Abbildung 12.4 um 5 nach rechts. Achten Sie dabei auf das Objektwahl-Fenster.*

Befehl: **Strecken**
Objekte, die gestreckt werden sollen mit Kreuzen-Fenster oder Kreuzen-Polygon wählen...
Objekte wählen: **Fenster von rechts unten beginnen**
Andere Ecke: **Fenster nach links oben ziehen**
Objekte wählen: ⏎
Basispunkt oder Verschiebung angeben: **Beliebigen Punkt anklicken**
Zweiten Punkt der Verschiebung angeben oder <ersten Punkt der Verschiebung verwenden>: **@5<0 eintippen oder einfachen Ortho-Modus einschalten, mit Fadenkreuz nach rechts wegfahren und 5 eintippen**

✘ *Im mittleren Beispiel der Abbildung 12.4 wurde das Objektwahl-Fenster versehentlich zu klein gewählt. Testen Sie, was passiert.*

✘ *Im unteren Beispiel der Abbildung 12.4 soll die ganze Wand samt Tür um 3 nach oben versetzt werden. Platzieren Sie das Objektwahl-Fenster entsprechend und geben Sie die Verschiebung ein.*

✘ *Ihre Zeichnung sollte wie Abbildung 12.4 aussehen. Falls nicht, laden Sie die Musterlösung L-12-04.dwg aus dem Ordner \AUFGABEN.*

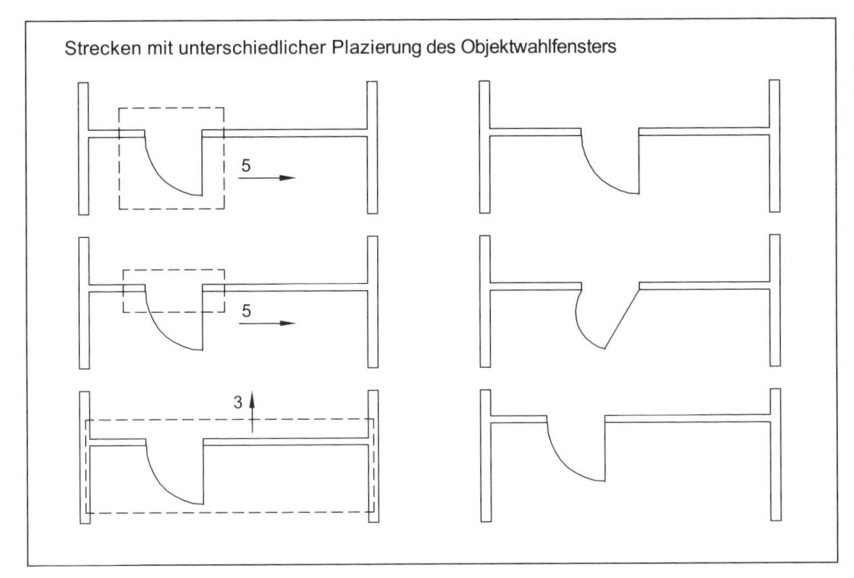

Abb. 12.4:
Strecken von
Objekten

12.4 Die Länge ändern

Oft kommt es vor, dass Linien nur bis zu einem Fangpunkt gezeichnet werden können. Manchmal sollten sie aber ein Stück darüber hinaus gehen, z. B. Mittellinien, die normalerweise über die Kontur hinaus reichen.

Aktion: Befehl LÄNGE

Mit dem Befehl LÄNGE kann die Länge von Linien- und Bogensegmenten geändert werden. Sie finden den Befehl:

✘ Abrollmenü ÄNDERN, Funktion LÄNGE

✘ Symbol im Werkzeugkasten ÄNDERN

Befehl: **Länge**
Objekt wählen oder [DElta/Prozent/Gesamt/DYnamisch]:

Klicken Sie ein Objekt an, wird dessen aktuelle Länge angezeigt und die Optionsliste wiederholt.

Objekt wählen oder [DElta/Prozent/Gesamt/DYnamisch]: **Objekt wählen**
Aktuelle Länge: 110.00
Objekt wählen oder [DElta/Prozent/Gesamt/DYnamisch]:

Mit den Optionen wählen Sie, wie die Längenänderung eingegeben werden soll. Sie können die Option auch gleich zu Beginn wählen.

12 Änderungsbefehle 2

DElta: Änderung des Objekts um ein vorgegebenes Maß.

Objekt wählen oder [DElta/Prozent/Gesamt/DYnamisch]: **De für Delta**
Delta Länge eingeben oder [Winkel] <0.0000>: **5**
Zu änderndes Objekt wählen oder [ZUrück]: **Objekt an der Seite anklicken, an der es geändert werden soll**

..
Zu änderndes Objekt wählen oder [ZUrück]: ⏎

Geben Sie das Maß ein (positiv oder negativ) und klicken Sie danach die Objekte auf der Seite an, die verlängert werden soll.

Prozent: Wie bei der Option DElta, aber Änderung um einen Faktor in Prozent der Gesamtlänge, z. B.: 105 bei Verlängerung um 5% oder 95 bei Verkürzung um 5%. Auch hier wird das Objekt auf der Seite verlängert, an der Sie es anklicken.

Gesamt: Wie bei den anderen Optionen, aber mit Eingabe einer neuen Gesamtlänge.

Dynamisch: Verlängerung dynamisch bis zur Position des Fadenkreuzes.

Objekt wählen oder [DElta/Prozent/Gesamt/DYnamisch]: **DY für dynamisch**
Zu änderndes Objekt wählen oder [ZUrück]: **Objekt an der Seite anklicken, an der es geändert werden soll**
Neuen Endpunkt bestimmen: **Neuen Endpunkt wählen, eventuell Objektfang verwenden**

..
<Zu änderndes Objekt wählen>/ZUrück: ⏎

Tipps:

✗ Der Befehl bleibt bei allen Optionen im Wiederholmodus, bis Sie ⏎ auf eine Anfrage eingeben. Wollen Sie ein anderes Maß, müssen Sie den Befehl neu anwählen.

✗ Bei allen Optionen, außer bei der Option DYNAMISCH, kann auch auf die Winkeleingabe umgeschaltet werden, wenn Sie einen Bogen ändern wollen:

Objekt wählen oder [DElta/Prozent/Gesamt/DYnamisch]: **z.B. G für neue Gesamtlänge**
Gesamtlänge angeben oder [Winkel] <1.00)>: **W für die Eingabe eines neuen Winkels**
Gesamtwinkel angeben <80>: **60**
Zu änderndes Objekt wählen oder [ZUrück]: **Objekt an der Seite anklicken, an der es geändert werden soll**

..
Zu änderndes Objekt wählen oder [ZUrück]: ⏎

Training: Länge ändern

✗ Öffnen Sie die Zeichnung A-12-05.dwg aus dem Ordner \AUFGABEN.

✗ Verlängern Sie die Mittellinien im Beispiel von Abbildung 12.5, a um 2. Verwenden Sie die Option DELTA. Klicken Sie das obere Ende in der Symmetrielinie dreimal an und es wird um 6 verlängert.

✗ Verlängern Sie die Linien in Abbildung 12.5, b mit der Option DYNAMISCH. Verwenden Sie die Endpunkte der senkrechten Linie als Ziel.

✗ Verändern Sie den Winkel der Bögen um 45° oder bringen Sie den Gesamtwinkel auf 270°.

Befehl: **Länge**
Objekt wählen oder [DElta/Prozent/Gesamt/DYnamisch]: **Bogen anklicken**
Aktuelle Länge: 7.8540, eingeschlossener Winkel: 3.9270
Objekt wählen oder [DElta/Prozent/Gesamt/DYnamisch]: **DE für Delta (oder G für Gesamt eingeben)**
Delta Länge eingeben oder [Winkel] (2.0000)>: **W für Winkel**
Delta Winkel eingeben <0.7854>: **45**
Zu änderndes Objekt wählen oder [ZUrück]: **Bogenende anklicken**
Zu änderndes Objekt wählen oder [ZUrück]: ↵

✗ Die Musterlösung L-12-05.dwg finden Sie im Ordner \AUFGABEN.

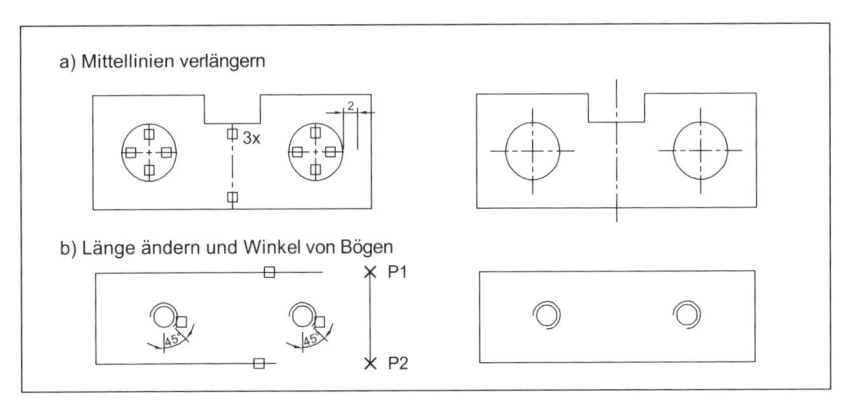

Abb. 12.5:
Länge ändern

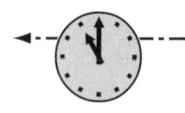

12.5 Brechen

Ein weiterer Befehl dient dazu, Teile von Linien, Kreisen, Bögen und Polylinien zu entfernen oder Objekte an einer Stelle zu trennen.

Aktion: Befehl BRUCH

Dies können Sie mit dem Befehl BRUCH erledigen. Wählen Sie ihn:

✗ Abrollmenü ÄNDERN, Funktion BRUCH

✗ Symbole im Werkzeugkasten ÄNDERN, zwei Symbole für die verschiedenen Varianten des Befehls

Der Befehl stellt folgende Anfragen:

Befehl: **Bruch**
Objekt wählen:
Zweiten Brechpunkt oder [Erster Punkt] angeben:

Wählen Sie ein Objekt mit der Pickbox aus. Danach wird ein zweiter Brechpunkt verlangt. Als erster Brechpunkt wird der Punkt genommen, an dem Sie das Objekt angeklickt haben. In den meisten Fällen ist das aber nicht der richtige Punkt, weil Sie das Objekt beispielsweise nicht an einem Schnittpunkt wählen können. Wenn Sie E (für den ersten Punkt) eingeben, können Sie den ersten Punkt neu bestimmen.

Zweiten Brechpunkt oder [Erster Punkt] angeben: **E für die Eingabe des ersten Punktes**
Ersten Brechpunkt angeben:
Zweiten Brechpunkt angeben:

Haben Sie eine Linie, Polylinie oder einen Bogen angewählt, wird der Bereich zwischen beiden Punkten herausgelöscht (siehe Abbildung 12.6). Liegt der zweite Punkt außerhalb des Objekts, wird der Bereich vom ersten Punkt an abgetrennt. Bei einem Kreis wird der Bereich zwischen dem ersten und zweiten Punkt im Gegenuhrzeigersinn herausgelöscht.

Tipps:

✗ Soll das Objekt nur getrennt und nichts herausgelöscht werden, geben Sie beim zweiten Punkt @ ein. Diese Funktion brauchen Sie immer dann, wenn ein Teil einer Linie ab einer bestimmten Stelle unsichtbar sein soll und sie deshalb auf einen anderen Layer gelegt werden muss.

Zweiten Brechpunkt oder [Erster Punkt] angeben: **@**

✗ Die Bruchpunkte müssen sich nicht auf dem Objekt befinden. Sie können sie an einer beliebigen anderen Stelle aus der Zeichnung abgreifen. Die Punkte werden auf das zu brechende Objekt projiziert.

Training: Objekte brechen

✗ Öffnen Sie die Zeichnung A-12-06.dwg aus dem Ordner \AUFGABEN.

✗ Trennen Sie die Linie in Abbildung 12.6, a an P1 durch.

Befehl: **Bruch**
Objekt wählen: **Linie an beliebiger Stelle anklicken**
Zweiten Brechpunkt oder [Erster Punkt] angeben: **E für ersten Punkt**
Ersten Brechpunkt angeben: **Mit Objektfang Schnittpunkt P1 wählen**
Zweiten Brechpunkt angeben: **@ für den gleichen Punkt**

✗ Ändern Sie das rechte Teilstück der Linie, bringen Sie es auf den Layer VERDECKT.

✗ Brechen Sie die Linien in Abbildung 12.6, b. Klicken Sie bei der unteren Linie den zweiten Punkt außerhalb an.

Befehl: **Bruch**
Objekt wählen: **Linie an beliebiger Stelle anklicken**
Zweiten Brechpunkt oder [Erster Punkt] angeben: **E für ersten Punkt**
Ersten Brechpunkt angeben: **Mit Objektfang Schnittpunkt P1 wählen**
Zweiten Brechpunkt angeben: **Mit Objektfang Schnittpunkt P2 wählen bzw. bei der unteren Linie zweiten Punkt an beliebiger Stelle rechts vom Endpunkt anklicken**

✗ Brechen Sie die Linie in Abbildung 12.6, c. Greifen Sie die Punkte P1 und P2 mit dem Objektfang SCHNITTPUNKT an dem darüberliegenden Objekt.

✗ Ein Lösung finden Sie im Ordner \AUFGABEN, die Datei L-12-06.dwg.

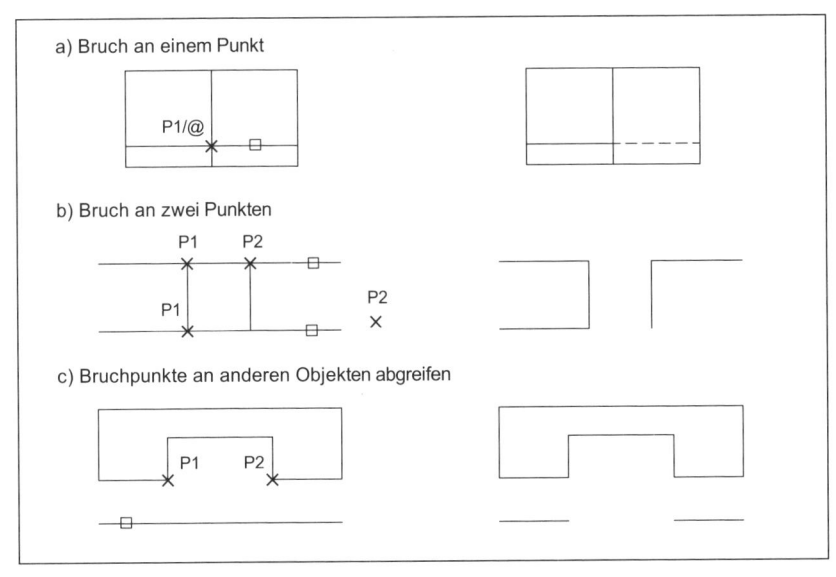

Abb. 12.6: Brechen von Objekten

12.6 Messen und Teilen

Die zwei letzten Befehle in dieser Stunde verändern keine Objekte. Sie können damit Markierungspunkte bzw. Blöcke auf Objekten platzieren.

Aktion: Messen von Objekten

Mit dem Befehl MESSEN bringen Sie Punkte oder Blöcke in einem vorgegebenen Abstand auf Linien, Bögen, Kreisen oder Polylinien an. Was Blöcke sind und wie sie erstellt werden, erfahren Sie in einer der nächsten Stunden. Nur soviel vorweg: Blöcke können Sie mit Baugruppen oder Symbolen vergleichen, die bei diesen Befehlen in der Zeichnung definiert sein müssen. Sie finden den Befehl:

✗ Abrollmenü ZEICHNEN, Untermenü PUNKT >, Funktion MESSEN

Befehl: **Messen**
Objekt wählen, das gemessen werden soll:
Segmentlänge angeben oder [Block]: **Länge eingeben**

Wählen Sie das zu messende Objekt und geben Sie die Länge der Segmente an, die auf dem Objekt abgetragen werden sollen.

BLOCK: Bei der zweiten Anfrage haben Sie die Option BLOCK zur Verfügung. Damit geben Sie einen Block an, der anstatt der Punkte auf dem Objekt platziert wird. Zudem können Sie wählen, ob der eingefügte Block an Rundungen zum Mittelpunkt hin ausgerichtet werden oder ob er immer in der gleichen Lage eingefügt werden soll.

Begonnen mit der Markierung wird an der Stelle, an der Sie das Objekt anwählen. Wenn es nicht aufgeht, ist das letzte Stück kürzer. Bei Kreisen wird nicht mehr markiert, wenn ein kleineres Segment übrig bleibt.

Tipp:

✗ Wenn Sie mit Punkten markieren, sollten Sie den Punktstil (siehe achte Stunde) so einstellen, dass die Punkte auch sichtbar sind.

Aktion: Teilen von Objekten

Der Befehl TEILEN ist identisch mit dem Befehl MESSEN. Statt der Segmentlänge geben Sie aber hierbei die Anzahl der Segmente an. Die Markierungspunkte werden in gleichen Abständen gesetzt. Diesen Befehl finden Sie im:

✗ Abrollmenü ZEICHNEN, Untermenü PUNKT >, Funktion TEILEN

Training: Messen und Teilen

- *Öffnen Sie die Zeichnung A-12-07.dwg aus dem Ordner \AUFGABEN.*
- *Stellen Sie den Punktstil nach Ihren Vorstellungen ein.*
- *Markieren Sie die mittlere Linie mit dem Befehl MESSEN und der Segmentlänge 5 (siehe Abbildung 12.7, a).*
- *Teilen Sie die rechte Linie mit dem Befehl TEILEN in fünf Segmente (siehe Abbildung 12.7, a).*
- *Markieren Sie die mittlere Figur mit dem Befehl MESSEN und der Segmentlänge 10 (siehe Abbildung 12.7, b). Setzen Sie den Block SCHRAUBE an die Markierungsstellen.*

Befehl: **Messen**
Objekt wählen, das gemessen werden soll: **Kreis anklicken**
Segmentlänge angeben oder [Block]: **B für Block eingeben**
Namen des einzufügenden Blocks eingeben: **SCHRAUBE**
Soll der Block mit dem Objekt ausgerichtet werden? [Ja/Nein] <J>: **J**
Segmentlänge angeben: **10**

- *Teilen Sie die rechte Figur mit dem Befehl TEILEN in sechs Segmente (siehe Abbildung 12.7, b). Setzen Sie den gleichen Block an die Markierungsstellen.*

Befehl: **Teilen**
Objekt wählen, das geteilt werden soll: **Kreis anklicken**
Anzahl der Segmente eingeben oder [Block]: **B für Block eingeben**
Namen des einzufügenden Blocks eingeben: **SCHRAUBE**
Soll der Block mit dem Objekt ausgerichtet werden? [Ja/Nein] <J>: **J oder Ja**
Anzahl der Segmente angeben: **6**

- *Die Musterlösung finden Sie im Ordner \AUFGABEN, die Zeichnung L-12-07.dwg.*

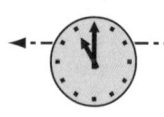

Abb. 12.7:
Messen und
Teilen

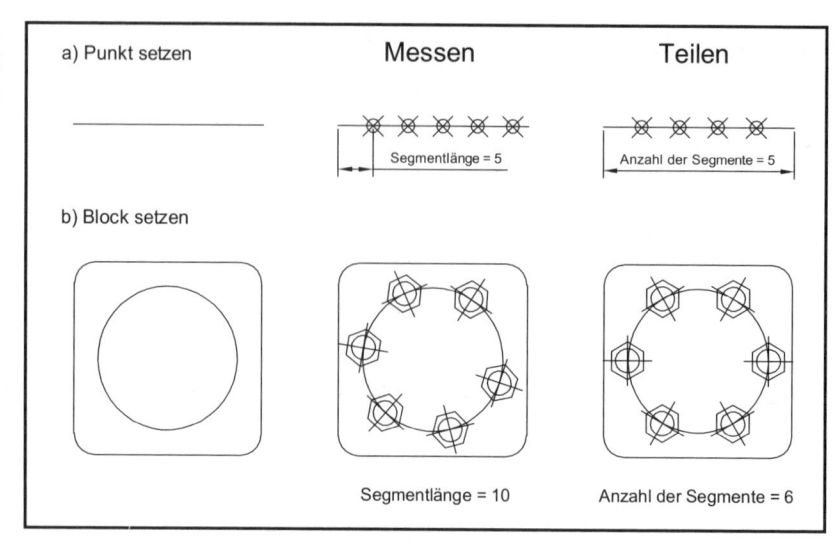

Messen — **Teilen**

a) Punkt setzen

Segmentlänge = 5   Anzahl der Segmente = 5

b) Block setzen

Segmentlänge = 10   Anzahl der Segmente = 6

Fragen zur zwölften Stunde

1. Warum wird mit dem Radius 0 abgerundet?

2. Welcher Radius muss eingestellt sein, wenn parallele Linien gerundet werden sollen?

3. An welcher Linie wird beim Fasen der erste Abstand abgetragen?

4. Welche Grenzkante wird beim Befehl DEHNEN verwendet, wenn Sie keine auswählen?

5. Was müssen Sie tun, wenn Sie an einer Schnittkante stutzen wollen, die das Objekt zwar nicht trifft, aber auf das Objekt zuläuft?

6. Was muss bei der Objektwahl des Befehls STRECKEN gewährleistet sein, damit der Befehl richtig arbeitet?

7. Welche Objekte werden beim Befehl STRECKEN verschoben und welche gedehnt bzw. gestaucht?

8. Mit welchem Befehl und welcher Option können Sie eine Linie an einer Seite um fünf Einheiten verlängern?

9. Was sollten Sie bei den Befehlen MESSEN und TEILEN beachten, wenn Sie Punkte setzen wollen?

10. Wie können Sie beim Befehl TEILEN ein beliebiges Objekt an die Trennstelle setzen?

STUNDE 13

Textbefehle und Textstile

Nachdem Sie in der dritten Stunde schon einmal den Befehl MTEXT benutzt haben, werden Sie in dieser Stunde die weiteren Möglichkeiten zur Beschriftung von Zeichnungen kennen lernen. Sie erfahren:

- ✘ wie Texte in die Zeichnung kommen
- ✘ was ein Textstil ist und wie man ihn erstellt
- ✘ wie Textabsätze mit dem Texteditor erstellt werden
- ✘ wie man Texte ändert
- ✘ wie man Textpassagen suchen und ersetzen kann und
- ✘ wie mit der Rechtschreibprüfung Texte korrigiert werden.

13.1 Text zeilenweise eingeben

In AutoCAD haben Sie zwei Textbefehle zur Verfügung, einen zur zeilenweisen Eingabe und einen für die Eingabe von Textabsätzen im Editor. Zuerst sehen wir uns den Befehl für die Textzeilen an.

Aktion: Befehl DTEXT

Mit dem Befehl DTEXT können Sie Text zeilenweise eingeben. Sie finden den Befehl:

- ✘ Abrollmenü ZEICHNEN, Untermenü TEXT >, Funktion EINZEILIGER TEXT
- ✘ Symbol im Werkzeugkasten TEXT

13 Textbefehle und Textstile

Befehl: **Dtext**
Aktueller Textstil: "Standard" Texthöhe: 2.50
Startpunkt des Texts angeben oder [Position/Stil]: **Linken Startpunkt für den Text eingeben oder in der Zeichnung anklicken**
Höhe angeben <2.50>:
Drehwinkel des Texts angeben <0>:
Text eingeben: **Erste Textzeile eingeben**
Text eingeben: **Zweite Textzeile eingeben**
..
..
Text eingeben: ⏎

Bei der Standardmethode geben Sie den linken Startpunkt für den Text vor, die Texthöhe und den Winkel der Textgrundlinie. Danach geben Sie den Text ein. Die Eingabe von ⏎ schaltet in die nächste Zeile und ⏎ direkt nach der Textanfrage beendet die Eingabe.

Tipps:

✗ Geben Sie ⏎ bei der ersten Anfrage nach dem Startpunkt ein, wird der neue Text unter die zuletzt eingegebene Textzeile gesetzt. Die Texteinstellungen werden von der letzten Zeile übernommen und es wird sofort die Texteingabe verlangt.

✗ Haben Sie einen Textstil (siehe unten) mit fester Texthöhe aktiv, wird die Texthöhe nicht abgefragt. Mit diesem Stil kann nur in einer Höhe beschriftet werden.

✗ Während der Texteingabe kann der Cursor jederzeit an eine andere Position in der Zeichnung gesetzt werden. Klicken Sie den Punkt einfach an. Die Texteingabe wird dabei nicht unterbrochen.

✗ Während der Texteingabe können Sie nur mit der Taste ← korrigieren, auch über mehrere Zeilen zurück. Allerdings wird dann der ganze Text bis zur Korrekturstelle gelöscht.

Aktion: Sonderzeichen im Text

Sonderzeichen, die auf der Tastatur nicht zu finden sind, geben Sie in AutoCAD mit einem speziellen Code ein. Folgende Codes sind möglich (siehe Abbildung 13.1):

%%d   Gradzeichen
%%c   Durchmesserzeichen
%%p   ±-Zeichen (z. B.: bei Toleranzangabe)
%%u   Unterstreichen ein/aus
%%o   Überstreichen ein/aus

Die letzten beiden Funktionen sind Schaltfunktionen. Geben Sie den Code bei der Texteingabe einmal ein, wird die Funktion eingeschaltet und beim nächsten Mal wieder ausgeschaltet.

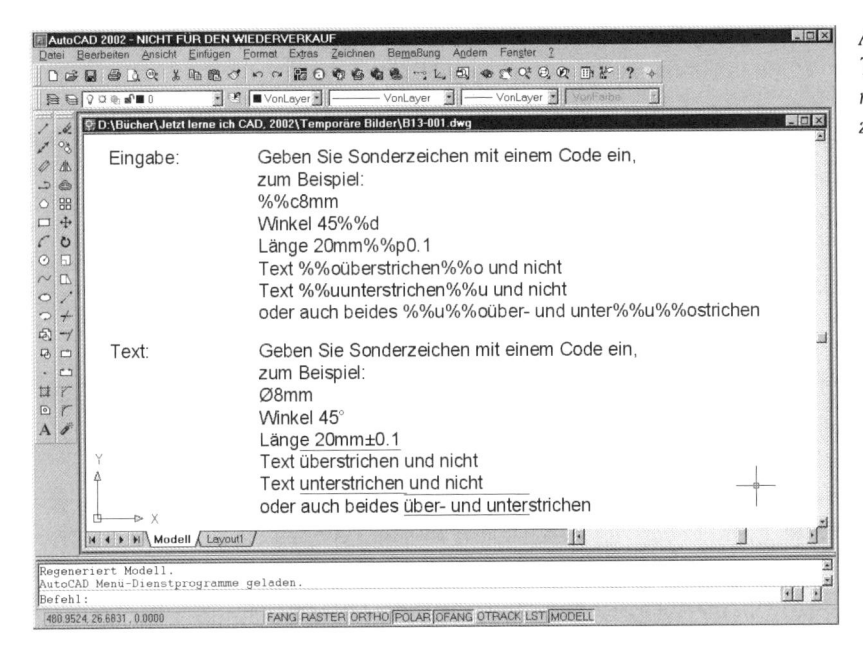

Abb. 13.1: Texteingabe mit Sonderzeichen

```
Eingabe:    Geben Sie Sonderzeichen mit einem Code ein,
            zum Beispiel:
            %%c8mm
            Winkel 45%%d
            Länge 20mm%%p0.1
            Text %%oüberstrichen%%o und nicht
            Text %%uunterstrichen%%u und nicht
            oder auch beides %%u%%oüber- und unter%%u%%ostrichen

Text:       Geben Sie Sonderzeichen mit einem Code ein,
            zum Beispiel:
            Ø8mm
            Winkel 45°
            Länge 20mm±0.1
            Text überstrichen und nicht
            Text unterstrichen und nicht
            oder auch beides über- und unterstrichen
```

Training: Texteingabe

- Beginnen Sie eine neue Zeichnung.
- Geben Sie Text mit dem Befehl DTEXT ein, verwenden Sie dabei Sonderzeichen. Testen Sie die oben beschriebenen Funktionen.

Aktion: Weitere Optionen beim Befehl DTEXT

Bei der ersten Anfrage des Befehls DTEXT stehen Ihnen weitere Optionen zur Verfügung:

Befehl: **Dtext**
Aktueller Textstil: "STANDARD" Texthöhe: 2.50
Startpunkt des Texts angeben oder [Position/Stil]:

STIL: Wahl eines anderen Textstils. Der Textstil muss in der Zeichnung bereits definiert worden sein (siehe weiter unten).

Aktueller Textstil: "STANDARD" Texthöhe: 2.50
Startpunkt des Texts angeben oder [Position/Stil]: **S für Stil**
Stilnamen eingeben oder [?] <STANDARD>:

13 Textbefehle und Textstile

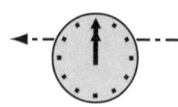

Der aktuelle Textstil wird in den Klammern angezeigt. Durch Eingabe von ? werden alle Textstile dieser Zeichnung aufgelistet. Haben Sie einen neuen Stil gewählt oder den aktuellen mit ⏎ bestätigt, wird die erste Anfrage wiederholt.

POSITION: Wollen Sie den Text nicht linksbündig ausrichten, verwenden Sie die Option POSITION (siehe Abbildung 13.2).

Aktueller Textstil: "STANDARD" Texthöhe: 2.50
Startpunkt des Texts angeben oder [Position/Stil]: **P für Position**
Option eingeben
[Ausrichten/Einpassen/Zentrieren/Mittel/Rechts/
OL/OZ/OR/ML/MZ/MR/UL/UZ/UR]:

RECHTS: Text rechtsbündig setzen.

ZENTRIEREN: Text zentriert setzen.

MITTEL: Text mittig setzen. Während mit der Option ZENTRIEREN die Textgrundlinie um den eingegebenen Punkt zentriert wird, wird mit dieser Option der geometrische Mittelpunkt des Textes an diesen Punkt gesetzt.

AUSRICHTEN: Vorgabe des Start- und Endpunkts für den Text. Der eingegebene Text wird in der Höhe so variiert, dass er zwischen die Punkte passt.

EINPASSEN: Vorgabe des Start- und Endpunktes für den Text sowie der Texthöhe. Der eingegebene Text wird mit fester Höhe und flexibler Buchstabenbreite zwischen die beiden Punkte gesetzt.

Mit den weiteren Optionen geben Sie an, um welchen Punkt der Text ausgerichtet werden soll. Die Abkürzungen stehen für folgende Ausrichtungsmöglichkeiten:

OL	oben links
OZ	oben zentriert
OR	oben rechts
ML	Mitte links
MZ	Mitte zentriert
MR	Mitte rechts
UL	unten links
UZ	unten zentriert
UR	unten rechts

Nachdem Sie eine Option für die Textposition gewählt haben, werden die weiteren Parameter für die Texteingabe angefragt sowie der Text selber wie bei der oben beschriebenen Standardmethode.

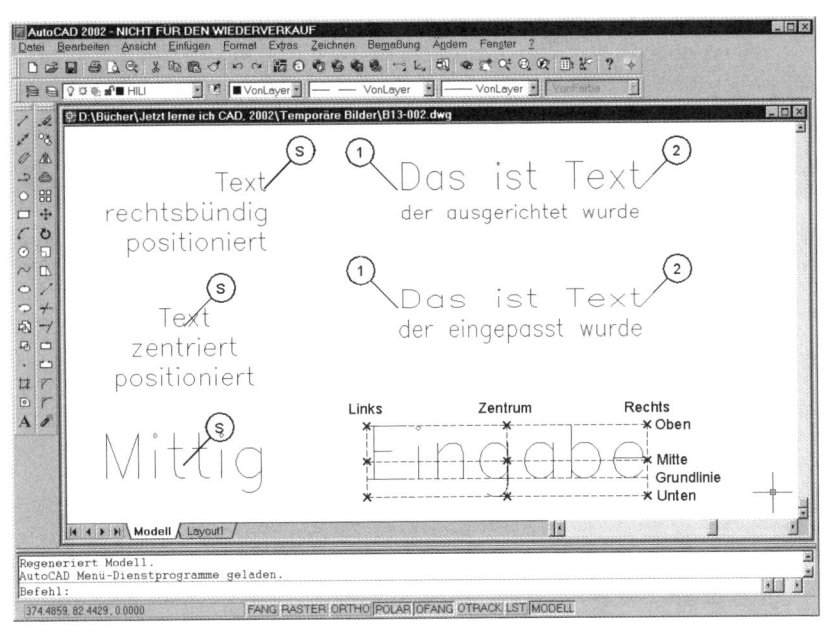

Abb. 13.2:
Verschiedene
Textpositionen

Fehler:

✘ Egal welche Textposition Sie gewählt haben, der Text wird zuerst linksbündig in die Zeichnung gesetzt. Brechen Sie jetzt nicht ab. Wenn Sie die Texteingabe abgeschlossen haben, wird der Text richtig positioniert.

Training: Texteingabe

✘ Experimentieren Sie mit den verschiedenen Arten der Textpositionierung.

13.2 Text mit Stil

In AutoCAD können Sie die verschiedensten Schriften verwenden. Dabei sollten Sie zwei Begriffe nicht durcheinander bringen:

Zeichensatz: Im Zeichensatz ist die Geometrie der Schrift definiert. Die Zeichensätze müssen als Dateien vorhanden sein. Sie finden sie im Ordner *\Programme\AutoCAD 2002 Deu\Fonts* bzw. *\Programme\AutoCAD LT 2002 Deu\Fonts*. Sie haben die Dateierweiterung *.SHX*. Außerdem können Sie die Windows True-Type-Schriften auch in AutoCAD verwenden.

243

13 Textbefehle und Textstile

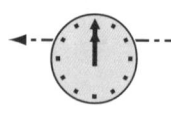

Stil: Aus einem Zeichensatz lassen sich Textstile definieren. Der Textstil legt fest, mit welchen Parametern der Zeichensatz verwendet werden soll. In einer Zeichnung können beliebig viele Textstile vorhanden sein. Ein Textstil ist immer der aktuelle Textstil, mit dem beschriftet wird (siehe oben, Befehl DTEXT).

Aktion: Befehl STIL

Mit dem Befehl STIL definieren Sie neue Textstile oder ändern vorhandene Textstile. Wählen Sie den Befehl:

✘ Abrollmenü FORMAT, Funktion TEXTSTIL...

✘ Symbol im Werkzeugkasten TEXT

Alle Eingaben können Sie in einem Dialogfeld vornehmen (siehe Abbildung 13.3).

Abb. 13.3: Dialogfeld für den Textstil

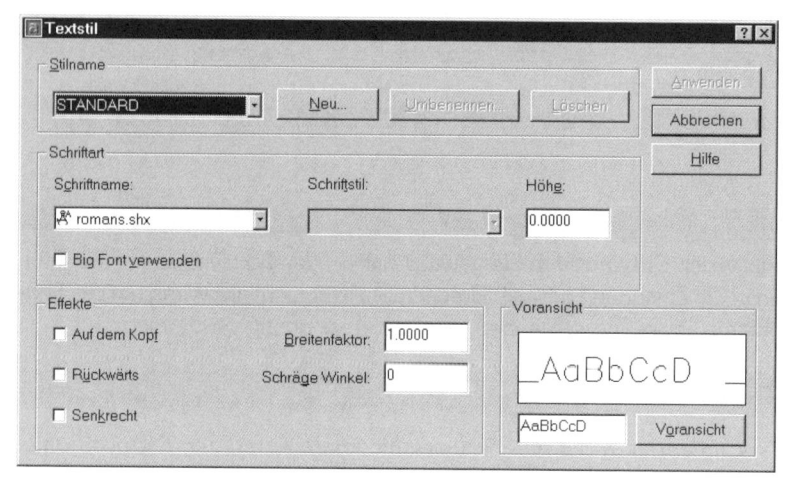

Aktion: Neuen Stil definieren

Wollen Sie einen neuen Stil definieren, gehen Sie wie folgt vor:

✘ Klicken Sie auf die Schaltfläche NEU... und tragen Sie in dem zusätzlichen Dialogfeld den neuen Stilnamen ein, Vorgabe ist *Stil1*, *Stil2* usw. Geben Sie einen Namen für den neuen Stil ein oder bestätigen Sie die Vorgabe.

✘ Wählen Sie dann aus dem Abrollmenü SCHRIFTNAME einen Zeichensatz für den Textstil aus. AutoCAD-Schriften haben die Dateierweiterung *.SHX*. Dabei handelt es sich um einfache Schriften, die mit einem oder mehreren Strichen gezeichnet werden. Diese sollten Sie verwenden, wenn Sie Ihre Zeichnung auf einem Stiftplotter ausgeben. True-Type-Schriften werden ohne Dateierweiterung angezeigt. Sie haben aber davor das Symbol TT. Es sind gefüllte Schriften, die in der Zeichnung ein besseres Schriftbild ergeben.

- True-Type-Schriften sind meist in verschiedenen Schriftschnitten vorhanden: Normal, kursiv, fett usw. Im Abrollmenü SCHRIFTSTIL können Sie wählen, wie Sie den Zeichensatz verwenden wollen.
- Wenn Sie im Feld HÖHE eine Höhe eintragen, können Sie diesen Textstil nur mit dieser Höhe verwenden. Geben Sie für die Höhe 0 ein, wird die Höhe beim Befehl DTEXT abgefragt.
- Wählen Sie die EFFEKTE für den Textstil, falls Sie einen speziellen Stil haben wollen: AUF DEM KOPF, um den Text um 180° gedreht zu setzen, RÜCKWÄRTS für Spiegelschrift oder SENKRECHT für vertikal untereinander gesetzte Buchstaben.
- Geben Sie einen BREITENFAKTOR kleiner 1 ein, wenn der Text gestaucht werden soll und größer 1, wenn er gedehnt werden soll.
- Geben Sie einen Neigungswinkel ein, wenn Sie den Text kursiv setzen wollen. Verwenden Sie aber stattdessen lieber eine kursive Schrift. Das Schriftbild wird besser, als wenn Sie eine gerade Schrift schräg stellen.
- Im Feld VORANSICHT sehen Sie eine Schriftprobe des neuen Textstils.
- Klicken Sie auf ANWENDEN zur Übernahme der Einstellungen.

Aktion: Bestehenden Stil ändern

Wollen Sie einen bestehenden Stil ändern, gehen Sie wie folgt vor:

- Wählen Sie ihn im Abrollmenü STILNAME, ändern Sie die entsprechenden Einstellungen und klicken auf die Schaltfläche ANWENDEN.
- Alle Texte, die mit diesem Stil erstellt wurden, werden geändert. Es wird aber nur die Schriftart geändert. Änderungen an den anderen Einstellungen (Breitenfaktor, Effekte usw.) wirken sich nicht auf die vorhandenen Texte aus.

Aktion: Stil umbenennen

- Wollen Sie einen bestehenden Stil umbenennen, gehen Sie ähnlich vor: Wählen Sie ihn im Abrollmenü STILNAME aus, klicken Sie auf das Feld UMBENENNEN… und tragen Sie im Eingabefeld für den Stilnamen den neuen Namen ein und klicken Sie auf OK.

13 Textbefehle und Textstile

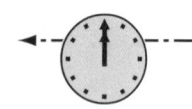

Aktion: Stil löschen

✘ Wollen Sie einen Stil löschen, wählen Sie ihn im Abrollmenü STILNAME und klicken auf die Schaltfläche LÖSCHEN. Wurde der Stil schon verwendet, kann er nicht gelöscht werden.

Aktion: Befehl beenden

✘ Mit der Schaltfläche SCHLIESSEN beenden Sie das Dialogfeld und übernehmen die neu definierten Stile in die Zeichnung. Der zuletzt bearbeitete Stil wird zum aktuellen Stil und kommt als Vorgabe bei den Textbefehlen.

Training: Neue Textstile definieren

✘ *Definieren Sie in der Zeichnung neue Textstile mit AutoCAD-Schriften und True-Type-Schriften und testen Sie diese mit dem Befehl DTEXT.*

13.3 Text absatzweise eingeben

Bei Ihrer ersten Zeichnung hatten Sie schon den Befehl verwendet, auch wenn Sie dort nur einzeiligen Text eingegeben haben, den Befehl MTEXT. Damit können Sie Textabsätze in einem Editor eingeben, formatieren und in der Zeichnung platzieren.

Aktion: Befehl MTEXT

Den Befehl finden Sie:

✘ Abrollmenü ZEICHNEN, Untermenü TEXT >, Funktion ABSATZTEXT...

✘ Symbol im Werkzeugkasten ZEICHNEN und im Werkzeugkasten TEXT

Befehl: **Mtext**
Aktueller Textstil: "Standard" Texthöhe: 2.5
Erste Ecke:

Nachdem Sie den Befehl angewählt haben, bekommen Sie zunächst angezeigt, welcher Textstil und welche Texthöhe verwendet wird. Für eine Standardeingabe gehen Sie so vor:

✘ Geben Sie einen Eckpunkt für die Größe des Textes ein

Gegenüberliegende Ecke oder
[Höhe/Ausrichten/Zeilenabstand/Drehen/Stil/Breite]:

Text absatzweise eingeben

✗ Ziehen Sie ein Fenster auf und geben Sie den gegenüberliegenden Eckpunkt für das Textfensters ein.

✗ Danach erscheint der Texteditor (siehe Abbildung 13.4). Geben Sie Ihren Text ein. Er erscheint im aktuellen Textstil und in der eingestellten Höhe im Textfenster, außerdem wird er hier schon automatisch auf die Zeilenbreite umbrochen, wie er später auch in die Zeichnung gesetzt wird. Klicken Sie auf OK und er wird in die Zeichnung übernommen.

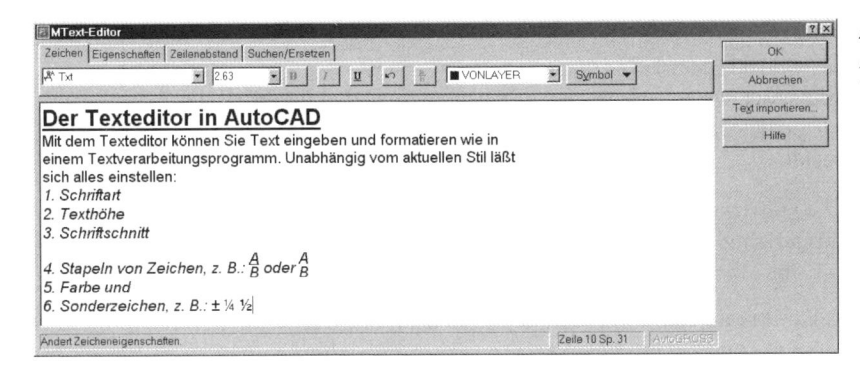

Abb. 13.4: Editor zur Texteingabe

Aktion: Optionen bei der Platzierung des Fensters

Außer dieser Standardmethode stehen Ihnen weitere Möglichkeiten zur Verfügung. Bei der Anfrage nach der gegenüberliegenden Ecke des Textfensters haben Sie folgende Optionen zur Auswahl:

Gegenüberliegende Ecke oder
[Höhe/Ausrichten/Zeilenabstand/Drehen/Stil/Breite]:

Höhe: Vorgabe einer anderen Höhe für den einzugebenden Text.

Drehen: Vorgabe eines Drehwinkels für das Textfenster.

Stil: Vorgabe eines anderen Stils für den einzugebenden Text.

Breite: Vorgabe einer Breite für das Textfenster.

Zeilenabstand: Vorgabe des Zeilenabstandes der einzelnen Textzeilen zueinander.

Gegenüberliegende Ecke oder
[Höhe/Ausrichten/Zeilenabstand/Drehen/Stil/Breite]: **Z für Zeilenabstand**
Zeilenabstandstyp eingeben [Mindestens/Genau] <Genau>:
Faktor oder Abstand für Zeilenabstand eingeben <2x>:

Zunächst ist der Zeilenabstandstyp einzugeben. Mit der Einstellung MINDESTENS wird der Zeilenabstand dem größten Zeichen in der Zeile angepasst.

Wählen Sie dagegen Genau, wird der eingestellte Zeilenabstand für jede Zeile des Absatzes verwendet. Danach geben Sie den Zeilenabstand ein, als Zahlenwert für den Abstand in Zeichnungseinheiten von Textzeile zu Textzeile oder als Faktor (z. B.: 2x oder 0.5x), der ein Vielfaches des normalen Zeilenabstandes angibt. Geben Sie den Abstand ein, wird dieser immer verwendet, egal ob Sie für den Zeilenabstandstyp Mindestens oder Genau verwendet haben.

Ausrichten: Vorgabe des Punktes, an dem der Textabsatz ausgerichtet werden soll.

Gegenüberliegende Ecke oder
[Höhe/Ausrichten/Zeilenabstand/Drehen/Stil/Breite]: **A für Ausrichten**
Ausrichtung angeben [OL/OZ/OR/ML/MZ/MR/UL/UZ/UR] <OL>: **z.B.: MR für Mitte rechts**

Die Ausrichtungsoptionen geben an, an welchem Punkt der Text im Fenster ausgerichtet werden soll. Die Kürzel sind gleich wie beim Befehl Dtext, z. B.: MR für Mitte rechts.

Außer bei der Option Breite wird bei allen anderen Optionen nach der Eingabe die Optionsliste wiederholt:

Gegenüberliegende Ecke oder
[Höhe/Ausrichten/Zeilenabstand/Drehen/Stil/Breite]:

Wenn Sie die gegenüberliegende Ecke eingegeben haben, wird der Editor (siehe Abbildung 13.4) gestartet.

Aktion: Texteditor, Registerkarte Zeichen

Abweichend vom gewählten Stil können Sie in dieser Registerkarte die Zeichenformatierung einstellen (siehe Abbildung 13.4). Wählen Sie die Einstellungen, bevor Sie den Text eingeben.

Sie können aber auch zuerst den Text eintippen. Er wird in der Standard-Schrift dargestellt. Markieren Sie dann die Stellen, die Sie neu formatieren wollen, und wählen Sie die Formatierung für die markierten Textstellen. Folgende Einstellungen sind möglich:

Schrift: Abrollmenü zur Auswahl des Zeichensatzes, alle AutoCAD- und Windows True-Type-Schriften sind wählbar, ohne dass Sie zuvor wie beim Befehl Dtext einen Stil definieren müssen.

Schrifthöhe: Abrollmenü zur Auswahl der Texthöhe, abweichend von der vorher angezeigten Einstellung. Die bisher verwendeten Höhen können im Menü gewählt oder es kann eine neue Höhe eingetragen werden.

Symbole für den Schriftschnitt: Daneben finden Sie die Symbole für den Schriftschnitt. B für fette (bold), I für kursive (italic) und U für unterstrichene Schrift. Der Pfeil rechts von diesen Symbolen macht die letzte Aktion rückgängig. Das rechte Symbol setzt den markierten Text übereinander. Dazu muss der Text, der übereinandergesetzt werden soll, mit »/« getrennt sein, z.B.: A/B. A wird dann über einen Bruchstrich gesetzt und B darunter. Soll kein Bruchstrich verwendet werden, trennen Sie die Zeichen mit »^«, z.B.: A^B.

Textfarbe: Abrollmenü zur Auswahl der Textfarbe. Wählen Sie daraus eine Farbe, wenn der Text nicht in der Farbe des aktuellen Layers dargestellt werden soll. Mit dem letzten Eintrag in dem Menü ANDERE... erhalten Sie das Dialogfeld zur Farbwahl.

Symbol: Abrollmenü zur Auswahl eines AutoCAD-Sonderzeichens (%%d, %%p und %%c). Das Sonderzeichen wird an die aktuelle Cursorposition gesetzt. Außerdem finden Sie ein geschütztes Leerzeichen. Fügen Sie dieses zwischen zwei Worten ein, verhindern Sie, dass zusammengehörende Worte am Zeilenumbruch getrennt werden. Mit dem Eintrag ANDERE... kommen Sie zum Dialogfeld mit der Zeichentabelle, das alle Sonderzeichen der Schriftart enthält (siehe Abbildung 13.5).

Abb. 13.5: Zeichentabelle zur Auswahl von Sonderzeichen

Gehen Sie wie folgt vor, um ein Zeichen in den Texteditor zu bekommen:

✘ Gewünschte Schrift im Abrollmenü SCHRIFTART auswählen.

✘ Zeichen in der Zeichentabelle anklicken. Bei gedrückter Maustaste wird das Zeichen vergrößert (siehe Abbildung 13.5).

✘ Doppelklick auf das Zeichen und es wird in das Feld ZU KOPIERENDE ZEICHEN übernommen. Danach eventuell weitere Zeichen anklicken.

✘ Schaltfläche KOPIEREN anklicken. Die Zeichen werden in die Windows-Zwischenablage kopiert.

13 Textbefehle und Textstile

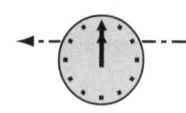

✘ Wechseln Sie in den AutoCAD-Texteditor, Cursor an die Stelle setzen, an der der Text eingefügt werden soll.

✘ Rechte Maustaste drücken und aus dem Pop-up-Menü die Funktion EINFÜGEN wählen. Die Sonderzeichen werden eingefügt.

TEXT IMPORTIEREN...: Übernahme von Text aus einer Textdatei. Wenn Sie die Schaltfläche anklicken, können Sie mit dem Dateiwähler eine Textdatei auswählen. Die Übernahme von ASCII-Texten oder formatierten Texten im *Rich-Text-Format* ist möglich.

Aktion: Pop-up-Menü im Texteditor

Wie gerade schon kurz erwähnt, haben Sie eine weitere Hilfe zur Bearbeitung von Text im Editor. Haben Sie einen Text markiert, bekommen Sie mit der rechten Maustaste im Texteditor ein Pop-up-Menü mit den Funktionen:

ZURÜCK	Macht die letzte Aktion im Texteditor rückgängig.
AUSSCHNEIDEN	Schneidet den markierten Text aus und kopiert ihn in die Windows-Zwischenablage.
KOPIEREN	Kopiert den markierten Text in die Windows-Zwischenablage.
EINFÜGEN	Fügt Text aus der Windows-Zwischenablage an der Cursor-Position ein.
ALLES AUSWÄHLEN	Markiert den gesamten Text im Editor.
GROSS-KLEINSCHR. ÄND.	Wandelt den markierten Text in Groß- bzw. Kleinbuchstaben um.
FORMATIERUNG ENTF.	Entfernt alle Formatierungen aus dem Text und stellt ihn im aktuellen Textstil dar.
ABSÄTZE ZUSAMMENF.	Entfernt die Zeilenumbrüche aus dem markierten Textabschnitt.

Training: Texteingabe im Editor

✘ *Wählen Sie den Befehl MTEXT und ziehen Sie ein Textfenster auf.*

✘ *Geben Sie Text mit unterschiedlichen Formatierungen und Sonderzeichen ein.*

Aktion: Texteditor, Registerkarte EIGENSCHAFTEN

In der Registerkarte EIGENSCHAFTEN können Sie Einstellungen für den ganzen Textabsatz wählen (siehe Abbildung 13.6):

STIL: Abrollmenü zur Auswahl der Textstils. Beachten Sie aber, dass wenn Sie einen Stil wählen, alle individuellen Formatierungen, die Sie in der vorherigen Registerkarte gemacht haben, verworfen werden und der ganze Text in diesem Stil dargestellt wird.

AUSRICHTUNG: Abrollmenü zur Auswahl der Ausrichtung des Textabsatzes.

BREITE: Eingabe der Breite des Textabsatzes. Wählen Sie im Abrollmenü die Einstellung KEIN UMBRUCH, wird der komplette Text in eine Zeile gesetzt.

DREHUNG: Abrollmenü zur Auswahl der Drehung des Textabsatzes.

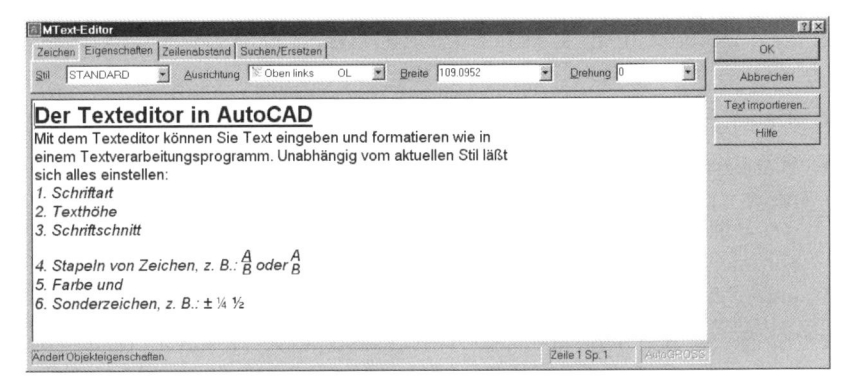

Abb. 13.6: Editor mit der Registerkarte EIGENSCHAFTEN

Aktion: Texteditor, Registerkarte ZEILENABSTAND

In der Registerkarte ZEILENABSTAND können Sie den Zeilenabstand für alle Textzeilen einstellen (siehe Abbildung 13.7):

Im ersten Abrollmenü wird der Zeilenabstandstyp MINDESTENS oder GENAU gewählt (siehe oben). Im Abrollmenü rechts davon wird der Zeilenabstand in Zeichnungseinheiten oder als Faktor zum Standard-Abstand eingestellt (z.B.: 2x oder 0.5x).

13 Textbefehle und Textstile

Abb. 13.7:
Editor mit der
Registerkarte
ZEILENABSTAND

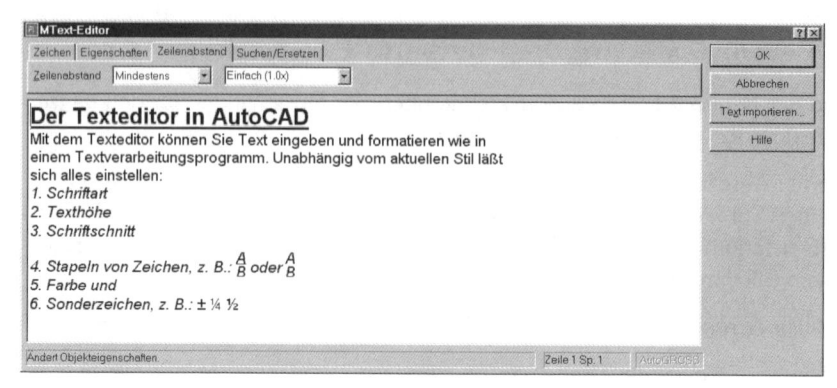

Aktion: Texteditor, Registerkarte SUCHEN/ERSETZEN

In der Registerkarte SUCHEN/ERSETZEN können Sie in größeren Textabsätzen Worte oder ganze Textteile suchen und eventuell durch andere ersetzen (siehe Abbildung 13.8). Gehen Sie dazu wie folgt vor:

✘ Tragen Sie den Text, den Sie suchen wollen, im Feld SUCHEN ein.

✘ Wählen Sie an den Schaltern rechts die Suchbedingungen: GROß-/KLEINS. BEACHTEN bewirkt, dass nur Texte gesucht werden, bei denen die Schreibweise aller Buchstaben übereinstimmt. Ist der Schalter GANZES WORT ein, wird der Text nur als ganzes Wort gesucht. Ist er in einem anderen Wort enthalten, wird er nicht gefunden.

✘ Wollen Sie den gesuchten Text durch einen anderen ersetzen, tragen Sie den neuen Text im Feld ERSETZEN DURCH ein.

✘ Klicken Sie auf dieses Symbol, wird der Text gesucht und im Editor markiert. Klicken Sie erneut auf dieses Symbol, wird weitergesucht.

✘ Klicken Sie auf dieses Symbol, wird der Text gesucht und im Editor markiert. Mit einem erneuten Klick auf dieses Symbol wird der Text ersetzt und weitergesucht.

Abb. 13.8:
Editor mit der
Registerkarte
SUCHEN/
ERSETZEN

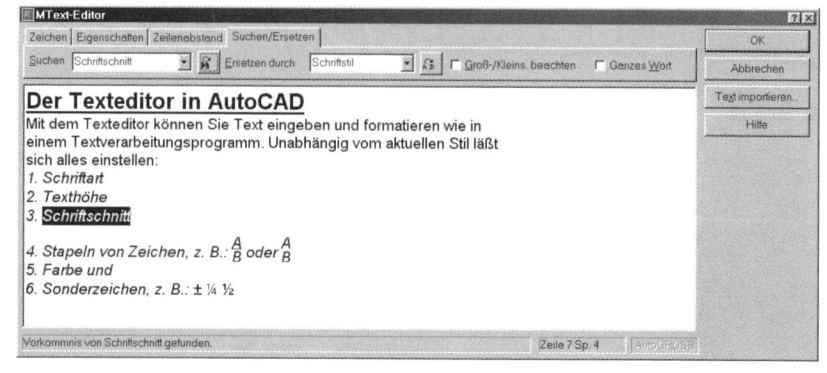

13.4 Texte ändern

Texte und Textabsätze sind normale AutoCAD-Zeichnungsobjekte, Sie können sie verschieben, drehen, skalieren usw. Jede Textzeile oder jeder Textabsatz ist jedoch ein zusammenhängendes Objekt. Haben Sie einen Tippfehler in einer Textzeile oder einem Textabsatz, können Sie den Text mit einem speziellen Änderungsbefehl bearbeiten.

Aktion: Befehl DDEDIT

Der Befehl heißt DDEDIT und Sie finden ihn:

✗ Abrollmenü ÄNDERN, Untermenü OBJEKT >, Untermenü TEXT..., Funktion BEARBEITEN...

✗ Symbol im Werkzeugkasten TEXT

✗ Text doppelt anklicken

Klicken Sie eine Textzeile an, wird ein Dialogfeld mit dieser Textzeile angezeigt. Dort kann sie geändert und mit OK in die Zeichnung übernommen werden (siehe Abbildung 13.9).

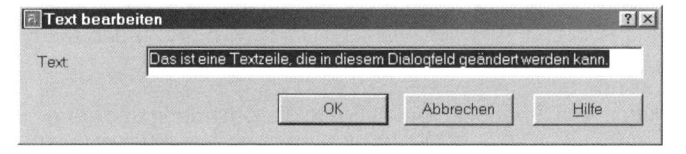

Abb. 13.9: Änderung einer Textzeile

Klicken Sie einen Textabsatz an, wird er in den Texteditor zur Bearbeitung übernommen (siehe oben, Befehl MTEXT). Ändern Sie nach Belieben Text oder Formatierung und klicken Sie auf OK, der Textabsatz wird geändert in die Zeichnung übernommen.

Mit der Option ZURÜCK können Sie Änderungen wieder zurücknehmen.

Training: Textänderung im Editor

✗ Ändern Sie Textzeilen und Textabsätze.

✗ Ändern Sie die Formatierung des Textes im Textabsatz und die Ausrichtung.

13 Textbefehle und Textstile

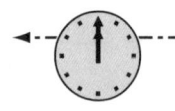

13.5 Suchen und ersetzen

Wie in einem Textverarbeitungsprogramm können Sie auch in einer Zeichnung alle Texte sowie Maßtexte und Attribute nach einem bestimmten Text durchsuchen und diesen auf Wunsch automatisch ersetzen.

Aktion: Befehl SUCHEN

Diese Funktion führen Sie mit dem Befehl SUCHEN aus. Sie finden den Befehl:

✘ Abrollmenü BEARBEITEN, Funktion SUCHEN...

✘ Symbol in der Standard-Funktionsleiste und im Werkzeugkasten TEXT

✘ Pop-up-Menü mit der rechten Maustaste, wenn kein Befehl aktiv ist

In einem Dialogfeld (siehe Abbildung 13.10) tragen Sie ein, was gesucht werden soll.

Tragen Sie im Feld TEXT SUCHEN den Text ein, den Sie in der Zeichnung suchen wollen. Soll der Text ersetzt werden, tragen Sie im Feld ERSETZEN DURCH den Text ein, der stattdessen übernommen werden soll.

Im Abrollmenü SUCHEN IN: rechts oben geben Sie an, wo gesucht werden soll. Haben Sie Texte vorher in der Zeichnung markiert, können Sie die Einstellung AKTUELLE AUSWAHL wählen. Dann wird nur in den markierten Objekten nach dem Text gesucht.

Mit diesem Symbol kommen Sie in die Zeichnung und können die Texte wählen, die nach dem Suchbegriff durchsucht werden sollen. Wenn Sie die Objektwahl mit ⏎ beenden, kommen Sie wieder zum Dialogfeld.

SUCHEN: Mit dieser Schaltfläche wird der eingetragene Text in der Zeichnung gesucht. Kommt er in der Zeichnung vor, wird er im Feld KONTEXT im Zusammenhang angezeigt und in der Zeichnung markiert (siehe Abbildung 13.10).

ERSETZEN: Klicken Sie auf diese Schaltfläche, wird der Text ebenfalls gesucht und angezeigt. Haben Sie den Text schon gefunden und angezeigt, wird er mit dieser Schaltfläche durch den neuen Text ersetzt.

WEITERSUCHEN: Haben Sie den Text gefunden und wird er angezeigt, ändert sich die Schaltfläche SUCHEN, es wird jetzt dort die Schaltfläche WEITERSUCHEN angezeigt. Damit können Sie den Text nach weiteren Vorkommen durchsuchen.

ALLES ERSETZEN: Mit dieser Schaltfläche wird der Text durchsucht und alle Vorkommen ohne Rückfrage ersetzt.

Suchen und ersetzen

ALLES WÄHLEN: Mit dieser Schaltfläche werden alle Objekte in die Auswahl aufgenommen, in denen der Text vorkommt. Diese Funktion steht nur dann zur Verfügung, wenn im Abrollmenü SUCHEN IN: die Einstellung AKTUELLE AUSWAHL gewählt wurde. Wählen Sie die Schaltfläche an, verschwindet das Dialogfeld und der Text, in der die Zeichenfolge vorkommt, wird in der Zeichnung markiert.

ZOOM AUF: Mit dieser Schaltfläche können Sie den gefundenen Text in der Zeichnung vergrößert darstellen, um zu sehen, um welches Textvorkommen es sich handelt. Das Dialogfeld verschiebt sich auf die Seite, damit der Text sichtbar wird (siehe Abbildung 13.10).

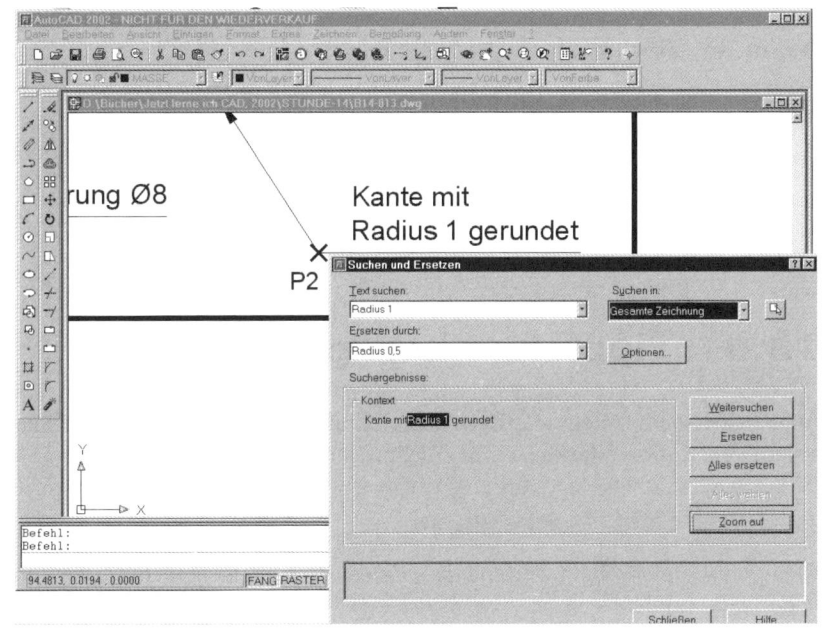

Abb. 13.10: Dialogfeld zur Textsuche

13.5.1 Optionen für die Suche

Klicken Sie auf die Schaltfläche OPTIONEN... bekommen Sie ein weiteres Dialogfeld, in dem Sie die Bedingungen für die Suche einstellen können (siehe Abbildung 13.11).

Im Feld EINBEZIEHEN: stellen Sie ein, welche Objekte nach der Zeichenfolge durchsucht werden sollen. Darunter können Sie wählen, ob bei der Suche Groß-/Kleinschreibung berücksichtigt werden soll und ob der Text nur als ganzes Wort gesucht werden soll.

13 Textbefehle und Textstile

Abb. 13.11:
Optionen für
die Suche

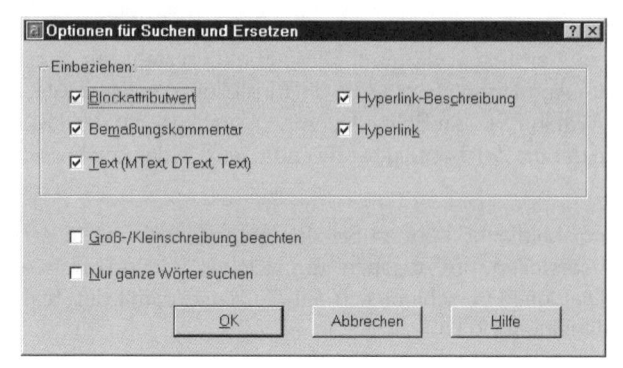

Training: Text suchen und ersetzen

✗ Laden Sie die Zeichnung A-13-01.dwg aus dem Ordner \AUFGABEN.

✗ Ersetzen Sie in der Zeichnung den Begriff »mit Radius 0.5 gerundet« durch »scharfkantig« an allen Stellen.

✗ Eine Lösung finden Sie im gleichen Ordner, die Zeichnung L-13-01.dwg.

13.6 Tippfehler korrigieren

AutoCAD hat eine integrierte Rechtschreibprüfung. Lassen Sie einzelne Textzeilen, Textabsätze oder die ganze Zeichnung nach Fehlern durchsuchen.

Aktion: Befehl RECHTSCHREIBUNG

Die Rechtschreibprüfung wird mit dem Befehl RECHTSCHREIBUNG gestartet. Sie finden den Befehl:

✗ Abrollmenü EXTRAS, Funktion RECHTSCHREIBUNG

Befehl: **Rechtschreibung**
Objekt wählen:

Klicken Sie die Texte an, die geprüft werden sollen oder geben Sie die Option ALLE ein, um alle Texte in der Zeichnung zu prüfen. Gehen Sie bei Fehlern wie folgt vor: Wird ein Fehler oder ein unbekanntes Wort entdeckt, bekommen Sie das Dialogfeld der Rechtschreibprüfung auf den Bildschirm (siehe Abbildung 13.12).

Tippfehler korrigieren

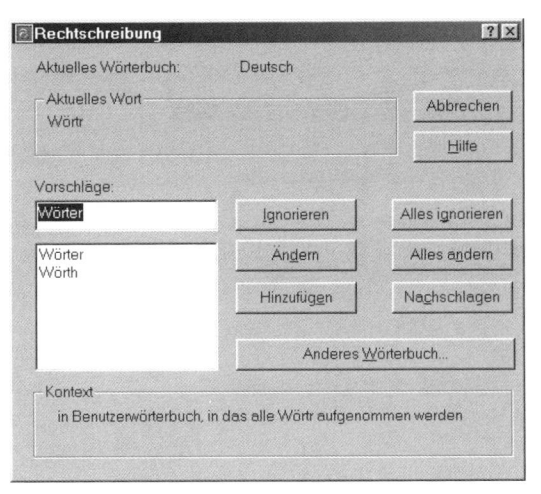

Abb. 13.12: Dialogfeld zur Rechtschreibprüfung

Sie bekommen angezeigt: Mit welchem Wörterbuch gerade gearbeitet wird, deutsch, englisch, französisch usw., in welchem Wort ein Fehler festgestellt wurde, bzw. welches Wort unbekannt ist, eine Liste mit Änderungsvorschlägen und der Kontext, in dem das Wort steht.

Klicken Sie auf eine Schaltfläche:

IGNORIEREN: Es wird keine Korrektur vorgenommen.

ALLES IGNORIEREN: Es wird keine Korrektur vorgenommen und das Wort im ganzen Text nicht mehr angefragt.

ÄNDERN: Ersetzt das Wort durch das in der Vorschlagsliste markierte.

ALLES ÄNDERN: Ersetzt das Wort durch das in der Vorschlagsliste markierte im ganzen Text.

HINZUFÜGEN: Nimmt das Wort in das Benutzerwörterbuch auf.

NACHSCHLAGEN: Wenn Sie ein Wort in der Vorschlagsliste markieren, können Sie damit Wörter in der Vorschlagsliste einblenden, die dem markierten Wort ähnlich sind.

ANDERES WÖRTERBUCH...: Wechsel des Haupt- bzw. Benutzerwörterbuchs in einem weiteren Dialogfeld (siehe Abbildung 13.13).

AutoCAD arbeitet mit einem Hauptwörterbuch, das in verschiedenen Sprachen mit dem Programm installiert wurde. Daneben gibt es ein Benutzerwörterbuch, in das alle Wörter aufgenommen werden, die Sie bei der Rechtschreibprüfung ins Wörterbuch hinzufügen. Sie können sich verschiedene Benutzerwörterbücher anlegen, je nach Anwendung oder Benutzer und diese mit dem Hauptwörterbuch in diesem Dialogfeld wechseln.

13 Textbefehle und Textstile

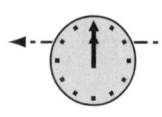

Abb. 13.13:
Dialogfeld zur
Wahl der Wör-
terbücher

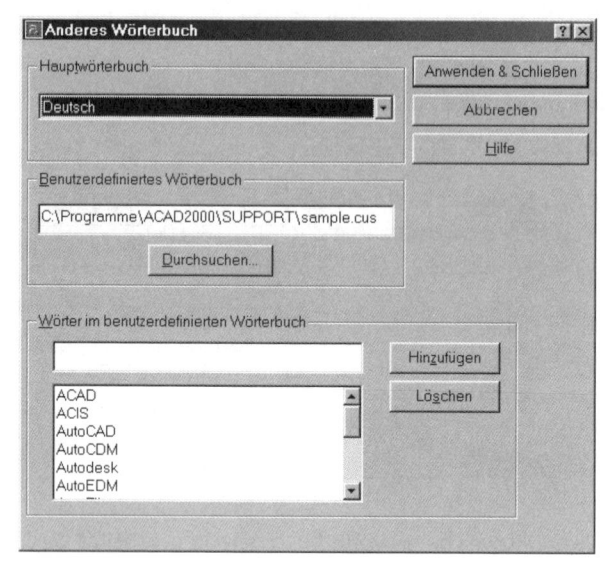

Training: Rechtschreibung prüfen

✗ Laden Sie die Zeichnung A-13-02.dwg aus dem Ordner \AUFGABEN.

✗ Korrigieren Sie eventuell enthaltene Rechtschreibfehler mit dem Befehl RECHTSCHREIBUNG.

✗ Den korrigierten Text finden Sie ebenfalls im Ordner \AUFGABEN, die Zeichnung L-13-02.dwg.

Fragen zur dreizehnten Stunde

1. Was ist der Unterschied zwischen den Optionen ZENTRIEREN und MITTE beim Befehl DTEXT?

2. Mit welcher Option des Befehls DTEXT wird der Text in der Breite variiert, bis er zwischen zwei Punkte passt?

3. Mit welchem Code erhalten Sie das Durchmesserzeichen?

4. Mit welchen Zeichensätzen bekommen Sie bessere Schriftbilder?

5. Ein Textstil hat die Höhe 0, was bedeutet das?

6. Sie ändern einen Textstil, was ändert sich bei Texten, die mit diesem Stil erstellt wurden?

7. Sie wollen beim Befehl MTEXT eine spezielle Schrift verwenden, müssen Sie vorher einen Textstil erstellen?

8. Mit welchem Befehl ändern Sie Texte?

9. Welche Wörter werden bei der Rechtschreibprüfung angefragt?

10. Welche Arten von Wörterbüchern gibt es bei der Rechtschreibprüfung?

STUNDE 14

Bemaßen

Jede Zeichnung muss auch irgendwann einmal bemaßt werden. Dann haben Sie den Nutzen davon, dass Sie bisher exakt gearbeitet haben. Sie können die Maße einfach aus der Zeichnung abgreifen. Sie lernen in dieser Stunde:

✗ wie Sie lineare Maße in die Zeichnung bringen

✗ wie Maßketten erstellt werden

✗ auf welche Art Radien und Durchmesser bemaßt werden

✗ wie Winkel bemaßt werden

✗ wie Sie in AutoCAD 2002 die Schnellbemaßung verwenden können

✗ was Führungslinien sind und wie sie in die Zeichnung kommen.

14.1 Maße in der Zeichnung

Alle Bemaßungsfunktionen finden Sie in dem Abrollmenü BEMAßUNG und im Werkzeugkasten für die Bemaßung.

In AutoCAD 2002 bzw. LT 2002 werden Bemaßungen normalerweise assoziativ erstellt, das heißt, sie werden als zusammenhängendes Objekt erzeugt. Ändern Sie später die Kontur, die Sie bemaßt haben, werden diese entsprechend korrigiert. Vergrößern Sie beispielsweise ein bemaßtes Teil um den Faktor 2 mit dem Befehl VARIA, werden die Maßtexte korrigiert. Maßpfeile, Texthöhe usw. bleiben aber so, wie sie vorher waren. Mit dem Befehl URSPRUNG können Sie Maße in ihre Bestandteile zerlegen, wie Sie das auch

14 Bemaßen

schon bei anderen Objekten gesehen haben. Überprüfen Sie die Einstellung von DIMASSOC.

Befehl: **Dimassoc**
Neuen Wert für DIMASSOC eingeben <2>:

Folgende Einstellungen sind möglich:

0   Maße werden als einzelne Objekte erzeugt
1   Maße werden als zusammenhängendes Objekt erzeugt
2   Maße werden als zusammenhängendes Objekt erzeugt und sind mit der Kontur verknüpt

Maße sollten in der Regel anders aussehen, je nachdem, ob sie in technischen Zeichnungen oder Architekturplänen stehen. Diese Einstellungen können Sie mit den Bemaßungsvariablen bzw. dem Bemaßungsstil beeinflussen. In dieser Stunde werden Sie mit den Standardeinstellungen arbeiten und in der nächsten Stunde lernen Sie, wie Sie diese verändern und anpassen können.

14.2   Längen bemaßen

Die meisten Maße geben die horizontale, vertikale oder die direkte Distanz zweier Punkte an.

Aktion: Befehl BEMLINEAR

Einfache lineare Maße, horizontal oder vertikal, erstellen Sie mit dem Befehl BEMLINEAR. Sie finden den Befehl im:

- ✘   Abrollmenü BEMAẞUNG, Funktion LINEAR
- ✘   Symbol im Werkzeugkasten BEMAẞUNG

Befehl: **Bemlinear**
Anfangspunkt der ersten Hilfslinie angeben oder <Objekt wählen>:

Sie haben jetzt zwei Möglichkeiten:

- ✘   Klicken Sie zwei Punkte an (natürlich mit dem Objektfang) und der Abstand dieser Punkte wird vermaßt.

Anfangspunkt der ersten Hilfslinie angeben oder <Objekt wählen>: **Punkt wählen**
Anfangspunkt der zweiten Hilfslinie angeben: **zweiten Punkt wählen**

- ✘   Sie können aber auch bei der Anfrage nach dem ersten Punkt ⏎ eingeben oder die rechte Maustaste drücken und dann mit der Pickbox ein Objekt anklicken, das vermaßt werden soll. Dieses Objekt wird dann an seinen Endpunkten vermaßt:

Anfangspunkt der ersten Hilfslinie angeben oder <Objekt wählen>: ⏎
Zu bemaßendes Objekt wählen:

Egal welche Methode Sie verwenden, in beiden Fällen wird danach die Position der Maßlinie angefragt:

Position der Bemaßungslinie angeben oder
[Mtext/Text/Winkel/Horizontal/Vertikal/Drehen]:

Mit der Standard-Methode können Sie jetzt die Maßlinie platzieren. Beim Positionieren wird das Maß dynamisch mitgeführt. Wenn Sie dabei nach rechts oder links wegfahren, wird ein vertikales Maß gezeichnet. Fahren Sie dagegen nach oben oder unten, gibt es ein horizontales Maß. Klicken Sie einen Punkt an und das Maß wird gezeichnet. Das gemessene Maß wird in die Zeichnung eingetragen und zur Kontrolle im Befehlszeilenfenster angezeigt.

Maßtext = 82.55

Aktion: Weitere Optionen beim Befehl BEMLINEAR

Statt die Maßlinie sofort zu platzieren, haben Sie weitere Optionen:

Position der Bemaßungslinie angeben oder
[Mtext/Text/Winkel/Horizontal/Vertikal/Drehen]:

HORIZONTAL bzw. VERTIKAL: Erstellt ein horizontales bzw. vertikales Maß, egal wo Sie die Maßlinie hinsetzen.

WINKEL: Setzt den Maßtext mit wählbarem Winkel schräg zwischen die Maßlinie.

DREHEN: Setzt die Maßlinie mit wählbarem Winkel schräg.

TEXT: Am wichtigsten ist die Option TEXT. Wollen Sie eine andere Maßzahl eingeben als das gemessene Maß, weil Sie beispielsweise nicht maßstäblich gezeichnet haben, oder der Maßzahl einen Text vorstellen oder anhängen wollen, wählen Sie diese Option.

Position der Bemaßungslinie angeben oder
[Mtext/Text/Winkel/Horizontal/Vertikal/Drehen]: **T für Text**
Maßtext eingeben <20.00>: **Neuen Text eingeben**

Geben Sie die Maßzahl manuell ein, überschreiben Sie das gemessene Maß. Wollen Sie einen Text voranstellen oder anhängen, geben Sie diesen ein und, ganz wichtig, geben Sie für das gemessene Maß den Platzhalter <> mit ein:

Maßtext eing. <12>: 12mit 12 überschreiben
Maßtext eing. <6>: M<>der Maßzahl ein M voranstellen
Maßtext eing. <10>: %%c<>der Maßzahl das Zeichen Ø voranstellen (%%c ist der Code für Ø)

14 Bemaßen

Maßtext eing. <10>: Länge=<>der Maßzahl den Text "Länge=" voranstellen usw.

MTEXT: Mit der Option MTEXT können Sie den Maßtext im Texteditor ändern (siehe Abbildung 14.1). Sie finden auch hier den Platzhalter <> für den Maßtext. Ändern Sie den Text, bringen Sie Zusätze an, geben Sie mehrzeiligen Text ein oder ändern Sie die Formatierung, wie Sie es in der letzten Stunde beim Befehl MTEXT gemacht haben.

Abb. 14.1: Maßtext im Texteditor ändern

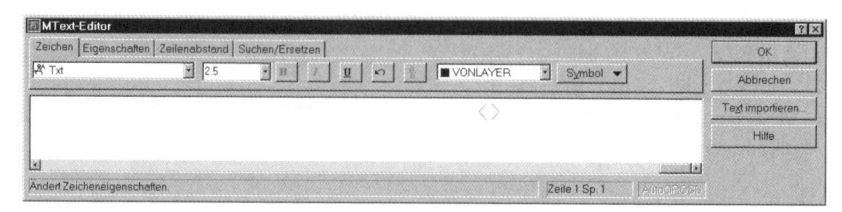

Nach den Optionen werden Sie wieder nach der Position der Maßlinie gefragt. Sie können noch eine Option wählen oder klicken Sie einen Punkt für die Maßlinie an. Das Maß wird in die Zeichnung eingetragen.

Tipps:

- ✘ Wenn Maßpfeile und Maßtext nicht zwischen die Hilfslinien passen, werden sie automatisch nach außen gesetzt. Der Text wird in diesem Fall gegenüber dem zuerst angeklickten Maßpunkt gesetzt.
- ✘ Erstellen Sie einen eigenen Layer für Maße und machen Sie ihn beim Bemaßen zum aktuellen Layer.
- ✘ Schalten Sie für die Bemaßung den Objektfang fest ein, meist ist ENDPUNKT und SCHNITTPUNKT sinnvoll.
- ✘ Der Objektfang fängt auch Endpunkte von Schraffurlinien und deren Schnittpunkte mit der Kontur. Schalten Sie deshalb beim Bemaßen von Schnitten den Layer mit der Schraffur besser aus.
- ✘ Um die Maßlinien in eine Flucht zu setzen, kann es sinnvoll sein den Fang einzuschalten.

Training: Lineare Maße erstellen

- ✘ Öffnen Sie die Zeichnung A-14-01.dwg aus dem Ordner \AUFGABEN.
- ✘ Bemaßen Sie Objekte, z.B. die senkrechte Linie links in Abbildung 14.2., 1:

Befehl: **Bemlinear**
Anfangspunkt der ersten Hilfslinie angeben oder <Objekt wählen>: ⏎
Zu bemaßendes Objekt wählen: **Linie anklicken**
Position der Bemaßungslinie angeben oder
[Mtext/Text/Winkel/Horizontal/Vertikal/Drehen]: **Punkt für die Maßlinie anklicken**
Maßtext = 35

✗ Genauso können Sie auch eine schräge Linie bemaßen, einen Bogen oder einen Kreis (siehe Abbildung 14.2, 2 bis 5). Fahren Sie nach rechts oder nach unten weg, um die richtige Ausrichtung zu haben. Bemaßen Sie wie in der Abbildung.

✗ Bemaßen Sie jetzt eine Strecke, die durch zwei Punkte definiert wird (siehe Abbildung 14.2, 6):

Befehl: **Bemlinear**
Anfangspunkt der ersten Hilfslinie angeben oder <Objekt wählen>: **Linker Punkt mit Objektfang Schnittpunkt wählen**
Anfangspunkt der zweiten Hilfslinie angeben: **Rechter Punkt mit Objektfang Schnittpunkt wählen**
Position der Bemaßungslinie angeben oder
[Mtext/Text/Winkel/Horizontal/Vertikal/Drehen]: **Punkt für die Maßlinie anklicken**
Maßtext = 48

✗ Jetzt einen Bogen mit zwei Punkten wählen, aber den Maßtext diesmal korrigieren (siehe Abbildung 14.2, 7):

Befehl: **Bemlinear**
Anfangspunkt der ersten Hilfslinie angeben oder <Objekt wählen>: **Linker Punkt mit Objektfang Schnittpunkt wählen**
Anfangspunkt der zweiten Hilfslinie angeben: **Rechter Punkt mit Objektfang Schnittpunkt wählen**
Position der Bemaßungslinie angeben oder
[Mtext/Text/Winkel/Horizontal/Vertikal/Drehen]: **T für die Option Text**
Maßtext eingeben <10,00>: **M<>**
Position der Bemaßungslinie angeben oder
[Mtext/Text/Winkel/Horizontal/Vertikal/Drehen]: **Punkt für die Maßlinie anklicken**
Maßtext = 10.00

✗ Und noch ein Maß mit korrigiertem Text, diesmal mit Durchmesserzeichen (siehe Abbildung 14.2, 8).

✗ Sieht Ihre Lösung wie in Abbildung 14.2 aus? Falls nicht, finden Sie eine Musterlösung im Ordner \AUFGABEN, die Datei L-14-01.dwg.

14 Bemaßen

*Abb. 14.2:
Lineare Maße*

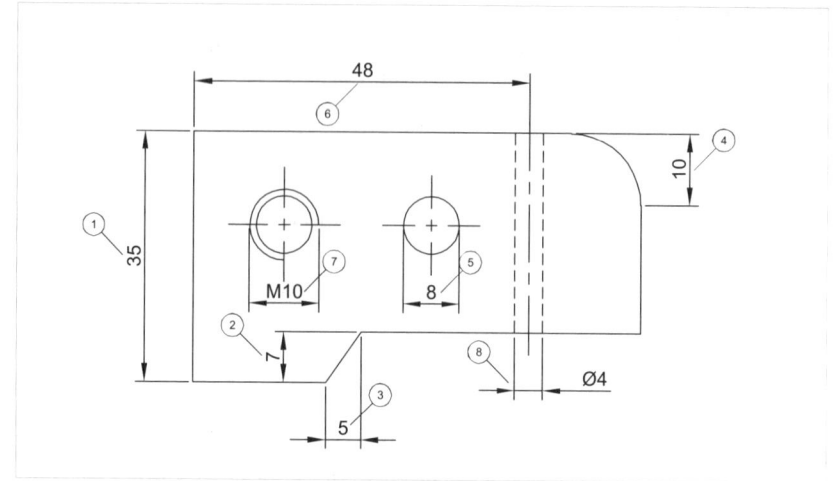

Aktion: Befehl BEMAUSG

Wollen Sie die Distanz zwischen zwei Punkten bemaßen, verwenden Sie den Befehl BEMAUSG. Sie finden den Befehl im:

✗ Abrollmenü BEMAßUNG, Funktion AUSGERICHTET

✗ Symbol im Werkzeugkasten BEMAßUNG

Gehen Sie genauso vor wie beim Befehl BEMLINEAR. Die Maßlinie wird jetzt parallel zum gewählten Objekt oder parallel zu den beiden angeklickten Punkten gesetzt (siehe Abbildung 14.3).

Training: Ausgerichtete Maße erstellen

✗ *Öffnen Sie die Zeichnung A-14-02.dwg aus dem Ordner \AUFGABEN.*

✗ *Bemaßen Sie die Linie links in Abbildung 14.3, 1:*

Befehl: **Bemausg**
Anfangspunkt der ersten Hilfslinie angeben oder <Objekt wählen>: ⏎
Zu bemaßendes Objekt wählen: **Linie anklicken**
Position der Bemaßungslinie angeben oder
[Mtext/Text/Winkel]: **Punkt für die Maßlinie anklicken**
Maßtext = 23,85

✗ *Bemaßen Sie die zwei Punkte rechts in Abbildung 14.3, 2.*

✗ *Ihre Zeichnung sollte wie in Abbildung 14.3 aussehen. Falls nicht, finden Sie auch dazu eine Lösung im Ordner \AUFGABEN, L-14-02.dwg.*

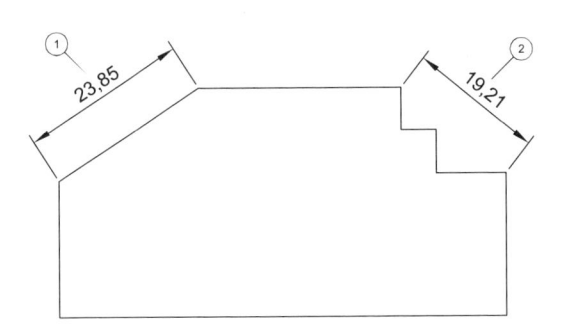

*Abb. 14.3:
Ausgerichtete
Maße*

14.3 Bezugs- und Kettenmaße

Neben den einfachen Maßen können Sie auch zusammengesetzte Maße automatisch erstellen. Zwei Bemaßungsbefehle haben Sie dafür.

Aktion: Befehl BEMBASISL

Mit dem Befehl BEMBASISL lassen sich mehrere Maße als Bezugsmaße auf einen Punkt hin bemaßen. Wichtig ist, dass Sie zuvor ein Maß mit dem Befehl BEMLINEAR oder BEMAUSG gesetzt haben. Die Maße, die Sie mit BEMBASISL erstellen, setzen auf einem dieser Maße auf. Auch bei Winkelmaßen können Sie diesen Befehl verwenden, doch dazu später mehr. Den Befehl BEMBASISL finden Sie:

✘ Abrollmenü BEMAßUNG, Funktion BASISLINIE

✘ Symbol im Werkzeugkasten BEMAßUNG

Voraussetzung für die Verwendung von BEMBASISL ist ein normales Maß, an das angesetzt werden kann. Dieses Maß bestimmt die Ausrichtung der ganzen Kette und muss vor diesem Befehl gesetzt worden sein.

Befehl: **Bembasisl**
Anfangspunkt der zweiten Hilfslinie angeben oder [Zurück/Wählen] <Wählen>:
Maßtext = 100.00

Das neue Maß hängt an dem ersten Punkt des vorherigen Maßes und Sie müssen nur noch den zweiten Punkt eingeben. Dabei wird das Maß schon mit dem Fadenkreuz mitgezogen.

Haben Sie noch kein Maß in der Zeichnung gesetzt oder in dieser Sitzung noch keinen Befehl für ein Linear- oder Winkelmaß verwendet, dann wird angefragt:

14 Bemaßen

Basis-Bemaßung wählen:

Klicken Sie dann das Maß an, an dem Sie die Maßkette ansetzen wollen, und zwar an der Hilfslinie, auf die sich die weiteren Maße beziehen sollen.

Tipps:

✗ Normalerweise wird die Maßkette an das zuletzt gezeichnete Maß angesetzt und Sie brauchen nur noch den Anfangspunkt der zweiten Hilfslinie einzugeben. Wollen Sie aber an einem anderen Maß oder einer vorher gezeichneten Maßkette ein weiteres Maß ansetzen, verwenden Sie die Option WÄHLEN, die Sie mit ⏎ aktivieren können:

Anfangspunkt der zweiten Hilfslinie angeben oder [Zurück/Wählen] <Wählen>: **W für Wählen oder** ⏎
Basis-Bemaßung wählen:

✗ Mit der Pickbox können Sie jetzt ein Maß oder eine schon gezeichnete Maßkette an der Bezugskante anklicken (siehe oben, wenn noch kein Maß in der Zeichnung ist). Geben Sie danach die zweiten Anfangspunkte der weiteren Maße wie oben ein.

✗ Mit der Option ZURÜCK wird immer das letzte Maß der Maßkette zurückgenommen.

✗ Eine Position der Maßlinie brauchen Sie nicht einzugeben, sie ergibt sich ja aus dem vorhergehenden Maß. Auch der Abstand der Maßlinien beim Befehl BEMBASISL ergibt sich automatisch. Der Befehl bleibt im Wiederholmodus, bis Sie auf eine Anfrage zweimal ⏎ eingeben.

Training: Bezugsmaße erstellen

✗ *Öffnen Sie die Zeichnung A-14-03.dwg aus dem Ordner \AUFGABEN.*

✗ *Erstellen Sie das senkrechte Maß 1 in Abbildung 14.4. mit dem Befehl* BEMLINEAR

✗ *Setzen Sie daran die Bezugsmaße:*

Befehl: **Bembasisl**
Anfangspunkt der zweiten Hilfslinie angeben oder [Zurück/Wählen] <Wählen>: **Zweiten Punkt des zweiten Maßes anklicken**
Maßtext = 12
Anfangspunkt der zweiten Hilfslinie angeben oder [Zurück/Wählen] <Wählen>: **Zweiten Punkt des dritten Maßes anklicken**
Maßtext = 17
... usw.

✗ Gehen Sie bei der waagrechten Maßkette oben genauso vor. Setzen Sie zuerst das Maß 2 mit BEMLINEAR und den Rest mit BEMBASISL.

✗ Sieht Ihre Zeichnung wie in Abbildung 14.4 aus? Falls nicht, finden Sie die Lösung im Ordner \AUFGABEN, L-14-03.dwg.

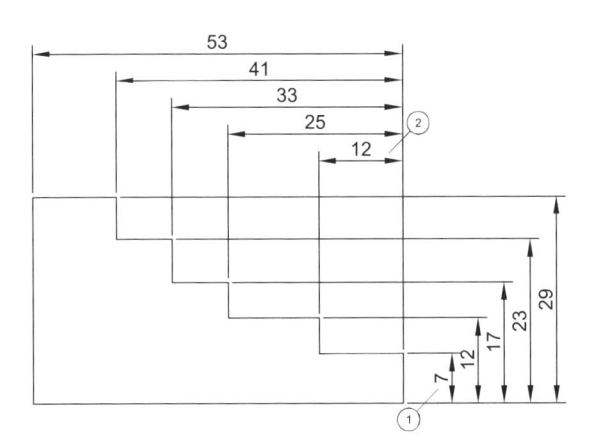

Abb. 14.4:
Bezugsmaße
bzw. Basislinie

Aktion: Befehl BEMWEITER

Der Befehl BEMWEITER arbeitet genau gleich, nur dass damit Kettenmaße erstellt werden:

✗ Abrollmenü BEMAßUNG, Funktion WEITER

✗ Symbol im Werkzeugkasten BEMAßUNG

Auch hier wird an einem einfachen Maß angesetzt, das schon in der Zeichnung vorhanden sein muss. Mit der Option WÄHLEN kann es mit der Pickbox angeklickt werden, diesmal aber an der zweiten Hilfslinie, also dort, wo angesetzt werden soll. Diese Option wird automatisch aktiviert, wenn Sie noch kein Maß in der Zeichnung haben oder in dieser Sitzung noch kein Linear- oder Winkelmaß platziert haben. Gehen Sie ansonsten gleich wie beim letzten Befehl vor.

Training: Kettenmaße erstellen

✗ Öffnen Sie die Zeichnung A-14-04.dwg aus dem Ordner \AUFGABEN.

✗ Erstellen Sie das senkrechte Maß 1 in Abbildung 14.5. mit dem Befehl BEMLINEAR

✘ Setzen Sie daran Kettenmaße:

Befehl: **Bemweiter**
Anfangspunkt der zweiten Hilfslinie angeben oder [Zurück/Wählen] <Wählen>: **Zweiten Punkt des zweiten Maßes anklicken**
Maßtext = 20
Anfangspunkt der zweiten Hilfslinie angeben oder [Zurück/Wählen] <Wählen>: **Zweiten Punkt des dritten Maßes anklicken**
Maßtext = 4

✘ Machen Sie die waagrechte Maßkette unten genauso. Setzen Sie zuerst das Maß 2 mit BEMLINEAR und den Rest mit BEMWEITER

✘ Die Lösung finden Sie, falls Sie sie nicht selbst erstellt haben, im Ordner \AUFGABEN, L-14-04.dwg.

Abb. 14.5:
Kettenmaße
bzw. Weiter

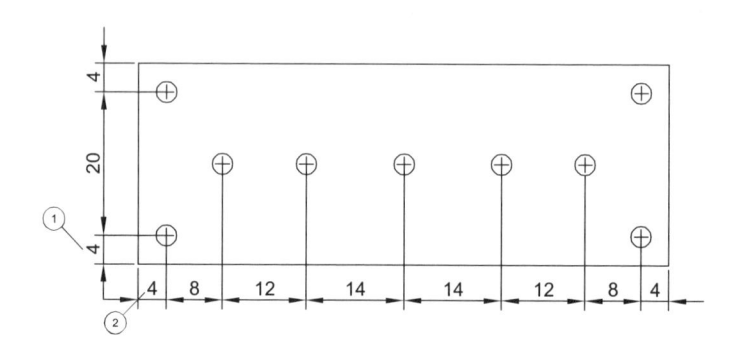

14.4 Radius- und Durchmessermaße

Zur Bemaßung von Radien und Durchmessern von Kreisen und Bögen, finden Sie jeweils einen Befehl.

Aktion: Befehl BEMRADIUS

Radien von Bögen, Kreisen und Polylinienbögen können Sie mit dem Befehl BEMRADIUS bemaßen, wenn Sie ein Radiusmaß haben wollen.

✘ Abrollmenü BEMAẞUNG, Funktion RADIUS

✘ Symbol im Werkzeugkasten BEMAẞUNG

Befehl: **Bemradius**
Bogen oder Kreis wählen:

Wählen Sie das Objekt, das Sie bemaßen wollen.

Maßtext = 30
Position der Bemaßungslinie angeben oder
[Mtext/Text/Winkel]:

Der gemessene Wert wird angezeigt und danach die Optionsliste, die denen der vorherigen Befehle entspricht.

Aktion: Befehl BEMDURCHM

Ein weiterer Befehl erstellt das Maß für den Durchmesser: BEMDURCHM. Sie finden ihn:

✘ Abrollmenü BEMAẞUNG, Funktion DURCHMESSER

✘ Symbol im Werkzeugkasten BEMAẞUNG

Gehen Sie wie beim Befehl BEMRADIUS vor.

Tipp:

✘ Mit der Funktion ZENTRUMSMARKE im Abrollmenü BEMAẞUNG können Sie das Zentrum eines Kreises oder Bogens mit einem Zentrumskreuz oder, bei entsprechender Einstellung der Bemaßungsvariablen, mit einer Mittellinie versehen, ohne dass dazu der Kreis bzw. der Bogen bemaßt werden muss.

Training: Radius- und Durchmessermaße

✘ Öffnen Sie die Zeichnung A-14-05.dwg aus dem Ordner \AUFGABEN.

✘ Erstellen Sie die Radius- und Durchmessermaße in Abbildung 14.6.

Befehl: **Bemradius**
Bogen oder Kreis wählen: **Bogen am Punkt 1 anklicken**
Maßtext = 10
Position der Maßlinie (MText/Text/Winkel): **Maßlinienposition an Punkt 2 anklicken**
... usw.

✘ Die Lösung finden Sie im Ordner \AUFGABEN, L-14-05.dwg.

14 Bemaßen

Abb. 14.6:
Radius- und
Durchmesser-
maße

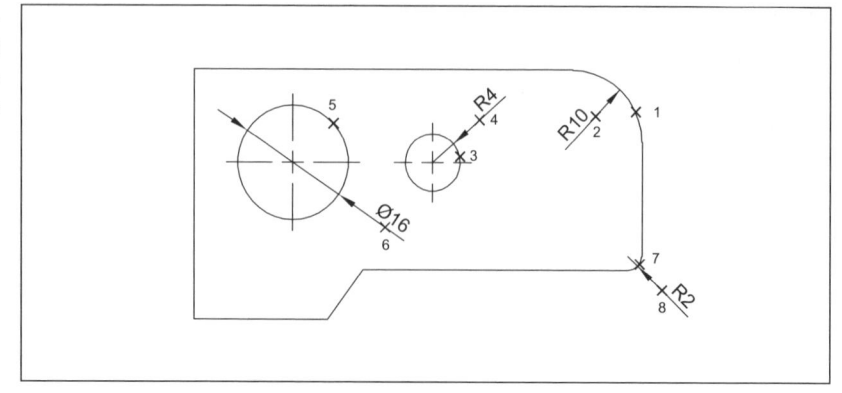

14.5 Winkelmaße

Natürlich können Sie auch Winkel mit einem eigenen Befehl bemaßen.

Aktion: Befehl BEMWINKEL

Der Befehl dafür ist BEMWINKEL. Sie finden ihn:

- ✗ Abrollmenü BEMAßUNG, Funktion WINKEL
- ✗ Symbol im Werkzeugkasten BEMAßUNG

Befehl: **Bemwinkel**
Bogen, Kreis, Linie wählen oder <Scheitelpunkt angeben>:

Vier Methoden haben Sie zur Auswahl:

- ✗ Wählen Sie eine Linie mit der Pickbox und eine zweite wird angefragt. Je nachdem, wo Sie den Maßbogen platzieren, wird ein anderer Winkel bemaßt und die Maßhilfslinien werden eingesetzt (siehe Abbildung 14.7, a).

- ✗ Haben Sie einen Bogen angewählt, wird dieser mit einem Maßbogen versehen(siehe Abbildung 14.7, b).

- ✗ Haben Sie einen Kreis gewählt, wird ein zweiter Punkt am Kreis abgefragt und die beiden Punkte mit einem Maßbogen versehen (siehe Abbildung 14.7, c).

- ✗ Geben Sie ⏎ ein, werden drei Punkte erfragt (siehe Abbildung 14.7, d und e).

Bogen, Kreis, Linie wählen oder <Scheitelpunkt angeben>: ⏎
Winkel-Scheitelpunkt angeben:
Ersten Winkelendpunkt angeben:
Zweiten Winkelendpunkt angeben:

Winkelmaße

Die weiteren Anfragen sind gleich, egal für welche Methode Sie sich entschieden haben.

Position des Maßbogens angeben oder [Mtext/Text/Winkel]:
Maßtext = 125

Die Optionen entsprechen denen der vorherigen Befehle.

Tipp:

✗ Mit den Befehlen BEMBASISL und BEMWEITER können Sie auch an ein Winkelmaß ansetzen (siehe Abbildung 14.7, d und e).

Training: Winkel bemaßen

✗ Öffnen Sie die Zeichnung A-14-06.dwg aus dem Ordner \AUFGABEN.

✗ Bemaßen Sie den Winkel zwischen den beiden Linien wie in Abbildung 14.7, a auf die vier verschiedenen Arten, indem Sie den Maßbogen entsprechend setzen.

✗ Bemaßen Sie den Bogen und den Kreis (siehe Abbildung 14.7, b und c).

✗ Bemaßen Sie in Abbildung 14.7, d den Winkel mit drei Punkten und wählen Sie danach den Befehl BEMWEITER.

✗ Machen Sie es in Abbildung 14.7, e genauso, verwenden Sie aber den Befehl BEMBASISL.

✗ Eine Musterlösung haben Sie im Ordner \AUFGABEN, L-14-06.dwg.

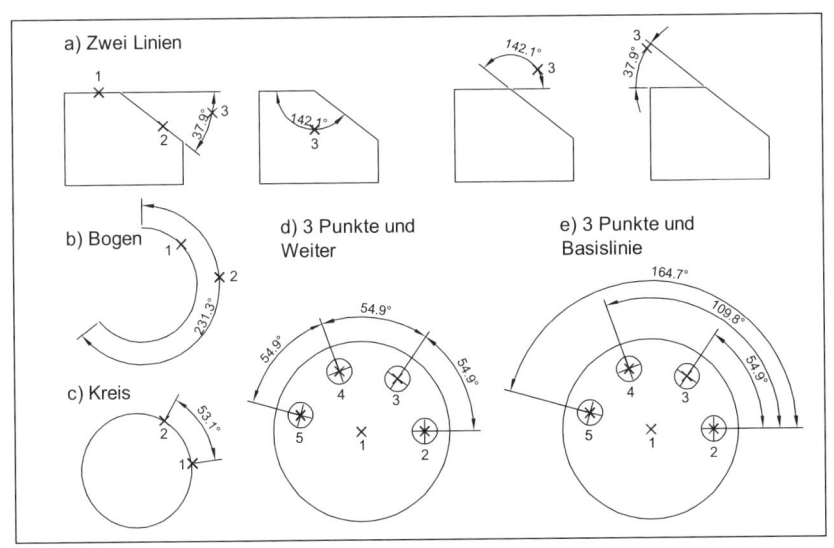

Abb. 14.7: Winkel bemaßen

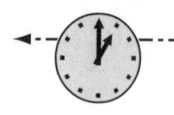

14.6 Schnellbemaßung in AutoCAD 2002

Die komfortabelste Art der Bemaßung ist die Schnellbemaßung, die Ihnen aber nur in AutoCAD 2002 zur Verfügung steht.

Aktion: Befehl SBEM

Mit dem Befehl SBEM können Sie mit verschiedenen Bemaßungsarten eine komplette Maßkette auf einmal erzeugen. Sie finden den Befehl:

✘ Abrollmenü BEMAßUNG, Funktion SBEM

✘ Symbol im Werkzeugkasten BEMAßUNG

Befehl: **Sbem**
Geometrie für Bemaßung wählen: **Fenster aufziehen oder Objekt anklicken**
Geometrie für Bemaßung wählen: ⏎
Position der Bemaßungslinie angeben oder
[Ausgezogen/Versetzt/Basislinie/Koordinaten/Radius/ Durchmesser/bezugsPunkt/ BEarbeiten] <Ausgezogen>:

Wählen Sie die Geometrie, die Sie bemaßen wollen, am besten, indem Sie ein Fenster aufziehen und das komplette Teil auswählen. Sie können aber auch die Objekte, die Sie bemaßen wollen, einzeln anklicken. Bemaßt werden: Endpunkte von Linien, Zentrumspunkte von Kreisen und Bögen sowie die entsprechenden Punkte bei Polylinien.

Beachten Sie, dass alle gewählten Objekte bemaßt werden, auch die Endpunkte von Mittellinien. Wollen Sie automatisch mit diesem Befehl arbeiten, sollten Sie die Layer ausschalten, auf denen sich die Objekte befinden, die Sie nicht bemaßen wollen. Sie können aber auch die Objekte einzeln anklicken, die bemaßt werden sollen.

Haben Sie alle Objekte gewählt, wird die Maßkette dynamisch angezeigt und Sie können die Position der Bemaßungslinie bestimmen. Fahren Sie links oder rechts vom Teil weg, wird eine vertikale Maßkette erzeugt. Wenn Sie nach oben oder unten wegfahren, wird eine horizontale Maßkette erzeugt.

Jetzt ist es noch möglich, statt die Position der Maßlinie festzulegen, die Bemaßungsart zu wechseln:

AUSGEZOGEN: Erstellt die Maße als Kettenmaß wie mit der Bemaßungsfunktion WEITER (siehe Abbildung 14.8, a).

VERSETZT: Erstellt die Maße symmetrisch von innen nach außen für rotationssymmetrische Teile (siehe Abbildung 14.8, d).

BASISLINIE: Erstellt die Maße als Bezugsmaß wie mit der Bemaßungsfunktion BASISLINIE (siehe Abbildung 14.8, b).

KOORDINATEN: Erstellt Koordinatenmaße (siehe Abbildung 14.8, c).

RADIUS: Bemaßung nur der Radien von Kreisen und Bögen, die sich in der Auswahl befunden haben (siehe Abbildung 14.8, e).

DURCHMESSER: Bemaßung nur der Durchmesser von Kreisen und Bögen, die sich in der Auswahl befunden haben (siehe Abbildung 14.8, f).

In allen diesen Fällen werden Sie danach wieder nach der Position der Bemaßungslinie gefragt.

Position der Bemaßungslinie angeben oder
[Ausgezogen/Versetzt/Basislinie/Koordinaten/Radius/ Durchmesser/bezugsPunkt/BEarbeiten] <Ausgezogen>:

Jetzt wird das Maß wieder dynamisch angezeigt und Sie könnten durch die Wahl einer anderen Option die Bemaßungsart noch einmal wechseln. Bei Radius- und Durchmessermaßen bekommen Sie nichts angezeigt. Hier wählen Sie die Position der Bemaßungslinie mit der Pickbox an einem Kreis bzw. Bogen. Alle Maße werden dann in dieser Richtung gezeichnet.

Zwei weitere Optionen stehen Ihnen zur Verfügung:

bezugsPunkt: Damit legen Sie den Bezugspunkt für die Bemaßungsart BASISLINIE fest sowie den Nullpunkt bei der Bemaßungsart KOORDINATEN.

BEarbeiten: Haben Sie mit einem Fenster die Geometrie gewählt, können Sie mit dieser Option die zu bemaßenden Punkte noch bearbeiten. Alle ausgewählten Punkte werden in der Zeichnung mit einem Kreuz gekennzeichnet.

Position der Bemaßungslinie angeben oder
[Ausgezogen/Versetzt/Basislinie/Koordinaten/Radius/ Durchmesser/bezugsPunkt/BEarbeiten] <Ausgezogen>: **BE für Bearbeiten**
Zu entfernenden Bemaßungspunkt kennzeichnen oder [Hinzufügen/eXit] <eXit>:
Markierten Punkt anklicken
Ein Bemaßungspunkt entfernt
Zu entfernenden Bemaßungspunkt kennzeichnen oder [Hinzufügen/eXit] <eXit>:

Klicken Sie die Punkte an, die Sie nicht bemaßt haben wollen. Das Markierungskreuz wird entfernt. Wollen Sie Punkte bemaßen, die nicht gewählt sind, verwenden Sie die Option HINZUFÜGEN.

Zu entfernenden Bemaßungspunkt kennzeichnen oder [Hinzufügen/eXit] <eXit>: **H für Hinzufügen**
Hinzuzufügenden Bemaßungspunkt kennzeichnen oder [Entfernen/eXit] <eXit>:
Nicht markierten Punkt anklicken

14 Bemaßen

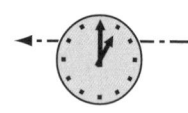

Ein Bemaßungspunkt hinzugefügt.
Hinzuzufügenden Bemaßungspunkt kennzeichnen oder [Entfernen/eXit] <eXit>:

Klicken Sie Punkte an, die kein Kreuz haben, werden diese mit einem Kreuz versehen. Sie können zwischen den Optionen HINZUFÜGEN und ENTFERNEN beliebig oft umschalten. Mit der Option EXIT beenden Sie den Bearbeitungsmodus und Sie kommen wieder zur vorherigen Anfrage.

Position der Bemaßungslinie angeben oder
[Ausgezogen/Versetzt/Basislinie/Koordinaten/Radius/ Durchmesser/bezugsPunkt/ BEarbeiten] <Ausgezogen>:

Wenn Sie die Position der Bemaßungslinie festgelegt haben, wird das komplette Maß gezeichnet.

Tipps:

✗ Wenn Sie bei einer Schnellbemaßung bereits vorhandene Maße bei der Auswahl der Geometrie für die Bemaßung mitwählen, werden diese gelöscht und durch die neuen Maße ersetzt.

✗ Beachten Sie das und ziehen Sie bei einer zweiten Maßkette das Fenster von links nach rechts auf, wenn Sie eine bereits vorhandene erhalten wollen.

Training: Schnellbemaßungen erzeugen

✗ *Laden Sie die Zeichnung A-14-07.dwg aus dem Ordner \AUFGABEN.*

✗ *Bringen Sie die Schnellbemaßungen wie in Abbildung 14.8 an.*

✗ *Beachten Sie, dass Sie bei a), b) und c) bei der Geometriewahl der zweiten Maßkette das Fenster richtig aufziehen.*

✗ *Bei der Koordinatenbemaßung sollten Sie zuerst mit der Option BEZUGSPUNKT den Nullpunkt setzen.*

✗ *Beachten Sie, dass bei d) die Mittellinie nicht in die Auswahl der Geometrie aufgenommen werden sollte.*

✗ *Das Ergebnis sollte wie in Abbildung 14.8 aussehen. Eine Musterlösung finden Sie im Ordner \AUFGABEN, die Zeichnung L-14-07.dwg.*

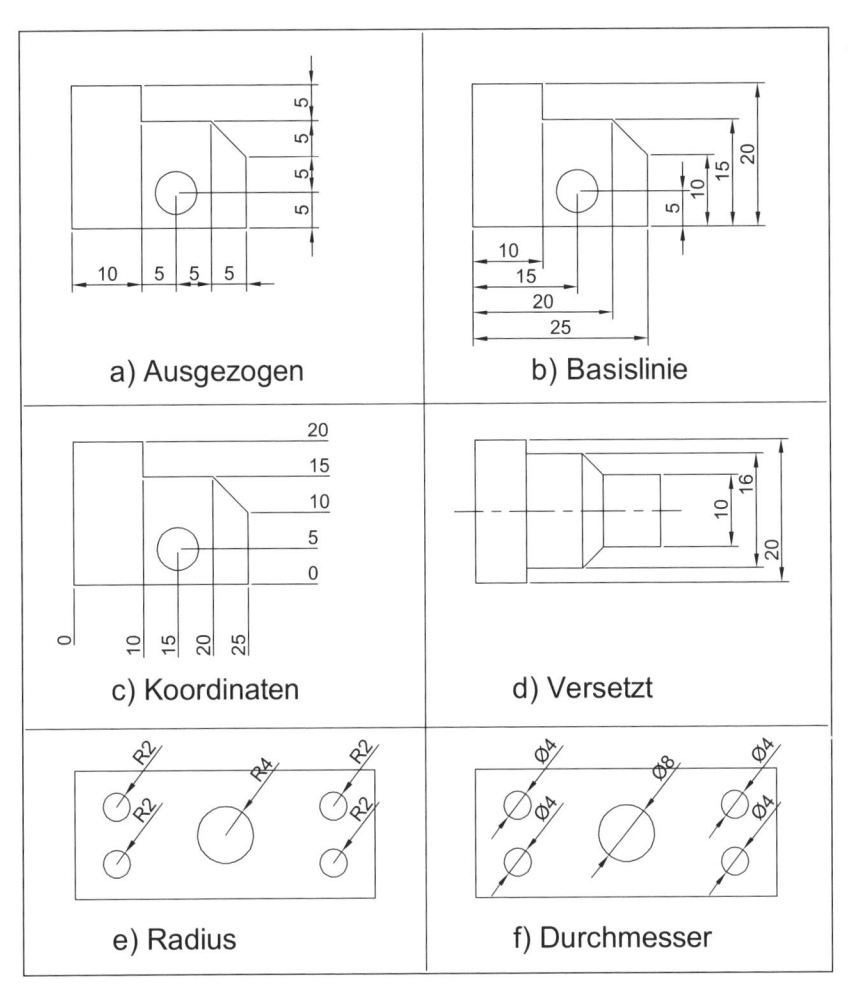

Abb. 14.8:
Verschiedene
Schnell-
bemaßungen

a) Ausgezogen   b) Basislinie

c) Koordinaten   d) Versetzt

e) Radius   f) Durchmesser

14.7 Führungslinien

Eigentlich mehr ein Beschriftungs- als ein Bemaßungsbefehl – da er aber im Bemaßungsmenü zu finden ist, wollen wir ihn in dieser Stunde behandeln.

Aktion: Befehl SFÜHRUNG

Mit dem Befehl SFÜHRUNG können Sie Führungslinien in unterschiedlicher Form mit Beschriftungen, Textabsätzen, Toleranzen oder Blöcken in die Zeichnung setzen. Wählen Sie den Befehl:

✘ Abrollmenü BEMAßUNG, Funktion FÜHRUNG
✘ Symbol im Werkzeugkasten BEMAßUNG

14 Bemaßen

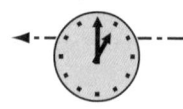

Befehl: **Sführung**
Ersten Führungspunkt angeben oder [Einstellungen]<Einstellungen>:
Nächsten Punkt angeben:
Nächsten Punkt angeben:
..

Geben Sie den Startpunkt der Führungslinie an oder aktivieren Sie durch Eingabe von E oder ↵ die Option EINSTELLUNGEN. Sie bekommen ein Dialogfeld mit drei Registern (siehe Abbildung 14.9 bis 14.11).

MASSTEXT: Im ersten Register wählen Sie, was ans Ende der Führungslinie gesetzt werden soll (siehe Abbildung 14.9).

MASSTEXTTYP: In der linken Spalte stellen Sie ein, ob das ein Textabsatz (MTEXT), ein Objekt, das von einer anderen Führungslinie kopiert werden soll, ein Toleranzsymbol, ein Block oder gar nichts sein soll (siehe Abbildung 14.12, a).

MTEXT-OPTIONEN: Das Feld ist nur dann aktiv, wenn links der MTEXT gewählt wurde. Dann können Sie einstellen, ob die Breite jedesmal angefragt werden soll, ob der Text immer linksbündig gesetzt werden soll, auch dann, wenn die Maßlinie zur linken Seite zeigt oder ob ein Rahmen um den Text gezeichnet werden soll (siehe Abbildung 14.12, a).

ERNEUTE VERWENDUNG DES MASSTEXTS: In diesem Feld geben Sie an, ob jedesmal ein neuer Maßtext bzw. ein neues Symbol angefragt werden soll (Einstellung: NEIN) oder das nächste Symbol für alle weiteren Führungslinien verwendet werden soll (Einstellung: NÄCHSTEN ERNEUT VERWENDEN). In diesem Fall schaltet die Anzeige im Dialogfeld nach der ersten Führungslinie auf ERNEUTE VERWENDUNG DES MASSTEXTS um.

Abb. 14.9: Dialogfeld für die Führungslinien, Register MASSTEXT

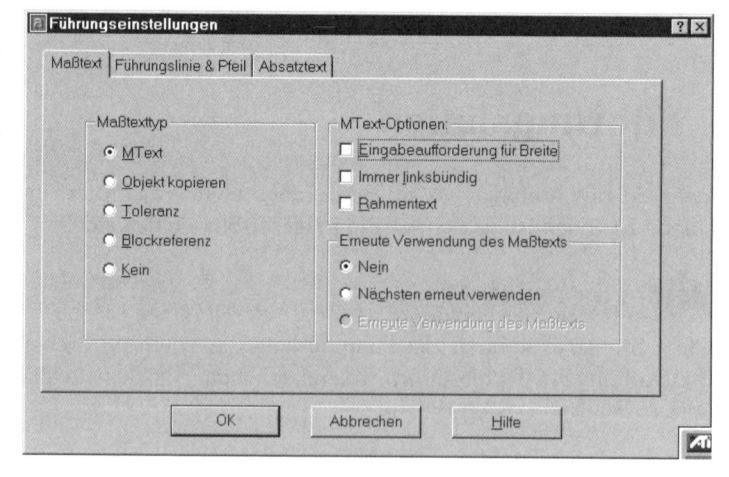

Führungslinien

FÜHRUNGSLINIE UND PFEIL: Im zweiten Register können Sie einstellen, wie Führungslinie und Pfeil aussehen sollen (siehe Abbildung 14.10).

FÜHRUNGSLINIE: Wählen Sie in diesem Feld, ob Sie eine Gerade oder einen Spline als Führungslinie haben wollen (siehe Abbildung 14.12, b).

PFEILSPITZE: Wählen Sie aus dem Abrollmenü, welche Pfeilspitze an den Anfang der Führungslinie kommen soll (siehe Abbildung 14.12, b).

ANZAHL DER PUNKTE: In diesem Feld können Sie einstellen, ob nur eine bestimmte Zahl von Stützpunkten angefragt werden soll und dann automatisch zur Textanfrage verzweigt werden soll oder ob eine unbegrenzte Anzahl möglich sein soll. Die Begrenzung auf zwei oder drei Punkte kann die Eingabe vereinfachen und beschleunigen.

WINKELABHÄNGIGKEITEN: In zwei Abrollmenüs können Sie die Form der Führungslinie auf bestimmte Winkel begrenzen. Im Abrollmenü wählen Sie, welches Winkelraster Sie für die Richtung der ersten und zweiten Linie zulassen wollen. Da eine Führungslinie meist nur zwei Segmente hat, sind diese Vorgaben ausreichend. Setzen Sie diese auf 45° und 90°, ist die Form der Führungslinien immer ähnlich. Haben Sie mehr Punkte zugelassen, können Sie diese beliebig setzen, auch wenn die ersten beiden Segmente festgelegt sind.

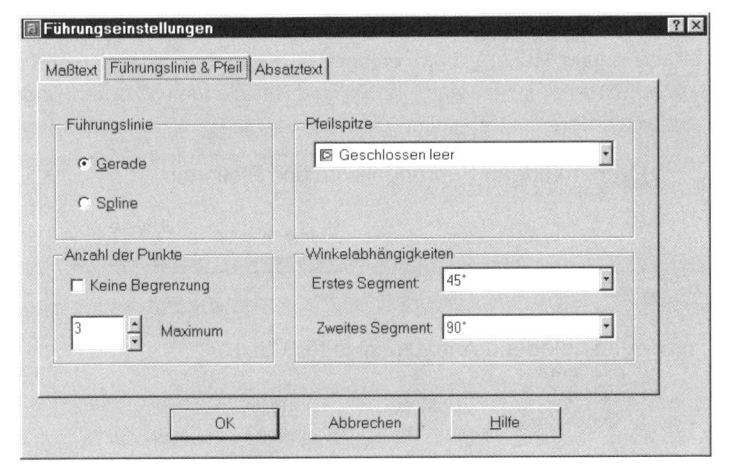

Abb. 14.10: Führungslinien, Register FÜHRUNGSLINIE UND PFEIL

ABSATZTEXT: Das dritte Register (siehe Abbildung 14.11) ist nur dann aktiv, wenn Sie im ersten Register als Maßtexttyp MTEXT gewählt haben (siehe Abbildung 14.9).

ABSATZTEXT: Stellen Sie hier ein, an welchem Punkt der Absatztext angesetzt werden soll und zwar getrennt danach, ob Sie die Führungslinie nach links oder rechts weggezogen haben (siehe Abbildung 14.12, c).

279

14 Bemaßen

UNTERE LINIE UNTERSTREICHEN: Haben Sie diese Einstellung gewählt, wird die letzte Textzeile unterstrichen und der Text darüber gesetzt (siehe Abbildung 14.12, c). Die anderen Einstellmöglichkeiten sind dann abgeschaltet.

Abb. 14.11:
Führungslinien, Register ANLAGE bzw. ABSATZTEXT

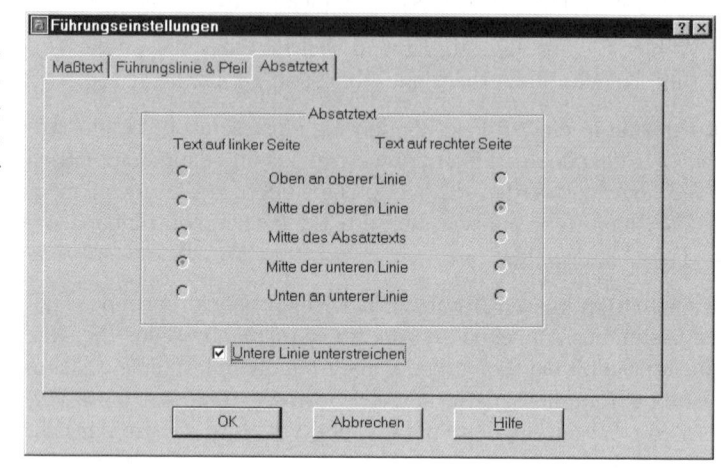

Abb. 14.12: Verschiedene Arten von Führungslinien

a) Verschiedene Symbole an der Führungslinie

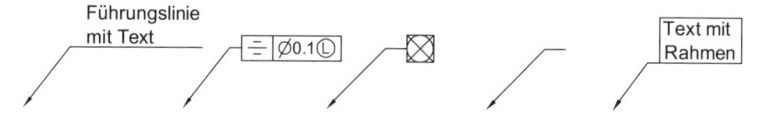

b) Verschiedene Führungslinien und Pfeilarten

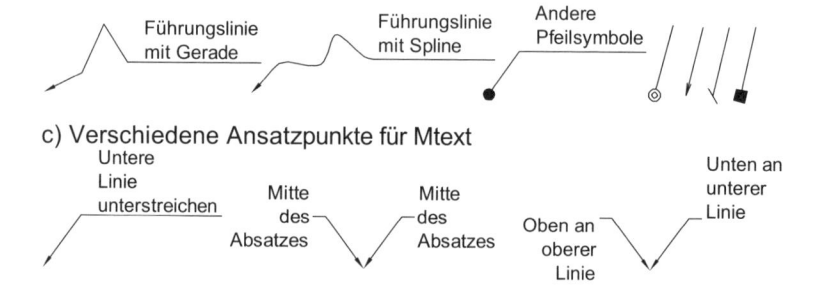

c) Verschiedene Ansatzpunkte für Mtext

Wenn Sie die Einstellungen in den Dialogfeldern vorgenommen haben, bleiben diese bis zur nächsten Änderung gespeichert. Geben Sie dann die Stützpunkte der Führungslinie ein. Mit ⏎ auf eine Punktanfrage beenden Sie die Eingabe der Führungslinien. Haben Sie eine begrenzte Zahl von Stützpunkten

Führungslinien

eingestellt, wird automatisch beendet. Der folgende Dialog ist abhängig davon, welchen Maßtexttyp Sie gewählt haben:

MTEXT: Geben Sie eine Breite ein, wenn Sie den Absatz begrenzen wollen oder bestätigen Sie die 0 für eine beliebige Absatzbreite. Geben Sie dann den Text ein oder holen Sie sich mit ⏎ den Texteditor. Bei der Texteingabe im Befehlszeilenfenster wird mit jedem ⏎ in die nächste Zeile geschaltet. Geben Sie ⏎ am Zeilenbeginn ein, wird die Texteingabe beendet und die Führungslinie gezeichnet.

Nächsten Punkt angeben: ⏎
Textbreite angeben <0>:
Erste Zeile des Anmerkungstextes eingeben <Mtext>: **Text eingeben oder mit ⏎ Texteditor zur Texteingabe aktivieren**
Nächste Zeile des Maßtexts eingeben: **Nächste Zeile eingeben**
..
Nächste Zeile des Maßtexts eingeben: **Mit ⏎ beenden**

OBJEKT KOPIEREN: Klicken Sie einen Textabsatz, einen Text, einen Block oder ein Toleranzsymbol in der Zeichnung an, wird eine Kopie davon an das Ende der Führungslinie gesetzt.

Nächsten Punkt angeben: ⏎
Zu kopierendes Objekt auswählen:

TOLERANZ: Nach Beenden der Führungslinie wird automatisch das Dialogfeld zur Auswahl des Toleranzsymbols eingeblendet.

BLOCKREFERENZ: Geben Sie den Blocknamen ein (zu Blöcken in einer späteren Stunde mehr), den Einfügepunkt des Blocks und den Skalierfaktor für X und Y sowie den Drehwinkel.

KEIN: Nach Beenden der Führungslinie wird auch der Befehl beendet.

Training: Führungslinien erstellen

✗ *Öffnen Sie die Zeichnung A-14-08.dwg aus dem Ordner \AUFGABEN.*

✗ *Setzen Sie Führungslinien mit Geraden, Pfeil und Text wie in Abbildung 14.13 in die Zeichnung.*

✗ *Das Muster finden Sie im Ordner \AUFGABEN, L-14-08.dwg.*

14 Bemaßen

Abb. 14.13: Führungslinien in der Zeichnung

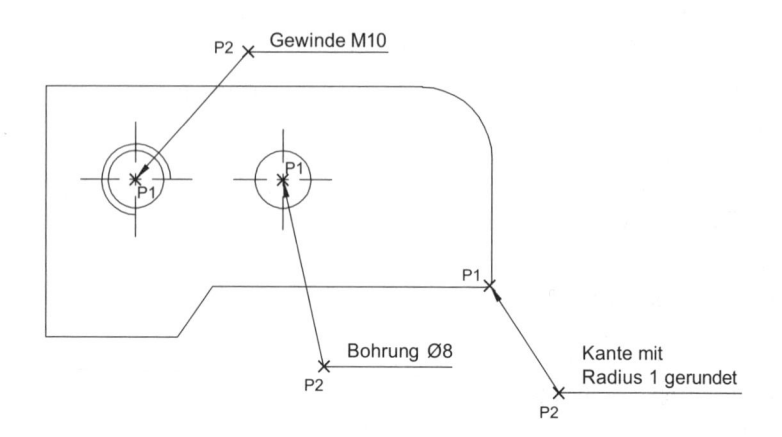

Fragen zur vierzehnten Stunde

1. Was versteht man unter assoziativer Bemaßung?
2. Welche Methoden zur Bemaßung gibt es beim Befehl BEMLINEAR?
3. Sie wollen in der Zeichnung den Maßtext »Breite = 10 mm« statt nur das gemessene Maß »10« haben, was müssen Sie beim Maßtext eingeben?
4. Wofür stehen die Zeichen <> im Maßtext?
5. Mit welchem Bemaßungsbefehl erstellen Sie Kettenmaße?
6. Wie kann bei der Funktion BASISLINIE bzw. bei der Funktion WEITER ein beliebiges Maß gewählt werden, an das die Kette anschließen soll?
7. Sie wählen bei der Winkelbemaßung zwei Linien. Wie groß kann der Winkel maximal sein, der bemaßt werden kann?
8. Können Sie die Funktionen BASISLINIE und WEITER auch für die Winkelbemaßung verwenden?
9. Wie können Sie Winkel über 180° bemaßen?
10. Welche Formen können Führungslinien haben?

STUNDE 15

Bemaßungsvariablen und -stile

Sie können Maße den unterschiedlichen Normen und Zeichengepflogenheiten anpassen oder Ihren eigenen Bemaßungsstil kreieren. Sie lernen in dieser Stunde:

✗ wie Sie in den verschiedenen Dialogfeldern das Aussehen der Maße beeinflussen können

✗ wozu Bemaßungsstile gut sind und wie sie erstellt werden

✗ wie mit verschiedenen Bemaßungsstilen in einer Zeichnung gearbeitet wird und

✗ wie sich die Editierbefehle auf die Maße auswirken.

15.1 Dialogfelder zur Einstellung der Maße

In AutoCAD wird die Form der Maße von Bemaßungsvariablen gesteuert. Ob Sie mit oder ohne Toleranzangaben bemaßen wollen, mit Maßpfeilen oder Schrägstrichen, Radius- und Durchmessermaße mit einem Zentrumskreuz oder mit Mittellinien versehen wollen, das alles ist in den Bemaßungsvariablen festgelegt. Wie Sie in früheren Stunden schon gesehen haben, sind solche Einstellungen in Systemvariablen gespeichert. Diese beginnen alle mit DIM und einem mehr oder weniger aussagekräftigen Kürzel, z. B.: DIMTXT, DIMTP, DIMBLK usw. Da man sich diese Variablen schlecht merken kann, ist es besser, die Einstellung mit den Dialogfeldern vorzunehmen.

15 Bemaßungsvariablen und -stile

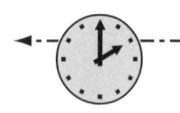

Aktion: Befehl BEMSTIL

Mit dem Befehl BEMSTIL werden die Parameter in Dialogfeldern eingestellt. Sie finden ihn:

- ✗ Abrollmenü FORMAT, Funktion BEMAẞUNGSSTIL...
- ✗ Abrollmenü BEMAẞUNG, Funktion STIL...
- ✗ Symbol im Werkzeugkasten BEMAẞUNG

Wenn Sie den Befehl anwählen, erscheint ein Dialogfeld (siehe Abbildung 15.1), aus dem weitere Dialogfelder aufgerufen werden können.

Im linken Fenster STILE wählen Sie den Bemaßungsstil aus. Haben Sie eine neue Zeichnung mit den Vorgabeeinstellungen *Metrisch* begonnen, finden Sie hier nur den Stil *ISO-25*. Im mittleren Fenster VORANSICHT sehen Sie die momentanen Einstellungen der Maße. Die Auswirkung jeder Änderung, die Sie im Folgenden vornehmen, können Sie dort kontrollieren.

Abb. 15.1: Bemaßungsstile und Änderung der Einstellungen

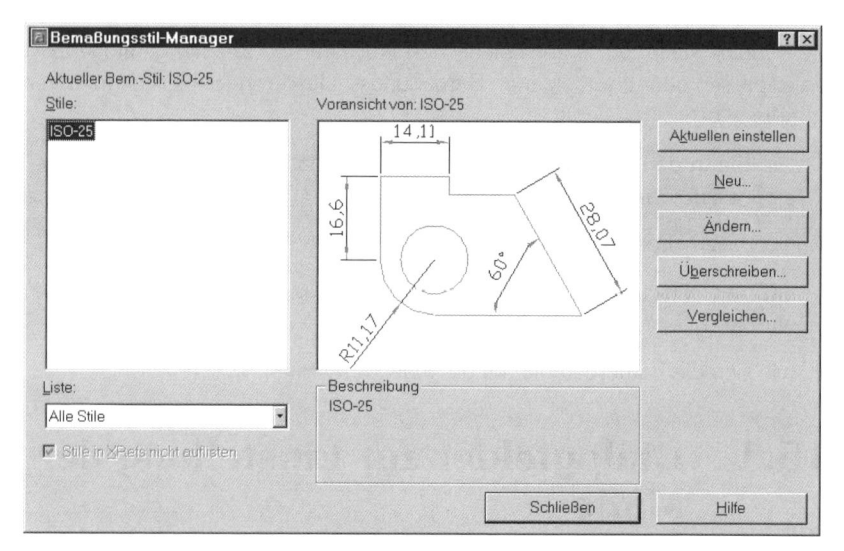

Mit der Schaltfläche ÜBERSCHREIBEN... in der Leiste an der rechten Seite können Sie die aktuellen Einstellungen der Bemaßungsvariablen ändern. Bereits vorhandene Maße werden dann nicht geändert. Zum Testen der verschiedenen Einstellungen verwenden Sie zunächst nur diese Schaltfläche. Sie erhalten dann ein weiteres Dialogfeld mit sechs Registern für jede Komponente der Maße.

Aktion: Register LINIEN UND PFEILE

Im ersten Register LINIEN UND PFEILE stellen Sie Maßlinien, Hilfslinien und Maßpfeile ein (siehe Abbildung 15.2).

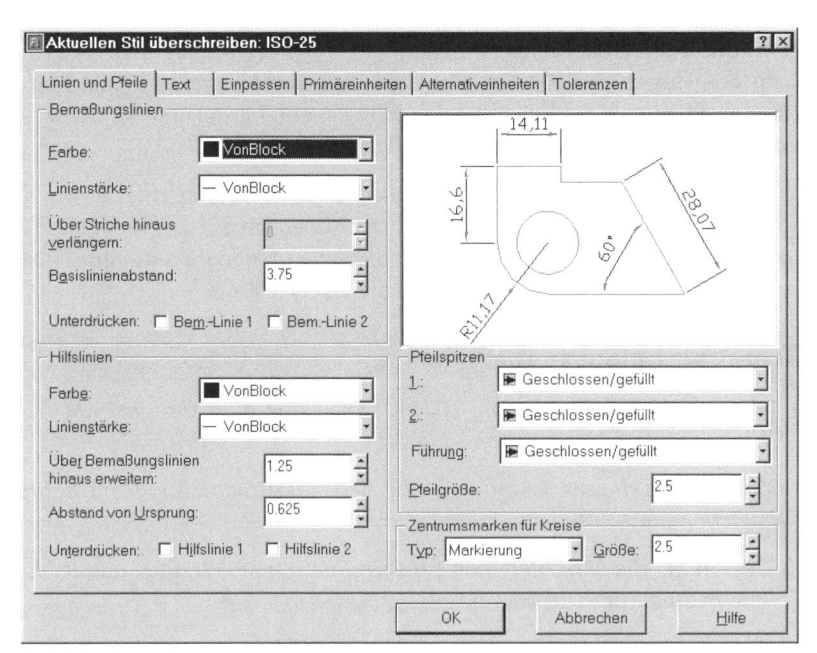

Abb. 15.2: Register für Linien und Pfeile

Folgende Einstellungen können Sie in diesem Register vornehmen:

BEMAßUNGSLINIEN: Farbe und Linienstärke der Bemaßungslinien sollten nur dann eingestellt werden, wenn diese von den anderen Elementen der Maße abweichen sollen, ansonsten sollten Sie über den Layer für die Maße gesteuert werden. Das Feld ÜBER STRICHE HINAUS VERLÄNGERN ist nur dann aktiv, wenn mit Schrägstrichen statt Pfeilen bemaßt wird. Es gibt an, wie weit die Bemaßungslinie über die Hilfslinien hinaus verlängert werden soll. Der Wert BASISLINIENABSTAND gibt an, in welchem Abstand zueinander die Bemaßungslinien bei einer Basislinienbemaßung gesetzt werden sollen. Mit den Schaltern UNTERDRÜCKEN lässt sich der erste, zweite oder beide Teile der Bemaßungslinie unterdrücken.

HILFSLINIEN: Auch die Farbe und Linienstärke der Hilflinien sollten nur dann eingestellt werden, wenn diese von den anderen Elementen der Maße abweichen sollen, ansonsten sollten Sie über den Layer für die Maße gesteuert werden. Das Feld ÜBER BEMAßUNGSLINIEN HINAUS ERWEITERN gibt an, wie weit die Hilfslinien über die Bemaßungslinie hinaus verlängert werden sollen. Der Wert ABSTAND VOM URSPRUNG gibt den Abstand der Hilfslinien vom Ausgangs-

15 Bemaßungsvariablen und -stile

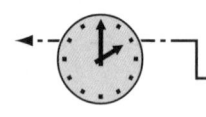

punkt der Bemaßung an. Mit den Schaltern UNTERDRÜCKEN lässt sich die erste, die zweite oder beide Hilfslinien unterdrücken.

PFEILSPITZEN: Auswahl des Symbols für die ersten und zweiten Pfeilspitzen bei Maßen und die Pfeilspitzen bei Führungslinien, Einstellung der Größe der Pfeilspitzen.

ZENTRUMSMARKE FÜR KREISE: Auswahl des Typs der Markierung bei Bemaßung von Bögen und Kreisen (Auswahl: keine, Markierung für ein Mittenkreuz und Linie für das Zeichnen von Mittellinien), Einstellung der Größe des Markierungskreuzes und des Überstands der Mittellinien.

Mit OK kommen Sie zum ersten Dialogfeld (siehe Abbildung 15.1) zurück. Mit der Schaltfläche SCHLIEßEN im ersten Fenster beenden Sie den Befehl und Sie können mit den Einstellungen bemaßen. Wollen Sie jedoch weitere Einstellungen vornehmen, klicken Sie auf die anderen Register.

Training: Linien und Pfeile

✗ Öffnen Sie die Zeichnung A-15-01.dwg aus dem Ordner \AUFGABEN.

✗ Stellen Sie die die Geometrie auf Architekturbemaßung mit Schrägstrichen ein.

✗ Testen Sie die verschiedenen Einstellungen und erzeugen damit Maße wie in Abbildung 15.3.

✗ Ihre Zeichnung könnte wie in Abbildung 15.3 aussehen. Falls nicht, finden Sie eine Lösung im Ordner \AUFGABEN, L-15-01.dwg.

Abb. 15.3: Zeichnung mit Architekturmaßen

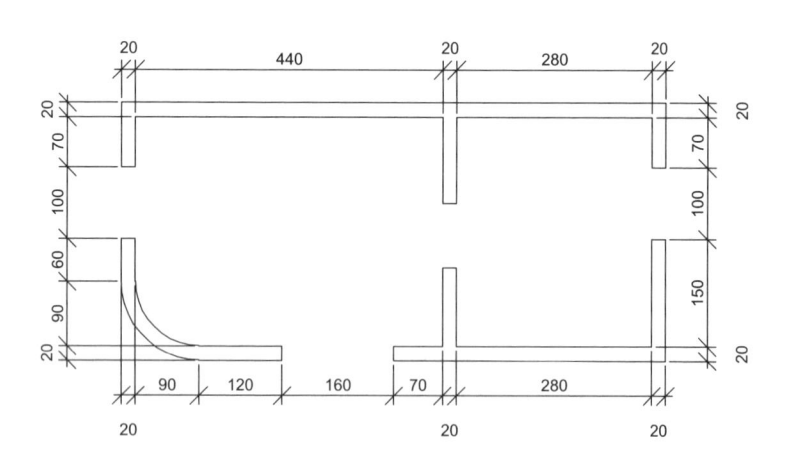

Aktion: Register TEXT

Im Register TEXT machen Sie alle Einstellungen, die die Position des Maßtextes betreffen (siehe Abbildung 15.4).

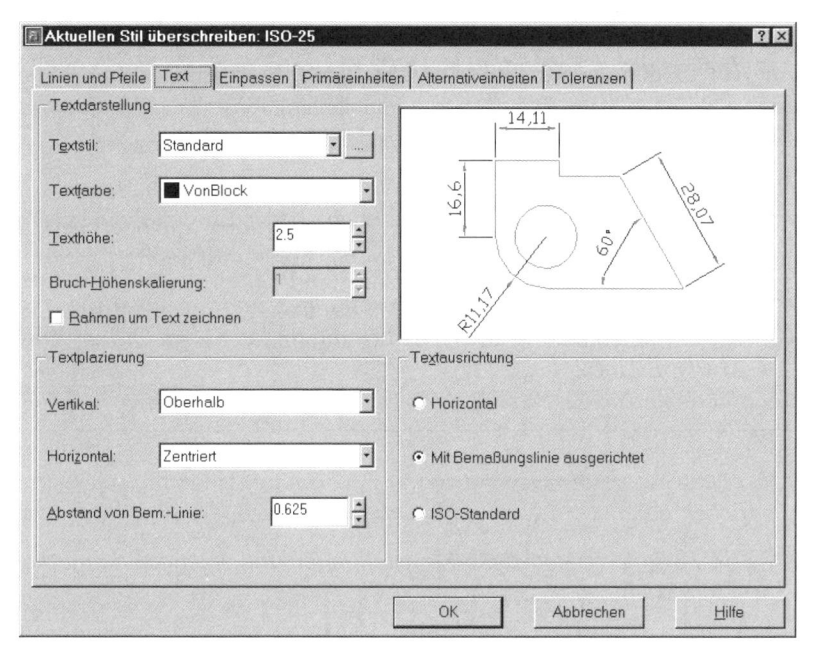

Abb. 15.4: Register für die Position des Maßtextes

In diesem Register finden Sie die folgenden Einstellmöglichkeiten:

TEXTDARSTELLUNG: Textstil, Textfarbe und Texthöhe für den Maßtext, im Feld BRUCH-HÖHENSKALIERUNG wird ein Faktor für die Texthöhe der Toleranzen eingegeben. Der Faktor multipliziert mit der Texthöhe ergibt die Texthöhe der Toleranzen. Ist der Schalter RAHMEN UM TEXT ZEICHNEN ein, wird der Maßtext eingerahmt. Im Maschinenbau entspricht diese Darstellung der Grundtoleranz.

TEXTPLATZIERUNG: Im Abrollmenü VERTIKAL geben Sie an, ob der Maßtext oberhalb der Maßlinie sitzen soll oder ob die Maßlinie unterbrochen werden soll und der Text dazwischen gesetzt werden soll. Im Abrollmenü HORIZONTAL können Sie wählen, ob das Maß in der Mitte oder an den Hilfslinien stehen soll. Im Feld ABSTAND VON BEM.LINIE tragen Sie ein, welchen Abstand der Text von der Bemaßungslinie haben soll, wenn er über die Bemaßungslinie gesetzt wurde.

15 Bemaßungsvariablen und -stile

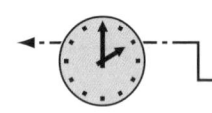

TEXTAUSRICHTUNG: Bei der Einstellung HORIZONTAL wird der Maßtext immer horizontal gesetzt. Haben Sie MIT BEMASSUNGSLINIE AUSGERICHTET gewählt, wird der Text parallel mit der Maßlinie ausgerichtet. Bei ISO-STANDARD ist dies genauso, nur Radiusbemaßungen werden waagrecht ausgerichtet.

Training: Format der Maße

- Öffnen Sie die Zeichnung A-15-02.dwg aus dem Ordner \AUFGABEN.
- Stellen Sie die Bemaßungen für »amerikanische Maße« ein (siehe Abbildung 15.5).
- Mit diesen Einstellungen wird die Maßlinie immer durchgezogen, der Text zwischen die Maßlinien und immer horizontal gesetzt.
- Testen Sie die verschiedenen Einstellungen und erzeugen Sie damit Maße wie in Abbildung 15.5. Die Lösung finden Sie im Ordner \AUFGABEN, L-15-02.dwg.

Abb. 15.5: Zeichnung mit »amerikanischen Maßen«

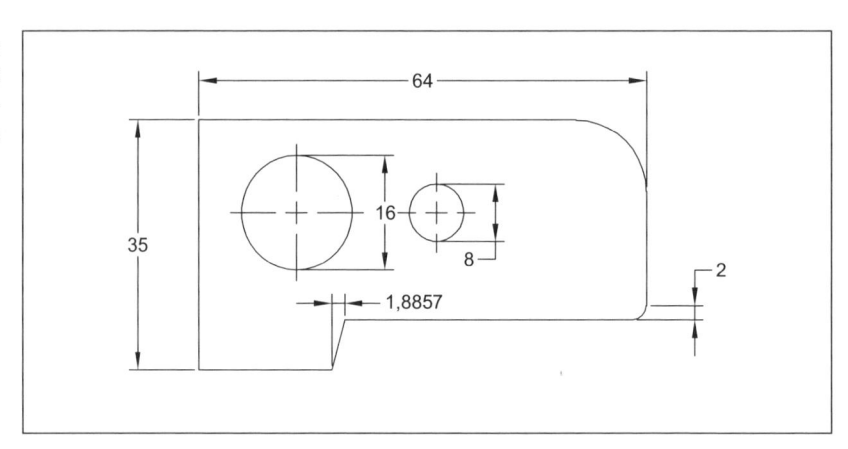

Aktion: Register EINPASSEN

Im Register EINPASSEN stellen Sie die Positionierung von Maßtext, Pfeilspitzen, Führungslinien und der Bemaßungslinie ein (siehe Abbildung 15.6).

Folgende Einstellmöglichkeiten haben Sie hier:

EINPASSUNGSOPTIONEN: Wenn Maßtext und Maßpfeile nicht zwischen die Hilfslinien passen, können Sie in diesem Feld wählen, was außerhalb der Hilfslinie angebracht werden soll.

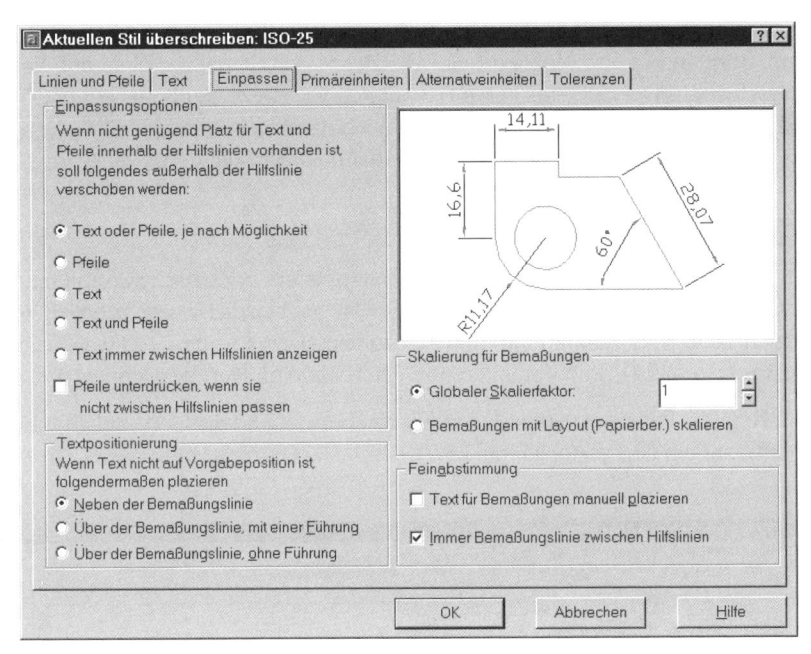

Abb. 15.6:
Register für die Einpassung von Text, Pfeilen, Führungslinien und Bemaßungslinien

TEXTPOSITION: Die Einstellung gibt an, was passieren soll, wenn Sie den Maßtext aus der Vorgabeposition verschieben: NEBEN DER BEMASSUNGSLINIE bewirkt, dass die Bemaßungslinie mit verschoben wird, wenn Sie den Maßtext verschieben. Bei der Einstellung ÜBER DER BEMASSUNGSLINIE, MIT EINER FÜHRUNG bleibt die Bemaßungslinie an der ursprünglichen Stelle und der Maßtext wird mit einer Führungslinie an die Bemaßungslinie angehängt. Die Einstellung ÜBER DER BEMASSUNGSLINIE, OHNE FÜHRUNG bleibt die Bemaßungslinie an der ursprünglichen Stelle und der Maßtext wird ohne Führungslinie platziert.

GLOBALER SKALIERFAKTOR: Mit dem globalen Skalierfaktor werden alle Größen in den Bemaßungseinstellungen multipliziert. Das hat den Vorteil, dass Sie beim Plotten in einem bestimmten Maßstab nicht alle Bemaßungseinstellungen ändern müssen, sondern nur diesen Faktor. Alle anderen Größen (Pfeilgrößen, Abstände, Verlängerungen usw.) werden mit diesem Faktor multipliziert.

BEMASSUNGEN MIT LAYOUT (PAPIERBER.) SKALIEREN: Haben Sie dagegen dieses Feld angekreuzt, werden die Maße in den Ansichtsfenstern des Papierbereichs so skaliert, dass die Maßgrößen (Texthöhe, Pfeillängen, Abstände usw.) auf dem Papier in der eingestellten Größe erscheinen. Weitere Informationen zu Layouts, Papierbereich und Ansichtsfenstern erhalten Sie in Stunde 23.

15 Bemaßungsvariablen und -stile

FEINABSTIMMUNG: Ist der Schalter TEXT FÜR BEMAßUNGEN MANUELL PLATZIEREN ein, können Sie den Maßtext beim Platzieren der Bemaßungslinie auf dieser verschieben. Der Schalter IMMER BEMAßUNGSLINIE ZWISCHEN HILFSLINIEN bewirkt, wenn er ein ist, dass Bemaßungslinien auch dann zwischen die Hilfslinien gezeichnet werden, wenn die Pfeile außerhalb platziert werden.

Aktion: Register PRIMÄREINHEITEN

In AutoCAD können Sie in einem Einheitensystem oder zusätzlich mit einem zweiten Einheitensystem bemaßen. So ist es beispielsweise möglich, die Zeichnung gleichzeitig in mm und Zoll zu bemaßen. In AutoCAD werden diese Einheiten als Primäreinheiten und Alternativeinheiten bezeichnet.

Im Register PRIMÄREINHEITEN stellen Sie das Format und die Genauigkeit für die Maßtexte ein (siehe Abbildung 15.7).

Abb. 15.7: Register für die Primäreinheiten

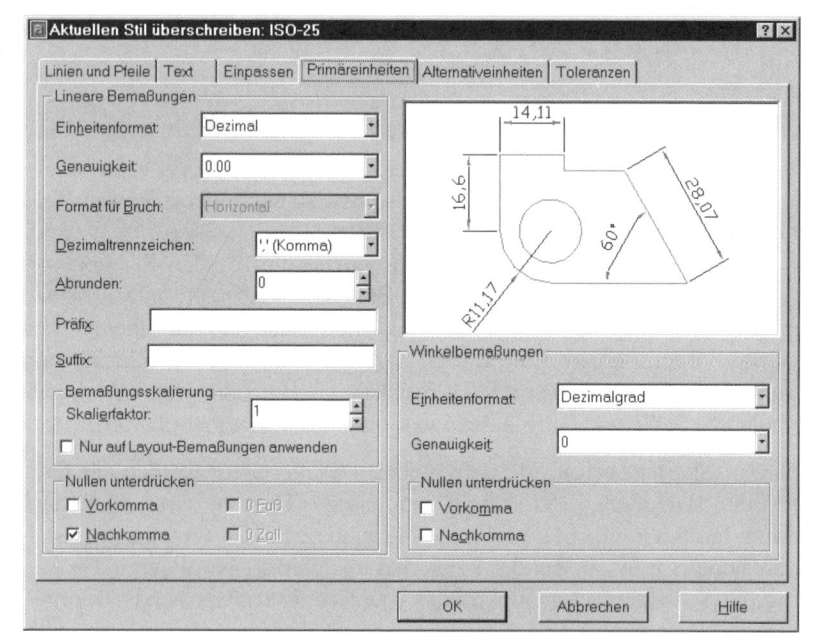

Hier können Sie folgende Einstellungen vornehmen:

LINEARE BEMAßUNGEN: Im Feld EINHEITENFORMAT wählen Sie das Format der Maße, normalerweise *Dezimal*, eventuell noch *Wissenschaftlich* für eine exponentielle Darstellung. Die anderen Formate sind für die Bemaßung in Fuß und Zoll. Aus dem Abrollmenü GENAUIGKEIT wählen Sie die Zahl der maximalen Nachkommastellen für den Maßtext. Das Feld FORMAT FÜR BRUCH ist nur für die Bemaßung mit Fuß und Zoll, dann können Sie hier die Form des Bruchstrichs angeben. Wählen Sie im Abrollmenü DEZIMALTRENNZEICHEN zwi-

Dialogfelder zur Einstellung der Maße

schen Komma, Punkt oder Leerzeichen für die dezimale Trennung. Geben Sie im Feld ABRUNDEN einen Wert größer 0 ein, wird das gemessene Maß auf ein Vielfaches dieses Werts gerundet. Soll vor oder hinter jedem Maßtext der gleiche Text eingetragen werden, können diese Texte hier angegeben werden, im Feld PRÄFIX den Text vor dem Maßtext und im Feld SUFFIX den Text danach.

BEMASSUNGSSKALIERUNG: Wenn Sie einen Wert im Feld SKALIERFAKTOR eintragen, werden die gemessenen Werte mit diesem Faktor multipliziert. Haben Sie in der Zeichnung eine vergrößerte Kopie erzeugt, können Sie diese mit einem Skalierfaktor bemaßen. Ist der Schalter NUR AUF LAYOUT-BEMASSUNGEN ANWENDEN ein, wird der eingestellte Skalierfaktor nur für die Bemaßung im Papierbereich verwendet. Informationen zum Papierbereich und zu Layouts erhalten Sie in Stunde 23.

NULLEN UNTERDRÜCKEN: Mit den Schaltern VORKOMMA und NACHKOMMA können die Null vor dem Komma oder Nullen nach dem Komma ausgeblendet werden. Ist beispielsweise eine Genauigkeit von vier Stellen eingestellt und Sie messen 0.5000, würde in der Zeichnung erscheinen: 0.5 wenn Schalter NACHKOMMA ein ist, .5000 beim Schalter VORKOMMA und .5, wenn beide eingeschaltet sind. Die Schalter 0 FUSS und 0 ZOLL steuern das Format der Bemaßung, wenn Sie in Fuß und Zoll bemaßen.

WINKELBEMASSUNG: Hier können Sie die gleichen Einstellungen für Winkelbemaßungen machen. Wählen Sie in den Abrollmenüs die Einheiten und die Genauigkeit und stellen Sie ein, was mit den Nullen vor und nach dem Komma geschehen soll.

Aktion: Register ALTERNATIVEINHEITEN

Im Register ALTERNATIVEINHEITEN stellen Sie das Gleiche wie im vorherigen Register ein, diesmal für die Alternativeinheiten (siehe Abbildung 15.8).

ALTERNATIVEINHEITEN ANZEIGEN: Nur wenn dieser Schalter ein ist, werden Alternativeinheiten in die Zeichnung eingetragen.

Stellen Sie im Feld darunter ein: das Einheitenformat, die Genauigkeit, den Rundungsfaktor, Präfix und Suffix, falls Sie dies benötigen und die Behandlung der Nullen vor und hinter dem Komma, genauso wie bei den Primäreinheiten.

PLATZIERUNG: Zusätzlich können Sie die Platzierung wählen, hinter oder unter dem Primärwert. Die Alternativeinheiten werden in [...] Klammern gesetzt.

MULTIPLIKATOR FÜR ALT.EINHEITEN: Mit diesem Faktor legen Sie fest, mit welchem Faktor die Alternativeinheiten multipliziert werden, z. B.: entspricht die Standardeinstellung 0.03937007874016 dem Umrechnungsfaktor von mm in Zoll.

15 Bemaßungsvariablen und -stile

Abb. 15.8:
Register für
die Alternativ-
einheiten

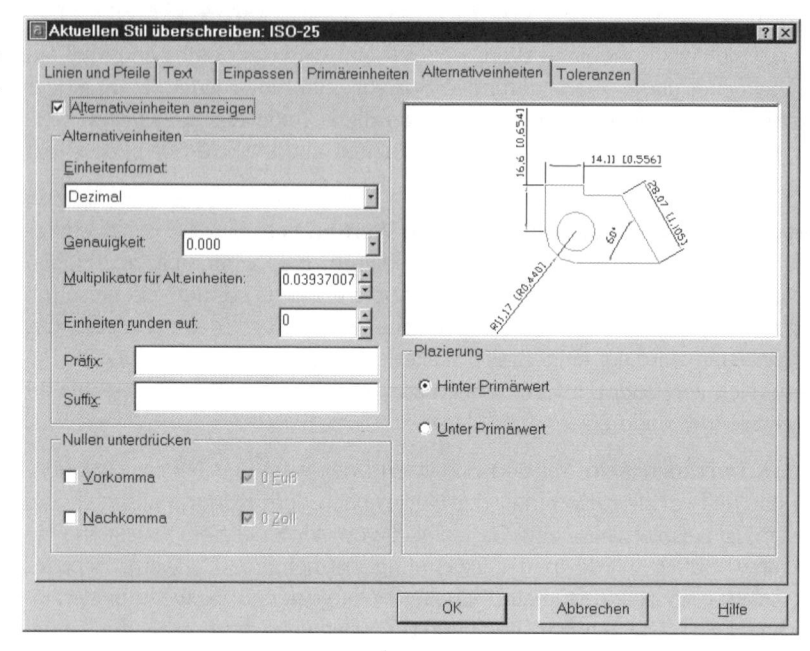

Aktion: Register TOLERANZEN

Im Register TOLERANZEN können Sie Toleranzwerte hinter den Maßtext setzen und Format und Werte dafür einstellen (siehe Abbildung 15.9).

Abb. 15.9:
Register für
das Format
und die Werte
der Toleranzen

TOLERANZFORMAT: Im Abrollmenü METHODE wählen Sie, ob keine Toleranzangaben, symmetrische Toleranzen, Abweichungen in positiver und negativer Richtung, die oberen und unteren Grenzwerte oder die Grundtoleranzen (eingerahmter Maßtext) verwendet werden sollen.

Darunter stellen Sie in einem Abrollmenü wie bei den Einheiten die Genauigkeit für die Toleranzwerte ein. Danach tragen Sie den oberen und unteren Wert für die Abweichung ein. Haben Sie die symmetrische Toleranzmethode gewählt, wird der zweite Wert ignoriert. Im Feld SKALIERUNG FÜR HÖHE geben Sie ein, wie hoch der Text für die Toleranzen in Relation zum Maßtext sein soll, z. B.: bei 0.5 ist der Toleranztext halb so hoch wie die Maßzahl. Die Einstellung im Feld VERTIKALE POSITION gibt an, wo die Toleranzen im Verhältnis zu der Maßzahl stehen sollen.

NULLEN UNTERDRÜCKEN: Geben Sie hier für die Toleranzen an, ob Sie die Null vor oder hinter dem Komma haben wollen.

TOLERANZEN FÜR DIE ALTERNATIVEINHEITEN: Haben Sie Alternativeinheiten gewählt, können Sie hier die Genauigkeit und die Behandlung der Nullen für die Toleranzen der Alternativeinheiten einstellen.

Training: Format von Maßtext und Toleranz

- *Öffnen Sie die Zeichnung A-15-03.dwg aus dem Ordner \AUFGABEN.*

- *Stellen Sie verschiedene Toleranzen ein und bemaßen Sie mit Alternativeinheiten (z.B. wie in Abbildung 15.10).*

- *Das Beispiel aus Abbildung 15.10 finden Sie im Ordner \AUFGABEN, die Zeichnung L-15-03.dwg.*

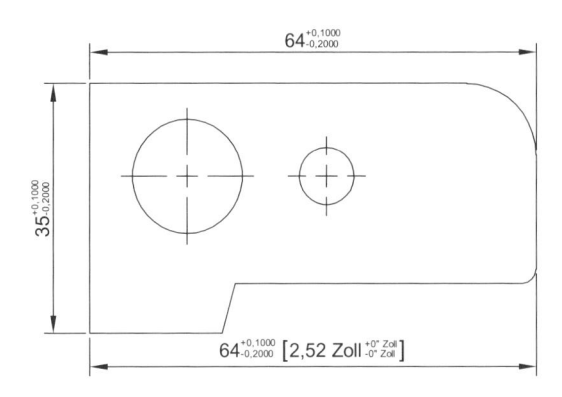

Abb. 15.10:
Bemaßung mit
Toleranzen
und Alternativeinheiten

15 Bemaßungsvariablen und -stile

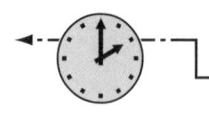

15.2 Bemaßen mit Stil

Wie Sie gesehen haben, ist es aufwändig, zwischen verschiedenen Bemaßungsarten zu wechseln. Soll in einer Zeichnung mal mit Strichen, dann wieder mit Pfeilen, mal mit und mal ohne Toleranzen bemaßt werden, kann jeder Wechsel eine ganze Reihe von Umstellungen erforderlich machen.

So wie Sie Textstile erstellen können, in denen die Parameter für die Schrift definiert sind, so gibt es auch Bemaßungsstile für die Einstellung der Maße. Alle Einstellungen, die Sie vorher gemacht haben, lassen sich in einem Bemaßungsstil speichern. Bemaßungsstile werden in der Zeichnung gespeichert. In einer Zeichnung können Sie beliebig viele anlegen.

Wenn Sie dann in einer anderen Art bemaßen wollen, wechseln Sie nur den Bemaßungsstil. Ändern Sie dagegen einen Bemaßungsstil, mit dem Sie schon gearbeitet haben, werden alle Maße mitgeändert, die mit diesem Stil erstellt wurden.

Aktion: Erstellung eines neuen Bemaßungsstils

✗ Wählen Sie den Befehl BEMSTIL (siehe oben).

✗ Haben Sie in dieser Zeichnung noch keinen Bemaßungsstil erstellt, und ist auch in der Vorlage, die Sie verwendet haben, keiner gespeichert, dann finden Sie in der Liste links nur den Stil *ISO-25* wenn Sie mit der metrischen Grundeinstellung begonnen haben (siehe Abbildung 15.1).

✗ Klicken Sie auf die Schaltfläche NEU... und Sie erhalten ein Dialogfeld (siehe Abbildung 15.11). Tragen Sie dort einen Namen für den neuen Stil ein. Wählen Sie aus dem Abrollmenü ANFANGEN MIT, welcher vorhandene Bemaßungsstil Grundlage des neuen Stils sein soll. Im Abrollmenü VERWENDEN FÜR können Sie wählen, ob der neue Stil für alle Bemaßungsarten gelten soll oder nur für bestimmte, z.B.: Radiusbemaßungen. In diesem Fall wird ein untergeordneter Stil erzeugt, der nur für diese Bemaßungsart gilt, aber mit dem übergeordneten Stil aktiviert wird.

Abb. 15.11:
Dialogfeld
für neuen
Bemaßungsstil

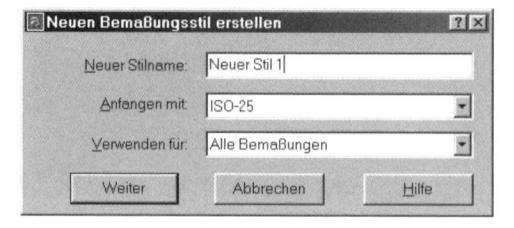

✘ Klicken Sie dann auf WEITER und Sie bekommen das Dialogfeld mit den Registern zur Einstellung der Bemaßung. Stellen Sie alle die Werte ein, die vom Ausgangsstil abweichen sollen. Wenn Sie dieses Feld mit OK beenden, haben Sie den neuen Stil in der Liste (siehe Abbildung 15.12).

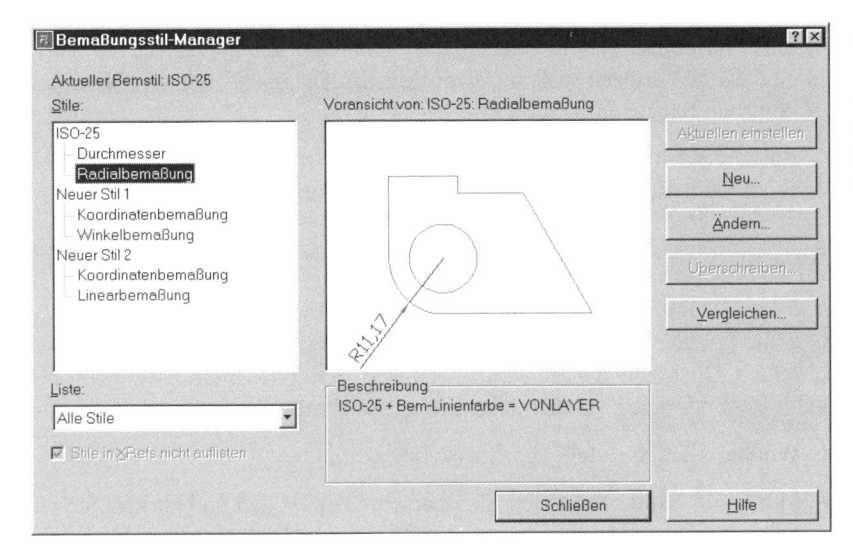

Abb. 15.12: Verschiedene Bemaßungsstile mit untergeordneten Stilen

Aktion: Wechsel des aktuellen Bemaßungsstils

✘ Wählen Sie den Befehl BEMSTIL (siehe oben).

✘ Klicken Sie den Bemaßungsstil in der Liste doppelt an und er wird zum aktuellen Bemaßungsstil, der in der obersten Zeile angezeigt wird. Sie können den Stil auch in der Liste markieren und auf die Schaltfläche AKTUELLEN EINSTELLEN klicken. Auch damit wird er zum aktuellen Bemaßungsstil.

✘ Alle Maße, die Sie danach erstellen, werden mit dem aktuellen Bemaßungsstil erstellt.

✘ Den aktuellen Bemaßungsstil können Sie auch in dem Abrollmenü des Werkzeugkastens BEMAßUNG wechseln (siehe Abbildung 15.13).

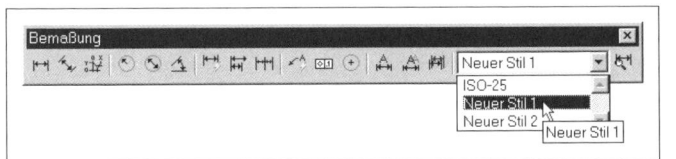

Abb. 15.13: Wechsel des Stils im Werkzeugkasten BEMAßUNG

15 Bemaßungsvariablen und -stile

Aktion: Ändern eines Bemaßungsstils

✘ Wählen Sie den Befehl BEMSTIL (siehe oben).

✘ Markieren Sie den Bemaßungsstil in der Liste STILE (siehe Abbildung 15.12). Klicken Sie dann auf ÄNDERN… und Sie bekommen das Dialogfeld mit den Registern zur Einstellung der Bemaßung. Stellen Sie alle die Werte ein, die Sie ändern wollen. Wenn Sie das Dialogfeld mit OK beenden, kommen Sie zur Liste zurück.

✘ Klicken Sie auf die Schaltfläche SCHLIEßEN. Alle Maße, die mit dem Stil erzeugt wurden, werden den neuen Einstellungen angepasst.

Aktion: Überschreiben eines Bemaßungsstils

Wollen Sie nur ein oder zwei Maße mit anderen Einstellungen haben und dafür keinen neuen Stil erstellen, können Sie auch einen bestehenden Stil überschreiben. Die Maße, die Sie danach erstellen, werden keinem Stil zugeordnet und die geänderten Einstellungen nicht gespeichert. Gehen Sie wie folgt vor:

✘ Wählen Sie den Befehl BEMSTIL (siehe oben).

✘ Markieren Sie den Stil, den Sie überschreiben wollen und klicken Sie auf die Schaltfläche ÜBERSCHREIBEN… Ändern Sie im Dialogfeld mit den Registern die Werte, die Sie anders haben wollen und klicken danach auf OK.

✘ In der Liste der Stile finden Sie unter dem überschriebenen Stil einen neuen Eintrag <Stilüberschreibungen> (siehe Abbildung 15.14).

Abb. 15.14: Überschriebener Bemaßungsstil in der Liste

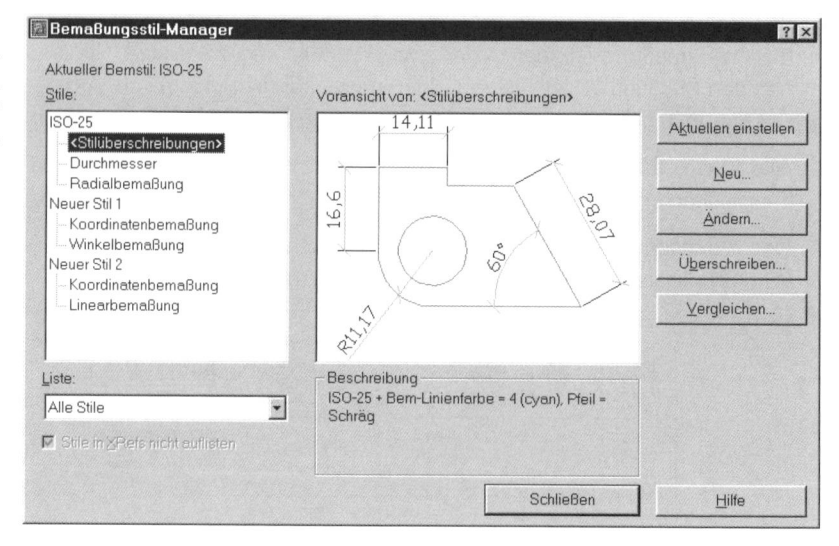

✘ Klicken Sie auf SᴄʜʟɪᴇꞰᴇɴ und bemaßen Sie. Diese Maße sind »stillos«. Wenn Sie später einen neuen Stil zum aktuellen Stil machen, werden diese Änderungen verworfen.

Aktion: Stil umbenennen oder löschen

Sie wollen einen Stil umbenennen oder löschen:

✘ Wählen Sie den Befehl Bᴇᴍsᴛɪʟ (siehe oben).

✘ Stil markieren und rechte Maustaste drücken, aus dem Pop-up-Menü die entsprechende Funktion wählen.

✘ Sie können einen Stil nur dann löschen, wenn keine Bemaßungen damit erstellt wurden und wenn er keine untergeordneten Stile hat. In diesem Fall müssen Sie zuerst die untergeordneten Stile löschen.

✘ Sie können einen Stil auch markieren und die Taste ¢ drücken und der Stil wird gelöscht.

✘ Einen Stil können Sie auch umbenennen, wenn Sie in den Namen in der Liste klicken und diesen bearbeiten.

Training: Bemaßen mit Bemaßungsstilen

✘ *Laden Sie die Zeichnung A-15-04.dwg aus dem Ordner \AUFGABEN.*

✘ *Die Zeichnung enthält eine einfache Geometrie, noch ohne Maße, dafür aber mit verschiedenen Bemaßungsstilen:*

PASSUNG: *für die Bemaßung von Passungen*
RAD-DUR: *für Radius- und Durchmessermaße*
STANDARD: *für normale Maße*
STRICH: *für die Bemaßung mit Schrägstrichen*
TOLERANZ-1: *für die Bemaßung mit Toleranzangaben*

✘ *Bemaßen Sie das Teil wie in Abbildung 15.15, wenn auch nicht normgerecht, aber zur Übung, mit verschiedenen Bemaßungsstilen.*

✘ *Auch eine Beispiellösung finden Sie im Ordner \AUFGABEN, die Zeichnung L-15-04.dwg.*

15 Bemaßungsvariablen und -stile

Abb. 15.15:
Bemaßung mit
verschiedenen
Bemaßungs-
stilen

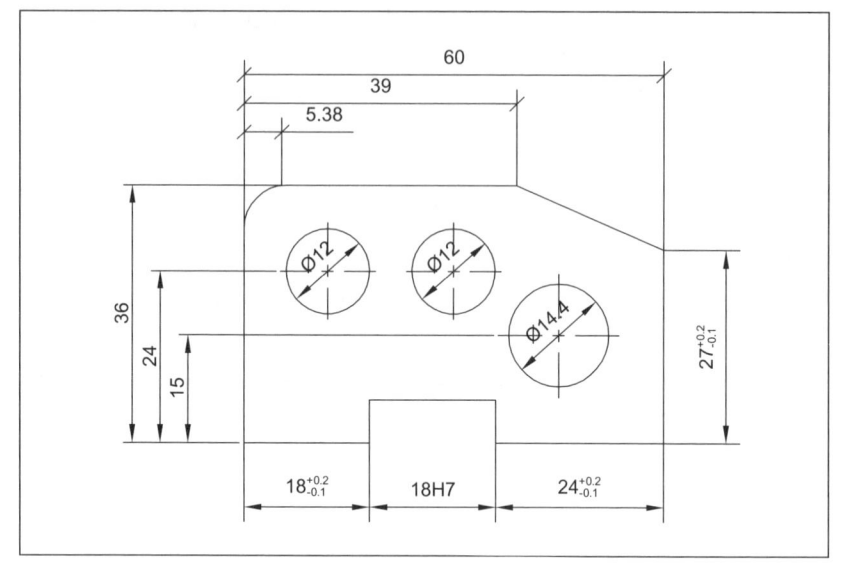

15.3 Zeichnungen mit Maßen ändern

Maße sind in AutoCAD assoziativ, es sei denn, Sie hätten diese Funktion ausgeschaltet. Wird nachträglich die Geometrie geändert, ändert sich das Maß mit. Bei Bearbeitung mit Editierbefehlen müssen Sie darauf achten, dass die entsprechenden Maße mit angewählt werden (siehe Abbildung 15.16 und 15.17).

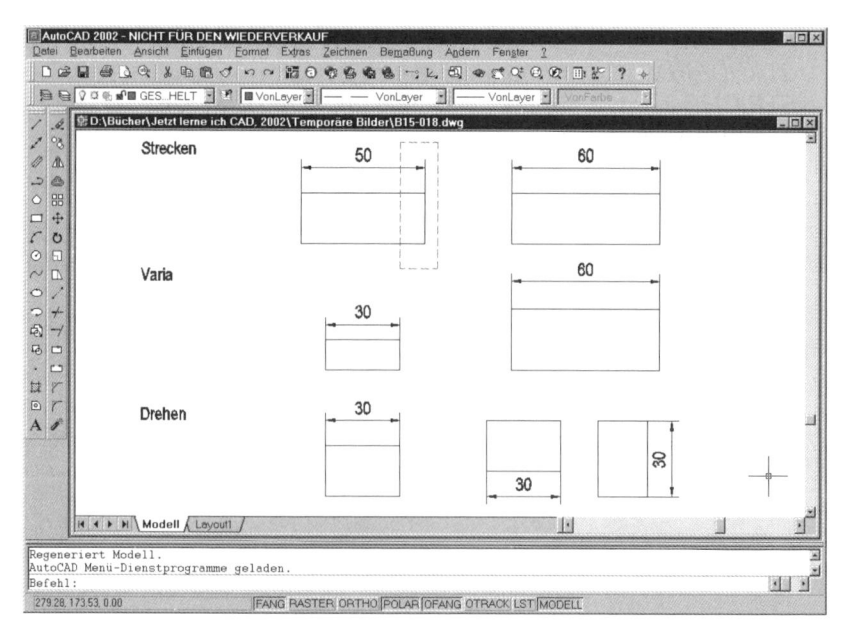

Abb. 15.16:
Editierung von
Objekten mit
Bemaßung 1

Zeichnungen mit Maßen ändern

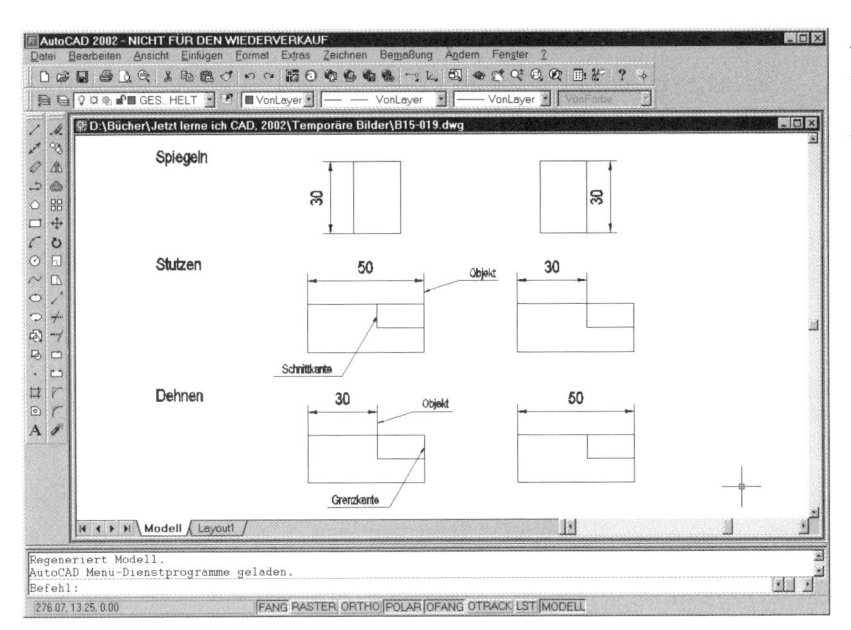

*Abb. 15.17:
Editierung von
Objekten mit
Bemaßung 2*

Training: Editierung von Objekten mit Bemaßung

- Laden Sie die Zeichnung A-15-05.dwg aus dem Ordner \AUFGABEN.
- Ändern Sie die Teile mit den angegebenen Editierbefehlen wie in Abbildung 15.16 und 15.17 ab.
- Auch dazu finden Sie die Beispiellösung im Ordner \AUFGABEN, die Zeichnung L-15-05.dwg.

Fragen zur fünfzehnten Stunde

1. Mit welchem Befehl lassen sich alle Einstellungen für Maße vornehmen?
2. Lassen sich die Hilfslinien abschalten, wenn ja, in welchem Dialogfeld?
3. In welchem Dialogfeld lassen sich die Pfeilspitzen an den Enden der Maßlinie umstellen?
4. In welchem Dialogfeld lassen sich die Bemaßungstexte nach amerikanischer Art immer waagrecht ausrichten?
5. Wie können Sie bewirken, dass die Maßzahl als Dezimaltrennzeichen ein Komma oder einen Punkt hat?
6. Das Maß 50,17 soll auf 50,2 gerundet werden, was für einen Rundungswert stellen Sie ein?

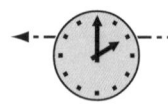

15 Bemaßungsvariablen und -stile

7. Wie viele Bemaßungsstile kann es in einer Zeichnung geben?

8. Sie haben mit einem Bemaßungsstil bemaßt und ändern diesen, was passiert dann?

9. Wie können Sie bewirken, dass Radiusmaße mit anderen Einstellungen als alle anderen Maße erstellt werden?

10. Sie wollen Objekte einschließlich den Maßen mit dem Befehl STRECKEN bearbeiten, was müssen Sie beachten?

STUNDE 16

Objekteigenschaften

Jedes Objekt hat Eigenschaften, die Sie bearbeiten können. Sie lernen in dieser Stunde:

✘ welche Eigenschaften ein Objekt haben kann

✘ wie Sie die Eigenschaften ändern können

✘ wie Sie per Schnellauswahl die Objekte auswählen können

✘ wie Sie Eigenschaften eines Objekts auf andere übertragen können und

✘ welche Spezialbefehle es zum Ändern noch gibt.

16.1 Welche Eigenschaften hat ein Objekt?

Wie Sie bisher schon mitbekommen haben, wird auf dem aktuellen Layer, mit der aktuellen Farbe, dem aktuellen Linientyp, der aktuellen Linienstärke gezeichnet, mit dem aktuellen Textstil beschriftet und mit dem aktuellen Bemaßungsstil bemaßt. Die Information, auf welchem Layer das Objekt liegt, mit welcher Farbe, welchem Linientyp und welcher Linienstärke es gezeichnet wurde, mit welchem Textstil eine Schrift erstellt wurde oder mit welchem Bemaßungsstil ein Maß gezeichnet wurde, wird mit dem Objekt gespeichert. Diese Informationen werden in AutoCAD als Eigenschaften eines Objekts bezeichnet.

16 Objekteigenschaften

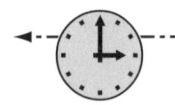

Eigenschaften, die mit allen Objekten gespeichert werden:

✘ Layer, auf dem das Objekt gezeichnet wurde

✘ Farbe, mit der das Objekt gezeichnet wurde

✘ Linientyp, mit dem das Objekt gezeichnet wurde

✘ Linientypfaktor, mit dem der verwendete Linientyp skaliert wurde

✘ Linienstärke, mit der das Objekt gezeichnet wurde

✘ Plotstil, mit dem das Objekt geplottet wird (nur dann, wenn Sie mit benannten Plotstilen arbeiten, ansonsten kommt der Plotstil von der Farbe des Objekts)

✘ Objekthöhe, um die das Objekt in Z-Richtung extrudiert ist (normalerweise 0, nur bei 3D-Modellen verwendet)

Wie schon mehrfach erwähnt, sollten Sie Farbe, Linientyp und Linienstärke auf der Einstellung *VONLAYER* belassen. Aber auch diese Eigenschaft wird mit dem Objekt gespeichert.

16.2 Der Objekt-Eigenschaften-Manager

Beim Zeichnen und Konstruieren kommt es ständig vor, dass Objekte auf einen falschen Layer kommen, den falschen Linientypfaktor oder eine falsche Objekthöhe haben usw. Diese Änderungen können Sie in AutoCAD mit dem Objekt-Eigenschaften-Manager vornehmen.

Aktion: Befehl EIGENSCHAFTEN und EIGSCHLIESS

Mit dem Befehl EIGENSCHAFTEN schalten Sie das Fenster des Objekt-Eigenschaften-Managers zu. Sie finden den Befehl:

✘ Abrollmenü WERKZEUGE bzw. EXTRAS, Funktion EIGENSCHAFTEN

✘ Abrollmenü ÄNDERN, Funktion EIGENSCHAFTEN

✘ Symbol in der STANDARD-FUNKTIONSLEISTE

✘ Tastenkombination [Strg] + [1]

✘ Objekt in der Zeichnung doppelt anklicken

Das Fenster bleibt unabhängig von einem Befehl auf dem Bildschirm, bis Sie es wieder schließen und die Anzeigen im Fenster werden ständig aktualisiert, je nachdem, was Sie in AutoCAD machen. Das Fenster bekommen Sie mit dem Befehl EIGSCHLIESS wieder weg, den Sie auf die gleiche Weise wählen

Der Objekt-Eigenschaften-Manager

können. Ist das Fenster eingeblendet, wird es mit den oben beschriebenen Methoden ausgeschaltet und ist es aus, können Sie es damit einschalten.

Haben Sie den Objekt-Eigenschaften-Manager eingeschaltet, können Sie sein Fenster über dem Zeichnungsfenster lassen oder am linken oder rechten Rand der Zeichenfläche verankern (siehe Abbildung 16.1 und in den folgenden Abbildungen frei auf der Zeichenfläche).

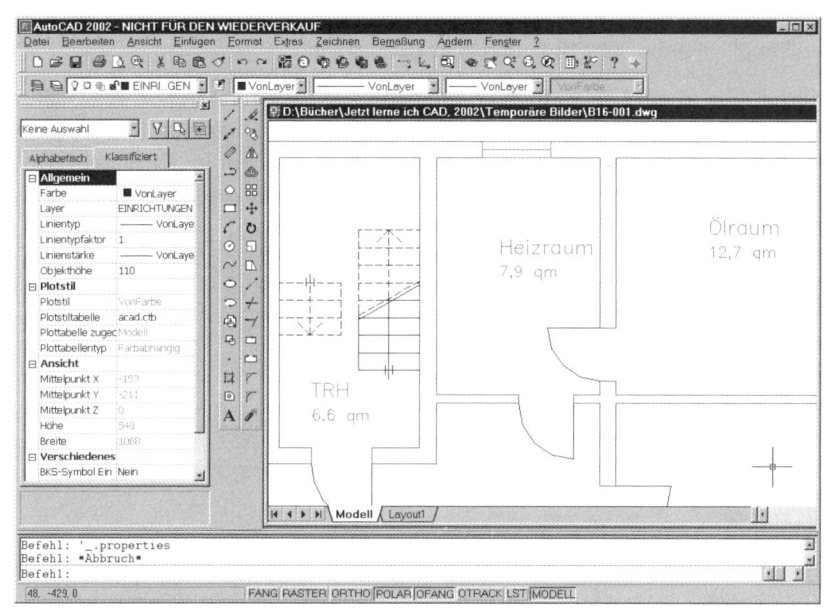

Abb. 16.1: Objekt-Eigenschaften-Manager an der linken Seite der Zeichenfläche verankert

Wie ein Werkzeugkasten lässt sich das Fenster auf der Zeichenfläche verschieben und an der linken oder rechten Seite andocken. Wenn es nicht angedockt ist, können Sie die Größe beliebig verändern, ansonsten kann nur die Breite an der Trennstelle zum AutoCAD-Fenster verändert werden.

Die Liste im Fenster hat zwei Registerkarten. Mit der Registerkarte KLASSIFIZIERT werden die Einträge nach Kategorien sortiert angezeigt. Mit dem Register ALPHABETISCH werden die Einträge in der Liste alphabetisch sortiert angezeigt.

Aktion: Aktuelle Einstellungen ändern

Mit dem Objekt-Eigenschaften-Manager lassen sich verschiedene Funktionen ausführen. Zunächst macht es einen Unterschied, ob Sie in der Zeichnung bereits Objekte gewählt haben oder nicht.

16 Objekteigenschaften

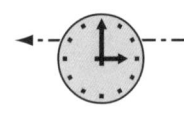

Haben Sie in der Zeichnung keine Objekte gewählt, können Sie im Fenster die aktuellen Einstellungen ändern. Im Abrollmenü am oberen Rand des Fensters wird dann KEINE AUSWAHL angezeigt (siehe Abbildung 16.1). In der Liste finden Sie die Werte schwarz, die geändert werden können und grau die Werte, die nur angezeigt werden.

Sie finden dort: Die aktuellen Werte für Farbe, Layer, Linientyp, Linientypfaktor, Linienstärke, Plotstil, die verwendete Plotstiltabelle, die Koordinaten und die Höhe und Breite des aktuellen Zeichnungsausschnitts sowie die Einstellmöglichkeiten zum BKS und zum BKS-Symbol.

Klicken Sie in ein Feld, können Sie einen neuen Wert eintragen. Wird dann am rechten Rand des Feldes ein Pfeil angezeigt, bekommen Sie ein Abrollmenü, aus dem Sie den gewünschten Wert wählen können. In Abbildung 16.2 sehen Sie, wie Sie im Feld LAYER einen neuen aktuellen Layer auswählen können.

Abb. 16.2: Auswahl des aktuellen Layers aus dem Abrollmenü

Tipps:

✘ Ändern Sie die aktuellen Einstellungen, werden alle Objekte, die Sie ab jetzt zeichnen, mit den neuen Einstellungen erzeugt. Bereits erstellte Objekte werden nicht verändert.

✘ Ändern Sie nur den aktuellen Layer, nicht die Farbe, den Linientyp, die Linienstärke oder den Plotstil. Brauchen Sie eine Kombination aus Farbe, Linientyp usw., die es in keinem Layer gibt, legen Sie sich mit dem Befehl LAYER einen neuen Layer mit diesen Einstellungen an.

Der Objekt-Eigenschaften-Manager

✗ Die meisten Einstellungen, die Sie im Objekt-Eigenschaften-Manager ohne ein gewähltes Objekt vornehmen, können Sie auch in der Funktionsleiste EIGENSCHAFTEN vornehmen.

Aktion: Eigenschaften von Objekten ändern

Interessanter ist der Objekt-Eigenschaften-Manager dann, wenn Sie ein oder mehrere Objekte in der Zeichnung angeklickt haben. Dazu müssen Sie keinen Befehl wählen. Die Objekte, die Sie angeklickt haben bekommen Griffe, die uns zunächst noch nicht interessieren. Gleichzeitig ändert sich aber auch der Inhalt und die Funktion des Objekt-Eigenschaften-Managers.

Ein Objekt gewählt: Haben Sie ein Objekt gewählt, wird in der obersten Zeile des Fensters der Objekttyp angezeigt. Alle Daten des Objekts werden in der Liste darunter angezeigt. Das sind sowohl die Eigenschaften des Objekts als auch die geometrischen Daten des Objekts. Abbildung 16.3 zeigt den Objekt-Eigenschaften-Manager, wenn ein Kreis auf der Zeichenfläche angeklickt wurde.

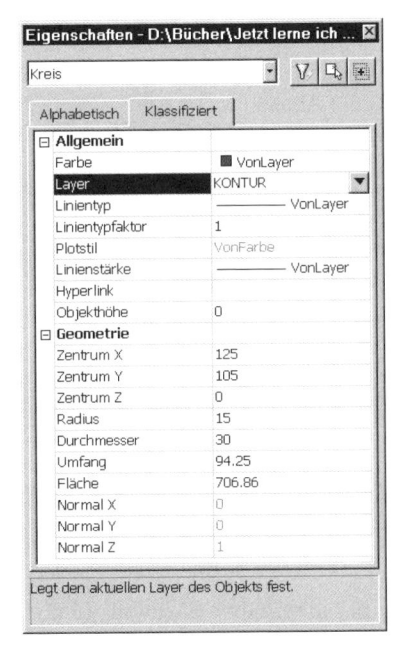

Abb. 16.3: Objekt-Eigenschaften-Manager bei gewähltem Kreis

Sie können die Eigenschaften des Kreises ändern und die Einstellungen werden sofort auf der Zeichenfläche nachgeführt. Wählen Sie beispielsweise einen anderen Layer, wird der Kreis sofort in der Farbe des Layers dargestellt. Auch Änderungen an der Geometrie werden sofort ausgeführt, beispielsweise

16 Objekteigenschaften

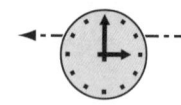

wenn Sie die X-Koordinate des Zentrums ändern. Generell gilt auch hier: In Feldern mit schwarzer Schrift kann geändert werden, Felder mit grauer Schrift sind Anzeigefelder und können nicht geändert werden.

Haben Sie am rechten Rand eines Feldes das Symbol mit dem Zeiger, können Sie den Punkt in der Zeichnung bestimmen. Klicken Sie auf das Symbol, und die bisherige Position des Punktes wird mit einem Gummiband gekennzeichnet. Klicken Sie einen neuen Punkt an, wird dessen Wert in das Fenster übernommen.

Mehrere gleichartige Objekte gewählt: Haben Sie mehrere gleichartige Objekte gewählt, wird in der obersten Zeile des Objekt-Eigenschaften-Managers hinter dem Objekttyp auch die Anzahl der gewählten Objekte in Klammern angezeigt. In der Liste darunter werden wieder Eigenschaften und Geometriedaten angezeigt.

Die Werte, die bei allen gewählten Objekten gleich sind, werden angezeigt. Haben die Objekte unterschiedliche Werte, wird nichts angezeigt. Tragen Sie einen Wert in ein Feld ein, gilt dieser für alle gewählten Objekte.

Unterschiedliche Objekte gewählt: Haben Sie unterschiedliche Objekte gewählt, wird in der obersten Zeile des Objekt-Eigenschaften-Managers als Objekttyp ALLE angezeigt und in Klammern die Zahl der gewählten Objekte (siehe Abbildung 16.4).

Abb. 16.4: Objekt-Eigenschaften-Manager bei unterschiedlichen Objekten

In der Liste haben Sie dann nur noch die Objekteigenschaften, die in allen Objekten gespeichert sind. Auch jetzt gilt wieder, die Werte, die bei allen gewählten Objekten gleich sind, werden angezeigt, die unterschiedlichen nicht. Änderungen wirken sich auf alle gewählten Objekte aus. Geometrische Daten werden nicht angezeigt und können auch nicht geändert werden, was bei der Vielzahl der Objekte ja auch nicht möglich wäre.

Im Abrollmenü in der obersten Zeile können Sie jetzt gleichartige Objekte zur Änderung auswählen (siehe Abbildung 16.5). Wählen Sie hier beispielsweise LINIE, können Sie alle Linien im Auswahlsatz ändern. Im Abrollmenü finden Sie alle Objekttypen mit ihrer Anzahl in Klammern hinter dem Objekttyp zur Auswahl.

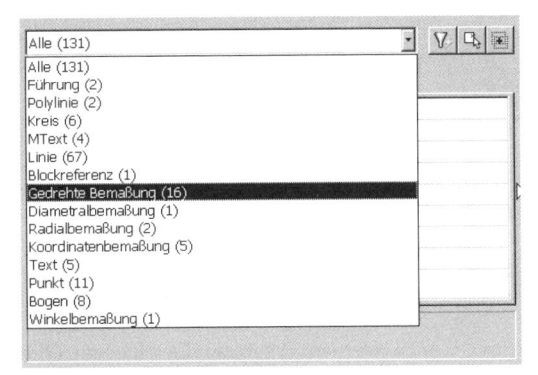

Abb. 16.5: Wahl der Objekttypen im Abrollmenü

Aktion: Auswahl aufheben

Haben Sie alle Änderungen ausgeführt, sollten Sie die gewählten Objekte wieder abwählen. Gehen Sie dazu wie folgt vor:

✘ Drücken Sie die Taste [Esc] oder

✘ Rechtsklick auf der Zeichenfläche, wenn kein Befehl aktiv ist, und Klick auf die Funktion AUSWAHL AUFHEBEN im Pop-up-Menü

Die Griffe verschwinden von den Objekten und Sie können eine neue Auswahl treffen.

Aktion: Änderungsmöglichkeiten bei den verschiedenen Objekten

Je nach Objekttyp können außer den Objekteigenschaften verschiedene Werte geändert werden. Zudem werden Werte angezeigt, die ebenfalls von Objekttyp zu Objekttyp verschieden sind. In Tabelle 16.1 finden Sie die Objekte, die änderbaren Werte und die angezeigten Werte im Objekt-Eigenschaften-Manager.

16 Objekteigenschaften

Tabelle 16.1:
Änderbare
Parameter und
angezeigte
Werte

Objekt	Änderbare Werte	Angezeigte Werte
Punkt	Punktkoordinate	
Linie	Anfangs- und Endpunkt	Delta XYZ, Länge und Winkel
Klinie	Erster und zweiter Platzierungspunkt	Richtungsvektor
Strahl	Ursprungspunkt und Platzierungspunkt	Richtungsvektor
Bogen	Mittelpunkt, Radius, Start- und Endwinkel	Start- und Endpunkt, Gesamtwinkel, Bogenlänge, Fläche und Normalenvektor
Kreis	Zentrum, Radius, Umfang, Durchmesser, Fläche	Normalenvektor
2D/3D Polylinie	Koordinaten aller Scheitelpunkte und Start- und Endbreite aller Segmente können mit Pfeiltasten durchblättert werden, Erhebung, Geschlossen/Offen Linientypangleichung, globale Breite	Fläche
Multilinie	nicht änderbar	Multilinienstil
Textzeile	Textinhalt, Einfügepunkt, Höhe, Drehung, Breitenfaktor, Neigung, Ausrichtung, Textstil, 180 Grad-Drehung, Rückwärts	Textausrichtung
Textabsatz	Textinhalt, Einfügepunkt, Textstil, Ausrichtungspunkt, Textorientierung Breitenfaktor, Texthöhe, Drehung Wechsel zum Editor	
Block	Einfügepunkt, Einfügefaktoren, Drehung	Name
Xref	Einfügepunkt, Einfügefaktoren, Drehung	Name, Pfad
Bilddatei	Bildeinstellungen, Einfügepunkt, Drehung, Breite, Höhe, Skalierung, Bildanzeige Anzeigemodus	Name, Pfad,
Bemaßung	Alle Bemaßungsparameter	
Schraffur	Schraffurtyp, Mustername, Winkel, Skalierung, Abstand, Doppelschraffur, Erhebung, Assoziativität, Inselerkennungsstil	
Ansichtsfenster	Zentrumskoordinate, Höhe, Breite, Ein, Anzeige gesperrt, Vorgabefaktor für den Maßstab, benutzerspez. Faktor, BKS pro A.-Fenster, Plot ausblenden	Zugeschnitten

Der Objekt-Eigenschaften-Manager

Tipps:

✘ Die Anzeige im Objekt-Eigenschaften-Manager können Sie ändern. Haben Sie das Register KLASSIFIZIERT an, hat die Liste Überschriften mit den Kategorien. Klicken Sie auf das »-« vor der Überschrift, werden die Werte dieser Kategorie nicht mehr angezeigt und es steht ein »+« vor der Überschrift (siehe Abbildung 16.6).

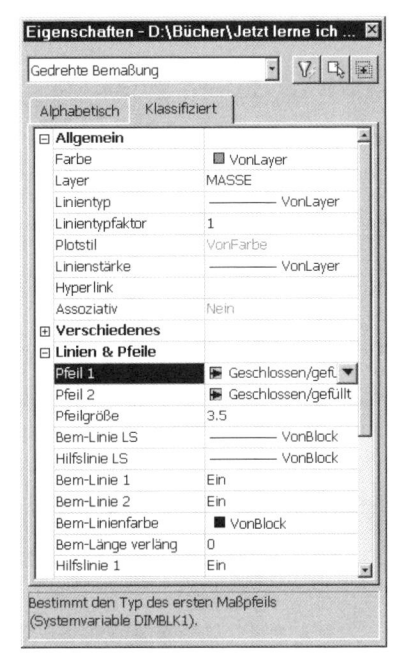

Abb. 16.6: Kategorien im Objekt-Eigenschaften-Manager

✘ Klicken Sie auf das »+« vor der Überschrift, werden alle Werte angezeigt.

✘ Die Symbole rechts oben im Objekt-Eigenschaften-Manager haben folgende Funktion (von links nach rechts): Schnellauswahl (siehe unten), Objekte wählen, Umschaltung in den Modus zur Einzelauswahl. Achtung: Klicken Sie darauf, können Sie in allen Editierbefehlen bei der Objektwahl nur noch ein Objekt wählen. Klicken Sie ein weiteres an, wird das erste abgewählt. Klicken Sie nochmals auf dieses Symbol, wird der normale Modus wieder aktiv (Systemvariable PICKADD auf 1 setzen).

16 Objekteigenschaften

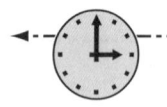

16.3 Die Schnellauswahl

Die Schnellauswahl ist eine flexible Möglichkeit, Objekte nach verschiedenen Kriterien in der Zeichnung zu suchen und in einen Auswahlsatz aufzunehmen. Alle Kreise, die einen Radius kleiner 5 haben, alle Linien auf dem Layer *Kontur*, alle Blöcke mit dem Namen *Symbol* usw. lassen sich so sehr schnell aus der Zeichnung filtern. Zusammen mit dem Objekt-Eigenschaften-Manager haben Sie einen schnellen Zugriff auf die Objekte in der Zeichnung und komfortable Änderungsmöglichkeiten.

Aktion: Befehl SAUSWAHL

Mit dem Befehl SAUSWAHL können Sie Objekte nach den verschiedensten Suchkriterien aus der Zeichnung wählen.

- ✘ Abrollmenü WERKZEUGE bzw. EXTRAS, Funktion SCHNELLAUSWAHL...
- ✘ Pop-up-Menü mit der rechten Maustaste ohne aktiven Befehl, Funktion SCHNELLAUSWAHL...
- ✘ Symbol im Objekt-Eigenschaften-Manager

Haben Sie den Befehl gewählt, bekommen Sie das Dialogfeld für die Schnellauswahl (siehe Abbildung 16.7).

Abb. 16.7: Dialogfeld des Befehls SAUSWAHL

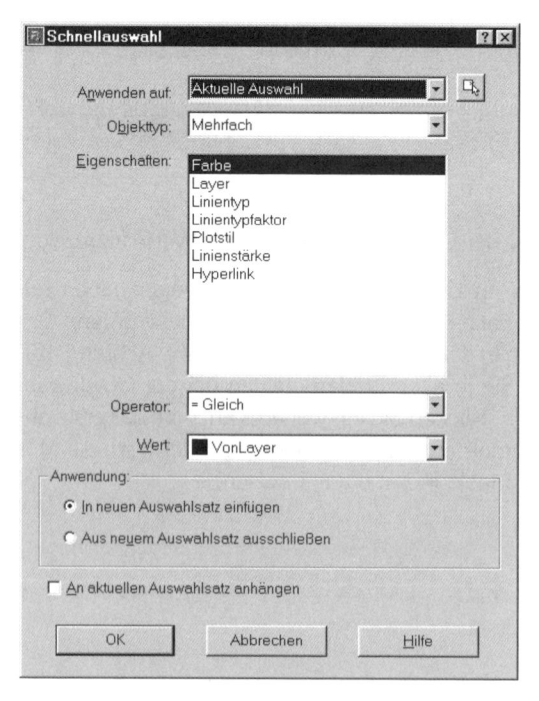

Folgende Bedienelemente haben Sie in diesem Dialogfeld:

ANWENDEN AUF: In dem Abrollmenü können Sie wählen, ob Sie die GANZE ZEICHNUNG oder die AKTUELLE AUSWAHL durchsuchen wollen. Haben Sie in der Zeichnung noch keine Objekte markiert, können Sie nur die ganze Zeichnung durchsuchen. Sind vorher schon Objekte markiert worden, können Sie diese noch einmal filtern.

OBJEKTE AUSWÄHLEN: Wollen Sie nur einen bestimmten Bereich der Zeichnung nach bestimmten Kriterien durchsuchen, klicken Sie auf dieses Symbol, das Dialogfenster verschwindet und Sie können in der Zeichnung Objekte auswählen, z.B. mit einem Fenster. Wenn Sie die Objektwahl beendet haben, kommen Sie wieder zum Dialogfeld. Im Feld ANWENDEN AUF steht jetzt AKTUELLE AUSWAHL.

OBJEKTTYP: Im diesem Abrollmenü können Sie die Suche auf bestimmte Objekttypen beschränken. Es werden nur die Objekttypen angeboten, die Sie in der aktuellen Auswahl bzw. in der ganzen Zeichnung haben (abhängig von der Einstellung im Feld ANWENDEN AUF).

EIGENSCHAFTEN: Hier wählen Sie die Eigenschaft, auf die Sie die Suche eingrenzen wollen.

OPERATOR: Vergleichsoperator bei der Suche.

WERT: Wert, mit dem verglichen wird.

IN NEUEN AUSWAHLSATZ EINFÜGEN: Ist dieser Schalter ein, wird aus den Objekten, auf die die Bedingung zutrifft, ein neuer Auswahlsatz gebildet.

AUS NEUEM AUSWAHLSATZ AUSSCHLIEẞEN: Haben Sie diesen Schalter ein, werden alle Objekte der aktuellen Auswahl bzw. der ganzen Zeichnung (abhängig von der Einstellung im Feld ANWENDEN AUF) gewählt, außer die Objekte, auf die die Bedingung zutrifft.

AN AKTUELLEN AUSWAHLSATZ ANHÄNGEN: Ist dieser Schalter ein, wird die neue Auswahl zu einem bereits vorhandenen Auswahlsatz hinzugefügt, ist er aus, wird ein neuer Auswahlsatz aus den gefundenen Objekten gebildet.

Klicken Sie auf OK, wird die aktuelle Auswahl oder die ganze Zeichnung nach den angegebenen Kriterien durchsucht. Die gefundenen Objekte werden in der Zeichnung markiert. Danach können Sie einen Editierbefehl mit dieser Auswahl ausführen oder die Objekte im Objekt-Eigenschaften-Manager ändern. Beispiele für Suchkriterien:

- Alle Objekte auf dem Layer **KONTUR**
- Alle Objekte mit der Farbe **ROT**, um Sie auf die Farbe **VONLAYER** zu bringen

16 Objekteigenschaften

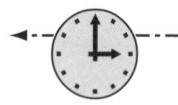

✗ Alle Bemaßungen auf dem Layer **KONTUR**, also Maße, die versehentlich auf einen falschen Layer gekommen sind

✗ Alle Kreise mit einem Radius kleiner 5 (siehe Beispiel unten)

✗ Alle Polylinien mit der globalen Breite 5, um diese zu ändern usw.

Training: Ändern mit Hilfe der Schnellauswahl

✗ *Laden Sie die Zeichnung A-16-01.dwg aus dem Ordner \AUFGABEN. Die Zeichnung sieht wie in Abbildung 16.8 aus.*

Abb. 16.8: Ausgangszeichnung für die Schnellauswahl

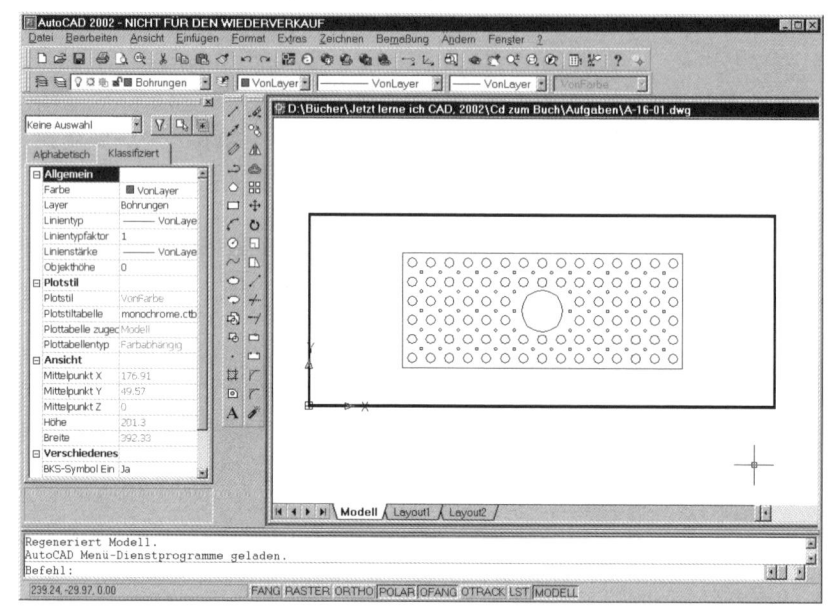

✗ *In der Zeichnung sind alle Kreise auf dem Layer 0. Sie sollen auf den Layer Bohrungen kommen.*

✗ *Aktivieren Sie den Objekt-Eigenschaften-Manager und klicken Sie auf das Symbol für die Schnellauswahl. Lassen Sie die Einstellung im Feld ANWENDEN AUF bei der Auswahl GANZE ZEICHNUNG. Wählen Sie beim OBJEKTTYP den Eintrag KREIS, bei den EIGENSCHAFTEN den Eintrag LAYER, beim OPERATOR = GLEICH und bei WERT 0 (siehe Abbildung 16.9).*

Die Schnellauswahl

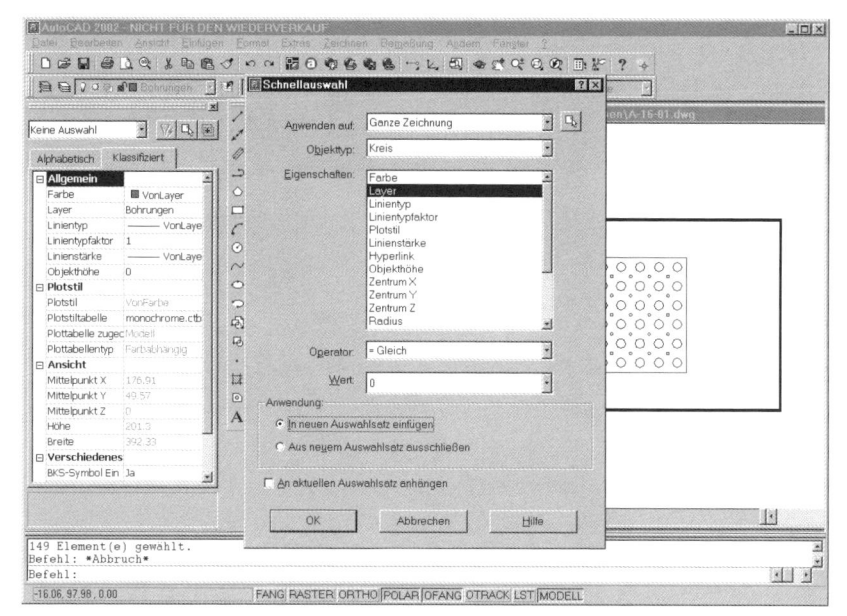

Abb. 16.9:
Auswahl aller
Kreise in der
Zeichnung

- Klicken Sie auf die Schaltfläche OK und alle Kreise auf dem Layer 0 in der Zeichnung werden markiert.

- Wählen Sie dann im Objekt-Eigenschaften-Manager aus dem Abrollmenü im Feld LAYER den Layer Bohrungen aus. Alle gewählten Kreise werden auf den Layer Bohrungen verschoben.

- Jetzt sollen alle Kreise, deren Radius kleiner 1 ist, den Radius 2 erhalten. Wählen Sie wieder im Objekt-Eigenschaften-Manager die Schnellauswahl.

- Aus der aktuellen Auswahl (alle Kreise) wollen wir jetzt die Kreise herausfiltern, deren Radius kleiner 1 ist. Belassen Sie die Einstellung auf AKTUELLE AUSWAHL und wählen Sie beim OBJEKTTYP wieder den Eintrag KREIS. Wählen Sie bei der EIGENSCHAFT die Auswahl RADIUS und beim OPERATOR die Möglichkeit < KLEINER ALS. Tragen Sie im Feld WERT 1 ein. Das Dialogfeld sieht dann wie in Abbildung 16.10 aus.

- Wenn Sie jetzt auf OK klicken, werden alle Kreise in der Zeichnung ausgewählt, deren Radius kleiner als 1 ist, also alle kleinen Bohrungen.

- Tragen Sie jetzt im Objekt-Eigenschaften-Manager 2 als Radius ein. Alle Bohrungen mit Radius 0.75 werden auf 2 geändert. Eine Lösung haben Sie auch im Ordner \AUFGABEN, die Zeichnung L-16-01.dwg.

313

16 Objekteigenschaften

Abb. 16.10: Auswahl aller Kreise mit Radius kleiner 1

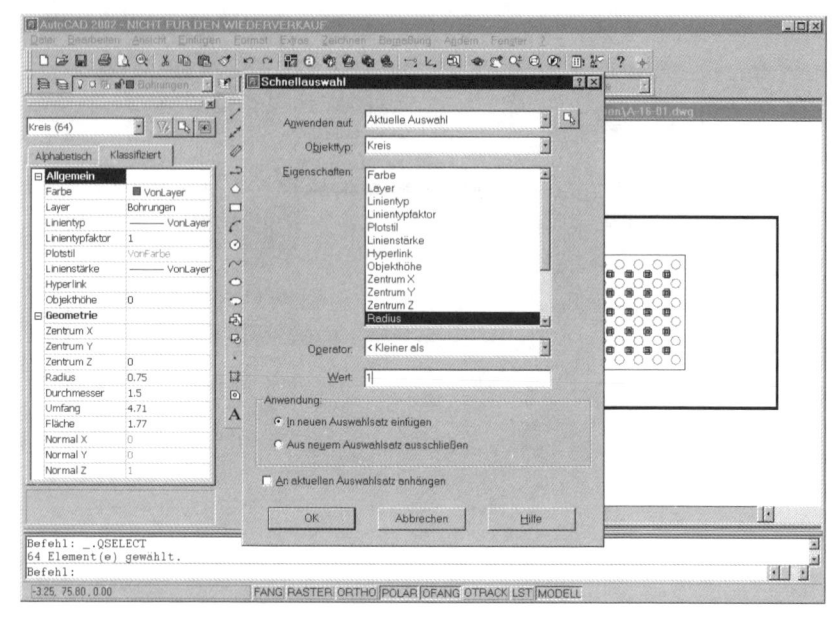

16.4 Eigenschaften übertragen

Je mehr Sie schon gezeichnet haben, desto eher kommt es vor, dass Sie Objekte in der Zeichnung haben, die die Eigenschaften bekommen sollen, die schon bei einem anderen Objekt vorhanden sind. Wie in anderen Windows-Programmen auch, haben Sie in AutoCAD die Möglichkeit, die Eigenschaften zu übertragen.

Aktion: Befehl EIGÜBERTRAG

Mit dem Befehl EIGÜBERTRAG übertragen Sie die Eigenschaften von einem Quellobjekt auf ein oder mehrere Zielobjekte. Wählen Sie den Befehl:

- ✘ Abrollmenü ÄNDERN, Funktion EIGENSCHAFTEN ANPASSEN
- ✘ Symbol in der Funktionsleiste STANDARD FUNKTIONSLEISTE

Befehl: **Eigübertrag**
Nur ein Element kann als Quellobjekt gewählt werden.
Quellobjekt wählen: **Quellobjekt wählen**
Aktuelle aktive Einstellungen: Farbe Layer Ltyp LTFaktor Linienstärke
Objekthöhe Plotstil TEXT BEM SCHRAFF
Zielobjekt(e) oder [eiNstellungen] wählen: **Zielobjekte oder Option wählen**
Zielobjekt(e) oder [eiNstellungen] wählen: **weitere Objekte oder ⏎ zum Beenden**

Eigenschaften übertragen

Wählen Sie ein Quellobjekt und danach ein oder mehrere Zielobjekte. Beenden Sie mit ⏎. Die Eigenschaften werden vom Quellobjekt auf die Zielobjekte übertragen.

EINSTELLUNGEN: Nun kann es aber auch sein, dass Sie nicht alle Eigenschaften übertragen wollen, beispielsweise nur die Layerzugehörigkeit oder den Textstil von einem Text zum anderen. Mit der Option EINSTELLUNGEN können Sie in einem Dialogfeld (siehe Abbildung 16.11) einstellen, welche Eigenschaften übertragen werden sollen.

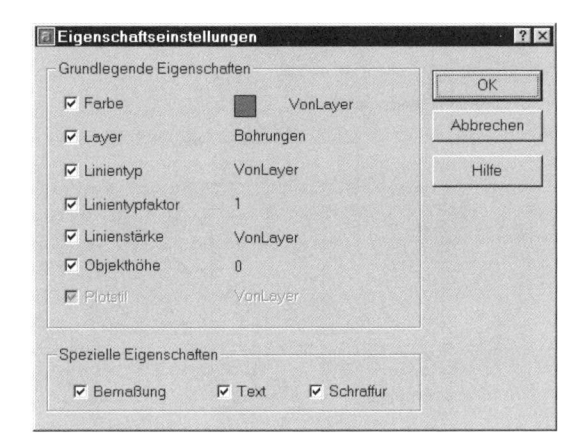

Abb. 16.11: Einstellungen für den Befehl EIGÜBERTRAG

Schalten Sie die Schalter für die Eigenschaften ein, die Sie auf die Zielobjekte übertragen wollen.

Training: Objekteigenschaften übertragen

- *Öffnen Sie die Zeichnung A-16-02.dwg aus dem Ordner \AUFGABEN.*
- *Übertragen Sie die Eigenschaften wie in Abbildung 16.12: den Linientyp von der Mittellinie zu den durchgezogenen Linien, den Winkel des Schraffurmusters und die Toleranz von einem Maß zum anderen.*
- *Die Lösung finden Sie auch im Ordner \AUFGABEN, L-16-02.dwg.*

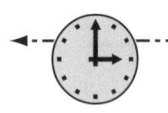

Abb. 16.12:
Übertragung
von Eigenschaften

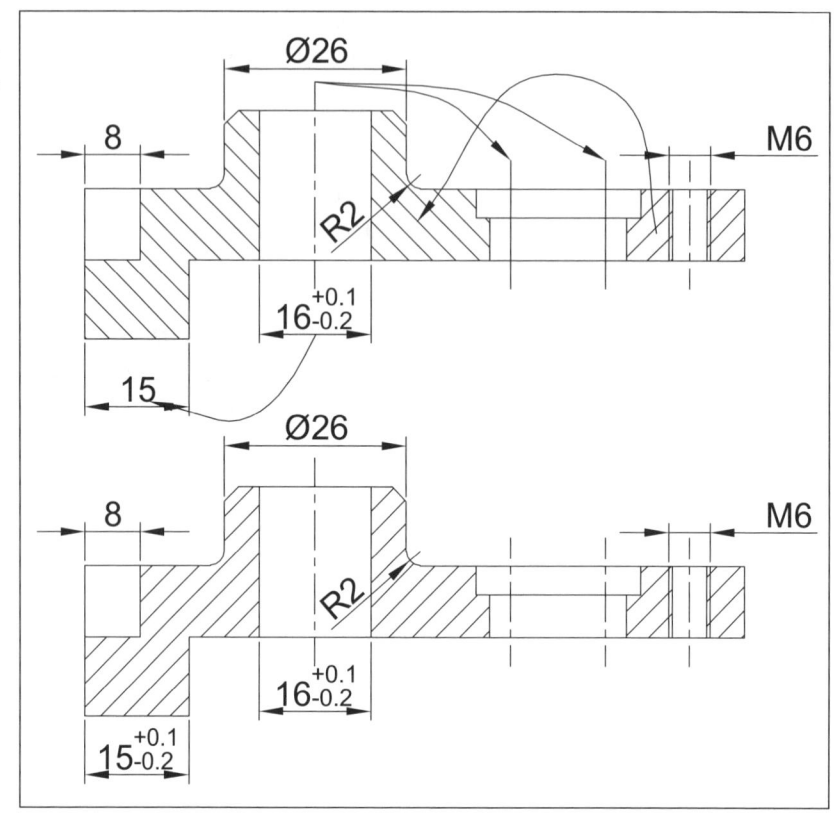

16.5 Spezialbefehle zum Ändern

Im Abrollmenü ÄNDERN, Untermenü OBJEKT finden Sie weitere Änderungsfunktionen. Diese Funktionen starten spezielle Änderungsbefehle, die Sie schon in den vorherigen Stunden kennengelernt haben, z.B.: SCHRAFFEDIT, DDEDIT, PEDIT usw.

16.6 Änderungsbefehle im Pop-up-Menü

Weitere Änderungsmöglichkeiten finden Sie in einem Pop-up-Menü, das Sie dann bekommen, wenn Sie Objekte gewählt haben, aber noch keinen Befehl aktiviert haben und die rechte Maustaste drücken (siehe Abbildung 16.13).

Änderungsbefehle im Pop-up-Menü

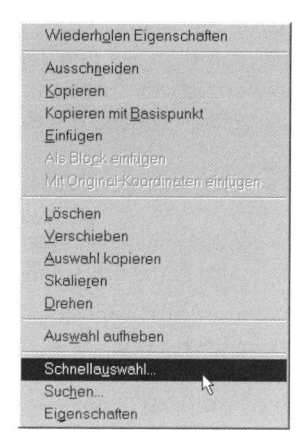

Abb. 16.13: Pop-up-Menü ohne Befehl, aber mit markierten Objekten

Folgende Änderungsfunktionen finden Sie in dem Menü:

SCHNELLAUSWAHL...: Aktivierung der Schnellauswahl (siehe oben).

EIGENSCHAFTEN: Aktivierung des Objekt-Eigenschaften-Managers (siehe oben), die gewählten Objekte werden in das Fenster zur Bearbeitung übernommen.

Bei speziellen Objekten wie Maßen, Schraffuren, Texten usw. finden Sie weitere Änderungsbefehle im Pop-up-Menü. Haben Sie beispielsweise ein oder mehrere Maße angeklickt, bekommen Sie eine Reihe Änderungsfunktionen angeboten (siehe Abbildung 16.14). Wichtige Änderungen an den Maßen lassen sich so schnell ohne lange Befehlswahl ausführen. Änderungen an der Position und der Genauigkeit (Zahl der Nachkommastellen) des Maßtextes sowie Änderungen des Bemaßungsstils finden Sie direkt im oberen Teil des Pop-up-Menüs.

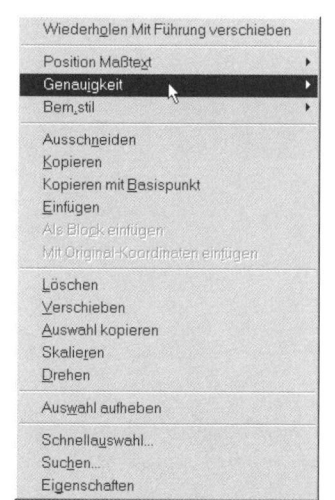

Abb. 16.14: Pop-up-Menü mit Änderungsmöglichkeiten bei Maßen

16 Objekteigenschaften

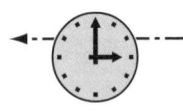

Haben Sie einen Textabsatz gewählt, finden Sie im Pop-up-Menü einen Eintrag, mit dem Sie den Text zur Bearbeitung in den Texteditor übernehmen können. Ist eine Schraffur markiert, kommen Sie aus dem Pop-up-Menü direkt zum Dialogfeld des Befehls SCHRAFFEDIT.

Fragen zur sechzehnten Stunde

1. Welche Eigenschaften sollten Sie bevorzugt ändern, wenn Sie eine andere Farbe oder einen anderen Linientyp haben wollen?
2. Mit welcher Tastenkombination bekommen Sie den Objekt-Eigenschaften-Manager auf den Bildschirm?
3. Was bekommen Sie im Objekt-Eigenschaften-Manager angezeigt, wenn Sie keine Objekte gewählt haben?
4. Sie haben mehrere Objekte gewählt und bekommen in verschiedenen Feldern des Objekt-Eigenschaften-Managers keine Anzeige. Woran liegt das?
5. Wie können Sie eine Auswahl am schnellsten wieder aufheben?
6. Mit welcher Funktion können Sie alle roten Kreise wählen?
7. Wie heißt der Befehl, der sich hinter dem Symbol mit dem Pinsel verbirgt?
8. Mit welcher Option können Sie festlegen, welche Eigenschaften übertragen werden sollen?
9. Lassen sich Textzusätze an Maßen übertragen?
10. Wie können Sie die Genauigkeit des Maßtextes bei mehreren Maßen am schnellsten ändern?

STUNDE 17

Griffe

Bestimmt ist es Ihnen während Ihrer bisherigen Arbeit mit AutoCAD schon öfter passiert, dass Sie plötzlich an Objekten in Ihrer Zeichnung farbige Quadrate hatten. Neben den Änderungsbefehlen, die Sie bisher kennen gelernt haben, haben Sie auch die Möglichkeit, die wichtigsten Änderungsfunktionen mit diesen so genannten Griffen auszuführen. Sie lernen in dieser Stunde:

✘ was Griffe sind

✘ wie Sie damit Objekte in der Zeichnung einfach ändern können

✘ welche Änderungen an den einzelnen Objekten möglich sind und

✘ wie Sie die Griffe wieder wegbekommen.

17.1 Wie kommt der Griff ans Objekt?

Einfache Änderungsbefehle wie SCHIEBEN, STRECKEN, DREHEN, SPIEGELN und VARIA lassen sich unter Umständen schneller und übersichtlicher mit den Griffen ausführen. Griffe sind farbige kleine Quadrate, in der Regel blaue oder rote, die an bestimmten Schlüsselpunkten eines Objekts angezeigt werden (siehe Abbildung 17.1).

Wenn Sie die Griffe in der Zeichnung nicht ausgeschaltet haben, bekommt ein Objekt immer dann Griffe, wenn Sie es anklicken, ohne vorher einen Befehl

17 Griffe

gewählt zu haben. Wie bei der Objektwahl können Sie auch ein Fenster aufziehen, wenn Sie ins Leere klicken. Es gelten die gleichen Regeln:

✘ Fenster von links nach rechts: Die Objekte, die ganz im Fenster eingeschlossen waren, bekommen Griffe,

✘ Fenster von rechts nach links: Die Objekte, die ganz im Fenster waren oder auch nur vom Fenster geschnitten wurden, bekommen Griffe.

Es gibt aber noch weitere Gemeinsamkeiten mit der Objektwahl. Die Objekte werden außerdem gestrichelt dargestellt, wenn Sie Griffe haben (siehe Abbildung 17.1). Sie werden wie bei der Objektwahl in einen Auswahlsatz aufgenommen.

Abb. 17.1: Griffe an den Schlüsselpunkten der Objekte

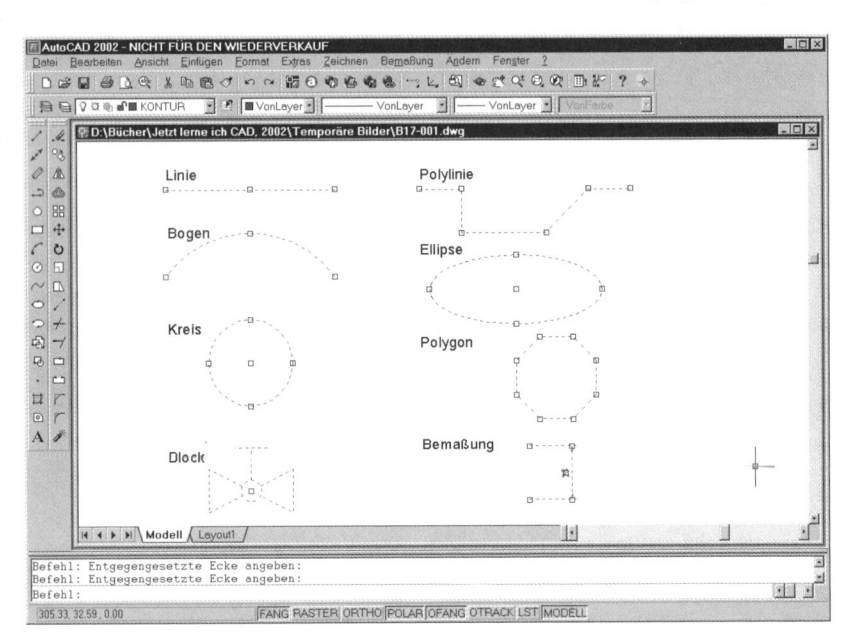

Doch ein Objekt kann auch Griffe haben, ohne dass es gestrichelt dargestellt ist. Wenn Sie einem Objekt Griffe verpasst haben, können Sie mit der [Esc]-Taste alle Griffe in der Zeichnung wieder entfernen.

Sie können wie bei der Objektwahl auch die Griffe gezielt von einem Objekt wieder entfernen. Klicken Sie das Objekt noch einmal an, diesmal aber mit gedrückter [⇧]-Taste. Das geht in zwei Schritten. Beim ersten Mal wird es aus dem Auswahlsatz entfernt, behält aber seine Griffe bei und beim zweiten Mal verschwinden auch die Griffe.

Klicken Sie mit gedrückter [⇧]-Taste ins Leere, können Sie auch hier ein Fenster in den verschiedenen Richtungen aufziehen. Die Objekte im Fenster werden zuerst aus der Auswahl entfernt. Beim zweiten Mal werden die Griffe entfernt.

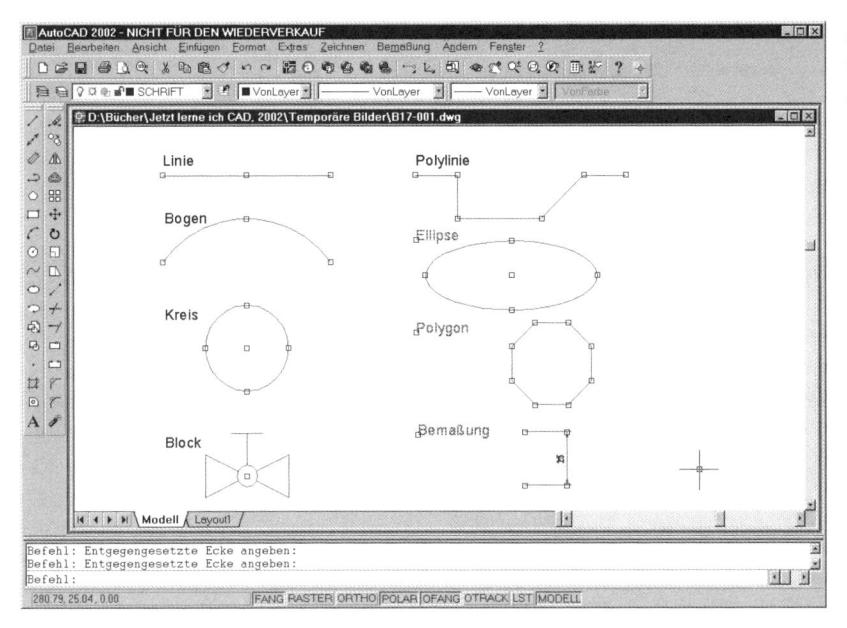

Abb. 17.2: Griffe ohne Auswahlsatz

Aktion: Griffpositionen

Tabelle 17.1 können Sie entnehmen, an welchen Punkten die einzelnen Zeichnungsobjekte Griffe bekommen.

Objekt	Griffposition
Punkt	Am Punkt
Linie	Am Mittelpunkt und an den Endpunkten
Klinie	Am Mittelpunkt und an zwei Punkten daneben
Strahl	Am Ausgangspunkt und einem Punkt daneben
Bogen	Am Mittelpunkt und an den Endpunkten
Kreis	Am Zentrum und an den Quadrantenpunkten
Polylinie	An den Scheitelpunkten der Segmente und an den Mittelpunkten der Bogensegmente
Textzeile	Am Einfügepunkt und am zweiten Punkt, falls mit Ausrichten oder Einpassen platziert
Textabsatz	An den Eckpunkten des Textabsatzes

Tabelle 17.1: Griffe an den Objekten

321

17 Griffe

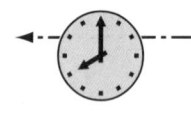

Objekt	Griffposition
Block	Am Einfügepunkt und, falls aktiviert, auch an allen Objekten innerhalb des Blocks
Xref	Am Einfügepunkt und, falls aktiviert, auch an allen Objekten innerhalb des Xrefs
Bemaßung	An den Anfangspunkten der Hilfslinien, am Maßtext und an den Endpunkten der Hilfslinien
Schraffur	Am Schraffurmittelpunkt

Aktion: Editierbefehle anwählen

Haben Sie Objekten Griffe verpasst und sind sie gestrichelt dargestellt, sind sie im Auswahlsatz. Wählen Sie jetzt einen Editierbefehl an, der normalerweise eine Objektwahl verlangt, kommt die Objektwahl nicht mehr. Er wird sofort mit den Objekten im Auswahlsatz ausgeführt, z. B. der Befehl SCHIEBEN:

Befehl: **Schieben**
1 gefunden
Basispunkt oder Verschiebung:
...
usw.

Tipps:

✘ Die Griffe verschwinden, wenn Sie die [Esc]-Taste drücken oder wenn Sie einen anderen Befehl anwählen, außer den Befehlen, die eine Objektwahl verlangen.

✘ Haben Objekte Griffe und sind im Auswahlsatz, werden sie mit der [Entf]-Taste ohne weitere Rückfrage aus der Zeichnung gelöscht.

Fehler:

✘ Vorsicht, es kann auch schief gehen. Sie haben irgendwo in der Zeichnung Objekte mit Griffen und wählen den Befehl LÖSCHEN. Es tut sich vermeintlich nichts, aber die markierten Objekte werden automatisch gelöscht.

✘ Funktioniert das bei Ihnen nicht, haben Sie andere Voreinstellungen für die Objektwahl oder die Griffe eingestellt. Am Ende dieser Stunde lernen Sie, wie man diese ändert. Schauen Sie bei Bedarf zuerst dort nach.

Nun können Sie zwar Griffe setzen und wieder entfernen, doch was bringen Ihnen die Griffe beim Zeichnen und Konstruieren?

17.2 Änderungen mit den Griffen

Was hat es nun mit den Griffen konkret auf sich? Es sind drei Zustände möglich:

✘ Ein Objekt hat blaue Griffe, befindet sich aber nicht in einem Auswahlsatz (nicht gestrichelt dargestellt): Das Objekt kann nicht bearbeitet werden, die Griffe können nur als Fangpunkte für andere Objekte verwendet werden. Diese Griffe werden in AutoCAD auch als »kalte Griffe« bezeichnet.

✘ Ein Objekt hat blaue Griffe und befindet sich in einem Auswahlsatz (gestrichelt dargestellt): Das Objekt kann bearbeitet werden und die Griffe können als Fangpunkte für andere Objekte verwendet werden. In AutoCAD spricht man hierbei auch von »warmen Griffen«.

✘ Klicken Sie ein Objekt in einem Auswahlsatz an einem blauen Griff an, wird dieser ausgefüllt dargestellt und wechselt die Farbe auf rot: Der Griff wird aktiv und kann bearbeitet werden. Der Griff wird zum so genannten »heißen Griff«.

Welche Aktionen Sie mit den Griffen ausführen können, finden Sie in Tabelle 17.2.

Objekt	Griff	Funktion
Punkt	Punkt	Verschieben
Linie	Mittelpunkt	Verschieben
	Endpunkt	Strecken
Klinie	Mittelpunkt	Verschieben
	andere Punkte	Drehen um Mittelpunkt
Strahl	Anfangspunkt	Verschieben
	anderer Punkt	Drehen um Anfangspunkt
Bogen	Mittelpunkt	Ausbuchtung verändern
	Endpunkt	Strecken
Kreis	Zentrum	Verschieben
	Quadrant	Vergrößern bzw. Verkleinern
Polylinie	Scheitelpunkte	Strecken
	Bogenpunkte	Ausbuchtung verändern
Textzeile	Einfügepunkt	Verschieben
	Zweiter Punkt	nur bei Einpassen und Ausrichten Textbreite ändern

Tabelle 17.2: Griffe bearbeiten

17 Griffe

Objekt	Griff	Funktion
Textabsatz	Eckpunkt	Strecken
Block	Einfügepunkt	Verschieben
	Griff im Block	Verschieben
Xref	Einfügepunkt	Verschieben
	Griff im Xref	Verschieben
Bemaßung	Hilfslinienpunkt	Strecken des Maßpunktes
	Maßlinienpunkt	Verschieben der Maßlinie
	Textpunkt	Verschieben des Textes
Schraffur	Mittelpunkt	Schraffur verschieben

Aktion: Objekt am Griff bearbeiten

Nachdem Sie einen Griff zum heißen Griff gemacht haben, kann das Objekt bearbeitet werden. Zunächst ist die Funktion STRECKEN aktiv, die ähnlich wie der gleichnamige Befehl arbeitet:

Befehl:
** STRECKEN **
Streckpunkt angeben oder [BAsispunkt/Kopieren/Zurück/Exit]:

Ohne weitere Eingabe kann der Griff verschoben werden. Klicken Sie einen neuen Punkt oder einen anderen Griff an, wählen Sie einen Punkt mit dem Objektfang oder geben Sie eine relative Koordinate ein und der Griff wird an diesen Punkt versetzt, z.B.:

Befehl:
** STRECKEN **
Streckpunkt angeben oder [BAsispunkt/Kopieren/Zurück/Exit]: **@0,5**

oder

Befehl:
** STRECKEN **
Streckpunkt angeben oder [BAsispunkt/Kopieren/Zurück/Exit]: **Mit dem Objektfang ein Objekt ohne Griff anklicken**

oder

Befehl:
** STRECKEN **
Streckpunkt angeben oder [BAsispunkt/Kopieren/Zurück/Exit]: **Einen Griff auf einem anderen Objekt anklicken**

Tipp:

✗ Das Fadenkreuz rastet auf den Griffen ein. Wenn Sie einen Griff auf einen anderen ziehen, brauchen Sie keinen Objektfang, dort wird automatisch eingerastet.

Aktion: Weitere Optionen beim Arbeiten mit Griffen

Ist ein heißer Griff aktiv, können Sie statt einem Punkt auch weitere Optionen wählen:

Befehl:** STRECKEN **
Streckpunkt angeben oder [BAsispunkt/Kopieren/Zurück/Exit]:

BASISPUNKT: Streckung an einer beliebigen Stelle in der Zeichnung mit zwei Punkten bestimmen, eventuell wieder an vorhandenen Griffen.

KOPIEREN: Erzeugt mehrfache Kopien des Objekts, auf dem der Griff liegt. Die entstehenden Kopien werden gestreckt. Haben Sie einen Griff aktiviert, der eine Verschiebung bewirkt, beispielsweise der mittlere Griff einer Linie oder eines Kreises, erzeugen Sie unveränderte Kopien.

ZURÜCK: Letzte Aktion beim Bearbeiten der Griffe rückgängig machen.

Training: Strecken ohne Befehl

✗ *Zeichnen Sie ein Rechteck aus Linien, einen Kreis, ein Achteck mit dem Befehl Polygon und noch einen Kreis (siehe Abbildung 17.3, linke Hälfte).*

✗ *Strecken Sie den Kreis so weit, dass er den Mittelpunkt der Linie berührt. Klicken Sie dazu den Kreis und die senkrechte Linie an. Klicken Sie dann auf den Griff am linken Quadranten des Kreises (Abbildung 17.3, 1).*

Befehl:** STRECKEN **
Streckpunkt angeben oder [BAsispunkt/Kopieren/Zurück/Exit]: **Griff an der Mitte der Linie anklicken (Abbildung 17.3, 2)**

✗ *Klicken Sie das Polygon und den Kreis an. Klicken Sie dann auf den Griff am Zentrum des Kreises (Abbildung 17.3, 3).*

Befehl:** STRECKEN **
Streckpunkt angeben oder [BAsispunkt/Kopieren/Zurück/Exit]: **K für die Option Kopieren eingeben**

** STRECKEN (mehrere) **
Streckpunkt angeben oder [BAsispunkt/Kopieren/Zurück/Exit]: **Griff am Punkt 4 anklicken**

17 Griffe

** STRECKEN (mehrere) **
Streckpunkt angeben oder [BAsispunkt/Kopieren/Zurück/Exit]: **Griff am Punkt 5 anklicken**

.. usw.

✗ Setzen Sie an jeden Eckpunkt des Polygons einen Kreis (siehe Abbildung 17.3).

Abb. 17.3: Strecken mit Griffen

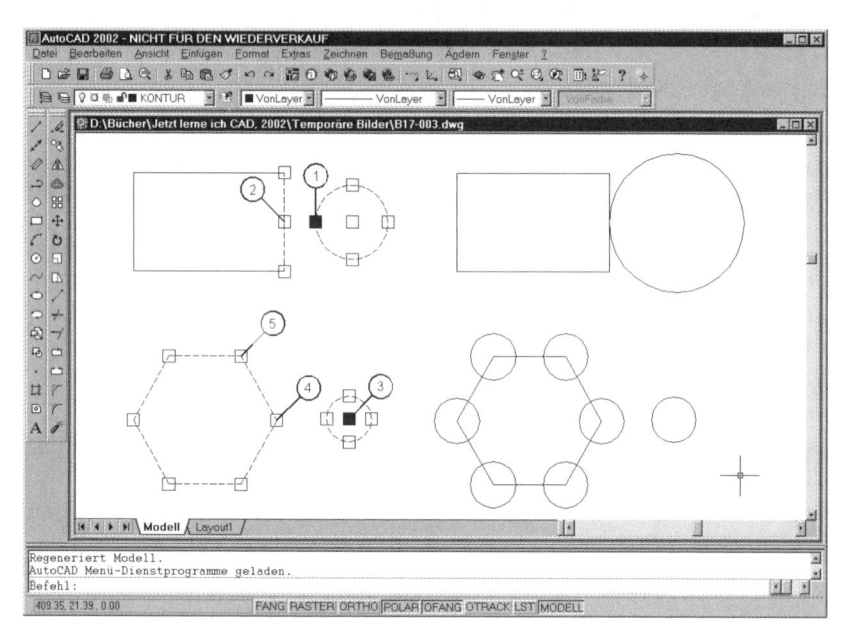

Aktion: Weitere Befehle beim Arbeiten mit Griffen

Geben Sie bei der ersten Anfrage des Befehls ⏎ ein, wird zur Funktion SCHIEBEN gewechselt. Weitere Eingaben von ⏎ aktivieren nacheinander die Funktionen DREHEN, SKALIEREN und SPIEGELN.

Befehl:
** STRECKEN **
Streckpunkt angeben oder [BAsispunkt/Kopieren/Zurück/Exit]: ⏎

** SCHIEBEN **
Punkt für Verschieben angeben oder [BAsispunkt/Kopieren/Zurück/Exit]: ⏎

** DREHEN **
Drehwinkel angeben oder [BAsispunkt/Kopieren/Zurück/BEzug/Exit]: ⏎

Änderungen mit den Griffen

** SKALIEREN **
Skalierfaktor angeben oder [BAsispunkt/Kopieren/Zurück/BEzug/Exit]: ↵

** SPIEGELN **
Zweiten Punkt angeben oder [BAsispunkt/Kopieren/Zurück/Exit]: ↵

Die Funktionen arbeiten wie die gleichnamigen Editierbefehle, außer dass mit diesen Funktionen auch Serien von gestreckten, verschobenen, gedrehten, skalierten oder gespiegelten Objekten erzeugt werden können.

Aktion: Rechte Maustaste bei den Griffen

Alle Optionen und Befehle können Sie auch aus einem Pop-up-Menü wählen, das erscheint, wenn Sie die rechte Maustaste drücken, solange ein heißer Griff aktiv ist (siehe Abbildung 17.4).

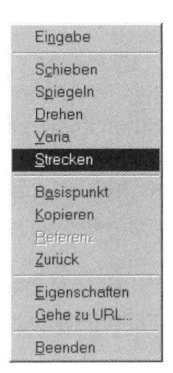

Abb. 17.4: Pop-up-Menü für die Bearbeitung der Griffe

Mit dem obersten Eintrag EINGABE können Sie die einzelnen Funktionen wie mit der Taste ↵ durchblättern. Darunter finden Sie die Funktionen SCHIEBEN, SPIEGELN, DREHEN, VARIA und STRECKEN, die Sie dort direkt anwählen können ohne, wie oben beschrieben, mehrfach die ↵ Taste drücken zu müssen. Im unteren Abschnitt des Pop-up-Menüs können Sie die Optionen der Funktionen wählen.

Darunter finden Sie die Funktion EIGENSCHAFTEN, mit der Sie den Objekt-Eigenschaften-Manager starten können. Mit dem Menüeintrag BEENDEN wird die Aktion beendet. Die Griffe verschwinden dabei allerdings nicht.

Training: Schieben, Drehen und Spiegeln ohne Befehl

- Zeichnen Sie die verschiedenen Rechtecke und die Linie wie in Abbildung 17.5 in der linken Hälfte.

- Schieben Sie das untere Rechteck an das andere. Klicken Sie dazu die beiden Rechtecke an, damit Sie Griffe bekommen. Klicken Sie das lin-

327

17 Griffe

ke noch einmal mit gedrückter ⬆-Taste an, so dass es aus der Auswahl entfernt wird.

✗ Klicken Sie dann den linken oberen Griff des unteren Rechtecks an (siehe Abbildung 17.5, 1).

Befehl:** STRECKEN **
Streckpunkt angeben oder [BAsispunkt/Kopieren/Zurück/Exit]: ⏎

** SCHIEBEN **
Punkt für Verschieben angeben oder [BAsispunkt/Kopieren/Zurück/Exit]: **Griff am oberen Rechteck anklicken (Abbildung 17.5, 2)**

✗ Drehen Sie das mittlere Rechteck mehrfach. Klicken Sie es an und dann den linken unteren Griff (Abbildung 17.5, 3). Drücken Sie so lange ⏎, bis der Befehl DREHEN kommt, oder wählen Sie ihn aus dem Pop-up-Menü.

** DREHEN **
Drehwinkel angeben oder [BAsispunkt/Kopieren/Zurück/BEzug/Exit]: **K für die Option Kopieren**

** DREHEN (mehrere) **
Drehwinkel angeben oder [BAsispunkt/Kopieren/Zurück/BEzug/Exit]: **30**

** DREHEN (mehrere) **
Drehwinkel angeben oder [BAsispunkt/Kopieren/Zurück/BEzug/Exit]: **60**

** DREHEN (mehrere) **
Drehwinkel angeben oder [BAsispunkt/Kopieren/Zurück/BEzug/Exit]: **90**

** DREHEN (mehrere) **
Drehwinkel angeben oder [BAsispunkt/Kopieren/Zurück/BEzug/Exit]: ⏎

✗ Spiegeln Sie das untere Rechteck an der Linie. Klicken Sie das Rechteck und die Linie an. Klicken Sie dann den oberen Griff der Linie an (Abbildung 17.5, 4). Drücken Sie so lange ⏎, bis der Befehl SPIEGELN kommt oder wählen Sie ihn aus dem Pop-up-Menü.

** SPIEGELN **
Zweiten Punkt angeben oder [BAsispunkt/Kopieren/Zurück/Exit]: **Unteren Griff der Linie anklicken (Abbildung 17.5, 5)**

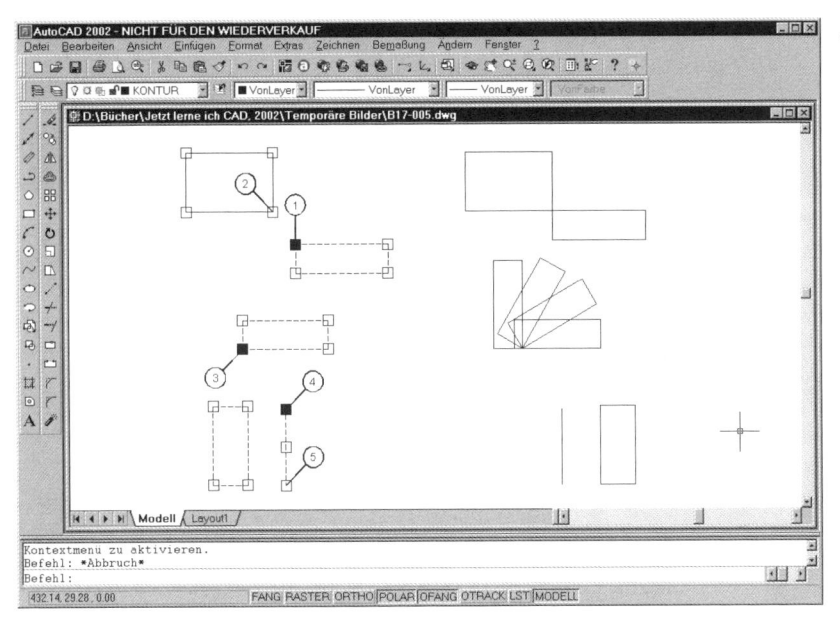

Abb. 17.5:
Schieben,
Drehen und
Spiegeln mit
den Griffen

17.3 Griffe einstellen

Wenn Ihnen die Arbeit mit den Griffen nicht liegt, können Sie die Griffe auch komplett abschalten oder wenn Sie mit den Griffen arbeiten wollen, können Sie die Funktion der Griffe ändern.

Aktion: Griffe einstellen

Mit dem Dialogfeld des Befehls OPTIONEN und dort im Register AUSWAHL (siehe Abbildung 17.6) schalten Sie die Griffe ein und aus bzw. stellen Sie die Parameter für die Griffe ein. Wählen Sie den Befehl:

✘ Abrollmenü EXTRAS, Funktion OPTIONEN... und im Dialogfeld das Register AUSWAHL

✘ Rechtsklick im Befehlszeilenfenster oder auf der Zeichenfläche (ohne Befehlswahl) und Auswahl der Funktion OPTIONEN... aus dem Pop-up-Menü und im Dialogfeld das Register AUSWAHL

17 Griffe

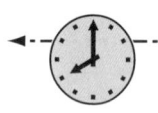

Abb. 17.6:
Einstellung
der Griffe

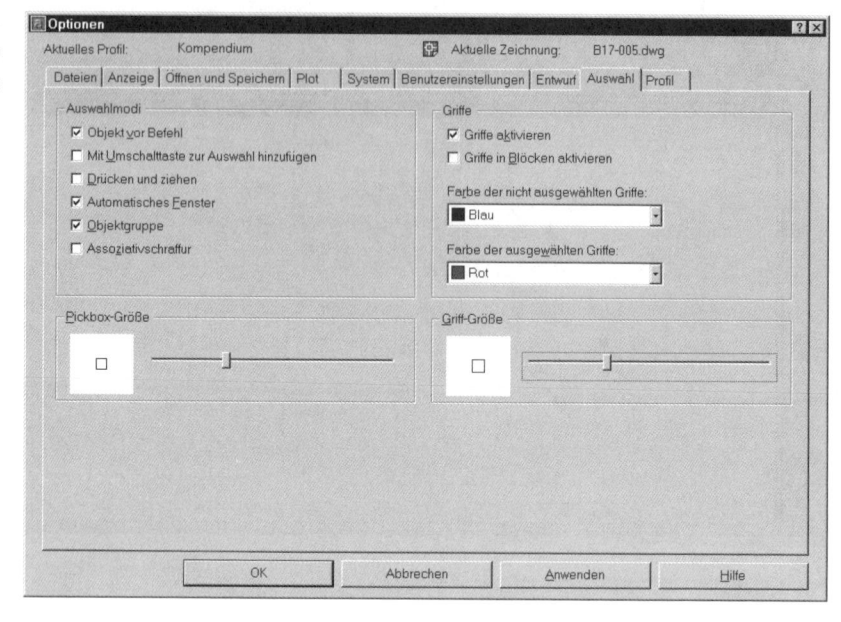

Auf der rechten Seite des Dialogfelds können Sie mit dem oberen Schalter GRIFFE AKTIVIEREN die Griffe ein- und ausschalten. Mit dem darunter liegenden Schalter GRIFFE IN BLÖCKEN AKTIVIEREN können Sie Griffe auch innerhalb von Blöcken aktivieren. Normalerweise hat ein Block nur einen Griff am Einfügepunkt. Ist dieser Schalter ein, hat jedes Objekt im Block ebenfalls Griffe. Sie können die Griffpositionen innerhalb des Blockes zwar nicht ändern, aber andere Objekte auf diese Griffe ziehen. Alles zu den Blöcken finden Sie in der nächsten Stunden.

Darunter können Sie die Farbe für die kalten und heißen Griffe einstellen. Die Griffgröße lässt sich an der Schiebeleiste GRIFF-GRÖSSE verändern.

Auch die Einstellungen im linken Teil des Dialogfelds wirken sich auf die Funktion der Griffe aus. Dort können Sie verschiedene Auswahlmodi für die Objektwahl einstellen. Zwei Einstellungen sind für die Griffe wichtig.

OBJEKT VOR BEFEHL: Wenn diese Funktion eingeschaltet ist, können Sie einen Editierbefehl aktivieren und alle Objekte, die Sie davor mit Griffen versehen haben, werden automatisch gewählt. Die Objektwahl entfällt und der Befehl wird mit den vorher gewählten Objekten ausgeführt. Haben Sie keine Objekte mit Griffen in der Zeichnung, läuft der Befehl mit der normalen Objektwahl.

GRÖSSE DER PICKBOX: Mit dieser Einstellung legen Sie sowohl die Größe der Pickbox bei der Objektwahl fest als auch die Größe des Fangfensters, das im Leerlauf um das Fadenkreuz angezeigt wird.

Fragen zur siebzehnten Stunde

1. Was ist die Standardfunktion bei den Griffen?
2. Welche Änderungsfunktionen lassen sich auch mit den Griffen ausführen?
3. Mit welcher Taste lassen sich Griffe wieder entfernen?
4. Wie können Sie erreichen, dass ein Objekt Griffe bekommt, aber nicht im Auswahlsatz ist?
5. Mit welchem Griff an einem Maß können Sie die Position der Maßlinie verschieben?
6. Welche Farbe hat ein kalter Griff?
7. Welche Farbe hat ein heißer Griff?
8. Wozu können Sie kalte Griffe verwenden?
9. Wie können Sie das Pop-up-Menü für die Griffbefehle aktivieren?
10. Mit welchem Befehl können Sie Farbe und Größe der Griffe einstellen?

STUNDE 18

Rationell arbeiten mit Blöcken

Der Vorteil von CAD wird immer dann am deutlichsten, wenn Teile gleich oder in ähnlicher Form immer wieder vorkommen. Alles, was Sie einmal gezeichnet haben, können Sie wieder verwenden. In dieser Stunde lernen Sie:

✘ wie Sie aus einmal gezeichneten Teilen Blöcke machen

✘ wie Sie Blöcke in die Zeichnung einfügen

✘ wie Sie Blöcke als Zeichnungsdatei abspeichern und

✘ wie gespeicherte Zeichnungsdateien in eine Zeichnung eingefügt werden.

18.1 Warum Blöcke verwenden?

Wenn Sie bestimmte Teile in der Zeichnung mehrmals benötigen, können Sie daraus einen Block erstellen und diesen überall dort einfügen, wo diese Teile gebraucht werden. Die Vorteile gegenüber dem einfachen Kopieren sind:

✘ Mit Blöcken können Sie eine Zeichnung in kleine Einheiten zerlegen, die Sie dann wie mit einzelnen Bausteinen zusammensetzen können.

✘ Bei Blöcken wird die Geometrie dieser Bausteine nur einmal in der Zeichnung gespeichert, in der so genannten Blockdefinition. Überall dort, wo die Blöcke eingefügt sind, wird nur die Blockreferenz eingesetzt. Das spart Speicherplatz, je komplexer ein Block ist und je häufiger er eingefügt wurde desto mehr.

18 Rationell arbeiten mit Blöcken

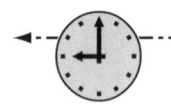

✗ Nach dem Einfügen können Blöcke wie ein einziges Objekt editiert werden, z.B. mit den Befehlen SCHIEBEN, DREHEN, KOPIEREN, VARIA, SPIEGELN usw. Der Aufbau des Blocks kann jedoch nicht verändert werden, Befehle wie STRECKEN, DEHNEN, STUTZEN, BRUCH, ABRUNDEN usw. lassen sich nicht auf Blöcke anwenden.

✗ Ein Block kann aber neu definiert werden. Wurde ein Block mehrfach eingefügt, und der Block ändert sich, kann er durch eine einfache Neudefinition an allen Stellen durch den neuen Block ersetzt werden. Hätte man die Objekte mehrfach kopiert, müsste man jede Kopie ändern.

✗ Blöcke aus einer Zeichnung oder beliebige Teile einer Zeichnung lassen sich in separaten Zeichnungsdateien speichern und einmal gespeicherte Zeichnungsdateien lassen sich wieder in neuen Zeichnungen wie Blöcke einfügen. Damit können Sie beliebige neue Konstruktionen aus den bereits vorhandenen Teilen zusammensetzen.

18.2 Wie wird ein Block erstellt?

Blöcke erstellen Sie mit dem Befehl BLOCK. Damit fassen Sie Objekte innerhalb der aktuellen Zeichnung zu einem Block zusammen.

Aktion: Befehl BLOCK

Sie finden den Befehl:

✗ Abrollmenü ZEICHNEN, Untermenü BLOCK >, Funktion ERSTELLEN...

✗ Symbol im Werkzeugkasten ZEICHNEN

Der Befehl bringt ein Dialogfeld auf den Bildschirm (siehe Abbildung 18.1).

Gehen Sie bei der Bildung eines neuen Blockes wie folgt vor:

Tragen Sie im Feld NAME ganz oben den Blocknamen ein (bis zu 255 Zeichen lang, die Sonderzeichen < > / \ " : ? * | = sind nicht erlaubt). Im Abrollmenü können Sie sich die bereits vorhandenen Namen anzeigen lassen. Geben Sie einen Namen ein, der in der Zeichnung schon verwendet wurde oder wählen Sie aus dem Abrollmenü einen Eintrag aus, überschreiben Sie einen bereits vorhandenen Block. Zunächst passiert noch nichts. Wenn Sie alle Eingaben gemacht haben und mit OK beenden, erscheint eine Warnmeldung (siehe Abbildung 18.2).

Wenn Sie JA anklicken, wird der Block neu definiert. Alle Blöcke dieses Namens, die schon in die Zeichnung eingefügt sind, werden durch den neu definierten Block ersetzt.

Wie wird ein Block erstellt?

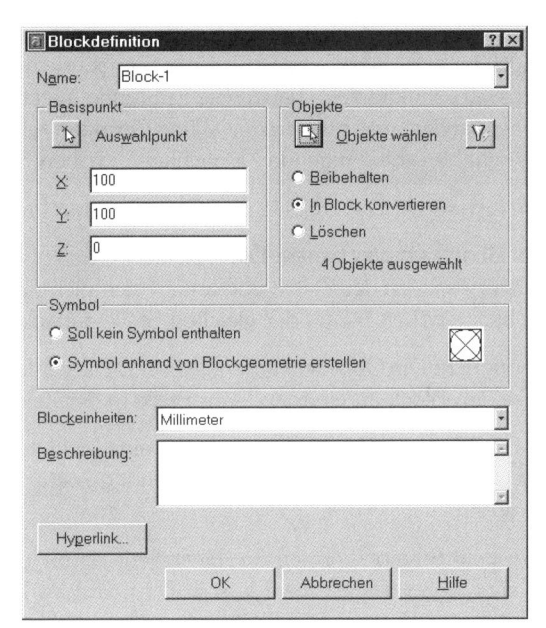

*Abb. 18.1:
Dialogfeld zur
Erstellung
eines Blocks*

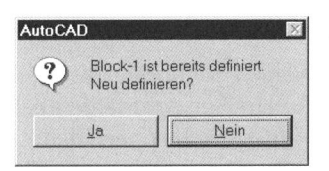

*Abb. 18.2:
Warnung bei
Blocküber-
schreibung*

Bestimmen Sie dann den Basispunkt. Das ist der Punkt, an dem der Block später in der Zeichnung platziert wird. Wenn Sie die Koordinaten wissen, können Sie diese im Bereich BASISPUNKT für X, Y und Z eintragen. In den meisten Fällen wollen Sie den Basispunkt in der Zeichnung mit dem Objektfang wählen. Klicken Sie auf das Symbol AUSWAHLPUNKT, das Dialogfeld verschwindet und Sie können den Basispunkt in der Zeichnung wählen. Danach kommt das Dialogfeld wieder und die Koordinaten des Punktes werden in den Feldern angezeigt.

Wählen Sie dann die Objekte. Klicken Sie auf das Symbol OBJEKTE WÄHLEN und das Dialogfeld verschwindet wieder. Mit den üblichen Methoden der Objektwahl suchen Sie sich die Objekte zusammen. Beenden Sie mit ⏎, das Dialogfeld kommt wieder auf den Bildschirm und die Zahl der gewählten Objekte wird angezeigt. Sie können, falls Sie es wünschen, das Feld auch nochmals anwählen. Die Objekte der ersten Objektwahl werden dann allerdings verworfen, Sie müssen von vorn anfangen.

335

18 Rationell arbeiten mit Blöcken

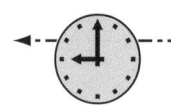

Sie können die Objekte auch mit der Schnellauswahl aus der Zeichnung herausfiltern. Klicken Sie dazu auf das Symbol rechts daneben. Wie die Schnellauswahl funktioniert, haben Sie in Stunde 16 erfahren. Danach müssen Sie entscheiden, was mit den gewählten Objekten nach der Erzeugung des Blocks geschehen soll. Folgende Möglichkeiten haben Sie:

BEIBEHALTEN: Die Objekte bleiben unverändert an der gleichen Stelle.

IN BLOCK KONVERTIEREN: Die Objekte werden durch den neuen Block ersetzt. Das Aussehen der Zeichnung ändert sich nicht, aber statt der ursprünglichen Objekte haben Sie an der gleichen Stelle danach den neu gebildeten Block.

LÖSCHEN: Die Objekte werden gelöscht. Diese Methode verwenden Sie, wenn Sie den Block an einer anderen Stelle in der Zeichnung verwenden wollen.

In der Zeile darunter bekommen Sie eine Meldung angezeigt, wie viele Objekte Sie gewählt haben oder eine Warnung, wenn noch keine Objekte gewählt wurden.

Im Feld SYMBOL können Sie einstellen, ob für den neuen Block ein Voransichtssymbol erstellt werden soll. Dies wird im Design-Center (siehe Stunde 20) für die Voransicht des Blocks verwendet. Haben Sie den Schalter SYMBOL ANHAND VON BLOCKGEOMETRIE ERSTELLEN gewählt, wird eine Voransicht erstellt und rechts daneben angezeigt.

Wählen Sie im Abrollmenü BLOCKEINHEITEN die Einheiten für den Block. Wie Sie am Anfang erfahren haben, arbeitet AutoCAD dimensionslos, trotzdem werden Sie hier nach den Einheiten gefragt, was soll das? Im Design-Center (siehe Stunde 20) können Sie Blöcke automatisch entsprechend ihrer Einheiten skaliert in die aktuelle Zeichnung ziehen. Der Text, den Sie im Feld BESCHREIBUNG eingeben, ist ebenfalls für die Anzeige im Design-Center.

Training: Blöcke erzeugen

- *Laden Sie die Zeichnung A-18-01.dwg aus Ihrem Ordner mit den Aufgaben. Sie enthält eine Reihe von Elektronik-Symbolen (siehe Abbildung 18.3).*

- *Die Symbole sind alle auf einem festen Fangraster von 2.5 gezeichnet. Der Fang ist in der Zeichnung eingeschaltet.*

- *Erstellen Sie Blöcke mit den Bezeichnungen wie in Abbildung 18.3. Verwenden Sie die mit B gekennzeichneten Punkte in Abbildung 18.3 als Basispunkt.*

- *Lassen Sie die Symbole bei der Blockbildung aus der Zeichnung verschwinden. Achten Sie darauf, dass beim Block ANSCHL der Basispunkt am oberen Quadranten sein soll, beim Block VERBIND dagegen in der Mitte.*

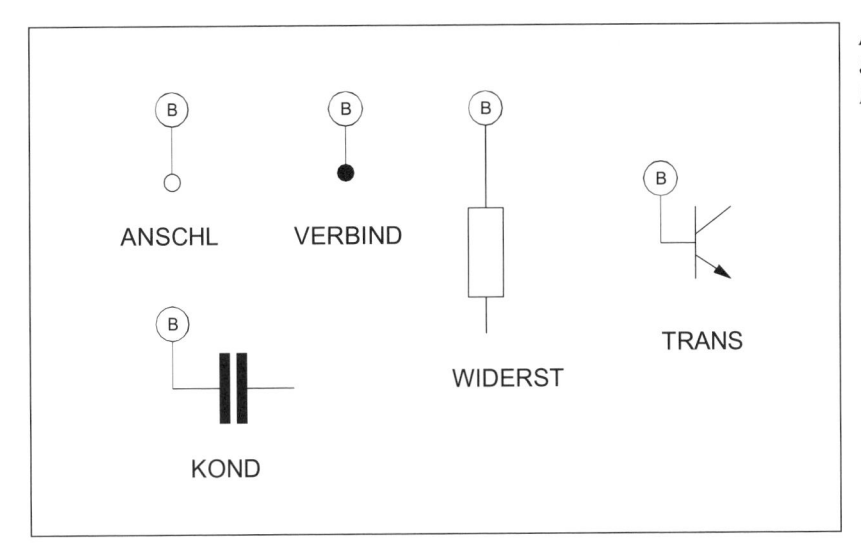

Abb. 18.3: Symbole als Blöcke

18.3 Wie wird aus dem Block eine Datei?

Um den Block in anderen Zeichnungen verwenden zu können, ist es erforderlich, aus dem Block eine Zeichnungsdatei zu erzeugen.

Aktion: Befehl WBLOCK

Ein Block kann mit dem Befehl WBLOCK in einer Datei gespeichert werden. Sie finden den Befehl nicht in den Menüs. Geben Sie ihn auf der Tastatur ein. Sie erhalten ein Dialogfeld mit allen Funktionen des Befehls (siehe Abbildung 18.4 und 18.5).

Folgende Aktionen können Sie in diesem Dialogfeld ausführen:

BLOCK IN EINER ZEICHNUNGSDATEI SPEICHERN: Haben Sie einen Block in der Zeichnung, den Sie in anderen Zeichnungen ebenfalls benötigen, können Sie diesen in einer eigenen Zeichnungsdatei speichern. Klicken Sie dazu im Feld QUELLE den Schalter BLOCK an und wählen Sie im Abrollmenü den Block, den Sie speichern wollen (siehe Abbildung 18.4). Der mittlere Teil des Dialogfelds ist dabei nicht aktiv. Im Feld ZIEL tragen Sie den Dateinamen ein. Standardmäßig steht hier der Blockname. Der muss jedoch nicht identisch mit dem Dateinamen sein. Sie können einen anderen Namen eintragen, wenn die Datei einen anderen Namen erhalten soll als der Block. Darunter tragen Sie den Pfad ein, unter dem Sie die Datei ablegen wollen. Die bereits verwendeten Pfade stehen im Abrollmenü PFAD zur Auswahl.

18 Rationell arbeiten mit Blöcken

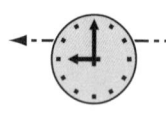

Abb. 18.4:
Dialogfeld
Befehl WBLOCK,
Block spei-
chern

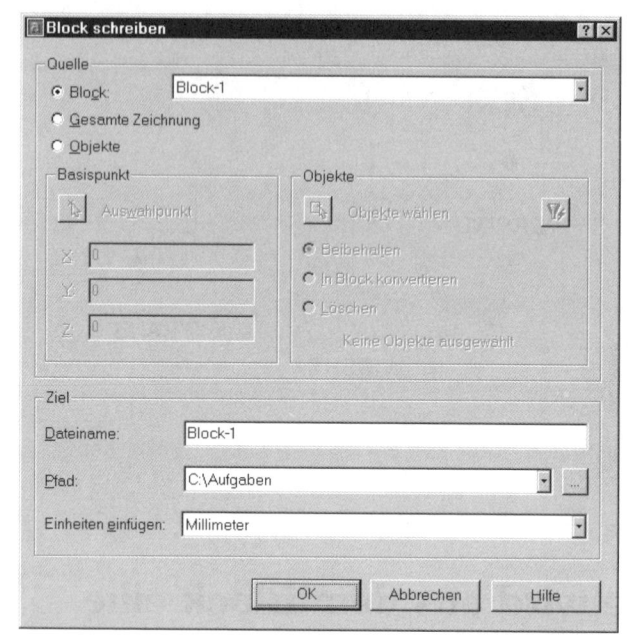

Klicken Sie auf den Schalter rechts neben dem Abrollmenü, können Sie den Pfad in einem Dialogfeld wählen. Zuletzt wählen Sie im Abrollmenü EINHEITEN EINFÜGEN die Einheiten. Auch hier sind die Einheiten nur für die Verwendung dieser Zeichnung im Design-Center gedacht (siehe Stunde 20).

GESAMTE ZEICHNUNG SPEICHERN: Die Zeichnung, an der Sie gerade arbeiten, wird komplett als Block unter dem gewählten Dateinamen gespeichert. Das hätten Sie auch mit dem Befehl SICHERN machen können. Einen feinen Unterschied gibt es. Wird die Zeichnung aber so gesichert, werden alle nicht verwendeten benannten Objekte aus der Zeichnung entfernt. Das heißt Blöcke, Layer, Linientypen, Textstile, Plotstile, Symbole, Multilinienstile und Bemaßungsstile, die zwar in der Zeichnung definiert, aber nicht verwendet sind, werden entfernt. Die Zeichnung wird »bereinigt« gespeichert. Klicken Sie dafür den Schalter GESAMTE ZEICHNUNG an. Auch hier ist wie oben der mittlere Bereich des Dialogfelds nicht aktiv (siehe Abbildung 18.4). Die Eingaben im Feld ZIEL können Sie wie oben beschrieben vornehmen.

OBJEKTE SPEICHERN: Wollen Sie Objekte aus der Zeichnung in einer Datei speichern, haben aber noch keinen Block daraus gebildet, können Sie dies auch in diesem Dialogfeld machen, ohne dass Sie vorher einen Block bilden müssen. Klicken Sie im Feld QUELLE den Schalter OBJEKTE an und der mittlere Teil des Dialogfelds wird aktiv (siehe Abbildung 18.5). Dieser entspricht dem des Dialogfelds des Befehls BLOCK und Sie können auch die gleichen Eingaben vornehmen wie bei diesem Befehl: Basispunkt und Objekte. Im unteren

Teil des Dialogfelds geben Sie wie oben das Ziel der neuen Datei an. Als vorgegebener Dateiname steht jetzt *neuer block.dwg*, den Sie aber ändern können.

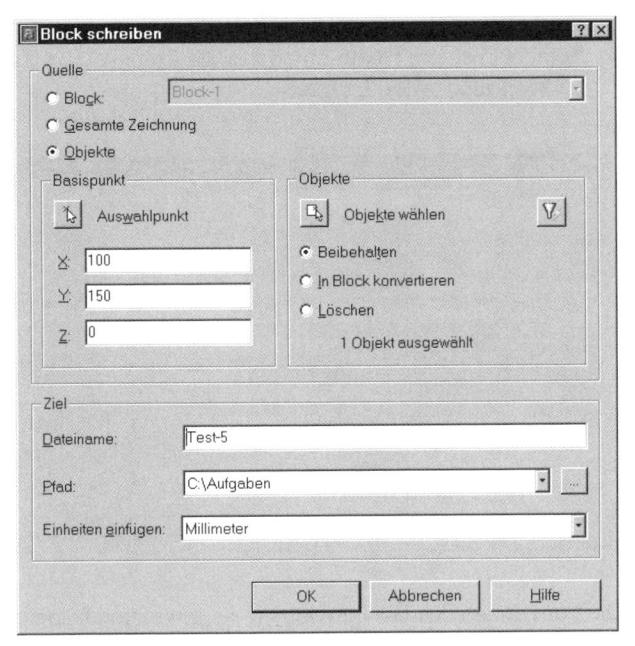

Abb. 18.5: Dialogfeld Befehl WBLOCK, Objekte speichern

Training: Blöcke exportieren

- Machen Sie aus einigen der Blöcke in der Zeichnung probeweise Dateien. Sie brauchen sie für die weiteren Aufgaben nicht. Wir arbeiten mit internen Blöcken weiter.
- Sie können Ihre Versuche später wieder von der Festplatte löschen.

18.4 Wie kommt der Block wieder in die Zeichnung?

Nun haben Sie Blöcke erzeugt, aber wie kommen diese wieder in die Zeichnung? Mit einem Befehl können Sie alles machen: Blöcke einfügen und Zeichnungsdateien in die aktuelle Zeichnung holen und als Block einfügen.

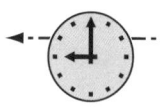

Aktion: Befehl EINFÜGE

Dazu haben Sie in AutoCAD den Befehl EINFÜGE. Wählen Sie den Befehl:

✗ Abrollmenü EINFÜGEN, Funktion BLOCK...

✗ Symbol in einem Flyout-Menü des Werkzeugkastens ZEICHNEN und Symbol im Werkzeugkasten EINFÜGEN

Abb. 18.6:
Dialogfeld zum Einfügen von Dateien und Blöcken

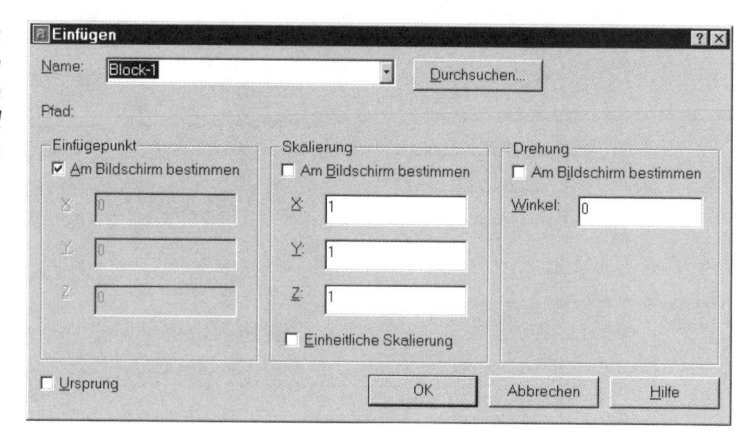

Die Funktionen des Befehls wählen Sie in einem Dialogfeld (siehe Abbildung 18.6). Folgende Möglichkeiten haben Sie:

18.4.1 Block einfügen

Blöcke, die in dieser Zeichnung erstellt wurden, können im Abrollmenü NAME ausgewählt werden. Wissen Sie den Namen, können Sie ihn auch direkt eintragen. Danach sind die Einfügeparameter erforderlich (siehe weiter unten).

18.4.2 Datei einfügen

Immer dann, wenn Sie eine Zeichnung als Block in die bestehende Zeichnung einfügen wollen, klicken Sie auf die Schaltfläche DURCHSUCHEN... Mit dem gleichen Dialogfeld wie beim Befehl ÖFFNEN können Sie die Zeichnung wählen.

Wird eine Datei eingefügt, wird daraus in der Zeichnung ein Block. Dieser erhält den gleichen Blocknamen wie die Datei und erscheint dann im Feld NAME. Diesen Eintrag können Sie ändern, wenn Sie in der Zeichnung einen anderen Namen haben wollen oder dieser Name bereits in der Zeichnung vorhanden ist. Bei Namensgleichheit überschreibt der neue Block den bereits geladenen mit dem gleichen Namen und alle eingefügten Blöcke werden ausgetauscht. Das können Sie vermeiden, wenn Sie den Namen vorher ändern.

Unter Umständen wollen Sie aber auch einen vorhandenen Block durch eine andere Zeichnungsdatei ersetzen. In diesem Fall wählen Sie die neue Datei an. Der Dateiname wird als Blockname übernommen. Ändern Sie diesen um und zwar in den Blocknamen, den Sie ersetzen wollen. Es erscheint ein Warnfenster. Klicken Sie JA an, wenn Sie den Block tatsächlich ersetzen wollen.

18.4.3 Einfügeparameter bestimmen

Um den Block in der Zeichnung zu platzieren, sind erforderlich: der Einfügepunkt, die Skalierfaktoren und der Drehwinkel.

Die Werte können Sie im Dialogfeld eintragen oder im Dialog in der Zeichnung zeigen. In diesem Fall schalten Sie für diesen Wert den Schalter AM BILDSCHIRM BESTIMMEN ein. Meist ist es sinnvoll, den Einfügepunkt und den Drehwinkel am Bildschirm zu bestimmen und den Skalierfaktor fest einzugeben (siehe Abbildung 18.6).

Der Skalierfaktor ist der Faktor, mit dem der Block eingefügt wird. Die Skalierfaktoren können in den verschiedenen Achsrichtungen unterschiedlich sein. Somit kann ein Block auch in einer Richtung verzerrt eingefügt werden. Soll dies nicht möglich sein, klicken Sie den Schalter EINHEITLICHE SKALIERUNG an. Dann kann nur noch der X-Faktor eingegeben werden und für die anderen Faktoren wird der gleiche Wert übernommen.

Haben Sie das Feld URSPRUNG angekreuzt, wird der Block beim Einfügen gleich in seine Bestandteile zerlegt. Dann können Sie nur einen Skalierfaktor eingeben.

Wollen Sie alles am Bildschirm bestimmen, erscheint folgender Dialog in der Befehlszeile, wenn Sie das Dialogfeld mit OK beenden:

Befehl: **Einfüge**
Einfügepunkt angeben oder [Faktor/X/Y/Z/Drehen/VFaktor/VX/VY/VZ/VDrehen]:
X-Skalierfaktor eingeben, entgegengesetzte Ecke angeben oder [Ecke/XYZ] <1>:
Y-Skalierfaktor eingeben <X-Skalierfaktor verwenden>:
Drehwinkel angeben <0>:

Die Angaben, die Sie schon im Dialogfeld fest eingestellt haben, werden nicht angefragt. Wenn Sie alles am Bildschirm bestimmen, werden Sie nach dem Einfügepunkt, den Skalierfaktoren und dem Drehwinkel gefragt.

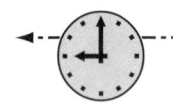

Tipps:

✗ Der Block kann vergrößert oder verkleinert in die Zeichnung übernommen werden. Sie können je einen Skalierfaktor für die X-, Y- und Z-Richtung vorgeben. Werte größer 1 führen zu Vergrößerungen, Werte kleiner 1 zu Verkleinerungen und negative Werte zu Spiegelungen.

✗ Wird ein Block eingefügt, haben Sie ein zusammenhängendes Bauteil in der Zeichnung. Soll der Block aber in seine Bestandteile zerlegt werden, schalten Sie das Feld URSPRUNG ein.

✗ Ein Block kann gedreht, verschoben, kopiert oder gelöscht werden. Einzelne Objekte können Sie nicht bearbeiten. Damit ist es auch nicht möglich, innerhalb eines Blocks zu stutzen, zu dehnen oder zu brechen. Auch der Befehl STRECKEN kann nicht verwendet werden.

Aktion: Befehl URSPRUNG

Blöcke lassen sich, wenn sie nicht schon zerlegt eingefügt wurden, mit dem Befehl URSPRUNG in ihre einzelnen Bestandteile zerlegen. Sie finden den Befehl:

✗ Abrollmenü ÄNDERN, Funktion URSPRUNG

✗ Symbol im Werkzeugkasten ÄNDERN

Befehl: **Ursprung**
Objekte wählen:

Wählen Sie einen oder mehrere Blöcke an und sie werden in ihre Bestandteile zerlegt. Ihr Aussehen ändert sich nicht.

Training: Blöcke einfügen

✗ Holen Sie die Zeichnung A-18-02.dwg aus dem Ordner mit den \AUFGABEN oder verwenden Sie Ihre Zeichnung, in der Sie vorher Blöcke gebildet haben.

✗ In dieser Zeichnung sind die gleichen Blöcke, wie Sie sie vorher gebildet haben.

✗ Fügen Sie die Blöcke wie in Abbildung 18.7 ein, verbinden Sie die Bauteile, setzen Sie die Verbindungs- und Anschlusspunkte. Beschriften Sie die Zeichnung.

✗ Eine Lösung finden Sie ebenfalls in Ihrem Aufgabenordner, die Zeichnung L-18-02.dwg.

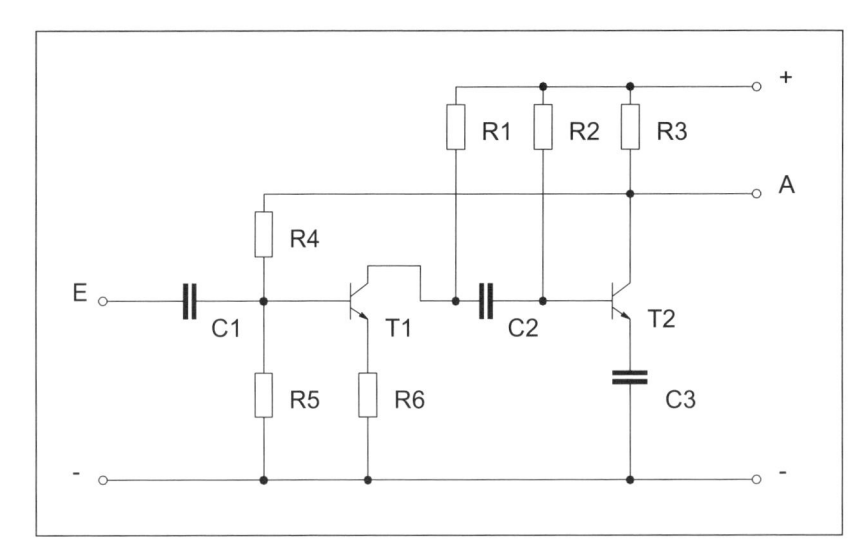

Abb. 18.7: Zeichnung aus Blöcken

18.5 Die Zeichnung bereinigen

Wenn Sie viel mit Blöcken arbeiten, kommt es immer wieder vor, dass Sie einen Block einfügen und erst dann merken, dass es der falsche war. Sie löschen ihn wieder, trotzdem bleibt er in der Zeichnung als Block erhalten. Auf diese Art kann die Zeichnungsdatei sehr groß werden, ohne dass auf dem Bildschirm viel zu sehen ist. Hier hilft nur eines: die Zeichnung bereinigen.

Aktion: Befehl BEREINIG

Mit dem Befehl BEREINIG lassen sich unbenutzte Objekte aus der Zeichnung entfernen. Sie finden den Befehl:

✘ Abrollmenü DATEI, Untermenü DIENSTPROGRAMME >, Untermenü BEREINIGEN...

Sie bekommen ein Dialogfeld auf den Bildschirm (siehe Abbildung 18.8).

Mit den Schaltern über der Liste können Sie wählen, ob die Objekte angezeigt werden sollen, die bereinigt werden können oder die, die nicht bereinigt werden können. In der Liste haben Sie eine Explorer-Darstellung der Objekte sortiert nach den Objektarten. Bei einem »+« vor der Kategorie finden Sie Objekte darunter.

Klicken Sie auf die Schaltfläche BEREINIGEN, werden die Objekte der markierten Kategorie bereinigt. Mit der Schaltfläche ALLE BEREINIGEN werden alle Objekte der Zeichnung bereinigt. Zwei weitere Schalter steuern den Ablauf. Ist der Schalter JEDES ZU BEREINIGENDE OBJEKT BESTÄTIGEN ein, kommt jedesmal ein

18 Rationell arbeiten mit Blöcken

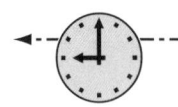

Fenster mit einer Abfrage. Klicken Sie auf die Schaltfläche ALLE BEREINIGEN, kommt die Abfrage auf jeden Fall. Ist der Schalter VERSCHACHTELTE ELEMENTE BEREINIGEN ein, werden auch Blöcke in Blöcken, Layer in Blöcken usw. bereinigt.

Abb. 18.8:
Dialogfeld zur Bereinigung von Blöcken

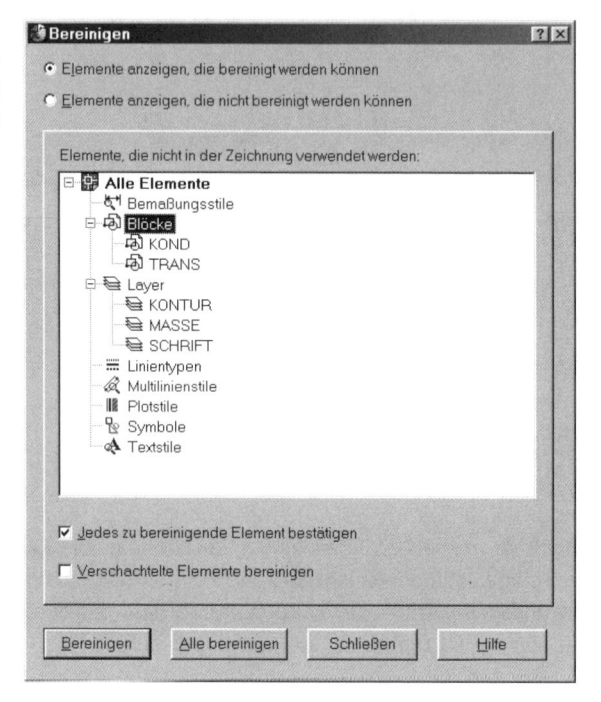

Fragen zur achtzehnten Stunde

1. Mit welchem Befehl lassen sich Blöcke in der Zeichnung erzeugen?
2. Welcher Blockname ist falsch: BL$1, BLOCK-08-15, BL_1 oder BL 08?
3. Was ist ein interner Block?
4. Was ist der Basispunkt eines Blocks?
5. Wozu werden Symbole bei der Bildung eines Blocks gebraucht?
6. Sie wollen Blöcke immer mit dem Skalierfaktor 1 und dem Drehwinkel 0 einfügen, was ist zu tun?
7. Sie fügen eine Datei ein, deren Name bereits in der Zeichnung vorhanden ist, was passiert?

8. Welchen Befehl können Sie bei einem Block nicht anwenden: DREHEN, STUTZEN, SCHIEBEN oder KOPIEREN?

9. Mit welchem Befehl kann ein Block zerlegt werden?

10. Mit welchem Befehl bekommen Sie unbenutzte Blöcke aus der Zeichnung heraus?

STUNDE 19

Zeichnungen und Bilder in der Zeichnung

Wenn Sie Blöcke verwenden, profitieren Sie von dem, was Sie schon in Ihrem Zeichnungsbestand haben. Der Nachteil bei der Neukonstruktion ist aber, dass eingefügte Blöcke sich nicht mehr ändern, wenn sich die Originalzeichnung ändert. Nicht so bei externen Referenzen, diese werden jedesmal neu geladen, wenn Sie die Zeichnung öffnen. Arbeiten Sie mit AutoCAD 2002, können Sie außerdem Bilder in die Zeichnung einfügen und bearbeiten. Sie lernen in dieser Stunde:

✘ wie Sie externe Referenzen in eine Zeichnung einfügen können

✘ wie Sie externe Referenzen austauschen können

✘ wie sich Änderungen an der Originalzeichnung auswirken

✘ wie externe Referenzen gebunden werden

✘ wie Sie in AutoCAD 2002 Bilddateien in eine Zeichnung einfügen und

✘ wie Sie diese verändern und bearbeiten können.

19.1 Externe Referenzen zuordnen

Zeichnungsdateien lassen sich sowohl als Block als auch als externe Referenz in eine andere Zeichnung einfügen. Bei der Methode mit der externen Referenz werden die Dateien nur geladen und angezeigt, wenn die Zeichnung geöffnet wird. Sie werden nicht in die Zeichnung kopiert. Das spart Speicherplatz und gewährleistet, dass Änderungen beim nächsten Öffnen der Zeichnung berücksichtigt sind.

19 Zeichnungen und Bilder in der Zeichnung

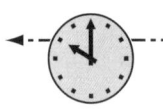

Aktion: Befehl XZUORDNEN

Mit dem Befehl XZUORDNEN laden Sie Zeichnungen als externe Referenz in die aktuelle Zeichnung. Wählen Sie den Befehl:

✘ Abrollmenü EINFÜGEN, Funktion XREF...

✘ Symbol im Werkzeugkasten REFERENZ

Wenn Sie den Befehl wählen, bekommen Sie zunächst den Dateiwähler mit der Voransicht wie beim Befehl ÖFFNEN auf den Bildschirm. Daraus können Sie die Zeichnungsdatei wählen. Haben Sie die Datei gefunden, erscheint das Dialogfeld zur Eingabe der Parameter für die Platzierung der externen Referenz (siehe Abbildung 19.1). Dieses Dialogfeld ist fast identisch mit dem des Befehls EINFÜGE aus der letzten Stunde.

Abb. 19.1: Dialogfeld zur Platzierung der externen Referenz

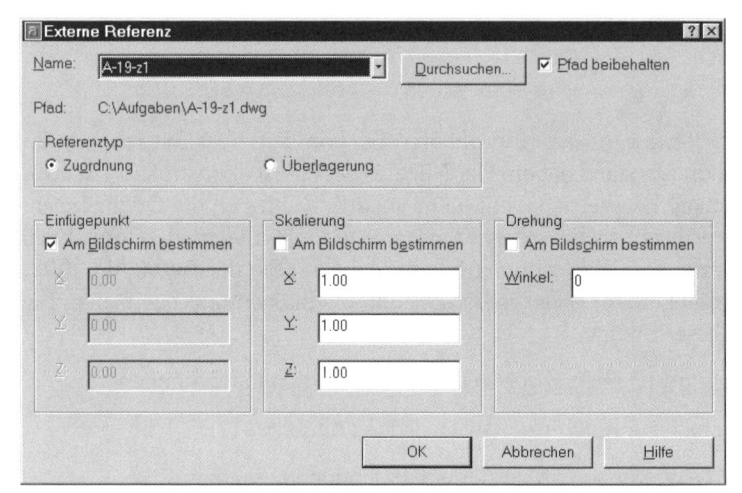

Im Feld NAME wurde der Dateiname der Zeichnung übernommen. Klicken Sie auf den Schalter DURCHSUCHEN..., können Sie noch eine andere Zeichnungsdatei wählen. Das Feld NAME ist als Abrollmenü ausgelegt. Darin finden Sie alle externen Referenzen, die Sie in der Zeichnung schon zugeordnet haben. Sie könnten hier auch eine externe Referenz erneut wählen, die Sie schon einmal in die Zeichnung eingefügt haben.

Mit dem Schalter PFAD BEIBEHALTEN geben Sie an, ob der Pfad der externen Referenz in der Zeichnung gespeichert werden soll. Verschieben Sie danach die externen Referenzen in einen anderen Pfad, kommt es zu Fehlermeldungen. Ist der Schalter aus, wird in dem Ordner, in dem die aktuelle Zeichnung gespeichert ist und danach in den Ordnern für die Supportdateien gesucht.

Stellen Sie den Referenztyp ein: Schalter ZUORDNUNG, wenn Sie die externe Referenz dauerhaft einfügen wollen oder Schalter ÜBERLAGERUNG, wenn Sie sie nur als Overlay vorübergehend in die Zeichnung einblenden wollen. Normalerweise wählen Sie ZUORDNUNG.

Einfügepunkt, Skalierfaktor und Drehwinkel bestimmen Sie wie beim Befehl EINFÜGE (siehe letzte Stunde). Auch der Dialog in der Befehlszeile ist identisch mit diesem Befehl.

Training: Zeichnung aus externen Referenzen

- *Laden Sie die Zeichnung A-19-01.dwg aus dem Ordner \AUFGABEN.*
- *Sie finden darin einen Grundriss für eine Küche, aber noch ohne Einrichtung (siehe Abbildung 19.2). Sie können sie mit externen Referenzen möblieren.*

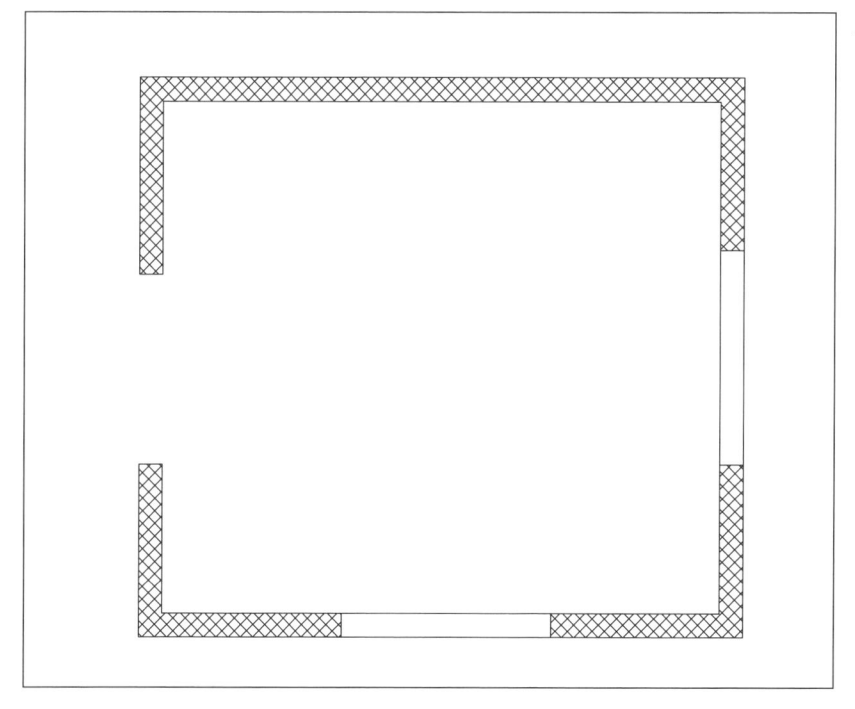

Abb. 19.2: Die leere Küche

- *Fügen Sie die Zeichnungen A-19-Z1.dwg und A-19-Z3.dwg als externe Referenzen in den Grundriss ein. Verwenden Sie den Typ ZUORDNUNG und speichern Sie den Pfad nicht. Einfügepunkt ist der Punkt 0,0. Die Zeichnung sieht dann wie in Abbildung 19.3 aus.*

19 Zeichnungen und Bilder in der Zeichnung

*Abb. 19.3:
Küche mit
externen
Referenzen
möbliert*

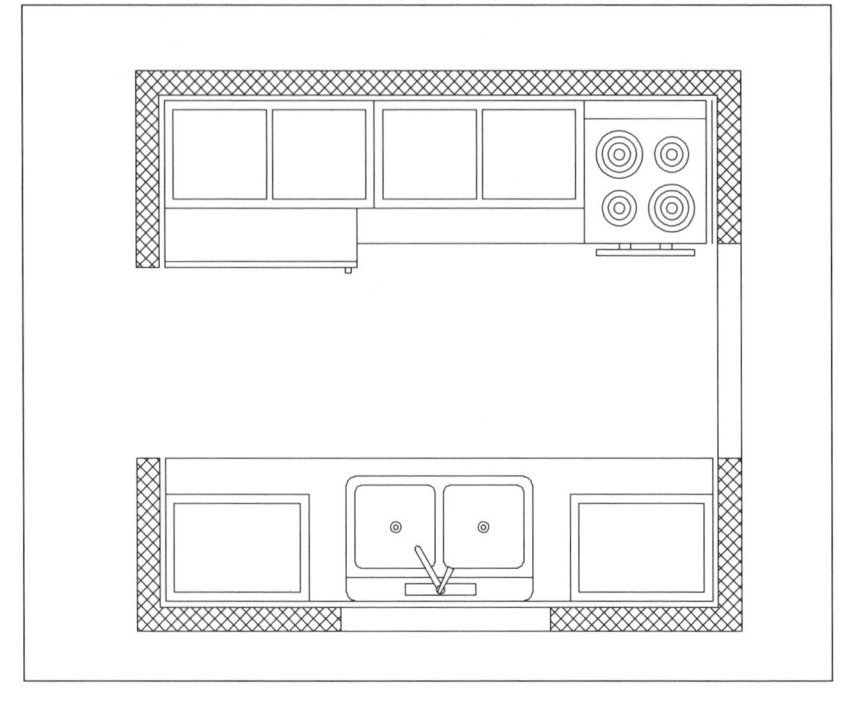

19.2 Der XRef-Manager

Alle externen Referenzen in der Zeichnung lassen sich in einem Dialogfeld verwalten.

Aktion: XRef-Manager

Die Steuerzentrale für externe Referenzen in der Zeichnung ist das Dialogfeld des Befehls XREF. Wählen Sie den Befehl:

✘ Abrollmenü EINFÜGEN, Funktion XREF-MANAGER...

✘ Symbol in den Werkzeugkästen EINFÜGEN und REFERENZ

✘ Symbol in einem Flyout-Menü des Werkzeugkastens ZEICHNEN

Folgende Funktionen stehen Ihnen im Dialogfeld des XREF-MANAGERS (siehe Abbildung 19.4) zur Verfügung:

Liste der externen Referenzen: Den größten Raum im Dialogfeld nimmt die Liste der in dieser Zeichnung zugeordneten externen Referenzen ein. In der Liste wird in der ersten Spalte der Name der externen Referenzen angezeigt. Wenn Sie einen Namen zweimal anklicken (kein Doppelklick, Pause dazwischen), können Sie den Namen überschreiben. Mit einem weiteren Klick

Der XRef-Manager

können Sie den Cursor setzen und den Namen ändern. Die externe Referenz bekommt so in der Zeichnung einen anderen Namen als den der eingefügten Datei, einen so genannten Aliasnamen.

In den nächsten Spalten werden der Status (siehe unten) und die Größe der externen Referenzen angezeigt. In der nächsten Spalte finden Sie den Typ: ZUORDNEN oder ÜBERLAGERN (siehe oben). Ein Doppelklick auf einen solchen Begriff schaltet den Typ um. Dahinter wird das Datum und der Pfad angezeigt, aber nur dann, wenn beim Befehl XZUORDNEN der Schalter PFAD BEIBEHALTEN eingeschaltet war. Ansonsten finden Sie dort nur den Dateinamen.

Mit den beiden Schaltern links oberhalb der Liste kann der Anzeigemodus umgeschaltet werden. Wählbar ist die Anzeige in Form der Liste (siehe Abbildung 19.4) und eine Baumanzeige, in der Sie sehen, wie die externen Referenzen verschachtelt sind (siehe Abbildung 19.5).

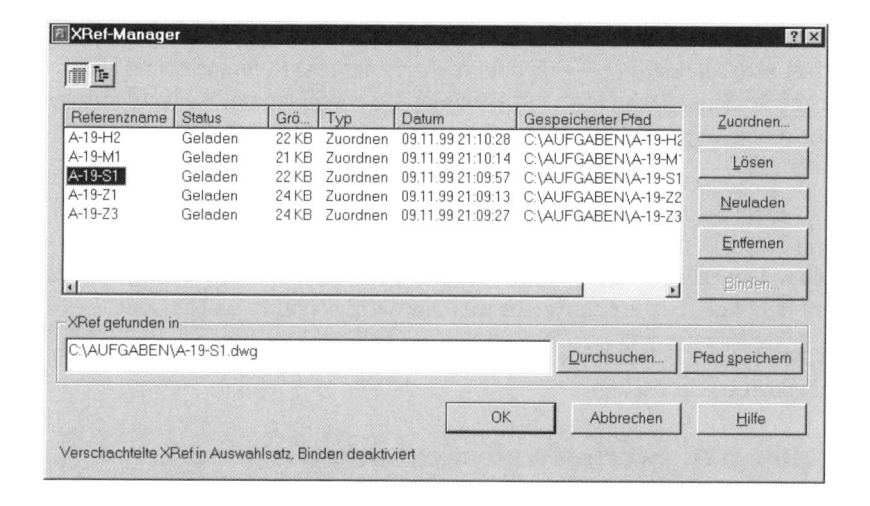

Abb. 19.4: Dialogfeld des XRef-Managers

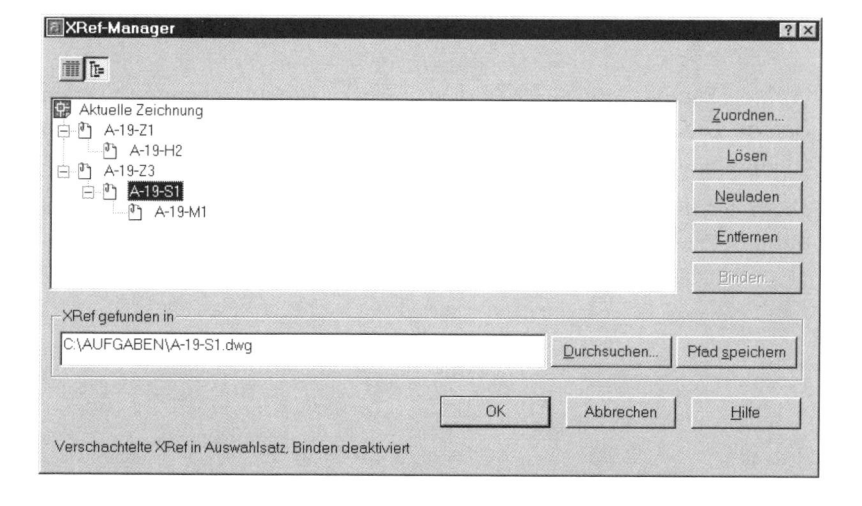

Abb. 19.5: Externe Referenzen als Baumstruktur

351

Neue Zeichnung zuordnen: Unter der Liste finden Sie das Feld XREF GE-FUNDEN IN. Haben Sie eine externe Referenz in der Liste markiert, werden dort der Dateiname und Pfad angezeigt. Tragen Sie einen neuen Pfad oder Dateinamen ein, wird dieser Referenz eine neue Datei zugeordnet. Das heißt, die ursprüngliche Zeichnung wird durch die neue ersetzt. Statt einen Zeichnungsnamen einzutragen, können Sie auch auf die Schaltfläche DURCHSUCHEN... klicken und mit dem Dateiwähler eine Datei aussuchen. Klicken Sie auf die Schaltfläche PFAD SPEICHERN, wird der Pfad der externen Referenz gespeichert.

XRef zuordnen: Klicken Sie auf die oberste Schaltfläche ZUORDNEN... in der linken Spalte, kommen Sie zum Befehl XZUORDNEN (siehe oben) und danach wieder zum XRef-Manager.

LÖSEN: Haben Sie eine oder mehrere externe Referenzen in der Liste markiert, können Sie den Status ändern. Mit der Schaltfläche LÖSEN werden die markierten Referenzen gelöscht. Sie verschwinden aus der Liste und aus der Zeichnung.

ENTFERNEN: Markieren Sie eine oder mehrere externe Referenzen und klicken Sie auf die Schaltfläche ENTFERNEN, werden sie ausgeblendet. Sie werden zwar nicht mehr angezeigt, die Verbindung bleibt aber in der Zeichnung gespeichert.

NEULADEN: Sie können entfernte Referenzen jederzeit wieder einblenden, wenn Sie die ausgeblendeten markieren und auf die Schaltfläche NEULADEN klicken. Der Bildaufbau lässt sich beschleunigen, wenn Sie die vorübergehend nicht benötigten externen Referenzen aus der Zeichnung ausblenden.

BINDEN: Mit der Schaltfläche BINDEN... lassen sich externe Referenzen binden, doch dazu später mehr.

Training: Auswechseln einer externen Referenz

✗ *Starten Sie den Befehl XREF wieder. Markieren Sie die externe Referenz A-19-Z1 in der Liste und klicken Sie dann auf die Schaltfläche DURCHSUCHEN...*

✗ *Wählen Sie die Datei A-19-Z2.dwg aus der Liste und beenden Sie den Befehl. Die obere Küchenzeile wird durch eine andere ersetzt (siehe Abbildung 19.6).*

✗ *Diese Zeichnung finden Sie auch im Ordner \AUFGABEN, die Zeichnung L-19-01.dwg.*

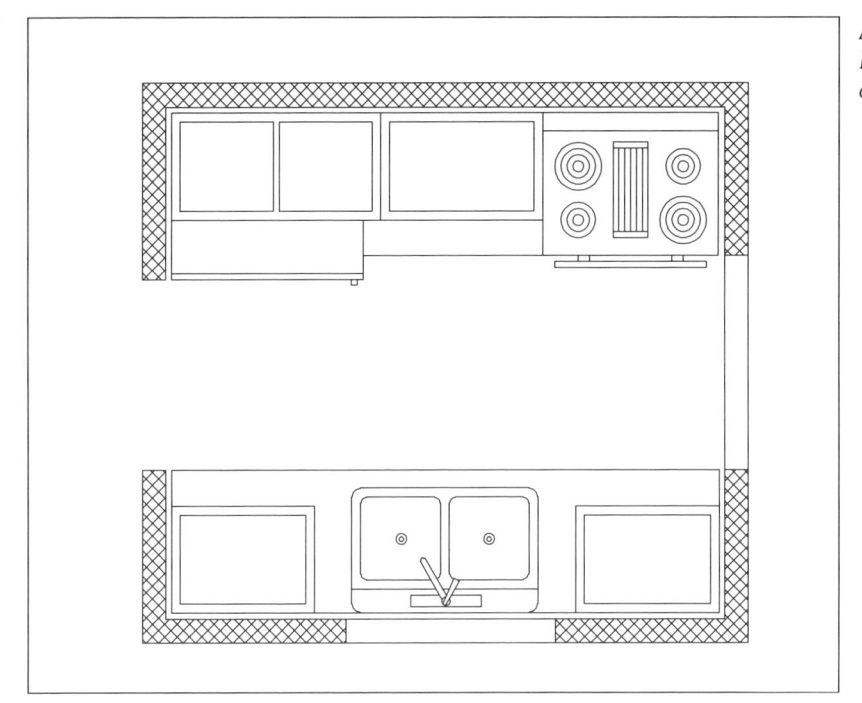

Abb. 19.6: Küchenzeile ausgetauscht

19.3 Änderungen an externen Referenzen

Machen Sie die Probe aufs Exempel. Ändern Sie eine der eingefügten externen Referenzen und schauen Sie sich die Auswirkungen an.

Training: Änderungen an externen Referenzen

- *Speichern Sie die Zeichnung mit den externen Referenzen in Ihrem Aufgabenordner.*
- *Laden Sie die Zeichnung A-19-H2.dwg. Sie finden sie ebenfalls im Aufgabenordner. Löschen Sie bei dem Herd eine Herdplatte.*
- *Laden Sie jetzt wieder die Zeichnung mit der fertigen Küche. Der Herd kommt in der geänderten Form in die Zeichnung (siehe Abbildung 19.7).*

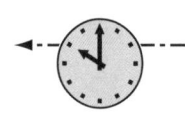

*Abb. 19.7:
Geänderter
Herd in der Gesamtzeichnung*

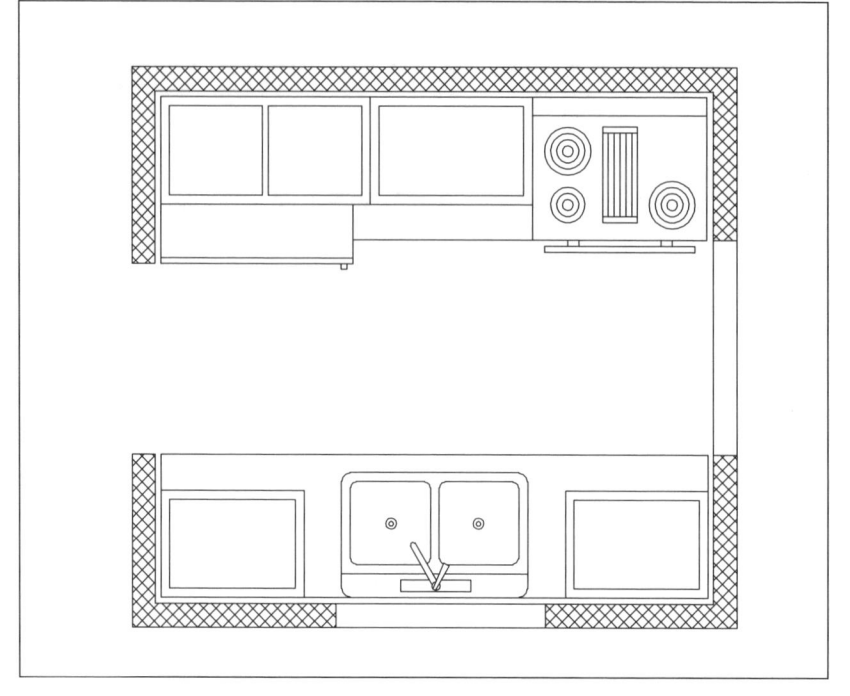

19.4 Namen von externen Referenzen

Externe Referenzen verhalten sich ähnlich wie eingefügte Blöcke. Sie haben in der Zeichnung zusammenhängende Baugruppen, die sie verschieben, kopieren, drehen, skalieren oder auch wieder löschen können. Die Geometriepunkte innerhalb der externen Referenz lassen sich auch mit dem Objektfang auswählen. Eine externe Referenz kann auch mit Griffen wie ein Block bearbeitet werden. Es ist aber nicht möglich, Teile daraus zu löschen, sie zu strecken oder Objekte zu stutzen oder zu brechen.

Externe Referenzen bringen ihre Layernamen, Linientypen, Bemaßungsstile, Textstile und Blöcke, kurz alle benannten Objekte in die Zeichnung mit. Damit keine Namensgleichheit auftritt, werden die benannten Objekte in der neuen Zeichnung mit dem Dateinamen der externen Referenz versehen. Der Layer *EINRICHTUNG* der externen Referenz *A-19-Z3* hat dann in der aktuellen Zeichnung den Namen *A-19-Z3 | EINRICHTUNG*. Bei allen anderen benannten Objekten ist es genauso. Wählen Sie den Befehl LAYER und Sie sehen den Effekt (siehe Abbildung 19.8).

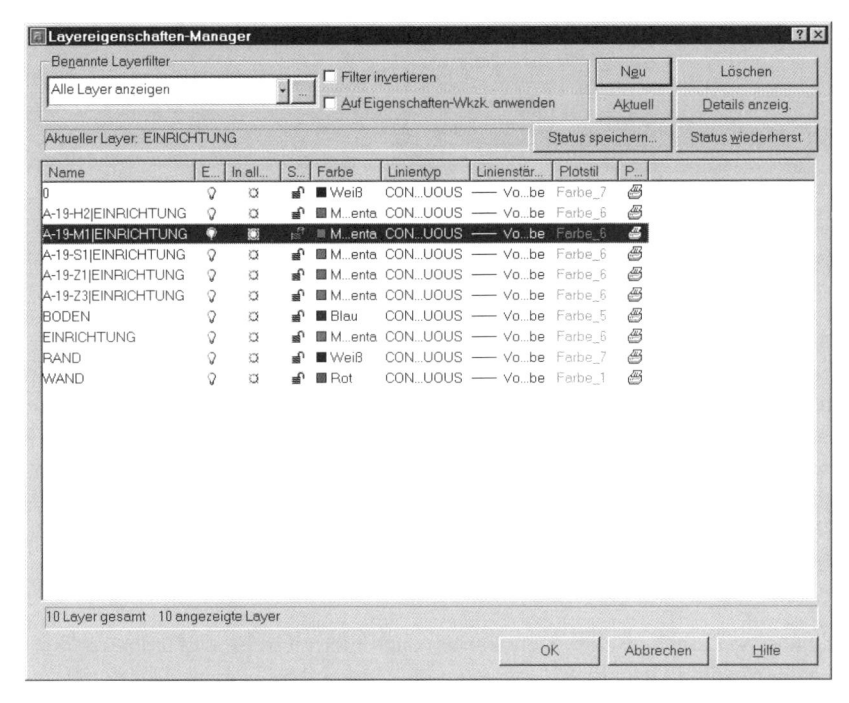

Abb. 19.8: Layernamen bei externen Referenzen

Die Layer von externen Referenzen können Sie nicht zum Zeichnen benutzen. Würde die externe Referenz später gelöst, verschwinden der Layer und damit auch die Objekte.

Bei Text- und Bemaßungsstilen von externen Referenzen ist es genauso. Auch die können Sie in der aktuellen Zeichnung nicht verwenden.

19.5 Externe Referenzen binden

Die Küche ist möbliert und die endgültige Einrichtung soll dokumentiert werden. Wenn sich der Herd später nochmals ändert, hat das keinen Einfluss mehr auf die bereits ausgelieferten Küchen. Also müssen die externen Referenzen gebunden werden.

Aktion: Binden von externen Referenzen

Dazu wird der Befehl XREF wieder gewählt. Die externen Referenzen, die gebunden werden sollen, markieren Sie in der Liste und klicken dann auf die Schaltfläche BINDEN... Es lassen sich aber nur die wählen, die direkt in die Zeichnung eingefügt wurden. Die verschachtelten können nur mit der Zeichnung gebunden werden, in der sie eingefügt sind.

19 Zeichnungen und Bilder in der Zeichnung

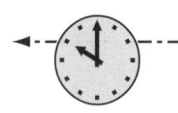

Haben Sie die Schaltfläche angeklickt, haben Sie zwei Möglichkeiten in einem Dialogfeld zur Auswahl (siehe Abbildung 19.9):

Abb. 19.9: Binden von externen Referenzen

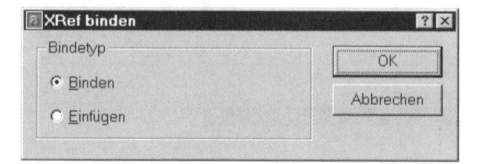

BINDEN: Externe Referenzen werden als Blöcke in die Zeichnung übernommen, die bei Bedarf auch mit dem Befehl URSPRUNG in ihre Bestandteile zerlegt werden können. Die Layernamen und alle weiteren benannten Objekte lassen weiterhin die Herkunft erkennen. Die Layer, die mit der externen Referenz importiert wurden, haben den Namen der externen Referenz vorangestellt. Danach folgt 0 und der ursprüngliche Layername, z.B.: A-19-Z3$0$EINRICHTUNG. Dieser Layer steht Ihnen jetzt als vollwertiger Layer in der Zeichnung zur Verfügung. Sie können ihn auch zum aktuellen Layer machen.

EINFÜGEN: Externe Referenzen werden auch hiermit in Blöcke umgewandelt. Alle benannten Objekte verlieren aber die Herkunft im Namen. Aus dem Layer A-19-Z3 | EINRICHTUNG wird EINRICHTUNG.

19.6 Wie kommt das Bild in die Zeichnung?

Nur in AutoCAD 2002 haben Sie die Möglichkeit, Bilddateien in die Zeichnung zu übernehmen und zu bearbeiten. Sie können aber Zeichnungen mit Bildern aus AutoCAD 2002 in AutoCAD LT 2002 laden und haben dort zumindest einfache Änderungsfunktionen zur Verfügung.

Wie die externen Referenzen aus dieser Stunde, lassen sich auch die verschiedensten Rasterformate in die Zeichnung laden und dort anzeigen. Die meisten der üblichen Bildformate sind möglich, z. B.: BMP, GIF, JPEG, PCX und TIFF.

Aktion: Befehl BILDZUORDNEN

Bilddateien in einem bekannten Format können Sie mit dem Befehl BILDZUORDNEN in der aktuellen Zeichnung platzieren. Wählen Sie den Befehl:

✘ Abrollmenü EINFÜGEN, Funktion PIXELBILD...

✘ Symbol im Werkzeugkasten REFERENZ

Wie kommt das Bild in die Zeichnung?

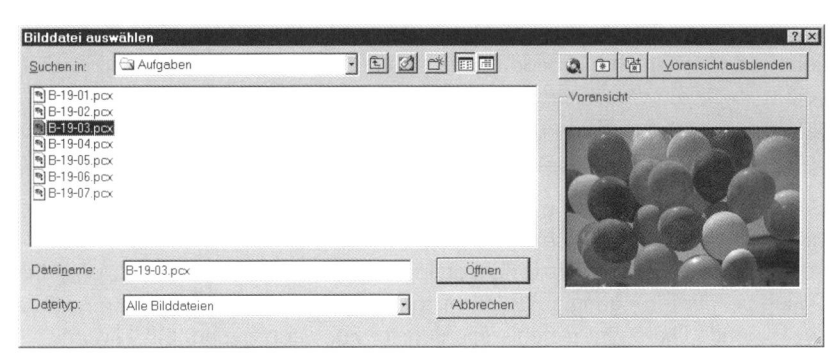

Abb. 19.10:
Dialogfeld zur Auswahl der Bilddatei

Sie bekommen den Dateiwähler auf den Bildschirm, in dem Sie die Bilddatei wählen können (siehe Abbildung 19.10). In einem Voransichtsbild sehen Sie es vor dem Einfügen. Den Schalter VORANSICHT AUSBLENDEN können Sie verwenden, wenn Sie den Dateinamen schon kennen und die Auswahl beschleunigen wollen. Klicken Sie auf die Schaltfläche ÖFFNEN, kommen Sie zu einem weiteren Dialogfeld (siehe Abbildung 19.11).

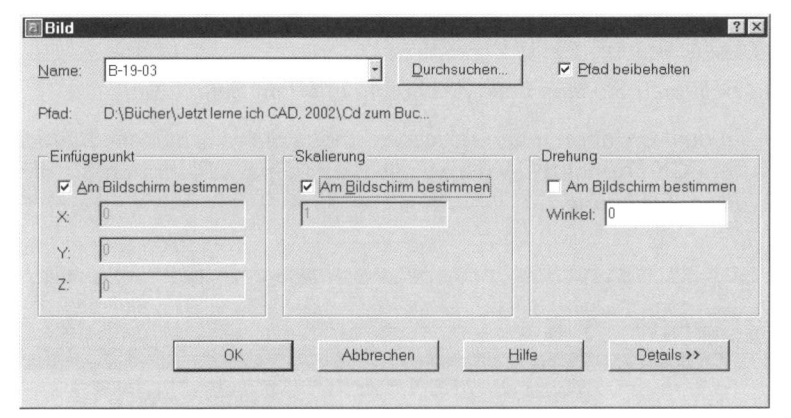

Abb. 19.11:
Dialogfeld zur Platzierung von Bilddateien

Das Dialogfeld ist gleich aufgebaut wie das der Befehle EINFÜGE und XZUORDNEN. Hier legen Sie die Parameter für die Bildeinfügung fest. Der Dateiname wurde bereits in das Feld NAME übernommen. Mit der Schaltfläche DURCHSUCHEN… kommen Sie wieder zum vorherigen Dialogfeld, in dem Sie die Datei noch wechseln können. Das Feld NAME ist als Abrollmenü ausgelegt. Hier können Sie auch eine Bilddatei wählen, die Sie schon einmal eingefügt haben. Der Schalter PFAD BEIBEHALTEN bewirkt, dass der Pfad mit der Bilddatei gespeichert wird. AutoCAD sucht so beim Laden der Zeichnung die Bilddatei immer im Originalordner. Haben Sie die Bilddatei verschoben, kommt eine Fehlermeldung und das Bild wird nicht angezeigt. Ist der Schalter aus, sucht AutoCAD die Bilddatei im gleichen Ordner, in dem die Zeichnung gespeichert ist.

19 Zeichnungen und Bilder in der Zeichnung

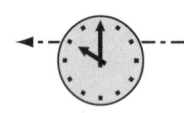

Klicken Sie auf die Schaltfläche DETAILS >>, bekommen Sie weitere Informationen zu der gewählten Bilddatei: Auflösung, Bildgröße in Pixel und in Einheiten sowie die gewählten Einheiten bekommen Sie im unteren Teil des Dialogfelds angezeigt. Klicken Sie jetzt auf den Schalter DETAILS <<, wird das Dialogfeld wieder verkleinert.

Darunter stellen Sie den Einfügepunkt, den Skalierfaktor und die Drehung ein. Sie haben bei jedem dieser Werte einen Schalter AM BILDSCHIRM BESTIMMEN. Ist dieser ein, sind die Eingabefelder inaktiv und Sie geben den Wert im Dialog bei der Einfügung am Bildschirm ein. Haben Sie alle Schalter ein, läuft der folgende Dialog im Befehlszeilenfenster ab, wenn Sie auf OK klicken:

Einfügepunkt angeben <0,0>:
Basisbildgröße: Breite: 40.216667, Höhe: 41.910000, Millimeter
Skalierfaktor angeben <1>:
Legen Sie den Drehwinkel fest <0>:

Geben Sie den Einfügepunkt, Skalierfaktor und den Drehwinkel ein. Bewegen Sie das Fadenkreuz bei der Anfrage nach dem Skalierfaktor, wird der dynamisch bestimmt.

Training: Bilder einfügen

- Beginnen Sie eine neue Zeichnung mit dem Befehl NEU.
- In dem Ordner mit den Aufgaben finden Sie verschiedene Bilddateien im PCX-Format (B-19-01.pcx bis B-19-07.pcx). Platzieren Sie diese in Ihrer Zeichnung.

Abb. 19.12:
Bild in der Zeichnung

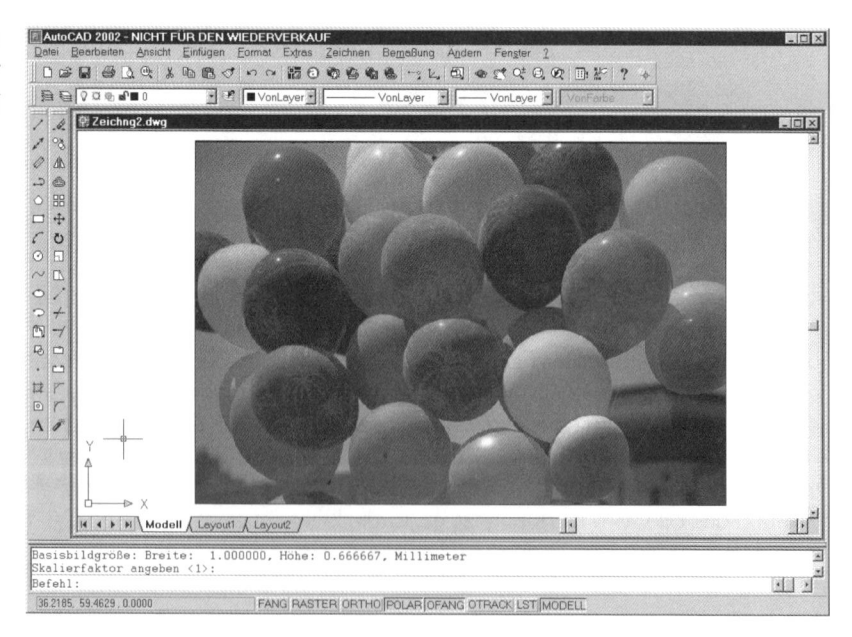

Wie kommt das Bild in die Zeichnung?

Aktion: Befehl BILD

Die Bilder in der Zeichnung können Sie mit dem Befehl BILD verwalten. Wählen Sie den Befehl:

✗ Abrollmenü EINFÜGEN, Funktion BILD-MANAGER...

✗ Symbol in den Werkzeugkästen REFERENZ und EINFÜGEN

✗ Symbol in einem Flyout-Menü des Werkzeugkastens ZEICHNEN

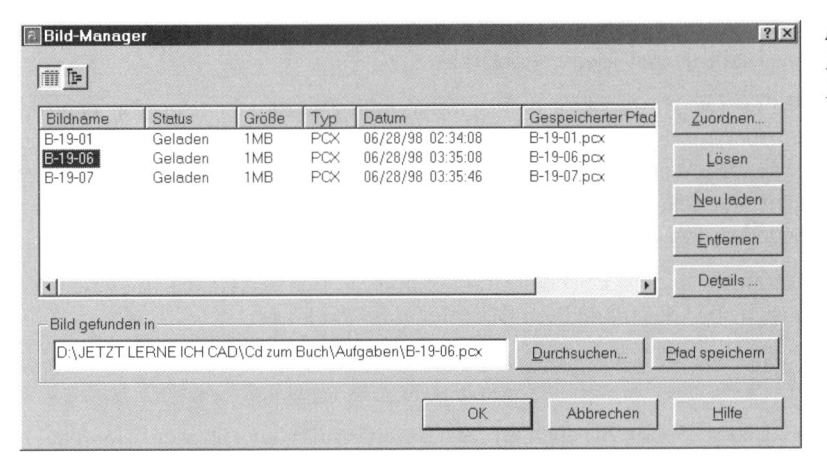

Abb. 19.13: Dialogfeld des Bild-Managers

Die Funktionen im Bild-Manager sind identisch mit denen im XRef-Manager (siehe auch weiter oben in dieser Stunde).

Liste der eingefügten Bilder: Im Dialogfeld sehen Sie die Liste der eingefügten Bilder. Wie bei den externen Referenzen haben Sie auch bei den Bildern die Möglichkeit, dem Bild in der Zeichnung einen Aliasnamen zu geben, der nicht mehr dem Namen der ursprünglichen Bilddatei entspricht. Ändern Sie dazu den Namen in der Liste. Eine weitere Gemeinsamkeit mit dem Befehl XREF sind die beiden Schalter links oberhalb der Liste. Damit können Sie zu einer Baumanzeige umschalten, die aber bei Bilddateien meist keinen Sinn macht.

Neue Bilddatei zuordnen: Unter der Liste finden Sie das Feld BILD GEFUNDEN IN. Wenn Sie ein Bild in der Liste markieren, wird hier der Pfad der Datei angezeigt. Tragen Sie einen anderen Pfad oder einen anderen Dateinamen ein, wird diesem Bildnamen in der Zeichnung eine neue Datei zugeordnet. Sie können aber auch eine andere Datei mit dem Schalter DURCHSUCHEN... mit dem Dateiwähler aussuchen. Klicken Sie auf die Schaltfläche PFAD SPEICHERN, wird der Pfad der Bilddatei mit der markierten Einfügung gespeichert (siehe oben).

19 Zeichnungen und Bilder in der Zeichnung

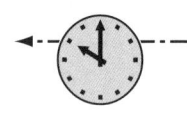

ZUORDNEN: Klicken Sie auf diese Schaltfläche in der linken Spalte, kommen Sie wieder zum Befehl BILDZUORDNEN. Sie können ein weiteres Bild einfügen und kommen dann wieder zurück zum Bild-Manager.

LÖSEN: Haben Sie eines oder mehrere Bilder in der Liste markiert, können Sie mit der Schaltfläche LÖSEN die markierten Bilder in der Zeichnung löschen. Sie verschwinden aus der Liste und aus der Zeichnung.

ENTFERNEN: Markieren Sie eines oder mehrere Bilder und klicken Sie auf ENTFERNEN, werden die Bilder ausgeblendet. Die Verbindung zum Bild bleibt jedoch gespeichert und in der Zeichnung wird an dieser Stelle der Bildrahmen angezeigt. Der Bildaufbau der Zeichnung beschleunigt sich so und Sie können das Bild jederzeit wieder einblenden.

NEULADEN: Mit dieser Schaltfläche können Sie ausgeblendete Bilder wieder sichtbar machen. Markieren Sie diese und klicken Sie auf die Schaltfläche NEULADEN. War das markierte Bild nicht ausgeblendet, wird die Bilddatei trotzdem neu gelesen. Hat sich die Datei in der Zwischenzeit geändert, wird die neue Version der Datei angezeigt.

DETAILS: Mit dieser Schaltfläche können Sie sich alle Details mit einem Voransichtsbild der markierten Bilddatei anzeigen lassen.

Tipps:

- ✘ Bilder können Sie auch an den Griffen bearbeiten. Alle vier Eckpunkte bekommen Griffe, an denen Sie das Bild größer oder kleiner ziehen können.

- ✘ Bilder, die sich überlappen oder andere Objekte überdecken, können Sie mit dem Befehl ZEICHREIHENF in die richtige Anordnung bringen.

Tipp:

- ✘ Den Befehl BILD finden Sie auch in AutoCAD LT 2002, allerdings nicht in den Menüs. Sie müssen ihn hier eintippen. Im Dialogfeld fehlt jedoch die Schaltfläche ZUORDNEN. Zeichnungen mit Bildern aus AutoCAD 2002 lassen sich laden, Bilder aus- und einblenden und vorhandene Bilder durch andere ersetzen, jedoch keine neuen Bilder platzieren.

Training: Bilder in AutoCAD LT 2002

- ✘ Laden Sie die Zeichnung A-19-01.dwg aus Ihrem Übungsordner in AutoCAD LT 2002, eine Zeichnung mit Bildern aus AutoCAD 2002.

- ✘ Ersetzen Sie mit dem Befehl BILD die Golden Gate Bridge durch einen Tropenstrand. Markieren Sie das Bild im Bild-Manager und klicken dann auf den Schalter DURCHSUCHEN... und wählen das neue Bild.

- ✘ Selbstverständlich können Sie das auch in AutoCAD 2002 machen.

Fragen zur neunzehnten Stunde

1. Welchen Vorteil hat es, wenn Sie den Pfad bei externen Referenzen nicht speichern?
2. Was passiert, wenn Sie eine externe Referenz lösen?
3. Was passiert, wenn Sie eine externe Referenz entfernen?
4. Was können Sie an dem Layernamen *XY | KONTUR* erkennen?
5. Was passiert mit externen Referenzen beim Binden?
6. Was wird aus dem Layer *XY | KONTUR*, wenn die externe Referenz gebunden wird?
7. Mit welchem Befehl werden Bilddateien in der Zeichnung platziert?
8. Mit welcher Schaltfläche im Dialogfeld für die Bildzuordnung lassen sich Bilder vorübergehend ausblenden?
9. Welchen Befehl zur Bildbearbeitung gibt es in AutoCAD LT 2002?
10. Wie vergrößern Sie ein Bild am schnellsten?

STUNDE 20

Das AutoCAD-Design-Center

Mir dem AutoCAD-Design-Center können Sie durch den gesamten Zeichnungsbestand blättern und benannte Objekte aus vorhandenen Zeichnungen übernehmen. Sie lernen in diesem Kapitel:

- ✗ wie Sie das AutoCAD-Design-Center starten
- ✗ welche Inhalte Sie sich im AutoCAD-Design-Center anzeigen lassen können
- ✗ welche Funktionen es im AutoCAD-Design-Center gibt
- ✗ wie Sie benannte Objekte in die aktuelle Zeichnung holen und
- ✗ wie Sie den Zeichnungsbestand durchblättern können.

20.1 AutoCAD-Design-Center starten

Mit dem AutoCAD-Design-Center können Sie Inhalte aus anderen Zeichnungen in die aktuelle Zeichnung übernehmen, ohne diese öffnen zu müssen. Das können Bemaßungsstile, Blöcke, Layer, Layouts, Linientypen, Textstile und Xrefs sein. Außerdem können Sie komplette Zeichnungen oder Bilddateien aus anderen Ordnern in die aktuelle Zeichnung einfügen.

20 Das AutoCAD-Design-Center

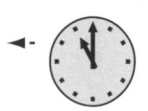

Aktion: Befehl ADCENTER und ADCSCHLIESSEN

Mit dem Befehl ADCENTER starten Sie das Autodesk-Design-Center. Wählen Sie den Befehl:

- ✘ Abrollmenü WERKZEUGE bzw. EXTRAS, Funktion AUTODESK DESIGN CENTER
- ✘ Symbol in der STANDARD-FUNKTIONSLEISTE
- ✘ Tastenkombination [Strg] + [2]

Mit dem Befehl kommt das Fenster auf den Bildschirm und bleibt unabhängig von einem Befehl so lange geöffnet, bis der Befehl ADCSCHLIESSEN gewählt wird. Diesen Befehl aktivieren Sie genauso wie oben beschrieben. Ist das Fenster aus, wird an dieser Stelle in den Menüs der Befehl ADCENTER aktiviert. Ist es dagegen ein, wird der Befehl ADCSCHLIESSEN gestartet.

Das AutoCAD-Design-Center können Sie wie den Objekteigenschaften-Manager aus der Stunde 16 am linken oder rechten Rand der Zeichenfläche verankern oder über der Zeichenfläche platzieren.

Abb. 20.1: AutoCAD-Design-Center an der linken Seite der Zeichenfläche verankert

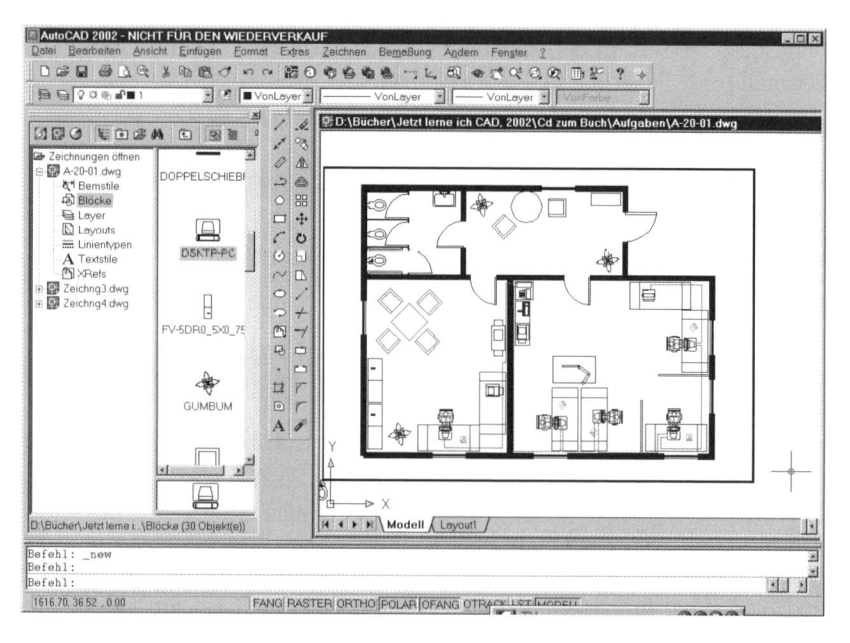

Ebenfalls wie beim Objekt-Eigenschaften-Manager kann das Fenster beliebig vergrößert oder verkleinert werden. Ist es verankert, können Sie es an der Trennlinie zur Zeichenfläche bzw. zu den anderen verankerten Werkzeugkästen mit gedrückter linker Maustaste schmäler oder breiter ziehen.

20.2 Was gibt es im AutoCAD-Design-Center?

Die Anzeige im Design-Center können Sie mit den Symbolen in der Symbolleiste ändern. Um die Auswirkungen mitverfolgen zu können, sollte eine Zeichnung geladen sein.

Aktion: Anzeige im AutoCAD-Design-Center ändern

✘ Öffnen Sie die Zeichnung *A-20-01.dwg* aus dem Ordner *AUFGABEN*.

✘ Klicken Sie auf das Symbol ZEICHNUNGEN ÖFFNEN in der Symbolleiste des Design-Centers und Sie bekommen alle momentan geöffneten Zeichnungen angezeigt. Der linke Teil zeigt die Strukturansicht, der rechte die Inhaltsansicht. In der Strukturansicht haben Sie jetzt das Symbol ZEICHNUNGEN ÖFFNEN und darunter die Symbole für die geöffnete Zeichnung bzw. die geöffneten Zeichnungen.

✘ Ist in der Strukturansicht das Symbol ZEICHNUNGEN ÖFFNEN markiert, sind auf der rechten Seite die Symbole der geöffneten Zeichnungen (siehe Abbildung 20.2, linke). Klicken Sie in der Strukturansicht auf ein Zeichnungssymbol, wechselt die Anzeige in der Inhaltsansicht. Der Inhalt der Zeichnung wird angezeigt, je ein Symbol für jede Kategorie: Bemaßungsstile, Blöcke, Layer, Layouts, Linientypen, Textstile und Xrefs (siehe Abbildung 20.2, Mitte). Markieren Sie eine der Kategorien, bekommen Sie in der Inhaltsanzeige Symbole für die einzelnen benannten Objekte, alle Bemaßungsstile, Blöcke, Layer, Layouts, Linientypen, Textstile oder alle Xrefs in der Zeichnung. Bei den Blöcken bekommen Sie statt eines Symbols die Voransicht.

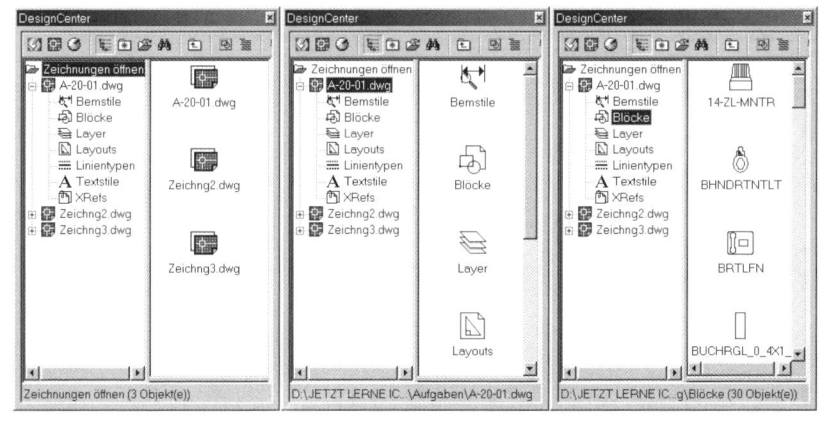

Abb. 20.2: Verschiedene Anzeigemöglichkeiten der geöffneten Zeichnungen

20 Das AutoCAD-Design-Center

- ✗ Wie im Windows-Explorer können Sie im Abrollmenü auf der rechten Seite der Symbolleiste die Anzeige in der Inhaltsansicht ändern: GROSSE SYMBOLE, KLEINE SYMBOLE, LISTE und DETAILS. Nur bei der Auswahl GROSSE SYMBOLE bekommen Sie eine Voransicht der Blöcke bzw. eine Voransicht der kompletten Zeichnung (dazu später).

- ✗ Haben Sie Blöcke in der Inhaltsansicht, können Sie mit Symbolen ein Voransichtsfenster, ein Beschreibungsfenster oder beides zuschalten (siehe Abbildung 20.3).

Abb. 20.3: Inhaltsansicht mit Beschreibung und Voransicht bei Blöcken

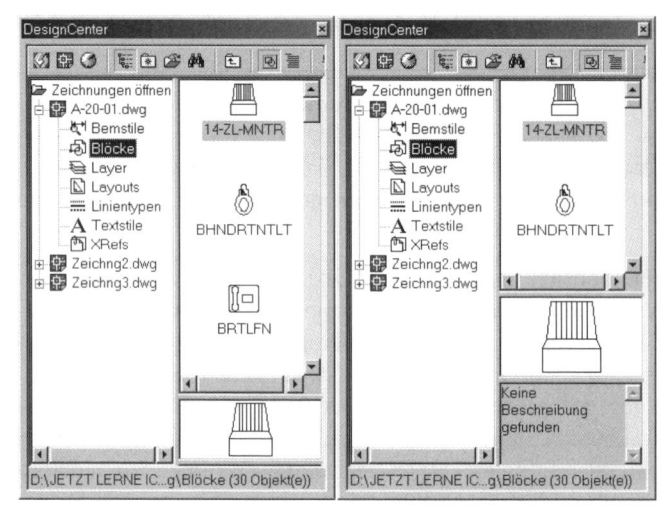

- ✗ Verzweigung in der Anzeige um eine Stufe höher in der Hierarchie.
- ✗ Strukturansicht ein- und ausschalten (siehe Abbildung 20.4). 

Abb. 20.4: Strukturansicht ein- und ausgeschaltet

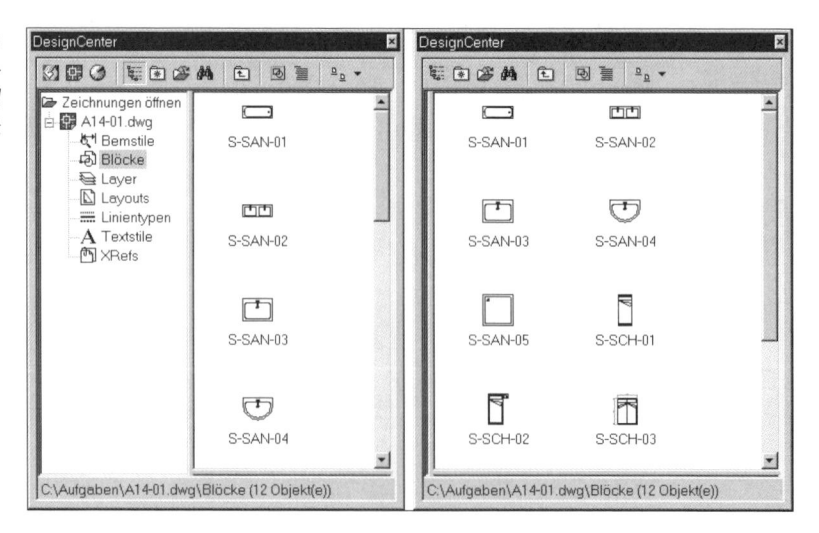

Was gibt es im AutoCAD-Design-Center?

Aktion: Inhalt im AutoCAD-Design-Center ändern

Doch es geht noch mehr im Design-Center. Sie können sich den Inhalt ganzer Ordner und dort wieder die benannten Objekte einer Zeichnung anzeigen lassen. Damit haben Sie Zugriff auf die Objekte der Zeichnung, ohne diese öffnen zu müssen.

✘ Mit diesem Symbol bekommen Sie den Dateiwähler auf den Bildschirm. Sie können eine Zeichnung aus einem beliebigen Ordner aussuchen. Danach haben Sie in der Strukturansicht den Ordner, in dem sich die Zeichnung befindet und in der Inhaltsansicht die benannten Objekte dieser Zeichnung. Markieren Sie jetzt in der Strukturansicht einen Ordner, bekommen Sie die Voransicht aller Zeichnungen dieses Ordners in der Inhaltsansicht (siehe Abbildung 20.5, links). Markieren Sie dagegen eine Zeichnung, erhalten Sie wie oben den Inhalt der Zeichnung (siehe Abbildung 20.5, rechts).

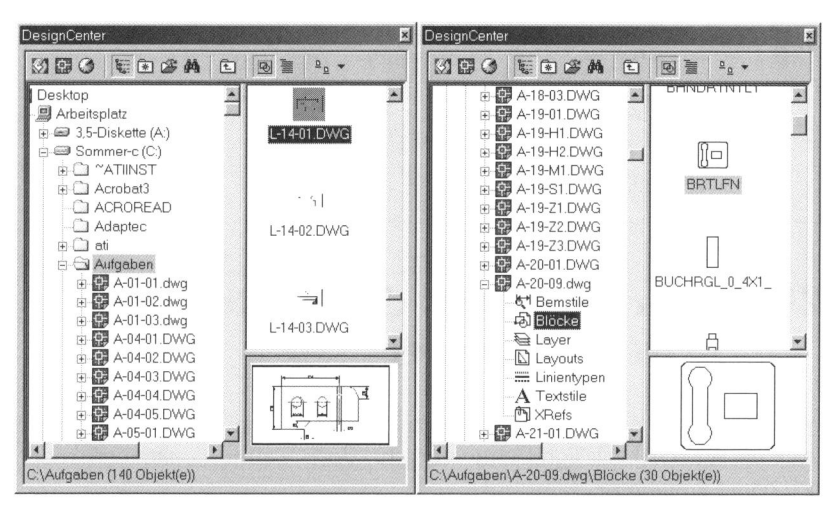

Abb. 20.5: Explorer-Darstellung mit Ordner- oder Zeichnungsanzeige

✘ Im Ordner \Programme\AutoCAD 2002 Deu\Sample\DesignCenter bzw. \Programme\AutoCAD LT 2002 Deu\Sample\DesignCenter haben Sie Zeichnungen, in denen nur Symbole enthalten sind, die mitgelieferten Symbolbibliotheken: Integrierte Schaltungen, Elektronik-Symbole, Elektrotechnik-Symbole, mechanische Befestigungselemente, Architektur-und Haustechnik-Symbole, Hydraulik- und Pneumatik-Symbole, Küchenausstattungen, Landschaftsplanung, Symbole für Rohrleitungen und Anlagenbau sowie Schweißsymbole.

✘ Mit diesen beiden Symbolen können Sie jetzt umschalten zwischen der Anzeige der geöffneten Zeichnungen und der Explorerdarstellung.

20 Das AutoCAD-Design-Center

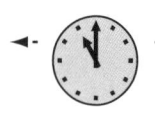

✗ Haben Sie längere Zeit mit dem Design-Center gearbeitet, kommt es immer wieder vor, dass Sie eine bereits verwendete Zeichnung wieder haben wollen. Mit einem weiteren Symbol können Sie auf die Protokolldarstellung umschalten. Dort werden alle verwendeten Zeichnungen aufgelistet (siehe Abbildung 20.6). Mit einem Doppelklick auf die Zeichnung kommen Sie wieder zu dieser Zeichnung.

Abb. 20.6: Protokollansicht im AutoCAD-Design-Center

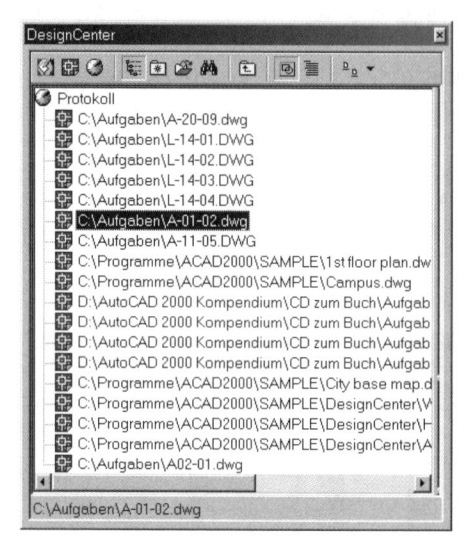

20.3 Arbeiten mit dem AutoCAD-Design-Center

Wenn Sie diese Stunde bis hierher durchgearbeitet haben, finden Sie sich zwar im AutoCAD-Design-Center zurecht, doch welche Funktionen lassen sich damit ausführen?

Aktion: Benannte Objekte aus einer anderen Zeichnung in die aktuelle übernehmen

Testen Sie die Funktionen gleich am Beispiel.

✗ Machen Sie zunächst einmal alle Zeichnungsfenster wieder zu. Starten Sie jetzt eine neue Zeichnung und beginnen Sie mit den Vorgabeeinstellungen METRISCH.

✗ Klicken Sie auf das Symbol LADEN im AutoCAD-Design-Center und laden Sie dort die Zeichnung *\A-20-01.dwg* aus dem Ordner *\AUFGABEN*.

✘ So kopieren Sie einen Layer aus einer Zeichnung im Design-Center in die aktuelle Zeichnung:

- Klicken Sie in der Strukturansicht die Kategorie LAYER bei der Zeichnung A-20-01.dwg doppelt an.

- Markieren Sie den Layer in der Inhaltsansicht und ziehen Sie ihn mit gedrückter Maustaste in die Zeichnung und lassen Sie ihn dort los,

  oder markieren Sie den Layer, drücken Sie die rechte Maustaste und wählen Sie aus dem Pop-up-Menü die Funktion LAYER HINZUFÜGEN,

  oder markieren Sie den Layer, drücken Sie die rechte Maustaste und wählen Sie aus dem Pop-up-Menü die Funktion KOPIEREN, der Layer wird in die Windows-Zwischenablage kopiert, wechseln Sie zur Zeichnung und wählen im Abrollmenü BEARBEITEN die Funktion EINFÜGEN, der Layer wird in die Zeichnung kopiert,

  oder markieren Sie den Layer und ziehen ihn mit gedrückter rechter Maustaste in die aktuelle Zeichnung und lassen Sie die Taste dort los, wählen Sie aus dem Pop-up-Menü die Funktion LAYER HINZUFÜGEN oder LAYER HINZUFÜGEN UND BEARBEITEN..., im zweiten Fall wird nach dem Einfügen der Befehl LAYER gestartet.

✘ Genauso machen Sie es, wenn Sie Bemaßungsstile, Layouts, Linientypen oder Textstile einfügen wollen.

Aktion: Blöcke aus einer anderen Zeichnung in die aktuelle übernehmen

✘ So kopieren Sie einen Block aus einer Zeichnung im Design-Center in die aktuelle Zeichnung:

- Klicken Sie in der Strukturansicht die Kategorie BLÖCKE bei der Zeichnung A-20-01.dwg doppelt an.

- Klicken Sie den Block in der Inhaltsansicht doppelt an, das Dialogfeld des Befehls EINFÜGE (siehe Stunde 18) erscheint und Sie können den Block mit den entsprechenden Parametern einfügen,

  oder markieren Sie den Block, ziehen Sie ihn mit gedrückter Maustaste in die Zeichnung und lassen Sie ihn dort los, der Block wird mit den Einfügefaktoren 1 und dem Drehwinkel 0 eingefügt, oder markieren Sie den Block, drücken die rechte Maustaste und wählen Sie aus dem Pop-up-Menü die Funktion BLOCK EINFÜGEN..., das Dialogfeld des Befehls EINFÜGE erscheint und Sie können den Block einfügen.

  oder markieren Sie den Block, drücken Sie die rechte Maustaste und wählen Sie aus dem Pop-up-Menü die Funktion KOPIEREN, der Block

20 Das AutoCAD-Design-Center

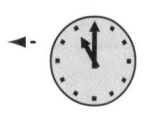

wird in die Windows-Zwischenablage kopiert, wechseln Sie zur Zeichnung und wählen Sie im Abrollmenü BEARBEITEN die Funktion EINFÜGEN, der Block wird mit dem Skalierfaktor 1 in die Zeichnung kopiert,

oder markieren Sie den Block und ziehen Sie diesen Block mit gedrückter rechter Maustaste in die aktuelle Zeichnung und lassen Sie die Taste dort los, wählen Sie aus dem Pop-up-Menü die Funktion BLOCK EINFÜGEN..., Sie bekommen wieder das Dialogfeld des Befehls EINFÜGE.

✘ Lassen Sie sich die komplette Zeichnung anzeigen, damit Sie alle eingefügten Blöcke auch sehen können.

Aktion: XRefs aus einer anderen Zeichnung in die aktuelle übernehmen

✘ Genauso wie mit den Blöcken, können Sie auch mit externen Referenzen arbeiten. Alle Funktionen gelten analog wie oben beschrieben.

✘ Wollen Sie es testen, dann beginnen Sie eine Zeichnung. Wählen Sie in der Strukturansicht des AutoCAD-Design-Centers die Zeichnung \L-19-01.dwg aus dem Ordner \AUFGABEN und ziehen Sie aus dieser Zeichnung externe Referenzen in die aktuelle Zeichnung.

✘ Lassen Sie sich die komplette Zeichnung anzeigen, damit Sie alle eingefügten externen Referenzen auch sehen können.

Aktion: Zeichnungen in die aktuelle Zeichnung einfügen

✘ Machen Sie wieder einmal alle Zeichnungsfenster zu. Starten Sie dann eine neue Zeichnung und beginnen Sie mit den Vorgabeeinstellungen METRISCH.

✘ Klicken Sie auf das Symbol DESKTOP und wählen Sie in der Strukturansicht den Ordner \AUFGABEN.

✘ Markieren Sie in der Inhaltsansicht eine Zeichnung. Klicken Sie sie aber nicht doppelt an, sonst bekommen Sie den Inhalt der Zeichnung angezeigt. Gehen Sie danach wie folgt vor:

- Klicken Sie auf die rechte Maustaste und Sie bekommen ein Pop-up-Menü (siehe Abbildung 20.6), wählen Sie den Eintrag ALS BLOCK EINFÜGEN... und Sie bekommen das Dialogfeld des Befehls EINFÜGE und Sie können die Zeichnung als Block einfügen, wählen Sie dagegen den Eintrag ALS XREF ZUORDNEN... bekommen Sie das Dialogfeld des Befehls XZUORDNEN und Sie können die Zeichnung als externe Referenz einfügen, oder ziehen Sie die Zeichnung mit gedrückter linker Maustaste in die aktuelle Zeichnung und lassen Sie die Taste auf der Zeichenfläche los, können Sie die Zeichnung als Block einfügen, die Parameter werden im Befehlszeilenfenster angefragt,

oder ziehen Sie die Zeichnung mit gedrückter rechter Maustaste in die aktuelle Zeichnung und lassen die Sie Taste auf der Zeichenfläche los, bekommen Sie ein Pop-up-Menü wie oben, aus dem Sie die Befehle EINFÜGE oder XZUORDNEN wählen können.

- Wenn Sie die Zeichnung in der Inhaltsansicht markiert haben, können Sie das Pop-up-Menü mit der rechten Maustaste holen. Darin können Sie die Zeichnung mit dem Eintrag KOPIEREN (siehe Abbildung 20.7) in die Windows-Zwischenablage kopieren, wechseln Sie zur Zeichnung und wählen im Abrollmenü BEARBEITEN die Funktion EINFÜGEN, die Zeichnung wird als Block in die aktuelle Zeichnung kopiert.

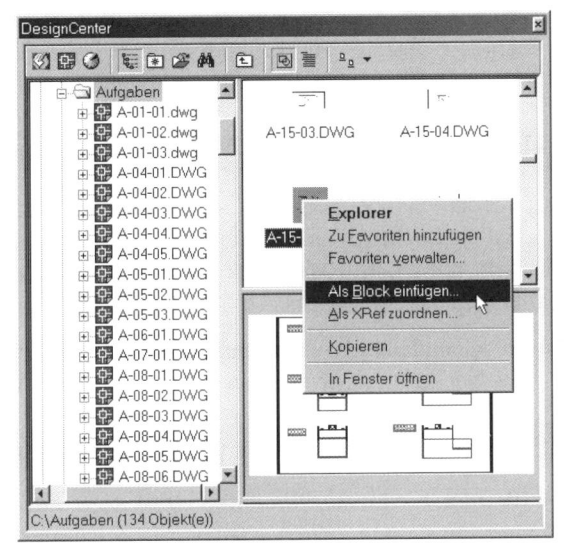

Abb. 20.7: Pop-up-Menü in der Inhaltsansicht bei der Ordneranzeige

Tipp:

✘ Bilddateien, mit denen Sie auch schon in der letzten Stunde gearbeitet haben, lassen sich in AutoCAD 2002 ebenfalls aus dem Design-Center in die aktuelle Zeichnung übernehmen. Gehen Sie dazu genauso vor wie oben bei den Blöcken und Xrefs beschrieben. Bilddateien tauchen in der Strukturansicht nicht auf. Haben Sie aber einen Ordner in der Strukturansicht markiert, finden Sie sie mit Voransicht in der Inhaltsansicht.

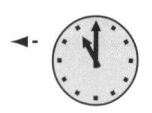

Aktion: Zeichnung im eigenen Fenster öffnen

✘ Haben Sie wie vorher beschrieben einen Ordner in der Strukturansicht markiert und in der Inhaltsansicht eine Zeichnung und mit der rechten Maustaste das Pop-up-Menü aktiviert, dann finden Sie dort auch den Eintrag IN FENSTER ÖFFNEN.

✘ Wählen Sie diesen, wird die Zeichnung in einem eigenen Zeichnungsfenster geöffnet. Auf diese Art können Sie die Zeichnung wählen und den Befehl ÖFFNEN aktivieren.

20.4 Suchen im AutoCAD-Design-Center

Wie im Windows-Explorer, haben Sie auch im Design-Center die Möglichkeit zu suchen. Der Vorteil hier ist, dass Sie auch innerhalb der Zeichnungen nach benannten Objekten suchen können, z. B.: alle Zeichnungen eines Ordners nach einem Block oder Bemaßungsstil durchsuchen.

Aktion: Dateien oder Objekte suchen

✘ Mit dem Symbol SUCHEN in der Symbolleiste des Design-Managers können Sie die Suchfunktion aktivieren. Sie können aber auch in der Strukturansicht mit einem Rechtsklick auf ein Objekt das Pop-up-Menü holen und daraus die Funktion SUCHEN... wählen.

✘ In beiden Fällen bekommen Sie ein Dialogfeld, in dem Sie die Kriterien für die Suche eingeben können (siehe Abbildung 20.8).

Training: Dateien oder Objekte suchen

✘ *Wählen Sie im Abrollmenü SUCHEN NACH, nach welcher Art von Objekten Sie suchen wollen oder ob Sie Zeichnungen suchen wollen. Wählen Sie für die erste Suche den Eintrag BEMSTILE.*

✘ *Im Abrollmenü daneben können Sie die Pfade wählen, in denen Sie schon einmal gesucht haben. Mit der Schaltfläche DURCHSUCHEN... können Sie einen neuen Pfad für die Suche in einem Dialogfeld aussuchen (siehe Abbildung 20.9). Wählen Sie den Suchpfad C:\AUFGABEN oder den Pfad, in dem Sie Ihre Übungszeichnungen untergebracht haben.*

✘ *Ist der Schalter UNTERGEORDNETE ORDNER EINBEZIEHEN ein, wird die Suche auf alle untergeordneten Ordner erweitert.*

Suchen im AutoCAD-Design-Center

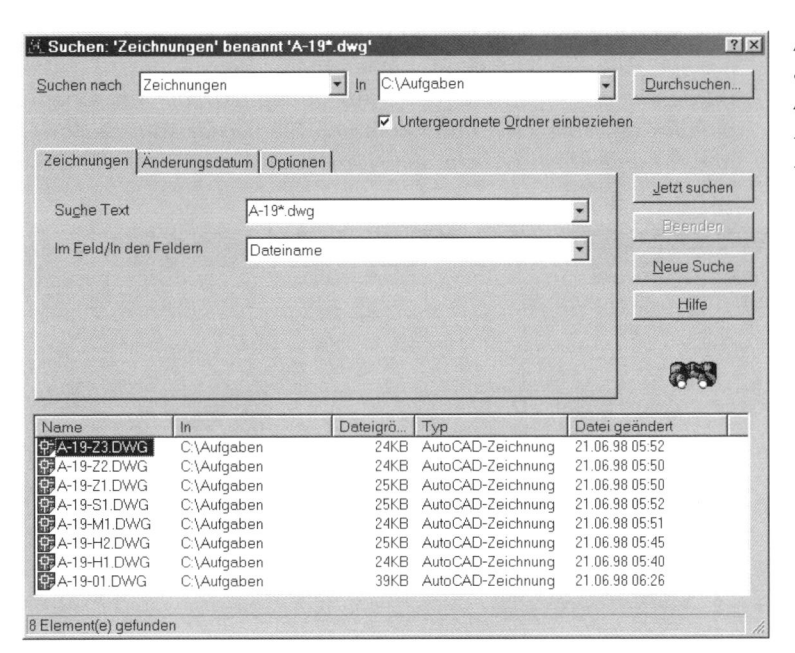

Abb. 20.8: Suchen im AutoCAD-Design-Manager

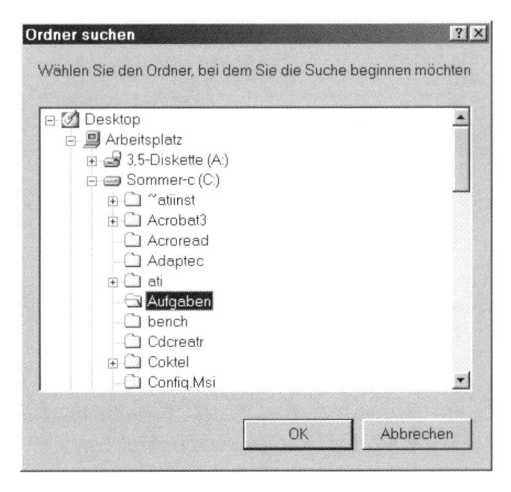

Abb. 20.9: Auswahl des Suchpfades

✗ Das Fenster in der Mitte des Dialogfensters hat jetzt nur ein Register. Tragen Sie im Feld SUCHE NACH NAMEN ISO-25 ein. Klicken Sie auf die Schaltfläche JETZT SUCHEN und die Suche wird gestartet. Mit der Schaltfläche BEENDEN wird die Suche abgebrochen. Mit der Schaltfläche NEUE SUCHE können Sie die Suche neu beginnen. Dazu müssen Sie aber zuerst einen neuen Suchwert eintragen.

373

20 Das AutoCAD-Design-Center

× Das Suchergebnis wird in der Liste im unteren Teil des Dialogfelds angezeigt. Alle Zeichnungen in denen dieser Bemaßungsstil vorkommt, werden dort aufgelistet (siehe Abbildung 20.10). Mit einem Doppelklick auf eine Zeichnung kommen Sie wieder zum Design-Center und die angeklickte Zeichnung ist markiert.

Abb. 20.10: Suchbedingungen und Suchergebnis

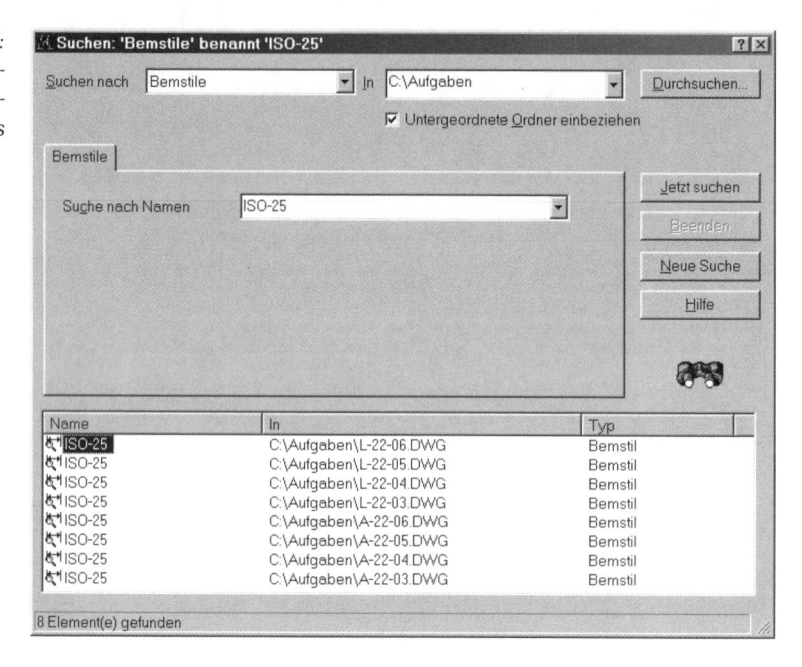

× Wählen Sie im Abrollmenü SUCHEN NACH für eine weitere Suche den Eintrag ZEICHNUNGEN, den Suchpfad ändern Sie nicht.

× Jetzt hat das Fenster drei Register. Im Register ZEICHNUNGEN tragen Sie Suchkriterien für den Dateinamen ein. Geben Sie im Feld SUCHE TEXT *.dwg ein. Darunter lassen Sie die Einstellung DATEINAME.

× Im Register ÄNDERUNGSDATUM können Sie die Suche auf einen bestimmten Erstellungszeitraum begrenzen.

× Im dritten Register, dem Register ERWEITERT können Sie nach einem bestimmten Block, einer Blockbeschreibung, einem Attribut oder einem Attributwert in den Zeichnungen suchen. Tragen Sie beispielsweise Werte wie in Abbildung 20.11 ein oder wählen Sie diese aus den Abrollmenüs. Gesucht wird in diesem Fall nach Zeichnungen, in denen der Blockname KOND vorkommt.

× Auch jetzt können Sie mit den Schaltflächen die Suche starten, beenden und neu auslösen. Das Ergebnis finden Sie wieder in der Liste (siehe Abbildung 20.11).

Suchen im AutoCAD-Design-Center

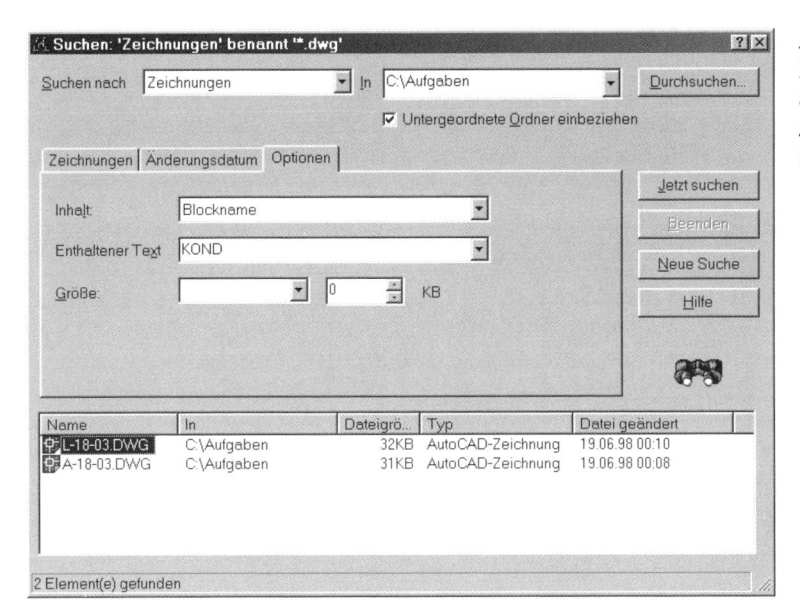

*Abb. 20.11:
Erweiterte
Suche im
Zeichnungs-
bestand*

Fragen zur zwanzigsten Stunde

1. Mit welchem Befehl können Sie das Design-Center starten?

2. Mit welcher Tastenkombination können Sie das Design-Center starten?

3. Was können Sie nicht im Design-Center aus einer anderen Zeichnung holen: Textstile, Linientypen, Schraffurmuster oder Layouts?

4. Welche Anzeigehilfen haben Sie bei der Inhaltsansicht?

5. Was können Sie bei der Explorer-Darstellung in der Inhaltsanzeige anzeigen lassen?

6. In welchem Ordner befinden sich die mitgelieferten Symbolbibliotheken?

7. Sie haben vor kurzem eine Zeichnung im Design-Center gewählt, aber den Namen vergessen. Wo können Sie nachschauen, in welchen Zeichnungen Sie in letzter Zeit im Design-Center geblättert haben?

8. Können Zeichnungen als Blöcke oder externe Referenzen aus dem Design-Center in die aktuelle Zeichnung eingefügt werden?

9. Welche Dateien lassen sich in AutoCAD 2002 noch in die aktuelle Zeichnung übernehmen?

10. Welchen Vorteil hat das Suchen im Design-Center gegenüber dem im Windows-Explorer?

375

STUNDE 21

So kommt die Zeichnung aufs Papier

Nun haben Sie schon viele Zeichnungen produziert; es wird langsam Zeit, dass Sie sie auch aufs Papier bringen. Sie lernen in dieser Stunde:

✘ was Sie für das Plotten einstellen können

✘ was Sie in der Voransicht alles sehen können

✘ wie Sie eine Seite einrichten, ohne diese gleich plotten zu müssen

✘ was Plotstile sind und wie Sie mit diesen arbeiten und

✘ wie Sie einen neuen Plotter konfigurieren können.

21.1 Die Einstellungen für den Plot

Ihre Zeichnung können Sie auf jedem Drucker oder Plotter ausgeben, den Sie in Windows konfiguriert haben. Diese finden Sie ohne jede weitere Konfiguration dann auch in AutoCAD.

Zunächst soll eine Zeichnung im Modellbereich geplottet werden. Mehr zu Papierbereich und Layouts und zum Plotten dieser Zeichnungen finden Sie in der Stunde 23.

21 So kommt die Zeichnung aufs Papier

Training: Das Layout im Modellbereich

- Arbeiten wir auch in dieser Stunde gleich mit einer Beispielzeichnung. Laden Sie aus dem Ordner \AUFGABEN die Zeichnung A-21-01.dwg. Sie bekommen die Zeichnung von einem mechanischen Bauteil auf den Bildschirm, das im Maßstab 1:2 auf ein A4-Blatt geplottet werden soll.

- Zunächst soll ein Rahmen mit Schriftfeld um die Zeichnung gelegt werden. Fügen Sie dazu mit dem Befehl EINFÜGE die Zeichnung DIN A4 title block.dwg als Block ein. Sie finden ihn im Ordner \Programme\AutoCAD 2002 Deu\Template bzw. \Programme\AutoCAD LT 2000 Deu\Template.

- Der Block enthält so genannte Attribute im Schriftfeld, die Sie bei der Einfügung ausfüllen können. Damit können Sie das Schriftfeld durch einfache Texteingabe korrekt ausfüllen. Um dies übersichtlich in einem Dialogfeld machen zu können, sollten Sie die Systemvariable ATTDIA auf 1 setzen.

Befehl: Attdia
Neuen Wert für ATTDIA eingeben <0>: **1**

- Wenn Sie den Befehl EINFÜGE aktiviert haben, erscheint das Ihnen schon bekannte Dialogfeld. Klicken Sie zunächst auf die Schaltfläche DURCHSUCHEN... und wählen die Zeichnungsdatei im angegebenen Ordner. Tragen Sie dann die Parameter ein. Der Block sollte an der Koordinate 0,0 mit dem Skalierfaktor 2 und dem Drehwinkel 0 eingefügt werden (siehe Abbildung 21.1).

Abb. 21.1: Dialogfeld zum Einfügen des Rahmens mit dem Schriftfeld

Die Einstellungen für den Plot

✗ Im nächsten Dialogfeld tragen Sie die Daten für das Schriftfeld ein (siehe Abbildung 21.2). Danach haben Sie die Zeichnung mit Rahmen und Schriftfeld auf dem Bildschirm.

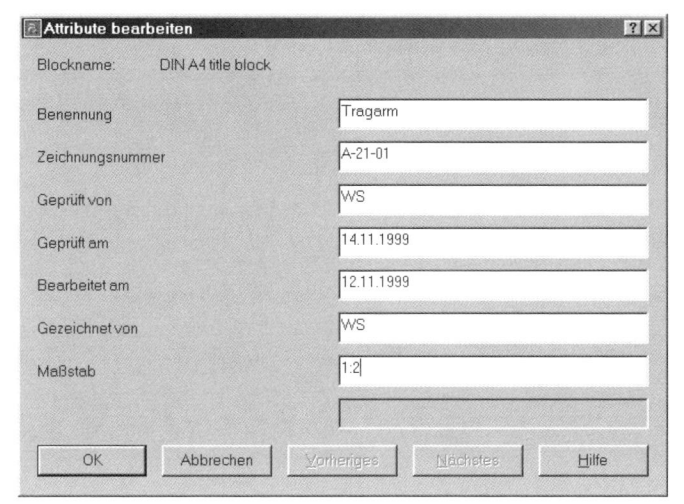

Abb. 21.2: Dialogfeld zur Eingabe der Daten für das Schriftfeld

✗ Für die einzelnen Layer der Zeichnung wurden Linienstärken vergeben, mit denen die Zeichnung auch geplottet werden kann. Dies können Sie leicht mit dem Befehl LAYER nachprüfen. Hier können Sie auch noch Änderungen beim entsprechenden Layer vornehmen, indem Sie dort auf die Linienstärke klicken und eine andere aus dem Dialogfeld wählen. Die Limiten sind auf 0,0 und 420,594 gesetzt. Das entspricht der Größe des A4-Blatts, das im Maßstab 1:2 geplottet werden soll. Die Zeichnung ist also fertig zum Plotten.

Aktion: Befehl PLOT

Zum Plotten verwenden Sie den Befehl PLOT. Wählen Sie diesen:

✗ Abrollmenü DATEI, Funktion PLOT...

✗ Symbol in der STANDARD-FUNKTIONSLEISTE

✗ Rechtsklick auf die Registerkarte MODELL am unteren Rand des Zeichnungsfensters und Auswahl der Funktion PLOT... aus dem Pop-up-Menü

Alles was einzustellen ist, finden Sie in einem Dialogfeld mit zwei Registerkarten. Wechseln Sie zunächst zum Register PLOTTER (siehe Abbildung 21.3).

*Abb. 21.3:
Das Plot-
Dialogfeld,
Register
PLOTTER*

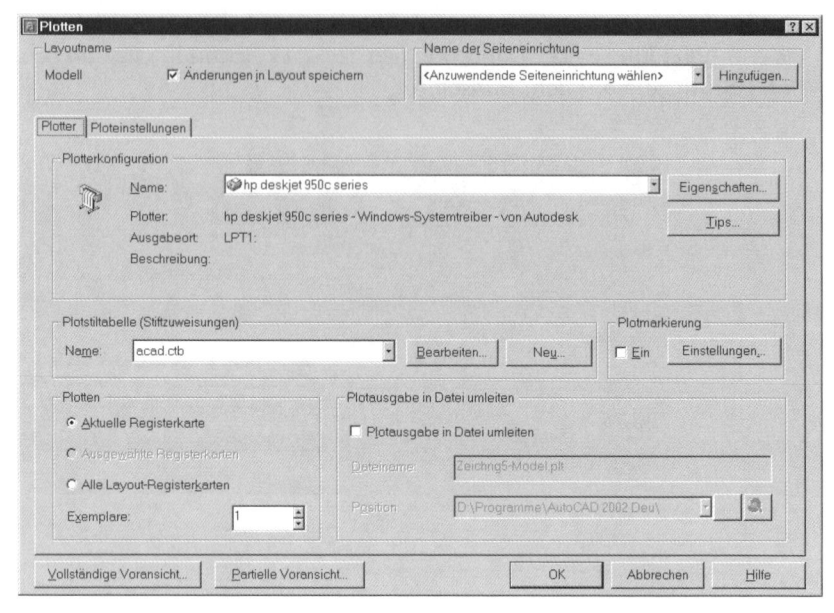

Über den Registerkarten wird der Name des Layouts angezeigt, das gerade zum Plot angewählt ist. In diesem Fall plotten wir im Modellbereich, was auch in der Titelzeile angezeigt wird.

Haben Sie den Schalter ÄNDERUNGEN IN LAYOUT SPEICHERN eingeschaltet, werden alle Änderungen, die Sie in den Dialogfeldern vornehmen, mit dem Layout dieser Zeichnung gespeichert.

Aktion: Registerkarte PLOTTER

In der Registerkarte PLOTTER (siehe Abbildung 21.3) stellen Sie ein:

PLOTTERKONFIGURATION: Wählen Sie im Abrollmenü NAME den Plotter bzw. Drucker aus, auf dem Sie Ihre Zeichnung ausgeben wollen. Wenn Sie in AutoCAD keinen speziellen Plotter konfiguriert haben, finden Sie dort nur die Drucker, die Sie in Windows installiert haben.

Unter dem Abrollmenü wird das gewählte Gerät noch einmal angezeigt und ob es mit dem Windows-Systemtreiber oder dem AutoCAD-Treiber angesteuert wird. Darunter sehen Sie, an welchem Ausgang das Gerät angeschlossen ist.

EIGENSCHAFTEN...: Mit der Schaltfläche können Sie die Geräteparameter des Druckers in einem weiteren Dialogfeld einstellen (siehe Abbildung 21.4).

Die Einstellungen für den Plot

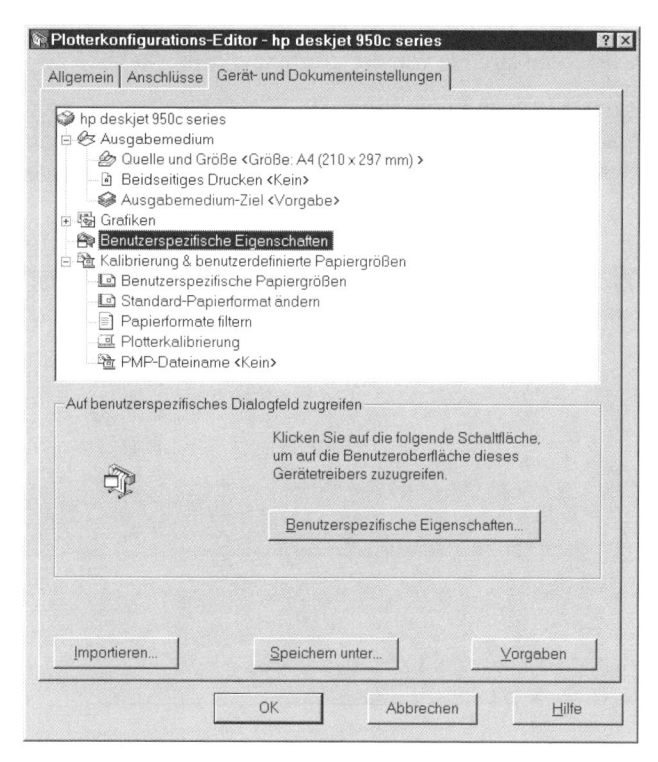

Abb. 21.4: Drucker-Eigenschaften einstellen

Im Register GERÄT- UND DOKUMENTEINSTELLUNGEN können Sie den Eintrag BENUTZERSPEZIFISCHE EIGENSCHAFTEN wählen und im unteren Teil auf die gleichnamige Schaltfläche klicken. Damit kommen Sie zu den Einstellmöglichkeiten des Windows-Treibers (siehe Abbildung 21.5). Diese sind abhängig vom Druckertreiber. Meist können Sie aber dort die Druckqualität, die Farbe und die Papiereigenschaften in verschiedenen Registern wählen.

TIPPS...: Mit dieser Schaltfläche bekommen Sie das Hilfe-Fenster mit Informationen zu dem gewählten Druckertreiber.

PLOTSTILTABELLE (STIFTZUWEISUNGEN): Hier können Sie im Abrollmenü NAME eine Plotstiltabelle wählen. Mehr zu den Plotstiltabellen später. Da wir uns bis jetzt noch nicht um die Plotstile gekümmert haben, ist diese Einstellung jetzt noch nicht wichtig, belassen Sie es bei der Vorgabe.

PLOTTEN: Wählen Sie hier, was geplottet werden soll, AKTUELLE REGISTERKARTE für den aktuellen Bereich, in unserem Beispiel der Modellbereich, AUSGEWÄHLTE REGISTERKARTEN für alle markierten Registerkarten oder ALLE LAYOUT-REGISTERKARTEN für alle in dieser Zeichnung vorhandenen Layouts. Da wir noch nicht mit Layouts gearbeitet haben, wollen wir jetzt nur die aktuelle Register-

21 So kommt die Zeichnung aufs Papier

karte ausplotten, den Modellbereich. Außerdem können Sie einstellen, wie viele Exemplare Sie von der Zeichnung gedruckt haben wollen.

PLOTAUSGABE IN DATEI UMLEITEN: Haben Sie diesen Schalter ein, werden die Plotdaten nicht an das Gerät ausgegeben, sondern in eine Datei umgeleitet. Diese Datei kann später auf dem Plotter ausgegeben werden. Dateiname und Pfad können eingegeben werden.

Abb. 21.5: Einstellung des Drucker-Treibers

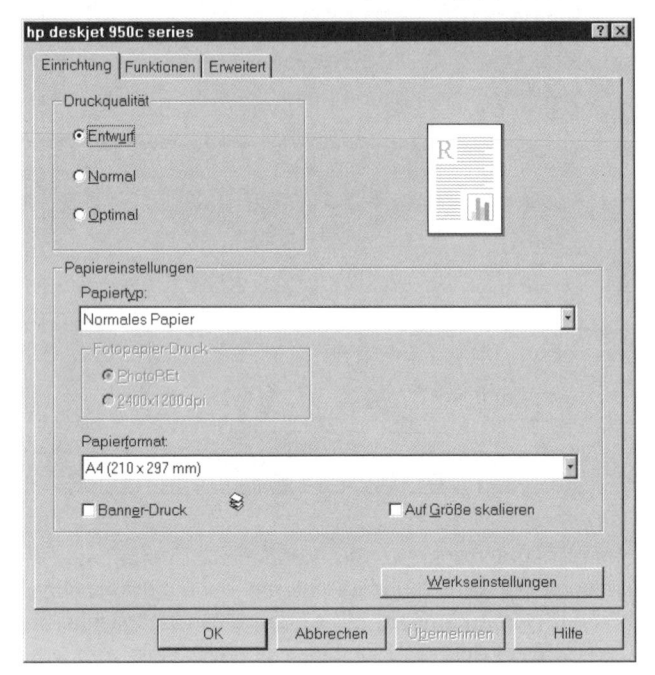

Aktion: Registerkarte PLOTEINSTELLUNGEN

Mit der Registerkarte PLOTEINSTELLUNGEN können Sie weitere Einstellungen für den Plot vornehmen (siehe Abbildung 21.6).

In diesem Register können Sie folgende Einstellungen vornehmen:

PAPIERFORMAT UND PAPIEREINHEITEN: Aus einem Abrollmenü können Sie ein Papierformat aus den vorhandenen Formaten auswählen. Angezeigt bekommen Sie über dem Menü das gewählte Plotgerät und darunter den bedruckbaren Bereich bei diesem Format. Weiterhin können Sie wählen, ob Sie die Einheiten für die Papiergrößen in mm oder Zoll angezeigt haben wollen.

ZEICHNUNGSAUSRICHTUNG: Wählen Sie, ob die Zeichnung im Hoch- oder Querformat geplottet werden soll. Zudem können Sie sie mit dem Schalter AUF DEM KOPF PLOTTEN um 180° Grad drehen.

Die Einstellungen für den Plot

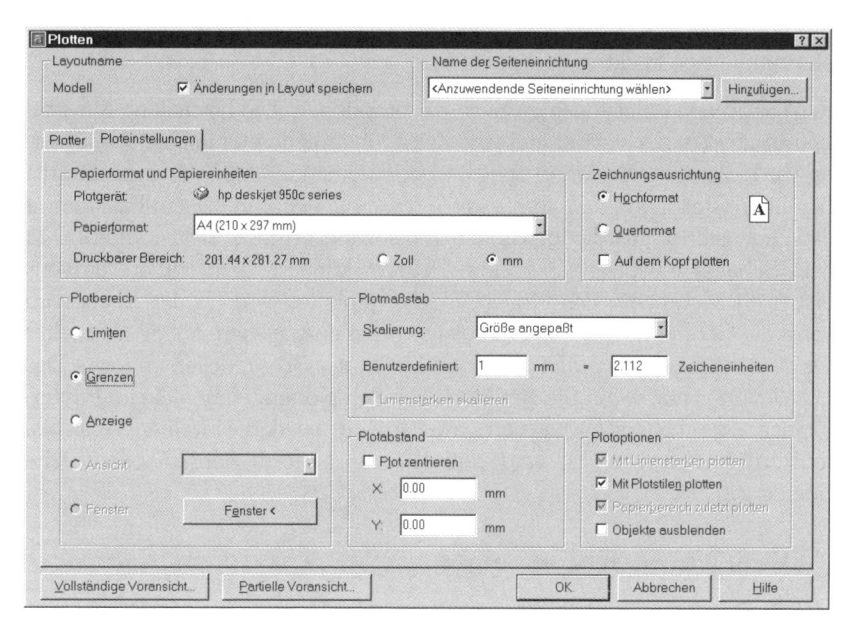

Abb. 21.6: Plot-Dialogfeld, Register PLOTEINSTELLUNGEN

PLOTBEREICH: Im linken unteren Teil des Dialogfelds stellen Sie ein, welcher Bereich geplottet werden soll. Sie können wählen zwischen:

LIMITEN: Bereich innerhalb der Limiten
GRENZEN: Alle Objekte in der Zeichnung
ANZEIGE: Der momentane Bildschirmausschnitt
ANSICHT: Ein gespeicherter Ausschnitt, im Abrollmenü rechts daneben können Sie einen in der Zeichnung gespeicherten Ausschnitt zum Plotten auswählen.
FENSTER: Plotten eines Ausschnitts, der in der Zeichnung mit zwei Eckpunkten bestimmt werden kann. Klicken Sie dazu auf die Schaltfläche FENSTER <, das Dialogfeld verschwindet vorübergehend und Sie können das Fenster mit zwei diagonalen Eckpunkten in der Zeichnung bestimmen.

PLOTMAßSTAB: Wählen Sie im Abrollmenü SKALIERUNG einen Standard-Maßstab zum Plotten. Sie können aber auch jeden beliebigen Maßstab im Feld BENUTZERDEFINIERT eintragen. Dort geben Sie an, wie viele geplottete mm einer Zeicheneinheit entsprechen. Wenn Sie im Abrollmenü SKALIERUNG die Einstellung GRÖßE ANGEPASST wählen, wird der gewählte Plotbereich formatfüllend auf dem gewählten Papierformat ausgegeben. Der Maßstab ergibt sich dann und wird in den Feldern BENUTZERDEFINIERT angezeigt.

PLOTABSTAND: Ist der Plot nicht formatfüllend, können Sie ihn mit den Eingaben in diesem Feld in X- und Y-Richtung auf dem Papier verschieben. Haben

Sie den Schalter PLOT ZENTRIEREN eingeschaltet, wird die Zeichnung auf der Papiermitte ausgedruckt.

PLOTOPTIONEN: Zuletzt wählen Sie die Plotoptionen. Die Einstellung MIT LINIENSTÄRKEN PLOTTEN bewirkt, dass die Zeichnung mit den Linienstärken geplottet wird, die den einzelnen Layern zugeordnet sind. Alternativ dazu können Sie die Einstellung MIT PLOTSTILEN PLOTTEN verwenden. In diesem Fall kommt die Linienstärke aus der gewählten Plotstiltabelle (siehe weiter unten). Mit dem Schalter PAPIERBEREICH ZULETZT PLOTTEN können Sie bewirken, dass als erstes die Geometrie des Modellbereichs geplottet wird. In der Regel wird sonst die Geometrie des Papierbereichs vorher ausgegeben. Mit dem Schalter OBJEKTE AUSBLENDEN werden verdeckte Linien aus 3D-Modellen entfernt. Das gilt allerdings nur, wenn Sie den Modellbereich plotten. Haben Sie im Papierbereich Ansichtsfenster platziert, müssen Sie bei den einzelnen Ansichtsfenstern einstellen, ob die verdeckten Kanten entfernt werden sollen (siehe Stunde 23).

Aktion: Voransicht anzeigen

Haben Sie alles eingestellt, können Sie mit der Voransicht kontrollieren, wie der Plot aussehen wird. Zwei Möglichkeiten haben Sie:

VOLLSTÄNDIGE VORANSICHT...: Mit dieser Auswahl bekommen Sie die Voransicht der Zeichnung auf dem Papierblatt mit Farben und Linienstärken angezeigt (siehe Abbildung 21.7).

Abb. 21.7: Vollständige Voransicht

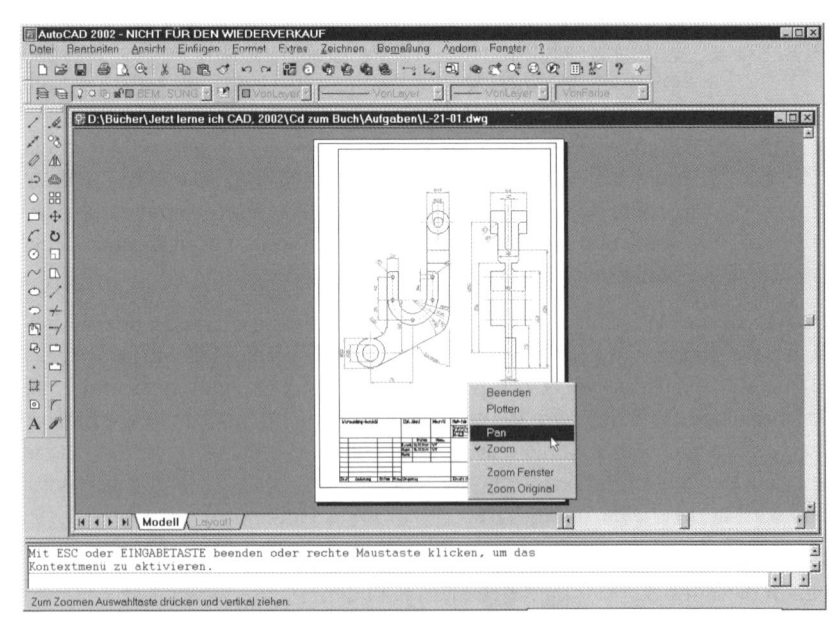

Mit der rechten Maustaste bekommen Sie ein Pop-up-Menü mit den Zoom- und Pan-Funktionen. Wie in der Zeichnung können Sie sich so in der Voransicht bewegen. Wählen Sie BEENDEN im Pop-up-Menü oder drücken Sie die Taste [Esc] und die Voransicht wird beendet. Sie kommen wieder zum Dialogfeld zurück. Mit dem Eintrag PLOT wird die Zeichnung ausgegeben.

PARTIELLE VORANSICHT...: Wollen Sie die Lage des Ausdrucks auf dem Papierblatt sehen, wählen Sie diese Schaltfläche im Plot-Dialogfeld. Sie bekommen in einem Fenster das Papier und darauf Größe und Position des Ausdrucks angezeigt. Zudem werden die Maße des Papiers, der bedruckbare Bereich und der verwendete Plotbereich angezeigt. Bei eventuellen Bereichsüberschreitungen erhalten Sie eine Warnmeldung. Mit OK kommen Sie auch hier wieder zum Plot-Dialogfeld.

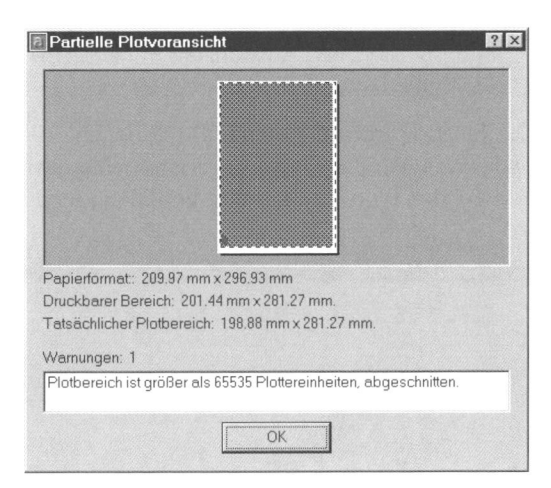

Abb. 21.8:
Partielle
Voransicht

Training: Plotten der Zeichnung

- Stellen Sie in den beiden Registerkarten des Dialogfelds die Werte ein. Um die Plotstiltabelle brauchen Sie sich nicht zu kümmern. Wählen Sie als Papierformat DIN A4 im Hochformat. Nehmen Sie beim Plotbereich LIMITEN oder GRENZEN und beim Plotmaßstab GRÖSSE ANGEPASST. Bei den Plotoptionen geben Sie an, dass Sie mit Linienstärken plotten wollen. Orientieren Sie sich an Abbildung 21.3 und 21.6.

- Da der Zeichnungsrahmen so groß wie das ganze A4-Blatt ist, der Drucker aber immer einen nicht bedruckbaren Rand hat, können Sie beim Plotmaßstab nicht 1:2 wählen. In diesem Fall würde die Zeichnung rechts oben abgeschnitten.

- Lassen Sie sich dann die Voransicht anzeigen.

- Wenn alles in Ordnung ist, plotten Sie die Zeichnung aus.

21 So kommt die Zeichnung aufs Papier

21.2 Die Seite einrichten und ansehen

Wollen Sie alle Einstellungen für die Seite vornehmen, aber noch keinen Plot ausgeben, können Sie den Befehl SEITENEINR verwenden.

Aktion: Befehl SEITENEINR

Wählen Sie den Befehl:

✗ Abrollmenü DATEI, Funktion SEITE EINRICHTEN...

✗ Symbol im Werkzeugkasten LAYOUTS

✗ Rechtsklick auf die Registerkarte MODELL am unteren Rand des Zeichnungsfensters und Auswahl der Funktion SEITE EINRICHTEN... aus dem Popup-Menü

Die Einstellungen sind identisch mit denen im Dialogfeld des Befehls PLOT. Lediglich in der Registerkarte PLOTTER fehlen einige Einstellmöglichkeiten, die sich auf den Plotvorgang selbst beziehen (siehe Abbildung 21.9).

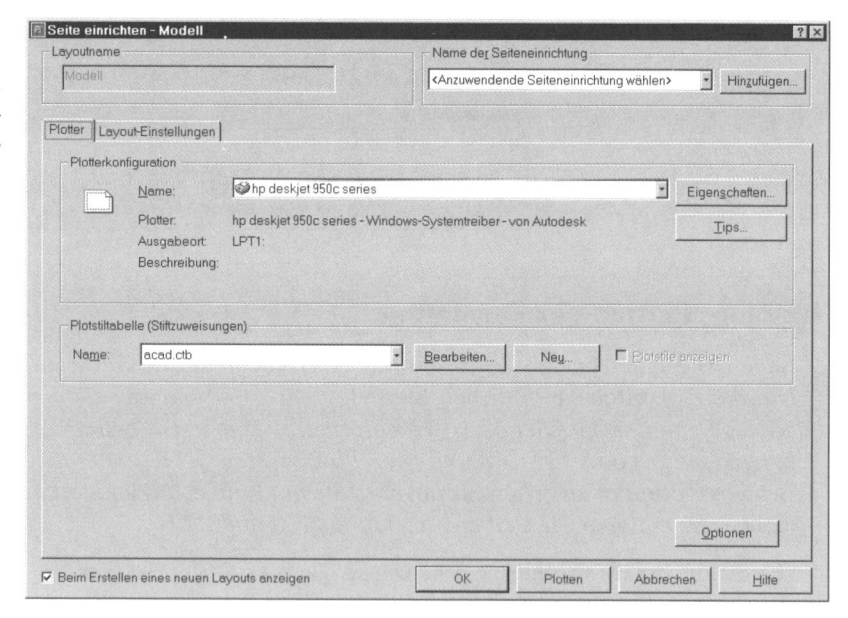

Abb. 21.9:
Dialogfeld des Befehls SEITENEINR, Register PLOTTER

Aktion: Befehl VORANSICHT

Die Voransicht können Sie auch ohne den Befehl PLOT haben. Mit dem Befehl VORANSICHT bekommen Sie die Voransicht auf den Bildschirm. Es werden die Einstellungen des letzten Plots bzw. der aktuellen Seiteneinrichtung verwendet. Den Befehl wählen Sie:

✗ Abrollmenü DATEI, Funktion PLOT-VORANSICHT

✗ Symbol in der STANDARD-FUNKTIONSLEISTE

Sie bekommen die gleiche Anzeige wie bei der VOLLSTÄNDIGEN VORANSICHT des Befehls PLOT (siehe Abbildung 21.7).

21.3   Was sind Plotstiltabellen?

Der Plotstil gibt an, wie ein Objekt in der Zeichnung ausgeplottet werden soll. Darin sind Farbe, Linienstärke, Rasterung usw. definiert. Welches Objekt der Zeichnung welchen Plotstil erhalten soll, kann auf verschiedene Arten bestimmt werden:

FARBABHÄNGIGE PLOTSTILTABELLEN: Bei dieser Möglichkeit werden die Plotstile über die Objektfarbe gesteuert, das heißt, ein Objekt, das in einer bestimmten Farbe gezeichnet wurde, wird mit dem Plotstil geplottet, der dieser Farbe zugeordnet ist. Um das zu bewirken, muss mit farbabhängigen Plotstiltabellen gearbeitet werden. Diese haben die Dateierweiterung *.CTB*.

BENANNTE PLOTSTILTABELLEN: Plotstile werden den Objekten direkt zugeordnet bzw. den Layern, auf denen die Objekte gezeichnet wurden. Damit können Sie beim Erstellen der Zeichnung schon wählen, wie ein Objekt geplottet werden soll. Dies erreichen Sie mit den benannten Plotstiltabellen. Sie erkennen diese an der Dateierweiterung *.STB*.

Aktion: Der Plotstil-Manager

Neue Plotstiltabellen werden mit dem Plotstil-Manager erstellt. Der Befehl heißt PLOTSTILMANAGER und Sie finden ihn:

✗ Abrollmenü DATEI, Funktion PLOTSTIL-MANAGER...

Sie bekommen ein Fenster auf den Bildschirm, in dem Sie alle Plotstiltabellen als Symbol oder in einer Liste finden.

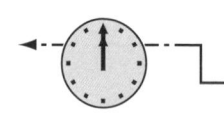

Aktion: Plotstiltabelle hinzufügen

Klicken Sie das Symbol ASSISTENT ZUM HINZUFÜGEN EINER PLOTSTILTABELLE doppelt an und Sie können eine neue Plotstiltabelle erstellen. Diesen Assistenten können Sie auch starten mit:

✘ Abrollmenü WERKZEUGE bzw. EXTRAS, Untermenü ASSISTENTEN, Funktion PLOTSTILTABELLE HINZUFÜGEN... bzw. FARBABHÄNGIGE PLOTSTILTABELLE HINZUFÜGEN...

Mit dem Assistenten können Sie in verschiedenen Schritten wählen:

Schritt 1:   Beschreibung

Schritt 2:   Neu starten oder vorhandene Tabelle abändern

Schritt 3:   Tabellentyp, falls keine vorhandene geändert wird

Schritt 4:   vorhandene Datei suchen, falls eine vorhandene abgeändert verwendet werden soll

Schritt 5:   Dateiname angeben

Schritt 6:   Fertigstellen

Aktion: Plotstiltabelle bearbeiten

Klicken Sie auf die Schaltfläche PLOTSTILTABELLEN-EDITOR... im Assistenten oder klicken Sie eine Plotstiltabelle im Plotstil-Manager doppelt an und Sie kommen zum Plotstiltabellen-Editor, ein Dialogfeld mit drei Registerkarten. Auf der Registerkarte ALLGEMEIN finden Sie Informationen zur Plotstiltabelle. In der Registerkarte TABELLENANSICHT werden alle Plotstile in einer Tabelle aufgelistet (siehe Abbildung 21.10).

Dort haben Sie für jede Farbe eine Spalte. Innerhalb der Spalte können Sie die Eigenschaften einstellen, mit der diese Farbe in der Zeichnung geplottet werden soll.

Die Formularansicht wählen Sie dann, wenn Sie Eigenschaften mehrerer Plotstile gleichzeitig bearbeiten wollen (siehe Abbildung 21.11).

Was sind Plotstiltabellen?

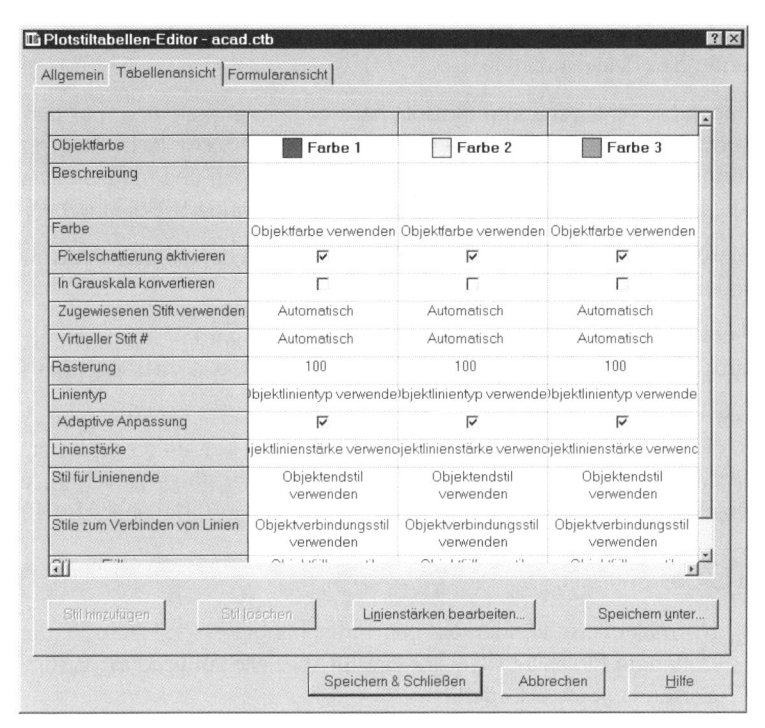

Abb. 21.10: Plotstiltabellen-Editor, Registerkarte TABELLENANSICHT

Abb. 21.11: Plotstiltabellen-Editor, Registerkarte FORMULARANSICHT

Markieren Sie einen oder mehrere Farben und ändern Sie deren Eigenschaften in den Feldern rechts.

Haben Sie eine benannte Plotstiltabelle erstellt, enthält diese nur den Plotstil normal, der nicht geändert werden kann. Mit der Schaltfläche STIL HINZUFÜGEN können Sie einen neuen Stil in die Tabelle einfügen und mit der Schaltfläche STIL LÖSCHEN können Sie einen oder mehrere markierte Stile löschen.

Die wichtigsten Eigenschaften, die Sie entsprechend Ihren Anforderungen ändern sollten sind:

FARBE: Farbe, mit der in diesem Plotstil geplottet wird. Vorgabe ist die Objektfarbe, das heißt, die Objekte werden so geplottet, wie sie gezeichnet wurden.

LINIENSTÄRKE: Linienstärke, mit der in diesem Plotstil geplottet wird. Vorgabe ist die Objektlinienstärke, das heißt, die Objekte werden so geplottet, wie sie gezeichnet wurden. Wenn Sie eine Plotstil-Linienstärke zuweisen, wird die Objektlinienstärke beim Plotten durch diese Linienstärke überschrieben.

Tipps:

- ✗ Normalerweise können Sie mit farbabhängigen Plotstiltabellen arbeiten. Benannte Plotstiltabellen sind nur für spezielle Anwendungen mit komplizierten Layouts erforderlich.

- ✗ Legen Sie sich eine farbabhängige Plotstiltabelle mit den üblichen Linienstärken an. Wenn Sie keine Objektlinienstärke in der Zeichnung verwendet haben, brauchen Sie auf jeden Fall die Plotstiltabelle mit der richtigen Zuordnung für die Linienstärke. AutoCAD-Zeichnungen aus älteren Versionen enthalten keine Linienstärken, diese müssen Sie mit einem Plotstil plotten.

- ✗ Legen Sie sich auch eine Plotstiltabelle für den Ausdruck in schwarz an. Legen Sie dafür alle Farben auf die Plot-Farbe schwarz, das ist beim Plotter der Stift 7.

- ✗ Bei den mitgelieferten Plotstiltabellen finden Sie die Plotstiltabellen *acad.ctb* für farbige Plots, *monochrome.cbt* für schwarzen Ausdruck und *greyscale.ctb* für den Ausdruck in Graustufen. Verwenden Sie diese und ändern Sie die Linienstärken entsprechend Ihren Vorgaben.

21.4 Mit welchem Plotter plotten?

CAD-Zeichnungen werden meist großformatig bis zum A0-Format erstellt und müssen auch so geplottet werden. Der Windows-Drucker, den wir für unseren ersten Plot verwendet haben, eignet sich dafür nicht. Spezielle Plotter sollten deshalb in AutoCAD konfiguriert werden.

Aktion: Der Plotter-Manager

Neue Plotter werden mit dem Plotter-Manager konfiguriert. Der Befehl heißt in AutoCAD PLOTTERMANAGER und Sie finden ihn:

✗ Abrollmenü DATEI, Funktion PLOT-MANAGER...

Wenn Sie ihn anwählen, bekommen Sie ein Fenster auf den Bildschirm, in dem die bereits konfigurierten Plotter als Symbol oder in einer Liste aufgeführt werden.

Aktion: Plotter hinzufügen

Klicken Sie das Symbol ASSISTENT ZUM HINZUFÜGEN EINES PLOTTERS doppelt an, und Sie können Ihren Plotter mit einem Assistenten konfigurieren. Den Assistenten können Sie auch ohne den Plotter-Manager starten, wählen Sie dazu:

✗ Abrollmenü WERKZEUGE bzw. EXTRAS, Untermenü ASSISTENTEN >, Funktion PLOTTER HINZUFÜGEN...

Mit dem Assistenten können Sie in verschiedenen Seiten wählen:

Schritt 1:	Einführungsseite
Schritt 2:	Plottertyp, direkt am Computer angeschlossen, Plotter im Netzwerk oder Windows-Systemdrucker
Schritt 3:	Wahl des Netzwerkdruckers (nur wenn bei 2 gewählt)
Schritt 4:	Wahl des Systemdruckers (nur wenn bei 2 gewählt)
Schritt 5:	Plottermodell wählen (außer beim Systemdrucker)
Schritt 6:	Konfigurationsdatei aus einer früheren AutoCAD-Version übernehmen
Schritt 7:	Anschluss wählen (nur wenn direkt angeschlossen)
Schritt 8:	Plottername eingeben
Schritt 9:	Fertigstellen

Aktion: Plotterkonfiguration ändern

Haben Sie einen Plotter konfiguriert, können Sie mit einem Doppelklick auf das Symbol im Plotter-Manager die Plotterkonfiguration anzeigen und ändern.

In dem Dialogfeld haben Sie drei Registerkarten:

ALLGEMEIN: Angaben zur Plotterkonfiguration und zum Plottertreiber.

ANSCHLÜSSE: Anzeige des Plotteranschlusses. Hier kann auch noch geändert werden. So ist es möglich, einen lokalen Plotter auf einen Plotter-Server im Netzwerk umzuleiten.

GERÄT- UND DOKUMENTEINSTELLUNGEN: In diesem Register lassen sich gerätespezifische Einstellungen vornehmen. Hier finden Sie Einstellungen zur Papierzuführung, zur Papierart, zur Papierausgabe, Behandlung von Farbgrafiken und zu den Papiergrößen.

Fragen zur einundzwanzigsten Stunde

1. Was müssen Sie tun, wenn Sie in AutoCAD auf einem Windows-Drucker ausdrucken wollen?
2. In welcher Tabelle steht die Zuordnung von Farben in der Zeichnung zu den geplotteten Farben?
3. Sie wollen nur einen Ausschnitt der Zeichnung plotten, was ist zu tun?
4. Die Zeichnung soll nicht sofort ausgeplottet werden, sondern der Plot in einer Datei gespeichert werden, wie geht das?
5. Sie wollen Ihre Zeichnung komplett auf ein Blatt bringen, was stellen Sie beim Maßstab ein?
6. Warum ist das A3-Papierformat beim Plotten nur 396 x 273 mm groß?
7. Was zeigt die teilweise Voransicht an?
8. Mit welchem Befehl können Sie alle Einstellungen für den Plotter machen, ohne die Zeichnung auszugeben?
9. Mit welchen Plotstiltabellen können Sie plotten?
10. Was können Sie mit dem Plotter-Manager machen?

STUNDE 22

Die dritte Dimension

In dieser Stunde heben Sie ab. Vom flachen Papier gehts in die dritte Dimension. Sie lernen die Grundbegriffe zum Arbeiten mit dreidimensionalen Objekten:

✘ wie mit einer Objekthöhe einfache 3D-Objekte entstehen

✘ wie Sie 3D-Modelle von einem Punkt im Raum aus betrachten können

✘ wie die verdeckten Kanten entfernt werden und wie schattiert wird

✘ wie Sie sich mit den Benutzerkoordinatensystemen flexibel im Raum orientieren können

✘ wie Sie in der dritten Dimension konstruieren und editieren und

✘ wie Sie in AutoCAD 2002 mit dem Volumenmodellierer arbeiten können.

22.1 Zeichnen mit Objekthöhe

Einfache 3D-Modelle können Sie schon in AutoCAD LT 2002 erstellen. Zudem stehen Ihnen viele Funktionen zur Darstellung von 3D-Modellen zur Verfügung. So ist es möglich, Volumenmodelle aus AutoCAD 2002 als Bibliotheksteile zu verwenden und daraus Zeichnungen abzuleiten.

Doch bleiben wir zunächst bei den einfachen 3D-Modellen, die mit einer Objekthöhe erstellt werden. Diese können Sie mit beiden Programmvarianten

22 Die dritte Dimension

erstellen, AutoCAD LT 2002 und AutoCAD 2002. In AutoCAD 2002 arbeiten Sie aber besser mit den Volumenmodellen. Damit haben Sie wesentlich mehr Möglichkeiten bei der Erstellung und Änderung.

Aktion: Objekthöhe einstellen

Zu jedem AutoCAD-Objekt wird die Objekthöhe gespeichert. Ist kein Wert für die Objekthöhe gesetzt, bleibt sie 0 und es entstehen 2D-Objekte.

Setzen Sie, bevor Sie etwas zeichnen, die Objekthöhe auf den Wert, um den die Objekte in die Höhe gezogen werden sollen, dann wird aus einer Linie eine Wand mit der angegebenen Höhe, aus einem Kreis ein Zylinder. Außerdem können Sie vor dem Zeichnen die Erhebung einstellen. Das ist der Wert, um den das gezeichnete Objekt über oder unter der XY-Ebene liegen wird. Aktuelle Objekthöhe und Erhebung sind in Systemvariablen gespeichert: THICKNESS und ELEVATION. Mit dem Befehl ERHEBUNG können Sie beide Variablen einstellen. Sie können aber auch den Befehl SETVAR verwenden. Den Befehl ERHEBUNG können Sie nur auf der Tastatur eingeben:

Befehl: **Erhebung**
Neue Standard-Erhebung angeben <0.0000>:
Neue Standard-Objekthöhe angeben <0.0000>:

Die Einstellung der Objekthöhe mit der Systemvariablen finden Sie im Abrollmenü:

✘ Abrollmenü FORMAT, Funktion OBJEKTHÖHE

Befehl: **_thickness**
Neuen Wert für THICKNESS eingeben <0.0000>:

Alles was Sie danach zeichnen, wird mit dieser Höhe gezeichnet.

Aktion: Objekthöhe und Erhebung ändern

Sie können aber auch alles mit der Objekthöhe 0 zeichnen und danach im Objekt-Eigenschaften-Manager (siehe Stunde 16) auf den gewünschten Wert bringen (siehe Abbildung 22.1).

Die Erhebung kann dort nicht geändert werden. Dazu müssten Sie das Objekt mit dem Befehl SCHIEBEN in Z-Richtung verschieben. Dazu müssen Sie aber zuerst noch einiges über 3D-Koordinaten wissen.

Koordinaten in der dritten Dimension

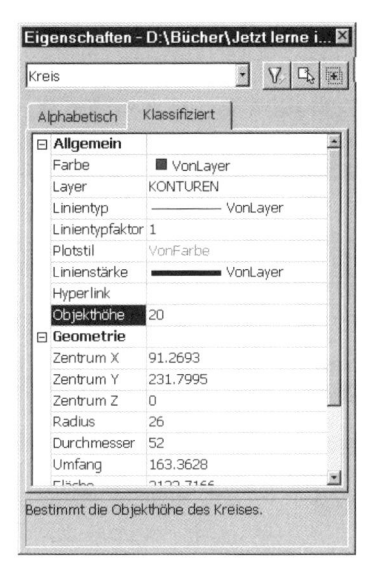

Abb. 22.1:
Objekthöhe
im Objekt-
Eigenschaften-
Manager
ändern

22.2 Koordinaten in der dritten Dimension

Koordinaten lassen sich in AutoCAD immer dreidimensional angeben. Drei Formate stehen zur Verfügung, die jeweils absolut (bezogen auf den Koordinatennullpunkt) oder relativ (bezogen auf den letzten Punkt) eingegeben werden können:

Kartesische Koordinaten: Ein Punkt wird durch seinen Abstand in X-, Y- und Z-Richtung vom Ursprung des Koordinatensystems bzw. vom letzten Punkt eingegeben. Die Z-Achse steht senkrecht zur XY-Ebene.

Absolut: Format:X,Y,Z
Beispiel: 100,150,220

Relativ: Format:@dx,dy,dz
Beispiel: @30,120,20

Kugelkoordinaten: Ein Punkt wird durch seinen Abstand vom Koordinatennullpunkt bzw. vom letzten Punkt, seinem Winkel in der XY-Ebene und seinem Winkel zur XY-Ebene des aktuellen Koordinatensystems angegeben. Der Winkel in der XY-Ebene wird von der X-Achse aus entgegen dem Uhrzeigersinn gemessen. Der Winkel zur XY-Ebene ist positiv, wenn der Punkt darüber liegt und negativ, wenn er darunter liegt.

Absolut: Format:A<W1<W2
Beispiel: 100<45<30

22 Die dritte Dimension

Relativ: Format:@A<W1<W2
Beispiel: @50<45<30

Zylinderkoordinaten: Ein Punkt wird durch den Abstand seiner Projektion in die XY-Ebene vom Koordinatennullpunkt bzw. vom letzten Punkt, seinem Winkel in der XY-Ebene und seinem Abstand in Z-Richtung angegeben. Der Winkel in der XY-Ebene wird von der X-Achse aus entgegen dem Uhrzeigersinn gemessen.

Absolut: Format:A<W,Z
Beispiel: 100<45,20

Relativ: Format:@A<W,Z
Beispiel: @50<45,20

Wird bei den kartesischen Koordinaten kein Wert für Z angegeben, wird er auf 0 gesetzt und Sie haben wieder 2D-Objekte, die auf der XY-Ebene liegen. Auch bei den anderen Formaten können Sie die dritte Angabe weglassen und Sie haben wieder 2D-Polarkoordinaten und die Objekte liegen auf der XY-Ebene.

Tipps:

✗ AutoCAD-Objekte können nur eine einheitliche Objekthöhe haben.

✗ AutoCAD-Objekte lassen sich immer nur auf der oder parallel zur XY-Ebene zeichnen. Sollen Objekte anders ausgerichtet werden, muss die XY-Ebene neu definiert werden (siehe weiter unten, BKS).

✗ Unterschiedliche Z-Werte sind bei einem Element nicht möglich. Beim Zeichnen von Polylinien wird deshalb nur für den Startpunkt ein Z-Wert akzeptiert. Die Ausnahmen bilden Linien. Bei ihnen darf jeder Stützpunkt einen anderen Z-Wert haben.

✗ Sie können bei jedem Befehl mit 3D-Koordinaten arbeiten. Z.B.:

Befehl: **Linie**
Ersten Punkt angeben: **100,100,50**
Nächsten Punkt angeben oder [Zurück]: **200,100,20**
Nächsten Punkt angeben oder [Zurück]: **usw.**

Befehl: **Kreis**
Zentrum für Kreis angeben oder [3P/2P/Ttr (Tangente Tangente Radius)]: **50,20,10**
Radius für Kreis angeben oder [Durchmesser]: **10**

Befehl: **Schieben**
Objekte wählen: **Auswahl treffen und bestätigen**
Basispunkt oder Verschiebung: **Punkt wählen**
Zweiten Punkt der Verschiebung angeben oder
<ersten Punkt der Verschiebung verwenden>: **@0,0,50**

Koordinaten in der dritten Dimension

Training: Zeichnen mit Objekthöhe

✗ Öffnen Sie die Zeichnung A-22-01.dwg aus dem Ordner \AUFGABEN.

✗ Sie sehen die Zeichenfläche von einem Ansichtspunkt im Raum aus, dazu später mehr. Auf der Zeichenebene liegen drei Kreise und eine Polylinie in der Form eines Quadrats, bestehend aus einem Segment mit einer Länge von 35 und einer Breite von 35 (siehe Abbildung 22.2).

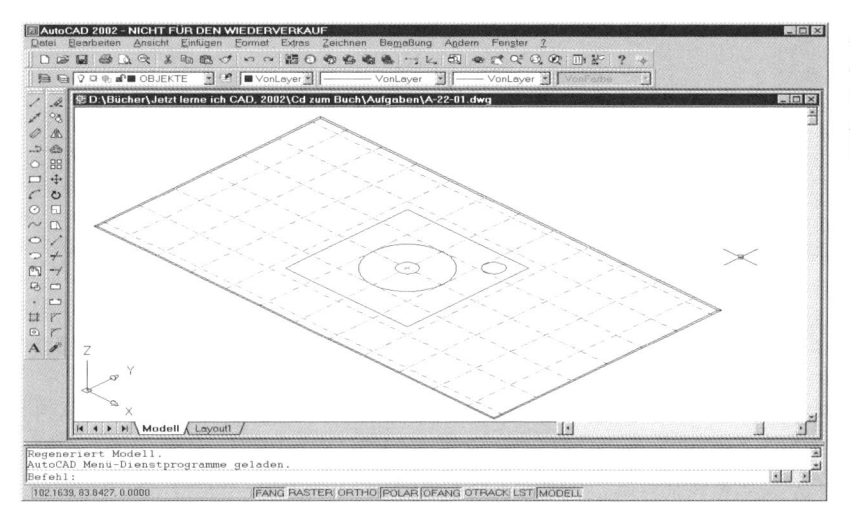

Abb. 22.2: Zeichenfläche von einem Ansichtspunkt betrachtet

✗ Ändern Sie die Objekthöhe der Polylinie auf 5 und die der Kreise auf 10 mit dem Objekt-Eigenschaften-Manager.

✗ Schieben Sie den großen Kreis in der Mitte und den kleinen Kreis rechts um 5 in Z-Richtung sowie den kleinen Kreis in der Mitte um 15 in Z-Richtung.

✗ Aus der quadratischen Polylinie ist ein Quader geworden, aus den Kreisen Zylinder. Die Objekte stehen aufeinander (siehe Abbildung 22.3).

✗ Dieselben 3D-Objekte haben Sie als Musterlösung L-22-01.dwg in Ihrem Ordner \AUFGABEN.

397

22 Die dritte Dimension

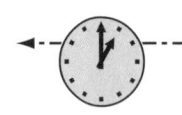

Abb. 22.3:
3D-Objekte aus
2D-Objekten
mit Objekt-
höhe

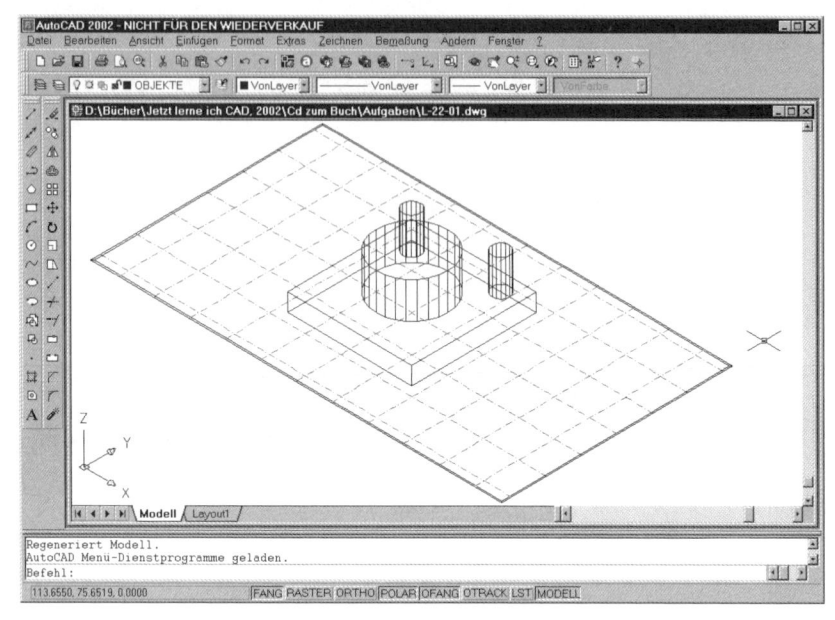

22.3 3D-Objekte auf dem Bildschirm

Bis jetzt haben Sie nur ein Drahtmodell auf dem Bildschirm, alles ist durchsichtig. Sie können die verdeckten Kanten aus der Anzeige entfernen und so eine realistischere Darstellung Ihres Modells erhalten.

Aktion: Befehl VERDECKT

Mit dem Befehl VERDECKT entfernen Sie die verdeckten Kanten Ihres 3D-Modells aus der Bildschirmdarstellung. Wählen Sie dazu:

✘ Abrollmenü ANSICHT, Funktion VERDECKEN

✘ Symbol im Werkzeugkasten RENDER (nur in AutoCAD 2002)

Jetzt sehen Sie nur noch die Kanten, die auch tatsächlich sichtbar sind. Massive Körper decken die dahinter liegenden Objekte ab. Das Drahtmodell bekommen Sie wieder, wenn Sie die Zeichnung mit dem Befehl REGEN neu aufbauen. Auch diesen Befehl finden Sie im Abrollmenü ANSICHT, Funktion REGENERIEREN.

Die Darstellung ohne verdeckte Kanten können Sie auch plotten. Dazu müssen Sie im Register PLOTEINSTELLUNGEN des Plot-Dialogfelds (siehe letzte Stunde) den Schalter OBJEKTE AUSBLENDEN einschalten. Die verdeckten Linien werden dann beim Plotten entfernt, egal welche Darstellung Sie gerade auf dem Bildschirm haben.

Training: Anzeige ohne verdeckte Kanten

✗ Entfernen Sie die verdeckten Kanten aus der Anzeige. Ihr Modell sollte dann wie in Abbildung 22.4 aussehen.

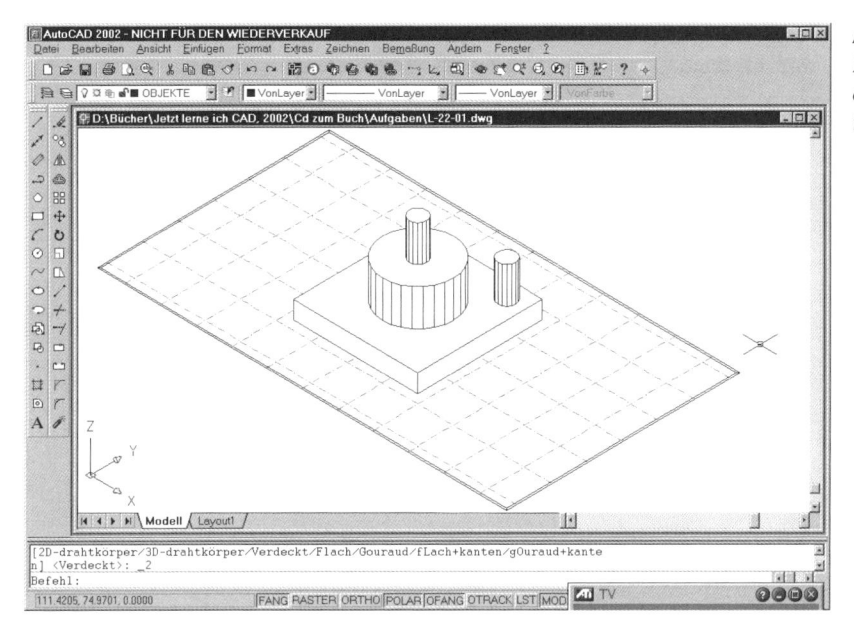

Abb. 22.4: Darstellung ohne verdeckte Kanten

Aktion: Befehl SHADE bzw. SHADEMODE

Noch effektvoller ist die schattierte Darstellung, die Sie mit dem Befehl SHADE (in AutoCAD LT 2002) bzw. SHADEMODE (in AutoCAD 2002) erhalten. Wählen Sie den Befehl:

✘ Abrollmenü ANSICHT, Untermenü SCHATTIEREN >, Funktionen für die verschiedenen Darstellungsarten

✘ Werkzeugkasten SCHATTIEREN in AutoCAD 2002

In AutoCAD 2002 haben Sie mehr Auswahlmöglichkeiten bei der Darstellung. Auch ist die Darstellungsqualität besser als in AutoCAD LT 2002.

Die schattierte Darstellung kann nicht geplottet werden. Sie kann nur am Bildschirm betrachtet werden. In AutoCAD 2002 können Sie jedoch auch an der schattierten Darstellung arbeiten. In AutoCAD LT 2002 müssen Sie erst wieder regenerieren, bevor Sie an dem Modell weiterarbeiten können.

22 Die dritte Dimension

Training: Schattierte Darstellung erzeugen

✗ Erstellen Sie die schattierte Darstellung von Ihrem 3D-Modell mit 256 Farben und Kanten in AutoCAD LT 2002 bzw. Gouraud-schattiert in AutoCAD 2002, siehe Abbildung 22.5.

Abb. 22.5: Die schattierte Darstellung in AutoCAD 2002

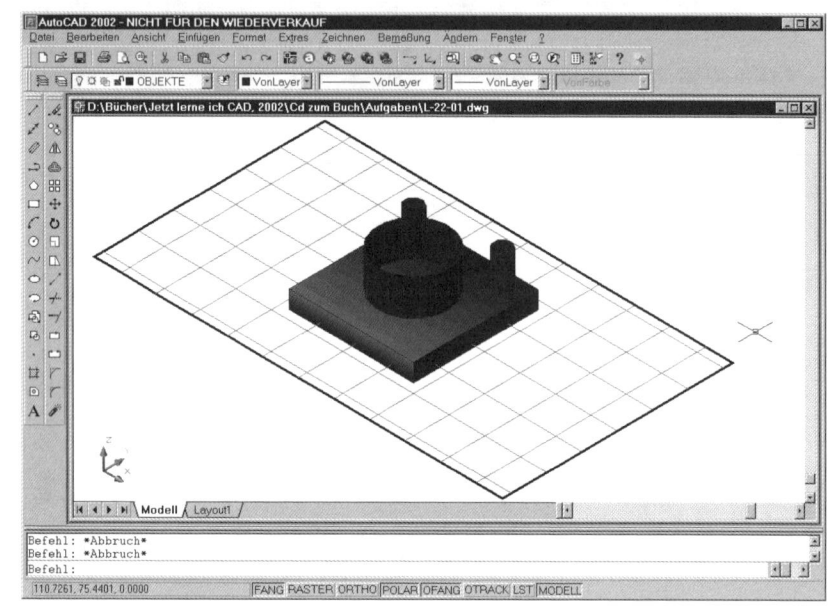

22.4 Beziehen Sie Position im Raum

Wie Sie im letzten Beispiel gesehen haben, können Sie Ihr 3D-Modell von einem Punkt im Raum aus betrachten. Dieser Punkt wird in AutoCAD Ansichtspunkt genannt. Das 3D-Modell wird so auf dem Bildschirm dargestellt, wie es erscheinen würde, wenn man es von diesem Punkt aus betrachtet. Dabei gilt die Orientierung wie in Tabelle 22.1.

Tabelle 22.1: Betrachtungspositionen und -richtungen

Position	Richtung	Betrachterposition
Vorne	Süden	Blick aus Richtung der negativen Y-Achse
Hinten	Norden	Blick aus Richtung der positiven Y-Achse
Rechts	Osten	Blick aus Richtung der positiven X-Achse
Links	Westen	Blick aus Richtung der negativen X-Achse

Position	Richtung	Betrachterposition
Vorne rechts	Südost	Blick aus Richtung 315° in der XY-Ebene
Vorne links	Südwest	Blick aus Richtung 225° in der XY-Ebene
Hinten rechts	Nordost	Blick aus Richtung 45° in der XY-Ebene
Hinten links	Nordwest	Blick aus Richtung 135° in der XY-Ebene
Oben	Oben	Blick aus Richtung der positiven Z-Achse
Unten	Unten	Blick aus Richtung der negativen Z-Achse

Aktion: Befehl APUNKT

Den Ansichtspunkt wählen Sie mit dem Befehl APUNKT. Der Befehl kann auf verschiedene Arten verwendet werden. Die Grundversion ohne vorgewählte Option und die Option DREHEN können nur auf der Tastatur eingegeben werden:

Befehl: **Apunkt**
Aktuelle Ansichtsrichtung: VIEWDIR=1.00,-1.00,1.00
Ansichtspunkt angeben oder [Drehen] <Kompass und Achsen anzeigen>:

Eingabe der Koordinaten des Betrachters: Bei dieser Methode können Sie die Koordinaten des Betrachters eingeben. Die absoluten Koordinatenwerte sind ohne Bedeutung, da das Modell immer formatfüllend angezeigt wird. Nur das Verhältnis der Koordinatenwerte zueinander ist von Bedeutung. Der Ansichtspunkt 1,1,1 erzeugt beispielsweise eine Darstellung von einem Punkt rechts hinten unter 45° von oben betrachtet.

Eingabe der Betrachtungswinkel: Mit der Option DREHEN können Sie den Betrachterstandort durch die Eingabe zweier Winkel definieren.

Befehl: **Apunkt**
Aktuelle Ansichtsrichtung: VIEWDIR=1.00,-1.00,1.00
Ansichtspunkt angeben oder [Drehen] <Kompass und Achsen anzeigen>: **D für Drehen**
Winkel in XY-Ebene von der X-Achse aus eingeben <315>:
Winkel von der XY-Ebene eingeben <35>:

Der erste Winkel gibt die Position des Betrachters in der XY-Ebene an. Gemessen wird der Winkel zur X-Achse entgegen dem Uhrzeigersinn. Positive und negative Angaben sind möglich. Der zweite Winkel gibt die Betrachtungshöhe an. Gemessen wird zur XY-Ebene, positive Winkel ergeben eine Betrachtung von oben, negative von unten. 0 Grad ergibt die »Froschperspektive«, 90 Grad die Draufsicht.

22 Die dritte Dimension

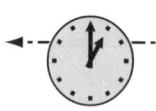

Wahl von Standardansichtspunkten: Einfacher ist es, wenn Sie die Standardansichtspunkte verwenden, die Sie direkt aus dem Abrollmenü und dem Werkzeugkasten wählen können:

- Abrollmenü ANSICHT, Untermenü 3D-ANSICHTEN >, Funktionen für die Standardansichten (OBEN, UNTEN, LINKS RECHTS, VORNE, HINTEN und isometrische Ansichten)

- Symbole in einem Flyout-Menü in der STANDARD-FUNKTIONSLEISTE und im Werkzeugkasten ANSICHT

Sie können damit die Standardansichten wie in Tabelle 22.1 einstellen.

Wahl von Standardansichtspunkten mit dem Befehl AUSSCHNT: In der sechsten Stunde haben Sie den Befehl AUSSCHNT kennen gelernt. Damit lassen sich Ausschnitte unter einem Namen in der Zeichnung speichern. Er hat aber auch noch ein anderes Register. Dort können Sie die Standardansichtspunkte wählen. Sie finden den Befehl:

- Abrollmenü ANSICHT, Funktion BENANNTE AUSSCHNITTE...

- Symbol in einem Flyout-Menü der STANDARD-FUNKTIONSLEISTE

- Symbol im Werkzeugkasten ANSICHT

Im zweiten Register des Dialogfelds ORTHOGONALE UND ISOMETRISCHE AUSSCHNITTE (siehe Abbildung 22.6) finden Sie ebenfalls die Standardansichten wie in Tabelle 22.1. Mit einem Doppelklick aktivieren Sie die entsprechende Ansicht.

Abb. 22.6: Standardansichten beim Befehl AUSSCHNT

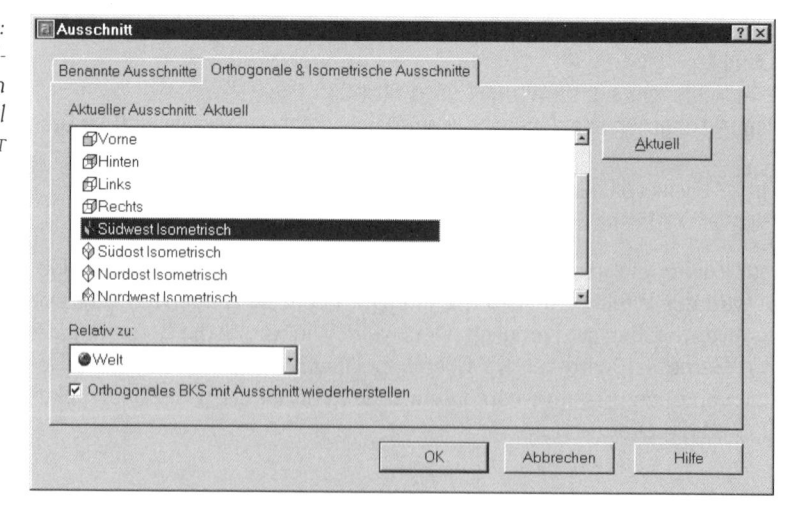

Fehler:

✗ Klicken Sie beim Zeichnen in der Perspektive keinen Punkt in der Zeichnung ohne den Objektfang an. Der Punkt wird in die XY-Ebene projiziert, und er kann in einer anderen Ansicht ganz woanders liegen.

Aktion: Befehl DDVPOINT

Flexibler und übersichtlicher geht es mit dem Befehl DDVPOINT. Damit stellen Sie die beiden Winkel für den Ansichtspunkt in einem Dialogfeld mit zwei Richtungsanzeigen ein (siehe Abbildung 22.7). Wählen Sie den Befehl:

✗ Abrollmenü ANSICHT, Untermenü 3D-ANSICHTEN >, Funktion ANSICHTS-PUNKT-VORGABEN...

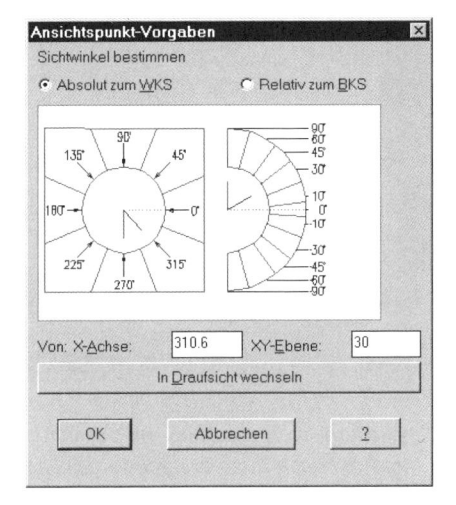

Abb. 22.7: Ansichtspunkt im Dialogfeld einstellen

Aktion: Befehl DRSICHT

Mit dem Befehl DRSICHT können Sie ohne lange Einstellungen direkt in die Draufsicht wechseln. Dabei ist wählbar, ob die Draufsicht auf das Weltkoordinatensystem, auf das aktuelle Benutzerkoordinatensystem oder auf ein gespeichertes Benutzerkoordinatensystem angezeigt werden soll. Den Befehl wählen Sie:

✗ Abrollmenü ANSICHT, Untermenü 3D-ANSICHTEN >, Untermenü DRAUF-SICHT >, Funktionen für die verschiedenen Optionen

22 Die dritte Dimension

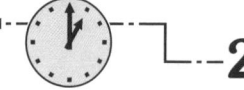

Training: Einstellung des Ansichtspunkts

✗ Laden Sie die Zeichnung A-22-02.dwg aus Ihrem Übungsordner: ein Grundriss, bei dem die Wände, Brüstungen, Fenster und Stürze mit Objekthöhe auf verschiedenen Erhebungen gezeichnet wurden (siehe Abbildung 22.8 in der Draufsicht).

Abb. 22.8: Grundriss in der Draufsicht

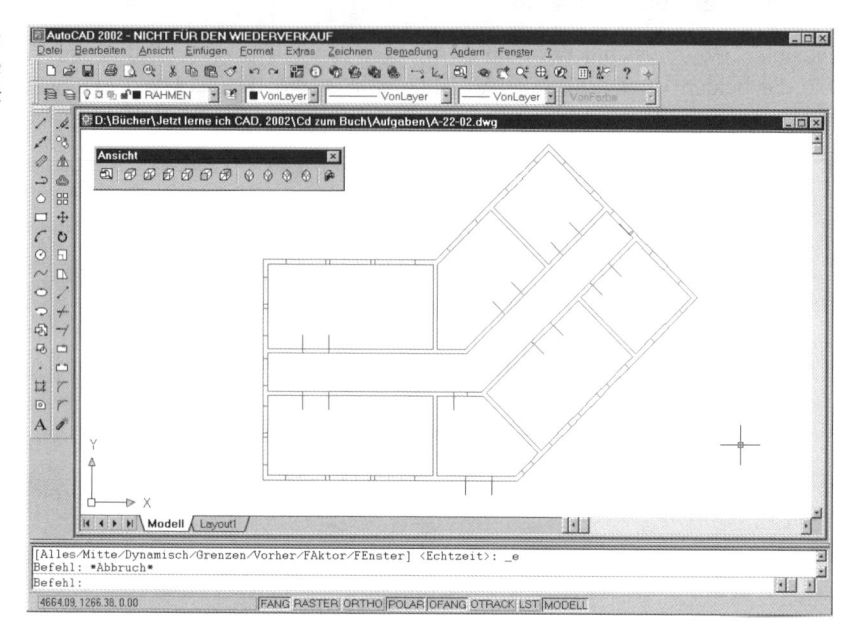

✗ Stellen Sie verschiedene Ansichtspunkte ein, von vorne, von hinten, isometrisch aus verschiedenen Richtungen. Entfernen Sie die verdeckten Linien und schattieren Sie.

22.5 Die Aufteilung des Bildschirms in Fenster

Wenn Sie an komplexen 3D-Modellen arbeiten, kann es sinnvoll sein, dass man diese von verschiedenen Ansichtspunkten aus gleichzeitig betrachten kann.

Aktion: Befehl AFENSTER

Mit dem Befehl AFENSTER können Sie den Bildschirm in Ansichtsfenster aufteilen. In jedem dieser Ansichtsfenster kann dann ein anderer Ansichtspunkt vorgewählt werden. Sie finden den Befehl:

✘ Abrollmenü ANSICHT, Untermenü ANSICHTSFENSTER >, Funktion NEUE ANSICHTSFENSTER…

✘ Symbol in der STANDARD-FUNKTIONSLEISTE

✘ Symbol im Werkzeugkasten LAYOUTS und ANSICHTSFENSTER

Sie bekommen ein Dialogfeld, in dem Sie in dem Register NEUE ANSICHTSFENSTER die Aufteilung des Bildschirms in Fenster wählen können (siehe Abbildung 22.9).

STANDARD-ANSICHTSFENSTER: Wählen Sie in der Liste eine Aufteilung und Sie bekommen im Fenster VORANSICHT angezeigt, wie der Bildschirm aufgeteilt wird. Bei einer Aufteilung des Bildschirms ist ein Fenster immer das aktuelle Fenster, in dem gezeichnet werden kann. Klicken Sie in ein Fenster in der Voransicht, wird dieses zum aktuellen Ansichtsfenster.

ANWENDEN AUF: Wählen Sie im Abrollmenü, was aufgeteilt werden soll. Mit der Einstellung ANZEIGE wird der Bildschirm entsprechend aufgeteilt. Eine eventuell schon vorhandene Aufteilung wird dann überschrieben. Haben Sie den Bildschirm schon in Fenster aufgeteilt, können Sie das aktuelle Fenster weiter unterteilen. Wählen Sie dazu aus dem Abrollmenü AKTUELLES ANSICHTSFENSTER.

EINRICHTEN: Wählen Sie zwischen 2D und 3D. Bei der Einstellung 3D können in den Fenstern auch gleich im Abrollmenü ANSICHT WECHSELN ZU die Ansichtspunkte mit eingestellt werden.

ANSICHT WECHSELN ZU: Haben Sie in einer 3D-Zeichnung Ausschnitte gespeichert (siehe sechste Stunde), können Sie wählen, ob Sie einen oder mehrere dieser benannten Ausschnitte in den Fenstern haben wollen. Klicken Sie in der Voransicht das betreffende Fenster an und wählen Sie im Abrollmenü, welchen Ausschnitt Sie in dem Fenster haben wollen. Mit der Einstellung AKTUELL wird der momentane Ausschnitt der Zeichnung in das Fenster geholt.

22 Die dritte Dimension

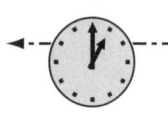

Haben Sie im Abrollmenü EINRICHTEN die Auswahl 3D gewählt, können Sie hier auch die Standardansichten für das entsprechende Fenster wählen.

NEUER NAME: Tragen Sie hier einen Namen ein, wird die gewählte Aufteilung unter diesem Namen abgespeichert. Sie können so später wieder auf diese Konfiguration zugreifen.

Training: Aufteilung in Ansichtsfenster

- Laden Sie die Zeichnung A-22-03.dwg aus dem Ordner \AUFGABEN, noch einmal die gleiche Ausgangszeichnung wie in der letzten Übung.

- Wählen Sie den Befehl AFENSTER und dort das Register NEUE ANSICHTSFENSTER

- Tragen Sie im Feld NEUER NAME die Bezeichnung 3-Ansichten ein. Wählen Sie aus der Liste STANDARD-ANSICHTSFENSTER den Eintrag DREI: LINKS. Wählen Sie im Abrollmenü ANWENDEN AUF den Eintrag ANZEIGE und im Abrollmenü EINRICHTEN den Eintrag 3D.

- Klicken Sie nacheinander die verschiedenen Fenster in der Voransicht an und wählen im Abrollmenü ANSICHT WECHSELN ZU die Standardansichten für die einzelnen Fenster, Links: ISO-Ansicht SO, rechts oben: *oben* und rechts unten: *vorne* (siehe Abbildung 22.9).

Abb. 22.9: Einstellung der Ansichtsfenster-Konfiguration mit dem Befehl AFENSTER

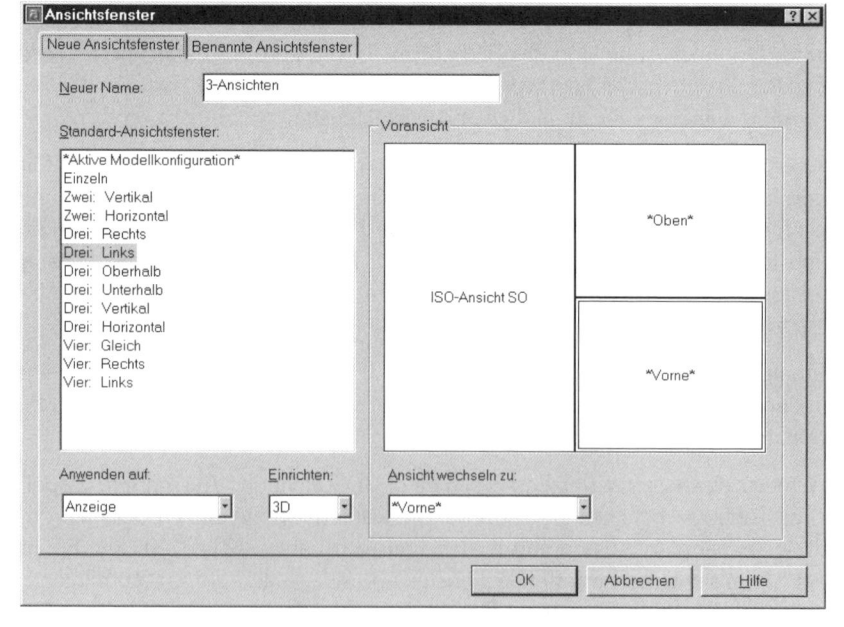

✗ Bestätigen Sie mit OK und Sie haben diese Ansichtsfenster-Konfiguration auf dem Bildschirm. Mit den Befehlen ZOOM, PAN, APUNKT können Sie jetzt die Ansichten in den einzelnen Fenstern noch korrigieren. Klicken Sie dazu in das entsprechende Fenster und aktivieren Sie den Befehl. Das Ergebnis könnte dann wie in Abbildung 22.10 aussehen.

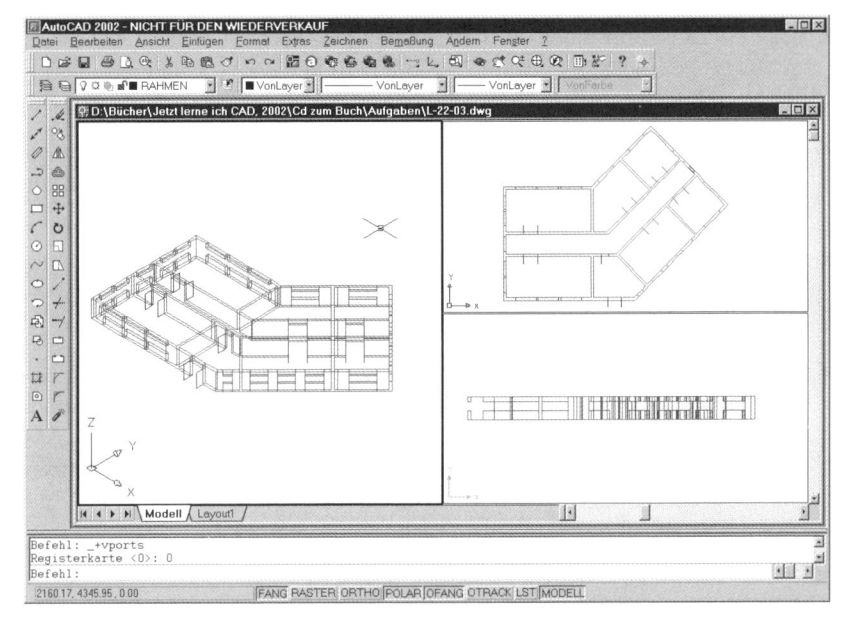

Abb. 22.10:
Das Ergebnis
der Aufteilung

✗ Nun haben Sie zwar der Ansichtsfenster-Konfiguration am Anfang einen Namen gegeben, die Einstellungen in den Fenstern aber danach geändert. Wählen Sie deshalb den Befehl AFENSTER noch einmal. Tragen Sie im Register NEUE ANSICHTSFENSTER im Feld NEUER NAME wieder den Namen 3-Ansichten ein. Klicken Sie in der Liste STANDARD-ANSICHTSFENSTER den Eintrag *Aktive Modellkonfiguration* an und klicken dann auf OK. Jetzt kommt ein Warnhinweis, dass Sie die Konfiguration 3-Ansichten überschreiben, aber genau das war ja unsere Absicht. Bestätigen Sie also mit Ja.

Ansichtsfenster-Konfiguration "3-Ansichten" existiert bereits.
Ersetzen? <N>:

✗ Die momentane Fensteraufteilung und die Ansichten in den Fenstern sind jetzt in der Ansichtsfenster-Konfiguration 3-Ansichten gespeichert. Diesen Stand haben Sie auch in der Zeichnung L-22-03.dwg im Ordner \AUFGABEN.

22 Die dritte Dimension

Tipps:

- ✘ Es gibt ein aktuelles Ansichtsfenster, in dem gezeichnet wird.
- ✘ Mit einem Mausklick in ein anderes Fenster wird gewechselt.
- ✘ Das aktuelle Fenster ist durch einen verstärkten Rand gekennzeichnet.
- ✘ Das Fenster kann innerhalb eines Befehls gewechselt werden. So ist es möglich, beispielsweise eine Linie in einem Fenster zu beginnen und im anderen Fenster fortzusetzen.
- ✘ Die Aufteilung ist nur eine Hilfe am Bildschirm. Die Anordnung kann so nicht gedruckt oder geplottet werden. Es wird immer das aktuelle Fenster geplottet.
- ✘ Im Abrollmenü ANSICHT, Untermenü ANSICHTSFENSTER haben Sie auch die Funktion 1 ANSICHTSFENSTER. Klicken Sie darauf, kommt das aktive Ansichtsfenster formatfüllend auf den Bildschirm.
- ✘ Es lassen sich beliebig viele Ansichtsfenster-Konfigurationen wie oben beschrieben erzeugen. Zwischen diesen können Sie ebenfalls mit dem Befehl AFENSTER wechseln. Wählen Sie den Befehl dazu aus dem Abrollmenü ANSICHT, Untermenü ANSICHTSFENSTER >, Funktion BENANNTE ANSICHTSFENSTER... Sie bekommen das Dialogfeld gleich mit dem Register BENANNTE ANSICHTSFENSTER auf den Bildschirm (siehe Abbildung 22.11).

Abb. 22.11: Wiederherstellung einer gespeicherten Ansichtsfenster-Konfiguration

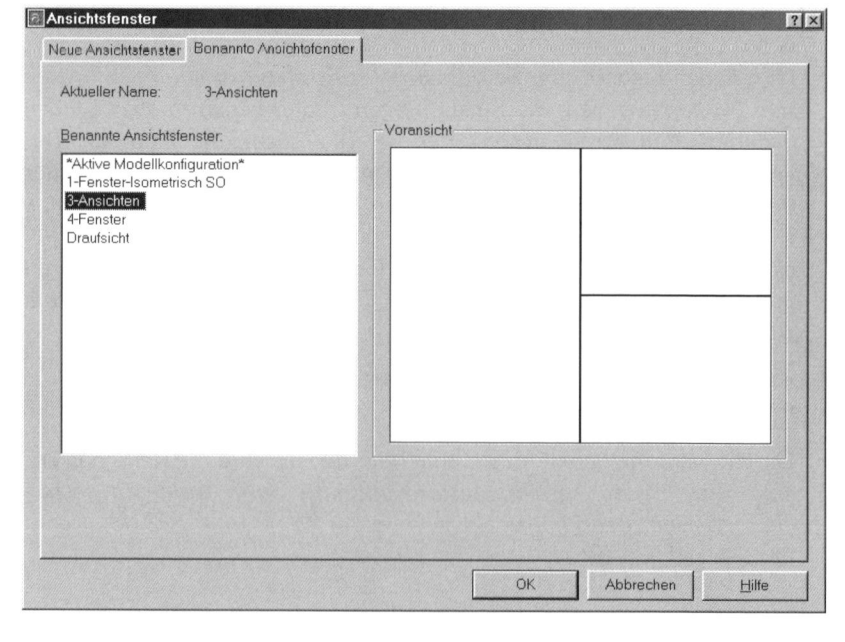

✘ Markieren Sie eine Ansichtsfenster-Konfiguration in der Liste und klicken auf OK, haben Sie diese Aufteilung auf dem Bildschirm.

22.6 Der 3D-Orbit in AutoCAD 2002

Der 3D-Orbit ist ein universelles Werkzeug zur Darstellung von 3D-Modellen. der aber nur den Anwendern von AutoCAD 2002 zur Verfügung steht. Er vereinigt die Funktionen der Befehle Zoom, Pan und Apunkt in einem. Außerdem können in dem Befehl die verschiedenen Schattierungsfunktionen gewählt werden und er ermöglicht eine Darstellung in der Fluchtpunktperspektive. Die Anwender von AutoCAD LT 2002 müssen sich mit den bereits besprochenen Befehlen zufrieden geben.

Aktion: Befehl 3DORBIT

Den 3D-Orbit starten Sie mit dem Befehl 3DORBIT. Aus dem Pop-up-Menü des 3D-Orbits lassen sich alle weiteren Funktionen und Befehle starten. Das sind die Befehle: 3DENTFERNUNG, 3DORBITFORTL, 3DPAN, 3DSCHNITT, 3DSCHWENKEN und 3DZOOM. Wählen Sie den Befehl 3DORBIT:

✘ Abrollmenü ANSICHT, Funktion 3D-ORBIT

✘ Symbol in der STANDARD-FUNKTIONSLEISTE

✘ Symbol im Werkzeugkasten 3D-ORBIT

Tipp:

✘ Haben Sie vor der Wahl des Befehls ein Objekt angewählt, wird nur dieses im 3D-Orbit dargestellt. Ist kein Objekt gewählt, wird das gesamte Modell dargestellt.

Training: Arbeiten mit dem 3D-Orbit:

✘ *Um die Funktion gleich testen zu können, laden Sie die Zeichnung A-22-04.dwg aus dem Ordner \AUFGABEN.*

Aktion: Darstellung im 3D-Orbit

Haben Sie den Befehl gewählt, ändert sich die Bildschirmanzeige (siehe Abbildung 22.12).

22 Die dritte Dimension

Abb. 22.12:
3D-Modell im
3D-Orbit

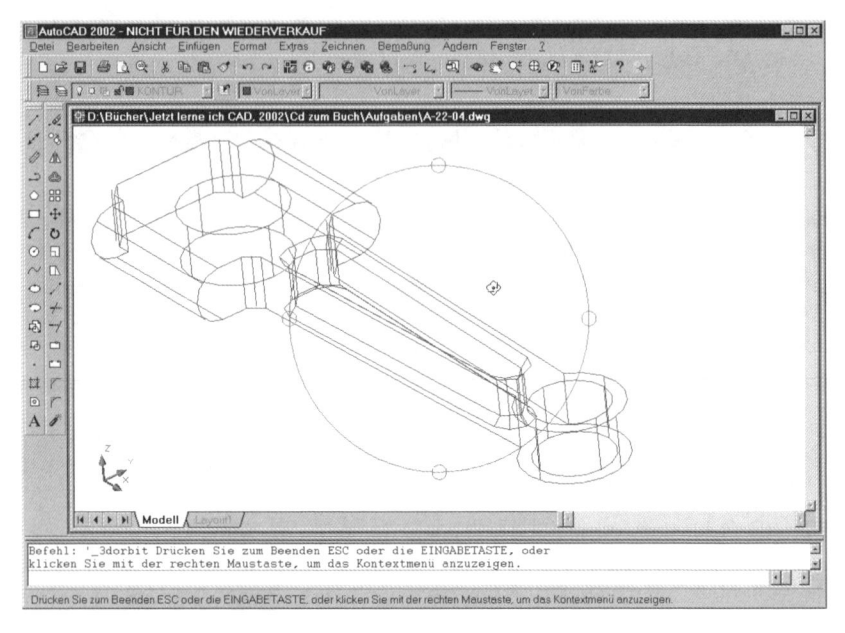

Drehen und Schwenken: Um das 3D-Modell wird ein grüner Ring angezeigt. Am Koordinatenursprung haben Sie ein mehrfarbiges 3D-Koordinatensysmbol. Klicken Sie einen Punkt innerhalb des Rings auf der Zeichenfläche an, können Sie mit gedrückter Maustaste das Modell in jeder Richtung frei im Raum drehen. Klicken Sie dagegen auf eine der kreisförmigen Markierungen am linken oder rechten Quadrantenpunkt, können Sie das Modell mit gedrückter Maustaste um die vertikale Achse drehen. Bei dem oberen und unteren Quadrantenpunkt können Sie um die horizontale Achse drehen. Klicken Sie außerhalb des Ringes und fahren mit gedrückter Maustaste um den Ring, wird das Modell um die Bildschirmmittelachse geschwenkt. Mit der Taste ⏎ oder Esc wird der Befehl beendet.

Schattierungsmodi: Ist der 3D-Orbit aktiv, können Sie mit der rechten Maustaste ein Pop-up-Menü auf den Bildschirm holen. Daraus wählen Sie die weiteren Funktionen des 3D-Orbits (siehe Abbildung 22.13).

Abb. 22.13:
Pop-up-Menü
des 3D-Orbits

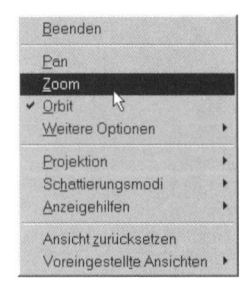

Im Untermenü SCHATTIERUNGSMODI finden Sie die Funktionen für die verschiedenen Schattierungsarten.

ZOOM, PAN oder ORBIT: Innerhalb des Orbits können Sie mit diesen Funktionen auch auf die Echtzeit-Zoom- und Echtzeit-Pan-Funktionen umschalten. Drücken Sie dort die rechte Maustaste, kommen Sie zum selben Pop-up-Menü und können mit der Funktion ORBIT wieder zum 3D-Orbit zurückschalten. Die Funktion BEENDEN beendet den Orbit komplett.

ANSICHT ZURÜCKSETZEN: Mit dieser Funktion kommen Sie wieder zu der Ansicht, die Sie beim Start des 3D-Orbits hatten.

VOREINGESTELLTE ANSICHTEN: In einem Untermenü finden Sie wie beim Befehl APUNKT die Standardansichten, die Sie direkt aus dem Menü wählen können: OBEN, UNTEN, VORNE, HINTEN, LINKS, RECHTS sowie ISO-ANSICHT SW, SO, NW und NO.

Tipp:

✗ Arbeiten Sie mit der IntelliMouse, können Sie während des Drehens oder Schwenkens mit dem Rad zoomen oder der Radtaste panen, ohne den Orbit beenden oder zu den Zoom- und Pan-Funktionen des Orbits wechseln zu müssen.

Training: 3D-Orbit

✗ Testen Sie die beschriebenen Funktionen an dem 3D-Modell.

Aktion: Anzeigehilfen im 3D-Orbit

Im Pop-up-Menü des 3D-Orbits können Sie weitere Zeichnungshilfen zuschalten, um eine bessere Orientierung im Raum zu bekommen. Diese Funktionen finden Sie im Pop-up-Menü in dem Untermenü ANZEIGEHILFEN:

KOMPASS: Damit aktivieren Sie einen 3D-Kompass, der einen Skalenring in der XY-Ebene und in der XZ-Ebene hat (siehe Abbildung 22.14).

RASTER: Ist diese Funktion ein, wird ein Raster in der XY-Ebene zur besseren Orientierung zugeschaltet. Der Rasterabstand entspricht dem, den Sie auch mit dem Befehl ZEICHEINST einstellen können (Abrollmenü WERKZEUGE, Funktion ENTWURFSEINSTELLUNGEN...).

BKS-SYMBOL: Schaltet das Koordinatensymbol ein und aus.

22 Die dritte Dimension

Abb. 22.14: Modell im 3D-Orbit, schattiert mit Kantenanzeige sowie Kompass und BKS-Symbol

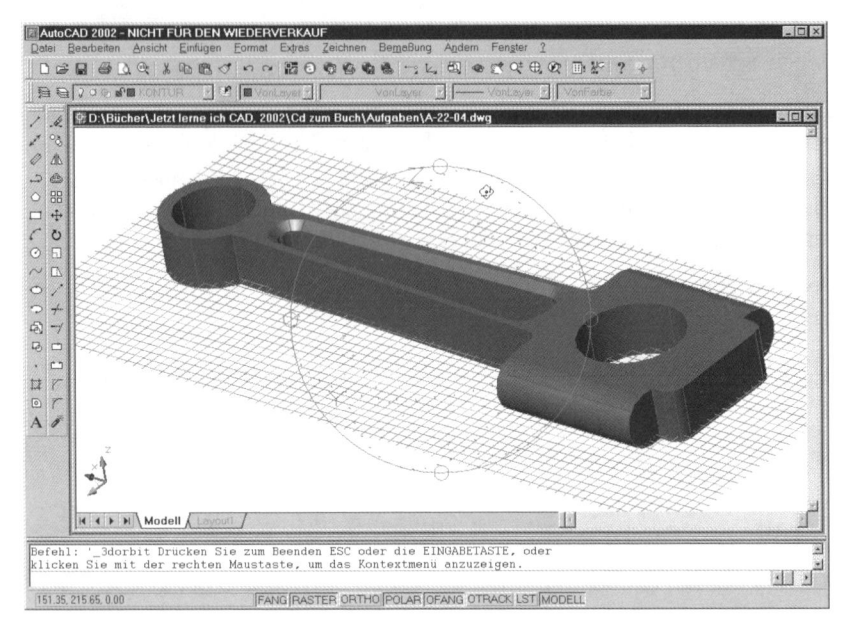

Kompass, BKS-Symbol und Raster bleiben auch dann auf dem Bildschirm, wenn Sie den Orbit wieder beenden. Aktivieren Sie den Orbit wieder und schalten Sie die Funktionen im Pop-up-Menü aus, wenn Sie sie nicht mehr haben wollen.

Aktion: Weitere Optionen

Im Untermenü WEITERE OPTIONEN des Pop-up-Menüs können Sie den Ausschnitt weiter verändern:

ABSTAND ANPASSEN: Fahren Sie mit gedrückter linker Maustaste nach unten, wird der Abstand zwischen Modell und Betrachter vergrößert, das Modell wird kleiner dargestellt. Fahren Sie nach oben, wird das Modell vergrößert.

KAMERA SCHWENKEN: Mit gedrückter linker Maustaste können Sie die Kamera schwenken. Wird die Kamera beispielsweise nach links geschwenkt, wandert das Modell nach rechts aus usw.

ZOOM FENSTER und ZOOM GRENZEN: Wie beim Echtzeit-Zoom können Sie mit diesen Funktionen einen Ausschnitt herauszoomen oder wieder auf das komplette Modell zoomen.

FORTLAUFENDER ORBIT: Ein interessanter und wirkungsvoller Effekt, vor allem für Präsentationen, ist diese Funktion. Haben Sie sie angewählt, können Sie, wie beim normalen Orbit, Ihr Modell in eine bestimmte Richtung drehen. Wenn Sie die Maustaste loslassen, dreht sich das Modell in der Richtung und mit der Geschwindigkeit weiter, mit der Sie es angestoßen haben und zwar so lange, bis Sie den Orbit beenden.

Aktion: Umschalten zur Fluchtpunktperspektive

Wenn wir unser 3D-Modell von einem Ansichtspunkt aus betrachten, erscheint es immer als Parallelperspektive. Entfernte Gegenstände sind genauso groß wie nahe. Dabei entsteht der optische Eindruck, als ob die Gegenstände nach hinten breiter würden. Realistischer wirken 3D-Objekte in der Fluchtpunktperspektive (siehe Abbildung 22.15). Im Pop-up-Menü kann auch zu einer Darstellung in der Fluchtpunktperspektive umgeschaltet werden.

Mit den Funktionen PARALLEL und PERSPEKTIVISCH im Untermenü PROJEKTION, lässt sich zwischen der Parallelperspektive und der Fluchtpunktperspektive wechseln. Die jeweilige Projektion bleibt aktiv, auch wenn Sie den 3D-Orbit beenden. Wenn Sie die Fluchtpunktperspektive haben, können Sie mit der Funktion ZOOM im Pop-up-Menü wie bei einer Kamera die Objektivbrennweite verändern. Mit der Funktion ABSTAND ANPASSEN im Untermenü WEITERE OPTIONEN können Sie dann den Kameraabstand verändern.

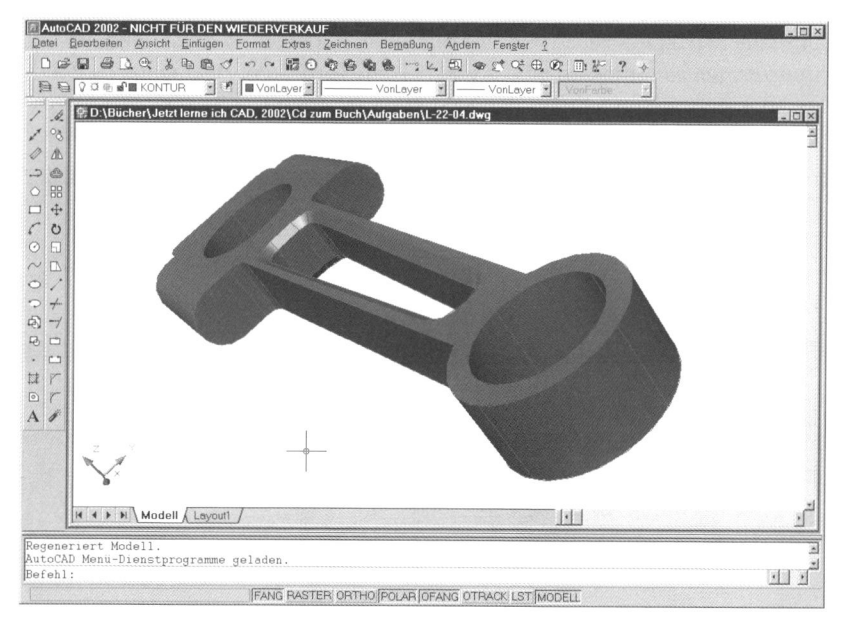

Abb. 22.15: Darstellung in der Fluchtpunktperspektive

22 Die dritte Dimension

Fehler:

✗ Wenn die Fluchtpunktperspektive aktiv ist, können die normalen Befehle ZOOM und PAN nicht mehr verwendet werden, nur die im Orbit sind noch möglich.

Training: 3D-Orbit

✗ Testen Sie die weiteren Möglichkeiten im 3D-Orbit an dem 3D-Modell. Die Darstellung aus Abbildung 22.15 finden Sie als Beispiel in der Zeichnung L-22-04.dwg im Ordner \AUFGABEN.

22.7 Das Zeichenblatt im Raum: BKS

Doch nach diesem Ausflug in die Darstellungsmöglichkeiten von 3D-Modellen wieder zurück zur Konstruktion der Modelle. Wie Sie gesehen haben, sind 2D-Objekte immer die Basis für das 3D-Modell. Diese lassen sich aber nur in der XY-Ebene zeichnen. Damit kann es nur senkrechte Zylinder geben. Schauen Sie sich das Beispiel in Abbildung 22.16 an: ein Schrank, komplett mit einfachen 2D-Objekten und Objekthöhe aufgebaut. Schwierigkeiten mit Ihren jetzigen Kenntnissen gibt es erst bei den Türgriffen, zwar einfache Zylinder, aber sie stehen nicht auf der XY-Ebene oder parallel darüber.

Abb. 22.16: Schrank mit den Türgriffen

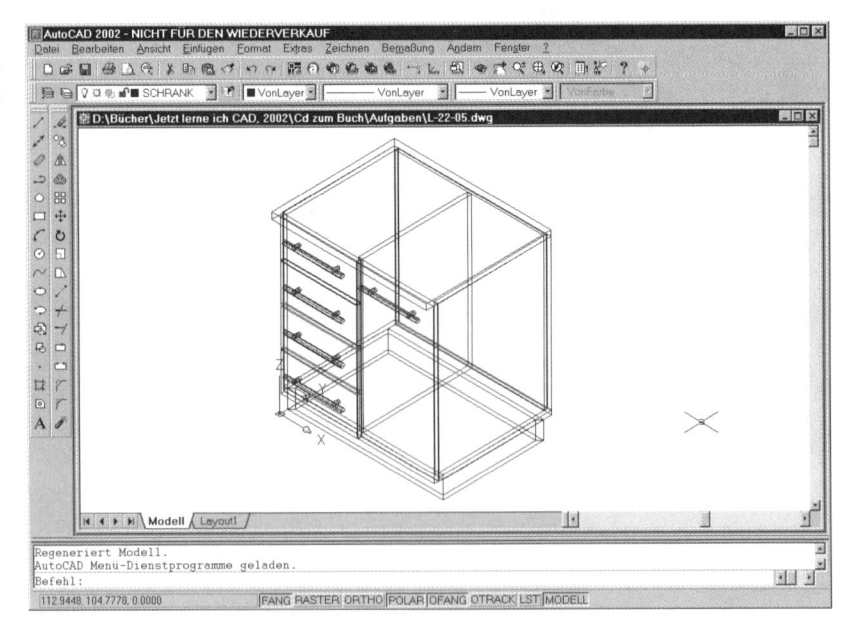

414

Das Zeichenblatt im Raum: BKS

In AutoCAD lösen Sie das Problem mit den Benutzerkoordinatensystemen. In der sechsten Stunde haben Sie schon einiges darüber erfahren. Während Benutzerkoordinatensysteme bei 2D-Zeichnungen lediglich die Arbeit erleichtern können, sind sie bei 3D-Modellen unentbehrlich.

Aktion: Befehl Bks

Den Befehl Bks haben Sie ja schon in der sechsten Stunde kennen gelernt. Hier jetzt die 3D-Funktionen des Befehls. Zur Erinnerung, Sie finden den Befehl:

✘ Abrollmenü EXTRAS, Funktion BKS VERSCHIEBEN und Untermenü NEUES BKS >, bzw. ORTHOGONALES BKS > (3D-Funktionen), Funktionen für die einzelnen Optionen des Befehls

✘ Symbole für die einzelnen Optionen im Werkzeugkasten BKS bzw. BKS II und in einem Flyout-Menü der STANDARD-FUNKTIONSLEISTE.

Die Optionen URSPRUNG, SCHIEBEN und X, Y und Z sowie WELT und VORHER haben Sie schon in der sechsten Stunde kennen gelernt. Diese können Sie natürlich auch für die Arbeit bei 3D-Modellen nutzen.

Z-ACHSE: Definition eines neuen BKS durch die Wahl eines neuen Ursprungs und eines Punktes, der sich auf der neuen positiven Z-Achse befinden soll.

[Neu/Schieben/orthoGonal/VOrher/HOlen/SPeichern/Löschen/Anwenden/?/Welt]
<Welt>: **N für Neu**
Ursprung des neuen BKS angeben oder [ZAchse/3punkt/
OBjekt/Fläche/ANsicht/X/Y/Z] <0,0,0>: **ZA für ZAchse**
Neuen Ursprung angeben <0,0,0>: **neuen Ursprung eingeben**
Punkt auf der positiven Z-Achse angeben <aktuelle Achsrichtung>: **Punkt für die neue Richtung der Z-Achse eingeben**

Mit dieser Methode können Sie zwar die Ausrichtung der XY-Ebene bestimmen, nicht aber die exakten Orientierungen der X- und Y-Achse, diese sind abhängig vom vorherigen Koordinatensystem.

3PUNKTE: Definition eines neuen BKS durch drei Punkte:

[Neu/Schieben/orthoGonal/VOrher/HOlen/SPeichern/
Löschen/Anwenden/?/Welt] <Welt>: **N für Neu**
Ursprung des neuen BKS angeben oder [ZAchse/3punkt/
OBjekt/Fläche/ANsicht/X/Y/Z] <0,0,0>: **3 für 3 Punkte**
Neuen Ursprung angeben <0,0,0>: **neuen Ursprung eingeben**
Punkt auf der positiven X-Achse angeben <aktueller Wert>: **Punkt für die Richtung der X-Achse**
Punkt mit positiven Y-Wert in der XY-Ebene des BKS angeben <aktueller Wert>: **Punkt für die XY-Ebene**

Mit dieser Methode können Sie das neue BKS mit allen Achsen exakt ausrichten. Beim dritten Punkt kann ein beliebiger Punkt im ersten oder zweiten Quadranten des neuen BKS gewählt werden.

OBJEKT: Ausrichtung des neuen BKS an einem Element in der Zeichnung.

[Neu/Schieben/orthoGonal/VOrher/HOlen/SPeichern/Löschen/Anwenden/?/Welt]
<Welt>: **N für Neu**
Ursprung des neuen BKS angeben oder [ZAchse/3punkt/
OBjekt/Fläche/ANsicht/X/Y/Z] <0,0,0>: **O für Objekt**
Objekt für BKS-Ausrichtung wählen: **Objekt wählen**

Das neue BKS wird auf dem gewählten Objekt ausgerichtet. Das neue BKS hat dieselbe positive Z-Achsrichtung, mit der auch das gewählte Objekt erzeugt wurde.

ANSICHT: Ausrichtung des neuen BKS parallel zum Bildschirm. Die positive Z-Achse ragt aus dem Bildschirm heraus. Der Ursprung bleibt gleich wie beim vorherigen BKS.

[Neu/Schieben/orthoGonal/VOrher/HOlen/SPeichern/Löschen/Anwenden/?/Welt]
<Welt>: **N für Neu**
Ursprung des neuen BKS angeben oder [ZAchse/3punkt/
OBjekt/Fläche/ANsicht/X/Y/Z] <0,0,0>: **An oder Ansicht**

FLÄCHE: Ausrichtung des neuen BKS auf einer Fläche eines Volumenkörpers.

[Neu/Schieben/orthoGonal/VOrher/HOlen/SPeichern/Löschen/Anwenden/?/Welt]
<Welt>: **N für Neu**
Ursprung des neuen BKS angeben oder [ZAchse/3punkt/
OBjekt/Fläche/ANsicht/X/Y/Z] <0,0,0>: **F für Fläche**
Fläche des Volumenkörpers wählen: **Fläche wählen**
Option eingeben [Nächstes/Xumkehren/Yumkehren] <bestätigen>: ⏎ **oder Option wählen**

Klicken Sie eine Kante des Volumenkörpers an. Die zugehörige Fläche wird markiert. Da eine Kante immer zwei Flächen begrenzt, können Sie mit der Option NÄCHSTES zur anderen Fläche wechseln. Mit der Option XUMKEHREN wird das BKS um 180° um die X-Achse gedreht und mit der Option YUMKEHREN um 180° um die Y-Achse.

ORTHOGONAL: Ausrichtung des BKS auf den sechs Flächen eines Würfels, der am Koordinatenursprung liegt und an den Kanten des Koordinatensystems ausgerichtet ist.

[Neu/Schieben/orthoGonal/VOrher/HOlen/SPeichern/Löschen/Anwenden/?/Welt]
<Welt>: **G für Orthogonal**
Option eingeben [Oben/Unten/Vorne/Hinten/Links/Rechts] <Oben>:

Das Zeichenblatt im Raum: BKS

Geben Sie die Option ein für die Fläche, auf der Sie das BKS ausrichten wollen. Der Ursprung des neuen Koordinatensystems liegt immer am Nullpunkt des Weltkoordinatensystems.

Tipps:

✘ Wie Sie einmal gebildete Koordinatensysteme unter einem Namen speichern können, haben Sie bereits kennen gelernt: Wählen Sie den BKS-Manager (Abrollmenü EXTRAS, Funktion BENANNTES BKS...) und benennen Sie den Eintrag *Unbenannt* um. Das BKS wird unter diesem Namen gespeichert.

✘ Orthogonale Koordinatensysteme finden Sie auch im Abrollmenü EXTRAS bzw. WERKZEUGE, Untermenü ORTHOGONALES BKS > und dort die Funktionen für die verschiedenen Ausrichtungen.

✘ Im Werkzeugkasten BKS II haben Sie ein Abrollmenü für die bereits gespeicherten BKS. Dort können Sie auch die orthogonalen Koordinatensysteme wählen (siehe Abbildung 22.17).

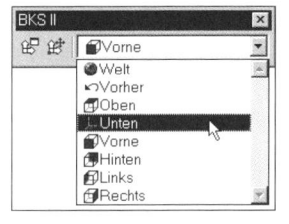

Abb. 22.17: Abrollmenü im Werkzeugkasten BKS II

Aktion: Befehl BKSMAN mit orthogonalen BKS

Auch im Dialogfeld des BKS-Managers (Befehl:BKSMAN) finden Sie die orthogonalen Benutzerkoordinatensysteme. Wählen Sie den Befehl:

✘ Abrollmenü EXTRAS, Untermenü ORTHOGONALES BKS >, Funktion BKS AUSRICHTUNG...

Damit kommen Sie zum Register für die orthogonalen BKS (siehe Abbildung 22.18).

Markieren Sie eine Ausrichtung und klicken Sie auf die Schaltfläche AKTUELL oder klicken Sie es doppelt an und das aktuelle BKS wird entsprechend ausgerichtet.

22 Die dritte Dimension

Abb. 22.18:
Register
ORTHOGONALES
BKS im BKS-
Manager

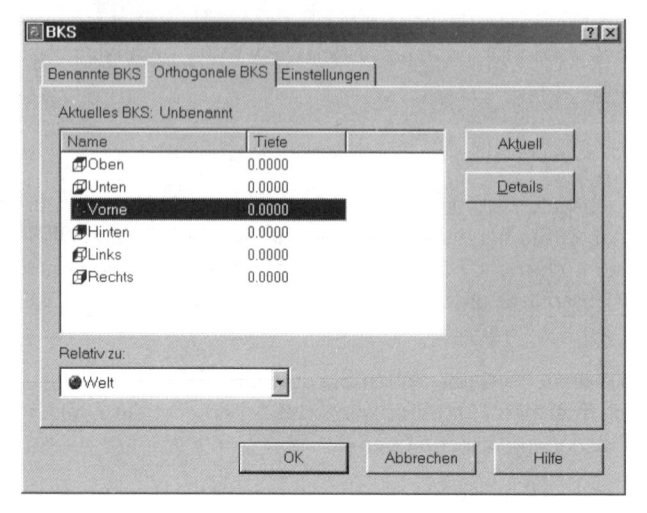

Training: Zeichnen auf verschiedenen Ebenen

✗ Holen Sie die Zeichnung A-22-05.dwg aus Ihrem Ordner \AUFGA-BEN.

✗ Sie bekommen den Schrank aus Abbildung 22.16 auf den Bildschirm, aber noch ohne Türgriffe.

✗ Die Griffe für die Türen und Schubladen bestehen aus zwei kleinen Zylindern und einem größeren, der quer dazu steht.

✗ Setzen Sie den Ursprung des Benutzerkoordinatensystems auf die Mitte der Unterkante der rechten Tür. Das ist die Koordinate 59.6,0,9.

✗ Drehen Sie das Benutzerkoordinatensystem um die X-Achse um 90°.

✗ Stellen Sie eine Objekthöhe von 3 ein. Zeichnen Sie zwei Kreise mit Radius 0.8 und den Mittelpunkten 10,70 und –10,70.

✗ Drehen Sie dann das Benutzerkoordinatensystem um die Y-Achse um 90°. Stellen Sie die Objekthöhe auf 30. Zeichnen Sie einen Kreis mit dem Mittelpunkt -3,70,-15 mit dem Radius 1. Der erste Griff ist fertig (siehe Abbildung 22.19).

Das Zeichenblatt im Raum: BKS

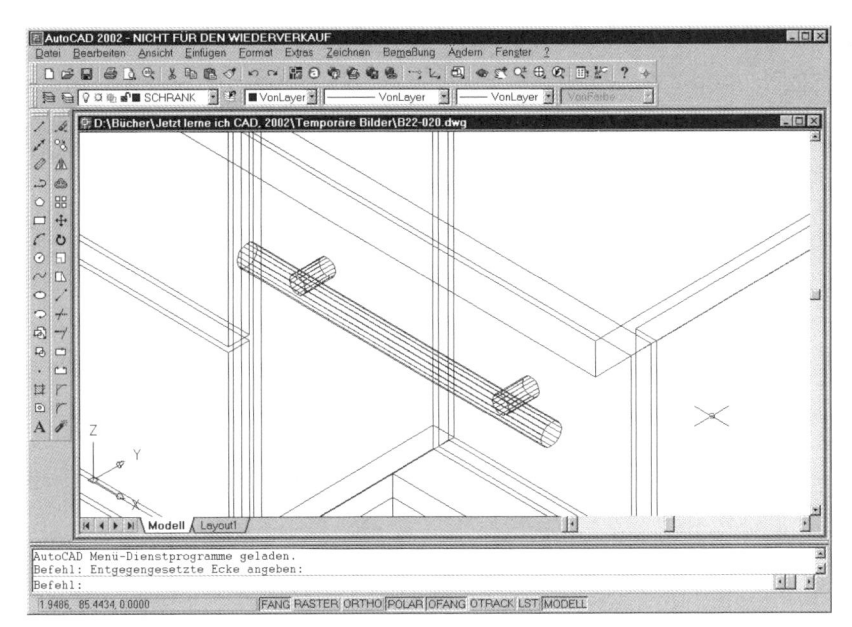

Abb. 22.19:
Schrank mit einem Türgriff

✗ Schalten Sie zum Weltkoordinatensystem zurück.

✗ Kopieren Sie den kompletten Griff auf die linke obere Schubladenfront. Basispunkt ist das Zentrum eines der Kreise, zweiter Punkt @-39.2,0,0.

✗ Erzeugen Sie die restlichen Griffe durch Mehrfachkopien mit dem Befehl KOPIEREN.

Befehl: **Kopieren**
Objekte wählen: **Die Teile des linken Griffs anwählen**
Basispunkt oder Verschiebung angeben oder [Mehrfach]: **M für die Option Mehrfach**
Basispunkt angeben: **Beliebigen Punkt anklicken**
Zweiten Punkt der Verschiebung angeben oder <ersten Punkt der Verschiebung verwenden>: **@0,0,-19.5**
Zweiten Punkt der Verschiebung angeben oder <ersten Punkt der Verschiebung verwenden>: **@0,0,-39**
Zweiten Punkt der Verschiebung angeben oder <ersten Punkt der Verschiebung verwenden>: **@0,0,-58.5**

✗ Der Schrank hat alle Griffe. Sie sollten wie in Abbildung 22.20 aussehen, falls nicht, haben Sie auch eine Musterlösung in Ihrem Ordner mit den Aufgaben, die Zeichnung L-22-05.dwg.

22 Die dritte Dimension

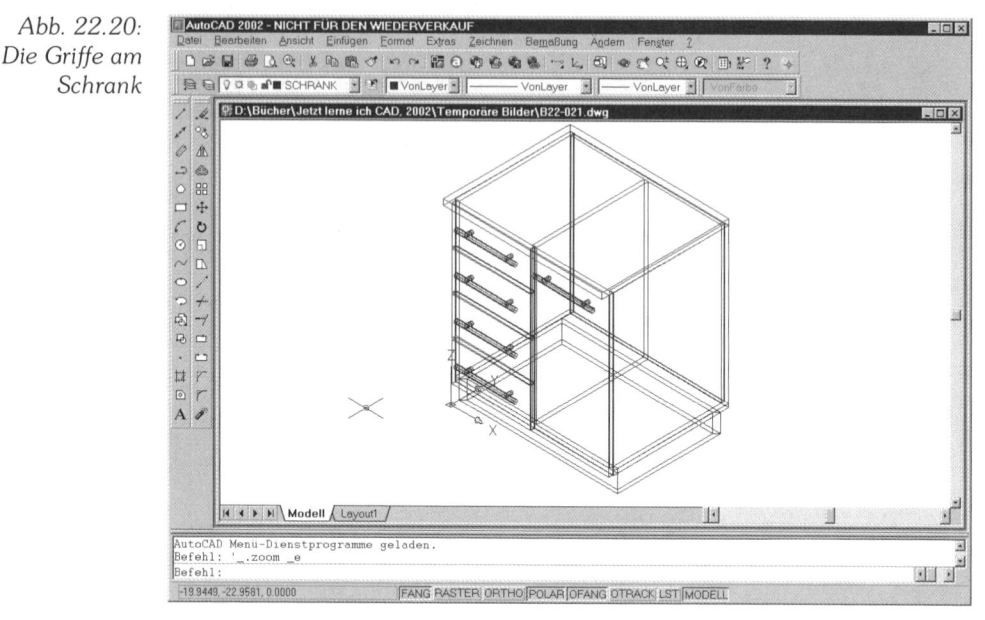

Abb. 22.20:
Die Griffe am
Schrank

22.8 3D-Editiervarianten

Wie Sie gesehen haben, können Sie die meisten Editierbefehle auch für 3D-Aktionen verwenden. Bei Befehlen wie SCHIEBEN, KOPIEREN und STRECKEN geben Sie einfach 3D-Koordinaten ein.

Andere Befehle wiederum arbeiten nur in der XY-Ebene, z.B. DREHEN, SPIEGELN und REIHE. Wollen Sie beispielsweise ein Objekt um eine beliebige Achse im Raum drehen, legen Sie das Benutzerkoordinatensystem so, dass die Z-Achse in Richtung der gewünschten Drehachse verläuft. Beim Spiegeln muss das Benutzerkoordinatensystem so liegen, dass die Spiegelachse auf der XY-Ebene liegt.

In AutoCAD 2002 haben Sie die 3D-Varianten dieser Befehle zur Verfügung. Arbeiten Sie mit AutoCAD LT 2002, können Sie den Rest dieser Stunde überblättern, leider finden Sie diese Funktionen in Ihrem Programm nicht.

Aktion: Befehl 3DDREHEN

Mit dem Befehl 3DDREHEN können Sie in AutoCAD 2002 Objekte um beliebige Achsen im Raum drehen. Wählen Sie den Befehl:

✘ Abrollmenü ÄNDERN, Untermenü 3D OPERATIONEN >, Funktion 3D-Drehen

Befehl: **3DDrehen**
Aktueller positiver Winkel: ANGDIR=Gegen den Uhrzeigersinn ANGBASE=0
Objekte wählen:
Ersten Punkt auf Achse angeben oder Achse definieren nach [Objekt/Letztes/Ansicht/X-achse/Y-achse/
Z-achse/2Punkte]: **2 Punkte anklicken oder eine andere Option wählen**
Drehwinkel angeben oder [Bezug]:

Nachdem Sie ein Objekt gewählt haben, bestimmen Sie die Drehachse mit einer der Optionen aus der angezeigten Liste. Vorgewählte Standardoption ist 2PUNKTE. Geben Sie zwei beliebige Punkte im Raum als Drehachse ein.

Nach der Drehachse wird der Drehwinkel benötigt. Wie beim 2D-Befehl kann ein Winkel eingegeben werden. Mit der Option BEZUG können Sie den Winkel in der Zeichnung mit zwei Punkten abgreifen und ihn auf einen neuen Wert bringen.

Training: Drehen in 3D

✘ *Laden Sie die Zeichnung A-22-06.dwg aus dem Ordner mit den Aufgaben.*

✘ *Drehen Sie die Objekte wie in Abbildung 22.21.*

✘ *Eine Musterlösung finden Sie ebenfalls im Ordner mit den Aufgaben, die Zeichnung L-22-06.dwg.*

22 Die dritte Dimension

*Abb. 22.21:
Drehungen um
verschiedene
Drehachsen*

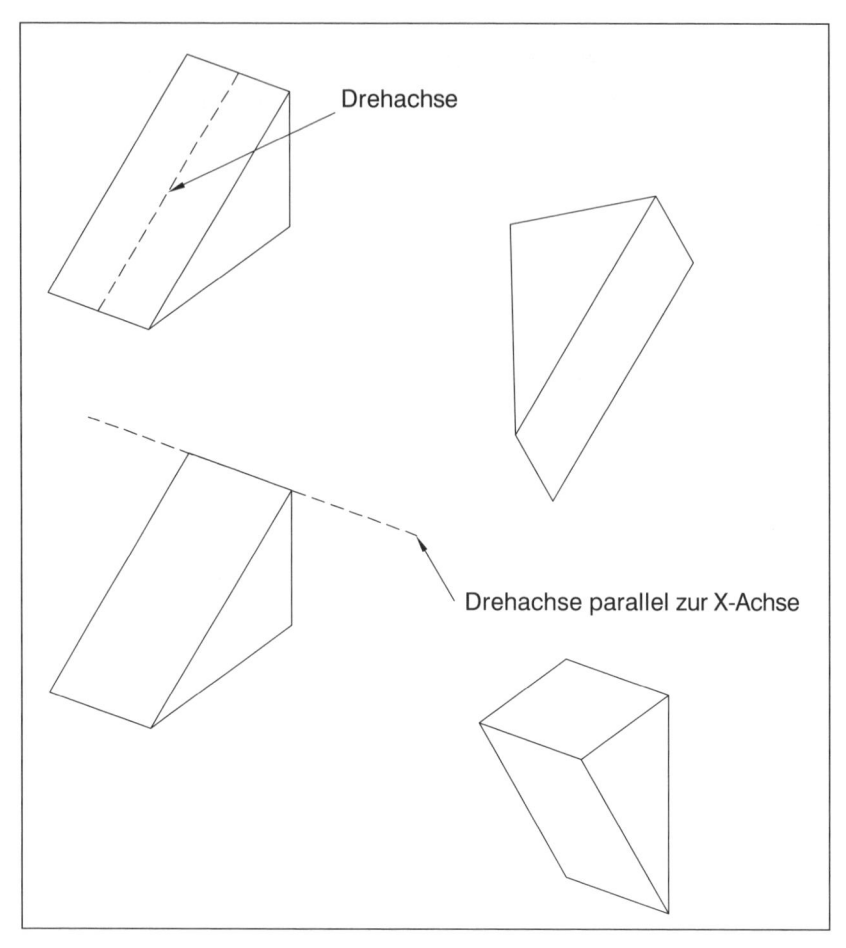

Aktion: Befehl 3DSPIEGELN

Mit dem Befehl 3DSPIEGELN können Sie Objekte an beliebigen Ebenen im Raum spiegeln. Sie finden den Befehl:

✘ Abrollmenü ÄNDERN, Untermenü 3D OPERATION >, Funktion 3D-SPIEGELN

Befehl: **3DSpiegeln**
Objekte wählen:
Ersten Punkt auf Spiegelebene (3 Punkte) angeben oder [Objekt/Letztes/Z-achse/Ansicht/XY/YZ/ZX/3Punkte] <3Punkte>:
Zweiten Punkt auf Spiegelebene angeben:
Dritten Punkt auf Spiegelebene angeben:
Quellobjekte löschen? [Ja/Nein] <N>:

3D-Editiervarianten

Wie beim letzten Befehl wählen Sie zunächst eine Spiegelebene, am einfachsten geht es mit der OPTION 3PUNKTE oder aber mit einer der aufgelisteten Optionen. Wie beim 2D-Befehl können Sie die Originalobjekte erhalten oder nur das Spiegelbild in die Zeichnung übernehmen.

Training: Spiegeln im Raum

- Laden Sie die Zeichnung A-22-07.dwg aus Ihrem Aufgabenordner und spiegeln Sie die Objekte wie in Abbildung 22.22.
- Eine Lösung finden Sie in der Datei L-22-07.dwg.

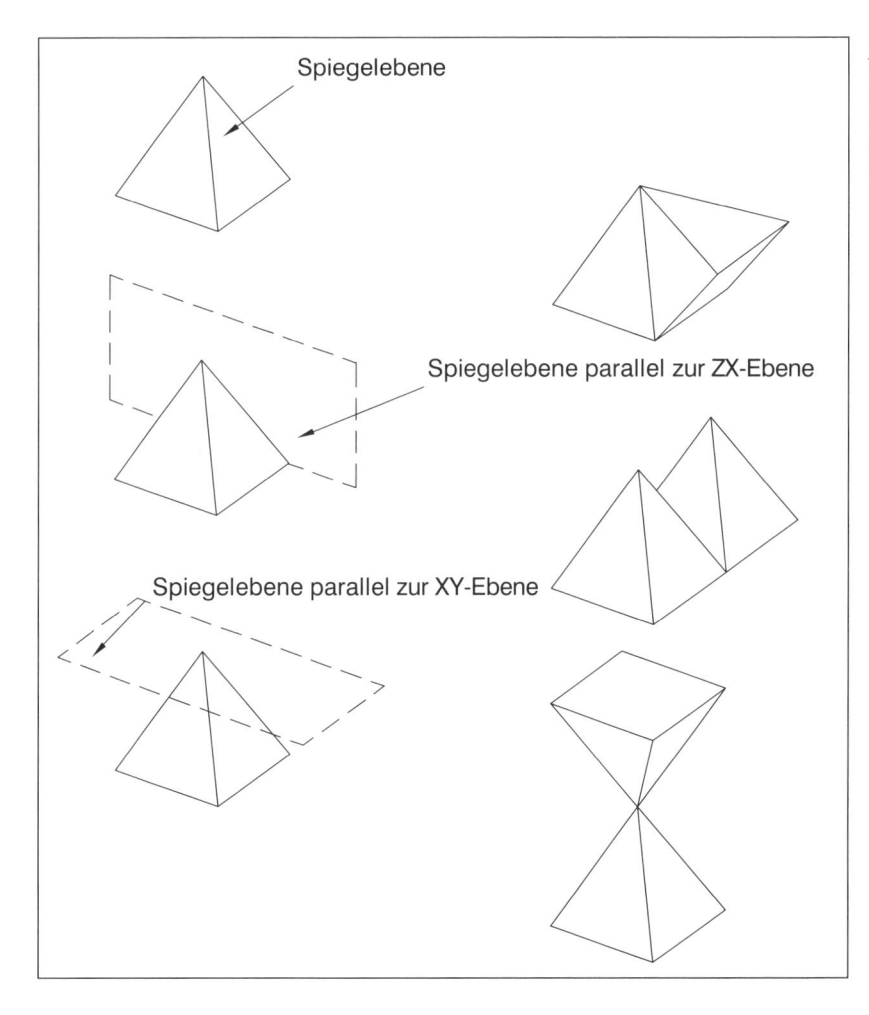

Abb. 22.22: Spiegelung an verschiedenen Ebenen im Raum

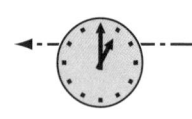

Aktion: Befehl 3DREIHE

Mit dem Befehl 3DREIHE können Sie rechteckige und polare Anordnungen wie mit dem Befehl Reihe erzeugen, nur dass diese dreidimensional aufgebaut werden können. Sie finden den Befehl:

✗ Abrollmenü ÄNDERN, Untermenü 3D OPERATION >, Funktion 3D-REIHE

Befehl: **3dreihe**
Objekte wählen:
Anordnungstyp eingeben [Rechteckig/Polar] <R>:

RECHTECKIG: Erzeugung einer dreidimensionalen Matrix aus Zeilen, Spalten und Ebenen aus den gewählten Objekten (siehe Abbildung 22.23).

Zeilenanzahl eingeben (---) <1>:
Spaltenanzahl eingeben (|||) <1>:
Ebenenanzahl eingeben (...) <1>:
Zeilenabstand eingeben (---):
Spaltenabstand eingeben (|||):
Ebenenabstand eingeben (...):

POLAR: Erzeugung einer kreisförmigen Anordnung, die beliebig im Raum ausgerichtet ist (siehe Abbildung 22.23). Die Achse, um die diese Anordnung gebildet wird, ergibt sich aus dem Mittelpunkt der Anordnung und aus einem zweiten Punkt der Achse.

Anzahl der Elemente in der Anordnung angeben:
Auszufüllenden Winkel angeben (+=ccw, -=cw) <360>:
Angeordnete Objekte drehen? [Ja/Nein] <J>:
Mittelpunkt der Anordnung angeben:
Zweiten Punkt auf Drehachse angeben:

Training: Befehl 3DREIHE

✗ *Laden Sie die Zeichnung A-22-08.dwg aus Ihrem Aufgabenordner.*

✗ *Erzeugen Sie 3D-Reihen im Raum wie in Abbildung 22.23.*

✗ *Die Musterlösung finden Sie in der Datei L-22-08.dwg.*

Modellierung mit Volumen

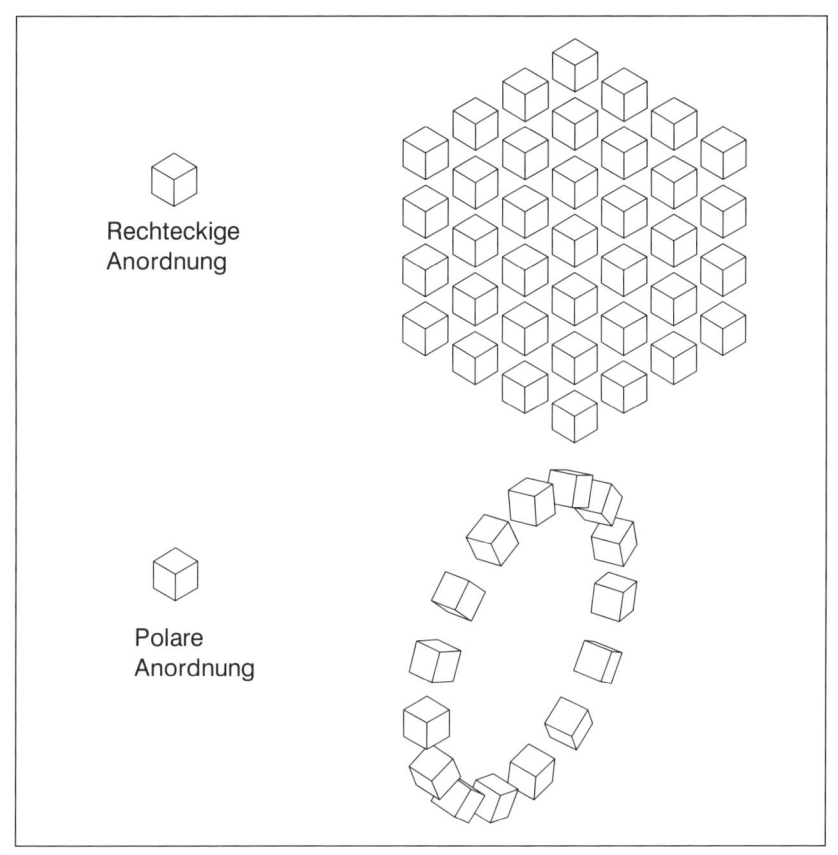

Abb. 22.24: Rechteckige und polare dreidimensionale Anordnungen

Aktion: Befehl AUSRICHTEN

Den Befehl AUSRICHTEN haben Sie schon in der elften Stunde kennen gelernt. Dort haben Sie ihn in der 2D-Variante verwendet. Sie können ihn aber auch mit drei Punktepaaren zur Ausrichtung von Objekten im Raum verwenden.

22.9 Modellierung mit Volumen

Kompliziertere 3D-Objekte lassen sich mit den bisher kennen gelernten Methoden nicht erzeugen. In AutoCAD 2002 haben Sie aber den Volumen-Modellierer als Konstruktionswerkzeug. Damit können Sie:

✘ Volumenkörper erzeugen: Quader, Kugel, Zylinder, Kegel, Keil und Torus,

✘ Volumenkörper erzeugen durch Extrusion einer beliebigen Kontur, die als geschlossene Polylinie vorliegt,

22 Die dritte Dimension

- ✘ Volumenkörper erzeugen durch Rotation einer beliebigen Kontur, die als geschlossene Polylinie vorliegt,

- ✘ Boolesche Verknüpfungen verschiedener Volumenkörper erzeugen: Vereinigung, Differenz und Schnittmenge,

- ✘ Zusatzfunktionen wie Abrunden, Fasen und Kappen von Volumenkörpern benützen, Prüfung auf Überlagerung, Berechnung der Masseeigenschaften,

- ✘ mit einem speziellen Bearbeitungsbefehl die entstandenen Volumenkörper bearbeiten.

Zum Schluss dieser Stunde ein kurzer Einblick in die Arbeitsweise mit den Volumen an einem Beispiel. Die komplette Beschreibung aller Funktionen geht über den Umfang dieses Buches hinaus. Haben Sie AutoCAD LT 2002, stehen Ihnen diese Funktionen leider nicht zur Verfügung.

Aktion: Befehl EXTRUSION

Aus 2D-Konturen können Sie durch Extrusion Volumenkörper erstellen, dazu steht Ihnen der Befehl EXTRUSION zur Verfügung. Extrudieren können Sie geschlossene Polylinien, Polygone, Rechtecke, Kreise, Ellipsen, Ringe oder Regionen. Sie finden den Befehl:

- ✘ Abrollmenü ZEICHNEN, Untermenü VOLUMENKÖRPER >, Funktion EXTRUSION

- ✘ Symbol im Werkzeugkasten VOLUMENKÖRPER und VOLUMENKÖRPER BEARBEITEN

Befehl: **Extrusion**
Aktuelle Dichte des Drahtmodells: ISOLINES=4
Objekte wählen: **Kontur wählen**
Objekte wählen: ⏎
Extrusionshöhe angeben oder [Pfad]: **Höhe eingeben**
Verjüngungswinkel für Extrusion angeben <0>:

Geben Sie die Höhe und einen Verjüngungswinkel an und Sie erhalten ein Volumen.

Training: Extrusion

- ✘ Laden Sie die Zeichnung A-22-09.dwg aus dem Ordner \AUFGABEN.

- ✘ Sie finden dort die 2D-Zeichnung der Kontur eines Pleuels (siehe Abbildung 22.24.

Modellierung mit Volumen

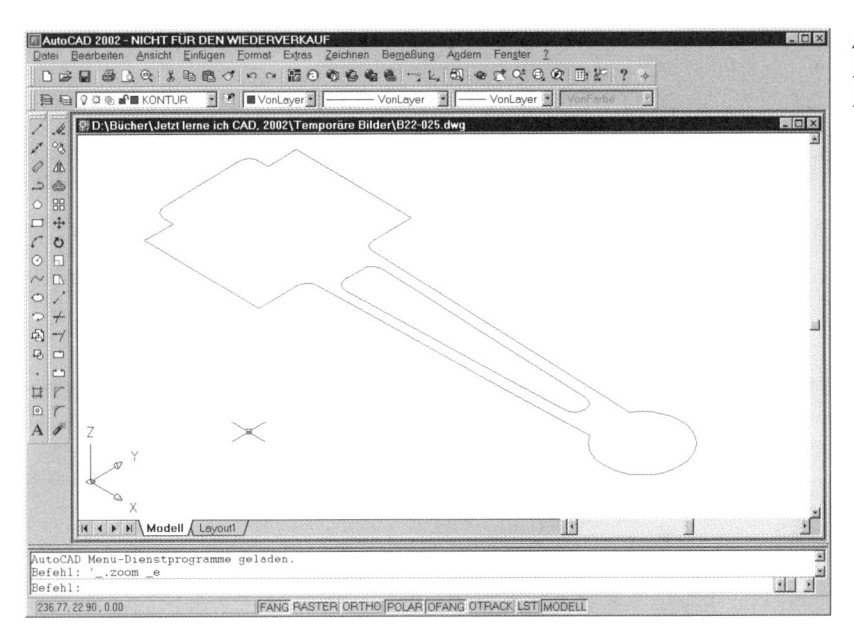

Abb. 22.24:
Kontur für die
Extrusion

✗ Extrudieren Sie beide Konturen auf die Höhe 20.

Befehl: **Extrusion**
Aktuelle Dichte des Drahtmodells: ISOLINES=4
Objekte wählen: **Beide Konturen wählen**
Objekte wählen: ⏎
Extrusionshöhe angeben oder [Pfad]: **20**
Verjüngungswinkel für Extrusion angeben <0>: **0**

Aktion: Befehl DIFFERENZ

Der Befehl DIFFERENZ gehört zu den Booleschen Verknüpfungen. Damit lassen sich Volumenkörper miteinander verknüpfen. Bohrungen oder Aussparungen erzeugen Sie auf diese Art. Wählen Sie den Befehl:

✗ Abrollmenü ÄNDERN, Untermenü VOLUMENKÖRPER BEARBEITEN >, Funktion DIFFERENZ

✗ Symbol im Werkzeugkastens VOLUMENKÖRPER BEARBEITEN

Befehl: **Differenz**
Volumenkörper und Regionen, von denen subtrahiert werden soll, wählen ..
Objekte wählen: **Volumenkörper wählen, von denen subtrahiert werden soll**
..

22 Die dritte Dimension

Objekte wählen: ↵
Volumenkörper und Regionen für Subtraktion wählen ..
Objekte wählen: **Volumenkörper wählen, die subtrahiert werden sollen**
..
Objekte wählen: ↵

Training: Differenz

✗ Subtrahieren Sie das innere Volumen vom äußeren. Ihre Zeichnung sollte wie in Abbildung 22.25 aussehen.

Abb. 22.25:
Differenz aus
Volumenkörpern, schattierte Darstellung

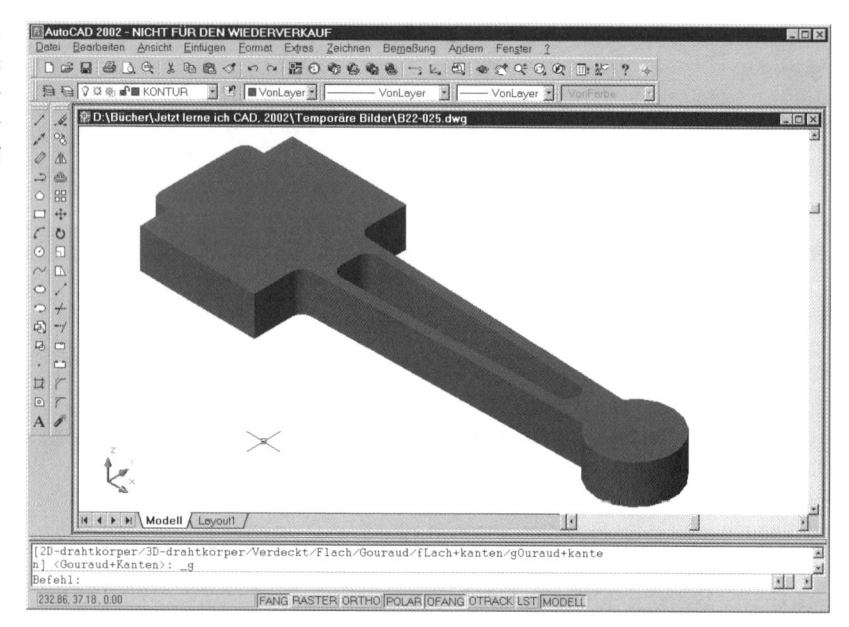

Aktion: Grundkörper erstellen

Wie schon erwähnt, können Sie Grundkörper als Volumen erstellen. Mit den gleichnamigen Befehlen erzeugen Sie Quader, Kugel, Zylinder, Kegel, Keil und Torus. Die Maße werden im Dialog abgefragt. Sie finden die Befehle:

✗ Abrollmenü ZEICHNEN, Untermenü VOLUMENKÖRPER >, Funktion für die einzelnen Körper

✗ Symbol im Werkzeugkasten VOLUMENKÖRPER

Training: Zylinder erzeugen

✗ *Erstellen Sie zwei Zylinder.*

Befehl: **Zylinder**
Aktuelle Dichte des Drahtmodells: ISOLINES=4 Mittelpunkt für Basis des Zylinders angeben oder [Elliptisch] <0,0,0>: **345,120,0**
Radius für Basis des Zylinders angeben oder [Durchmesser]: **15**
Höhe des Zylinders angeben oder [Mittelpunkt vom anderen Ende]: **30**

Befehl: **Zylinder**
Aktuelle Dichte des Drahtmodells: ISOLINES=4 Mittelpunkt für Basis des Zylinders angeben oder [Elliptisch] <0,0,0>: **155,120,0**
Radius für Basis des Zylinders angeben oder [Durchmesser]: **20**
Höhe des Zylinders angeben oder [Mittelpunkt vom anderen Ende]: **30**

✗ *Subtrahieren Sie die beiden Zylinder von dem Gesamtkörper und Ihr 3D-Modell sieht wie in Abbildung 22.26 aus.*

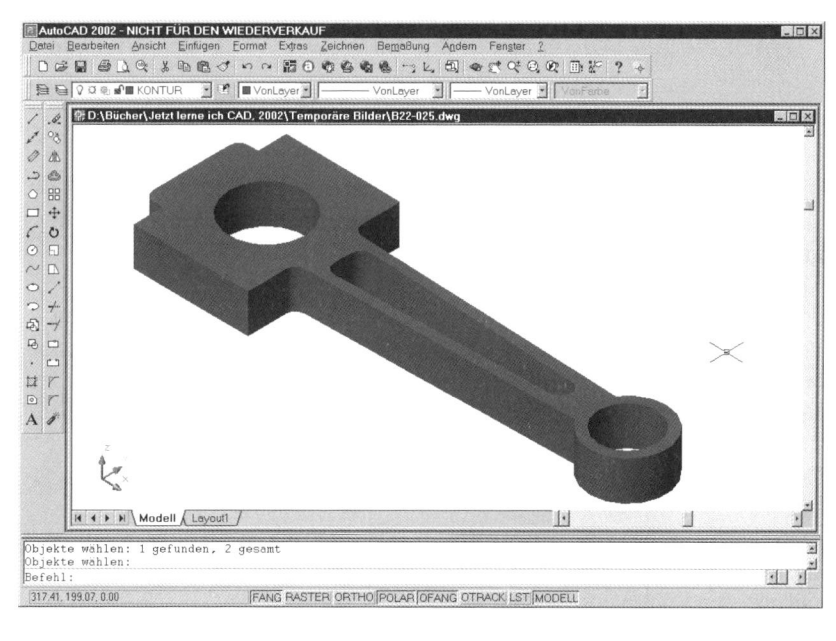

Abb. 22.26: Zylinder subtrahiert, schattierte Darstellung

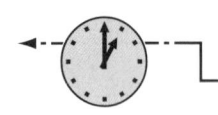

Aktion: Volumenkörper bearbeiten

Die Befehle ABRUNDEN und FASE können Sie auch bei Volumenkörpern verwenden. Der Dialog läuft in diesem Fall anders. Sie können damit einzelne Kanten und umlaufende Konturen an einem Volumenkörper bearbeiten.

Training: Volumenkörper bearbeiten

✗ *Wählen Sie den Befehl* ABRUNDEN *und runden Sie die vier Kanten am hinteren Teil des Pleuels (siehe Abbildung 22.27).*

Befehl: **Abrunden**
Aktuelle Einstellungen: Modus = STUTZEN, Radius = 0.00
Erstes Objekt wählen oder [Polylinie/Radius/Stutzen]: **Eine Kante anklicken**
Rundungsradius eingeben: **10**
Kante wählen oder [Kette/Radius]: **Wählen Sie die anderen 3 zu rundenden Kanten**
4 Kanten für Abrunden gewählt.

✗ *Alle Kanten werden gerundet (siehe Abbildung 22.27).*

✗ *Fasen Sie den Durchbruch in der Mitte des Pleuels (siehe Abbildung 22.27).*

Befehl: **Fase**
(STUTZEN-Modus) Gegenwärtiger Fasenabst1=0, Abst2=0
Erste Linie wählen oder [Polylinie/Abstand/Winkel/Stutzen/Methode]: **Kante an der Fläche anwählen, an der die Fase angebracht werden soll**
Basisflächenauswahl...
Option zur Auswahl von Flächen eingeben [Nächste/OK (aktuelle)] <OK>: **Fläche wird angezeigt, falls es die falsche ist, mit N für Nächste weiterschalten. Die obere Fläche sollte gewählt werden.**
Basisfläche-Fasenabstand eingeben: **3**
andere Oberfläche-Fasenabstand eingeben <3.00>: **3**
Kante wählen oder [Kontur]: **ko für Kontur eingeben, um eine ganze Kontur zu fasen.**
Kantenkontur wählen oder [Kante]: **Kontur anklicken, die gefast werden soll, in diesem Beispiel die innere Kontur des Durchbruchs wählen.**
Kantenkontur wählen oder [Kante]: ↵

✗ *Machen Sie es auf der anderen Seite genauso. Das Ergebnis sollte wie in Abbildung 22.27 aussehen. Die Musterlösung finden Sie in Ihrem Ordner mit den Übungsbeispielen, L-22-09.dwg.*

Modellierung mit Volumen

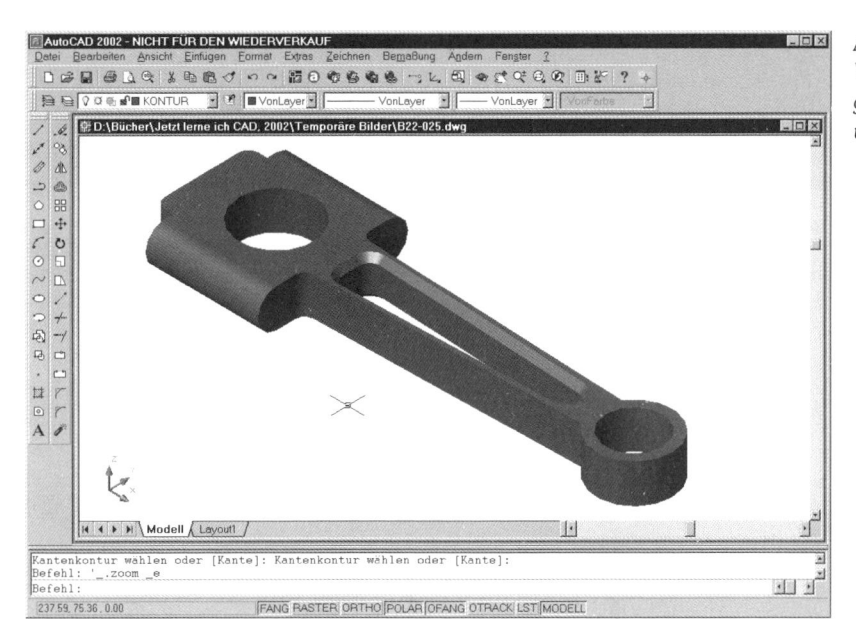

Abb. 22.27: Volumen gerundet und gefast

Fragen zur zweiundzwanzigsten Stunde

1. Mit welchem Bedienelement können Sie die Objekthöhe nachträglich ändern?

2. Welches Format haben relative Zylinderkoordinaten?

3. Was macht der Befehl VERDECKT?

4. Kann die schattierte Darstellung geplottet werden?

5. Was ist der Ansichtspunkt?

6. Mit welchem Universalwerkzeug können Sie in AutoCAD 2002 die 3D-Ansicht einstellen?

7. Mit welchem Befehl können Sie eine Zeichenebene beliebig in den Raum legen?

8. Welche Einschränkungen des Befehls DREHEN hebt der Befehl 3DDREHEN auf?

9. Was ist eine Extrusion?

10. Welche 2D-Bearbeitungsbefehle lassen sich auch bei Volumen verwenden?

STUNDE 23

Layouts

Spätestens wenn mehrere Maßstäbe oder verschiedene Ansichten von einem 3D-Modell auf ein Zeichenblatt sollen, sollten Sie sich mit Layouts beschäftigen. Sie lernen in dieser Stunde:

✘ wie Sie den normalen Zeichenbereich verlassen können

✘ wie Sie Ansichtsfenster auf dem Papier erstellen und deren Inhalt verändern können

✘ wie 2D-Zeichnungen in verschiedenen Maßstäben auf dem Papier dargestellt werden

✘ wie 3D-Modelle in verschiedenen Ansichten auf das Papier gebracht werden und

✘ wie Sie solche Zeichnungen bemaßen und plotten.

23.1 Die leeren Papierblätter vor der Zeichnung

Bei unseren bisherigen 2D-Zeichnungen haben wir nicht zwischen verschiedenen Bereichen unterschieden. Sie haben sozusagen direkt aufs Papier gezeichnet. Wenn Sie aber in einer Zeichnung unterschiedliche Maßstäbe haben oder ein 3D-Modell in verschiedenen Ansichten auf dem Papier haben wollen, dann müssen wir zwischen Zeichnen bzw. Konstruktion und Layout auf dem Papier unterscheiden.

23 Layouts

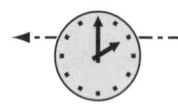

Wenn die eigentliche Zeichenarbeit abgeschlossen ist, schalten Sie den Bereich um, Sie legen bildlich gesprochen ein leeres Blatt Papier vor die Konstruktion und erstellen darauf das Layout. Dabei schneiden Sie, wieder bildlich gesprochen, Fenster ins Papier um den Blick auf die Zeichnung freigegeben. Für jedes Ansichtsfenster können Sie den Ausschnitt, Maßstab und den 3D-Ansichtspunkt einstellen. Sie können sogar mehrere leere Blätter in unterschiedlichen Formaten vor die Zeichnung legen und darauf unterschiedliche Layouts erstellen.

Aktion: Umschalten zu den Layouts

In AutoCAD können Sie beliebig viele Layouts definieren. Ein Layout ist also, wie schon erwähnt, ein Zeichenblatt im Papierbereich, das entweder den gesamten Modellbereich darstellt, einen Ausschnitt daraus oder eine Ansicht eines 3D-Modells. Zwischen dem Modellbereich und den verschiedenen Layouts können Sie mit den Registern am unteren Rand des Zeichnungsfensters wechseln (siehe Abbildung 23.1).

Abb. 23.1: Zeichnung im Papierbereich mit zwei Layouts

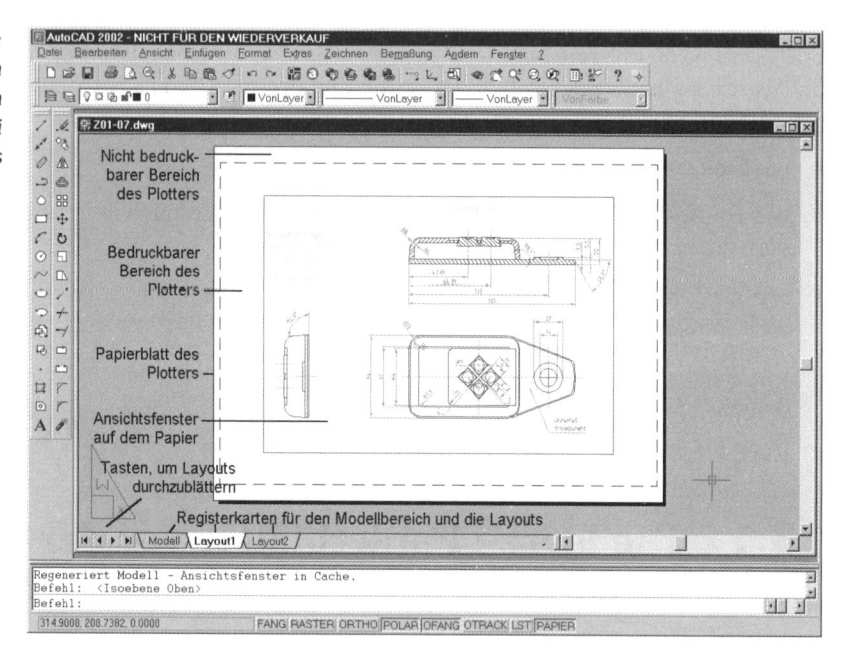

Ein Register ist für den Modellbereich, das Register MODELL. Daneben gibt es Register für die Layouts. Normalerweise werden diese mit *Layout1*, *Layout2* usw. benannt. Sie können ihnen aber auch Namen geben, z.B.: *Ausschnitt_A4*, *Gesamt_A2* usw. Um zwischen dem Modellbereich und den Layouts zu wechseln, klicken Sie auf die entsprechende Registerkarte. Machen

Sie es zum ersten Mal aktiv, wird der Befehl SEITENEINR (siehe Stunde 21) für dieses Layout gestartet.

Aktion: Befehl LAYOUT

Mit dem Befehl LAYOUT können Sie ein neues Layout einfügen, ein bestehendes umbenennen, Layouts sichern und laden, kopieren und löschen. Der Befehl auf der Tastatur eingetippt, stellt folgende Anfragen:

Befehl: **Layout**
Layout-Option eingeben
[Kopieren/Löschen/Neu/Vorlage/Umbenennen/SIchals/ Setzen/?] <Setzen>:

Den Befehl mit seinen Optionen finden Sie an verschiedenen Stellen in den Menüs und Werkzeugkästen:

SETZEN: Mit dieser Option aktivieren Sie ein Layout. Dazu können Sie auch einfacher auf die Registerkarte des Layouts klicken. Machen Sie das zum ersten Mal, wird wie schon erwähnt der Befehl SEITENEINR gestartet.

NEU: Mit dieser Option erstellen Sie ein neues Layout.

✘ Abrollmenü EINFÜGEN, Untermenü LAYOUT, Funktion NEUES LAYOUT

✘ Symbol im Werkzeugkasten LAYOUTS

✘ Rechtsklick auf eine Registerkarte am unteren Rand der Zeichenfläche und Wahl der Funktion NEUES LAYOUT aus dem Pop-up-Menü

Geben Sie einen Layout-Namen ein und die neue Registerkarte wird angelegt. Haben Sie die Funktion aus dem Pop-up-Menü gewählt, werden die Layouts durchnummeriert: *Layout1*, *Layout2* usw.

LÖSCHEN: Mit dieser Option löschen Sie ein vorhandenes Layout.

✘ Rechtsklick auf eine Layout-Registerkarte und Wahl der Funktion LÖSCHEN aus dem Pop-up-Menü

UMBENENNEN: Mit dieser Option können Sie das gerade aktive Layout umbenennen.

✘ Rechtsklick auf eine Registerkarte am unteren Rande der Zeichenfläche und Wahl der Funktion UMBENENNEN aus dem Pop-up-Menü

In einem Dialogfeld können Sie einen neuen Namen für das Layout eintragen.

VORLAGE: Mit dieser Option laden Sie ein oder mehrere Layouts aus einer Vorlagendatei. Dies hat nur dann einen Sinn, wenn in der Vorlagendatei für die Layouts schon die Seiten und die Ansichtsfenster eingerichtet wurden. Ansonsten bringt es keine Zeitersparnis.

KOPIEREN: Mit dieser Option kopieren Sie ein Layout aus der Zeichnung. Auch dies macht nur dann Sinn, wenn Sie ein oder mehrere Layouts mit Seiteneinrichtung und Fensteranordnung in ähnlicher Form in der Zeichnung noch einmal benötigen. Machen Sie ein Layout aktiv. Drücken Sie die Taste ⇧, können Sie weitere Layouts markieren. Wählen Sie dann:

✘ Rechtsklick auf eine Registerkarte am unteren Rand der Zeichenfläche und Wahl der Funktion VERSCHIEBEN ODER KOPIEREN... aus dem Pop-up-Menü

SICHALS: Mit dieser Option können Sie ein oder mehrere Layouts aus der Zeichnung in eine Vorlage kopieren.

Aktion: Seite einrichten bei einem neuen Layout

Aktivieren Sie ein Layout zum ersten Mal, wird der Befehl SEITENEINR gestartet. Den Befehl kennen Sie schon aus der Stunde 21. Beachten Sie aber, im Layout sollten Sie immer den Maßstab 1:1 haben. Den Maßstab des Modells auf dem Papier bestimmen Sie in den Ansichtsfenstern (siehe unten).

Wählen Sie in der Registerkarte PLOTTER den Plotter und eventuell eine Plotstiltabelle (siehe Abbildung 23.2). Aktivieren Sie den Schalter PLOTSTILE ANZEIGEN, wenn die Objekte im Layout mit der Farbe und Linienstärke wie auf dem Plot angezeigt werden sollen. Wenn Sie beispielsweise der Farbe gelb in der Zeichnung über den Plotstil die Plotfarbe grün zugeordnet haben, ist dies im Modellbereich nicht sichtbar. Im Layout können Sie es aber die tatsächlichen Plotfarben und -linienstärken sichtbar machen, wenn Sie diesen Schalter einschalten.

Abb. 23.2: Seite einrichten, Registerkarte PLOTTER

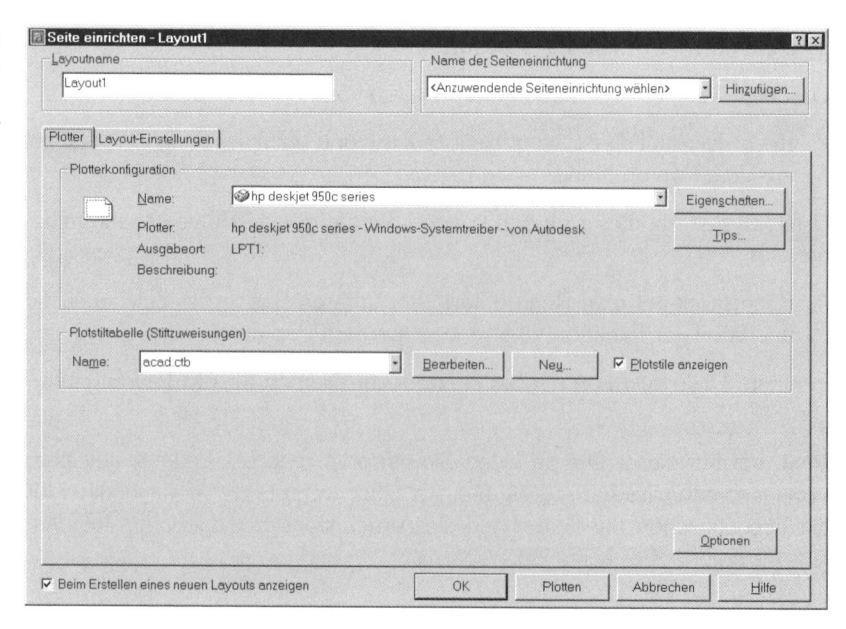

In der Registerkarte LAYOUT-EINSTELLUNGEN wählen Sie das Papierformat und die Zeichnungsausrichtung. Sie sollten für den Maßstab immer 1:1 wählen und den Plotbereich Layout (siehe Abbildung 23.3).

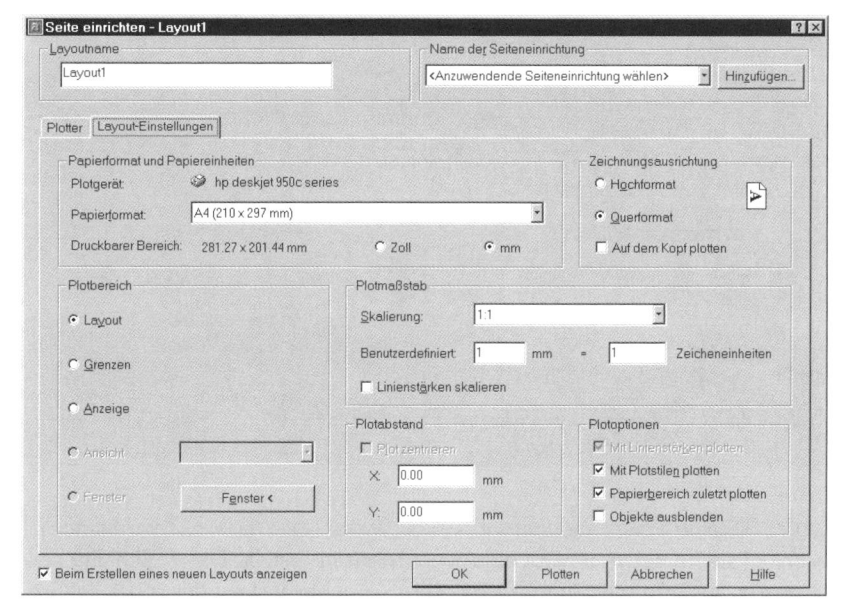

Abb. 23.3: Seite einrichten, Registerkarte LAYOUT-EINSTELLUNGEN

Im Layout wird danach das Papier mit dem bedruckbaren Bereich angezeigt. Die Grenze zum nicht bedruckbaren Bereich wird gestrichelt angezeigt (siehe Abbildung 23.1). Der Nullpunkt des Papierbereichs liegt an der linken unteren Ecke des bedruckbaren Bereiches. Je nach Voreinstellung wird ein Ansichtsfenster in der Mitte des bedruckbaren Bereichs erstellt oder der Papierbereich bleibt leer (siehe unten).

Aktion: Voreinstellungen für das Layout

Mit dem Befehl OPTIONEN können Sie einstellen, was beim Erstellen eines Layouts passieren soll. Wählen Sie den Befehl:

✘ Abrollmenü EXTRAS, Funktion OPTIONEN...

Im Dialogfeld wählen Sie das Register ANZEIGE (siehe Abbildung 23.4).

Das Feld LAYOUT-ELEMENTE ist hier wichtig. Die ersten vier Schalter betreffen die Anzeige des Layouts. Der Schalter DIALOGFELD SEITE EINRICHTEN FÜR NEUE LAYOUTS ANZEIGEN bewirkt, dass der Befehl SEITENEINR automatisch gestartet wird, wenn Sie ein neues Layout das erste Mal aktivieren. Diesen Schalter sollten Sie eingeschaltet haben.

23 Layouts

Abb. 23.4:
Befehl OPTIO-
NEN, Register-
karte ANZEIGE

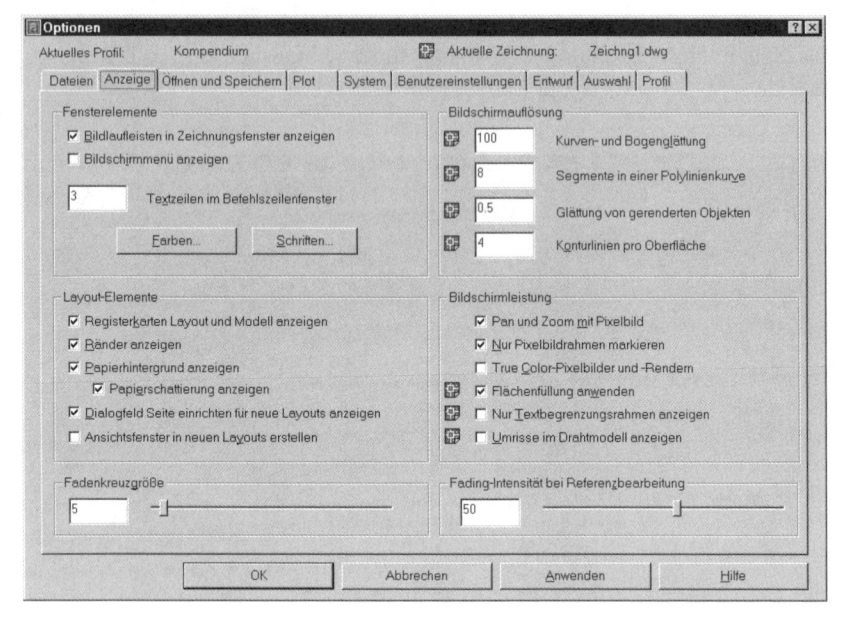

Ist der Schalter ANSICHTSFENSTER IN NEUEN LAYOUTS ERSTELLEN ein, wird automatisch bei jedem neuen Layout ein Ansichtsfenster erstellt. Dieser Schalter sollte besser aus sein, da Sie meist mehrere Ansichtsfenster oder spezielle Größen benötigen.

Training: Layouts erstellen

- Stellen Sie im Befehl OPTIONEN die Registerkarte ANZEIGE wie in Abbildung 23.4 ein.

- Laden Sie die Zeichnung A-23-01.dwg aus dem Ordner \AUFGABEN, ein Teil in der Draufsicht, eine Schnittdarstellung und eine weitere Ansicht.

- Klicken Sie auf das Register Layout1, wählen Sie bei der Seiteneinrichtung einen beliebigen Windows-Drucker. Wählen Sie das Papierformat DIN A4 im Hochformat.

- Zwei weitere Layouts sollen für den gleichen Drucker eingerichtet werden. Wählen Sie für beide das gleiche Papierformat, DIN A4 im Hochformat.

- Benennen Sie das erste Layout um in Draufsicht, das zweite in Schnitt und das dritte in Vorderansicht.

- Fügen Sie den Zeichnungsrahmen DIN A4 aus dem Ordner \AUFGABEN auf allen drei Layouts am Punkt 0,0 ein (siehe Abbildung 23.5).

Füllen Sie die Attribute aus. Eine Lösung finden Sie im Ordner \AUF-GABEN, die Zeichnung L-23-01.dwg.

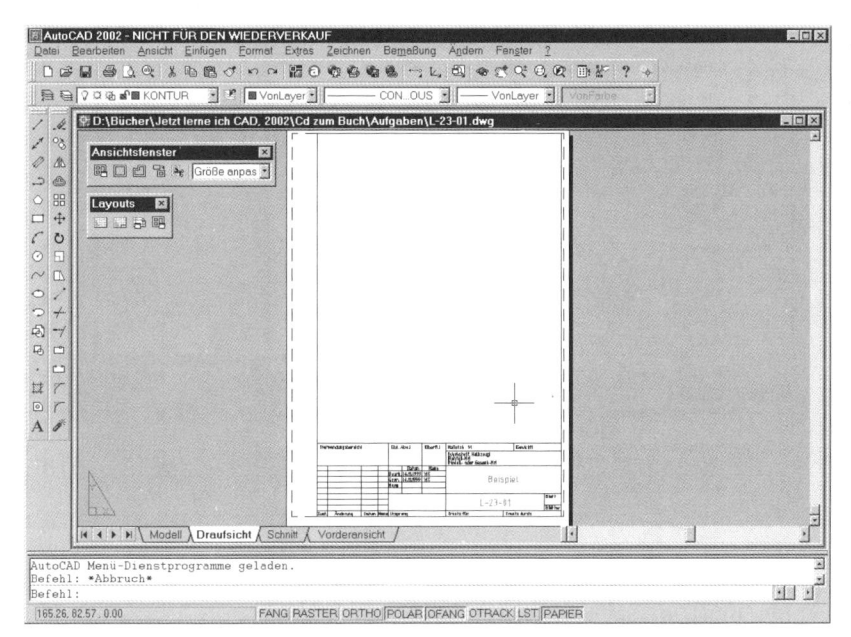

Abb. 23.5:
Layout mit
Zeichnungs-
rahmen

23.2 Ansichtsfenster auf dem Papier

Nun haben Sie zwar die Layouts, es ist aber außer dem Zeichnungsrahmen noch nichts drauf. Jetzt müssen Ansichtsfenster erstellt werden.

Aktion: Ansichtsfenster erstellen

Den Befehl AFENSTER haben Sie schon in der letzten Stunde kennen gelernt. Im Modellbereich konnte damit der Bildschirm in Fenster aufgeteilt werden. Im Layout brauchen wir ihn, um die Ansichtsfenster auf dem Papier zu erzeugen. Sie finden den Befehl:

✘ Abrollmenü ANSICHT, Untermenü ANSICHTSFENSTER >, Funktionen für die einzelnen Optionen des Befehls

✘ Symbol in der STANDARD-FUNKTIONSLEISTE

✘ Symbol im Werkzeugkasten LAYOUTS und ANSICHTSFENSTER

Haben Sie die Funktion NEUE ANSICHTSFENSTER... gewählt, bekommen Sie ein Dialogfeld wie in Abbildung 23.6.

23 Layouts

Abb. 23.6: Dialogfeld des Befehls AFENSTER im Papierbereich

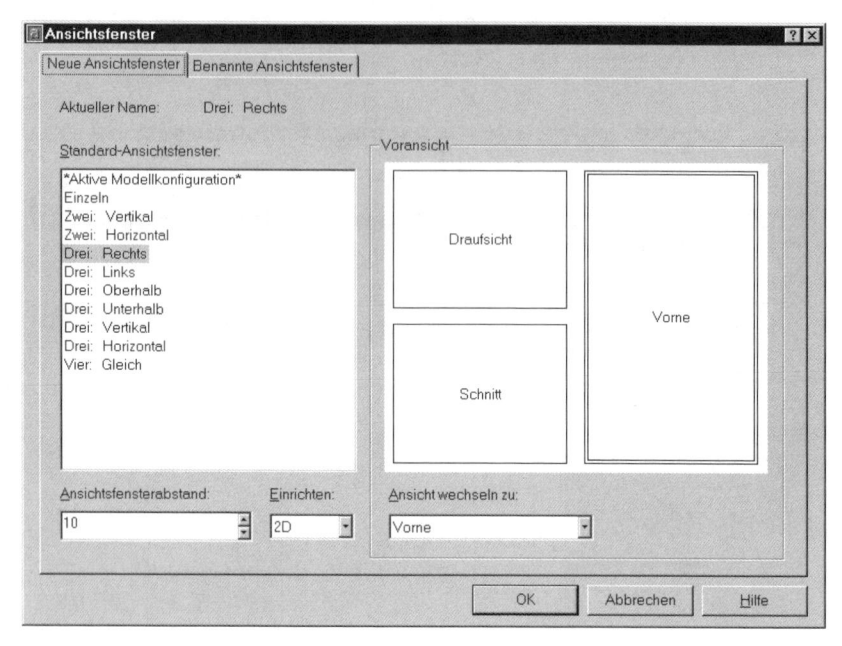

Wie im Modellbereich können Sie jetzt die Aufteilung des Layouts in Fenster wählen. In der Spalte STANDARD-ANSICHTSFENSTER wählen Sie die gewünschte Aufteilung. Diese wird dann im Voransichtsfenster angezeigt. Im Eingabefeld ANSICHTSFENSTERABSTAND können Sie einen Abstand eintragen, wenn Sie mehrere Ansichtsfenster wählen und zwischen den Fenstern ein Zwischenraum sein soll. Im Abrollmenü EINRICHTEN können Sie zwischen 2D-Zeichnungen und 3D-Modellen umschalten. Wie im Modellbereich können Sie jetzt in der Voransicht ein Fenster anklicken und im Abrollmenü ANSICHT WECHSELN ZU wählen, welcher Ausschnitt in dem Fenster dargestellt werden soll. Das geht natürlich nur dann, wenn in der Zeichnung benannte Ausschnitte gespeichert wurden. Sonst finden Sie dort nur den Eintrag AKTUELL, der momentane Ausschnitt des Modellbereichs. Den haben Sie dann in allen neuen Fenstern im Layout.

Klicken Sie auf OK, verschwindet das Dialogfeld und Sie können die Abmessungen für die Fenster wählen.

Erste Ecke angeben oder [Zbereich]: <Zbereich>: **Ersten Eckpunkt für das Fenster bzw. die Fensteranordnung eingeben**
Entgegengesetzte Ecke angeben: **anderen Eckpunkt eingeben**

ZBEREICH: Mit dieser Option wird das Fenster bzw. die Fensteranordnung so groß wie der bedruckbare Bereich auf dem Layout erstellt.

Ansichtsfenster auf dem Papier

Aktion: Weitere Optionen des Befehls AFENSTER

Wenn Sie den Befehl auf der Tastatur mit vorangestelltem »-« eingeben, arbeitet der Befehl ohne Dialogfeld. Sie können weitere Optionen im Befehlszeilenfenster wählen.

Befehl: **-Afenster**
Ecke des Ansichtsfensters angeben oder
[Ein/Aus/Zbereich/Verdplot/Sperren/Objekt/Polygonal/
Holen/2/3/4]: <Zbereich>:

Die meisten Optionen finden Sie auch im Abrollmenü. Wichtig sind hier vor allem noch VERDPLOT und SPERREN. Die sind allerdings nicht im Abrollmenü.

VERDPLOT: Bewirkt, dass beim Plotten die verdeckten Kanten bei einem 3D-Modell im Fenster entfernt werden.

SPERREN: Wenn im Layout der Modellbereich (siehe unten) aktiv ist, kann im Ansichtsfenster gezoomt werden. Da der Zoomfaktor aber den Maßstab des Ansichtsfensters bestimmt, ist es sinnvoll, das Zoomen zu sperren, wenn der Maßstab richtig eingestellt ist. Mit dieser Option kann dies gemacht werden. Zoomen Sie dann im Modellbereich, wird das gesamte Layout gezoomt.

Tipps: Ansichtsfenster im Layout

- Ansichtsfenster werden auf dem Layout als Zeichnungsobjekte erzeugt. Sie können Sie schieben, kopieren, strecken oder auch wieder löschen. Bei der Objektwahl klicken Sie sie am Rand an. Wie normale Zeichnungsobjekte werden sie auf dem aktuellen Layer erstellt, in der aktuellen Farbe, mit dem aktuellen Linientyp usw.

- Da Sie in der fertigen Zeichnung die einzelnen Ansichten nicht mit einem Rand haben wollen, ist es sinnvoll, die Ansichtsfenster auf einem separaten Layer zu zeichnen. Diesen können Sie dann, wenn das Layout fertig ist, frieren.

Training: Ansichtsfenster erstellen

- *Aktivieren Sie das Layout Draufsicht. Machen Sie den Layer Fenster zum aktuellen Layer. Wählen Sie die Funktion NEUE ANSICHTSFENSTER... aus dem Abrollmenü ANSICHT, Untermenü ANSICHTSFENSTER*

- *Wählen Sie im Dialogfeld bei STANDARD-ANSICHTSFENSTER den Eintrag EINZELN und im Abrollmenü ANSICHT WECHSELN ZU den Eintrag DRAUFSICHT für diesen, in der Zeichnung gespeicherten Ausschnitt.*

- *Wenn Sie mit OK bestätigen, müssen Sie noch die Fenstergröße mit zwei diagonalen Eckpunkten angeben. Ziehen Sie das Fenster etwa in*

23 Layouts

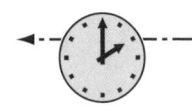

dieser Größe auf oder geben Sie die Koordinaten wie unten ein. Sie erhalten dann ein Fenster in dieser Größe auf dem Layout (siehe Abbildung 23.7).

Erste Ecke angeben oder [Zbereich]: <Zbereich>: **25,100**
Entgegengesetzte Ecke angeben: **195,210**

Abb. 23.7:
Layout Draufsicht mit einem Ansichtsfenster

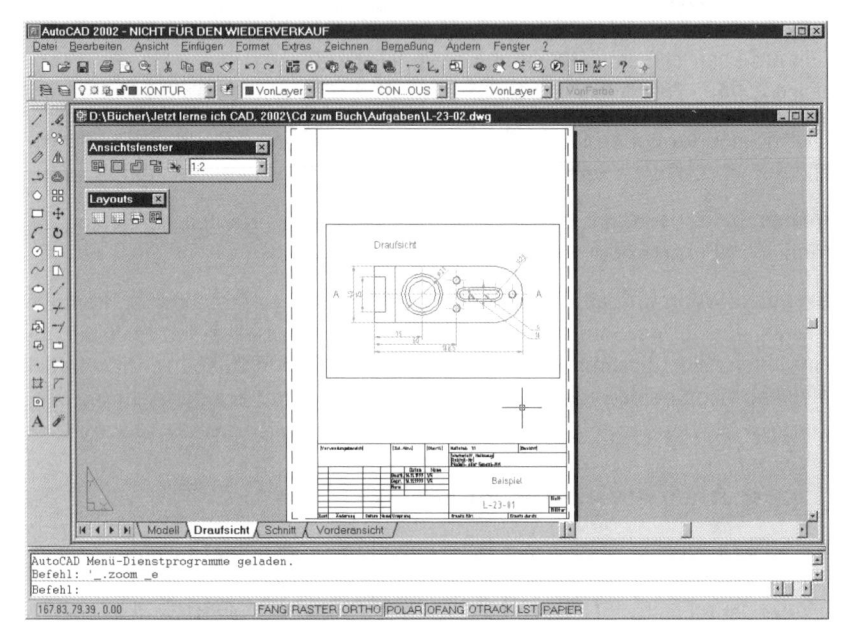

- Machen Sie das Gleiche bei dem Layout Schnitt. Aktivieren Sie es zuerst, wählen Sie auch hier die Funktion NEUE ANSICHTSFENSTER.. Erstellen Sie ein einzelnes Ansichtsfenster und aktivieren darin den Ausschnitt Schnitt.

- Geben Sie für die Fenstergröße ebenfalls wieder 25,100 und 195,210 ein.

- Und noch einmal das Gleiche beim Layout Vorderansicht. Auch hier soll ein einzelnes Ansichtsfenster entstehen und darin der Ausschnitt Vorne erscheinen.

- Das Fenster sollte hier die Eckpunkte 25,65 und 190,250 haben.

23.3 Papierbereich und Modellbereich

Auch auf einem Layout kann man zwischen zwei Bereichen unterscheiden. Im Moment befinden Sie sich noch im Papierbereich. Dort können Sie die Ansichtsfenster verschieben, kopieren, vergrößern bzw. verkleinern, drehen und löschen. Bei der Objektwahl müssen Sie die Fenster am Rand anklicken. Im Papierbereich wird das Fadenkreuz auf dem ganzen Bildschirm angezeigt. Das Koordinatensymbol erscheint dreieckig links unten auf dem Bildschirm. Im Papierbereich können Sie ganz normal zeichnen und editieren, beschriften, den Zeichnungsrahmen einfügen (siehe oben) und die Zeichnung bemaßen.

Sie können aber im Moment den Inhalt im Fenster nicht verändern. Wie mit einer Glasscheibe ist der Papierbereich abgedeckt. Lediglich mit dem Objektfang können Sie durch die Glasscheibe hindurch Punkte wählen.

Aktion: Befehle MBEREICH und PBEREICH

Mit den Befehlen MBEREICH und PBEREICH kann zwischen Modellbereich und Papierbereich im Layout umgeschaltet werden. Schalten Sie im Layout in den Modellbereich, können Sie innerhalb der Fenster am Modell arbeiten. Ein Fenster ist dann immer das aktive Fenster. Dort erscheint das Fadenkreuz, in den anderen Fenstern und auf dem restlichen Bildschirm nur ein Pfeil. Das aktive Ansichtsfenster ist durch einen verstärkten Rahmen erkennbar.

Die Befehle MBEREICH und PBEREICH finden Sie nicht in den Menüs. Verwenden Sie eine der folgenden Methoden:

✘ Klick auf das Feld PAPIER bzw. MODELL in der Statuszeile am unteren Bildschirmrand, zwischen den Bereichen wird umgeschaltet

✘ Doppelklick in ein Ansichtsfenster zum Umschalten in den Modellbereich und Doppelklick auf die Papierfläche zum Umschalten in den Papierbereich

✘ Im Modellbereich kann durch einen einfachen Klick in ein anderes Fenster das aktive Fenster gewechselt werden.

✘ Haben Sie ein kleines Ansichtsfenster über ein größeres gelegt, kommen Sie nicht mehr an das kleinere Fenster. Wenn Sie dort hinein klicken, wird immer das große aktiv. In diesem Fall schalten Sie mit der Tastenkombination [Strg] + [R] um.

23 Layouts

Aktion: Ansicht und Maßstab in den Fenstern einstellen

Die wichtigste Aufgabe im Modellbereich ist es, die gewünschte Ansicht in den Fenstern einzustellen. Wie üblich machen Sie das mit den Befehlen ZOOM und PAN. Eine maßstäbliche Darstellung auf dem Papier erhalten Sie nur mit einer speziellen Option des Befehls ZOOM:

Befehl: **Zoom**
Fensterecke angeben, Skalierfaktor eingeben
(nX oder nXP) oder [Alles/Mitte/Dynamisch/Grenzen/
Vorher/FAktor/Fenster] <Echtzeit>: **1XP**

Ein Faktor gefolgt von XP bestimmt den Maßstab:

✘ 1XP stellt die Zeichnung im Maßstab 1:1 im Fenster dar,

✘ 2XP vergrößert die Zeichnung im Maßstab 2:1 im Fenster und

✘ 0.5XP verkleinert auf den Maßstab 1:2 usw.

Rücken Sie dann den Ausschnitt mit dem Befehl PAN endgültig zurecht.

Aktion: Maßstab im Werkzeugkasten

Einfacher haben Sie es mit dem Werkzeugkasten ANSICHTSFENSTER. Markieren Sie das Fenster im Papierbereich oder wechseln Sie in den Modellbereich und machen es zum aktiven Fenster. Wählen Sie dann im Abrollmenü des Werkzeugkastens ANSICHTSFENSTER einen der Standard-Maßstäbe für die Darstellung im Fenster (siehe Abbildung 23.8). Finden Sie Ihren Maßstab nicht, tragen Sie einen Vergrößerungsfaktor in dem Feld ein, z.B. 0.3333 für den Faktor 1:3. Mit der Einstellung GRÖSSE ANGEPASST bekommen Sie die maximale Vergrößerung, die in den Fenstern darstellbar ist.

Abb. 23.8: Maßstab im Werkzeugkasten AN-SICHTSFENSTER

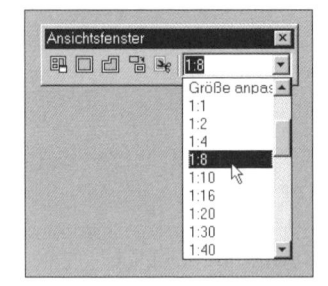

444

Aktion: Ansichtsfenster sperren

Der Zoom-Faktor im Ansichtsfenster entspricht dem Maßstab der Zeichnung auf dem Papier. Solange Sie im Papierbereich auf dem Layout zoomen, ist das kein Problem, das Layout wird vergrößert dargestellt. Haben Sie aber ein Ansichtsfenster aktiv und zoomen oder panen dort, wird der Ausschnitt und der Maßstab verändert. Es ist unter Umständen viel Arbeit, das wieder korrekt einzustellen. Deshalb können Sie, wenn alle Fenster richtig eingestellt sind, die Fenster vor unbeabsichtigtem Zoomen sperren. Zoomen Sie dann im Modellbereich auf dem Layout, wird nicht der Ausschnitt im Ansichtsfenster verändert, sondern das komplette Layout gezoomt. Das Ansichtsfenster bleibt trotzdem aktiv und Sie können darin arbeiten. Sperren Sie ein oder mehrere Ansichtsfenster wie folgt:

- ✘ Befehl –AFENSTER eintippen und Option SPERREN wählen
- ✘ Ein oder mehrere Ansichtsfenster in der Zeichnung markieren und im Objekt-Eigenschaften-Manager ANZEIGE GESPERRT auf JA setzen (siehe unten)
- ✘ Ein oder mehrere Ansichtsfenster in der Zeichnung markieren und mit der rechten Maustaste Pop-up-Menü aktivieren. Funktion ANZEIGE GESPERRT auf JA setzen.

Aktion: Einstellungen im Objekt-Eigenschaften-Manager

Im Objekt-Eigenschaften-Manager können Sie die Parameter für ein Ansichtsfenster ebenfalls einstellen. Klicken Sie das Fenster an und Sie finden in der Kategorie VERSCHIEDENES unter anderem auch die Einstellungen des Maßstabs und der Sperre gegen das Zoomen (siehe Abbildung 23.9).

Abb. 23.9: Objekt-Eigenschaften-Manager mit Ansichtsfenster

23 Layouts

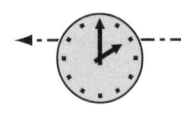

Training: Einstellen des Maßstabs

✗ Stellen Sie in den Layouts Draufsicht und Schnitt den Maßstab 1:1 ein. Im Layout Vorderansicht stellen Sie 2:1 ein.

✗ Rücken Sie mit PAN das Teil in die Mitte des Fensters und sperren Sie dann in allen Fenstern die Anzeige, so dass die Vergrößerung nicht mehr geändert werden kann.

23.4 Sichtbarkeit in den Ansichtsfenstern

Nun kann es vorkommen, dass in den verschiedenen Fenstern unterschiedliche Objekte sichtbar sein sollen. Stellen Sie sich den Fall vor: Sie haben die Zusammenbauzeichnung in einem Fenster, wollen aber in anderen Fenstern die Einzelteile separat darstellen. Arbeiten Sie mit verschiedenen Fenstern, setzen Sie Einzelteile auf unterschiedliche Layer und frieren Sie die Einzelteillayer in den Fenstern, in denen Sie sie nicht haben wollen.

Man kann in AutoCAD-Layer global frieren und tauen. Gefrorene Layer sind in allen Fenstern und im Papierbereich unsichtbar. Darüber hinaus lassen sich Layer aber auch nur in einem Ansichtsfenster frieren und tauen.

Wie alle Layerfunktionen können auch diese Einstellungen im Dialogfeld des Befehls LAYER vorgenommen werden, das Sie schon ausgiebig kennen gelernt haben. Starten Sie es aus dem Abrollmenü FORMAT, Funktion LAYER..., oder starten Sie mit dem Symbol aus der Funktionsleiste EIGENSCHAFTEN. Sehen Sie es sich am Beispiel an.

Training: Layer in Ansichtsfenstern frieren

✗ Schalten Sie in das Layout Vorderansicht und machen Sie das Ansichtsfenster aktiv.

✗ Wählen Sie den Befehl LAYER. Markieren Sie die Layer Masse und Schrift (siehe Abbildung 23.10).

✗ Klicken Sie auf das Symbol mit der Sonne im Fenster in der Spalte FRIEREN IM AKTIVEN ANSICHTSFENSTER, die Sonne verschwindet, der Eiskristall erscheint, der Layer ist in diesem Ansichtsfenster gefroren. In allen anderen Fenstern bleibt er sichtbar.

✗ Zum Schluss frieren Sie den Layer Fenster, diesen aber global in allen Ansichtsfenstern, klicken Sie also auf die vordere Spalte.

✗ Diese Lösung finden Sie im Ordner \AUFGABEN, die Zeichnung L-23-02.dwg.

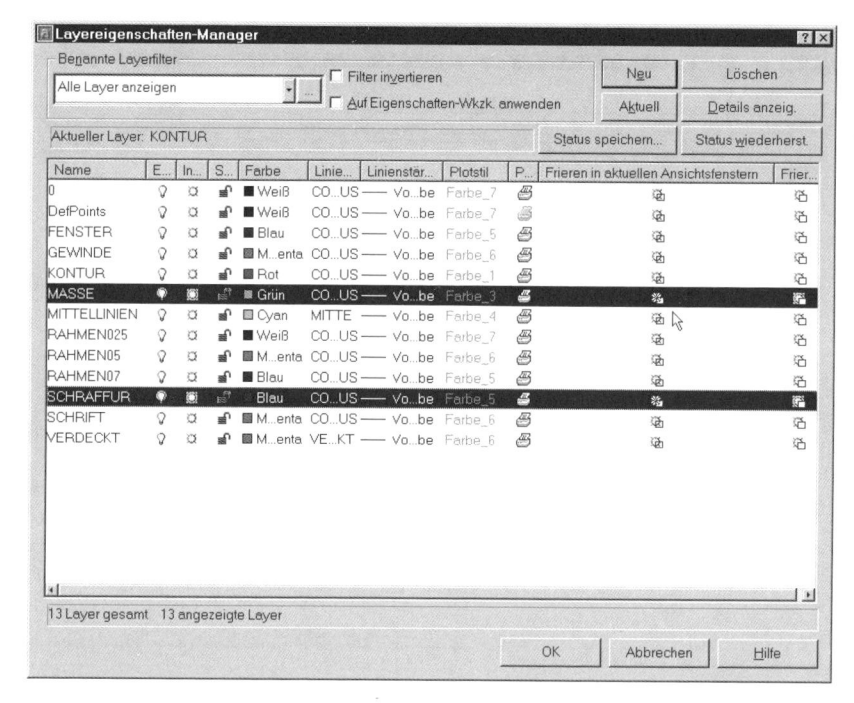

Abb. 23.10: Layer im Ansichtsfenster frieren

23.5 Das Layout bei 3D-Modellen

Noch wichtiger wird diese Art der Darstellung in Layouts, wenn Sie 3D-Modelle auf dem Papier darstellen wollen. Der Vorgang ist der gleiche, nur dass hier noch der Ansichtspunkt dazu kommt. Schauen wir es uns auch hier an einem Beispiel an.

Training: 3D-Modelle im Ansichtsfenster

✗ Laden Sie die Zeichnung A-23-03.dwg aus dem Ordner \AUFGABEN. Sie finden darin das 3D-Modell eines Kellergeschosses (siehe Abbildung 23.11).

✗ Benennen Sie das Layout1 um in Keller. Wechseln Sie in dieses Layout und die Seiteneinrichtung wird automatisch gestartet. Wählen Sie beim Plotter das Modell »Kein«. Damit wird die Seiteneinrichtung nicht auf die Formate des gewählten Plotters beschränkt.

23 Layouts

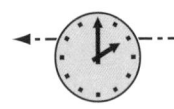

✗ Wählen Sie dann im Register LAYOUT-EINSTELLUNGEN beim Papierformat ISO A3 (420.00 x 297.00 MM) und geben Sie bei der Zeichnungsausrichtung das Querformat an.

Abb. 23.11:
3D-Modell
eines Kellergeschosses

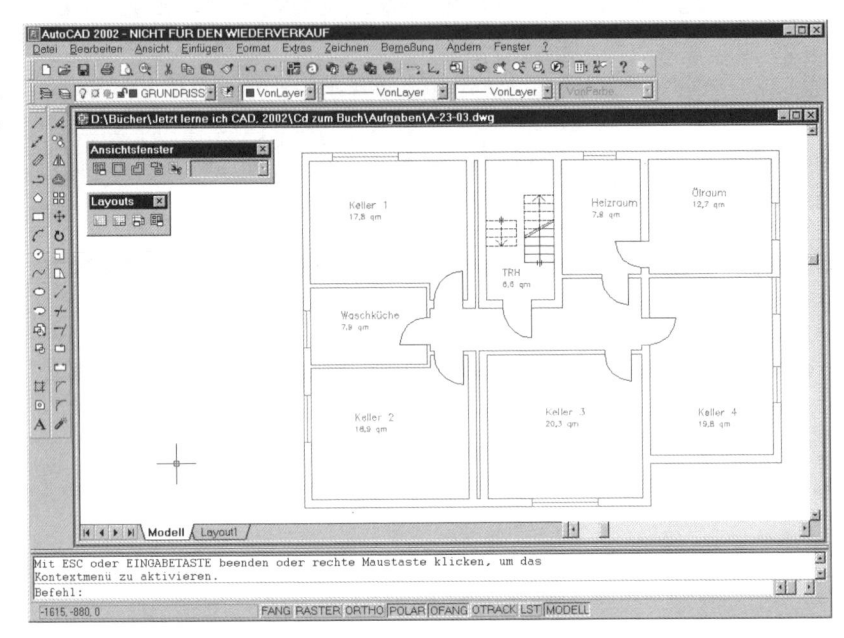

✗ Machen Sie dann den Layer Rahmen zum aktuellen Layer. Auf dem sollen die Ansichtsfenster erstellt werden.

✗ Verwenden Sie den Befehl –AFENSTER und erstellen Sie nacheinander drei Ansichtsfenster wie in Abbildung 23.12. Wählen Sie den Befehl dazu jedesmal aus dem Abrollmenü ANSICHT, Untermenü ANSICHTSFENSTER, Funktion 1 ANSICHTSFENSTER oder mit dem Symbol im Werkzeugkasten ANSICHTSFENSTER

Befehl: **-Afenster**
Ecke des Ansichtsfensters angeben oder
[Ein/Aus/Zbereich/Verdplot/Sperren/Objekt/Polygonal/
Holen/2/3/4]: <Zbereich>: **Punkt 1 (Abbildung 23.12) bei 15,15 anklicken**
Entgegengesetzte Ecke angeben: **Punkt 2 bei 235,175 anklicken**

Befehl: **-Afenster**
Ecke des Ansichtsfensters angeben oder
[Ein/Aus/Zbereich/Verdplot/Sperren/Objekt/Polygonal/
Holen/2/3/4]: <Zbereich>: **Punkt 3 bei 15,200 anklicken**
Entgegengesetzte Ecke angeben: **Punkt 4 bei 235,250 anklicken**

Das Layout bei 3D-Modellen

Befehl: -Afenster
Ecke des Ansichtsfensters angeben oder
[Ein/Aus/Zbereich/Verdplot/Sperren/Objekt/Polygonal/
Holen/2/3/4]: <Zbereich>: **Punkt 5 bei 245,105 anklicken**
Entgegengesetzte Ecke angeben: **Punkt 6 bei 380,250 anklicken**

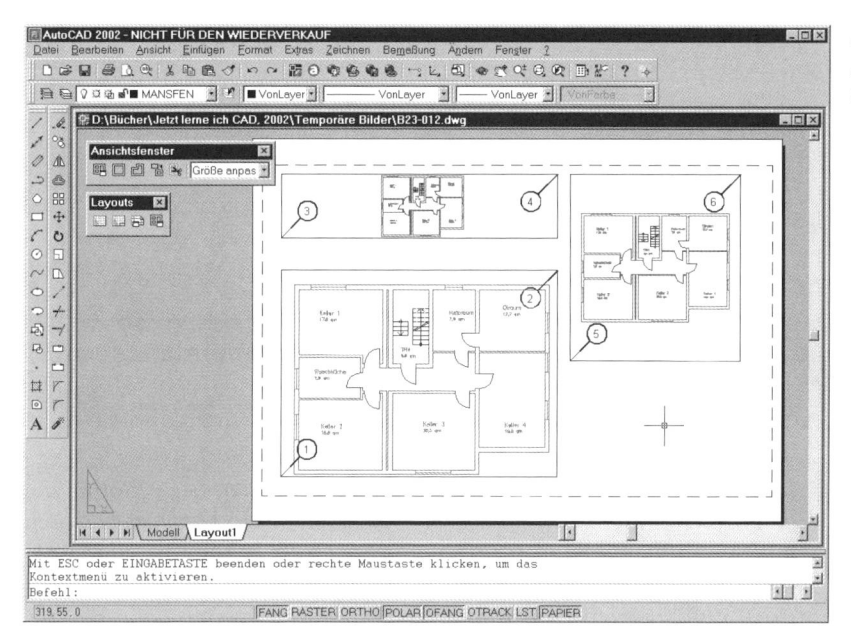

Abb. 23.12: Drei Fenster im Layout

- Klicken Sie doppelt in das Fenster links unten, so dass es zum aktiven Fenster wird. Wählen Sie im Abrollmenü des Werkzeugkastens ANSICHTSFENSTER den Maßstab 1:10. Da in der Zeichnung die Einheiten cm entsprechen und die Zeichnungseinheiten auf dem Papier mm, ergibt das einen Maßstab von 1:100.

- Klicken Sie in das Ansichtsfenster darüber. Stellen Sie bei den 3D-Ansichten eine Ansicht von vorne ein und skalieren Sie wie das erste Fenster.

- Klicken Sie in das rechte Ansichtsfenster und stellen Sie eine isometrische Ansicht von Süd-Ost ein. Einen Maßstab benötigen Sie in der isometrischen Ansicht nicht. Ihr Zeichenblatt sollte jetzt wie in Abbildung 23.13 aussehen.

23 Layouts

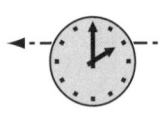

Abb. 23.13:
Ansichten in
den Fenstern
eingestellt

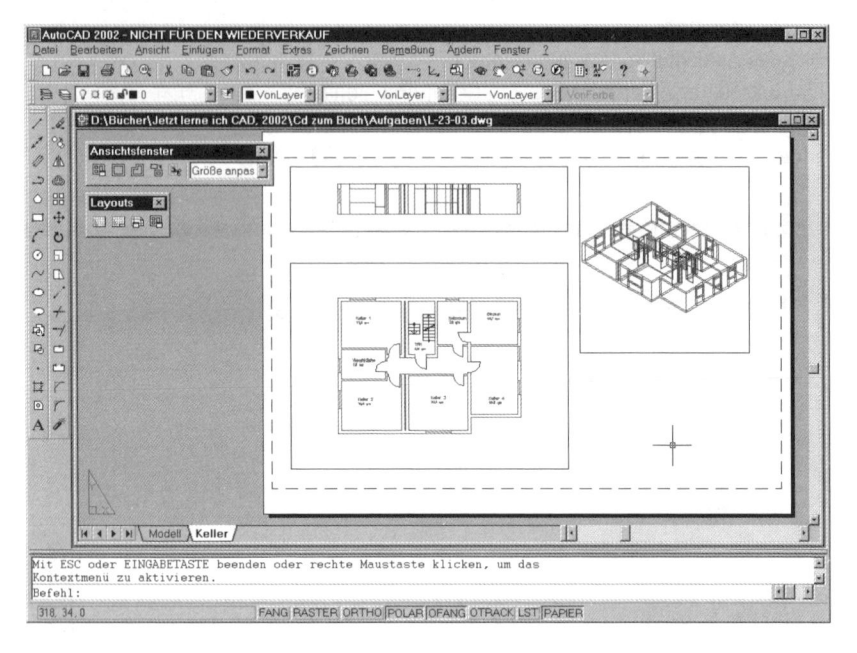

- Im Fenster links oben und im rechten Fenster sollen beim Plotten die verdeckten Kanten entfernt werden. Klicken Sie ein Fenster nach dem anderen im Papierbereich an, so dass Sie Griffe bekommen, und wählen Sie aus dem Pop-up-Menü (rechte Maustaste) bei der Funktion PLOT AUSBLENDEN die Auswahl JA. Beim Plotten werden dann die verdeckten Kanten in den Fenstern entfernt.

- Sperren Sie auf diese Art auch die Anzeige in allen Fenstern. Somit können der Ansichtspunkt und der Maßstab in den Fenstern nicht mehr verändert werden.

- Die Layer STURZ und BRÜSTUNG sind bis jetzt noch ausgeschaltet, da Sie im Grundriss nicht erforderlich waren. Schalten Sie diese Layer ein.

- Klicken Sie in das Fenster mit dem Grundriss doppelt. Wählen Sie den Befehl LAYER und frieren Sie nur in diesem Ansichtsfenster die Layer Sturz und Brüstung.

- Klicken Sie in das Fenster mit der Vorderansicht darüber. Frieren Sie in diesem Fenster die Layer Text und Tuer-2D, die Layer, die nur in der Draufsicht sinnvoll sind.

- Machen Sie das Gleiche im Fenster mit der Isometrie rechts daneben.

- Viel hat sich nicht geändert. Aber in den 3D-Ansichten fehlen die Türbögen und die Schrift, dafür sind Brüstungen an den Fenstern und die Stürze über Fenster und Türen sichtbar, nicht jedoch in der Draufsicht.

✗ *Die Zeichnung ist fertig. Schalten Sie in den Papierbereich. Schalten Sie den Layer Fenster global aus. Machen Sie eventuell vorher einen anderen Layer zum aktuellen Layer. Ihre Zeichnung hat jetzt keine Ränder mehr um die Ansichtsfenster auf der Zeichenfläche.*

✗ *Eine Musterlösung haben Sie in Ihrem Aufgabenordner, die Zeichnung L-23-03.dwg.*

23.6 Bemaßen von Layouts

In AutoCAD 2002 können Sie jetzt direkt im Layout auf dem Papier bemaßen. Sie können die Geometriepunkte im Modellbereich mit dem Objektfang abgreifen. Dazu muss aber die Systemvariable Dimassoc auf 2 eingestellt werden:

Befehl: **Dimassoc**
Neuen Wert für DIMASSOC eingeben <1>: 2

Jetzt sollten Sie nur noch den Bemaßungsstil entsprechend einstellen. Wählen Sie dazu den Befehl BEMSTIL.

✗ Abrollmenü BEMAẞUNG, Funktion STIL... oder Abrollmenü FORMAT, Funktion BEMAẞUNGSSTIL...

✗ Symbol im Werkzeugkasten BEMAẞUNG

Stellen Sie im Stil, den Sie für die Bemaßung verwenden wollen im Register Primäreinheiten die Bemaßungsskalierung neu ein. Stellen Sie den Skalierfaktor auf 1 und schalten Sie den Schalter NUR AUF LAYOUT-BEMAẞUNGEN ANWENDEN ein (siehe Abbildung 23.14). Die Bemaßungen werden auf dem Papier in der richtigen Größe erstellt. Der auf dem Papier gemessene Wert wird mit dem Maßstab in dem gerade bemaßten Ansichtsfenster verrechnet und dadurch wieder in Modelleinheiten richtig erstellt.

23 Layouts

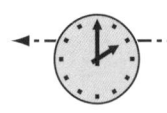

Abb. 23.14:
Einstellung im
Bemaßungsstil
für das Bemaßen auf
dem Papier

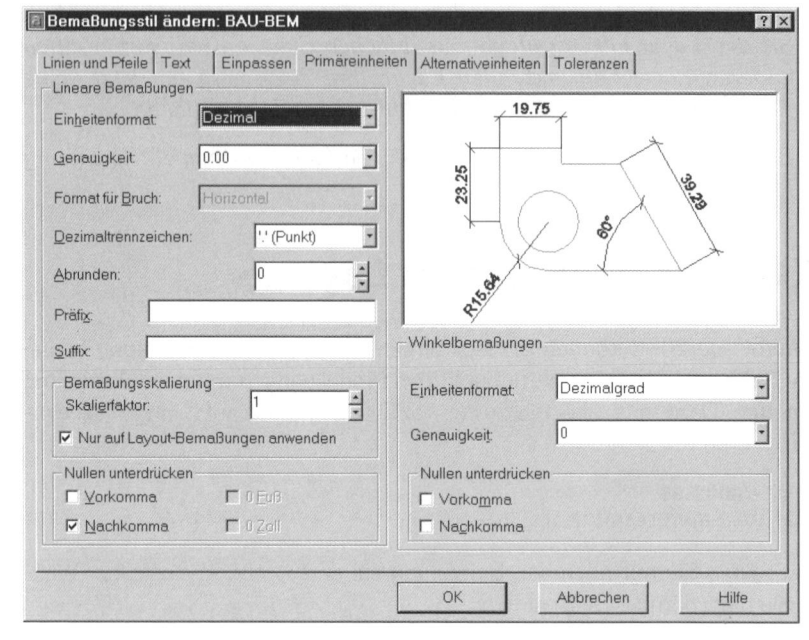

Training: Bemaßen im Papierbereich

- Laden Sie die Zeichnung A-23-04.dwg aus dem Ordner \AUFGABEN.
- Machen Sie den Layer Bamung aktiv und bemaßen im Layout.
- Die Zeichnung sollte wie in Abbildung 23.15 aussehen. Falls nicht, finden Sie auch eine Zeichnung im Übungsordner, die Zeichnung A-23-04.dwg.

Aktion: Plotten von Layouts

Natürlich wollen Sie die Zeichnung auch plotten, aber in welchem Bereich? Haben Sie im Layout den Modellbereich aktiv, wird nur das aktuelle Fenster geplottet. Haben Sie im Layout den Papierbereich aktiv, wird das komplette Blatt mit allen Ansichtsfenstern geplottet. Die Angaben zum Plotmaßstab im Dialogfeld beziehen sich auch auf das Layout. Da das Layout immer 1:1 zu den Papiermaßen erstellt wird, können Sie beim Plotten auch den Maßstab 1:1 einstellen. Den Maßstab der Zeichnung haben Sie ja durch die Skalierung der Fenster bestimmt.

Bemaßen von Layouts

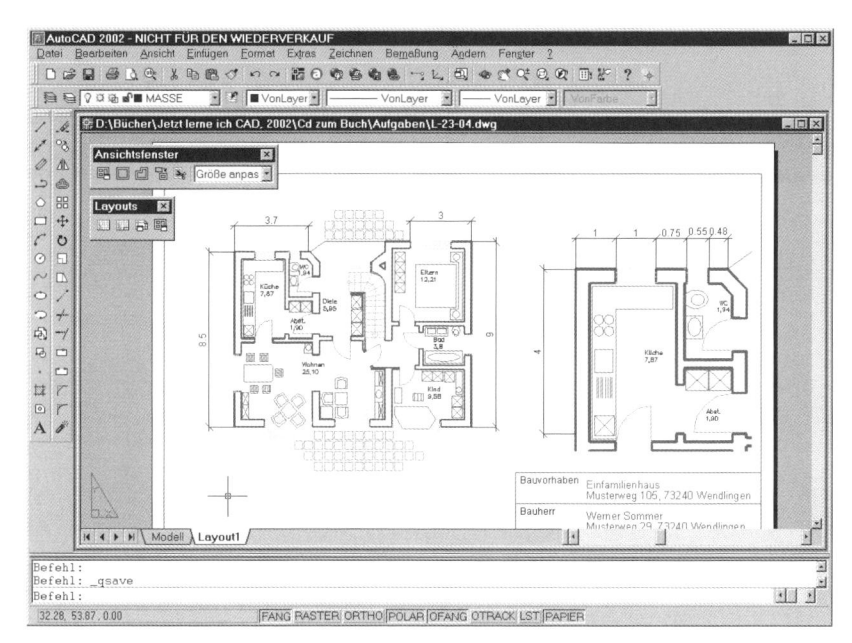

Abb. 23.15:
Die bemaßte
Zeichnung

Fragen zur dreiundzwanzigsten Stunde

1. Welcher Befehl wird in der Regel automatisch gestartet, wenn Sie ein Layout das erste Mal aktivieren?

2. Mit welchem Befehl können Sie Ansichtsfenster auf dem Layout erstellen?

3. In welchem Bereich fügen Sie den Zeichnungsrahmen sinnvollerweise ein?

4. Welche Bereiche gibt es auf dem Layout?

5. Wie können Sie erreichen, dass beim Plotten die verdeckten Linien in einem Ansichtsfenster entfernt werden?

6. In welchen Bereich schalten Sie, wenn Sie die Ansicht in einem Fenster einstellen wollen?

7. Was bewirkt der Zoom-Faktor 0.1XP?

8. Sie wollen verschiedene Layer in einem Ansichtsfenster frieren. Wie machen Sie das?

9. Wann ist die Verwendung von Papier- und Modellbereich bei 2D-Zeichnungen sinnvoll?

10. Wann ist die Verwendung von Layouts unbedingt erforderlich?

STUNDE 24

Abfragen und austauschen

In der letzten Stunde sollen Sie noch einige nützliche Zusatzbefehle kennen lernen. Sie erfahren:

✗ wie Sie mit den Abfragebefehlen Punkte, Strecken, Winkel und vieles mehr aus der Zeichnung entnehmen können

✗ wie Sie die Masseeigenschaften aus Volumenmodellen ermitteln können und

✗ welche Austauschmöglichkeiten es mit anderen Programmen und CAD-Systemen gibt.

24.1 Abfragebefehle

Die Bemaßungsbefehle haben Sie kennen gelernt. Aber was tun Sie, wenn Sie eine Distanz oder einen Winkel beim Konstruieren nur wissen wollen, ihn aber nicht gleich in die Zeichnung eintragen wollen. Hier helfen Ihnen die Abfragebefehle weiter.

Aktion: Befehl ID

Falls Sie wissen wollen, welche Koordinaten der Mittelpunkt eines Kreises hat oder an welchen Koordinaten ein Schnittpunkt liegt usw., verwenden Sie den Befehl ID und Sie bekommen darüber Auskunft. Wählen Sie den Befehl:

✗ Abrollmenü EXTRAS, Untermenü ABFRAGE >, Funktion ID PUNKT

24 Abfragen und austauschen

✘ Symbol in einem Flyoutmenü der STANDARD-FUNKTIONSLEISTE und Symbol im Werkzeugkasten ABFRAGE

Befehl: **Id**
Punkt angeben: **Punkt mit Objektfang wählen**
X=92.50   Y=120.00   Z=0.00

Das Ergebnis erhalten Sie im Befehlszeilenfenster angezeigt. Die Koordinaten werden im aktuellen Koordinatensystem angegeben.

Aktion: Befehl ABSTAND

Wollen Sie den Abstand zweier Punkte in der Zeichnung messen, haben Sie dafür den Befehl ABSTAND. Sie finden ihn:

✘ Abrollmenü EXTRAS, Untermenü ABFRAGE >, Funktion ABSTAND

✘ Symbol in einem Flyoutmenü der STANDARD-FUNKTIONSLEISTE und Symbol im Werkzeugkasten ABFRAGE

Befehl: **Abstand**
Ersten Punkt angeben: **Punkt mit Objektfang wählen**
Zweiten Punkt angeben: **Punkt mit Objektfang wählen**
Abstand = 100.00, Winkel in XY-Ebene = 37, Winkel von XY-Ebene = 0
Delta X = 80.00, Delta Y = 60.00, Delta Z = 0.00

Außer dem direkten Abstand der beiden eingegebenen Punkte werden auch noch die Abstände entlang der Koordinatenachsen angezeigt. Der Winkel in der XY-Ebene ist der Winkel der Verbindung vom ersten zum zweiten Punkt, zur X-Achse hin gemessen. Der Winkel zur XY-Ebene ist in 2D-Zeichnungen natürlich immer 0. Bei 3D-Modellen gibt er den Winkel vom ersten zum zweiten Punkt, zur YX-Ebene gemessen an.

Aktion: Messen einer Fläche

Wollen Sie eine Fläche vermessen, verwenden Sie den Befehl FLÄCHE.

✘ Abrollmenü EXTRAS, Untermenü ABFRAGE >, Funktion FLÄCHE

✘ Symbol in einem Flyoutmenü der STANDARD-FUNKTIONSLEISTE und Symbol im Werkzeugkasten ABFRAGE

Befehl: **Fläche**
Ersten Eckpunkt angeben oder [Objekt/Addieren/Subtrahieren]: **Punkt wählen**

Wenn Sie einen Punkt anklicken (Objektfang verwenden), werden so lange Punkte abgefragt, bis Sie eine Punktanfrage mit ↵ abschließen.

Nächsten Eckpunkt angeben oder Eingabetaste für Summe drücken: **Punkt wählen**

Nächsten Eckpunkt angeben oder Eingabetaste für Summe drücken: ⏎
Fläche = 337.15, Umfang = 74.80

Fläche und Umfang werden angezeigt. Die Fläche muss nicht komplett umfahren werden. Zwischen dem ersten und letzten Punkt wird wie zwischen allen anderen Punkten eine gerade Verbindung angenommen.

ADDIEREN bzw. SUBTRAHIEREN: Mit den Optionen ADDIEREN und SUBTRAHIEREN werden Zwischenergebnisse gebildet und zwischengespeichert. Wichtig ist, dass vor jeder Fläche die entsprechende Option aktiviert wird.

Ersten Eckpunkt angeben oder [Objekt/Addieren/Subtrahieren]: **A für Addieren**
Ersten Eckpunkt angeben oder [Objekt/Subtrahieren]: **Punkt wählen**
Nächsten Eckpunkt angeben oder Eingabetaste für Summe (Modus ADDIEREN) drücken: **Punkt wählen**
...
Nächsten Eckpunkt angeben oder Eingabetaste für Summe (Modus ADDIEREN) drücken: ⏎
Fläche = 650.25, Umfang 102,00
Gesamtfläche = 650.25

Ersten Eckpunkt angeben oder [Objekt/Subtrahieren]: **S für Subtrahieren**
Ersten Eckpunkt angeben oder [Objekt/Addieren]: **Punkt wählen**
Nächsten Eckpunkt angeben oder Eingabetaste für Summe (Modus SUBTRAHIEREN)drücken: **Punkt wählen**
...
Nächsten Eckpunkt angeben oder Eingabetaste für Summe (Modus SUBTRAHIEREN)drücken: ⏎
Fläche = 120.00, Umfang 72,50
Gesamtfläche = 530.25

Ersten Eckpunkt angeben oder [Objekt/Addieren]: ⏎

So lässt sich beliebig oft zwischen den beiden Modi umschalten. Leider können Sie keine Fehler korrigieren. Sie müssen dann wieder ganz von vorne anfangen.

OBJEKT: Mit der Option OBJEKT können Sie Fläche und Umfang von Kreisen und Polylinien ermitteln.

Ersten Eckpunkt angeben oder [Objekt/Addieren/Subtrahieren]: **O für Objekt**
Objekte auswählen: **Kreis oder geschlossene Polylinie mit Pickbox anklicken**
Fläche = 706.86, Kreisumfang = 94.25

oder bei der Auswahl einer Polylinie:

Fläche = 298.54, Umfang = 75.42

Die Optionen ADDIEREN und SUBTRAHIEREN lassen sich aber auch mit der Option OBJEKT kombinieren.

24 Abfragen und austauschen

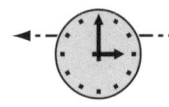

Training: Messen in der Zeichnung

✗ Laden Sie die Zeichnung A-24-01.dwg aus dem Ordner \AUFGABEN. Sie bekommen die Zeichnung wie in Abbildung 24.1 auf den Bildschirm.

Abb. 24.1: Abfragebefehle in der Zeichnung

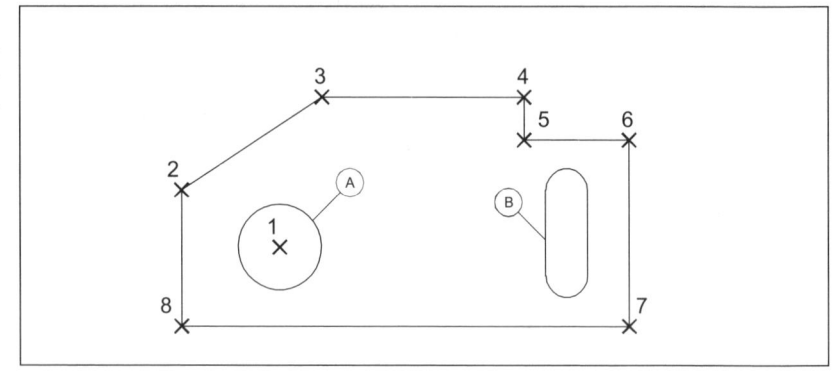

✗ Messen Sie das Zentrum des Kreises mit dem Befehl ID (PUNKT 1).

✗ Messen Sie den Abstand zwischen den Punkten 2 und 3.

✗ Messen Sie die Fläche, die durch die Punkte 2 bis 8 begrenzt ist und ziehen Sie den Kreis (Objekt A) und die Polylinie (Objekt B) ab. Bei der Gesamtfläche sollten Sie auf 1614.6283 kommen.

Aktion: Befehl LISTE

Mehr Informationen zu Objekten bringt Ihnen der Befehl LISTE auf den Bildschirm. Neben den gespeicherten Geometriedaten wird der Layer angezeigt, auf dem das Objekt gezeichnet wurde.

✗ Abrollmenü EXTRAS, Untermenü ABFRAGE >, Funktion AUFLISTEN

✗ Symbol in einem Flyoutmenü der STANDARD-FUNKTIONSLEISTE und Symbol im Werkzeugkasten ABFRAGE

Befehl: **Liste**
Objekte wählen:

Wählen Sie ein oder mehrere Objekte an. Die Daten werden auf dem Textbildschirm aufgelistet. Mit der Funktionstaste [F2] schalten Sie wieder zur Zeichnung zurück.

Abfragebefehle

Training: Daten auflisten

✗ Lassen Sie sich die Daten des Kreises A anzeigen. Sie bekommen das Textfenster mit den Daten des Kreises (siehe Abbildung 24.2).

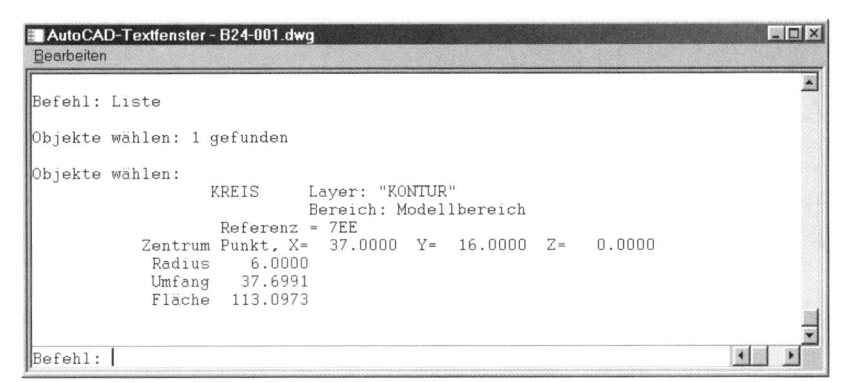

```
AutoCAD-Textfenster - B24-001.dwg
Bearbeiten

Befehl: Liste

Objekte wählen: 1 gefunden

Objekte wählen:
            KREIS      Layer: "KONTUR"
                       Bereich: Modellbereich
              Referenz = 7EE
    Zentrum Punkt, X=   37.0000   Y=   16.0000   Z=   0.0000
        Radius      6.0000
        Umfang     37.6991
        Fläche    113.0973

Befehl:
```

Abb. 24.2: Textfenster mit den gespeicherten Daten

Aktion: Befehl ZEIT

Für die Abrechnung oder nur zur Information wird die Startzeit, die Bearbeitungszeit und der Stand einer Stoppuhr in der Zeichnung gespeichert. Diese Informationen können Sie mit dem Befehl ZEIT abrufen. Wählen Sie den Befehl:

✗ Abrollmenü EXTRAS, Untermenü ABFRAGE >, Funktion ZEIT

Die Informationen werden im Textfenster angezeigt (siehe Abbildung 24.3). Auch hier kommen Sie wieder mit F2 zur Zeichnung.

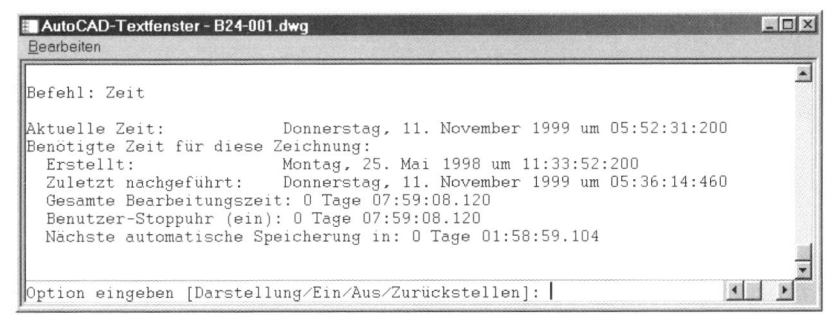

```
AutoCAD-Textfenster - B24-001.dwg
Bearbeiten

Befehl: Zeit

Aktuelle Zeit:              Donnerstag, 11. November 1999 um 05:52:31:200
Benötigte Zeit für diese Zeichnung:
  Erstellt:                 Montag, 25. Mai 1998 um 11:33:52:200
  Zuletzt nachgeführt:      Donnerstag, 11. November 1999 um 05:36:14:460
  Gesamte Bearbeitungszeit: 0 Tage 07:59:08.120
  Benutzer-Stoppuhr (ein):  0 Tage 07:59:08.120
  Nächste automatische Speicherung in: 0 Tage 01:58:59.104

Option eingeben [Darstellung/Ein/Aus/Zurückstellen]:
```

Abb. 24.3: Textfenster mit den Zeitinformationen

Mit den Optionen EIN, AUS und ZURÜCKSTELLEN können Sie die Stoppuhr starten, anhalten und auf Null stellen. Die Option DARSTELLUNG gibt die aktuellen Zeitinformationen erneut aus.

459

24 Abfragen und austauschen

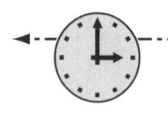

24.2 Abfrage der Masseneigenschaften

Haben Sie in AutoCAD 2002 einen Volumenkörper erstellt, können Sie weitere Informationen abrufen. Mit dem Befehl MASSEIG ist das sowohl in AutoCAD 2002 als auch in AutoCAD LT 2002 möglich.

Aktion: Befehl MASSEIG

Neben der Masse bekommen Sie das Volumen, den Schwerpunkt und Trägheitsmomente ins Textfenster. Wählen Sie den Befehl:

✘ Abrollmenü EXTRAS, Untermenü ABFRAGE >, Funktion MASSENEIGENSCHAFTEN

✘ Symbol in einem Flyout-Menü in der STANDARD-FUNKTIONSLEISTE

✘ Symbol im Werkzeugkasten ABFRAGE

Die Ausgabe sieht wie in Abbildung 24.5 aus. Volumen und Masse haben denselben Wert, da von einer Dichte 1 ausgegangen wird. Die Ausgabe kann in eine Textdatei geschrieben werden, die Sie dann in ein anderes Programm übernehmen oder auch auf der Zeichnung platzieren können.

Training: Masseneigenschaften von Volumenkörpern

✘ *Holen Sie die Zeichnung A-24-02.dwg auf den Bildschirm. Sie finden sie im Ordner \AUFGABEN, das Pleuel aus der vorletzten Stunde (siehe Abbildung 24.4).*

✘ *Lassen Sie sich die Masseneigenschaften anzeigen. Diese bekommen Sie im Textfenster (siehe Abbildung 24.5) aufgelistet, wenn Sie den Befehl anwählen.*

Abfrage der Masseneigenschaften

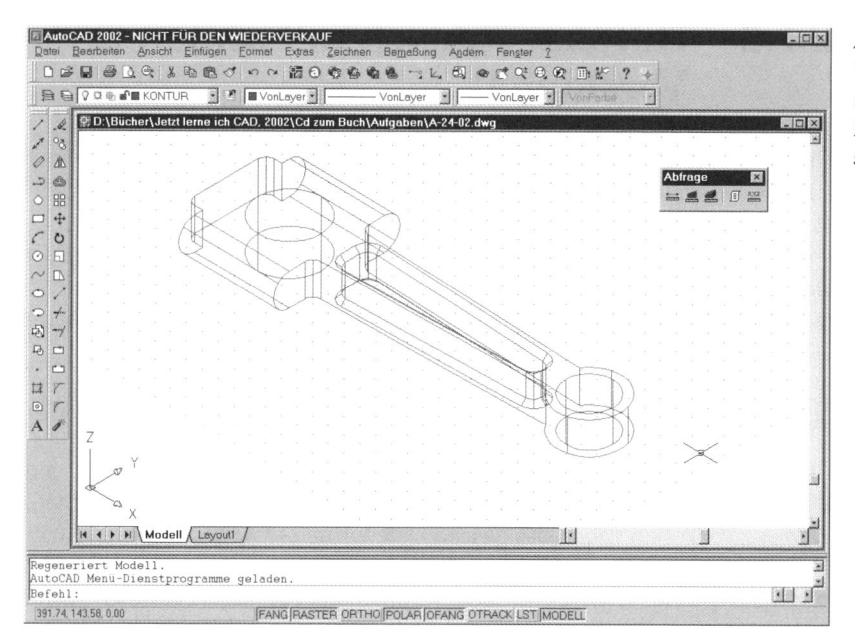

Abb. 24.4: Volumenmodell für die Masseneigenschaften

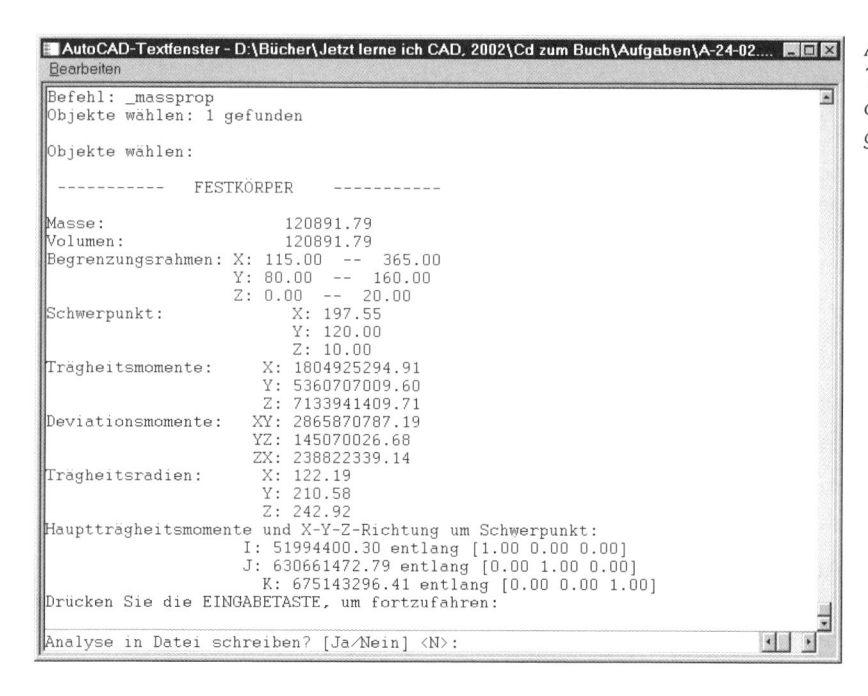

Abb. 24.5: Textfenster mit den Masseneigenschaften

```
Befehl: _massprop
Objekte wählen: 1 gefunden

Objekte wählen:

----------    FESTKÖRPER    ----------

Masse:                  120891.79
Volumen:                120891.79
Begrenzungsrahmen: X:   115.00   --   365.00
                   Y:    80.00   --   160.00
                   Z:     0.00   --    20.00
Schwerpunkt:            X:  197.55
                        Y:  120.00
                        Z:   10.00
Trägheitsmomente:    X: 1804925294.91
                     Y: 5360707009.60
                     Z: 7133941409.71
Deviationsmomente:  XY: 2865870787.19
                    YZ:  145070026.68
                    ZX:  238822339.14
Trägheitsradien:     X: 122.19
                     Y: 210.58
                     Z: 242.92
Hauptträgheitsmomente und X-Y-Z-Richtung um Schwerpunkt:
                    I:  51994400.30 entlang [1.00 0.00 0.00]
                    J: 630661472.79 entlang [0.00 1.00 0.00]
                    K: 675143296.41 entlang [0.00 0.00 1.00]
Drücken Sie die EINGABETASTE, um fortzufahren:

Analyse in Datei schreiben? [Ja/Nein] <N>:
```

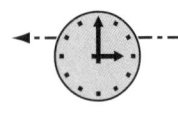

24.3 Datenaustausch mit anderen Versionen

Die CAD-Welt besteht nicht nur aus AutoCAD und bei AutoCAD nicht nur aus den Versionen AutoCAD LT 2002 und AutoCAD 2002, die keine Verständigungsprobleme miteinander haben. In der Praxis müssen Daten mit älteren AutoCAD-Versionen und mit anderen CAD-Programmen ausgetauscht werden. Zudem lassen sich CAD-Zeichnungen in Text- oder Grafikprogrammen weiter verwenden. Verschiedene Dateiformate stehen für den Datenaustausch zur Verfügung.

Aktion: AutoCAD-Zeichnungen in AutoCAD

AutoCAD-Zeichnungen lassen sich zwischen AutoCAD 2002, 2000i und 2000 sowie AutoCAD LT 2002, 2000i und 2000 problemlos austauschen. All diese Versionen haben das gleiche Dateiformat. Objekte, die Sie in AutoCAD LT 2002 nicht erstellen können, werden aber in AutoCAD LT 2002 korrekt angezeigt, z.B. Bilder und Volumenmodelle aus AutoCAD 2002. AutoCAD-Zeichnungen aus früheren Versionen werden beim Laden mit der aktuellen Version automatisch in das Format der neuen Version konvertiert.

Aktion: AutoCAD-2002-/LT 2002-Zeichnungen in früheren AutoCAD-Versionen

Sollen Ihre Zeichnungen aus AutoCAD LT 2002 oder AutoCAD 2002 in älteren als den oben genannten Versionen von AutoCAD oder AutoCAD LT weiter verarbeitet werden, müssen Sie Ihre Zeichnungen in diesem Format abspeichern. Wählen Sie dazu wie gewohnt den Befehl SICHALS:

✘ Abrollmenü DATEI, Funktion SPEICHERN UNTER...

Wählen Sie Laufwerk, Ordner und wählen Sie beim Dateityp das gewünschte AutoCAD-Format.

Sie können im Dialogfeld beim im Abrollmenü DATEITYP wählen:

AUTOCAD LT 2000/AUTOCAD 2000-ZEICHNUNG (*.DWG): Standardeinstellung zur Speicherung im eigenen Format.

AUTOCAD R14/LT98/LT97-ZEICHNUNG (*.DWG): Speicherung im Format von AutoCAD 14 oder AutoCAD LT 98 bzw. LT 97. Alle diese Versionen speichern die Zeichnung im gleichen Format ab.

AUTOCAD R13/LT 95-ZEICHNUNG (*.DWG): Speicherung im Format von AutoCAD 13 oder AutoCAD LT 95. Objekte, die es in diesen Versionen nicht gibt, werden durch ähnliche Objekte ersetzt oder werden nicht übernommen (z.B.: Bilddateien).

DXF-Austausch

Ältere AutoCAD-Formate können nicht erstellt werden. Hier kann nur noch über das DXF-Format ausgetauscht werden.

EXTRAS: Klicken Sie im Dialogfeld für den Befehl SICHALS auf diese Schaltfläche und wählen aus dem Abrollmenü die Funktion OPTIONEN.... Sie bekommen ein weiteres Dialogfeld auf den Bildschirm (siehe Abbildung 24.6).

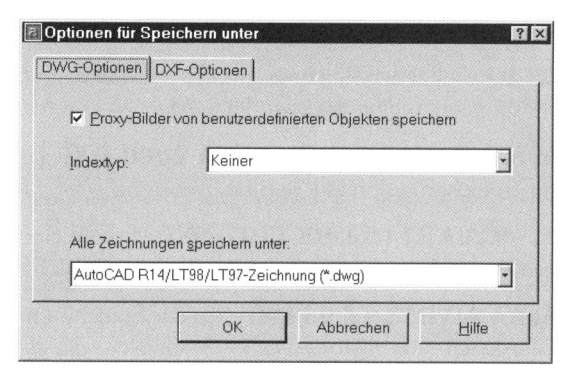

Abb. 24.6:
Optionen beim Speichern,
Register DWG-OPTIONEN

Im Abrollmenü ALLE ZEICHNUNGEN SPEICHERN UNTER können Sie wählen, in welchem DWG- bzw. DXF-Format (siehe unten) die Zeichnungen standardmäßig abgespeichert werden sollen.

24.4 DXF-Austausch

CAD-Zeichnungen lassen sich mit anderen CAD-Programmen nicht direkt austauschen, wenn diese das AutoCAD-DWG-Format nicht erzeugen oder lesen können. Mit den meisten CAD-Programmen ist aber ein Austausch über DXF-Dateien (Data eXchange Format) möglich. Außerdem lassen sich Zeichnungen so in Grafik-, DTP- (Desktop Publishing) und Textprogramme übernehmen. Das DXF-Format ist ein Vektorformat. Es enthält die geometrischen Beschreibungen der Zeichnungsobjekte. Das DXF-Format wurde von Autodesk definiert und wird mit jeder neuen AutoCAD-Version erweitert, so dass es auch wichtig ist, welches DXF-Format das Fremdprogramm lesen kann. Wie bei Zeichnungsdateien können Sie auch bei der DXF-Ausgabe die Version wählen.

Aktion: DXF-Datei einlesen

✗ Verwenden Sie den Befehl ÖFFNEN

✗ Wählen Sie im Abrollmenü DATEITYP den Eintrag DXF (*.DXF)

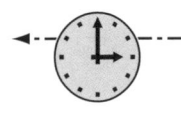

✘ Suchen Sie in Laufwerk und Ordner die gewünschte Datei aus. Die DXF-Datei wird in eine neue leere Zeichnung eingelesen.

Aktion: Zeichnung als DXF-Dateien exportieren

Wie Sie oben gesehen haben, können Sie beim Befehl SICHALS nicht nur das DWG-Format wählen, Sie haben auch die Möglichkeit, im DXF-Format zu speichern. Wählen Sie das entsprechende Format im Abrollmenü DATEITYP.

Da es, wie bei den Zeichnungsdateien, auch beim DXF-Format unterschiedliche Versionen gibt, können Sie wählen:

AUTOCAD LT 2000/AUTOCAD 2000 DXF (*.DXF): Standardeinstellung zur Speicherung im eigenen DXF-Format.

AUTOCAD R14/LT 98/LT97 DXF (*.DXF): Speicherung im DXF-Format von AutoCAD 14 oder AutoCAD LT 98 bzw. LT 97.

AUTOCAD R13/LT 95 DXF (*.DXF): Speicherung im DXF-Format von AutoCAD 13 oder AutoCAD LT 95. Objekte, die es in diesen Versionen nicht gibt, werden durch ähnliche Objekte ersetzt oder werden nicht übernommen (z.B.: Bilddateien).

AUTOCAD R12/LT 2 DXF (*.DXF): Speicherung im DXF-Format von AutoCAD 12 oder AutoCAD LT 2. Da AutoCAD 11 dasselbe DXF-Format hat wie AutoCAD 12, kann dieses Format auch in AutoCAD 11 übernommen werden. Auch hier werden Objekte, die in diesen Versionen nicht bekannt sind, durch ähnliche Objekte ersetzt oder sie werden nicht übernommen.

Ältere DXF-Formate als AutoCAD 11 können nicht erstellt werden.

Im Abrollmenü EXTRAS können Sie auch hier den Eintrag OPTIONEN... wählen. Wie Sie oben schon gesehen haben, kommen Sie zu einem weiteren Dialogfeld. Im Register DXF-OPTIONEN können Sie einstellen, wie die DXF-Datei erzeugt werden soll (siehe Abbildung 24.7).

Wählen Sie, ob die Datei im ASCII-Format (Standard) oder im Binär-Format erzeugt werden soll. Im ASCII-Format können Sie zudem wählen, mit welcher Genauigkeit die Koordinaten übertragen werden. Ist der Schalter OBJEKTE WÄHLEN aus, werden alle Objekte der aktuellen Zeichnung in die DXF-Datei geschrieben. Ist der Schalter an, können Sie die Objekte wählen, die Sie in die DXF-Datei schreiben wollen.

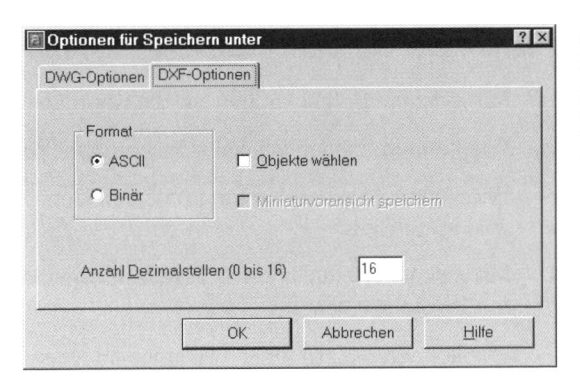

*Abb. 24.7:
Optionen beim
Speichern,
Register DXF-
OPTIONEN*

24.5 Weitere Austauschformate

Neben DWG- und DXF-Dateien für die verschiedenen AutoCAD-Versionen sind weitere Austauschdateien möglich.

Den Befehl EXPORT finden Sie im Abrollmenü DATEI, die verschiedenen Import-Funktionen im Abrollmenü EINFÜGEN. Den Befehl IMPORT können Sie nur durch Eingabe auf der Tastatur aktivieren.

Aktion: Dateien erstellen

Format	Befehl	Verfügbar in
Metadatei (*.wmf)	EXPORT, WMFOUT	AutoCAD 2002/LT 2002
ACIS (*.sat)	EXPORT, ACISOUT	AutoCAD 2002
Sterolithographie (*.stl)	EXPORT, STLOUT	AutoCAD 2002
Encapsulated PS (*.eps)	EXPORT, PSOUT	AutoCAD 2002
DXX-Extract (*.dxx)	EXPORT	AutoCAD 2002
Bitmap (*.bmp)	EXPORT, BMPOUT	AutoCAD 2002
3D-Studio (*.3ds)	EXPORT, 3DSOUT	AutoCAD 2002

Aktion: Dateien einlesen

Format	Befehl	Verfügbar in
Metadatei (*.wmf)	IMPORT, WMFIN	AutoCAD 2002/LT 2002
ACIS (*.sat)	IMPORT, ACISIN	AutoCAD 2002
Encapsulated PS (*.eps)	IMPORT, PSIN	AutoCAD 2002
3D-Studio (*.3ds)	IMPORT, 3DSIN	AutoCAD 2002

24 Abfragen und austauschen

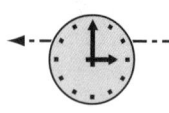

Fragen zur vierundzwanzigsten Stunde

1. Mit welchem Befehl können Sie die Koordinate eines Punktes abfragen?
2. Wie können Sie den Winkel zwischen zwei Punkten wählen?
3. Wie können Sie den Umfang und die Fläche einer geschlossenen Polylinie ermitteln?
4. Mit welchem Befehl können Sie alle Informationen zu einem gespeicherten Objekt abrufen?
5. Wie können Sie ermitteln, wie lange an einer Zeichnung gearbeitet wurde?
6. Mit welchem Befehl können Sie die Masse und das Volumen eines Volumenkörpers aus AutoCAD 2002 ermitteln?
7. Bis zu welcher AutoCAD-Version können Sie Zeichnungen in AutoCAD 2002 bzw. AutoCAD LT 2002 abspeichern?
8. Mit welchem Format können Zeichnungen zwischen unterschiedlichen CAD-Programmen ausgetauscht werden?
9. Wie heißt der Befehl, mit dem die verschiedenen Austauschformate in AutoCAD 2002 erzeugt werden können?
10. Welche Austauschformate können Sie in AutoCAD LT 2002 erzeugen?

Anhang A

Antworten zu den Fragen

Antworten zur ersten Stunde

1. Im Befehlszeilenfenster
2. Optionen
3. Mit der Taste Esc
4. Transparente Befehle
5. Rechtsklick auf einem beliebigen Symbol
6. Mit der Funktionstaste F2
7. Mit der Tastenkombination Strg + F4
8. Zoomen durch Drehen an der Radtaste, Pan durch Drücken der Radtaste
9. Zoom und Pan
10. Mit der Funktionstaste F1

Antworten zur zweiten Stunde

1. Mit den Assistenten BENUTZERDEFINIERT oder SCHNELLSTART
2. Fünf Schritte
3. Im Ordner \Programme\AutoCAD LT 2002 Deu\Template bzw. \Programme\AutoCAD 2002 Deu\Template
4. Mit der Vorlage Acltiso.dwt bzw. Acadiso.dwt

5. KSICH und SICHALS
6. In den Zeichnungsformaten der verschiedenen AutoCAD- und AutoCAD LT-Versionen und als Zeichnungsvorlage
7. Zeichnungen *DWG* und Zeichnungsvorlagen *DWT*
8. Sicherungsdateien von Zeichnungen (Backup)
9. Automatische Sicherungen der Zeichnung
10. Mit dem Befehl DWGEIGEN

Antworten zur dritten Stunde

1. Im Format X,Y bzw. X,Y,Z (in AutoCAD 2002)
2. Raster ein- und ausschalten
3. Ortho-Modus ein- und ausschalten
4. Fang ein- und ausschalten
5. Der Befehl Z
6. Im Format A<W, Abstand < Winkel, bzw. A<W,Z, Abstand < Winkel,Z-Wert (in AutoCAD 2002)
7. Mit der Funktionstaste F6
8. Zeichnen eines Kreises mit drei Punkten auf der Kreislinie
9. Indem das Fenster von rechts nach links aufgezogen wird
10. Mit dem Befehl MTEXT

Antworten zur vierten Stunde

1. @dy,dy
2. @A<W
3. @125,-140
4. @28.2842<225
5. Der Ortho-Modus oder der Polare Fang
6. In AutoCAD sollte immer 1:1 in Zeichnungseinheiten gezeichnet werden
7. Die Limiten
8. Beim Plotten der Zeichnung
9. Z.B. die Texthöhe
10. Wenn beim Befehl LIMITEN die Limitenkontrolle eingeschaltet wird

Antworten zu den Fragen

Antworten zur fünften Stunde

1. Bei jeder Punktanfrage eines Befehls
2. Sie wählen die Objektfang-Funktion KEINER
3. Die Objektfang-Funktion ZENTRUM
4. Mit der Objektfang-Funktion QUADRANT
5. Mit der Objektfang-Funktion NÄCHSTER
6. Mit der Taste ⇥
7. Mit der Funktion VON
8. Sie können die X- und Y-Koordinate aus verschiedenen bestehenden Punkten fangen
9. Mit der Objektfang-Funktion HILFSLINIE
10. Mit den Objektfangspuren

Antworten zur sechsten Stunde

1. Mit der Option FENSTER
2. Mit der Option VORHER des Befehls ZOOM
3. Eine Verkleinerung der Zeichnung um den Faktor zwei in bezug auf die Zeichnungslimiten
4. Eine Vergrößerung der Zeichnung um den Faktor zwei in bezug auf den momentanen Ausschnitt
5. Mit dem Befehl PAN
6. Das Weltkoordinatensystem
7. Mit dem Befehl BKS
8. Den Eintrag *Unbenannt* mit einem Namen überschreiben
9. Die aktuelle Anzeige speichern oder ein Fenster aufziehen
10. Indem man vorgibt, dass das BKS mit dem Ausschnitt gespeichert werden soll, und ein BKS aus der Liste auswählt

Antworten zur siebten Stunde

1. Beliebig viele
2. Der Layername *ABC.001* enthält einen Punkt, der in Layernamen nicht erlaubt ist

469

3. Der Layer *0*

4. Die Layer frieren

5. Auf dem aktuellen Layer

6. Mit dem Linientyp, der dem aktuellen Layer zugeordnet ist

7. Die Länge der Strichelung

8. Der GLOBALE SKALIERFAKTOR

9. Die Farbe *VONLAYER*

10. Die Layer in einer Vorlage speichern und eine neue Zeichnung mit dieser Vorlage beginnen

Antworten zur achten Stunde

1. Unendlich lang

2. Mit der Option HALB des Befehls KLINIE

3. Mit dem Startpunkt und einem zweiten Punkt auf dem Strahl

4. Den Punktstil umstellen

5. Der 3-Punkte-Bogen

6. Einen Bogen, der tangential aus der Linie oder dem Bogen, den Sie zuletzt gezeichnet haben, herausläuft

7. 3 bis 1024

8. Die Option INKREIS

9. Die Endpunkte der beiden Achsen

10. PELLIPSE muss den Wert 0 haben

Antworten zur neunten Stunde

1. Die Polylinie

2. Wenn die Variable FILLMODE auf 1 gesetzt ist

3. Den Modus zum Zeichnen von Liniensegmenten und den zum Zeichnen von Kreisbögen

4. Mit dem Befehl PEDIT

5. Die Option KURVE ANGLEICHEN des Befehls PEDIT

6. Mit der Option BEARBEITEN des Befehls PEDIT

7. Mit dem Befehl URSPRUNG

8. Die Breite der Poliniensegmente
9. Nein, Doppellinien bestehen aus einzelnen Linien und Bögen
10. Die Multilinie

Antworten zur zehnten Stunde

1. Mit der Einstellung VORDEFINIERT
2. SKALIERFAKTOR und WINKEL
3. ABSTAND und WINKEL
4. Der Stil IGNORIEREN
5. Der Schalter ASSOZIATIV im Dialogfeld muss eingeschaltet sein
6. Mit der Schaltfläche EIGENSCHAFTEN ÜBERNEHMEN
7. Die Umgrenzung der Schraffur
8. Mit dem Befehl URSPRUNG
9. Das Muster *SOLID*
10. Durch doppeltes Anklicken der Schraffur

Antworten zur elften Stunde

1. Im Uhrzeigersinn
2. Mit der Option BEZUG
3. Durch Eingabe von zwei Punkten
4. Ob Texte beim Befehl SPIEGELN mitgespiegelt werden sollen oder nicht
5. Den Skalierfaktor 0.2
6. Den Befehl VARIA mit der Option BEZUG
7. Die Option RECHTWINKLIGE ANORDNUNG
8. Den Zeilenabstand negativ eingeben
9. Am Schwerpunkt bzw. an dem Punkt, der mit der Option BASIS bestimmt wurde
10. Mit dem Befehl AUSRICHTEN

Antworten zur zwölften Stunde

1. Damit lassen sich Kanten erstellen
2. Der Radius kann in diesem Fall beliebig sein

3. An der Linie, die Sie zuerst wählen

4. Die nächste Grenzkante in der Verlängerung des Objekts

5. Mit der Option KANTE den Modus DEHNEN einstellen

6. Das Objektwahl-Fenster mindestens einmal mit der Option KREUZEN oder KPOLYGON aufziehen

7. Objekte, die sich ganz im Fenster befinden, werden verschoben, Objekte, die vom Fenster geschnitten werden, werden gedehnt bzw. gestaucht

8. Mit dem Befehl LÄNGE Option DELTA

9. Der Punktstil sollte so eingestellt werden, dass die Punkte sichtbar werden

10. Sie erstellen daraus einen Block und verwenden die Option BLOCK

Antworten zur dreizehnten Stunde

1. Die Option ZENTRIEREN zentriert die Textgrundlinie und die Option MITTE die absolute Textmitte

2. Mit der Option EINPASSEN

3. Mit dem Code %%c

4. Mit den Windows-True-Type-Schriften

5. Beim Befehl DTEXT können Sie bei diesem Stil die Höhe individuell festlegen

6. Die Schriftart

7. Nein, beim Befehl MTEXT kann jede Schriftart verwendet werden

8. Mit dem Befehl DDEDIT

9. Falsch geschriebene oder nicht im Wörterbuch vorhandene Wörter

10. Das Haupt- und Benutzerwörterbuch

Antworten zur vierzehnten Stunde

1. Bemaßungen ändern sich bei Konturänderungen mit

2. Bemaßen der horizontalen oder vertikalen Länge eines Objektes oder des horizontalen oder vertikalen Abstands zweier Punkte

3. Breite = <> mm

4. Der Platzhalter für das gemessene Maß

Antworten zu den Fragen

5. Mit dem Befehl BEMWEITER

6. Bei der Anfrage nach der zweiten Hilfslinie ⏎ oder die Option AUSWÄHLEN eingeben

7. Maximal 180°

8. Ja, BASISLINIE und WEITER können auch für Winkelbemaßung verwendet werden

9. ⏎ bei der ersten Anfrage eingeben und drei Punkte anklicken (Scheitelpunkt, erster und zweiter Winkelendpunkt)

10. Gerade oder Spline (Kurve)

Antworten zur fünfzehnten Stunde

1. Mit dem Befehl BEMSTIL

2. Ja, im Register LINIEN UND PFEILE des Befehls BEMSTIL

3. Ebenfalls im Register LINIEN UND PFEILE des Befehls BEMSTIL

4. Im Register TEXT des Befehls BEMSTIL

5. Im Register PRIMÄREINHEITEN das Dezimaltrennzeichen einstellen

6. Den Rundungswert 0.1

7. Beliebig viele

8. Alle Maße, die mit diesem Stil erstellt wurden, ändern sich mit

9. Indem Sie einen untergeordneten Stil für Radiusmaße erstellen

10. Die Maße müssen sich bei der Objektwahl im Fenster befinden

Antworten zur sechzehnten Stunde

1. Die Layerzugehörigkeit des Objekts, das heißt, das Objekt auf den Layer bringen, für den diese Farbe oder dieser Linientyp zugeordnet ist

2. Mit der Tastenkombination [Strg] + [1]

3. Die aktuellen Einstellungen fürs Zeichnen

4. Die Objekte haben unterschiedliche Werte

5. Indem die Taste [Esc] gedrückt wird

6. Mit der Schnellauswahl bzw. dem Befehl SAUSWAHL

7. Der Befehl EIGÜBERTRAG

473

ANHANG — A Antworten zu den Fragen

8. Mit der Option EINSTELLUNGEN des Befehls EIGÜBERTRAG

9. Nur wenn diese im Bemaßungsstil als Präfix oder Suffix definiert sind, nicht wenn sie beim Bemaßungsbefehl eingegeben wurden

10. Maße ohne Befehl anklicken, rechte Maustaste drücken und die Änderungsfunktion direkt aus dem Pop-up-Menü wählen

Antworten zur siebzehnten Stunde

1. Die Funktion STRECKEN

2. Die Funktionen STRECKEN, SCHIEBEN, DREHEN, SKALIEREN und SPIEGELN

3. Mit der Esc-Taste

4. Nachdem es Griffe hat, nochmals mit gedrückter ⇧-Taste anklicken

5. Mit einem der Griffe an den Enden der Maßlinie

6. Blau, falls nicht anders eingestellt

7. Rot, falls nicht anders eingestellt

8. Als Bezugspunkte für andere Griffe

9. Mit der rechten Maustaste

10. Mit dem Befehl DDGRIPS

Antworten zur achtzehnten Stunde

1. Mit dem Befehl BLOCK

2. BL 08, der Blockname enthält ein Leerzeichen

3. Ein Block, der nur in einer Zeichnung definiert ist

4. Der Punkt, an dem der Block beim Einfügen platziert wird

5. Für die Voranzeige im Design-Center

6. Den Schalter AM BILDSCHIRM BESTIMMEN AUSSCHALTEN bei diesen Werten im Dialogfeld des Befehls EINFÜGE ausschalten und die Werte eintragen

7. Der Block in der Zeichnung wird überschrieben und alle Blöcke dieses Namens werden ausgetauscht

8. Den Befehl STUTZEN

9. Mit dem Befehl URSPRUNG

10. Mit dem Befehl BEREINIG

Antworten zur neunzehnten Stunde

1. Sie können die Zeichnungen in einen anderen Ordner verschieben. Zeichnung und eingefügte Zeichnungen müssen dann aber im gleichen Ordner sein (bzw. in einem Ordner, der im Suchpfad von AutoCAD enthalten ist)
2. Die Verbindung zur externen Zeichnung wird gelöscht
3. Sie wird ausgeblendet
4. Der Layer KONTUR kommt von der externen Referenz XY
5. Sie werden in Blöcke umgewandelt
6. Er wird in XY0KONTUR umbenannt
7. Mit dem Befehl BILDZUORDNEN
8. Mit der Schaltfläche ENTFERNEN
9. Den Befehl BILD
10. Durch Ziehen an den Griffen

Antworten zur zwanzigsten Stunde

1. Mit dem Befehl ADCENTER
2. Mit der Tastenkombination [Strg] + [2]
3. Schraffurmuster
4. Das Voransichtsfenster und das Beschreibungsfenster
5. Die Ordneranzeige oder die Zeichnungsanzeige
6. Im Ordner \Programme\AutoCAD 2002 Deu\Sample\DesignCenter bzw. \Programme\AutoCAD LT 2002 Deu\Sample\DesignCenter
7. In der Protokollansicht
8. Beides ist möglich
9. Bilddateien
10. Es können auch Objekte innerhalb von Zeichnungen gesucht werden

Antworten zur einundzwanzigsten Stunde

1. Nichts, alle Windows-Drucker können in AutoCAD direkt verwendet werden
2. In der Plotstiltabelle
3. Im Plot-Dialogfeld, Register PLOTEINSTELLUNG die Funktion FENSTER anklicken und mit der Schaltfläche FENSTER < die Fenstergröße bestimmen
4. Im Plot-Dialogfeld, Register PLOTTER die Funktion PLOTAUSGABE IN DATEI UMLEITEN anklicken und einen Dateinamen eintragen
5. Den Eintrag GRÖSSE ANGEPASST wählen
6. Weil im Dialogfeld der bedruckbare Bereich beim entsprechenden Papierformat angezeigt wird
7. Das Papiermaß, der bedruckte Bereich und eventuell Warnmeldungen
8. Mit dem Befehl SEITENEINR
9. Mit farbabhängigen Plotstiltabellen oder mit benannten Plotstiltabellen
10. Einen neuen Plotter konfigurieren oder einen vorhandenen Plotter ändern

Antworten zur zweiundzwanzigsten Stunde

1. Mit dem Objekt-Eigenschaften-Manager
2. Das Format @A<W,Z
3. Er entfernt die unsichtbaren Kanten aus der Bildschirmanzeige
4. Nein, sie kann nur auf dem Bildschirm sichtbar gemacht werden
5. Der Punkt im Raum, von dem aus ein Betrachter das 3D-Modell sehen würde
6. Mit dem 3D-Orbit
7. Mit dem Befehl BKS
8. Mit dem Befehl DREHEN kann nur in der XY-Ebene gedreht werden, mit dem Befehl 3DDREHEN dagegen um jede Achse im Raum
9. Eine geschlossene Kontur in die Höhe ziehen und dabei ein Volumen erstellen
10. Die Befehle FASE und ABRUNDEN

Antworten zur dreiundzwanzigsten Stunde

1. Der Befehl SEITENEINR
2. Mit dem Befehl AFENSTER bzw. -AFENSTER
3. Im Papierbereich
4. Papierbereich und Modellbereich
5. Mit der Option VERDPLOT des Befehls AFENSTER. Den können Sie auch aus dem Pop-up-Menü mit der rechten Maustaste wählen, wenn das Ansichtsfenster markiert ist
6. In den Modellbereich
7. Das Modell wird in dem Ansichtsfenster 1:10 dargestellt
8. Das Ansichtsfenster aktivieren und den Befehl LAYER starten. Im Dialogfeld die Layer in der Liste markieren und das Symbol in der Spalte IM AKTUELLEN ANSICHTSFENSTER FRIEREN anklicken. Die Sonne mit dem Fenster verschwindet und es wird ein Eiskristall angezeigt
9. Wenn mehrere Maßstäbe auf einem Zeichenblatt benötigt werden oder mehrere Blätter von einer Zeichnung erstellt werden sollen
10. Bei Zeichnungsableitungen von 3D-Modellen

Antworten zur vierundzwanzigsten Stunde

1. Mit dem Befehl ID
2. Mit dem Befehl ABSTAND
3. Mit der Option OBJEKT des Befehls FLÄCHE
4. Mit dem Befehl LISTE
5. Mit dem Befehl ZEIT
6. Mit dem Befehl MASSEIG
7. Bis zu AutoCAD 13/LT 95
8. Im DXF-Format
9. Der Befehl EXPORT
10. Die verschiedenen DXF-Formate und das WMF-Format

ANHANG B

Befehlsliste AutoCAD 2002 / LT 2002

In der folgenden Befehlsliste finden Sie alle Befehle von AutoCAD 2002 und AutoCAD LT 2002. Befehle, die es nur in AutoCAD 2002 gibt, sind gekennzeichnet (2002). Nicht alle Befehle, die in den Programmen zur Verfügung stehen, sind Ihnen bei der Arbeit mit diesem Buch begegnet. Das liegt einesteils daran, dass eine ganze Reihe von Befehlen über den Umfang dieses Einführungsbuches hinausgehen. Zum anderen liegt es aber auch daran, dass in AutoCAD sehr viele Befehle in der Zwischenzeit auch mit Funktionen in den Dialogfeldern ausgeführt werden können. Diese Bedienweise ist wesentlich übersichtlicher und erleichtert den Einstieg in das Programm. Trotzdem werden die Befehle ohne Dialogfelder noch in Skript-Dateien und Menümakros benötigt.

Eine Reihe von Befehlen arbeitet auf unterschiedliche Arten. Werden die Befehle mit ihrem Namen aufgerufen (z.B. aus den Menüs oder Werkzeugkästen), arbeiten sie mit Dialogfeldern. Setzt man dagegen vor den Befehlsnamen das Zeichen »-«, werden sie im Befehlszeilenfenster abgearbeitet.

Transparente Befehle sind durch (Apostroph) gekennzeichnet. Transparente Befehle können während der Arbeit mit einem anderen Befehl aufgerufen werden, ohne den laufenden Befehl abbrechen zu müssen. Nach dem Beenden des transparenten Befehls wird der unterbrochene Befehl fortgesetzt.

Anhang B — Befehlsliste AutoCAD 2002 / LT 2002

A

ABRUNDEN – Rundet die Objektkanten ab.

ABSTAND – Misst den Abstand und den Winkel zwischen zwei Punkten

ACISIN (2002) – Liest eine ACIS-Datei ein

ACISOUT (2002) – Erstellt AutoCAD-Festkörperobjekte in einer ACIS-Datei

ADCENTER – Startet das Design Center

ADCNAVIGATE – Vorgabe des Dateinamens, des Verzeichnispfads und des Netzwerkpfads für das Design-Center

ADCSCHLIESSEN – Schließt das Design-Center

ÄNDERN – Ändert die Eigenschaften existierender Objekte

AFENSTER – Teilt den Grafikbereich in mehrere feste Ansichtsfenster

AFLAYER – Bestimmt die Sichtbarkeit von Layern in Ansichtsfenstern

AFZUSCHNEIDEN (2002) – Schneidet Ansichtsfenster zu

AKTIV – Startet das Fenster mit der aktiven Hilfe

AKTUELL – Startet das Fenster **AutoCAD Aktuell**

AKTUELLENDE – Beendet das Fenster **AutoCAD Aktuell**

ANPASSEN – Anpassen von Werkzeugkästen, Schaltflächen und Tastatur-Kurzbefehlen

APPLOAD (2002) – Lädt AutoLISP-, ADS- und ARX-Anwendungen

APUNKT – Legt die Blickrichtung für eine dreidimensionale Visualisierung der Zeichnung fest

ARX (2002) – Lädt und entfernt ARX-Anwendungen und bietet Informationen dazu an

ATTDEF – Erzeugt eine Attributdefinition

ATTEDIT – Ändert die Attributinformation unabhängig von der entsprechenden Blockdefinition

ATTEXT – Extrahiert Attributdaten

ATTREDEF (2002) – Definiert einen Block um und aktualisiert zugehörige Attribute

ATTSYNC – Aktualisiert die Attributdefinitionen der eingefügten Blöcke, die Attributwerte werden nicht geändert

ATTZEIG – Steuert die Sichtbarkeit von Attributen global

AUFLÖS – Bestimmt die Auflösung für das Generieren von Objekten im aktuellen Ansichtsfenster

AUSRICHTEN (2002) – Richtet Objekte gegenüber anderen Objekten in 2D und 3D aus.

AUSSCHNEIDEN – Kopiert Objekte in die Zwischenablage und löscht sie aus der Zeichnung

AUSSCHNT – Sichert benannte Ansichten und stellt sie wieder her

B

BAND (2002) – Erstellt breite Linien

BASIS – Setzt den Einfügebasispunkt für die aktuelle Zeichnung

BATTMAN – Bearbeitung der Blockattribute eines eingefügten Blocks

BEM, BEM1 – Schaltet in den Bemaßungsmodus um (veraltet, wird durch die folgenden Befehle BEM... ersetzt)

BEMAUSG – Erstellt eine ausgerichtete Linearbemaßung

BEMBASISL – Führt eine lineare, Winkel- oder Ordinatenbemaßung von der Basislinie der zuletzt erstellten oder gewählten Bemaßung weiter

BEMDURCHM – Erstellt Durchmesserbemaßungen für Kreise und Bögen

BEMEDIT – Bearbeitet Bemaßungen

BEMENTASSOZ – Entfernt die Assoziativität von einem Maß

BEMLINEAR – Erstellt lineare Bemaßungen

BEMMITTELP – Erstellt den Mittelpunkt oder die Mittellinien von Kreisen und Bögen

BEMORDINATE – Erstellt Ordinatenpunktbemaßungen

BEMRADIUS – Erstellt Radialbemaßungen für Kreise und Bögen

BEMREASSOZ – Umwandlung eines nicht assoziativen in ein assoziatives Maß

BEMSTIL – Erstellt und ändert Bemaßungsstile von der Befehlszeile aus

BEMTEDIT – Bearbeitet Bemaßungen

BEMÜBERSCHR – Überschreibt Bemaßungssystemvariablen

BEMWEITER – Führt eine Kette linearer, Winkel- oder Ordinatenbemaßungen von der zweiten Hilfslinie der zuletzt erstellten oder einer gewählten Bemaßung weiter

BEMWINKEL – Erstellt eine Winkelbemaßung

BEREINIG – Entfernt nicht verwendete benannte Objekte, wie beispielsweise Blöcke oder Layer, aus der Datenbank

BESPRECHUNG – Gemeinsame Nutzung einer AutoCAD-Sitzung im Netz bzw. im Internet

BFLÖSCH (2002) – Ermöglicht es, dass ein anwendungsdefinierter Befehl Vorrang vor einem internen Befehl von AutoCAD hat

BFRÜCK (2002) – Stellt systemeigene Befehle von AutoCAD wieder her, die mit dem Befehl BFLÖSCH unterdrückt wurden

BILD – Fügt Bilder mit vielen Formaten in eine AutoCAD-Zeichnungsdatei ein.

BILDANPASSEN (2002) – Steuert die Werte für Helligkeit, Kontrast und Fade der ausgewählten Bilder

BILDQUALITÄT (2002) – Steuert die Anzeigequalität von Bildern

BILDRAHMEN – Steuert, ob der Rahmen des Bildes auf dem Bildschirm angezeigt oder ausgeblendet ist

BILDSICH (2002) – Speichert ein gerendertes Bild in einer Datei

BILDZUORDNEN (2002) – Ordnet der aktuellen Zeichnung ein neues Bildobjekt und eine neue Definition zu

BILDZUSCHNEIDEN (2002) – Erstellt neue Zuschneide-Umgrenzungen für einzelne Bildobjekte.

BKS – Verwaltet Benutzerkoordinatensysteme

BKSMAN – Verwaltet gespeicherte Benutzerkoordinatensysteme

BKSYMBOL – Steuert die Sichtbarkeit und die Platzierung des BKS-Symbols

BLOCK – Erzeugt eine Blockdefinition aus ausgewählten Objekten

BLOCKEINFÜG – Fügt einen kopierten Block in eine Zeichnung ein.

BLOCKSYMBOL – Legt eine Voransicht für Blöcke an, die mit Version 14 oder früher erstellt wurden

BMPSICH – Speichert ausgewählte Objekte in einer Datei mit geräteunabhängigem Bitmap-Format.

BOGEN – Erzeugt einen Bogen

BROWSER – Startet den in Ihrem Systemregister vorgegebenen Web-Browser

BRUCH – Löscht Teile von Objekten oder spaltet ein Objekt in zwei Teile auf

C

CLIPEINFÜG – Fügt Daten aus der Zwischenablage ein

COPYCLIP – Kopiert Objekte in die Windows-Zwischenablage

D

DANSICHT – Definiert Parallelprojektionen oder perspektivische Ansichten

DBCCLOSE (2002) – Schließt den Datenbank-Manager

DBLISTE (2002) – Listet die Datenbankinformationen für jedes Objekt in der Zeichnung auf

DBVERBINDUNG (2002) – Öffnet den Datenbank Manager

DDEDIT – Bearbeitet Text- und Attributdefinitionen

DDPTYPE – Bestimmt den Anzeigemodus und die Größe von Punktobjekten

DDVPOINT – Legt die dreidimensionale Ansichtsrichtung fest

DEHNEN – Dehnt ein Objekt bis zum Berührungspunkt mit einem anderen Objekt

DIFFERENZ – Erstellt eine zusammengesetzte Region bzw. einen zusammengesetzten Volumenkörper durch Subtraktion

DPKLIBEARB – Steuert, ob bei einem Doppelklick auf ein Objekt das Dialogfeld zur Bearbeitung des Objekts angezeigt werden soll

DLINIE (LT 2002) – Zeichnen von Doppellinien

DREHEN – Verschiebt Objekte um einen Basispunkt

DRSICHT – Zeigt die Draufsicht eines Benutzerkoordinatensystems an

DWGEIGEN – Festlegung der Eigenschaften der aktuellen Zeichnung.

DTEXT – Zeigt auf dem Bildschirm den Text an, der von Ihnen eingegeben wird

DXBIN (2002) – Importiert speziell codierte Binärdateien

E

EATTEDIT – Editierung von Attributwerten in eingefügten Blöcken

EATTEXT – Ausgabe von Attributen in eine Datei

EDGE (2002) – Ändert die Sichtbarkeit von Kanten eines dreidimensionalen Objekts

EIGÄNDR – Ändert Farbe, Layer, Linientyp, Linientyp-Skalierfaktor und Höhe eines Objekts

EIGANPASS – Kopiert die Eigenschaften eines Objekts auf ein oder mehrere Objekte

EIGENSCHAFTEN – Startet den Objekt-Eigenschaften-Manager

EIGSCHLIESS – Schließt den Objekt-Eigenschaften-Manager

EINFÜGE – Fügt einen benannten Block oder eine benannte Zeichnung in die aktuelle Zeichnung ein

EINHEIT – Legt das Anzeigeformat und die Genauigkeit für Koordinaten und Winkel fest

ELLIPSE – Erzeugt eine Ellipse oder einen elliptischen Bogen

ERHEBUNG – Legt die Erhebung und Objekthöhe für neue Objekte fest

ETRANSMIT – Versenden der aktuellen Zeichnung mit allen zugehörigen Dateien als E-Mail-Anhang

EXPORT – Speichert Objekte in einem anderen Dateiformat

EXTRUSION (2002) – Erstellt durch Extrusion bereits vorhandener zweidimensionaler Objekte einen eindeutigen primitiven Festkörper

F

FANG – Beschränkt die Cursorbewegung auf angegebene Intervalle

FARBE – Legt die Farbe für neue Objekte fest

FASE – Schrägt die Kanten von Objekten ab

FILTER – Objekte anhand der Eigenschaften auswählen

FLÄCHE – Berechnet die Fläche und den Umfang von Objekten oder von definierten Flächen

FÜHRUNG – Erzeugt eine Linie, die Maßtext mit einer Funktion verbindet

FÜLLEN – Steuert das Füllen von Multilinien, Bändern, Festkörpern, Schraffuren mit kompakter Füllung und breiten Polylinien

G

GRAPHBLD – Wechselt vom Textbildschirm zum Grafikbildschirm

GRUPPE – Erstellt einen benannten Auswahlsatz von Objekten

GSCHRAFF – Füllt eine umgrenzte Fläche mit einem Schraffurmuster

H

HILFE – Zeigt die Online-Hilfe an

HINTERGRUND (2002) – Legt den Hintergrund Ihres Bildschirms fest

HOPPLA – Stellt gelöschte Objekte wieder her

HYPERLINK – Ordnet einem grafischen Objekt einen Hyperlink zu oder bearbeitet einen vorhandenen Hyperlink.

HYPERLINKOPTIONEN – Steuert die Sichtbarkeit des Hyperlink-Cursors und die Anzeige der Hyperlink-QuickInfo.

I

ID – Zeigt die Koordinaten einer Position an

IMPORT – Importiert Dateien in verschiedenen Formaten in AutoCAD.

INFO – Zeigt Informationen über AutoCAD an

INHALTEINFÜG – Fügt Daten aus der Zwischenablage ein

ISOEBENE – Bestimmt die aktuelle isometrische Ebene

K

KAL (2002) – Wertet arithmetische und geometrische Ausdrücke aus

KAMERA (2002) – Legt eine andere Position für Kamera und Ziel fest.

KANTOB (2002) – Erzeugt ein dreidimensionales Polygonnetz

KAPPEN (2002) – Schneidet eine Reihe von Volumenkörpern mit einer Ebene

KEGEL (2002) – Erstellt einen dreidimensionalen Festkörperkegel

KEIL (2002) – Erstellt einen 3D-Volumenkörper mit einer schrägen Fläche, die sich entlang der X-Achse verjüngt

KLINIE – Erstellt eine unendliche Linie

KMPILIER (2002) – Kompiliert AutoCAD-Symboldateien (.shp) und Postscript-Schriftdateien (.pfb)

KONVERT – Wandelt 2D-Polylinien und Assoziativschraffuren zum optimierten Format der Version 14 um

KONVERCTB – Konvertiert eine farbabhängige Plotstiltabelle (CTB) in eine benannte Plotstiltabelle (STB)

KONVERPSTILE – Konvertiert die aktuelle Zeichnung zur Verwendung von benannten oder farbabhängigen Plotstilen

KOPIEBASISP – Kopiert Objekte mit einem angegebenen Basispunkt

KOPIEBISHER – Kopiert den Text der Befehlszeilenaufzeichnung in die Zwischenablage

KOPIEREN – Dupliziert Objekte

KOPIEVERKNÜPFEN – Kopiert die aktuelle Ansicht in die Zwischenablage, um sie mit anderen OLE-Anwendungen zu verknüpfen

KPMODUS – Steuert die Anzeige von Markierungspunkten

KREIS – Erzeugt einen Kreis

KSICH – Speichert die aktuelle Zeichnung

KUGEL (2002) – Erstellt eine dreidimensionale Volumenkörperkugel

L

LADEN (2002) – Macht Symbole für die Verwendung mit dem Befehl SYMBOL verfügbar

LÄNGE – Verlängert ein Objekt

LAYER – Verwaltet Layer

LAYERV (2002) – Macht die letzte bzw. die letzten Änderungen der Layer-Einstellungen rückgängig

LAYERVMODUS (2002) – Schaltet die Aufzeichnung von Änderungen der Layer-Einstellungen an oder aus

LAYKONV (2002) – Ändert die Layer in einer Zeichnung in die im Layerstandard festgelegten Definitionen

LAYOUT – Erstellung neuer Layouts sowie Umbenennen, Kopieren, Speichern und Löschen vorhandener Layouts

LAYOUTASS – Start des Layout-Assistenten, in dem die Seiten- und Plot-Einstellungen für neue Layouts festgelegt werden

LICHT (2002) – Verwaltet Licht und Lichteffekte

LIMITEN – Setzt und steuert die Zeichnungsumgrenzungen und die Rasteranzeige

LINIE – Erzeugt gerade Liniensegmente

LINIENTYP – Erzeugt, lädt und setzt Linientypen

LISTE – Zeigt Datenbankinformationen für gewählte Objekte an

LOGFILEOFF – Schließt die Protokolldatei, die mit LOGFILEON geöffnet wurde

LOGFILEON – Schreibt den Inhalt des Textfensters in eine Datei

LÖSCHEN – Entfernt Objekte aus einer Zeichnung

LSBEARB (2002) – Ermöglicht das Bearbeiten von Landschaftsobjekten

LSBIBL (2002) – Ermöglicht die Verwaltung von Landschaftsobjekten

LSNEU (2002) – Ermöglicht das Hinzufügen realistischer Landschaftselemente wie beispielsweise Bäume und Büsche in Ihre Zeichnungen

LSTÄRKE – Legt die aktuelle Linienstärke und die Optionen für die Anzeige der Linienstärken fest sowie die Einheiten für die Linienstärken

' **LTFAKTOR** – Setzt den Skalierfaktor für Linientypen

M

MACHDIA – Erstellt aus dem aktuellen Ansichtsfenster eine Diadatei

MANSFEN – Erstellt verschiebbare Ansichtsfenster und aktiviert bereits vorhandene verschiebbare Ansichtsfenster

MAPPING (2002) – Ermöglicht das Zuordnen von Materialien zur Geometrie

MASSEIG – Berechnet die Masseneigenschaften von Regionen und Volumenkörpern

MAT (2002) – Verwaltet Rendermaterialien

MATBIBL (2002) – Liest Materialien aus einer Materialbibliothek ein

MBEREICH – Wechselt vom Papierbereich zu einem Ansichtsfenster des Modellbereichs

MEINFÜG (2002) – Fügt mehrere Instanzen eines Blocks in eine rechteckige Anordnung ein

MENÜ (2002) – Lädt eine Menüdatei

MENÜENTF – Entfernt ergänzende Menüdefinitionsdateien

MENÜLAD – Lädt ergänzende Menüdefinitionsdateien

MESSEN – Platziert Punktobjekte oder Blöcke in bestimmten Intervallen auf einem Objekt

MLEDIT (2002) – Bearbeitet mehrere parallele Linien

MLINIE (2002) – Erstellt mehrere parallele Linien

MLSTIL (2002) – Definiert einen Stil für mehrere parallele Linien

MODELL – Wechsel von einer Layout-Registerkarte zur Registerkarte Modell

MTEXT – Erstellt Absatztext

MVSETUP (2002) – Ermöglicht das Einrichten einer Zeichnung

MZLÖSCH (LT 2002) – Macht die Auswirkungen vorangegangener ZURÜCK- oder Z-Befehle rückgängig

N

NEBEL (2002) – Stellt sichtbare Anhaltspunkte für den sichtbaren Abstand von Objekten zur Verfügung

NEU – Erstellt eine neue Zeichnungsdatei

NEUINIT – Initialisiert die Ein-/Ausgabe-Anschlüsse, das Digitalisiergerät, die Anzeige und die Programmparameter-Datei neu

NEUZALL – Aktualisiert die Anzeige aller Ansichtsfenster

'NEUZEICH – Aktualisiert die Anzeige des aktuellen Ansichtsfensters

NOCHMAL – Wiederholt den darauf folgenden Befehl bis zum Abbruch

O

OBJEINF – Fügt ein verknüpftes oder eingebettetes Objekt ein

OFANG – Legt die Modi für den fortlaufenden Objektfang fest und ändert die Größe der Pickbox

ÖFFNEN – Öffnet eine vorhandene Zeichnungsdatei

ÖFFNUNG – Steuert die Größe des Objektfang-Zielfensters

OLESKAL – OLE-Eigenschaften einstellen

OLEVERKN – Aktualisiert, ändert und löscht bestehende OLE-Verknüpfungen

OPTIONEN – AutoCAD-Einstellungen

ORIGEINFÜG – Kopiertes Objekt in neue Zeichnung einfügen, dabei werden dieselben Koordinaten wie in der ursprünglichen Zeichnung verwendet

ORTHO – Schränkt die Cursorbewegungen ein

P

PAN – Verschiebt die Zeichnungsanzeige im aktuellen Ansichtsfenster

PAUSE – Bestimmt eine zeitlich festgelegte Pause in einem Skript

PBEREICH – Wechselt vom Ansichtsfenster des Modellbereichs in den Papierbereich

PCINWIZARD – Assistenten zum Import einer PCP- oder PC2-Datei in die Registerkarte Modell in das aktuelle Layout

PEDIT – Bearbeitet Polylinien und dreidimensionale Polygonnetze

PLINIE – Erstellt zweidimensionale Polylinien

PLOT – Plottet eine Zeichnung auf dem Plotter oder dem Drucker oder in eine Datei

PLOTMARKIERUNG – Platziert eine Plotmarkierung in einer festgelegten Ecke jeder Zeichnung und speichert sie in einer Protokolldatei

PLOTSTIL – Bestimmt den aktuellen Plotstil für neue Objekte oder den Plotstil für ausgewählte Objekte

PLOTSTILMANAGER – Startet den Plotstil-Manager

PLOTTERMANAGER – Startet den Plotter-Manager, aus dem der Assistent zum Hinzufügen eines Plotters und der Plotter-Konfigurations-Editor gestartet werden können

PNETZ (2002) – Erstellt kontrollpunktweise ein dreidimensionales Vielflächennetz

POLYGON – Erstellt eine gleichseitige, geschlossene Polylinie

PRÜFSTANDARDS – Überprüft die aktuelle Zeichnung auf Standardverletzungen

PRÜFUNG – Überprüft die Korrektheit einer Zeichnung

PSETUPIN (2002) – Import einer benutzerspezifischen Seiteneinrichtung in ein Layout einer neuen Zeichnung

PUNKT – Erstellt ein Punktobjekt

Q

QKUNGROUP (LT 2002) – Gruppe auflösen

QUADER (2002) – Erzeugt einen dreidimensionalen, gefüllten Quader

QUERSCHNITT (2002) – Verwendet den Querschnitt einer Ebene sowie Volumenkörper zum Erstellen einer Region

'QTEXT – Steuert die Anzeige und das Plotten von Text- und Attributobjekten

QUIT – Beendet AutoCAD

R

RASTER – Zeigt im aktuellen Ansichtsfenster ein Punktraster an

RECHTECK – Zeichnet eine rechteckige Polylinie

RECHTSCHREIBUNG – Prüft die Rechtschreibung in einer Zeichnung

REFBEARB (2002) – Block oder externe Referenz bearbeiten

REFSATZ (2002) – Fügt Objekte zum Arbeitssatz hinzu oder entfernt Objekte aus dem Satz bei der Bearbeitung eines Blocks oder einer externen Referenz

REFSCHLIESSEN (2002) – Speichert oder verwirft die Änderungen bei der Bearbeitung eines Blocks oder einer externen Referenz

REGELOB (2002) – Erstellt eine Regeloberfläche zwischen zwei Kurven

REGEN – Regeneriert die Zeichnung und zeichnet das aktuelle Ansichtsfenster neu

REGENALL – Regeneriert die Zeichnung und zeichnet alle Ansichtsfenster neu

REGENAUTO (2002) – Steuert die automatische Regenerierung einer Zeichnung

REGION – Erstellt aus einem Auswahlsatz vorhandener Objekte ein Region-Objekt

REIHE – Erzeugt mehrere Kopien von Objekten in einem Muster

REINST (2002) – Legt die Render-Voreinstellungen fest

RENDER (2002) – Erstellt aus einem dreidimensionalen Draht- oder Volumenmodell ein photorealistisches oder ein realistisch schattiertes Bild

RENDSCR (2002) – Zeigt das zuletzt mit dem Befehl RENDER erstellte Rendering wieder an

RESUME – Setzt die Ausführung eines unterbrochenen Skripts fort

REVDATE (LT 2002) – Fügt einen Block mit Benutzernamen, aktueller Uhrzeit und aktuellem Datum sowie dem Zeichnungsnamen ein oder aktualisiert ihn

REVWOLKE (LT 2002) – Erstellt eine Polylinie aus einer Serie von Bögen in Form eines wolkenförmigen Objekts

RING – Zeichnet gefüllte Kreise und Ringe

RMLIN – Fügt Markierungen aus einer Markierungsdatei in eine Zeichnung ein

ROTATION (2002) – Erstellt einen Volumenkörper durch Rotation eines zweidimensionalen Objekts um eine Achse

ROTOB (2002) – Erstellt eine Rotationsfläche um eine gewählte Achse

RSCRIPT – Erstellt ein Skript, das fortlaufend wiederholt wird

S

SAUSWAHL – Schnellauswahl anhand von Filterkriterien

SBEM (2002) – Schnellbemaßung

SCHIEBEN – Verschiebt Objekte um einen bestimmten Abstand in eine bestimmte Richtung

SCHLIESSEN – Schließt die aktuelle Zeichnung

SCHNITTMENGE – Erstellt zusammengesetzte Volumenkörper oder Regionen aus der Schnittmenge zweier oder mehrerer Volumenkörper oder Regionen

SCHRAFF – Füllt eine festgelegte Umgrenzung mit einem Muster

SCHRAFFEDIT – Verändert ein vorhandenes Schraffurobjekt

SCRIPT – Führt eine Reihe von Befehlen aus einem Skript aus

SEINRICHTIMP – Importiert eine benutzerspezifische Seiteneinrichtung in ein Layout einer neuen Zeichnung

SEITENEINR – Einstellung des Plotters und der Seite für das aktuelle Layout

SETENV (LT 2002) – Definiert die Werte der angegebenen Variablen in der Registrierungsdatenbank

SETVAR – Zeigt die Werte von Systemvariablen an oder verändert sie

SFÜHRUNG – Erstellung einer Führungslinie und eines Führungslinientextes

SHADE – Zeigt ein flachschattiertes Bild der Zeichnung im aktuellen Ansichtsfenster an

SHADEMODE – Schattiert die Objekte im aktuellen Ansichtsfenster

SHELL (2002) – Greift auf Betriebssystembefehle zu

SICHALS – Speichert eine unbenannte Zeichnung unter einem Dateinamen oder benennt die aktuelle Zeichnung um

SICHERN – Speichert die Zeichnung unter dem aktuellen oder einem angegebenen Dateinamen

SKALTEXT – Vergrößert oder verkleinert Texte, ohne deren Positionen zu ändern

SKIZZE (2002) – Erstellt eine Reihe von Freihand-Liniensegmenten

SOLANS (2002) – Erstellt verschiebbare Ansichtsfenster unter Verwendung orthogonaler Projektion, um Zeichnungen dreidimensionaler Volumenkörperobjekte in Mehrfach- und Abschnitt-Ansichten darzustellen

SOLID – Erstellt Polygone mit Flächenfüllung

SOLPROFIL (2002) – Erstellt Profilbilder von dreidimensionalen Volumenkörpern

SOLZEICH (2002) – Erstellt Profile und Abschnitte in Ansichtsfenstern, die mit dem Befehl S<small>OLANS</small> erstellt wurden

SPIEGELN – Erstellt eine spiegelbildliche Kopie von Objekten

SPLINE – Erstellt einen quadratischen oder kubischen Spline (NURBS)

SPLINEEDIT – Bearbeitet ein Spline-Objekt

STANDARDS – Zuordnung von Standarddateien zu AutoCAD-Zeichnungen

STAT (2002) – Zeigt die Renderstatistik an

STATUS – Zeigt Zeichnungsstatistiken, -modi und -grenzen an

STIL – Erstellt mit Namen versehene Stile für Text, den Sie in Ihre Zeichnungen einfügen

STLOUT (2002) – Speichert einen Volumenkörper in einer ASCII- oder einer binären Datei

STRAHL – Erstellt eine einseitig unendliche Linie

STRECKEN – Verschiebt oder streckt Objekte

STUTZEN – Stutzt Objekte an einer Schnittkante, die durch andere Objekte definiert wird

SUCHEN – Suchen, Ersetzen, Auswählen und Anzeige eines Textes

SYMBOL (2002) – Fügt ein Symbol ein

SYSFENSTER – Ordnet Fenster an

SZENE (2002) – Verwaltet Szenen im Modellbereich

T

TABLETT – Kalibriert und konfiguriert ein verbundenes Digitalisiertablett und schaltet es ein und aus

TABOB (2002) – Erstellt anhand einer Grundlinie und eines Richtungsvektors eine tabellarische Oberfläche

TEILEN – Positioniert Punktobjekte oder Blöcke in gleichmäßigem Abstand über die Länge/den Umfang eines ausgewählten Objekts

TEILLAD (2002) – Lädt zusätzliche Geometrie in eine partiell geöffnete Zeichnung

TEILÖFFNEN (2002) – Lädt Geometrie aus einem ausgewählten Ausschnitt oder Layer in die Zeichnung

TEXT – Erstellt eine einzelne Textzeile

TEXTBLD – Öffnet das AutoCAD-Textfenster

TOLERANZ – Erstellt geometrische Toleranzen

TORUS (2002) – Erstellt einen ringförmigen Volumenkörper

TRANSPARENZ (2002) – Steuert, ob die Hintergrundpixel in einem Bild transparent oder deckend sind.

TREESTAT (2002) – Zeigt Informationen über den aktuellen Raumindex der Zeichnung an

U

ÜBERLAG (2002) – Erkennt die Überlagerung zweier oder mehrerer dreidimensionaler Festkörper und erzeugt aus ihrem gemeinsamen Volumen einen zusammengesetzten 3D-Festkörper

ÜFENSTER – Öffnet das Übersichtsfenster

UMBENENN – Benennt Objekte um

UMGRENZUNG – Erzeugt aus einer umgrenzten Fläche eine Region oder Polylinie

URLWÄHLEN – Wählt alle Objekte aus, denen URLs zugeordnet sind

URSPRUNG – Löst ein zusammengesetztes Objekt in seine Teilobjekte auf

V

VARIA – Vergrößert oder verkleinert ausgewählte Objekte gleichmäßig in X-, Y- und Z-Richtung

VBAAUSDR (2002) – Verarbeitet einen VBA-Ausdruck in der AutoCAD-Befehlszeile

VBAAUSF (2002) – Führt ein VBA-Makro aus

VBAENTF (2002) – Entfernt ein globales VBA-Projekt

VBAIDE (2002) – Öffnet den Visual Basic Editor

VBALAD (2002) – Lädt ein globales VBA-Projekt in die AutoCAD-Sitzung

VBAMAN (2002) – Laden, Entfernen, Speichern, Erstellen, Einbetten und Extrahieren von VBA-Projekten

Anhang B — Befehlsliste AutoCAD 2002 / LT 2002

VERDECKT – Regeneriert ein dreidimensionales Modell mit unterdrückten verdeckten Linien

VEREINIG – Erstellt eine zusammengesetzte Region bzw. einen zusammengesetzten Volumenkörper durch Addition

VERSETZ – Erstellt konzentrische Kreise, parallele Linien und parallele Kurven

VLISP (2002) – Öffnet die Entwicklungsumgebung von Visual LISP

VOLKÖRPERBEARB (2002) – Bearbeitung der Flächen und Kanten von 3D-Volumenkörperobjekten

VORANSICHT – Zeigt an, wie die Zeichnung nach dem Drucken oder Plotten aussehen wird

W

WAHL – Nimmt ausgewählte Objekte in den vorhergehenden Auswahlsatz auf

WBLOCK – Schreibt Objekte in eine neue Zeichnungsdatei

WERKZEUGKASTEN – Ermöglicht das Anzeigen, Verdecken und Anpassen von Werkzeugkästen

WHERST – Stellt eine beschädigte Zeichnung wieder her

WHOHAS – Informationen zur Eigentümerschaft für geöffnete Zeichnungsdateien

WIEDERGABE (2002) – Zeigt ein BMP-, TGA- oder TIFF-Bild an

WMFIN – Liest eine Windows-Metadatei ein

WMFOPT – Legt Optionen für WMFIN fest

WMFOUT – Speichert Objekte in einer Windows-Metadatei

X

XBINDEN – Bindet abhängige Symbole einer XRef (externen Referenz) an eine Zeichnung

XREF – Steuert externe Referenzen auf Zeichnungsdateien

XZUORDNEN – Weist der aktuellen Zeichnung eine externe Referenz zu

XZUSCHNEIDEN (2002) – Definiert eine XRef- oder Blockzuschneide-Umgrenzung und legt die vorderen oder hinteren Schnittflächen fest

Z

Z – Macht den letzten Vorgang rückgängig

ZEICHEINST – Einstellungen für den Fangmodus, das Raster, den Polarfang und die Objektfangspuren

ZEICHREIHENF – Ändert die Anzeigereihenfolge von Bildern und weiteren Objekten.

ZEIGDIA – Zeigt im aktuellen Ansichtsfenster eine Rasterbild-Diadatei an

ZEIGMAT (2002) – Listet den Materialtyp und die Zuweisungsmethode für das ausgewählte Objekt auf

ZEIT – Zeigt eine Statistik der Zeichnung mit Datum und Zeit an

ZENTRZEXTAUSR – Ändert den Ausrichtungspunkt von ausgewählten Textobjekten, ohne die Positionen der Objekte zu verändern

ZLÖSCH – Macht die Auswirkungen des vorangegangenen Befehls ZURÜCK oder Z rückgängig

ZOOM – Vergrößert oder verkleinert die sichtbare Größe von Objekten im aktuellen Ansichtsfenster

ZUGMODUS (2002) – Steuert die Art und Weise, wie gezogene Objekte angezeigt werden

ZURÜCK – Macht die Auswirkung von Befehlen rückgängig

ZYLINDER (2002) – Erzeugt einen dreidimensionalen massiven Zylinder

0..9

3D (2002) – Erstellt dreidimensionale Polygon-Netzobjekte

3DDREHEN (2002) – Bewegt Objekte um eine dreidimensionale Achse

3DENTFERNUNG (2002) – Startet den Befehl 3DORBIT und ändert die Entfernung zu den Objekten

3DFLÄCHE (2002) – Erstellt eine dreidimensionale Fläche

3DNETZ (2002) – Erstellt ein Freiform-Polygonnetz

3DORBIT (2002) – Interaktive Anzeige von 3D-Objekten

3DPOLY – Erstellt eine Polylinie aus geraden Liniensegmenten im dreidimensionalen Raum

3DREIHE (2002) – Erstellt eine dreidimensionale Anordnung

3DSCHNITT (2002) – Startet den Befehl 3DORBIT und öffnet das Fenster zum Anpassen der Schnittflächen

Anhang B — Befehlsliste AutoCAD 2002 / LT 2002

3DSCHWENKEN (2002) – Startet den Befehl 3DORBIT und simuliert das Schwenken der Kamera.

3DSIN (2002) – Liest eine 3D Studio-Datei ein

3DSOUT (2002) – Exportiert in eine 3D Studio-Datei

3DSPIEGELN (2002) – Erstellt eine spiegelbildliche Kopie von Objekten an einer Ebene

Stichwortverzeichnis

%%c 240
%%d 240
%%o 240
%%p 240
%%u 240
*.SHX 243
? 40
@ 86
©-Taste 67
2P
− Kreis 73
3 Punkte
− Bogen 169
3Ddrehen 421
3dentfernung 409
3D-Koordinatenformate 395
3dorbit 409
3dorbitfortl 409
3dpan 409
3dreihe 424
3dschnitt 409
3dschwenken 409
3dsin 465
3dsout 465
3dspiegeln 422
3dzoom 409
3P
− Kreis 73
3Punkte
− Bks 415

A
Abfragebefehle 455
Abrollmenü 24, 27
Abrunden 219
− Rechteck 65
Absatztext
− sbem 279
Abschluss
− Dlinie 188
Absolute kartesische Koordinaten 86
Absolute Koordinaten 61, 395
Absolute polare Koordinaten 86

Abstand 456
− Fase 221
− Klinie 165
Abstand anpassen
− 3dorbit 412
ACAD.DWT 50
ACAD.LIN 153
ACADISO.DWT 50
ACADISO.LIN 153
Achsenendpunkt
− Ellipse 175
Achslinie
− Dlinie 188
Acisin 465
Acisout 465
ACLT.DWT 50
ACLT.LIN 153
ACLTISO.DWT 50
ACLTISO.LIN 153
Adcenter 364
Adcschliessen 364
Addieren
− Fläche 457
Afenster 405, 439
Aktuelle Farbe 157
Aktuelle Objektskalierung 156
Aktueller Layer 144
ALLE
− Objektwahl 204
Alles löschen
− Layerliste 144
Alles wählen
− Layerliste 144
Alternativeinheiten
− Bemstil 291
Angenommener Schnittpunkt,
  Objektfang 110
Ansicht
− Bks 416
Ansichtsfenster 405, 439
Ansichtsfensterabstand 440
Ansichtspunkt 400
Ansichtspunkt-Vorgaben 403
Antworten 467

Anzeigeskalierung
  Linienstärke 160
Apunkt 401
Assistent 45, 49
Assoziative Bemaßung 261
Assoziativität
– Schraffur 196
Assoziativschraffur 196
Auflisten 458
Ausgerichtete Maße 266
Ausgezogen
– Sbem 274
Ausrichten 216
– Dtext 242
– Mtext 248, 251
Ausschnitte 135
Ausschnt 135
Äußere Schraffur 197
Austauschformate 465
Auswahl anzeigen
– Schraffur 196

B
Basislinie
– Sbem 275
Basispunkt
– Block 335
– Griffe 325
– Objektfang 110
BEarbeiten
– Pedit 185
– Sbem 275
Beenden von AutoCAD 42
Befehl 25
– 3Ddrehen 421
– 3dentfernung 409
– 3dorbit 409
– 3dorbitfortl 409
– 3dpan 409
– 3dreihe 424
– 3dschnitt 409
– 3dschwenken 409
– 3dsin 465
– 3dsout 465
– 3dspiegeln 422
– 3dzoom 409
– Abrunden 219
– Abstand 456
– Acisin 465
– Acisout 465

– Adcenter 364
– Adcschliessen 364
– Afenster 405, 439
– Apunkt 401
– Ausrichten 216
– Ausschnt 135
– Bemausg 266
– Bembasisl 267
– Bemdurchm 271
– Bemlinear 262
– Bemradial 270
– Bemstil 284
– Bemweiter 269
– Bemwinkel 272
– Bereinig 343
– Bild 359
– Bildzuordnen 356
– Bks 131, 415
– Bksman 132, 417
– Block 334
– Bmpout 465
– Bogen 168
– Bruch 234
– Ddedit 253
– Ddptype 168
– Ddvpoint 403
– Dehnen 224
– Differenz 427
– Dlinie 188
– Drehen 207
– Drsicht 403
– Dtext 239
– Dwgeigen 54
– Eigenschaften 302
– Eigschliess 303
– Eigübertrag 314
– Einfüge 339
– Einheiten 60
– Einlesen 465
– Ellipse 174
– Erhebung 394
– Erstellen 465
– Extrusion 426
– Farbe 158
– Fase 220
– Fläche 456
– Führung 277
– Gschraff 193
– Hilfe 40, 41
– Hoppla 77

498

Stichwortverzeichnis

- Id 455
- Klinie 164
- Kopieren 78
- Kreis 72
- Ksich 51
- Länge 231
- Layer 142
- Layout 435
- Limiten 100
- Linie 70
- Linienstärke 159
- Linientyp 152
- Liste 458
- Löschen 76
- Masseig 460
- Mbereich 443
- Messen 236
- Mledit 191
- Mlinie 191
- Mlstil 191
- Mtext 81, 246
- Neu 45
- Neuzeich 80
- Öffnen 31
- Pan 37
- Pbereich 443
- Pedit 184
- Plinie 180
- Plot 379
- Plotstilmanager 387
- Plottermanager 391
- Polygon 173
- Psin 465
- Psout 465
- Punkt 167
- Quit 42
- Rechteck 65
- Rechtschreibung 256
- Regen 80
- Reihe 211
- Ring 172
- Sauswahl 310
- Sbem 274
- Schieben 80
- Schliessen 35
- Schraffedit 201
- Seiteneinr 386, 436
- Shade 399
- Shademode 399
- Sichals 51
- Spiegeln 208
- Stil 244
- Stlout 465
- Strahl 166
- Strecken 229
- Stutzen 227
- Suchen 254
- Teilen 236
- Üfenster 38
- Ursprung 187, 200, 342
- Varia 210
- Verdeckt 398
- Versetz 74
- Voransicht 387
- Wblock 337
- WERKZEUGKASTEN 27
- Wmfin 465
- Wmfout 465
- Xref 350
- Xzuordnen 348
- Z 69
- Zeicheinst 63, 92, 106
- Zeit 459
- Zlösch 69
- Zoom 36

Befehlsliste 479
Befehlszeilenfenster 24, 30
Bemaßungen
- Rechteck 66
Bemaßungslinien
- Bemstil 285
Bemaßungsskalierung
- Bemstil 291
Bemaßungsstil 284, 294
Bemaßungsvariablen 283
Bemausg 266
Bembasisl 267
Bemdurchm 271
Bemlinear 262
Bemradial 270
Bemstil 284
Bemweiter 269
Benannte Ausschnitte 135
Benannte Plotstiltabellen 387
Benanntes BKS 132
Benutzerdefiniert
- Assistent 45
- Schraffur 194
Benutzerkoordinatensystem 87, 130
- 3D 414

499

Benutzerspezifisch
- Schraffur 194
Berechnung
- Limiten 98
Bereich 48
Bereinig 343
Bereinigen 343
Beschriftung 81
Bezug
- Drehen 207
- Varia 210
Bezugsmaße 267
bezugsPunkt
- Sbem 275
Bild 359
Bildlaufleisten 25, 129
Bild-Manager 359
Bildschirm 22
Bildzuordnen 356
Binden
- Xref 352, 356
BKS 130, 415
Bksman 132, 417
BKS-Manager 132
BKS-Symbol
- 3dorbit 411
Block 334
- einfügen 339
- Design-Center 369
  Messen 236
Blockreferenz 333
- Sführung 281
Bmpout 465
Bogen 168
- Dlinie 189
- Ellipse 175
Boolesche Verknüpfungen 427
BREite
- Dlinie 189
- Pedit 184, 185
Breite
- Mtext 247, 251
- Polylinie 180
- Rechteck 66
Breitenfaktor
- Stil 245
BRUch
- Dlinie 188
- Pedit 185
Bruch 234

C
CD zum Buch 18
CONTINUOUS 146

D
Darstellen
- Zeit 459
Data eXchange Format 463
Datenaustausch 462
Dddedit 253
Ddptype 168
Ddvpoint 403
Dehnen 224
DElta
- Länge 232
Design-Center
- Anzeige 365
- Funktionen 368
- Inhalt 367
- Suchen 372
Detailanzeige
- Layer 149
- Linientyp 155
Details 149
- Bild 360
- Linientyp 155
Differenz 427
Dlinie 188
Doppellinie 188
Draufsicht 403
DREHEN
- Griffe 326
Drehen 207
- Apunkt 401
- Bemliniear 263
- Mtext 247
Drehung, Ellipse 175
Drehung Mtext 251
Drsicht 403
Dtext 239
Durchmesser
- Kreis 73
- Sbem 275
Durchmessermaße 270
Durchmesserzeichen 240
Dwgeigen 54
DXF-Austausch 463
DXF-Datei
- einlesen 463
- exportieren 464

Stichwortverzeichnis

DXF-Format 463
Dynamisch
– Länge 232

E
Echtzeit-Pan 37
Echtzeit-Zoom 36
Effekte
– Stil 245
Eigenschaften 302
– anpassen 314
– Mtext 251
– Plot 380
– übertragen 314
Eigschliess 303
Eigübertrag 314
Einfüge 339
Einfügen
– Pedit 185
– Xref 356
Einfügeparameter 341
Einführung 15
Einheiten 45, 60
Einlesen 465
Einpassen
– Bemstil 288
– Dtext 242
Einpassungsoptionen
– Bemstil 288
Einstellungen
– Bks 133
eiNstellungen
– Eigübertrag 315
Elevation 394
Ellipse 174
Ellipsenbögen 175
Endpunkt, Objektfang 109
Entfernen
– Bild 360
– Objektwahl 206
– Xref 352
Entwurfseinstellungen 63, 92, 106
Erhebung 394
– Rechteck 65
Erstellen 465
– Block 334
Erweiterter Angenommener Schnittpunkt 109
eXit
– Pedit 185

Externe Referenzen 347
Extrusion 426

F
Fadenkreuz 24
Fang 64
– Dlinie 189
Fangstil 94
Fangtyp 94
Fangwinkel 64
Farbabhängige Plotstiltabellen 387
Farbe 157
Fase 220
Fasen
– Rechteck 65
Feinabstimmung
– Bemstil 290
Fenster
– Objektwahl 77, 204
– Zoom 37
Fillmode 181
Fläche 456
– Bks 416
Fluchtpunktperspektive 413
Flyoutmenü 29
Formularansicht
– Plotstiltabelle 388
Fortlaufender Orbit 412
FPolygon
– Objektwahl 205
Führung 277
Führungslinie 277
– Sführung 279
Füllmodus 181
Funktionsleiste Eigenschaften 24

G
Gerät- und Dokumenteinstellungen 381
Gesamt
– Länge 232
Globaler Skalierfaktor 156
– Bemstil 289
Gradzeichen 240
Grenzen
– Zoom 37
Grenzkanten
– Dehnen 225

501

Griffe 319
– einstellen 329
– in Blöcken 330
Griffe-Größe 330
Griffpositionen 321
Groß-/Kleinschreibung 255
Größe der Pickbox 330
Gschraff 193
Gummibandlinie 70

H
HAlb
– Klinie 164
Halbbreite
– Polylinie 180
Hilfe 39
HILfslinie, Objektfang 115
Hilfslinien
– Bemstil 285
Hinzu
– Objektwahl 206
Höhe
– Mtext 247
– Stil 245
Hoppla 77
Horizontal
– Bemliniear 263
– Klinie 164

I
Id 455
Ignorieren
– Schraffur 197
Informationen zur Zeichnung 54
Inkreis
– Polygon 173
Inkrementwinkel 93
Inselerkennungsstil 197
Inseln entfernen
– Schraffur 196
Isometrische Ausschnitte 136
Isometrischer Fang 64

K
Kamera schwenken
– 3dorbit 412
Kante
– Dehnen 225
Kartesische Koordinaten 395
Keiner, Objektfang 110

Kettenmaße 267
Klinie 164
Kompass
– 3Dorbit 411
Konstruktionslinien 163
Koordinaten
– absolut 61
– polar 71
– Sbem 275
Koordinatenanzeige 61, 72
Koordinatenformate 86
Koordinatensymbol 24, 134
Koordinatensystem 61, 85
Kopieren 78
– Griffe 325
KPolygon
– Objektwahl 205
Kreis 72
Kreisbogen
– Polylinie 180
Kreuzen
– Objektwahl 77, 204
Ksich 51
Kugelkoordinaten 395
kurve Angleichen
– Pedit 184
kurve LÖschen
– Pedit 184
Kurvenlinie
– Pedit 184

L
Länge 231
Längenangabe 90
Layer 140, 142
– anlegen 146
– aus 145
– ein 145
– entsperrt 145
– Farbe zuweisen 147
– gefroren 145
– gesperrt 145
– getaut 145
– Linienstärken zuweisen 148
– Linientyp zuweisen 148
– löschen 147
– nicht plottbar 145
– plottbar 145
– umbenennen 147
Layer 0 140

Stichwortverzeichnis

Layernamen 140
Layerstatus 145
Layersteuerung 142
Layout 435
Layout-Einstellungen 437
Leere Datei 50
Letztes
– Objektwahl 204
Limiten 98, 100
Limitenkontrolle 100
lineare Maße 262
Linie 70
– Dlinie 189
– Pedit 185
Linien und Pfeile
– Bemstil 285
Linienstärke 159
– anzeigen 160
Linientyp 152
Linientypendatei 153
Liste 458
Löschen 76
Lösen
– Bild 360
– Xref 352
Lot, Objektfang 110
Lst 159
Lupe 36

M
Maßbogen 272
Masseig 460
Maßeinheiten 53
Masseneigenschaften 460
Maßlinie 263
Maßstäbliches Zeichnen 86
Maßtexttyp
– Sführung 278
Mbereich 443
Mehrfach
– Kopieren 78
Menüzeile 24
Messen 236
Methode
– Fase 221
Mirrtext 209
Mittel
– Dtext 242
Mittelp, Startp, Endp
– Bogen 170

Mittelp, Startp, Sehnenlänge
– Bogen 170
Mittelp, Startp, Winkel
– Bogen 170
Mittelpunkt
– Ellipse 175
– Objektfang 109
ML
– Dtext 242
Mledit 191
Mlinie 191
Mlstil 191
Modellbereich 443
MR
– Dtext 242
MText
– Bemliniear 264
Mtext 81, 246
Mtext-Optionen
– Sführung 278
Multilinie 191
Muster-Eigenschaften
– Schraffur 195
MZ
– Dtext 242

N
Nächster, Objektfang 110
Nebeneinander
– Zeichnungsfenster 34
Neigungswinkel
– Stil 245
Neu 45
Neue Zeichnung 43
Neu laden
– Bild 360
– Xref 352
Neuzeich 80
Neuzeichnen 80
Normal
– Schraffur 197
Nullen unterdrücken
– Bemstil 291

O
Objekt
– ausblenden, Plot 398
– Bks 416
– Fläche 457
– vor Befehl 330

503

Objekt-Eigenschaften-Manager 302
Objektfang 103
- fest einstellen 106
Objektfang-Funktion 105
Objektfangspur 119
- Einstellungen 119
Objekthöhe 394
- Rechteck 66
Objektivbrennweite 413
Objektlayer 151
Objektwahl 76, 204
Ofang 107
Öffnen 31
- Pedit 184
OL
- Dtext 242
Optionen 25
- Griffe 329
- Schraffur 197
OR
- Dtext 242
Original
- Zoom 37
Ortho Modus 64
Orthogonal
- Bks 416
- Zeichnen 90
Orthogonale Ausschnitte 136
Orthogonales Bks 133, 418
Ortho-Modus 90
Otrack 119
Overlay
- Xzuordnen 349
OZ
- Dtext 242

P
Pan 128
- Echtzeit 37
- Radtaste 38
Papierbereich 443
Papierformat 97, 382
Parallel
- 3dorbit 413
- Objektfang 116
Partielle Voransicht 385
Pbereich 443
Pedit 184
Pellipse 174
Perspektivisch

- 3dorbit 413
Pfeilspitze
- Bemstil 286
- Sführung 279
Pickbox 76
Pixelbild 356
Plinie 180
Plot 379
Plotabstand 383
Plotausgabe in Datei 382
Plotbereich 383
Ploteinstellungen 382
Plot-Manager 391
Plotmaßstab 97, 383
Plotoptionen 384
Plotstil-Manager 387
Plotstiltabelle 387
- Plot 381
Plotstiltabellen-Editor 388
Plotten von Layouts 452
Plotter
- hinzufügen 391
- Konfiguration ändern 391
Plotterkonfiguration 380
Plottermanager 391
Polar
- 3dreihe 424
Polare Anordnung
- Reihe 213
Polare Entfernung 94
Polare Koordinaten 71
Polare Spurverfolgung 93
Polare Winkelmessung 93
Polarfang 91
Polygon 173
Polygonmittelpunkt
- Polygon 173
Polylinie 179
- Abrunden 220
- auflösen 187
- bearbeiten 183, 184
- Fase 221
Pop-Up-Menü
- Objektfang 106
Position
- Dtext 242
Primäreinheiten
- Bemstil 290
Projektion
- Dehnen 225

504

Prozent
- Länge 232
Psin 465
Psout 465
Punkt 167
- Objektfang 110
Punktstil 168

Q
Quadrant, Objektfang 110
Quickinfo 29
Quit 42

R
Radius
- Abrunden 220
- Kreis 72
- Sbem 275
Radiusmaße 270
Radmaus 38
Raster 63
- 3Dorbit 411
Rechteck 65
Rechteckig
- 3dreihe 424
Rechteckige Anordnung
- AutoCAD LT 2000 212
Rechteckiger Fang 64
Rechts
- Dtext 242
Rechtschreibprüfung 256
Rechtschreibung 256
Referenztyp
- Xzuordnen 349
Regen 80
- Pedit 185
Regenerieren 80
Register Modell 25
Reihe 211
Relative kartesische Koordinaten 86
Relative Koordinaten 395
Relative polare Koordinaten 86
Relativpunkte 111
Ring 172
Rundungsradius 220

S
Sauswahl 310
Sbem 274
Schattieren 399

Scheitelpunkte
- Pedit 185
SCHIEBEN
- Griffe 326
Schieben 80
- Bks 132
- Pedit 185
Schließen 35
- Linie 70
- Pedit 184
- Polylinie 180
Schnellauswahl 310
Schnellbemaßung 274
Schnellstart, Assistent 49
Schnittpunkt, Objektfang 109
Schraffedit 201
Schraffieren 193
Schraffur 193
- auflösen 200
- bearbeiten 201
Schraffurmuster 194
Schriftart
- Mtext 248
Schrifthöhe
- Mtext 248
Schriftname 244
Schriftschnitt
- Mtext 249
Schriftstil 245
sehnenLänge
- Polylinie 180
Seite
- Polygon 173
Seiteneinr 386, 436
Shade 399
Shademode 399
Sichals 51
SKALIEREN
- Griffe 327
Skalierfaktor
- Linientypen 155
- Varia 210
Sonderzeichen 240
Speichern
- Zeichnung 51
Speichern unter 51
Sperren
- Afenster 441, 445
SPIEGELN
- Griffe 327

Spiegeln 208
Splframe 185
Spur 113
Spurverfolgung 92
Standard-Ansichtsfenster 405, 440
Standardansichtspunkte 402
Standard-Funktionsleiste 24
Starten AutoCAD 22
Startp,Endp,Radius
– Bogen 170
Startp,Endp,Richtung
– Bogen 170
Startp,Endp,Winkel
– Bogen 170
Startp,Mittelp,Endp
– Bogen 169
Startp,Mittelp,Winkel
– Bogen 169, 170
Statusinformationen 25
Statuszeile 25
Stil 244
– Dtext 241
– Mtext 247, 251
Stlout 465
Stoppuhr 459
Strahl 166
STRECKEN
– Griffe 324
Strecken 229
Stutzen 227
– Abrunden 220
– Fase 221
Subtrahieren
– Fläche 457
Suchen 254
Suchen/Ersetzen
– Mtext 252
Symbol
– Block 336
– Mtext 249
Symbolbibliotheken 45

T
Tabellenansicht
– Plotstiltabelle 388
Tan, Tan, Radius
– Kreis 73
Tan, Tan, Tan
– Kreis 73

Tangente
– Objektfang 110
– Pedit 185
Teilen 236
Template 49
Temporärer Spurpunkt 122
Text
– Bemliniear 263
– Bemstil 287
– importieren
– Mtext 250
Textausrichtung
– Bemstil 288
Textdarstellung
– Bemstil 287
Texteditor 247
Textfarbe
– Mtext 249
Textfenster 30
Textplatzierung
– Bemstil 287
Textposition
– Bemstil 289
Thickness 394
Toleranz
– Bemstil 292
– Sführung 281
Toleranzformat
– Bemstil 293
Transparente Befehle 479
True-Type-Schriften 243

U
Überlagern
– Xzuordnen 349
Überlappend
– Zeichnungsfenster 33
Übersichtfenster 38
Überstreichen 240
Üfenster 38
UL
– Dtext 242
Umgrenzung
– Schraffur 196
Umkreis, Polygon 173
Untereinander
– Zeichnungsfenster 33
Unterstreichen 240
UR
– Dtext 242

Ursprung 187, 200, 342
– BKS 131
UZ
– Dtext 242

V
Varia 210
Verbinden
– Pedit 184
Verdecken 398
Verdeckt 398
Verdplot
– Afenster 441
Verjüngungswinkel
– Extrusion 426
Versetz 74
– Dlinie 188
Versetzt
– Sbem 274
Vertikal
– Bemlinear 263
– Klinie 164
Vollständige Voransicht 384
Volumen
– Masseig 460
Volumenkörper 428
Volumen-Modellierer 425
Von 111
VONLAYER 152, 159
Voransicht 387
– Bildzuordnen 357
– Plot 384
– Schraffur 198
– Stil 245
Vordefiniert
– Schraffur 194
Voreingestellte Ansichten
– 3Dorbit 411
VOrher
– Bks 132
Vorher
– Objektwahl 204
Vorlage 49
Vorlagenbeschreibung 53
Vorschau 31

W
Wblock 337
Weiter
– Bogen 170

Welt
– Bks 132
Weltkoordinatensystem 87
Werkzeugkasten 24, 27
– angedockt 29
– verschiebbar 28
Wiederholfunktion 67
Winkel 46
– Bemliniear 263
– Fase 221
– Klinie 164
– Schraffur 196
Winkelabhängigkeiten
– Sführung 279
Winkelbemaßung 272
Winkeleinstellungen, Polarfang 93
Winkelhalbierende
– Klinie 164
Winkelmaß 47
Winkelrichtung 48
Wmfin 465
Wmfout 465
Wörterbuch 257

X
X-Abstand
– Fang 64
– Raster 63
X-Basis
– Fang 64
Xref 350
– Design-Center 370
Xref-Manager 350
Xzuordnen 348

Y
Y-Abstand
– Fang 64
– Raster 63
Y-Basis
– Fang 64

Z
Z 69
Zaun
– Objektwahl 204
Zbereich 440
Zeicheinst 63, 92, 106
Zeichen
– Mtext 248

Zeichenbildschirm 23
Zeichensatz 243
Zeichng.dwg 51
Zeichnung
– öffnen 31, 44
– erstellen 45
Zeichnungsausrichtung 382
Zeichnungseigenschaften 54
Zeichnungseinheiten 97
Zeichnungsfenster 24, 33
Zeichnungsfläche 24
Zeichnungslimiten 97
Zeichnungsvorlage 53
Zeilenabstand
– Mtext 247, 251
Zeit 459
Zentrieren
– Dtext 242
Zentrum, Objektfang 110
Zentrumsmarke
– Bemstil 286

Zlösch 69
Zoom
– Alles 127
– Dynamisch 127
– Echtzeit 36
– Faktor 126
– Fenster 126
– Grenzen 127
– Mitte 126
– Rad 38
– Vorher 126
Zuordnen
– Bild 360
Zurück
– Dehnen 225
– Linie 70
Zurückstellen
– Zeit 459
Zusätzliche Winkel
– Polarfang 93
Zylinderkoordinaten 396

AutoCAD

alle Bücher von Werner Sommer

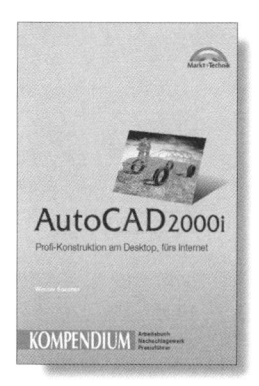

AutoCAD 2000i – Kompendium
ISBN 3-827**2-5955**-X
€ 59,95 [D] / sFr 99,00

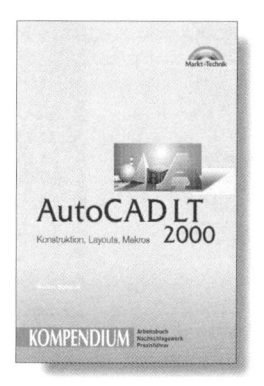

AutoCAD LT 2000 – Kompendium
ISBN 3-827**2-5746**-5
€ 59,95 [D] / sFr 83,00

AutoCAD 2000i – Intensiv
ISBN 3-827**2-5863**-4
€ 24,95 [D] / sFr 46,00

Markt+Technik

Markt+Technik-Produkte erhalten Sie im Buchhandel, Fachhandel und Warenhaus.
Markt+Technik · Martin-Kollar-Straße 10–12 · 81829 München · Telefon (0 89) 4 60 03-0 · Fax (0 89) 4 60 03-100
Aktuelle Infos rund um die Uhr im Internet: **www.mut.de** · E-Mail: **bestellung@mut.de**

Jetzt lerne ich ...

Christian Rousselle
Spieleprogrammierung mit Direct X und Visual C++
ISBN 3-8272-5977-0
€ 24,95 [D]

Peter Winkler
3D-Design mit 3D Studio MAX 3
ISBN 3-8272-5749-2
€ 29,95 [D]

Dirk Louis
Perl
ISBN 3-8272-5841-3
€ 19,95 [D]

Christian Wenz / Tobias Hauser
Dynamic Web-Publishing
ISBN 3-8272-5764-6
€ 24,95 [D]

Harald Taglinger
HTML,
2. aktualisierte Auflage
ISBN 3-8272-5717-4
€ 19,95 [D]

Dirk Louis / Peter Müller
Java
ISBN 3-8272-6040-X
€ 24,95 [D]

Markt+Technik

Markt+Technik-Produkte erhalten Sie im Buchhandel, Fachhandel und Warenhaus.
Markt+Technik · Martin-Kollar-Straße 10–12 · 81829 München · Telefon (0 89) 4 60 03-0 · Fax (0 89) 4 60 03-100
Aktuelle Infos rund um die Uhr im Internet: www.mut.de · E-Mail: bestellung@mut.de

Jetzt lerne ich ...

Jesse Liberty
C++
ISBN 3-8272-**5663**-1
€ 24,95 [D]

Dirk Louis
C#
ISBN 3-8272-**5970**-3
€ 24,95 [D]

Björn Walter
Flash mit ActionScript
ISBN 3-8272-**6096**-5
€ 24,95 [D]

Dirk Louis
ActionScript und JavaScript
ISBN 3-8272-**6135**-X
€ 24,95 [D]

Hans Jörgen Wevers
Spiele programmieren mit Flash
ISBN 3-8272-**6211**-9
€ 24,95 [D]

Thomas Binzinger
Delphi
ISBN 3-8272-**6212**-7
€ 24,95 [D]

Markt+Technik

Markt+Technik-Produkte erhalten Sie im Buchhandel, Fachhandel und Warenhaus.
Markt+Technik · Martin-Kollar-Straße 10–12 · 81829 München · Telefon (0 89) 4 60 03-0 · Fax (0 89) 4 60 03-100
Aktuelle Infos rund um die Uhr im Internet: **www.mut.de** · E-Mail: **bestellung@mut.de**

digital studio one

Isolde Kommer/Dilek Mersin
Photoshop 6
ISBN 3-8272-5928-2
€ 34,95 [D] / sFr 64,00

Elizabeth Castro
HTML 4
ISBN 3-8272-5734-4
€ 29,95 [D] / sFr 55,00

Marcel Salathé
SVG Scalable Vector Graphics
ISBN 3-8272-6188-0
€ 29,95 [D] / sFr 55,00

Katherine Ulrich
Flash 5
ISBN 3-8272-5888-X
€ 29,95 [D] / sFr 55,00

Michele Matossian
3D Studio Max 3
ISBN 3-8272-5733-6
€ 29,95 [D] / sFr 55,00

Larry E. Ullman
PHP fürs World Wide Web
ISBN 3-8272-6070-1
€ 29,95 [D] / sFr 55,00

Markt+Technik

Markt+Technik-Produkte erhalten Sie im Buchhandel, Fachhandel und Warenhaus.
Markt+Technik · Martin-Kollar-Straße 10–12 · 81829 München · Telefon (0 89) 4 60 03-0 · Fax (0 89) 4 60 03-100
Aktuelle Infos rund um die Uhr im Internet: **www.mut.de** · E-Mail: **bestellung@mut.de**